■2025年度中学受験用

本郷中学校

4年間(＋3年間HP掲載)スーパー過去問

●収録内容一覧

入試問題と解説・解答の収録内容

2024年度　１回	算数・社会・理科・国語　実物解答用紙DL
2024年度　２回	算数・社会・理科・国語　実物解答用紙DL
2023年度　１回	算数・社会・理科・国語　実物解答用紙DL
2023年度　２回	算数・社会・理科・国語　実物解答用紙DL
2022年度　１回	算数・社会・理科・国語　実物解答用紙DL
2022年度　２回	算数・社会・理科・国語　実物解答用紙DL
2021年度　１回	算数・社会・理科・国語
2021年度　２回	算数・社会・理科・国語
2020～2018年度(HP掲載) 「カコ過去問」 (ユーザー名) koe (パスワード) w8ga5a1o	問題・解答用紙・解説解答DL ◇著作権の都合により国語と一部の問題を削除しております。 ◇一部解答のみ（解説なし）となります。 ◇９月下旬までに全校アップロード予定です。 ◇掲載期限以降は予告なく削除される場合があります。

～本書ご利用上の注意～　以下の点について，あらかじめご了承ください。

★別冊解答用紙は巻末にございます。実物解答用紙は，弊社サイトの各校商品情報ページより，一部または全部をダウンロードできます。
★編集の都合上，学校実施のすべての試験を掲載していない場合がございます。
★当問題集のバックナンバーは，弊社には在庫がございません（ネット書店などに一部在庫あり）。

合格を勝ち取るための
『スーパー過去問』の使い方

本書に掲載されている過去問をご覧になって，「難しそう」と感じたかもしれません。でも，多くの受験生が同じように感じているはずです。なぜなら，中学入試で出題される問題は，小学校で習う内容よりも高度なものが多く，たくさんの知識や解き方のコツを身につけることも必要だからです。ですから，初めて本書に取り組むさいには，点数を気にしすぎないようにしましょう。本番でしっかり点数を取れることが大事なのです。

過去問で重要なのは「まちがえること」です。自分の弱点を知るために，過去問に取り組むのです。当然，まちがえた問題をそのままにしておいては意味がありません。

本書には，長年にわたって中学入試にたずさわっているスタッフによるていねいな解説がついています。まちがえた問題はしっかりと解説を読み，できるようになるまで何度も解き直しをしてください。理解できていないと感じた分野については，参考書や資料集などを活用し，改めて整理しておきましょう。

このページも参考にしてみましょう！

◆どの年度から解こうかな　「入試問題と解説・解答の収録内容一覧」

本書のはじめには収録内容が掲載されていますので，収録年度や収録されている入試回などを確認できます。

※著作権上の都合によって掲載できない問題が収録されている場合は，最新年度の問題の前に，ピンク色の紙を差しこんでご案内しています。

◆学校の情報を知ろう‼「学校紹介ページ」

このページのあとに，各学校の基本情報などを掲載しています。問題を解くのに疲れたら息ぬきに読んで，志望校合格への気持ちを新たにし，再び過去問に挑戦してみるのもよいでしょう。なお，最新の情報につきましては，学校のホームページなどでご確認ください。

◆入試に向けてどんな対策をしよう？「出題傾向＆対策」

「学校紹介ページ」に続いて，「出題傾向＆対策」ページがあります。過去にどのような分野の問題が出題され，どのように対策すればよいかをアドバイスしていますので，参考にしてください。

◇別冊「入試問題解答用紙編」

本書の巻末には，ぬき取って使える別冊の解答用紙が収録してあります。解答用紙が非公表の場合などを除き，（注）が記載されたページの指定倍率にしたがって拡大コピーをとれば，実際の入試問題とほぼ同じ解答欄の大きさで，何度でも過去問に取り組むことができます。このように，入試本番に近い条件で練習できるのも，本書の強みです。また，データが公表されている学校は別冊の１ページ目に過去の「入試結果表」を掲載しています。合格に必要な得点の目安として活用してください。

本書がみなさんの志望校合格の助けとなることを，心より願っています。

株式会社　声の教育社　編集部

本郷中学校

所在地	〒170-0003 東京都豊島区駒込4-11-1
電　話	03-3917-1456
ホームページ	https://www.hongo.ed.jp/
交通案内	JR山手線・都営地下鉄三田線「巣鴨駅」より徒歩3分 JR山手線・東京メトロ南北線「駒込駅」より徒歩7分

くわしい情報はホームページへ

トピックス

★2021年度より高校募集を停止。完全中高一貫校へと移行。
★繰り上げ合格者は，複数回実受験者から選出されます(参考：昨年度)。

創立年 大正12年　男子校　高校募集なし

応募状況

年度	募集数	応募数	受験数	合格数	倍率
2024	①100名	516名	461名	164名	2.8倍
	②140名	1420名	1238名	538名	2.3倍
	③ 40名	685名	536名	41名	13.1倍
2023	①100名	603名	564名	163名	3.5倍
	②140名	1385名	1202名	522名	2.3倍
	③ 40名	602名	469名	44名	10.7倍
2022	①100名	522名	483名	167名	2.9倍
	②140名	1165名	1001名	503名	2.0倍
	③ 40名	544名	428名	42名	10.2倍
2021	①100名	533名	497名	181名	2.7倍
	②140名	1045名	889名	482名	1.8倍
	③ 40名	560名	426名	44名	9.7倍

2023年度の主な大学合格実績(現役生のみ)

＜国公立大学・大学校＞

東京大，京都大，東京工業大，一橋大，東北大，北海道大，筑波大，東京外国語大，千葉大，横浜国立大，東京学芸大，防衛大，東京都立大

＜私立大学＞

慶應義塾大，早稲田大，上智大，東京理科大，明治大，青山学院大，立教大，中央大，法政大，学習院大，東京慈恵会医科大，順天堂大，昭和大

本校の学び

「強健な心身の育成」

クラブ活動などを通して，自らに厳しく，どのような困難にも真正面から挑戦し，自分の可能性を真剣に追求していく意志力を育てます。

「高水準の学力の養成」

中学・高校の学習内容を系統的に整理・統合した効率的なカリキュラムで，基礎学力を定着させ高水準の学力を養成します。

「適性に応じた進学指導」

難関国立大学をめざすコースの設定など，それぞれの生徒のニーズにあった大学進学指導体制を強化し，希望する進路の実現をめざします。

「しつけ指導の徹底」

社会の規律や秩序を理解し，友達，先輩，後輩，教師との関係を通し，基本的生活習慣と自律心，礼儀を身につけさせます。

「個別指導の重視」

生徒と教師の温かな交流のなかで，教育相談，カウンセリングを導入し，安定した学校生活を送れるように個々の生徒に配慮します。

入試情報（参考：昨年度）

〔第１回〕2024年２月１日
〔第２回〕2024年２月２日
〔第３回〕2024年２月５日
試験科目：国語・算数(各50分，各100点満点)
　　　　　社会・理科(各40分，各75点満点)
合格発表：各回とも試験当日19：00以降に本校HPにて発表

編集部注―本書の内容は2024年2月現在のものであり，変更されている場合があります。正式な情報は，学校のホームページ等で必ずご確認ください。

算数　出題傾向＆対策

◆基本データ（2024年度１回）

試験時間／満点	50分／100点
問　題　構　成	・大問数…５題 計算問題１題（２問）／応用小問１題（６問）／応用問題３題 ・小問数…17問
解　答　形　式	解答のみを記入する形式で，単位などは印刷されている。作図問題は見られない。
実際の問題用紙	Ｂ５サイズ，小冊子形式
実際の解答用紙	Ａ４サイズ

◆過去４年間の出題率トップ５

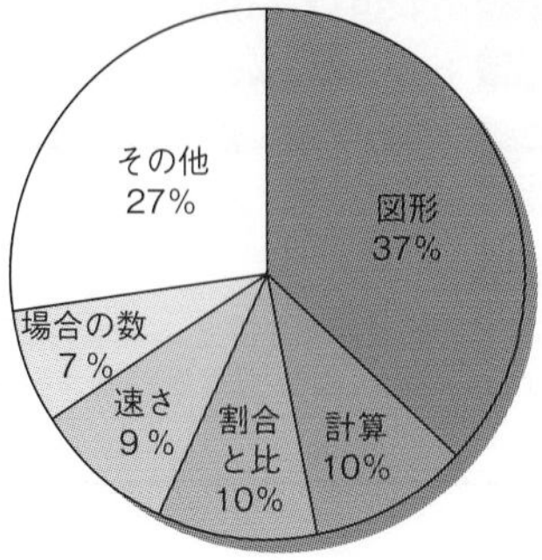

※　配点（推定ふくむ）をもとに算出

◆近年の出題内容

【 2024年度１回 】			【 2023年度１回 】		
大問	1	逆算，四則計算	大問	1	逆算，四則計算
	2	仕事算，割合と比，数列，ニュートン算，速さと比，面積，体積		2	水の深さと体積，割合と比，相当算，平均とのべ，図形の移動，面積，周期算，速さと比
	3	グラフ－旅人算		3	グラフ－旅人算
	4	数列		4	整数の性質
	5	立体図形－体積		5	立体図形－分割，体積

◆出題傾向と内容

計算問題と応用小問が全体の３～４割をしめるので，これらを確実に解いて，応用問題にじっくり取り組むことがポイントといえます。

１題めの計算問題では，小数や分数の混合計算，逆算などが出題されています。２題めの応用小問の集合題では，規則性，場合の数，面積，速さ，相当算，周期算，消去算などが出題されていますが，どれも基礎力をためすことに重点をおいた出題となっています。

続いて，３題め以降の応用問題について。よく出されるのは図形，グラフ，特殊算です。図形では，三角形の相似比・面積比を利用するもの，図形上の点の移動，回転体の体積や表面積，立体の切断などが取り上げられています。グラフは，水の深さの変化，点の移動にともなう面積変化，速さなどとからめて，ほぼ毎年出題されます。特殊算からは，推理算，旅人算などが出されています。このほかに，数の性質，約束記号，場合の数，規則性なども出されていますが，これらは応用小問でも取り上げられることが多いようです。

◆対策～合格点を取るには？～

計算力をつけることと苦手分野を克服することが，本校入試突破のカギといえます。**これまでにやったテストの答案をそのままにせず**，まちがえた部分を調べて，自分の弱点を発見するようにしましょう。また同時に，解説をよく読み，別の解き方がないか確認することが大切です。

また，**難問奇問はさけ，基本公式で解法を見つけられる問題を数多く解く**ことです。どんなに難しい問題にも必ず解法があり，それをすばやく見ぬく力は，どれだけ多くの問題を解いて身につけてきたかで決まります。１日がかりで難問奇問を解くより，１時間で３問，３つの基本公式を使って解くほうが，ずっと合理的であり効果が上がります。まず，参考書などにある基本公式や解法を整理しましょう。そして，制限時間を決めて問題を解いてください。

算数 出題分野分析表

分野 ＼ 年度		2024		2023		2022		2021	
		1回	2回	1回	2回	1回	2回	1回	2回
計算	四則計算・逆算	◎	◎	◎	◎	◎	◎	◎	◎
	計算のくふう								
	単位の計算								
和と差	和差算・分配算					○			
	消去算								○
	つるかめ算		○						
	平均とのべ			○	○				
	過不足算・差集め算		○						
	集まり								
	年齢算						○		
割合と比	割合と比	○		○					
	正比例と反比例								
	還元算・相当算			○				○	
	比の性質								
	倍数算								
	売買損益								○
	濃度							○	
	仕事算	○							
	ニュートン算	○	○						
速さ	速さ								
	旅人算	○		○		○			
	通過算								
	流水算							○	
	時計算								
	速さと比	○	○	○		○	○		
図形	角度・面積・長さ	○	◎	○	◎	○	●	◎	◎
	辺の比と面積の比・相似		○		○			○	
	体積・表面積	◎		○	◎	◎	○	○	○
	水の深さと体積		○	○	○		○	○	
	展開図								
	構成・分割			○	○	○	○		
	図形・点の移動			○	○	○	○		◎
表とグラフ		○	○	○	○	○	○	○	○
数の性質	約数と倍数								
	N進数								
	約束記号・文字式				○				
	整数・小数・分数の性質		○	○	○	○		○	
規則性	植木算				○				
	周期算		○	○					
	数列	◎						○	○
	方陣算								
	図形と規則								
場合の数					○	○	○	○	◎
調べ・推理・条件の整理			◎		○	○	○	○	○
その他									

※ ○印はその分野の問題が1題，◎印は2題，●印は3題以上出題されたことをしめします。

社会 出題傾向＆対策

◆基本データ（2024年度１回）

試験時間／満点	40分／75点
問題構成	・大問数…３題 ・小問数…37問
解答形式	数字や適語の記入と○・×を記入する正誤問題，記号選択で構成され，記述問題は見られない。適語の記入では，漢字のものは漢字で書くよう指示されている。
実際の問題用紙	Ｂ５サイズ，小冊子形式
実際の解答用紙	Ｂ４サイズ

◆過去４年間の分野別出題率

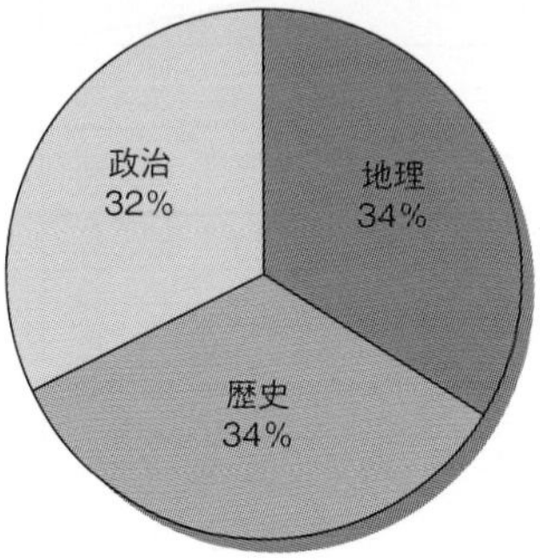

※　配点（推定ふくむ）をもとに算出

◆近年の出題内容

【 2024年度１回 】			【 2023年度１回 】		
大問	1	〔**地理**〕地形図の読み取りとその周辺地域の地理についての問題	大問	1	〔**地理**〕地形図の読み取りとその周辺地域の地理についての問題
	2	〔**歴史**〕各時代の歴史的なことがらについての問題		2	〔**歴史**〕各時代の歴史的なことがらについての問題
	3	〔**政治**〕宇沢弘文を題材とする問題		3	〔**政治**〕現代の国際社会と憲法

◆出題傾向と内容

本校の社会は，地理・歴史・政治の３分野から１題ずつ出題されています。**分量的にはややいそがしい試験**といえるでしょう。また，地理分野25点，歴史分野25点，政治分野25点と，おおむね**配点が均等になっています**。

地理分野では，地形図や，それについての文章をもとに日本の産業や貿易，各地の自然，エネルギー資源などをはば広く問う問題が多く出題されています。

歴史分野は，史料や説明文（かなりの長文）を読んで答える形式で，各時代にわたったはば広い内容になっています。また，特定の地域が舞台となった問題，経済や外交にテーマをしぼった問題など，ユニークなものも見られます。

政治分野では，憲法や基本的人権，三権のしくみ，選挙制度などが取り上げられているほか，経済に関する知識を問うものも見られます。時事をからめた問題もしばしば出されています。

◆対策～合格点を取るには？～

問題のレベルは標準的ですから，まず基礎を固めることを心がけてください。説明がていねいでやさしい標準的な参考書を選び，基本事項をしっかりと身につけましょう。

地理分野では，地図とグラフが欠かせません。つねにこれらを参照しながら，白地図作業帳を利用して地形と気候をまとめ，そこから産業のようすへと広げていってください。

歴史分野では，教科書や参考書を読むだけでなく，自分で年表をつくって覚えると学習効果が上がります。それぞれの分野ごとにらんをつくり，ことがらを書きこんでいくのです。できあがった年表は，各時代，各分野のまとめに活用できます。本校の歴史の問題にはさまざまな分野が取り上げられていますから，この作業はおおいに威力を発揮するはずです。

政治分野では，日本国憲法の基本的な内容と三権についてはひと通りおさえておいた方がよいでしょう。また，時事問題については，新聞やテレビ番組などでニュースを確認し，国の政治や経済の動き，世界各国の情勢などについて，ノートにまとめておきましょう。

社会 出題分野分析表

分野 ＼ 年度			2024		2023		2022		2021	
			1回	2回	1回	2回	1回	2回	1回	2回
日本の地理	地図の見方		○		○		○		○	
	国土・自然・気候		○	○	○		○	○	○	○
	資源			○	○					
	農林水産業			○	○	○	○	○		○
	工業			○						
	交通・通信・貿易			○		○		○	○	
	人口・生活・文化			○					○	○
	各地方の特色		○	○		○	○	○	○	○
	地理総合		★	★	★	★	★	★	★	★
世界の地理			○							
日本の歴史	時代	原始～古代	○	○	○	○	○	○	○	○
		中世～近世	○	○	○	○	○	○	○	○
		近代～現代	○	○	○	○	○	○	○	○
	テーマ	政治・法律史								
		産業・経済史								
		文化・宗教史								
		外交・戦争史								
		歴史総合	★	★	★	★	★	★	★	★
世界の歴史										
政治	憲法		○	○	○	○				○
	国会・内閣・裁判所		○			○	○	★	○	○
	地方自治									
	経済		○						○	○
	生活と福祉		○							
	国際関係・国際政治				○		○			○
	政治総合		★	★	★		★		★	★
環境問題				○			○			
時事問題			○	○						○
世界遺産					○					
複数分野総合						★				

※ 原始～古代…平安時代以前，中世～近世…鎌倉時代～江戸時代，近代～現代…明治時代以降
※ ★印は大問の中心となる分野をしめします。

理科　出題傾向＆対策

◆基本データ(2024年度1回)

試験時間／満点	40分／75点
問　題　構　成	・大問数…４題 ・小問数…29問
解　答　形　式	記号選択と適語・適文・数値の記入などが大半をしめているが，記述問題も１題出されている。記号選択は，択一式だけでなく，複数選ばせるものもある。
実際の問題用紙	Ｂ５サイズ，小冊子形式
実際の解答用紙	Ｂ４サイズ

◆過去４年間の分野別出題率

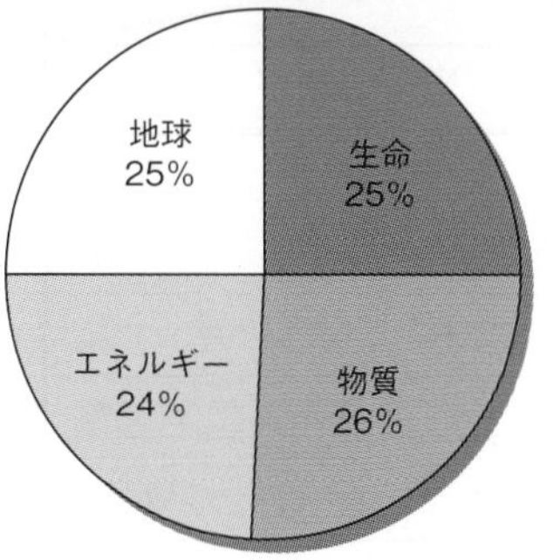

※　配点(推定ふくむ)をもとに算出

◆近年の出題内容

【 2024年度１回 】			【 2023年度１回 】		
大問	1	**〔エネルギー〕** 熱の伝わり方	大問	1	**〔エネルギー〕** 熱の伝わり方
	2	**〔物質〕** 水素		2	**〔物質〕** 金属のさび
	3	**〔生命〕** 人体のつくり		3	**〔生命〕** 植物のはたらき，森林
	4	**〔地球〕** 地層や岩石		4	**〔地球〕** 惑星食と月食

◆出題傾向と内容

「生命」「物質」「エネルギー」「地球」の**各分野から，まんべんなく出題**されています。**問題文を読んで実験や観察の過程を理解・分析しなければならないものが多く**，たんなる知識問題にならないようにくふうがこらされています。

「生命」からは，昆虫，ヒトのからだのつくり，体内の塩分濃度，血液型，生物と環境，生物の進化となかま分けなどが出題されています。

「物質」では，銅と酸素の反応，ロウソクの燃焼，気体の集め方，気体の発生(重そうの加熱など)，水溶液の性質，中和反応，状態変化などが取り上げられています。また，総合的な問題も出題されています。

「エネルギー」からは，てこのつり合い，ふりこの運動，ばねと滑車，熱の伝わり方，ソーラーパネルによる発電，音の伝わり方などが出題されています。

「地球」からは，気温・天気の観測，太陽の南中と緯度・経度，雲の形状と名称，水の循環，太陽系の惑星，火山・岩石と地層のでき方などが取り上げられています。

◆対策～合格点を取るには？～

各分野からまんべんなく出題されていますから，**基礎的な知識をはやいうちに身につけ，そのうえで問題集で演習をくり返しながら実力アップをめざしましょう。**

「生命」は，身につけなければならない基本知識の多い分野ですが，楽しみながら確実に学習する心がけが大切です。「物質」では，気体や水溶液，金属などの性質に重点をおいて学習してください。「エネルギー」は，かん電池のつなぎ方やふりこ，物体の運動などの出題が予想される単元ですから，学習計画から外すことのないようにしましょう。「地球」では，太陽・月・地球の動き，季節と星座の動き，天気と気温・湿度の変化，地層のでき方などが重要なポイントとなっています。

なお，環境問題，身近な自然現象に日ごろから注意をはらうことや，テレビの科学番組，新聞・雑誌の科学に関する記事，読書などを通じて新しい知識を吸収することも大切です。

理科 出題分野分析表

分野＼年度		2024		2023		2022		2021	
		1回	2回	1回	2回	1回	2回	1回	2回
生命	植物						○		
	動物		★			★		★	
	人体	★			○			○	★
	生物と環境			★					
	季節と生物								
	生命総合				★		★		
物質	物質のすがた	○				★			○
	気体の性質	★			★				○
	水溶液の性質								
	ものの溶け方		★				○		○
	金属の性質			★					
	ものの燃え方							○	
	物質総合						★	★	★
エネルギー	てこ・滑車・輪軸								
	ばねののび方								
	ふりこ・物体の運動		★						★
	浮力と密度・圧力					★			○
	光の進み方				★			★	
	ものの温まり方	★		★					○
	音の伝わり方						★		
	電気回路								
	磁石・電磁石								
	エネルギー総合								
地球	地球・月・太陽系		★	★		★			★
	星と星座		○						
	風・雲と天候				★		○	★	
	気温・地温・湿度			○			○		
	流水のはたらき・地層と岩石	★							
	火山・地震								
	地球総合						★		
実験器具						○		○	
観察									
環境問題					○				
時事問題					○			○	
複数分野総合									

※ ★印は大問の中心となる分野をしめします。

国語　出題傾向＆対策

◆基本データ（2024年度１回）

試験時間／満点	50分／100点
問題構成	・大問数…３題 文章読解題２題／知識問題１題 ・小問数…19問
解答形式	記号選択が多いが，記述問題なども見られる。記述問題は，80～100字程度のものが２問出題されている。
実際の問題用紙	Ｂ５サイズ，小冊子形式
実際の解答用紙	Ｂ４サイズ

◆過去４年間の分野別出題率

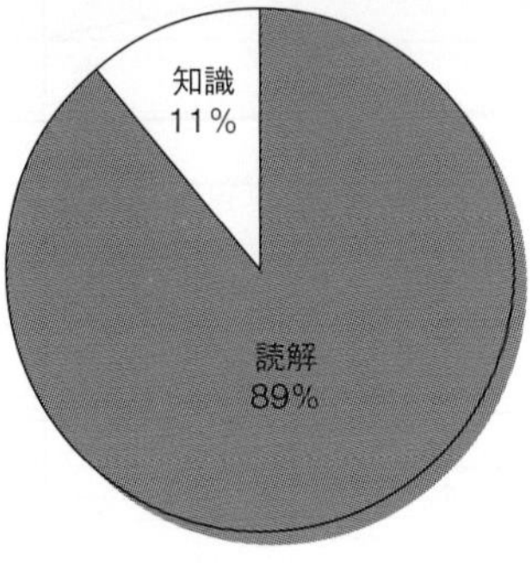

※　配点（推定ふくむ）をもとに算出

◆近年の出題内容

【 2024年度１回 】

大問	一	〔知識〕漢字の読みと書き取り
	二	〔説明文〕中村隆文『「正しさ」の理由―「なぜそうすべきなのか？」を考えるための倫理学入門』（約4000字）
	三	〔小説〕如月かずさ『給食アンサンブル２』（約5900字）

【 2023年度１回 】

大問	一	〔知識〕漢字の読みと書き取り
	二	〔説明文〕加藤諦三『不安をしずめる心理学』（約4600字）
	三	〔小説〕青山美智子『赤と青とエスキース』（約5100字）

◆出題傾向と内容

漢字の問題は１題めに，読みと書き取りがあわせて５問出題されています。

読解問題に目を向けると，取り上げられる素材文は，**小説・物語文と説明文・論説文という組み合わせがほとんど**です。小説・物語文では主人公が同世代の少年少女である作品がよく出されていて，説明文・論説文では社会，歴史，科学，自然などに関することがらをテーマにした作品を好んで取り上げる傾向にあるようです。

設問内容は，文脈や要旨のはあくと細部の理解を問うものが主になっていて，知識問題はあまり出されません。小説・物語文では登場人物の心情，説明文・論説文では内容・文脈の理解と文章の組み立て（段落構成など）に重点がおかれており，文章のポイントをつかまないと答えられないような練られた問題になっています。

◆対策～合格点を取るには？～

本校の国語は，読解力と表現力を見る問題がバランスよく出題されていますから，**まず読解力をつけ，そのうえで表現力を養う**ことをおすすめします。

まず，物語文，随筆，説明文など，ジャンルは何でもよいですから精力的に読書をし，的確な読解力を養いましょう。長い作品よりも短編のほうが主題が読み取りやすいので，特に国語の苦手な人は，短編から入るのもよいでしょう。

そして，書く力をつけるために，感想文を書いたり，あらすじをまとめたりするとよいでしょう。ただし，本校の場合はつっこんだ設問が多いので，適切に答えるには相当な表現力が求められます。まず文脈や心情の流れをしっかりつかみ，次に自分の考えや感想をふまえて全体を整理し，そのうえで文章を書くことが大切です。

なお，知識に関しては，参考書を一冊仕上げるとよいでしょう。また，漢字や熟語については，読み書きはもちろん，同音（訓）異義語，その意味についても辞書で調べておくようにしましょう。

国語 出題分野分析表

分野		年度	2024 1回	2024 2回	2023 1回	2023 2回	2022 1回	2022 2回	2021 1回	2021 2回
読解	文章の種類	説明文・論説文	★	★	★	★	★	★	★	★
		小説・物語・伝記	★	★	★	★	★	★	★	★
		随筆・紀行・日記								
		会話・戯曲								
		詩								
		短歌・俳句								
	内容の分類	主題・要旨	○		○		○	○		○
		内容理解	○	○	○	○	○	○	○	○
		文脈・段落構成					○			
		指示語・接続語		○	○			○	○	○
		その他	○	○	○	○	○	○	○	○
知識	漢字	漢字の読み	○	○	○	○	○	○	○	○
		漢字の書き取り	○	○	○	○	○	○	○	○
		部首・画数・筆順								
	語句	語句の意味		○	○	○		○		○
		かなづかい								
		熟語					○			
		慣用句・ことわざ	○							
	文法	文の組み立て				○			○	
		品詞・用法				○	○		○	
		敬語								
	形式・技法									
	文学作品の知識									
	その他									
	知識総合									
表現	作文									
	短文記述									
	その他									
放送問題										

※ ★印は大問の中心となる分野をしめします。

カコを追いかけ
ミライをつかめ

2024年度　本郷中学校

【算　数】〈第１回試験〉（50分）〈満点：100点〉

注意　コンパス，分度器，定規，三角定規，計算機の使用は禁止します。かばんの中にしまって下さい。

1　次の$\square$に当てはまる数を求めなさい。

(1)　$7-4\div\square-3\div\left\{8-\frac{2}{3}\times(1-0.25)\right\}=1$

(2)　$\left(\frac{6}{253}+\frac{5}{11}-\frac{10}{23}+\frac{1}{8}\right)\times2024\div\left(6.25\times6\frac{1}{5}-7.75\right)=\square$

2　次の問いに答えなさい。

(1)　ある仕事をするとＢさんはＡさんの1.5倍，ＣさんはＡさんの２倍の時間がかかります。３人いっしょにこの仕事をすると６時間かかります。Ａさん１人だけでこの仕事をすると何時間かかりますか。

(2)　Ａさん，Ｂさん，Ｃさんは最初３人合わせて4539円持っていました。３人は同じ値段の本を１冊ずつ買ったところ，Ａさん，Ｂさん，Ｃさんの持っているお金はそれぞれが最初に持っていた金額の$\frac{2}{3}$，$\frac{1}{4}$，$\frac{3}{8}$になりました。この本１冊の値段は何円ですか。

(3)　あるきまりにしたがって下のように分数を並べました。

$\frac{1}{3}$，$\frac{4}{7}$，$\frac{7}{11}$，$\frac{10}{15}$，$\frac{13}{19}$，$\frac{16}{23}$，$\frac{19}{27}$，……

このとき，分子と分母の差が101になる分数はいくつですか。

(4)　ある製品を毎分20個ずつの割合で作る工場があります。工場の中で作られた製品は，ベルトコンベアで工場の外へ運び出されます。いま，この工場の中には360個の製品が保管されています。ここで，さらに製品を作り始めたと同時に５台のベルトコンベアを使って運び出すと18分ですべての製品を工場の外へ運び出すことができます。このとき，製品を作り始めたと同時に７台のベルトコンベアを使って運び出すと何分ですべての製品を工場の外へ運び出すことができますか。

(5)　右の図のようにＡ地点からＣ地点までは上りで，Ｃ地点からＢ地点までは下りになっています。Ａ地点からＢ地点に行くのに５時間30分，Ｂ地点からＡ地点に行くのに５時間45分かかります。このとき，BC間の距離《きょり》は何kmですか。ただし，上るときは時速4km，下るときは時速6kmの速さで進むものとします。

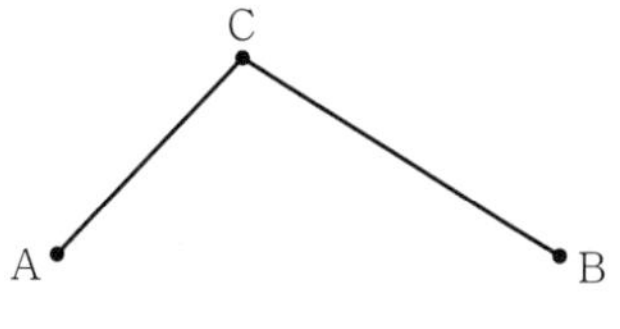

(6)　次のページの[図Ⅰ]のような形を底面とする柱状の容器が[図Ⅱ]のように水平な地面につくように置かれています。この容器に水を入れたら[図Ⅲ]のようになりました。入れた水の体積は何cm^3ですか。ただし，容器の厚みは考えないものとし，円周率は3.14とします。

［図Ⅰ］

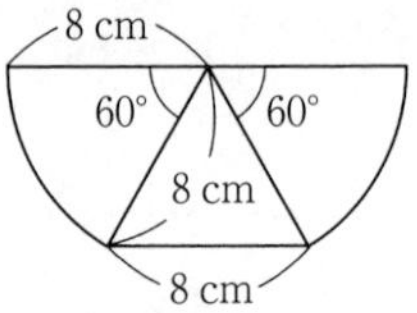

おうぎ形２つと正三角形
１つを組み合わせた形

［図Ⅱ］

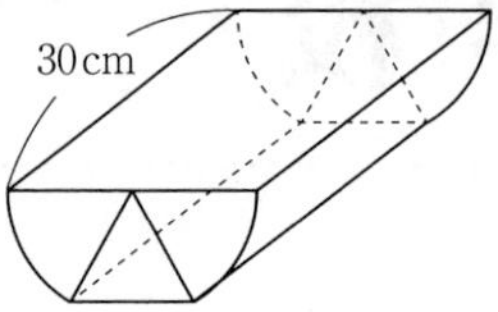

［図Ⅲ］

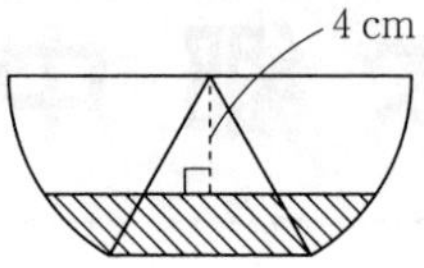

3　バスの停留所Ｐから駅までは2400ｍあります。この2400ｍを三等分する地点に２つ停留所があります。バスは停留所でそれぞれ１分間停車します。ＡさんとＢさんは停留所Ｐに集合し，Ａさんは自転車で，Ｂさんはバスで駅に向かいます。Ａさんが出発して３分後にバスはＢさんを乗せて停留所Ｐを出発しました。Ａさんの自転車は一定の速さで駅まで向かい，バスも停留所に停車する以外は一定の速さで走ります。しかし，駅の近くで渋滞《じゅうたい》が発生し，バスだけ速さが遅くなったため，２人同時に駅に着きました。次のグラフは，Ａさんが停留所Ｐを出発してから駅に着くまでの時間とＢさんとの距離の差の関係を表したものです。このとき，下の問いに答えなさい。

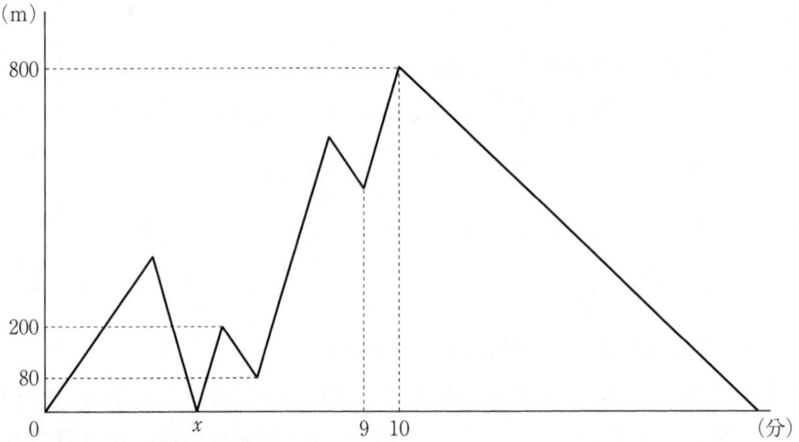

(1)　Ａさんは毎分何ｍの速さで自転車に乗っていましたか。

(2)　渋滞時のバスの速さは毎分何ｍですか。

(3)　グラフの x の値はいくつですか。

4　次の［図Ⅰ］は，奇数をある規則によって書き並べた表の一部です。例えば第３行，第２列の数は15，第１行，第５列の数は29となります。

［図Ⅰ］

	第1列	第2列	第3列	第4列	第5列
第１行	1	5	11	19	29
第２行	3	9	17	27	
第３行	7	15	25		
第４行	13	23			
第５行	21				

Ａ，Ｂ，Ｃの３人は，この表の様々な規則に注目し，問題を出し合うことにしました。以下の［　　］は，そのときのＡ，Ｂ，Ｃ３人の会話です。

Ａ「最初は私から問題を出すわよ。第29行，第１列の数はいくつでしょうか」
Ｂ「ねぇ，ヒントちょうだいよ」
Ａ「じゃあ，［図Ⅱ］みたいに，左端の列から，右斜め上に向かって①，②，③，…のようにグループを考えてみて」
Ｃ「そうか。グループにすると規則が分かるね」
Ｂ「ねぇ，もっとヒントちょうだいよ」
Ａ「しょうがないわね。第28行，第１列の数は757よ」
Ｂ「分かった！　第29行，第１列の数は x だね」
Ａ「正解よ」

［図Ⅱ］

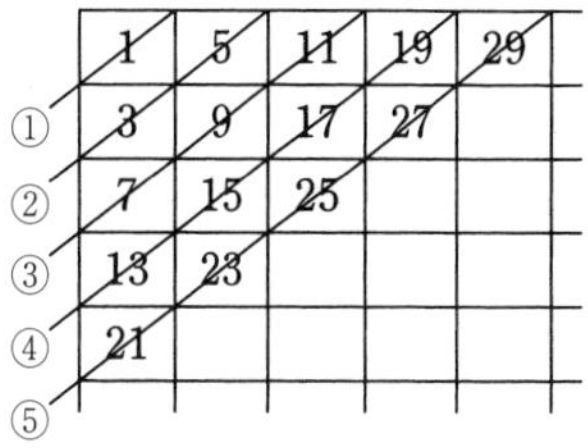

(1)　x の値はいくつですか。

Ａ「次は，誰が問題を出してくれるの？」
Ｂ「僕が出すよ。少し難しいかもよ。［図Ⅲ］は，この表の一部なんだけど，斜線部分に書かれている数の和はいくつでしょうか」
Ｃ「ちょっと待って。分かったかも」
Ｂ「えっ，本当？　気付くの早いなぁ」
Ｃ「あぁ，やっぱり。どこを調べても同じ規則だよ」
Ａ「どういうこと？　『どこを調べても』って…」
Ｃ「［図Ⅲ］だけでなくて，この配置に並んでいる４つの数については，ある規則が成り立っているんだよ」
Ａ「あっ，本当だ。斜線部分とそうでない部分について，それぞれの和に注目すればよいのね」
Ｂ「で，答え分かった？」
Ｃ「［図Ⅲ］の斜線部分に書かれている数の和は y だよ」
Ｂ「正解。ヒントがなくてよく分かったね」

［図Ⅲ］

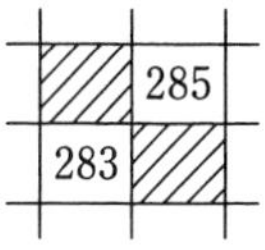

(2)　y の値はいくつですか。

Ｃ「最後の問題は僕が出すよ。［図Ⅳ］も，この表の一部なんだけど，斜線部分に書かれている数の和が1722のとき，◎印のところに書かれている数はいくつでしょうか」
Ｂ「僕が出した問題に似ているけど…ヒント，ちょうだい」
Ｃ「ＡさんやＢさんが出した問題を解く過程でみつけた規則を思い出してみよう」
Ｂ「どういうこと？」

［図Ⅳ］

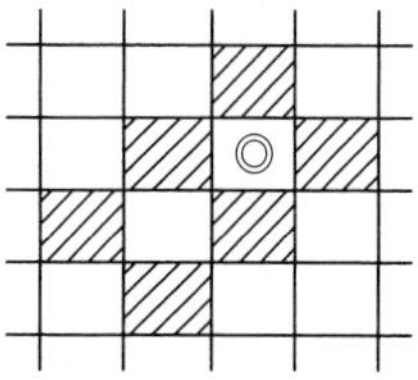

C「まず，斜めに並んでいる３つの斜線部分は，Ａさんが出した問題のように数字が並んでいるから，その和はある部分の数の何倍かになっているよ」

A「あぁ，なるほど。そうすると，さっきＢさんが出した問題を解く過程でみつけた規則が上手く使えるね」

C「さすがＡさんだね。少し時間を取って計算してみて」

⋮

A「分かったわ。[図Ⅳ]の◎印のところに書かれている数は z よ」

C「正解だよ。上手に考えることができたね。Ｂさんはどうだった？」

B「もうちょっと，時間があればできそうだよ」

(3)　z の値はいくつですか。

5　図のような１辺の長さが６cmの立方体があります。

辺AB，DC，EF，HG上にそれぞれ点Ｉ，Ｊ，Ｋ，Ｌをとります。

AI：IB＝DJ：JC＝4：5,

EK：KF＝HL：LG＝2：1です。

このとき，次の問いに答えなさい。

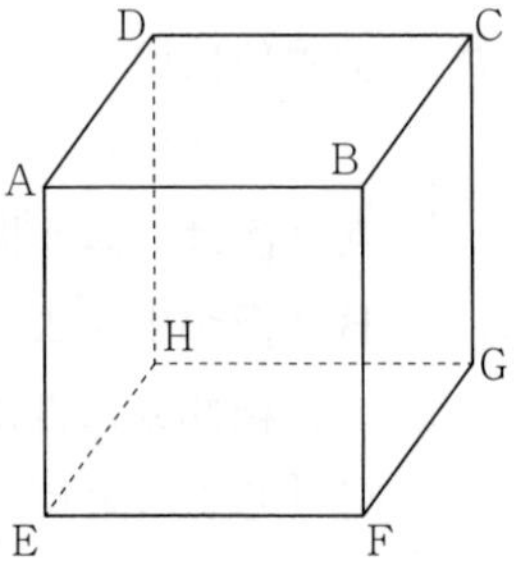

(1)　この立方体を３点Ｉ，Ｋ，Ｌを通る平面で切ったとき，点Ａを含む立体Ｐの体積は何 cm^3 ですか。

(2)　立体Ｐについて，辺EK，HL上にそれぞれER：RK＝HS：SL＝2：1となるように点R，Sをとります。このとき５点Ｉ，Ｒ，Ｋ，Ｌ，Ｓを頂点とする立体の体積は何 cm^3 ですか。

(3)　辺AD上にAM：MD＝1：1となるように点Mをとります。立体Ｐを３点M，H，Ｌを通る平面で切ったとき，点Ａを含む立体の体積は何 cm^3 ですか。

【社　会】〈第１回試験〉（40分）〈満点：75点〉

注意　解答に際して，用語・人物名・地名・国名などについて漢字で書くべき所は漢字で答えなさい。
なお，国名の表記は通称でかまいません。

〈編集部注：実物の入試問題では，**1**の地形図はカラー印刷です。〉

1　次のページの地形図(縮尺は１：50000)を見て，次の問いに答えなさい。

問１　この図から読み取れる内容を説明した次の各文について，内容が正しければ○を，誤っていれば×を答えなさい。

ア　海岸部には，広範囲にわたって針葉樹の防砂林が見られる。

イ　雲出川の本流は，東から西に向かって流れ，海に注いでいる。

ウ　雲出川の流域には，田の分布が見られる。

エ　図中の最高地点の標高は，およそ５ｍである。

オ　図中のJR線は，単線の路線である。

問２　図中に見られる地形の名称を次の中から１つ選び，記号で答えなさい。

ア　三角州　　イ　海岸段丘

ウ　河岸段丘　　エ　扇状地

問３　図中のＡの水域の名称を次の中から１つ選び，記号で答えなさい。

ア　駿河湾　　イ　若狭湾

ウ　中海　　エ　伊勢湾

問４　図中の雲出川流域に見られる２か所の「老人ホーム」の直線距離は，図面上(原図)では３cmです。実際の距離を解答欄に合うように答えなさい。

問５　図中の「紀勢本線」は，主に沿岸部を通って，図中の地域が属する県の亀山市と，隣接する県の県庁所在地を結んでいます。その県庁所在地名を次の中から１つ選び，記号で答えなさい。

ア　大津市

イ　和歌山市

ウ　名古屋市

エ　神戸市

問６　図中の地域が属する県について述べた次の文の中から，誤りを含むものを１つ選び，記号で答えなさい。

ア　松阪市を中心とした地域で銘柄牛の飼育が行われ，品質の高い牛肉が生産されている。

イ　江戸時代から林業の町として栄えてきた尾鷲市は，国内でも非常に降水量の多い地域である。

ウ　県庁所在地に次いで人口の多い四日市市では，古くから海運業が栄え，大規模な製油所も建設されている。

エ　リアス海岸が発達した志摩半島の沿岸部では水産業が盛んで，真珠・かき・のりなどの養殖が行われている。

問７　図中の「津市」とほぼ同緯度に位置する都市を次の中から１つ選び，記号で答えなさい。

ア　さいたま市　　イ　金沢市

ウ　岡山市　　エ　大分市

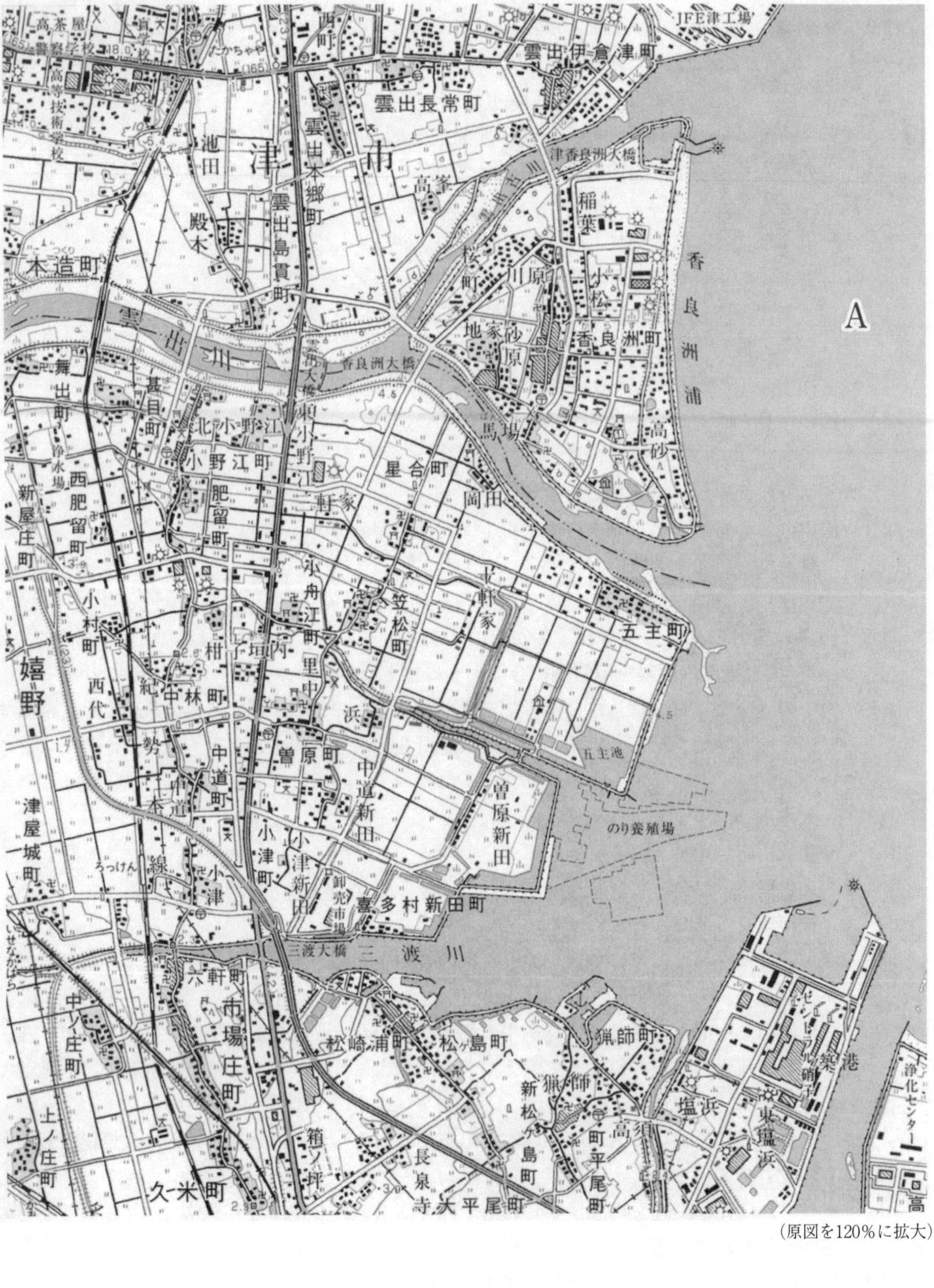
A
JFE津工場
高茶屋
警察学校
たかちゃや
雲出伊倉津町
雲出長常町
高等技術学校
池田
津
市
雲出本郷町
津香良洲大橋
高筝
稲葉
雲出島貫町
殿木
木造《つくり》町
香良洲浦
桜町
川原
小松
雲出川
地家
砂原
香良洲町
香良洲大橋
雲出大橋
舞出町
甚目町
北小野江
東小野江
馬場
高砂
浄水場
小野江町
星合町
岡田
西肥留町
肥留町
二軒家
新屋庄町
小舟江町
笠松町
七軒家
五主町
小村町
嬉野
柑子垣内
里中
中林町
西代
紀勢本線
浜
中道
曽原町
中道新田
五主池
曽原新田
のり養殖場
津屋城町
ろっけん
小津新田
小津町
卸売市場
小津
喜多村新田町
三渡大橋
三渡川
いせなかがわ
六軒町
中ノ庄町
市場庄町
松崎浦町
松ヶ島町
猟師町
セントラル硝子
大築港
浄化センター
上ノ庄町
新松ヶ島町
塩浜
東塩浜
高須町
平尾町
箱ノ坪
長泉寺
大平尾町
久米町
高

（原図を120％に拡大）

問８　次の表は，図中の地域が属する県と，その県が隣接する６府県に関する統計です。表中の①～⑦にあてはまる府県名をそれぞれ答えなさい。

府県	人口（万人）2019年	面積（km^2）2019年	府県庁所在地人口（万人）2019年	林野率（％）2020年	農業産出額総額（億円）2018年	工業生産（出荷額）総額（億円）2017年	65歳以上人口割合（％）2019年
①	204	10,621	40.9	79.2	1,104	57,062	29.2
②	756	5,173	229.4	42.1	3,115	472,303	24.5
③	182	5,774	27.9	64.3	1,113	105,552	28.8
④	142	4,017	34.2	50.9	641	78,229	25.4
⑤	255	4,612	141.2	74.2	704	58,219	28.7
⑥	136	3,691	35.7	76.9	407	21,181	30.3
⑦	96	4,725	36.8	76.2	1,158	26,913	31.9

出典：帝国書院『中学校社会科地図』（2023年）
矢野恒太記念会『データでみる県勢 2023』（2022年）

2　次の文章を読み，下の問いに答えなさい。

国家が徴税や徴兵のために，個人を把握する制度を設けることがあります。現行の制度で言えば戸籍であり，また最近，多くの問題点が指摘されているマイナンバーカードもそうです。

最も古い「戸籍」に近いものとして『日本書紀』に記録されているのは，「名籍《なのふだ》」です。A６世紀中頃に渡来人らを対象に記録したものでした。

国家が個人を把握するために最初に作成した戸籍が，670年の庚午年籍《こうごねんじゃく》でした。従来の豪族による個別支配を廃止し，B大王（天皇）中心の中央集権体制を築くためにさまざまな改革を進めていく中で，作成されたものです。この戸籍は現存しないものの，律令の規定で「永久保存」とされました。この戸籍の威力を見せつけたのが，①「古代最大の内乱」とも言われる事件でした。この内乱では双方が戸籍を活用して徴兵したために，それまでになかった規模の軍勢が戦場に集結することになりました。次いで，690年に持統天皇により作成されたのが庚寅《こういん》年籍です。これは前年に施行された令の規定に基づいて［　②　］を行うためのものであり，家族構成や身分などまで記載されていました。こうした律令の規定に基づく戸籍は奈良時代にも作成されており，その一部は［　③　］に現存しています。

しかし，④律令に基づく税が重すぎることが一因となり，次第に戸籍が偽造されるようになり，徴税は困難になっていきました。それでも徴税などは必要なので，C鎌倉時代から戦国時代にかけては，D土地調査の帳簿が国ごとに作成されていました。ただ，個人を把握する帳簿は作成されなくなりました。ようやくE豊臣秀吉が全国規模で土地や収穫量などの調査を行い，⑤その帳簿に多くの個人が登録されるようになりました。

江戸時代になると，特にF宗教統制の面から人々の宗派を調査し，⑥その帳簿を作成するようになりました。この帳簿が，江戸時代には現在の戸籍と同じような役割を果たしました。なお，将軍がG徳川吉宗であった時期の1726年からは，この信仰調査と同時に人口調査も行うようになりました。また，大名や家臣の名前や役職などを記した武士の名簿である「分限帳《ぶげんちょう》」も作成されています。

明治時代になると，Hさまざまな近代化政策が実施されました。その中で，中央集権化の大前提の一つとされたのが，戸籍の作成でした。1869年の［　⑦　］の際に３つの族籍が新たに設定され，職業別の封建的な身分制度はなくなりました。その上で1871年に戸籍法が制定され，翌年に最初の近代的戸籍が完成しました。この戸籍は儒教的順序で記載する，⑧族籍を明記するなどを特徴としていましたが，北海道のアイヌの人々，沖縄の人々，小笠原諸島に先住していた欧米系の人々に，日本人と同じような氏名を強制して登録するなど，問題点もありました。また，この戸籍制度によって個人は「家」を単位に把握されるようになり，その「家」のあり方は民法によって定められました。

一方，近代国家が個人の帰属を定める制度としては国籍制度があり，日本では1899年に国籍法が成立しました。ちょうどこの年に領事裁判権が撤廃されるとともに居留地が廃止され，外国人の内地雑居が実施されることになっていたからです。また，この頃から植民地として日本の領土に編入されていった台湾や南樺太，朝鮮でも戸籍は作成されました。しかし，国籍上は同じ「日本人」とされた植民地住民は，「外地」戸籍に登録され，本土など「内地」出身の日本人とは明確に区別されていました。

こうした状況は，日本の敗戦によって大きく変わることになります。1947年に民法が改正され，「家」制度が廃止されました。1952年にⅠサンフランシスコ平和条約が発効して植民地が日本から正式に切り離されると，「外地」戸籍に登録された住民には国籍選択の自由が与えられず，一方的に日本国籍を剥奪されることになりました。また，戸籍の所在地(本籍)と現住所が一致するとは限らないので，戸籍を補完するものとして，個人を単位として住民票が作成され，世帯ごとに編成して住民基本台帳が作成されるようになりました。1999年の住民基本台帳法改正により一人一人に住民票コードが割り振られ，住民票に記載された本人確認情報がコンピュータ・ネットワークにより一元的に管理されることになりました。このシステムは2003年から本格的に稼働し，それに対応して同年には個人情報保護法が制定されています。2012年からは外国籍の住民も住民基本台帳制度の対象となり，住民票が作成されています。さらに，2013年には「マイナンバー法」が成立し，所得や社会保障，納税などに関する個人情報を一元的に管理する共通番号(「マイナンバー」)制度が導入されたのです。こうして，国家が個人を把握する方法は，新たな段階に入ったと言えるでしょう。

問1　下線部Aについて，この頃の状況の説明として誤っているものを次の中から1つ選び，記号で答えなさい。

ア　この頃までには，儒教や仏教などの思想が日本列島に伝わっていた。

イ　この頃に造成された古墳の多くは，巨大な前方後円墳であった。

ウ　この頃，「倭」国は中国の王朝と外交関係を結んでいなかった。

エ　この頃，蘇我氏は大王家と姻戚関係を結んでいった。

問2　下線部Bについて，こうした試みは長い時間を必要としました。その間に起こった次の4つの出来事を，古い順に並べたときに2番目となるものを選び，記号で答えなさい。

ア　第1回の遣唐使を派遣した。

イ　白村江の戦いで「倭」国が敗れた。

ウ　藤原京に遷都した。

エ　富本銭が造られた。

問3　下線部Cについて，この時期に関する次の4つの出来事を，古い順に並べたときに2番目となるものを選び，記号で答えなさい。

ア　応仁の乱が起こった。

イ　承久の乱が起こった。

ウ　御成敗式目が制定された。

エ　南北朝が合一された。

問４　下線部Ｄについて，こうした帳簿を主に作成していた役職名を，次の中から１つ選び，記号で答えなさい。

ア　郡司　　イ　国司　　ウ　守護　　エ　地頭

問５　下線部Ｅについて，この人物に関する記述として誤っているものを次の中から１つ選び，記号で答えなさい。

ア　朝廷の権威を利用するため，摂政や関白に就任した。

イ　百姓から刀や鉄砲などの武器を取り上げて一揆を防ごうとした。

ウ　座や関所を廃止し，道路を整備するなど商工業の発展を図った。

エ　中国征服のための協力を拒否した朝鮮に２度，出兵した。

問６　下線部Ｆについて，ここで禁止とされた主な宗教はキリスト教でした。この頃までに日本に伝わったキリスト教に関する記述として誤っているものを次の中から１つ選び，記号で答えなさい。

ア　ザビエルが鹿児島に来てキリスト教を日本に伝えた。

イ　九州のキリシタン大名が，４名の少年をローマ教皇のもとに派遣した。

ウ　京都や山口などに，キリスト教会にあたる南蛮寺が建立された。

エ　豊臣秀吉が一貫してキリスト教を保護し続けたので，日本国内の信者が激増した。

問７　下線部Ｇについて，この人物が行った幕政改革に関する記述として誤っているものを次の中から１つ選び，記号で答えなさい。

ア　米価が高すぎると打ちこわしが発生するので，米価を引き下げさせた。

イ　財政支出を削減するためにも倹約を守らせ，鷹狩や武芸を奨励した。

ウ　目安箱を設け，自ら投書を読んで政治の参考にした。

エ　裁判の公正を図るために公事方御定書をつくらせた。

問８　下線部Ｈについて，これに関する説明として誤っているものを次の中から１つ選び，記号で答えなさい。

ア　財政収入の安定を図るため，地価の３％を地租として現金で納めさせることにした。

イ　西洋の進んだ機械や技術を国費で摂り入れるため，官営工場などを設立した。

ウ　全国に小学校を設立し，６歳以上の男女に義務教育を行うようにした。

エ　ヨーロッパの制度にならって満18歳以上の男子を徴兵し，近代的な軍隊制度を整えた。

問９　下線部Ｉについて，この条約の内容に関する説明として誤っているものを次の中から１つ選び，記号で答えなさい。

ア　この条約の発効と同時に，日本は国際連合への加盟が認められた。

イ　日本は主権を回復したが，沖縄や小笠原などはアメリカの施政権下に置かれた。

ウ　占領軍は日本から撤退することになったが，別に協定を結べば外国軍隊が日本に駐留することはできた。

エ　日本は朝鮮の独立を承認し，台湾や千島列島・南樺太などを放棄した。

問10　下線部①について，この事件の名称を４字で答えなさい。

問11　文中の [②] には，６歳以上の男女に口分田を班給する制度の名称があてはまります。その語句を答えなさい。

問12　文中の [③] には，聖武天皇の遺品などを収めている建築物の名称があてはまります。その語句を答えなさい。

問13　下線部④について，このうち，地方の特産物を都に納めた税の名称を答えなさい。

問14　下線部⑤について，この帳簿の名称を３字で答えなさい。

問15　下線部⑥について，この帳簿の名称を答えなさい。

問16　文中の [⑦] には，薩摩・長州・土佐・肥前の４藩主が土地(領地)と戸籍(領民)を朝廷に返還・献上したことで始まった出来事の名称があてはまります。その語句を答えなさい。

問17　下線部⑧について，それまで牛馬の死体処理などの関係で「ケガレ」ているとして不当な差別を受けていた人々がいました。彼らは租税がほぼ免除で，皮革生産を独占できました。ところが，このときからは「職業選択の自由」が認められ，〔　　〕並みに徴税・徴兵されることになりました。この戸籍を見ると，族籍の欄には「新〔　　〕」と記載されており，後々まで差別が続いていくことにもなりました。この〔　〕にあてはまる族籍の名称を答えなさい。

3　次の文章を読み，下の問いに答えなさい。

今からちょうど①10年前，日本を代表する経済学者の宇《う》沢《ざわ》弘文《ひろふみ》が亡くなりました。そこで，「闘う経済学者」とも言われた宇沢の生涯と業績を見てみましょう。

宇沢は1928年に②鳥取県米子市で生まれました。父は学校の先生をしていたようですが，宇沢が小さい頃に退職し，一家は東京の田端に転居しました。空襲を受けるなど大変なこともたくさんあったものの，熱心に勉強に励み，東京大学理学部数学科に入学しました。卒業後は特別研究生になるほど数学ができる優秀な学生でしたが，③戦後の貧困に苦しむ日本を良くしたいという思いで経済学に転じました。数学科の恩師から止められたとき，宇沢は「日本の社会がこれだけ混乱しているときに，ひとり数学を勉強しているのは苦痛です」と言い放ったというエピソードが残っています。

経済学に転じた後，④アメリカに送った論文が認められたことがきっかけで，留学のチャンスをつかみます。アメリカでの約12年の研究教育活動を通じて教授のポストを得るなど，宇沢は日本を代表する経済学者になっていきました。

そして1968年に日本に戻ったとき，[　A　] に直面する日本の現状に衝撃を覚え，それまでの経済学に批判的な立場をとるようになります。その批判は自らが研究してきた経済学を根本から否定する，非常に過激なものでした。

ただ宇沢がすぐれていたのは，批判するだけではなく，新たな形を提唱したことにあります。それは社会的共通資本と言われますが，重要な点は，費用を適切に計測しようとしたことにあります。

「費用を適切に計測する」と言われても，ピンとこないかもしれません。そこで宇沢の名前が一般的によく知られるようになった，⑤自動車の費用の計測について考えてみましょう。

自動車を見ない日はないほど，私たちの生活に自動車は定着しています。今日，本郷中学に来るときもバスやタクシーを利用した人もいるかもしれません。このように便利であることは間違いないですが，一方で，交通事故や⑥排気ガス，騒音など，自動車は社会に大きな負担を与えているのも確かです。

では自動車はどれだけ社会に負担をかけているのでしょうか。1970年代当時の⑦運輸省は，一般的な経済学の手法を使って，事故などによって失われた価値を費用として計測しようとしました。具体的には，例えば400万円の生産をしていた人が，事故によって生産が300万円に減ってしまった場合，100万円を費用として考えていました。死亡した場合であれば，費用は400万円となります。

この方法が持つ問題は，人の生命や健康を，お金に換算してしまうという点にあります。これを宇沢は非人道的であるとして，厳しく批判しました。そして別の方法を提唱します。それはまず，歩道と車道が分かれており，かつ歩行者が優先される，交通事故が起こらない理想的な道路を設計します。そして日本のすべての道路をそのように変えるための費用を算出し，それを全自動車数で割ると，自動車1台あたりの費用を出すことができます。このようにすれば，人命をお金に換算するという非人間的な問題を回避して，自動車の費用を計測することができます。

宇沢は計算や理論だけにこだわり人間性を見失ってしまうような学問にたいして，強い危機感を覚えていました。そして理論的な正しさだけではなく，正義や倫理を大切にしていました。宇沢の弟子であり自身も日本を代表するゲーム理論学者である松島《まつしま》 斉《ひとし》東京大学経済学部教授は，

> 私は，宇沢先生が，「アメリカ政府の要請で，多くの経済学者が，[B]人を殺すのに必要な費用便益を計算していた」というお話を(留学しているときを回想して)されたときの「ものすごい形相」を，一生忘れません。

と宇沢の哲学がよくわかるエピソードを紹介しています。

宇沢の奮闘にもかかわらず，近年においても，ある評論家が⑧社会保障改革の一つとして高齢者の⑨集団自決を提案し，それが大きな話題となってしまうという現象がありました。SNS時代では，アマチュアによる学問的な裏付けのない過激な意見や⑩根拠のない誤った情報が広まりやすいようです。

今こそ宇沢のような本物の学者の思想や業績を振り返り，人類が蓄えてきた確かな知見を意識して見つめ直す必要があるのかもしれません。

問1　下線部①について，このときの日本の内閣総理大臣として適切な人物を次の中から1人選び，記号で答えなさい。なおこの年の4月には消費税が8％となり，7月には当時の内閣が憲法の解釈を変更し，集団的自衛権の行使を認める閣議決定を行いました。

ア　麻生太郎　　イ　野田佳彦　　ウ　安倍晋三　　エ　菅義偉

問2　下線部②について，現在の鳥取県は，参議院議員選挙においてある県と合区(合同選挙区)となっています。その県として適切なものを次の中から1つ選び，記号で答えなさい。

ア　岡山県　　イ　島根県　　ウ　広島県　　エ　香川県

問3　下線部③について，日本は高度経済成長を経て豊かな国になっていきますが，そのきっかけとして適切ではないものを次の中から1つ選び，記号で答えなさい。

ア　朝鮮戦争による特需

イ　国民所得倍増計画の策定

ウ　東京オリンピックの開催

エ　関西国際空港の開港

問４　下線部④の政治・経済・地理・文化についての文章として適切ではないものを次の中から１つ選び，記号で答えなさい。

ア　今年，行政の長としての大統領を選ぶ選挙が実施される。

イ　世界一の経済大国であり，IT 産業や航空機・宇宙産業が盛んである。

ウ　世界的に有名な大都市をいくつも抱えており，例えば東海岸のロサンゼルス，西海岸のニューヨークなどがある。

エ　ハリウッドの映画や，ブロードウェイのミュージカルなど，さまざまな文化の本場となっている。

問５　［Ａ］にあてはまる文章として適切なものを次の中から１つ選び，記号で答えなさい。

ア　水俣病などをはじめとした公害問題

イ　第五福竜丸事件による被ばく問題

ウ　ロッキード事件をきっかけとした政治問題

エ　消費税を導入したことによる経済問題

問６　下線部⑤について，日本では自動車を輸入するときに税金がかかりませんが，このような税金の名称として適切なものを次の中から１つ選び，記号で答えなさい。

ア　節税　　イ　関税　　ウ　印税　　エ　重量税

問７　下線部⑥について，いわゆる四大公害訴訟の１つで，工場から出る煙が原因となって生じた公害の名称を７字で答えなさい。

問８　下線部⑦について，これは中央省庁再編によって2001年から名称が変更されていますが，その変更後の名称として適切なものを次の中から１つ選び，記号で答えなさい。

ア　国土交通省　　イ　環境省　　ウ　内務省　　エ　経済産業省

問９　［Ｂ］に入る国名を，本文の内容をヒントにして答えなさい。

問10　下線部⑧について，日本国憲法は第25条で規定しています。以下の文章は第25条１項ですが，これが保障している人権を何と言いますか。３字で答えなさい。

すべて国民は，健康で文化的な最低限度の生活を営む権利を有する。

問11　下線部⑨について，次の文章は，太平洋戦争下において起こった集団自決に関する証言です。この証言が生まれたのはどこの県ですか。適切なものを下の中から１つ選び，記号で答えなさい。

【国民学校５年生だった女性の証言】

「忠魂碑前に着くと，戦闘帽をかぶり※ゲートルを巻いた兵隊一人を中心に，住民が円を描くように立っていた。兵隊は左手で手りゅう弾を抱え，右手で住民に差し出していた」

※すねを保護するもの。主に軍隊で普及していた。

ア　福島県　　イ　兵庫県　　ウ　福岡県　　エ　沖縄県

問12　下線部⑩について，これをあらわす語句として適切なものを次の中から１つ選び，記号で答えなさい。

ア　グローバルスタンダード　　イ　フェイクニュース

ウ　コーポレートガバナンス　　エ　マイクロファイナンス

【理　科】〈第1回試験〉（40分）〈満点：75点〉

注意　机上に定規を出し，試験中に必要であれば使用しなさい。

1　温度や熱について調べたところ，次のことがわかりました。

「もの(水，空気，氷など)は，分子と呼ばれる小さな粒子《りゅうし》でできている。」

「同じ体積の液体と気体を比べると，液体の方が分子の数は多い。」

「分子は目には見えないが，不規則《ふきそく》な運動をしている。この運動が激《はげ》しいほど温度が高い。」

「運動の激しさが違う(温度が違う)分子がぶつかることで，温度が高いものから温度が低いものに熱が伝わる。」

これを参考に，以下の問に答えなさい。

図1のように，透明《とうめい》なプラスチック製のコップを3つ用意しました。何も入っていないコップをコップA，部屋の温度とほぼ同じ温度の水を50g入れたコップをコップB，部屋の温度とほぼ同じ温度の水を100g入れたコップをコップCとします。

これらのコップA，B，Cに，同じ温度の20gの氷を1つずつ入れました。コップB，Cに入れた氷はコップの底にふれることなく，水に浮かびました。コップA，B，Cに入れた氷が完全にとけきるまでの時間を調べたところ，結果は表1のようになりました。

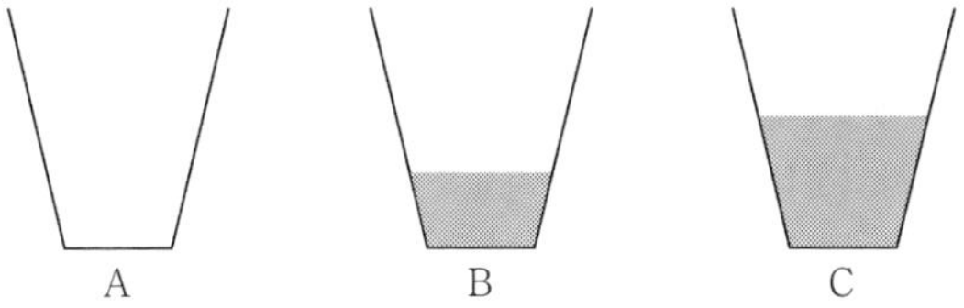

図1

表1

	A	B	C
氷がとけきるまでの時間	およそ80分	およそ32分	およそ16分

(1)　コップBに入れた氷がとけきったとき，コップBの中に入っている水の重さは何gですか。

(2)　コップB，Cの氷が完全にとけきったとき，それぞれのコップの水面の高さは，氷を入れた直後の氷が水に浮かんでいたときと比べてどうなりますか。次の**ア**～**ウ**から1つずつ選び，記号で答えなさい。

ア．高くなる　　**イ**．低くなる　　**ウ**．変わらない

(3)　コップCの氷が水に浮いた理由として最も正しいものを，次の**ア**～**オ**から1つ選び，記号で答えなさい。

ア．水100gに対して，氷は20gと氷の方が軽いから。

イ．水100gと氷20gでは水の方が体積は大きいから。

ウ．水と氷を同じ体積で比べたとき，水の方が重いから。

エ．水と氷を同じ重さで比べたとき，水の方が体積は大きいから。

オ．水と氷では氷の方が温度は低いから。

(4)　氷がとけきった直後にコップの中の水の温度をコップA，B，Cについてはかると，それぞれの温度はどのようになっていると考えられますか。次の**ア**～**オ**から1つ選び，記号で答えなさい。

ア．温度の高い順にA，B，Cになる。

イ．温度の高い順にC，B，Aになる。

ウ．BとCが同じ温度で，Aの温度だけが高い。

エ．BとCが同じ温度で，Aの温度だけが低い。

オ．A，B，Cともに同じ温度になる。

(5) 表1の結果からわかることとして正しいものを，次の**ア**～**オ**からすべて選び，記号で答えなさい。

ア．氷のまわりに水がある方が，氷はとけやすい。

イ．氷のまわりに水がある方が，氷はとけにくい。

ウ．氷のまわりに水があるかないかは，氷のとけやすさには関係がない。

エ．水は空気よりも熱を伝えやすい。

オ．空気は水よりも熱を伝えやすい。

次に図2のように，透明なプラスチック製のコップDを用意しました。コップDには底に氷が落ちない程度の小さな穴がいくつかあいています。コップDに水を入れても，水は小さな穴から流れてコップDに水をためることはできませんでした。

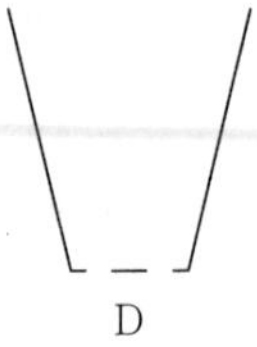

図2

部屋の温度と同じになったコップDに氷を1つ入れました。この氷はコップA，B，Cに入れた氷と同じ温度，同じ重さです。

(6) コップAのときと部屋の温度，氷の温度を同じにして，コップDに入れた氷が完全にとけきるまでの時間を調べました。その結果とその理由を示したのが以下の文です。科学的に正しいものとなるように [1] ～ [4] にあてはまる語句を，下の**ア**～**コ**から1つずつ選び，記号で答えなさい。

結果：AとDでは，氷がとけきるまでの時間は [1] 。

理由：最初はAとDはどちらも氷のまわりは空気だけだが，氷がとけるとAは水がたまり，Dは水がたまらない。空気よりもとけてすぐの水の方が温度は低いので，分子の運動の激しさは [2] 。しかし，空気よりも水の方が分子の数が非常に [3] ので，空気に比べて水の方が，氷に熱を伝え [4] 。

ア．Aの方が長い	**イ**．Dの方が長い	**ウ**．変わらない
エ．水の方が激しい	**オ**．空気の方が激しい	**カ**．空気も水も変わらない
キ．多い	**ク**．少ない	
ケ．やすい	**コ**．にくい	

(7) 90℃のお湯の中に手を入れたら，すぐにやけどをしてしまうが，90℃のサウナに入っても，すぐにやけどをすることはありません。その理由はいくつかありますが，理由の1つが次の文です。これが科学的に正しいものとなるように [1] ～ [3] にあてはまる語句を答えなさい。

お湯とサウナの中の空気が同じ温度の場合，分子の運動の激しさは [1] ですが，分子の数は，お湯に比べて空気の方が [2] ので，お湯よりもサウナの中の空気の方が人の身体に熱を伝え [3] 。

そのため，90℃のお湯の中に手を入れたら，すぐにやけどをしてしまうが，90℃のサウナに入っても，すぐにやけどをすることはありません。

2　次の文を読んで以下の問に答えなさい。

物質を構成する基本的な成分である元素は，およそ100種類が確認されています。宇宙が誕生して最初に生まれた元素は水素であり，全宇宙の元素のおよそ90％をしめています。水素は「水」の「素《もと》」と表記されるように，酸素と反応し水になる元素です。英語ではHydrogenと表記されますが，「水を生むもの」という意味を持つ言葉が語源です。

(1)　地球にも水素が存在していますが，その多くが水として存在しており，気体として存在する水素はほとんどありません。この理由について以下の[1]には[**軽**・**重**]のどちらが入りますか。また，[2]に入る文を，下の**ア**～**エ**から１つ選び，記号で答えなさい。

理由１　気体の水素は大気中の酸素と反応しやすく水に変化してしまうため。

理由２　気体の水素は重さが非常に[1]く，[2]ため。

ア．河川や海水にとけこんでしまう

イ．大気中を動き回り，森林などに吸収される

ウ．地球の重力では，大気中に留まらない

エ．大気中を上昇《じょうしょう》し，冷やされて液体となる

(2)　人のからだの中にも水素は水，タンパク質，脂肪《しぼう》などになって存在していて，その中にふくまれる水素は人間の体重の10％をしめています。人間の体内の水は体重の60％であり，水の重さの11％が水素の重さであるとすると，50kgの人間の体内に水以外のタンパク質や脂肪などとして存在している水素は何kgですか。答えが割り切れない場合は，小数第２位を四捨五入して小数第１位で答えなさい。

(3)　気体の水素は自動車を動かすエネルギー源としても使われています。気体の水素と酸素を反応させ電気を発電し，得られた電気でモーターを動かし自動車を走らせます。この電気を発電する装置は何電池というか答えなさい。

(4)　気体の水素をエネルギー源として使う方法に燃焼させる方法もあります。例えば水素エンジン自動車やロケットは水素を燃焼させ動力を得ています。ロケットの動力として水素を用いるときには，水素と酸素を液体にしてロケットに搭載《とうさい》され動力として使われています。

①　水素や酸素は通常気体として存在しますが，ロケットに搭載されるときは液体にします。気体から液体になる状態変化の名まえを答えなさい。

②　ロケットの動力として水素や酸素を搭載するときに気体から液体に状態を変化させる理由を答えなさい。

(5)　化学反応によって気体の水素が発生するものを，次の**ア**～**カ**からすべて選び，記号で答えなさい。

ア．銅にうすい塩酸を加える。

イ．うすい過酸化水素水に二酸化マンガンを加える。

ウ．鉄にうすい硫酸《りゅうさん》を加える。

エ．貝がらにうすい塩酸を加える。

オ．木炭を空気中で燃焼させる。

カ．亜鉛《あえん》にうすい水酸化ナトリウム水よう液を加える。

(6)　気体の水素の特徴《とくちょう》を表しているものを，次の**ア**～**カ**からすべて選び，記号で答えなさい。

ア．水でぬれた赤色リトマス紙を近づけると，リトマス紙が青色に変わる。

イ．水でぬれた青色リトマス紙を近づけると，リトマス紙が赤色に変わる。

ウ．水でぬれた赤色リトマス紙や青色リトマス紙を近づけても，リトマス紙の色は変わらない。

エ．石灰水に通すと，石灰水が白くにごる。

オ．試験管に集めてマッチの火を近づけ反応させると，ポンと音をたてる。

カ．においをかぐと，鼻をつくようなにおいがする。

(7)　0.1gのアルミニウムもしくは0.1gのマグネシウムにある濃さのうすい塩酸を反応させて，水素を発生させました。反応させる塩酸の体積を変えながら発生する水素の発生量を測定したところ，図1および図2のグラフのようになりました。

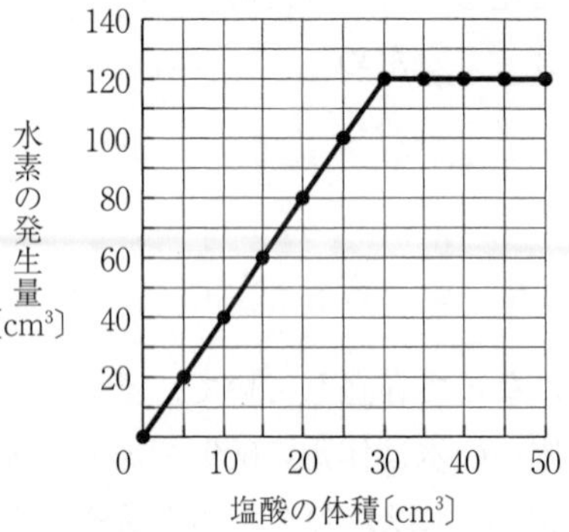

図1　アルミニウムと塩酸の反応

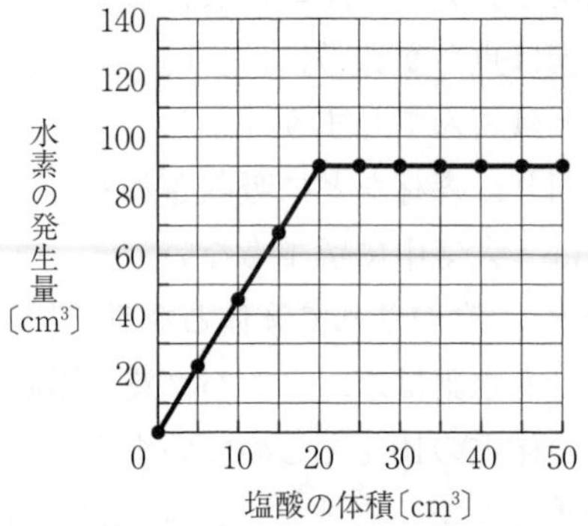

図2　マグネシウムと塩酸の反応

①　実験で用いた塩酸50cm³と0.2gのアルミニウムを反応させたときに発生する水素の体積は何cm³ですか。答えが割り切れない場合は，小数第3位を四捨五入して小数第2位で答えなさい。

②　マグネシウムと実験で用いた塩酸を反応させると225cm³の水素が発生しました。反応したマグネシウムの重さは何gですか。また，このときに最低限必要な塩酸の体積は何cm³ですか。答えが割り切れない場合は，小数第3位を四捨五入して小数第2位で答えなさい。

③　アルミニウムとマグネシウムを混ぜ合わせたものが0.5gありました。実験で用いた塩酸をじゅうぶんに用意し反応させると500cm³の水素が発生しました。この中のアルミニウムの重さは何gですか。答えが割り切れない場合は，小数第3位を四捨五入して小数第2位で答えなさい。

3 図１は，ヒトの血液循環《じゅんかん》の様子を簡単に表したものです。なお，図中の［　］は，それぞれ肝《かん》臓，じん臓，小腸，肺，脳のいずれかの器官を表しています。また，図中の矢印→は血液が流れる方向を表しています。以下の問に答えなさい。

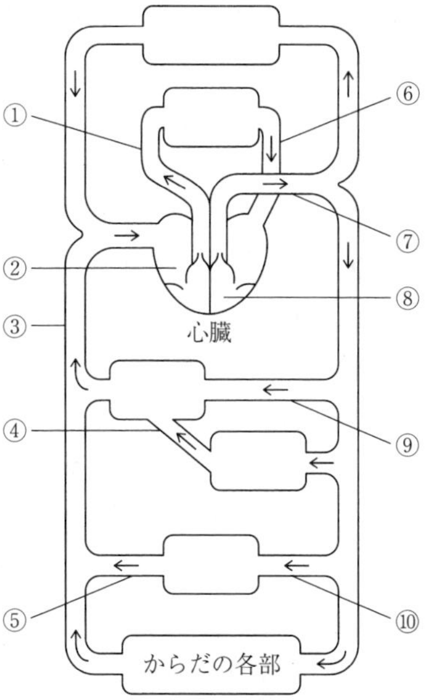

図１

(1) 図１の①～⑩は，ヒトの血管または心臓の各部屋を表しています。①，②，④，⑩の名称《しょう》を，次の**ア**～**ス**から１つずつ選び，それぞれ記号で答えなさい。

ア．右心室　　**イ**．左心室
ウ．右心房　　**エ**．左心房
オ．大動脈　　**カ**．大静脈
キ．肺動脈　　**ク**．肺静脈
ケ．じん動脈　　**コ**．じん静脈
サ．肝動脈　　**シ**．肝静脈
ス．肝門脈

(2) 流れている血液が「動脈血」であるものを，①～⑩からすべて選び，番号で答えなさい。

(3) 次のＡ～Ｄにあてはまる「血管」はどれですか。①～⑩から１つずつ選び，それぞれ番号で答えなさい。

Ａ．酸素を最も多くふくむ血液が流れている血管
Ｂ．食後，最も栄養分がふくまれている血液が流れている血管
Ｃ．二酸化炭素以外の不要物が最も少ない血液が流れている血管
Ｄ．血圧が最も高い血管

(4) 次の各列はメダカとカエルの血液循環の様子を表しています。図中のＡ～Ｌの各部の名称を，下の**ア**～**シ**から選び，記号で答えなさい。ただし，同じ記号を何度選んでもかまいません。

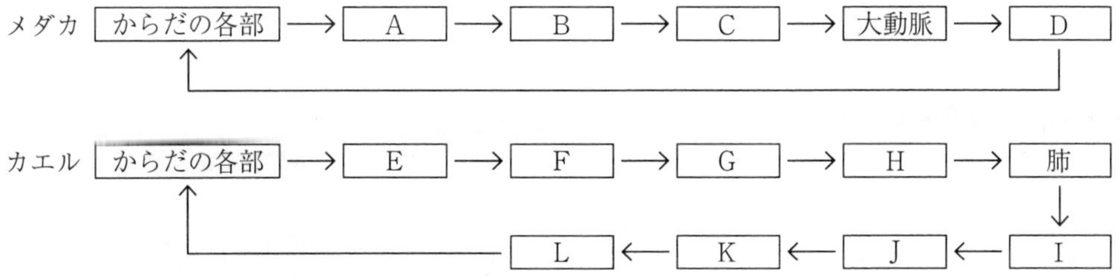

ア．心室　　**イ**．心房　　**ウ**．左心室　　**エ**．右心室
オ．左心房　　**カ**．右心房　　**キ**．肺動脈　　**ク**．肺静脈
ケ．大動脈　　**コ**．大静脈　　**サ**．えら　　**シ**．肺

(5) ヒトの血液量は体重の８％です。いま体重60kgの男性がいて，睡眠《すいみん》時(安静時)の心拍《ぱく》数が１分間あたり70回でした。この男性が８時間の睡眠をとっていたとすると，その間に血液は全身を何回循環することになりますか。答えが割り切れない場合は，小数第１位を四捨五入して整数で答えなさい。ただし，この男性は心臓の１回の拍動につき70gの血液を全身に押《お》し出していることとします。

(6)　図２はヒトの器官の一部を表しています。この部分は体内でどのようなはたらきを行っていますか。次の**ア**～**オ**から１つ選び，記号で答えなさい。

ア．血液をからだの中に送り出す。

イ．空気中の酸素を体内に取り入れる。

ウ．食べたものを細かく消化する。

エ．食べたものを体内に吸収する。

オ．からだを動かす。

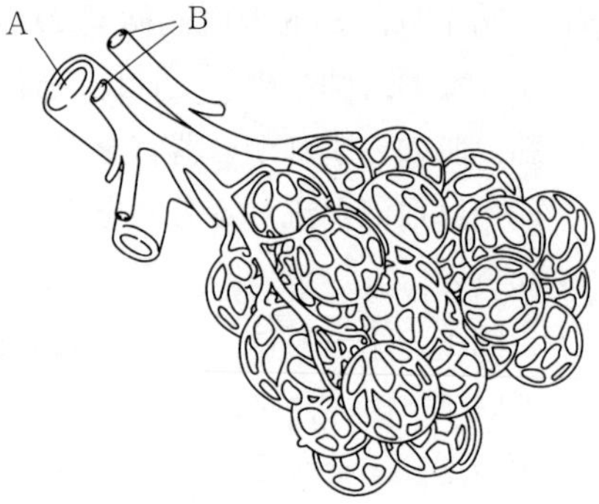

図２

(7)　図２のＡとＢは，それぞれからだのどの部分とつながっていますか。次の**ア**～**オ**から１つずつ選び，それぞれ記号で答えなさい。

ア．口　　**イ**．骨　　**ウ**．胃　　**エ**．心臓　　**オ**．小腸

4　次の文を読んで以下の問に答えなさい。

本郷君の所属している地学クラブでは毎年，夏合宿で[1]のあるところに訪れています。2022年は新潟県糸魚川市の糸魚川[1]，2023年は群馬県下仁田町の下仁田[1]を訪れました。糸魚川[1]では「糸魚川―[2]構造線」の断層，下仁田[1]では[3]構造線の断層が見られることで知られています。図１は糸魚川市と下仁田町の位置と日本列島を東西に分ける構造線と日本列島を東西に横切る構造線を示しています。

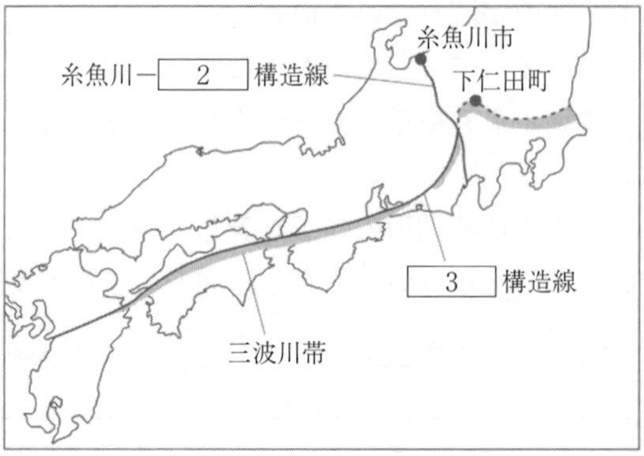

図１　糸魚川市，下仁田町の位置と日本の構造線

本郷君は糸魚川[1]のフォッサマグナパークで，「糸魚川―[2]構造線」の断層を観察しました(写真１)。断層を境に「西南日本」，「東北日本」の両方の地質を体験できました。また，フォッサマグナミュージアムの展示と説明からも両方の地質を確認することができました。西南日本の展示では，古生代・中生代の岩石があり，５億年前のヒスイ，３億年前の石灰岩やその中の化石を観察しました。実際にミュージアム付近で採掘《さいくつ》された石灰岩の化石発掘体験にも参加し，クラブの１人が三葉虫を採取しました。東北日本側(フォッサマグナ地域)の展示では，フォッサマグナの海にたまった新生代の岩石や化石を観察し，フォッサマグナを埋《う》めた火山活動について学習しました。本郷君たちは，日本海へ向かい，青海海岸というヒス

写真１　フォッサマグナパークの大断層(白破線が断層面)

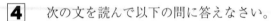

イのとれる海岸を訪れ，石を拾い，ヒスイ探しをしました。

下仁田［　1　］では根なし山や川井の断層，大桑《くわ》原の［　4　］の野外観察を行いました。

根なし山とは図２の破線の上側にそそり立つ山々で，破線の下側にある岩石の上に水平に近い断層を境にしてのっています。これらの山々の岩石は下仁田から遠く離《はな》れた別の場所でつくられたものが，大地の運動によって運ばれてきて，その後，岩石がけずられ，現在のような孤《こ》立《りつ》した山となったと考えられています。なお，今回訪れた，地点①～④を図３（２万５千分の１地形図「下仁田」を拡大）に示しました。

図２　下仁田の中心街から南方に見た根なし山と青岩公園

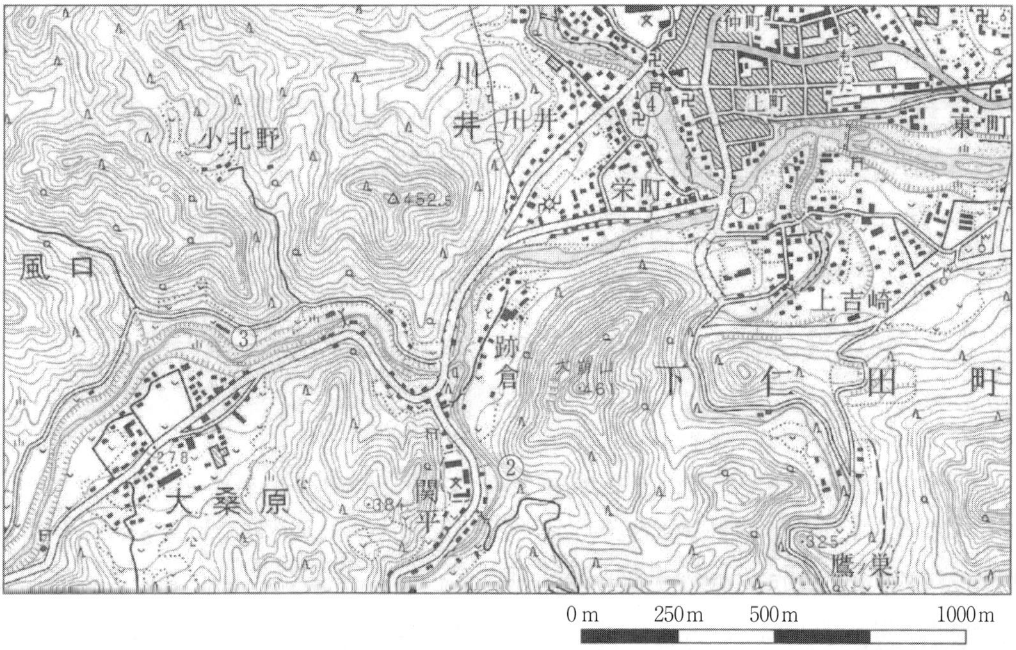

図３　２万５千分の１地形図「下仁田」を拡大　　国土地理院提供

①　青岩公園　　②　根なし山のすべり面　　③　大桑原の［　4　］　　④　川井の断層

本郷君たちは①青岩公園に行きました。ここでは根なし山が川にけずられ，根なし山の下にある青緑色の緑色岩がむき出しになり平らに広がっていました(写真２)。青岩公園の青岩とは，この岩石のことです。この岩石は九州から四国，紀伊半島を通り関東まで続く大きな断層である［　3　］構造線の南側に沿って帯状に分布する三波川帯の岩石と考えられています。この岩石は海底火山から噴《ふ》き出した溶岩《ようがん》などが6500万年前に地下深くに押しこまれ，熱や力が加わり変化してできたもので，一定方向に割れやすい特徴があります。先生が河原にある３ｍ近くある大きなチャートの礫《れき》に見られる「衝撃痕《しょうげきこん》」(写真３)と青岩につくられた「ポットホール」(写真４)を探し，見せてくれました。

写真２　根なし山と青岩

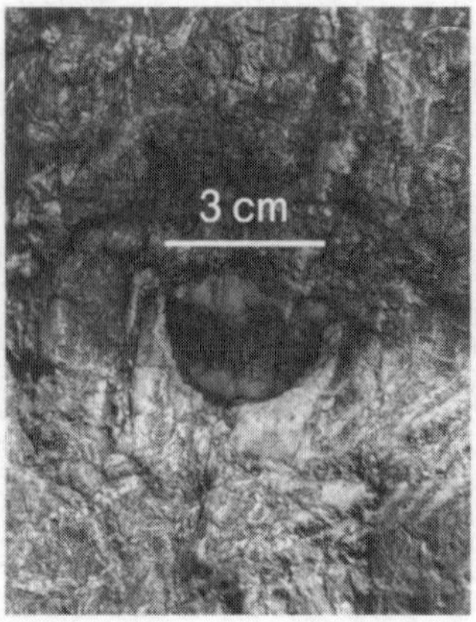

写真３　衝撃痕

写真４　ポットホール

次に本郷君たちは②根なし山のすべり面(写真５)を観察しました。断層面の下が青岩で，断層面の上が約１億3000万年前の海にたまった砂岩などからなる跡《あと》倉層です。さらに本郷君たちは③大桑原の［　4　］(写真６)を観察しました。根なし山をつくる跡倉層が移動の運動により，Ｖ字型に大きく折れ曲がった激しい［　4　］の様子が確認できました。

写真５　根なし山のすべり面(白破線が断層面)

写真６　大桑原の［　4　］

最後に本郷君たちは④川井の断層(写真７)で［　3　］構造線の断層を観察しました。断層面の下が青岩で，上が下仁田層(約2000万年前の海底にたまった地層)です。対岸に渡り，下仁田層に含まれる［　5　］(写真８)を観察しました。

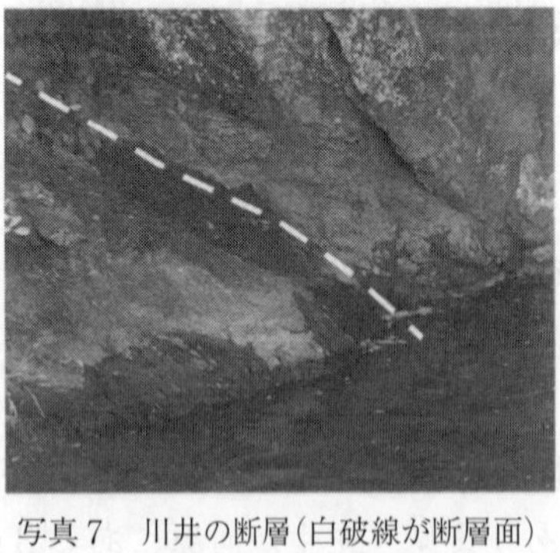

写真７　川井の断層(白破線が断層面)

写真８　下仁田層の［　5　］

(1)　［　1　］にあてはまる語句を，次の**ア**～**ケ**から１つ選び，記号で答えなさい。ただし，［　1　］とは大地の公園とも呼ばれ，その地域特有の地形や地層から，大地の歴史や人との関わりを知ることができる自然公園のことです。

ア．エコパーク　　**イ**．ジオパーク　　**ウ**．ネオパーク
エ．JY パーク　　**オ**．SG 公園　　**カ**．国定公園
キ．国立公園　　**ク**．県立公園　　**ケ**．世界遺産

(2) [2]にあてはまる地名を答えなさい。

(3) [3]にあてはまる語句を，次の**ア**～**ケ**から１つ選び，記号で答えなさい。

ア．ナウマン　　**イ**．プレート　　**ウ**．フォッサマグナ
エ．ユーラシア　　**オ**．下仁田　　**カ**．大規模
キ．中央　　**ク**．東西　　**ケ**．南北

(4) [4]と[5]にあてはまる語句の組み合わせとして適当なものを，次の**ア**～**カ**から１つ選び，記号で答えなさい。

	ア	**イ**	**ウ**	**エ**	**オ**	**カ**
4	V字谷	V字谷	しゅう曲	しゅう曲	活断層	活断層
5	貝化石	カイコ	貝化石	カイコ	貝化石	カイコ

(5) 本郷君たちは青海海岸で探したヒスイと思われる石をヒスイかどうか確かめる実験をしました。青海海岸でとれるヒスイは緑色のものはほとんどなく，多くは白色です。白色で似たような石には流紋《りゅうもん》岩，石灰岩，石英斑《はん》岩，曹《そう》長岩，チャートがあります。しかし，「ヒスイは他の石より重たい」という特徴があることから，単位体積(1 cm^3)あたりの重さ(g)を調べることでヒスイとヒスイに似たような石を区別することができます(重さは厳密には質量といいます)。この単位体積あたりの質量を密度といい，〔g/cm^3〕という単位で表します。ヒスイの密度は3.0〔g/cm^3〕以上ありますが，似たような石の密度は2.6～2.8〔g/cm^3〕です。密度はアルキメデスの原理を使い以下のように求めます。

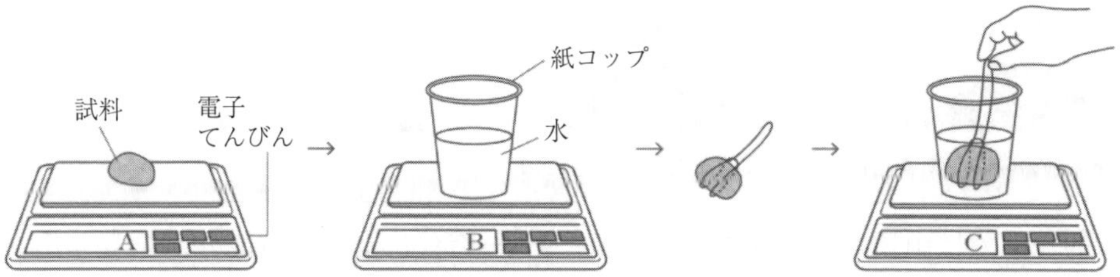

電子てんびんで試料の質量Aをはかります。紙コップに試料が十分につかる程度の水を入れ，水と紙コップの質量Bをはかります。試料を糸で結んでつるし，ゆっくり紙コップの水に沈《しず》め，全体の質量Cをはかります(このとき，試料が紙コップの壁《かべ》や底にふれないように注意します)。増えた質量(C－B)を求めます。

アルキメデスの原理より(C－B)は試料が押しのけた水の質量に等しく，また，水の密度は1.0g/cm^3なので，水に沈めた試料の体積にあたります。したがって，A÷(C－B)で密度を求めることができます。

本郷君はヒスイと思われる石の５つを試料**ア**～**オ**として，密度の測定を行い，下の表にまとめました。ただし，表の右側にはまだ数値が入っていません。

試料	A〔g〕	B〔g〕	C〔g〕	C－B〔g〕	密度〔g/cm^3〕
ア	44.8	117.4	134.5		
イ	11.5	116.9	120.4		
ウ	16.5	112.9	118.8		
エ	5.0	107.9	109.4		
オ	2.8	103.6	104.6		

ヒスイと思われる試料はどれですか。**ア**～**オ**からすべて選び，記号で答えなさい。

(6)「衝撃痕」と「ポットホール」に関して説明した以下の文の［6］～［8］にあてはまる語句の組み合わせとして適当なものを，下の**ア**～**カ**から1つ選び，記号で答えなさい。

衝撃痕のある巨大なチャートの礫はもともと青岩公園にはありませんでしたが，洪《こう》水のときに上流から［ 6 ］されて現在の位置に［ 7 ］しました。巨大なチャートの礫が［ 6 ］中，または［ 7 ］後に，硬《かた》い石が巨大なチャートの礫に衝突しできたへこみと考えられています。

青岩にできたポットホールは，川の水位が高いとき，川底となった青岩の小さなくぼみに硬い石が入りこみ，石が水流の力でぐるぐる回り，［ 8 ］されてできた穴と考えられています。

	ア	**イ**	**ウ**	**エ**	**オ**	**カ**
6	しん食	しん食	運ぱん	運ぱん	たい積	たい積
7	運ぱん	たい積	たい積	しん食	しん食	運ぱん
8	たい積	運ぱん	しん食	たい積	運ぱん	しん食

(7) 次の図を参考にして一般的な山と根なし山の違いを示した下の文の［9］，［10］にあてはまる対義語を答えなさい。

一般的な大地の隆起でできた山　　一般的な火山でできた山　　根なし山

> 一般的な山では山頂とふもとの地層が［ 9 ］時代に形成されたが，根なし山では山頂とふもとの地層が［ 10 ］時代に形成された。

(8) 本郷君は学校で学習した断層の図(図4)と糸魚川と下仁田で見た構造線やすべり面の断層に違いがあることに気が付きました。それはどのようなことかを答えなさい。ただし，「図4は断層面を境に…」という書き出しに続くように答えなさい。

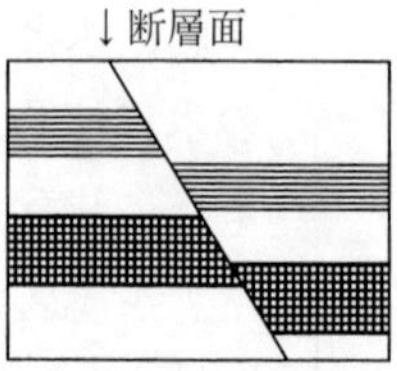

図4　正断層

る。

イ　三熊は、部員がうち解け仲良くなることを優先して吹奏楽部の改革に協力してこなかったことに、高城が怒っていると思っていたが、実は高城から評価されていたと知り、驚いている。高城は、真剣に練習することよりも仲良く楽しく練習することに重きを置く三熊の考えは間違っていると思っていたのに、実は三熊の考えが正しかったと認めるような発言をしてしまった自分に驚き、困惑している。

ウ　三熊は、クリームシチューを片付けながらも高城から怒られるのではないかと内心ひやひやしていたが、高城から怒られるどころか自分のことを認める発言をされ、うれしくなっている。高城は、自分がこぼしたクリームシチューを部員に声をかけながら勝手に片付けている三熊をいまいましく思う一方で、不意に三熊のやさしさや協調性を認める発言をしてしまい、あわてふためいている。

エ　三熊は、演奏の実力もあり自分にない強さを持っていて一目置いている高城が弱音をもらしただけでなく、その高城から自分のようになりたいと言われたことに驚きを感じている。高城は、副部長なのに周りのことを気にして何もしてくれない三熊に対して不満に思っていたはずなのに、実は自分にはない優しさや協調性を持つ三熊をうらやましく思っていたことに気づき、驚きとまどっている。

問五　――線３「三熊のことが〜かもしれない」とありますが、高城が三熊の本当の思いを知ったうえで三熊のことを頼もしく思っていることが感じられる表現があります。その部分を問題文中から五字で抜き出し、答えなさい。

問六　――線４「おれは残りわずかな〜大切に味わった」とありますが、このときの高城について説明したものとして最も適当なものを次のア〜エの中から一つ選び、記号で答えなさい。

ア　吹奏楽部の件もあり、自分の不注意で給食のクリームシチューをこぼしてしまった失敗を素直に認めることができず、片付けを手伝おうとしたクラスメイトの厚意を踏みにじってしまったが、三熊がうまく取りなしてくれたことにより大きな問題にならずに済んでほっとするとともに、三熊に感謝している。

イ　自分の怒りが一因となりクリームシチューをこぼした上、片付けを手伝おうとしたクラスメイトに当たり散らしてしまったにもかかわらず、自分のことを気づかってくれた三熊のやさしさをうれしく思うとともに、自分の思いに賛同してくれる同志の存在に気づき、そのありがたさをかみしめている。

ウ　吹奏楽部の改革に協力的ではなかった三熊に対していらだちを感じていたため、自分がこぼしたクリームシチューを片付けようとした三熊に対してはじめは反発してしまったが、後になって素直に謝ることができ、また感謝の気持ちも伝えられたため、今後は三熊と仲良くやれそうだと有頂天になっている。

エ　いやがらせをされた小学校のときとは違って、今回は自分に非があるにもかかわらず、クラスメイトが片付けを手伝おうとしてくれたり、三熊や大久保が率先して片付けを手伝ってくれたりした上に、クリームシチューまでよそっておいてくれたので、友達の大切さをあらためて実感している。

問七　――線５「新たな決意を胸に、おれは投票が終わるのを待った」とありますが、ここに至るまで高城の気持ちはどのように変化したと考えられますか。「新たな決意」に至るまでの過程とその内容を明らかにしながら、八十字以上百字以内で説明しなさい。

思いがけない三熊の言葉におれは驚いていた。まわりとぶつかるのは苦手だといっていたのに、反感を買うのがわかっていながら、おれを支持することを表明してくれるなんて。照れくさそうな顔でこちらを向いた三熊に、おれは心の中で感謝した。

部員たちによる投票が始まった。数分後には部長でなくなっている可能性が高いのに、おれは不思議と落ちついていた。結果がどうなろうと、おれがすべきことは変わらない。

5新たな決意を胸に、おれは投票が終わるのを待った。

※問題作成の都合上、文章を一部省略しています。また、一部表記をあらためたところがあります。

注1　小学校時代のこと…当時児童会長をしていた高城は、児童会の仕事をしない副会長の女子児童を注意したが、そのことに腹を立てた女子児童が高城の悪口を言いふらしたことにより、クラスメイトからいやがらせを受けていた時期があった。

注2　浅見…高城のクラスメイト。部活の悩みを相談してアドバイスをもらったことがあった。

問一　[A]～[C]にあてはまる言葉として最も適当なものを次のア～クの中から一つずつ選び、記号で答えなさい。なお、同じ記号は一度しか使えません。

ア　のそのそ　　イ　わいわい　　ウ　おろおろ
エ　むざむざ　　オ　じりじり　　カ　おずおず
キ　そわそわ　　ク　じわじわ

問二　[　]にあてはまる言葉を、次の〈語群〉の中の漢字を組み合わせ、二字で答えなさい。

〈語群〉　様・態・失・気・乱・狂・心・悪・子・憎

問三　――線1「吉野先生は～ぎこちなくうなずいた」とありますが、このときの吉野先生の心境を説明したものとして最も適当なものを次のア～エの中から一つ選び、記号で答えなさい。

ア　吹奏楽部の顧問であるのに普段から部活動に顔を出していないため、そもそも部長の高城に会うのが気まずい上に、高城のせいで部活動にやってこない牧田たちの話をしないといけないので気後れしている。

イ　牧田たちを吹奏楽部に戻すために提案して了解を得た「部長の信任投票」について、これから高城に話さなければならないが、余計なことをするなと高城に非難されそうで、話すことにためらいを感じている。

ウ　部活に来ていない牧田たちから直接聞いてきた話について、自分が説明する前に高城がその内容を言い当てたことを思いがけなく感じるとともに、高城の言ったとおりだと認めづらいため、ばつが悪くなっている。

エ　自分の話を途中でさえぎり話しかけてきた高城の態度に対して驚きを感じるとともに、高城がショックを受けないようにしようとせっかく遠回しに伝えていたのに、その意味も無くなってしまいむなしくなっている。

問四　――線2「三熊が驚いた顔で～うろたえていた」とありますが、このときの三熊と高城について説明したものとして最も適当なものを次のア～エの中から一つ選び、記号で答えなさい。

ア　三熊は、真面目に練習したいという高城の考えに協力していこうと思っている自分の本心に高城が気づき、副部長として認めてくれていたことを知り、ありがたく感じている。高城は、優柔不断なところはあるものの周りに気がつかえる三熊のことを副部長として認めてはいたが、その胸に秘めていた思いをクラスメイトが周りにいる中でつい口にしてしまったため、弱音をはいたと思われるのではないかと感じ、恥ずかしくなってい三熊が目を丸くして振りかえり、おおらかな笑顔を見せた。

教室にもどると、おれの席にはすでに給食が運んであった。量が減ったのはおれのせいだから、責任を取ってクリームシチューは遠慮《えんりょ》するつもりだったのに、その器もしっかりトレイに載《の》っていた。器に入っているクリームシチューの量は、普段《ふだん》の半分もなかった。

食事が始まったあと、おれはそのクリームシチューを食べながら、注1小学校時代のことを思いだしていた。いやがらせでほんのわずかしかよそってもらえなかったクリームシチューは、怒りで味がわからなかった。けれどきょうのクリームシチューの味は、いつもよりやけにあまく、そして温かく感じられた。

給食の器から顔を上げると、となりの班の三熊と目が合った。すこしずつ、変えていこうよ。三熊の声が頭の中で響《ひび》いた。

おそらくおれが部長を続けることはできないだろう。それでも三熊と協力して、すこしずつ頑張ってみよう。あのときおれが感動したような素晴らしい演奏を、吹奏楽部のみんなといっしょにできるように。はにかむ三熊にぎこちなく笑《え》みをかえして、4おれは残りわずかなクリームシチューを大切に味わった。

放課後の音楽室には、ひさしぶりに吹奏楽部の部員が全員そろっていた。牧田たちもきているのは、吉野先生が提案した部長の信任投票がこれから行われるからだ。

「それじゃあ、いま配ったメモ用紙に、高城が部長を続けてもいいなら○を、そうじゃないなら×を書いてこの箱に入れてください。なまえは書かなくていいから。高城はなにかつけくわえたいことある?」

三熊に尋ねられて、首を横に振ろうとしたところで、おれは注2浅《あさ》見《み》との会話を思いだした。もしも無駄だったら、あとで文句のひとつもいってやろう。おれはそう決めると、思いきって口を開いた。

「おれは、小六のときに聴いた高校の吹奏楽部のコンサートがきっかけで、吹奏楽をやりたいと思うようになった。そのとき聴いた演奏はほんとうに素晴らしくて、心の底から感動して、おれも中学に入ったら、吹奏楽部でこんな演奏がしたいって、ずっとそう考えていた」

いきなり話しはじめたおれに、部員たちはぽかんとしていた。こんなことを明かしても、やっぱり意味なんてないんじゃないか。そう疑いながらも、おれはさらに話を続けた。

「だけど、うちの吹奏楽部は練習熱心じゃなくて、去年のアンサンブルコンテストでも夏のコンクールでも、満足な演奏ができなくてくやしかった。だからなんとかしてみんなの意識を変えて、もっと真剣に練習に取り組めるように、この部を改革したかったんだ。そのせいでなごやかだった部活の空気を壊してしまって、迷惑をかけてすまなかった」

これまでおれは、部内に味方はひとりもいないと思っていた。けれど三熊は、おれとおなじ思いを抱いてくれていた。もしほかにもそういうやつがいるのなら、そいつにはおれがどうして改革を進めようとしたのか、その理由をわかってもらいたかった。

話を終えたとき、部員の大半はまだ戸惑ったままだった。おれが恥ずかしくなって顔を背《そむ》けると、三熊のうれしそうな声が聞こえた。

「そんな話、初耳だよ。もっと早く教えてくれたらよかったのに」

三熊のほうを見ないまま、おれは「すまん」と短くこたえた。すると三熊が「ぼくもちょっといいかな」と部員たちに向かって手を挙げて、緊張《きんちょう》気味に話しだした。

「これまでいいだせなかったけど、ほんとうはぼくも、もうちょっとしっかり練習をしたいなって思ってたんだ。いまのたのしいふんいきも好きなんだけど、もっとたくさん練習をして、いい演奏がしたいな、って。だから、ぼくはまだ、高城に部長を続けてほしいと思ってます」

「手を出すなっていってるだろ」

「出すよ。ひとりじゃ時間かかっちゃうでしょ。それに、吹奏楽部の仲間なんだからさ」

気まずそうな笑顔でそういわれて、おれは言葉をなくしてしまった。

おれがぽかんとその顔を見つめていると、三熊が教室のほうを振りかえっていった。

「慎吾《しんご》、この保温食缶、教室に持っていって配りはじめてくれる?」

教室から顔を出してこちらの様子をうかがっていた大久保が、「わかった!」とこたえて保温食缶を取りにきた。大久保はおれをはげますように笑いかけて、保温食缶を運んでいく。

おれが手を止めているあいだも、三熊はせっせと掃除を続けていた。そんな三熊の姿をながめているうちに、おれは無意識につぶやいていた。

「……どうしておれは、おまえみたいになれないんだろうな」

2三熊が驚いた顔でこっちを見た。おれも思いがけない自分の言葉にうろたえていた。

けれどその言葉は、嘘偽《うそいつわ》りのないおれの本心なのかもしれない。

おれが三熊のように親切でやさしく、協調性のある人間だったら、いまみたいに部長の責務を放りだして、吹奏楽部を去るようなことにはなっていなかった。きっと理想的な部長として仲間たちに慕われ、目標に向かっていっしょに頑張ることができていた。

木管パートの練習風景を見て、妙《みょう》に胸がざわついたのは、3三熊のことがうらやましかったせいなのかもしれない。三熊のようにはなれないことがくやしかったのかもしれない。

ひそかにうらやんでいたことが恥《は》ずかしくて、おれが廊下を見つめたままでいると、三熊が静かに口を開いた。

「ぼくだって、高城みたいにはなれないよ。ぼくには実力も、みんなを引っ張っていく力もないしさ。それに高城みたいに強くもないから、だれかとぶつかったりするのは苦手なんだ。だから高城の味方をしたくても、みんなに反発されるってわかってると、なかなか勇気が出せなくて、そのせいで高城につらい思いをさせちゃってごめん」

「おれの味方なんて無理にすることないだろ。おまえはおれの方針に反対なんだから」

視線をそらしてこたえると、すぐに三熊が「そうじゃないよ!」といいかえしてきた。

「たしかに、高城はいっきに部の改革を進めようとするから、それには反対したけど、ぼくも吹奏楽部の空気を変えて、もうちょっと真面目に練習がしたいとは思ってたんだ。夏のコンクールの結果もくやしかったし、単純にもっといい演奏ができるようになりたいから。ほかのみんなの反応が心配で、高城に協力するどころか、邪魔ばっかりしちゃってたけど……」

「おまえが、おれとおなじ気持ちだったっていうのか?」

耳を疑っているおれに、三熊が［ C ］とうなずいてみせた。そしてまっすぐおれを見つめて言葉を続ける。

「すこしずつ、変えていこうよ。すぐには無理だと思うけど、これからはぼくもちゃんと協力するから」

三熊の眼差しから、強い意志が伝わってくるのを感じた。今朝、小宮山に言葉をかけられたときのように、鼻で笑うことはできなかった。目頭が急に熱くなって、おれはゆがんだ顔を三熊に見られないようにうつむいた。

三熊が「これでもう平気かな」といって立ちあがった。途中からほとんど三熊ひとりに掃除をさせてしまっていた。三熊のあとについて教室にもどる途中、おれはその大きな背中に、「三熊」と声をかけた。

「悪かった。ありがとう」

（中略）

翌朝、おれはトランペットを持たずに登校した。怒りといらだちはおさまるどころか、時間がたつにつれてますます強く激しくなっていた。

教室につくとすぐに、大久保《おおくぼ》が話しかけてきた。

「部長、昨日は、あのさ……」

おれはじろりと大久保の顔をにらみつけた。大久保がはっとしたように言葉を止める。

その反応に満足してカバンの中身を机に移しはじめると、すぐに「そういう態度ってないと思う！」と怒った声が投げつけられた。声の主は大久保とおなじ打楽器パートの小宮山《こみやま》だった。いつもおとなしいやつだから、そんな声も出せるのかとすこし驚《おどろ》いた。

「大久保くんは、高城くんのことを心配してたんだから。それに、わたしも……」

おれはふん、と鼻で笑った。心配していたなんてどうせ口だけだ。信用できるわけがない。ほんとうはおれがいなくなってせいせいしていたんじゃないのか？

大久保と小宮山はおれと話すのをあきらめて自分の席にもどった。まもなく三熊も教室に入ってきたが、おれが無視して教科書をにらんでいると、なにもいわずに自分の席に座《すわ》った。

午前の授業が終わり、おれは給食当番の仕事で給食を取りにいった。給食室で目についた保温食缶を持ちあげ、大股で教室に帰る。

おれのいらだちは限界を越《こ》えそうになっていた。なんでもいいから思いきり殴《なぐ》りつけて壊《こわ》してしまいたい。そんな凶暴《きょうぼう》な衝動《しょうどう》をこらえながら保温食缶を運んでいると、となりのクラスの牧田の姿が目に入った。

牧田は給食の配膳《はいぜん》が始まるのを待ちながら、おなじ班のやつと笑顔で話していた。憎悪《ぞうお》をこめた眼差しで牧田をにらみつけながら、おれがとなりの教室の前を通りすぎた、そのときだった。廊下が急に滑《すべ》って、おれは前のめりに倒《たお》れてしまった。

廊下に落ちた保温食缶が耳障《みみざわ》りな音を立てた。落ちたはずみで蓋《ふた》がはずれ、中身のクリームシチューが大量に床に広がる。その惨状《さんじょう》を呆然《ぼうぜん》と見つめ、それから足もとに視線を移すと、だれかの落としたプリントがひらひらと揺れていた。

「くそっ！」

おれは□をついて保温食缶を殴りつけた。殴った拳がひどく痛んで顔をしかめる。けれど怒りはまったくおさまらなかった。もっと何度も殴りつけてやりたかった。

雑巾《ぞうきん》を手に駆《か》けつけたクラスメイトに、おれは「触《さわ》るな！」と声を荒《あら》げた。そしておびえて動きを止めた相手から雑巾を奪《うば》い取り、押《お》し殺した声で告げる。

「おれのミスだ。おれひとりで片づける」

廊下にこぼれたクリームシチューを、おれは乱暴にぬぐいはじめた。手伝いに出てきた連中が、ひとりまたひとりと教室に帰っていった。

ほかのクラスの給食当番が、大きくおれのまわりを避《さ》けて通りすぎていった。廊下にはいつくばって掃除《そうじ》を続けていると、おれはひどくみじめな気分になった。くそ、どうしてこんなことになるんだ。どいつもこいつもどうしておれの邪魔ばかりするんだ。おれの邪魔をするな！

おれは再び「くそっ！」と怒鳴《どな》って、力いっぱい廊下をこすった。そのときふいに現れたべつの手が、こぼれたクリームシチューを雑巾でぬぐいだした。はっとして顔を上げると、そこにいたのは三熊だった。

らおれのことを手招きしてくる。

おれが廊下に出ると、吉野先生は声をひそめて話しかけてきた。

「練習前に邪魔《じゃま》しちゃってごめんね。三熊《みくま》くんに教えてもらったんだけど、金管パートの牧田さんと、それから一年生の子も何人か、最近ずっと部活に出てきてないんだって？」

思ったとおり牧田たちの話だった。すぐに解決するつもりだったから、吉野先生にはまだ報告はしていなかった。それなのに余計なことをと、おれは胸の中で三熊を非難した。

「それでね、わたし、牧田さんたちに話を聞いてみたんだけど……」

「牧田はまだ、おれが部長を辞めないかぎり部活にはもどらないといってるんですか？」

長々その話をしたくなくて尋ねると、1吉野先生は虚《きょ》をつかれたような顔でぎこちなくうなずいた。しかしすぐに明るい表情になって続ける。

「けどね、そのことについて牧田さんたちとよく話しあってね、部長の信任投票をすることにしたらどうかって提案してみたの。そうしたら、牧田さんたちもその条件ならまた部活にきてもいいっていってくれてね」

「信任投票？」

要はおれが部長を続けていいか、部員による投票で決めようということだ。吉野先生は「名案でしょう？」とでもいいたげな顔をしている。おれはその顔を冷ややかに見つめかえした。

「信任投票をして、おれが部長を続けられると思ってるんですか？」

吉野先生が「えっ？」とつぶやいて笑顔を消した。そして　B　と言葉を取り繕《つくろ》う。

「わたしは、高城《たかぎ》くんは吹奏楽部のために頑張《がんば》ってくれてるから、みんなも高城くんを支持してくれると信じてるけど、もし、もしもね、投票の結果が残念なことになっちゃったら、そのときは副部長の三熊くんとかに部長を譲《ゆず》るしかないんじゃないかな。だって牧田さんたちがもどってきてくれないと、金管パートは練習もできないんでしょう？」

おれは失望が顔に表れないように努めた。吉野先生はおれのことをわかってくれている。味方でいてくれている。そう考えていたのは、どうやら間違いだったようだ。

この状況で信任投票を拒絶《きょぜつ》することはできないだろう。そうなればおれは確実に部長を辞めることになる。吹奏楽部を変えることはできなくなる。

おれは廊下から音楽室の中を見わたした。おれと目が合った一年の部員が、おびえたように視線をそらした。

もっと早いうちに見切りをつけるべきだったのかもしれない。ここにはおれの味方なんてひとりもいない。そんな場所でおれひとりがいくら頑張ったところで、あのときおれが感動したような演奏をできるようになるわけがない。どうしていままでそれに気づかなかったんだろう。

「失礼します」

おれは吉野先生に会釈《えしゃく》をして音楽室の中にもどった。そして乱暴に荷物をまとめて帰ろうとすると、そこで三熊がおれのことを止めた。

「高城、どこに行くのさ」

「部長はおまえがやればいいだろう」

三熊の顔を見ずにそれだけ言葉をしぼりだすと、おれは大股《おおまた》で音楽室を出た。吉野先生が慌ててなにかいったのが聞こえたけど、返事をせずに立ち去った。

おれのことを追いかけてくるやつはひとりとしていなかった。

問六　――線5「本当にその誘導の仕方が倫理的に正しいかは議論の余地があるだろう」とありますが、なぜ筆者はそう考えるのですか。その説明として最も適当なものを次のア～エの中から一つ選び、記号で答えなさい。

ア　臓器提供希望者数の増加という社会全体の利益のために、個人の選択権を一部制限することは、個人の自由を最大限尊重することを目的としたリバタリアン・パターナリズムに反しているから。

イ　脳死と判定された場合、身体の処置にかかわる疑問や悩みを無視したまま、一律に臓器の摘出を強要してしまうことには、個人の尊厳よりも社会全体の利益を優先する危うさがあるから。

ウ　脳死状態になったら臓器の摘出を認めるように個人の選択を誘導するオプトアウト方式が導入されたが、脳死状態が人の死か否かに関する倫理的な議論がまだ十分になされてはいないから。

エ　臓器移植に関して一見個人の自由な選択権を認めているようだが、実際は個人に責任を負わせつつ社会の利益に沿うような選択をさせているため、個人の自由を侵害しているおそれがあるから。

問七　次に示すのは、この問題文を読んだ四人の生徒が、＝＝線「メデタシメデタシ」を話題にしている場面です。問題文の言おうとしていることに最も近い発言を次のア～エの中から一つ選び、記号で答えなさい。

教師―「メデタシメデタシ」という表現の特徴について、気づいたことや考えたことを話し合ってください。

ア　生徒A―「メデタシメデタシ」がカタカナ表記になっていますね。そうすることで、この表現に読者の注意を向けているのでしょう。この状況が、誰の選択の自由も侵していないよい決着だ、と筆者は訴えているのだと思います。

イ　生徒B―「メデタシメデタシ」という表現は、「メデタシ」が繰り返されている点が重要です。国内での臓器移植手術の拡大が可能となったことと、誰の選択の自由も侵していないことが、共によい決着だということを「メデタシ」を重ねることで表現しているのでしょう。

ウ　生徒C―なるほど。誰の選択の自由も侵害せず国内の臓器移植手術が拡大したことに注目すべきという点には賛成です。ただ、このカタカナ表記は、表面上はよい決着のように見えるけど、実際はそうではないと考える筆者の批判意識のあらわれではないでしょうか。

エ　生徒D―いやいや。そうではなく、文章に軽快さを出すためだと思います。「目出度《めでた》し目出度《めでた》し」よりも「メデタシメデタシ」の方が読者に軽やかな印象を与えることができます。文章にリズムが生まれ、テンポよく読むことができます。

三

次の文章は、如月《きさらぎ》かずさの小説『給食アンサンブル2』の一節です。これを読んで、後の問いに答えなさい。

中間テストが終わっても、牧田《まきた》たちが部活にもどってくる気配はなかった。

公民館の文化祭はもう来週末に迫《せま》っている。練習開始前の音楽室で、おれが［　A　］していると、顧問の吉野《よしの》先生がひさびさに部活に顔を見せた。ところが音楽室の中には入ってこようとはせずに、廊下か

注7 功利主義…ここでは、できるだけ多くの人びとに最大の幸福をもたらすことが善であると考える立場のこと。

注8 認知心理学…知覚、記憶、思考などの人間の心の活動を情報処理の観点から研究する学問のこと。

注9 リスクがあるようかもしれないような状況…ここでは、「リスクがあるかもしれないような状況」のことだと思われる。

注10 全体主義…個人の自由や社会集団の自律性を認めず、個人の権利や利益を国家全体の利害と一致するように統制を行う思想または政治体制のこと。

問一 問題文中の二つの空らんには同じ言葉が入ります。その言葉として最も適当なものを次のア～エの中から一つ選び、記号で答えなさい。

ア 天にものぼる　イ 後ろ髪《がみ》を引かれる

ウ 藁《わら》にもすがる　エ 身の縮む

問二 ――線1「どの立場からそれを眺めるかによって見え方が変わってくる」とありますが、ここではどういうことですか。その説明として最も適当なものを次のア～エの中から一つ選び、記号で答えなさい。

ア 海外で臓器移植するという患者にとっては生きるための倫理的な行為が、貧しいために渡航手術を受けられず、国内で臓器移植を待つ患者からすれば、国内の貧富の差の問題から目をそむけた独りよがりな行いに見えるということ。

イ 移植のための渡航という国外の富裕層にとっては生きるための当然の行いが、彼らを受け入れる国の移植希望者からすれば、自分たちに配分されるはずの臓器を横取りし、生きる可能性をせばめる非道徳的ふるまいに見えるということ。

ウ 海外で移植手術を受けるという患者にとっては生きのびるための自然な行為が、彼らを受け入れる国の政府にとっては、海外渡航による臓器の提供を禁じるＷＨＯの指針に反するため、解消すべきめんどうな問題に見えるということ。

エ 渡航して貧困層から臓器を移植するという富裕層にとっては生きのびるためにさけられない行為が、彼らを受け入れる国民からすれば、国家間の経済格差につけ込む許しがたい行いであり、政府が法改正により対応すべき課題に見えるということ。

問三 ――線2「臓器移植法の改正」とありますが、その目的はどのようなものですか。適当な部分を問題文中から十八字で抜き出し、最初の五字で答えなさい。

問四 ――線3「オプトアウト(opt-out)」とありますが、これはどのようなものですか。その事例として最も適当なものを次のア～エの中から一つ選び、記号で答えなさい。

ア ウェブ上で「この広告の表示を停止する」をクリックしないでいると、広告を配信しつづけることを了承していると判断されること。

イ 個人としては賛成していなくとも、多数決で決まったことを根拠として、文化祭のクラスの企画への参加を強制されること。

ウ 電話での商品の売り込みに、「要《い》りません」ではなく「結構です」と返答したら、購入に同意したとみなされてしまうこと。

エ 契約者が未成年の場合、本人ではなく保護者のサインがあれば、本人とのアパートの賃貸契約が成立したと考えられてしまうこと。

問五 ――線4「臓器移植に同意したことになる」とありますが、なぜ「同意したことになる」のですか。八十字以内で説明しなさい。ただし、「デフォルト」と「拒絶フレーム」という言葉を用いること。

い〉ということになりますが、どうしますか?」という問い方をすること、すなわち「拒絶しますか?」と問いかけるような拒絶フレームを用いることで、「よく分からない問題だしなあ。別に臓器移植に積極的に反対したり拒絶したいわけじゃないし……」となり、判断保留のまま、〈提供しません〉に○をつけることなく、結果、[4]臓器移植に同意したことになる人が増え、国内での臓器移植手術の拡大が可能となり、しかも、誰の選択の自由も侵害していないのでメデタシメデタシ、ということになるわけである。実際、文化的に似通ったお隣同士の国でも、こうした方式による違いから同意率への極端な差が生じている(二〇〇三年の調査によれば、オーストリアは同意率が一〇〇%近いのに対し、隣国ドイツではわずか一二%にすぎないなど)。

　これは、パターナリズム(父権的介入主義)のように、或る正しい(と思われる)選択を推奨《すいしょう》しながらも、押しつけることなくあくまで本人自身に選択の余地、すなわち本質的価値であるところの「自由」を保障しつつその選択を当人に委《ゆだ》ねるという点で、**リバタリアン・パターナリズム**と呼ばれるやり方である。自由を侵害することなく、しかし、人びとや社会を良い方向へと導こうとすることで、人びとを自由な行為主体として尊重しながら、社会全体をより良い方向へ変えていこうとするもので、これは功利主義の洗練バージョンともいえるであろう。

　しかし、こうしたやり方が「禁煙」や「過度な飲酒の制限」であればともかく、臓器提供のケースで人びとを「良い方向」へ導くとき、それは導かれるその個人にとって「良い」、ではなく、社会にとっての「良い」という印象を受ける。「脳死状態になったらもはや人格ではないのだから、他人のために臓器を摘出してもらい、それで他人を救う意思を示すよう導くことは善いのだ!」とリバタリアン・パターナリズムが主張したとしても、そもそも、「脳死のとき、自分は死んでいるのか」が分からない人も多いわけで、「もしかしたら生きているかもしれない自分から臓器が摘出されるとき、本当にそれは自分にとって善いのだろうか」という疑問を持っていて当然である。「死んでいるか生きているか分からない人から臓器を摘出することは善いのだろうか……」という疑問や悩みを軽く扱い、「君にとってはともかく、他人にとっては善いし、社会全体にとっても善いし、君は同意したくないわけじゃないんだからいいじゃないか」というのであれば、それは個人軽視の[注10]全体主義でしかない。しかも、その責任は、自由に選べる形で「脳死後の移植に同意したことになる」という点で、個人に押しつけられるわけである。つまり、脳死状態になったとき、「この人は、拒絶の意思を示さなかったのだから、臓器摘出するのは構わないし、それはこの人の責任だね」とならざるをえないよう誘導されているのだが、[5]本当にその誘導の仕方が倫理的に正しいかは議論の余地があるだろう。

(中村隆文《なかむらたかふみ》『「正しさ」の理由──「なぜそうすべきなのか?」を考えるための倫理学入門──』)

※問題作成の都合上、小見出しを省略したり、問題文の表記を一部改めたりした箇所があります。

注１　レシピエント…(臓器を)移植される者のこと。
注２　任意加入の保険…契約するかしないかが本人に任されている保険のこと。
注３　医療ツーリズム…外国に行き治療を受けること。
注４　だからとって…ここでは、「だからといって」のことだと思われる。
注５　サポーター…支援者のこと。
注６　脳死…脳の機能が停止すること。現代医療では治療のしようがなく、やがて心臓が停止する。

が出された。これは、海外渡航移植に頼っていた日本にも該当するハナシであり、[2]臓器移植法の改正の背景ともいえるものである。日本ではそもそも一九九七年に臓器移植法が施行されたが、その時点においては、脳死後の臓器提供には本人の書面による意思表示が必須《ひっす》であった(その後、家族の承諾《しょうだく》も必要であるが)。しかし、それではなかなか提供可能な臓器数が増えなかったこと、そして前述のイスタンブール宣言や、二〇一〇年のＷＨＯ(世界保健機関)の総会において、海外に渡航して臓器の提供を受けることを自粛するよう各国に求める新たな指針が承認されたこともあり、日本国内での臓器提供者数の確保はいまなおわれわれに突きつけられた課題ともいえる。こうした背景のもと、臓器移植のハードルを下げるような臓器移植法の改正が二〇〇九年に成立し、二〇一〇年七月に全面施行となった。改正後の臓器移植法では、①本人の意思が不明な場合でも家族の承諾があれば脳死状態の患者から臓器摘出が可能となり、②一五歳未満の脳死患者からの臓器摘出も可能となった(もちろん保護者の同意が不可欠であるが)。さらに、③運転免許証における意思表示の仕方にオプトアウト方式が導入されるなど、これらの改正によってより多くの臓器が国内で確保されることが今後見込まれる。しかし、こうしたやり方は国際的協調関係や注7功利主義という観点から正当化できても、「個人の生」という点で本当にそれでいいのかという懸念がつきまとう。

上記③の[3]オプトアウト(opt-out)とは、オプトイン(opt in)の対義語である。後者は或る選択肢を積極的に選ぶことで参加を表明するもので、それは明確な同意を表わすのに対し、前者は、或る選択肢を選ばないことを表明することで、そこから脱退する意志を表明するものである。よって、臓器移植におけるオプトアウトでは、「私は、臓器を提供しません」という選択肢に〇をつけない限りは、「脳死後の臓器提供に反対の立場をとっていません」という意思表示をしていることになる。つまり、明確な(拒絶の)意思表示をしていなければ、それは推定上の同意とみなされるわけなので、脳死もしくは心臓停止後に臓器が摘出されることを妨《さまた》げないのだ(もちろん、その後は書面による家族の承諾が必要とされるが)。しかし、そうした意志表示の方法へと変化させた理由は、もちろん「臓器提供に同意していることになる人」を増やすためである。

注8認知心理学には「**デフォルト効果**」というものがある。これは、最初に何をデフォルト(初期設定)とするかによって、人びとの選択がそれに左右されるというものである。通常、われわれは、注9リスクがあるようかもしれないような状況や、明確な答えを持たない曖昧《あいまい》な状態において、積極的にそこへ飛び込もうとはしない。こうしたとき、「もし、この現状を否定し、別の選択肢を望む人は〇をつけてください」といっても、なかなか〇をつけることはできない。すると、初期設定である現状に同意していることになってしまう。さらにここでは、「移植に賛同しますか?」ではなく「移植に反対なのですか?」という質問フレームのもと人びとへ問いかけ、デフォルトに留まるよう誘導しているともいえる。これは「**フレーミング効果**」というもので、論理的にもしくは意味的に等しいものであっても、選択肢の表現の仕方や枠組みの違いが選好や選択へ影響を与えるというものである。

そう考えると、臓器移植法改正後に臓器提供者数が増えるであろうことも理解しやすくなる。デフォルトを「臓器提供に同意する」としたうえで、「〈提供しません〉に〇をつければ〈臓器移植に同意しない〉ということになりますが、〇をつけますか?」とすれば、そこでは人はどう判断するだろうか。そもそも、脳死が生きているかどうかは未解決問題であるし、脳死状態が延々と続くことへの不安や疑問、そして臓器移植の効用などを考慮した結果、唯一無二の解答を出せる人などはほとんどいないように思われる。そこに「〈臓器移植に同意しな

2024年度 本郷中学校

【国　語】〈第一回試験〉（五〇分）〈満点：一〇〇点〉

注意　字数指定のある問題は、特別の指示がない限り、句読点、記号なども字数に含みます。

一　次の①～⑤の――線部について、カタカナの部分は漢字に直し、漢字の部分はその読みをひらがなで答えなさい。なお、答えはていねいに書くこと。

①　新しいチームが台頭してきた。
②　彼とはあいさつをよくカわす仲だ。
③　成長とともにニュウシが生えてきた。
④　とてもイサギヨい決断だ。
⑤　実力のある彼にシラハの矢が立った。

二　次の文章を読んで、後の問いに答えなさい。

臓器移植にまつわる状況そのものは何らかの形で「よりよいもの」になるに越したことはないし、実際そうした努力がなされているのであるが、それを理解するために、臓器移植独自の問題を見てゆこう。

二一世紀現在、臓器移植にまつわる問題は世界的にも注目されている。なぜならそれは、豊かな人びとと貧しい人びととの間の格差問題や、国家を超えた公平性の問題という側面を持つからである。たとえば、アメリカでは臓器の注1レシピエントとして登録されるためにはお金がかかるし、注2任意加入の保険についても、臓器移植が適用外のものも少なくない。そうしたなか、貧困層の人は臓器不全を患《わずら》っていても、なかなか臓器移植をしてもらえず、貧しい境遇に生まれたせいで他人よりもすぐに死にゆく人もいる。二〇〇二年に公開された映画『ジョンQ――最後の決断』（原題：*John Q*）はそうした社会状況をフィクションとして映画化したものであり、富裕層と貧困層との間に横たわる健康格差、そして、生きのびる機会の不平等の問題が世に知られるところとなった。しかし、こうした問題は一国内だけにとどまるものではない。先進国の豊かな人たちが他国へ渡り、臓器移植を受けるための注3医療ツーリズムも問題視されている。

これは、病人やその家族といった当事者たちからすれば、［　　］気持ちでそのチャンスに飛びついているわけだし、なかには「親が幼い我が子に臓器移植を受けさせるために財を投じて海を渡る」といった美談もある。もちろん、それは生命を救うという意味で倫理的ではあるのだが、1どの立場からそれを眺めるかによって見え方が変わってくる。そして立場を変えれば、それは反倫理的な面が姿を見せているかもしれないのだ。海外への臓器移植目的の渡航とは、簡単にいってしまえば、或《あ》る国Aの国民が大金をもって別の国Bで臓器を買うようなものであり、臓器移植を求めるB国の人たちが並んでいる行列に、マネーをひっさげたA国の人が割り込むようなものである。もちろん、注4だからとって［　　］思いでB国まで出かけて一財を投じるA国出身の病人やその注5サポーターが間違っているとはいえない。つまり、誰も間違っていないのだが、より改善すべき方策があればそうするに越したことはない。では、どうしたほうがよいかといえば、それはA国において「注6脳死後にドナーとして臓器を提供します」という意志を持った人が増えることである。

実は、このA国の立場には旧来の日本も含まれている。実際、多くの国において臓器提供者（ドナー）はそれを希望する人たちに対して不足気味であり、二〇〇八年の国際移植学会では「移植が必要な患者の命は自国で救える努力をすること」という主旨のイスタンブール宣言

2024年度

本郷中学校 ▶解説と解答

算　数 ＜第１回試験＞（50分）＜満点：100点＞

解　答

1 (1) $\frac{5}{7}$ (2) 11 **2** (1) 13時間 (2) 765円 (3) $\frac{298}{399}$ (4) 10分 (5) 15km (6) 1004.8cm^3 **3** (1) 毎分120m (2) 毎分40m (3) $4\frac{2}{7}$ **4** (1) 813 (2) 570 (3) 287 **5** (1) 120cm^3 (2) 16cm^3 (3) 92cm^3

解　説

1 **逆算，四則計算**

(1) $3\div\left\{8-\frac{2}{3}\times(1-0.25)\right\}=3\div\left(8-\frac{2}{3}\times0.75\right)=3\div\left(8-\frac{2}{3}\times\frac{3}{4}\right)=3\div\left(8-\frac{1}{2}\right)=3\div\left(\frac{16}{2}-\frac{1}{2}\right)=3\div\frac{15}{2}=3\times\frac{2}{15}=\frac{2}{5}$より，$7-4\div\square-\frac{2}{5}=1$，$7-4\div\square=1+\frac{2}{5}=\frac{7}{5}$，$4\div\square=7-\frac{7}{5}=\frac{35}{5}-\frac{7}{5}=\frac{28}{5}$　よって，$\square=4\div\frac{28}{5}=4\times\frac{5}{28}=\frac{5}{7}$

(2) $\left(\frac{6}{253}+\frac{5}{11}-\frac{10}{23}+\frac{1}{8}\right)\times2024\div\left(6.25\times6\frac{1}{5}-7.75\right)=\left(\frac{48}{2024}+\frac{920}{2024}-\frac{880}{2024}+\frac{253}{2024}\right)\times2024\div\left(6\frac{1}{4}\times6\frac{1}{5}-7\frac{3}{4}\right)=\frac{341}{2024}\times2024\div\left(\frac{25}{4}\times\frac{31}{5}-\frac{31}{4}\right)=341\div\left(\frac{155}{4}-\frac{31}{4}\right)=341\div\frac{124}{4}=341\div31=11$

2 **仕事算，割合と比，数列，ニュートン算，速さと比，面積，体積**

(1) Ａさん，Ｂさん，Ｃさんのかかる時間の比は，$1:(1\times1.5):(1\times2)=2:3:4$だから，Ａさん，Ｂさん，Ｃさんが１時間にする仕事の量の比は，$\frac{1}{2}:\frac{1}{3}:\frac{1}{4}=6:4:3$とわかる。したがって，Ａさん，Ｂさん，Ｃさんが１時間にする仕事の量をそれぞれ６，４，３とすると，この仕事の量は，$(6+4+3)\times6=78$となる。よって，この仕事をＡさんが１人ですると，$78\div6=13$(時間)かかる。

(2) Ａさん，Ｂさん，Ｃさんの最初の所持金をそれぞれⒶ円，Ⓑ円，Ⓒ円とすると，本１冊の値段は，Ⓐ$\times\left(1-\frac{2}{3}\right)=$Ⓐ$\times\frac{1}{3}$(円)，Ⓑ$\times\left(1-\frac{1}{4}\right)=$Ⓑ$\times\frac{3}{4}$(円)，Ⓒ$\times\left(1-\frac{3}{8}\right)=$Ⓒ$\times\frac{5}{8}$(円)となる。これらが等しいので，Ⓐ：Ⓑ：Ⓒ$=\frac{3}{1}:\frac{4}{3}:\frac{8}{5}=45:20:24$と求められる。また，最初の所持金の和が4539円だから，Ⓐ$=4539\times\frac{45}{45+20+24}=2295$(円)となり，本１冊の値段は，$2295\times\frac{1}{3}=765$(円)とわかる。

(3) 分母には３に４を何回か加えてできる数，分子には１に３を何回か加えてできる数が並んでいる。また，分子と分母の差は，１番目から順に，$3-1=2$，$7-4=3$，$11-7=4$，…のようになるので，□番目の分子と分母の差は，$\square+1$と表すことができる。したがって，$\square+1=101$，$\square=101-1=100$より，分子と分母の差が101になるのは100番目の分数とわかる。よって，分母は，$3+4\times(100-1)=399$，分子は，$1+3\times(100-1)=298$だから，この分数は$\frac{298}{399}$である。

(4)　５台のベルトコンベアで運ぶ場合，18分で新しく作る個数は，20×18＝360(個)なので，はじめに保管されていた360個と合わせると，18分で，360＋360＝720(個)の製品を運び出すことになる。したがって，１台のベルトコンベアが１分間に運ぶ個数は，720÷18÷５＝８(個)と求められる。すると，７台のベルトコンベアで運ぶ場合，１分間に，８×７＝56(個)の製品を運び出すから，工場の中にある製品の個数は１分間に，56－20＝36(個)の割合で減る。よって，すべての製品を運び出すのにかかる時間は，360÷36＝10(分)である。

(5)　右の図１のように，BC間に，CA＝CDとなる地点Ｄをとる。Ａ→Ｃ→Ｄと進むのにかかる時間とＤ→Ｃ→Ａと進むのにかかる時間は同じなので，BD間の上りと下りにかかる時間の差が，５時間45分－５時間30分＝15分となる。また，上りと下りの速さの比は，４：６＝２：３だから，BD間の上りと下りにかかる時間の比は，$\frac{1}{2}:\frac{1}{3}=3:2$となり，BD間の上りにかかる時間は，$15\times\frac{3}{3-2}=45$(分)と求められる。したがって，Ｄ→Ｃ→Ａと進むのにかかる時間は，５時間45分－45分＝５時間とわかる。さらに，DC間とCA間の距離《きょり》は同じなので，DC間の上りにかかる時間とCA間の下りにかかる時間の比は３：２となり，DC間の上りにかかる時間は，$5\times\frac{3}{3+2}=3$(時間)となる。よって，BC間の上りにかかる時間は，45分＋３時間＝３時間45分だから，BC間の距離は，$4\times3\frac{45}{60}=15$(km)である。

図１

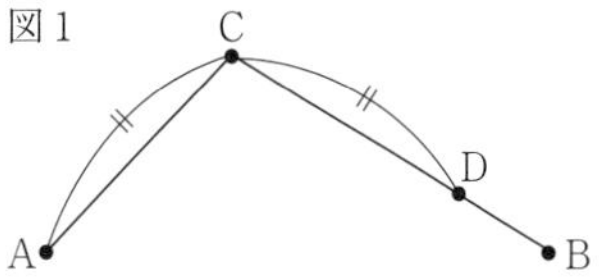

(6)　右の図２のように，ＯとＡを結ぶ。すると，OA：OD＝８：４＝２：１なので，三角形OADは１辺８cmの正三角形を半分にした形の三角形になる。また，角BOCの大きさは，60÷２＝30(度)だから，三角形OBCも１辺８cmの正三角形を半分にした形の三角形になる。この２つの三角形は合同なので，両方から三角形OEDを取り除くと，三角形OAEと四角形EBCDの面積は等しくなる。したがって，斜線《しゃせん》部分の左半分の図形の面積は，おうぎ形OABの面積と等しくなる。斜線部分の右側についても同様だから，斜線部分の面積は，おうぎ形OABの面積の２倍になる。さらに，角AOBの大きさは，60－30＝30(度)なので，斜線部分の面積は，$8\times8\times3.14\times\frac{30}{360}\times2=\frac{32}{3}\times3.14$(cm^2)となり，容器に入れた水の体積は，$\frac{32}{3}\times3.14\times30=320\times3.14=1004.8$(cm^3)と求められる。

図２

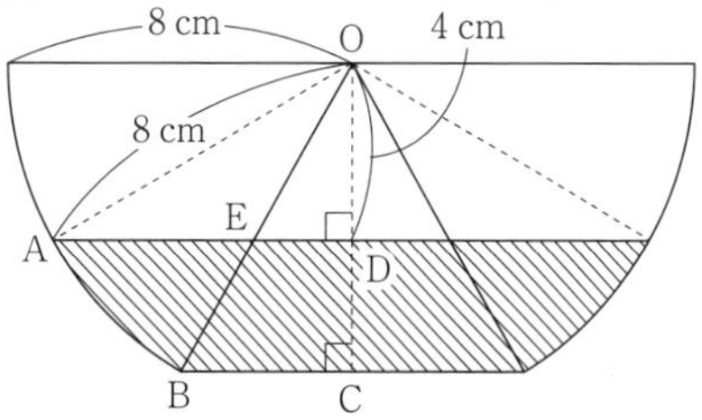

3　グラフ―旅人算

(1)　2400÷３＝800(m)より，Ａさんとバスの進行のようすをグラフに表すと，下のようになる。このグラフで，a分後の間の距離が200m，b分後の間の距離が80mであり，この間はＡさんだけが進んでいる。また，a分後からb分後までの時間は１分だから，Ａさんの速さは毎分，(200－80)÷１＝120(m)とわかる。

(2)　(1)より，Ａさんが駅に着くまでの時間(d)は，2400÷120＝20(分)とわかる。また，10分後の間の距離が800mなので，10～20分後のＡさんとバスの速さの差は毎分，800÷(20－10)＝80(m)となる(Ａさんの方が速い)。よって，渋滞《じゅうたい》時のバスの速さは毎分，120－80＝40(m)である。

(3)　グラフで，c＝９－１＝８(分)だから，バスがＰを出発してから２つ目の停留所に着くまでの時間は，８－３＝５(分)となる。したがって，バスが停留所と停留所の間の800mを進むのにかかる時間は，（５－１）÷２＝２（分）なので，バスの速さは毎分，800÷２＝400（m）とわかる。また，Ａさんが３分で進んだ距離（e）は，120×３＝360（m）だから，バスが出発してからＡさんに追いつくまでの時間は，360÷(400－120)＝$1\frac{2}{7}$（分）となり，$x=3+1\frac{2}{7}=4\frac{2}{7}$（分）と求められる。

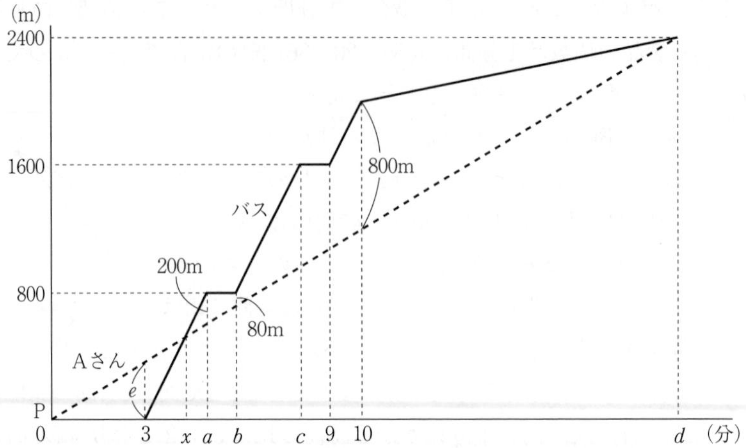

4 数列

(1) 下の図１のように，各グループの第１列の数の差は，２，４，６，８，…のようになる。よって，㉘グループと㉙グループの第１列の数の差は，２×28＝56であり，㉘グループの第１列の数は757だから，㉙グループの第１列の数（x）は，757＋56＝813と求められる。

(2) 下の図２の太実線で囲んだ部分について，斜線部分の和は，11＋27＝38，そうでない部分の和は，17＋19＝36となり，その差は，38－36＝２となる。また，太点線で囲んだ部分について，斜線部分の和は，13＋33＝46，そうでない部分の和は，21＋23＝44となり，その差は，46－44＝２となる。このように，斜線部分の和はそうでない部分の和よりも２大きくなるので，問題文中の図Ⅲの斜線部分の和（y）は，283＋285＋２＝570とわかる。

(3) 下の図３で，ア，イ，ウには連続する奇数《きすう》が並ぶから，ア，イ，ウの和はイの３倍になる。同様に，エ，オ，カの和はオの３倍になるので，斜線部分の６個の数の和は，（イ＋オ）×３と表すことができる。したがって，（イ＋オ）×３＝1722のとき，イ＋オ＝1722÷３＝574となる。また，イとオの和は△と◎の和よりも２大きいから，△＋◎＝574－２＝572と求められる。さらに，◎は△よりも２大きいので，◎に書かれている数（z）は，(572＋２)÷２＝287とわかる。

図１

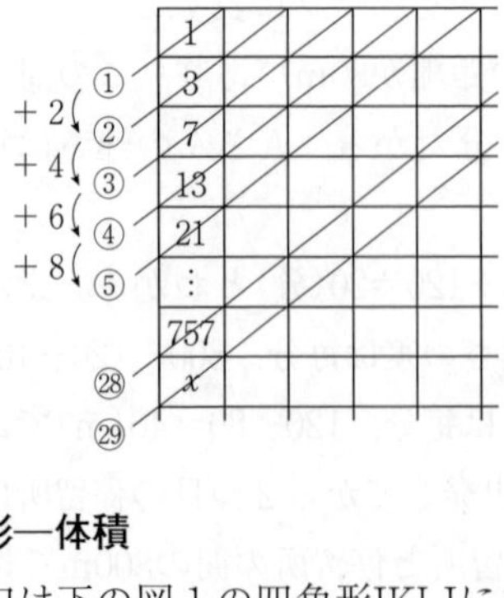

図２

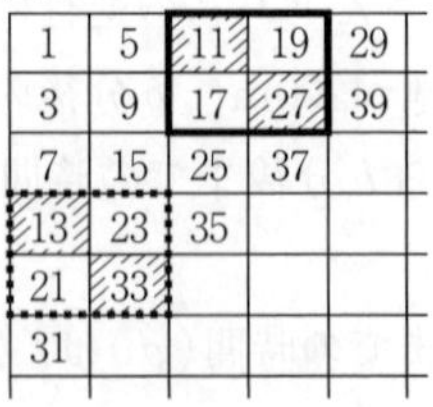

図３

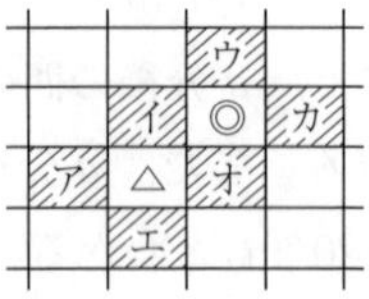

5 立体図形―体積

(1) 切り口は下の図１の四角形IKLJになるから，立体Ｐは図１のかげをつけた四角柱である。図

１で，AI＝$6\times\frac{4}{4+5}=\frac{8}{3}$(cm)，EK＝$6\times\frac{2}{2+1}=4$(cm)なので，台形AEKIの面積は，$\left(\frac{8}{3}+4\right)\times6\div2=20$(cm^2)と求められる。よって，立体Ｐの体積は，$20\times6=120$(cm^3)である。

(2)　５点Ｉ，Ｒ，Ｋ，Ｌ，Ｓを頂点とする立体は，下の図２のかげをつけた四角すいである。図２で，RK＝$4\times\frac{1}{2+1}=\frac{4}{3}$(cm)だから，長方形RKLSの面積は，$6\times\frac{4}{3}=8$(cm^2)となり，この四角すいの体積は，$8\times6\div3=16$(cm^3)と求められる。

(3)　点Ａを含《ふく》む立体は，立体Ｐから下の図３のかげをつけた立体(Ｑとする)を取り除いた立体である。また，立体Ｑの体積は，三角形DMHを底面とし，JDとNMとLHの平均を高さと考えて求めることができる。ここで，DM＝$6\div2=3$(cm)なので，底面積は，$3\times6\div2=9$(cm^2)となる。また，平均の高さは，$\left(\frac{8}{3}+\frac{8}{3}+4\right)\div3=\frac{28}{9}$(cm)だから，立体Ｑの体積は，$9\times\frac{28}{9}=28$(cm^3)と求められる。よって，点Ａを含む立体の体積は，$120-28=92$(cm^3)である。

図１
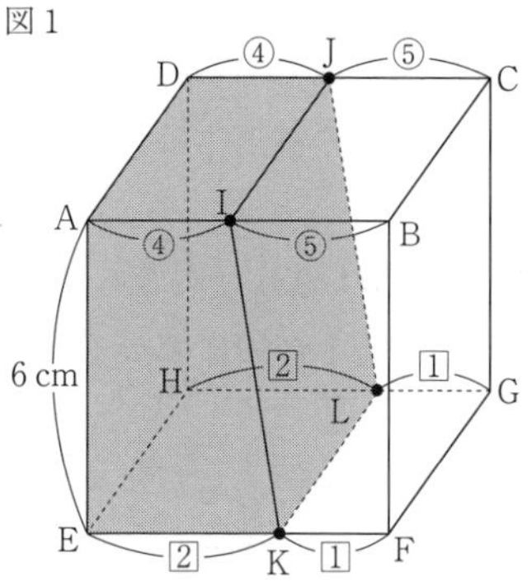

図２
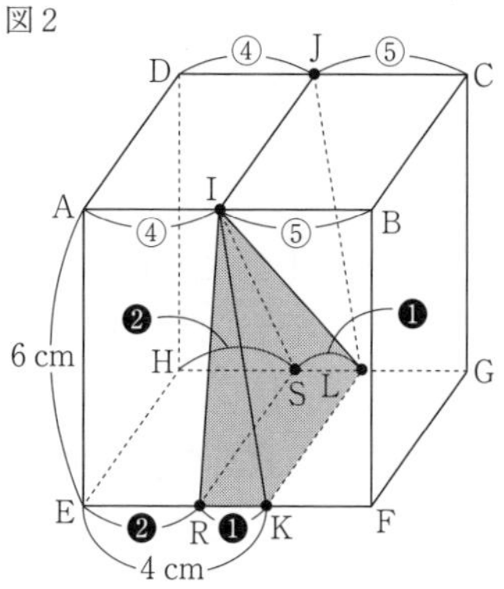

図３
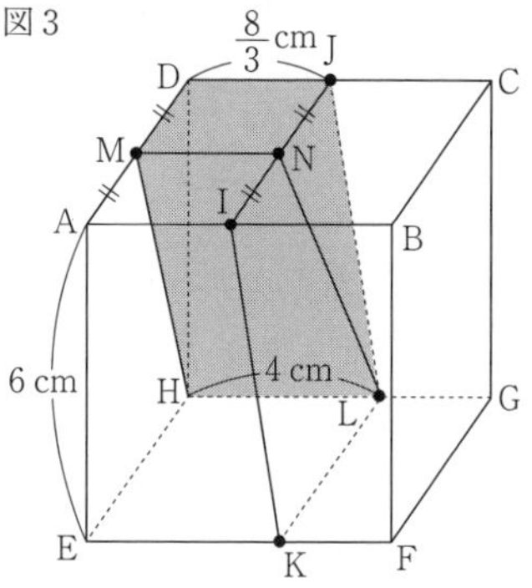

社　会　＜第１回試験＞(40分)＜満点：75点＞

解　答

1　**問1**　ア　×　イ　×　ウ　○　エ　×　オ　○　**問2**　ア　**問3**　エ　**問4**　1.5　**問5**　イ　**問6**　ウ　**問7**　ウ　**問8**　①　岐阜県　②　愛知県　③　三重県　④　滋賀県　⑤　京都府　⑥　奈良県　⑦　和歌山県　**2**　**問1**　イ　**問2**　イ　**問3**　ウ　**問4**　ウ　**問5**　ア　**問6**　エ　**問7**　ア　**問8**　エ　**問9**　ア　**問10**　壬申の乱　**問11**　班田収授(法)　**問12**　正倉院　**問13**　調　**問14**　検地帳　**問15**　宗門改帳　**問16**　版籍奉還　**問17**　平民　**3**　**問1**　ウ　**問2**　イ　**問3**　エ　**問4**　ウ　**問5**　ア　**問6**　イ　**問7**　四日市ぜんそく　**問8**　ア　**問9**　ベトナム(ヴェトナム)　**問10**　社会権(生存権)　**問11**　エ　**問12**　イ

解　説

1　**地形図を題材とした地理の問題**

問1　海岸部に針葉樹(Λ)の地図記号はほとんど見られない(ア…×)。「雲出《くもず》川」は地形図の左の陸地から右の海に向かって流れているので，西から東に流れている(イ…×)。「木造町」や「星合町」の周辺など，「雲出川」の流域に田(||)の地図記号が見られる(ウ…○)。地形図の左上にある「警察学校」付近の標高は，18mである(エ…×)。地形図中の西側を南北に走るJR線の地図記号

(▬▬)は，単線の路線を示している(オ…○)。

問２　「雲出川」の河口部に位置する「香良洲町」は，枝分かれした河川と海で囲まれた三角形に近い形をした三角州上に広がる。三角州は，河川の運ぶ土砂《どしゃ》や粘土《ねんど》が，長い時間をかけて河口部に堆積《たいせき》してできた地形である(ア…○)。

問３　「津市」の文字から三重県津市の地形図であるとわかるので，三重県の東側に広がる伊勢《いせ》湾と判断できる(エ…○)。なお，アの駿河《するが》湾は静岡県南東部の湾，イの若狭《わかさ》湾は福井県西部から京都府北部にかけての湾，ウの中海は島根県北東部と鳥取県北西部にまたがる湖である。

問４　地形図上の長さの実際の距離《きょり》は，(地形図上の長さ)×(縮尺の分母)で求められる。この地形図の縮尺は50000分の１なので，地形図上で３cmの長さの実際の距離は，３×50000＝150000(cm)＝1500(m)＝1.5(km)となる。

問５　紀勢本線は，和歌山県の旧国名である紀伊国の「紀」と，三重県の旧国名の１つである伊勢国の「勢」から名づけられた路線で，三重県亀山市と，和歌山県の県庁所在地である和歌山市を結んでいる(イ…○)。なお，アの大津市は滋賀県，ウの名古屋市は愛知県，エの神戸市は兵庫県の県庁所在地である。

問６　三重県の県庁所在地である津市の人口は約27万人，四日市市の人口は約31万人であり(2023年)，三重県では四日市市の人口が最も多い(ウ…×)。統計資料は「住民基本台帳に基づく人口，人口動態及び世帯数調査」による。

問７　津市は北緯34〜35度に位置しており，ほぼ同緯度に位置するのは岡山市である(ウ…○)。なお，アのさいたま市とイの金沢市は北緯約36度，エの大分市は北緯約33度に位置する。

問８　三重県が隣接《りんせつ》する６府県は，愛知県，岐阜県，滋賀県，京都府，奈良県，和歌山県である。①　面積が最も大きく10000km^{2}を超《こ》えていることから，岐阜県である。　②　人口と工業生産総額が最も多いことから，中京工業地帯に属し自動車工業を中心とする機械工業がさかんな愛知県である。　③　府県庁所在地の人口が最も少なく，工業生産額が②の愛知県に次いで多いことから，三重県である。　④　林野率が愛知県に次いで低いことから，面積の６分の１を琵琶《びわ》湖が占《し》め，湖岸に近江盆地《おうみぼんち》が広がる滋賀県となる。　⑤　府県庁所在地の人口が②の愛知県に次いで多いことから，府庁所在地の京都市が政令指定都市に指定されている京都府である。　⑥　面積が最も小さく，農業産出額総額と工業生産総額が最も少ないことから，奈良県である。　⑦　人口が最も少なく，農業産出額総額が多いことから，果物の生産がさかんな和歌山県である。

２　戸籍《こせき》を題材とした歴史の問題

問１　各地の首長たちの墓と見られる巨大な前方後円墳が多くつくられていたのは５世紀で，６世紀以降は，巨大な前方後円墳は少しずつつくられなくなっていった(イ…×)。

問２　アは630年(第１回遣唐《けんとう》使の派遣)，イは663年(白村江《はくすきのえ》の戦い)，ウは694年(藤原京に遷都《せんと》)，エは683年ごろ(富本銭の鋳造《ちゅうぞう》)の出来事なので，年代の古い順に，ア→イ→エ→ウとなる。

問３　アは1467〜77年(応仁の乱)，イは1221年(承久の乱)，ウは1232年(御成敗式目)，エは1392年(南北朝の合一)の出来事なので，年代の古い順に，イ→ウ→エ→アとなる。

問４　鎌倉時代から戦国時代にかけて，国ごとに田の数，広さ，所有者などを記録した帳簿《ちょうぼ》がつくられたが，その多くは幕府の命を受けた守護によって作成されていた(ウ…○)。

問５　豊臣秀吉は，1585年に関白，翌86年に太政《だいじょう》大臣に任命されたが，摂政《せっしょう》には就任していない

(ア…×)。なお，エについて，1592～93年の１度目の出兵を文禄《ぶんろく》の役，1597～98年の２度目の出兵を慶長《けいちょう》の役という。

問６　豊臣秀吉は，初めキリスト教の布教を許可したが，キリシタン大名が長崎をイエズス会の教会に寄付したことを知ると，ポルトガルやスペインに対して危機感を強め，1587年にバテレン追放令を発した。よって，一貫《いっかん》してキリスト教を保護したわけではない(エ…×)。

問７　江戸幕府の第８代将軍徳川吉宗は，幕政改革を目的に享保の改革(1716～45年)を行った。新田開発を進め，一定期間は同じ率で米を納めさせる定免《じょうめん》法を採用し，参勤交代の江戸滞在《たいざい》期間を半年とする代わりに大名に米を献上させる上げ米の制を実施《じっし》して，幕府の年貢収入を増加させた。一方で，米価が下落したため，大阪の堂島米市場を公認するなど，米価の安定に努めた(ア…×)。

問８　明治政府は，国民を兵士とする近代的で統一的な軍隊を創設するため，1873年に徴兵《ちょうへい》令を出し，徴兵検査に合格した満20歳《さい》以上の男子(ただし戸主，学生，代人料を納めた者などを除く)に兵役の義務を負わせた(エ…×)。

問９　1951年に結ばれたサンフランシスコ平和条約は，翌52年に発効したが，日本が国際連合への加盟を認められたのは，1956年に調印された日ソ共同宣言で加盟申請がソ連に支持されたことによる(ア…×)。なお，イについて，沖縄の返還《へんかん》は1972年，小笠原(諸島)の返還は1968年の出来事である。ウについて，サンフランシスコ平和条約の調印と同時に結ばれた日米安全保障条約にもとづき，アメリカ軍は継続《けいぞく》して日本に駐留した。

問10　「古代最大の内乱」ともいわれる事件は，672年に起こった壬申の乱である。天智天皇の死後，天皇の位をめぐって，天智天皇の弟である大海人《おおあまの》皇子と天智天皇の子である大友皇子との間で起こり，この戦いに勝利した大海人皇子は即位《そくい》して天武天皇となった。

問11　689年に持統天皇によって施行された飛鳥浄御原《きよみはら》令にもとづき，戸籍と計帳をつくって６歳以上の男女に国から口分田が与《あた》えられる班田収授(法)が行われた。男子には２段，女子にはその３分の２が支給され，口分田の収穫《しゅうかく》の約３％の稲を租として納めることとされた。

問12　聖武天皇の遺品や仏具などの品々が収められた宝庫は，東大寺(奈良県)にある正倉院である。正倉院の収蔵品には，ペルシャ(現在のイラン)などの西アジア，インドなどの南アジアのものがシルクロード(絹の道)を通って中国に伝わり，日本にもたらされたものもある。

問13　律令制度のもとで男子に課せられた税の１つで，地方の特産物を都に納めたのは，調である。税を負担する農民の中から選ばれた運脚《うんきゃく》が，都まで徒歩で調を運んだ。

問14　豊臣秀吉が1582年から行った太閤《たいこう》検地では，面積の単位や米の量をはかる「ます」の大きさを統一し，村ごとに田畑などの面積と等級を調査して生産高を石高《こくだか》で表し，耕作者を検地帳に記《き》載《さい》した。これにより，農民は田畑の所有権を認められることになったが，石高に応じた年貢の義務を負わせられた。

問15　江戸幕府はキリスト教の禁止を徹底《てってい》させ，その人がキリスト教の信者でないことを証明するために，だれがどの寺院の信者(檀家《だんか》)であるかを記載した宗門改帳を1671年から毎年作成させるようになった。これは後に宗門人別改帳に発展し，戸籍と同じような役割を果たした。

問16　1869年，明治政府は強力な中央集権国家をつくりあげるため，それまで藩主《はんしゅ》が治めてきた土地(版)と人民(籍)を朝廷に返させる版籍奉還を行い，これまでの藩主をそれぞれの藩の知藩事に任命し，もとの領地を治めさせた。

問17　明治政府はそれまでの身分制度を廃止し，新たに公家・大名を華族，武士を士族，百《ひゃく》姓《しょう》・町人やそれまで彼らより低い身分とされていた人々を平民とした。しかし，江戸時代にえた・ひにんと呼ばれた人々は戸籍に「新平民」と記載され，差別が続いていくことになった。

3 宇沢弘文の生涯《しょうがい》を題材とした公民の問題

問1　「今からちょうど10年前」は2014年であり，安倍晋三《あべしんぞう》は，2012年12月26日から2020年９月16日まで日本の内閣総理大臣(首相)を務めた(ウ…○)。なお，アの麻生《あそう》太郎は2008年９月～2009年９月，イの野田佳彦《よしひこ》は2011年９月～2012年12月，エの菅義偉《すがよしひで》は2020年９月～2021年10月の首相。

問2　2015年７月，参議院議員選挙の一票の格差を是正《ぜせい》するために公職選挙法が改正され，選挙区定数が10増10減された。これにより，２つの県を同じ選挙区とする「合区」が初めて導入され，鳥取県と島根県，徳島県と高知県がそれぞれ「合区」となった(イ…○)。

問3　高度経済成長は1955年ごろから1970年代初めまで続いたが，関西国際空港の開港は1994年のことである(エ…×)。なお，朝鮮戦争(1950～53年)による特需《とくじゅ》は，第二次世界大戦後の日本の経済復興の足がかりとなった(ア…○)。1960年に池田勇人《はやと》内閣が出した国民所得倍増計画は，政府による日本の経済成長政策の基礎となった(イ…○)。1964年の東京オリンピックの開催《かいさい》は，高速道路や東海道新幹線といった社会資本の整備が行われるなど，日本の経済成長を推し進める要因となった(ウ…○)。

問4　アメリカ合衆国は，東海岸に首都のワシントンD.C.やニューヨーク，西海岸にロサンゼルスがある(ウ…×)。

問5　神通川流域(富山県)で発生したイタイイタイ病，八代海沿岸(熊本県・鹿児島県)で発生した水俣《みなまた》病，阿賀野川流域(新潟県)で発生した第二水俣病(新潟水俣病)，四日市市(三重県)で発生した四日市ぜんそくを四大公害病といい，これらの裁判が1960年代後半に始まった(ア…○)。なお，第五福竜丸事件は1954年(イ…×)，ロッキード事件は1976年(ウ…×)，消費税の導入は1989年(エ…×)の出来事である。

問6　関税は，貿易品にかけられる税金で，今日では一般的に，国内産業を保護するために輸入品に課せられる税とされている。関税の種類には，法律にもとづいて定められている国定税率と，条約にもとづいて定められている協定税率がある(イ…○)。

問7　三重県の四日市市では，石油化学コンビナートの工場から排出《はいしゅつ》された煙《けむり》にふくまれる亜《あ》硫酸《りゅうさん》ガス(二酸化硫黄《いおう》)が原因で，四日市ぜんそくと呼ばれる公害病が発生した。ぜんそくになった患者《かんじゃ》が1967年に訴《うった》えを起こし，1972年に原告勝訴《しょうそ》の判決が下された。

問8　国土交通省は，2001年に実施された中央省庁再編により，運輸省・建設省・北海道開発庁・国土庁が統合されて誕生した省で，国土の開発と保全，ダムや港などの整備，交通，気象，海運などに関する仕事を担当している(ア…○)。

問9　「 B 人を殺すのに必要な費用便益を計算していた」のを見聞きしたのは，宇沢が留学しているときであり，本文の「アメリカでの約12年の研究教育活動」「1968年に日本に戻《もど》った」という記述より，留学期間は1956～68年だと考えられるので，1965年に激化したベトナム戦争の話をしていたと推測できる。

問10　日本国憲法第25条で定められた「健康で文化的な最低限度の生活を営む権利」を生存権といい，その実現のために，社会保険・社会福祉《ふくし》・公的扶助《ふじょ》・公衆衛生の４つの柱からなる社会保障制度が整備されている。生存権を中心とする，人間らしい豊かな生活を送る権利は社会権と呼ばれ，日本国憲法では他に教育を受ける権利，勤労の権利，労働基本権の保障が定められている。

問11　太平洋戦争では，沖縄県で地上戦が行われた。1945年３月26日にアメリカ軍が慶良間《けらま》諸島に上陸すると，４月には沖縄本島でも戦いがくり広げられ，そのときに住民による集団自決が起こった(エ…○)。

問12　「嘘《うそ》の」という意味の英語をフェイクといい，いかにも本当のように見せかけているが事実ではないニュースをフェイクニュースという。世界的に問題となり対策が急がれる一方，言論統制が強まる心配も生じている(イ…○)。

理　科　＜第１回試験＞（40分）＜満点：75点＞

解　答

1　(1)　70g　(2)　**B**　ウ　**C**　ウ　(3)　ウ　(4)　イ　(5)　ア，エ　(6)　**1**　イ　**2**　オ　**3**　キ　**4**　ケ　(7)　**1**　同じ　**2**　少ない　**3**　にくい　2　(1)　**1**　軽　**2**　ウ　(2)　1.7kg　(3)　燃料(電池)　(4)　①　ぎょう縮(液化)　②　(例)　水素や酸素の体積を小さくして，ロケットに大量の燃料を搭載できるようにするため。　(5)　ウ，カ　(6)　ウ，オ　(7)　①　200cm^3　②　**マグネシウムの重さ**…0.25g　**塩酸の体積**…50cm^3　③　0.17g　3　(1)　①　キ　②　ウ　④　ス　⑩　ケ　(2)　⑥，⑦，⑧，⑨，⑩　(3)　**A**　⑥　**B**　④　**C**　⑤　**D**　⑦　(4)　**A**　コ　**B**　イ　**C**　ア　**D**　サ　**E**　コ　**F**　カ　**G**　ア　**H**　キ　**I**　ク　**J**　オ　**K**　ア　**L**　ケ　(5)　490回　(6)　イ　(7)　**A**　ア　**B**　エ　4　(1)　イ　(2)　静岡　(3)　キ　(4)　ウ　(5)　イ，エ　(6)　ウ　(7)　**9**　同じ　**10**　ちがう　(8)　(例)　(図４は断層面を境に)地層が平行にずり落ちたり，せり上がったりしていること。

解　説

1　熱の伝わり方についての問題

(1)　氷がとけて水に変化しても，重さは変化しない。よって，氷がとけきったときにBの中に入っている水の重さは，50＋20＝70(g)である。

(2)　B，Cの水に氷を入れると，氷は，氷の重さと同じ20gの水を押《お》しのけ，一部を水面の上に出した状態で浮《う》かぶ。20gの氷がとけきると20gの水になるから，はじめに押しのけた水の体積と等しくなり，氷を浮かべたときと水面の高さは変化しない。

(3)　同じ重さの水と氷を比べると，氷の体積は水の約1.1倍である。つまり，同じ体積の水と氷を比べると，水の方が重いので，氷は水に浮く。

(4)　Aにははじめ何も入っていないので，入れた氷がとけきったとき，できた水の温度は０℃である。B，Cには，それぞれ室温とほぼ同じ温度の水がはじめに入っていて，20gの氷がとけるとき，これらの水からそれぞれ同じ量の熱を受け取る。水が氷に渡す熱の量が同じとき，水の温度の下がり方は水の重さに反比例するので，Bの水よりもCの水の方が，氷がとけたあとの温度の下がり方が小さくなる。よって，Cが最も温度が高く，つぎにB，最も低いのはAと考えられる。

⑸　表１より，まわりに水がないＡの氷よりも，まわりに水があるＢ，Ｃに入れた氷の方がはやくとけたので，アが正しい。また，はじめに入っていたＡの空気と，Ｂ，Ｃに入っていた水の温度はほぼ同じであるにもかかわらず，Ｂ，Ｃの方が，氷がはやくとけていることから，水の方が空気よりも熱を伝えやすいとわかり，エもあてはまる。

⑹　Ａ，Ｄに氷を入れた直後は，氷のまわりは空気だけなので同じ条件である。しかし，氷がとけて水になりはじめると，Ａにはほぼ０℃の水がたまる。一方，Ｄには水がたまらないので，ほぼ室温と同じ温度の空気が氷に接している状態は変わらない。Ｄの氷のまわりの空気の温度は，Ａにたまった水の温度より高いので，分子の運動の激しさは空気の方が激しい。ここで，問題文に「同じ体積の液体と気体を比べると，液体の方が分子の数は多い」と述べられていることから，氷にぶつかる分子の量は液体の水の方が，気体の空気より多いとわかる。そのため，水の方が分子の運動はおだやかだが，分子の数が多く，分子がぶつかる回数が多いので，氷に熱を伝えやすいと考えられる。したがって，氷がとけきるまでの時間は，Ｄの方が長いとわかる。

⑺　**1**　90℃のお湯と90℃の空気は，温度が同じなので，分子の運動の激しさも同じである。

2　同じ体積の分子の数は，気体の空気の方が，液体のお湯より少ない。　**3**　サウナの中の空気は気体なので，液体のお湯よりも分子が人の身体にぶつかる回数は少なく，熱を伝えにくい。そのため，サウナに入ってもすぐにやけどすることはない。

2　水素についての問題

⑴　水素の重さは空気の重さの約0.07倍と非常に軽い。そのため，水素は地球の重力では大気中に留まらず宇宙へ出ていくので，大気中にはほとんどふくまれていない。

⑵　50kgの人間の体内に存在している水素の重さの合計は，50×0.1＝５(kg)である。また，50kgの人間の体内の水の重さは，50×0.6＝30(kg)で，このうちの11％が水素なので，体内の水の中に存在している水素の重さは，30×0.11＝3.3(kg)となる。よって，50kgの人間の体内に水以外のタンパク質や脂肪《しぼう》などとして存在している水素の重さは，５－3.3＝1.7(kg)とわかる。

⑶　燃料電池は，気体の水素と酸素を反応させることによって発電する装置であり，発電後に生じるのは水だけで有害物質が出ないため，環境《かんきょう》にやさしい装置といえる。

⑷　①　物質の状態が，気体から液体へ変化することをぎょう縮(液化)という。なお，液体から気体への状態変化は気化，液体から固体への状態変化はぎょう固，固体から液体への状態変化はゆう解である。　②　気体から液体に状態を変化させると，体積を非常に小さくすることができるので，より多くの燃料をロケットに搭載《とうさい》できる。ロケットでは，水素と酸素を気体に変えて燃焼室に送り，燃焼させることで動力をつくり出している。

⑸　水素は，鉄やアルミニウム，亜鉛《あえん》などに塩酸や硫酸《りゅうさん》などの強い酸を加えたときや，アルミニウムや亜鉛に水酸化ナトリウム水溶液を加えたときなどに発生する。なお，アは気体が発生せず，イでは酸素，エ，オでは二酸化炭素が発生する。

⑹　気体の水素は水にほとんどとけないが，わずかに水素がとけたとしても，水よう液は中性を示す。よって，ア～ウのうちではウがあてはまる。試験管に集めた水素が，試験管の口付近で空気と混じりあっているところにマッチの火を近づけると，水素は爆《ばく》発的に燃えてポンと音が出るので，オも正しい。なお，エは二酸化炭素の特徴《ちょう》なのであてはまらない。カはにおいのない水素にはあてはまらない。

⑺　①　図１より，アルミニウム0.1ｇと塩酸30cm^{3}がちょうど反応して，水素120cm^{3}が生じるとわかる。アルミニウム0.2gとちょうど反応する塩酸の体積は，$30\times\frac{0.2}{0.1}=60(\text{cm}^3)$なので，塩酸50cm^{3}にアルミニウム0.2ｇを加えたとき，塩酸50cm^{3}がすべて反応してアルミニウムがとけ残る。よって，発生する水素の体積は，$120\times\frac{50}{30}=200(\text{cm}^3)$である。　②　図２より，マグネシウム0.1ｇと塩酸20cm^{3}がちょうど反応して，90cm^{3}の水素が発生する。いま，発生した水素の体積が225cm^{3}なので，塩酸と反応したマグネシウムの重さは，$0.1\times\frac{225}{90}=0.25(\text{g})$となる。また，このとき塩酸は，$20\times\frac{225}{90}=50(\text{cm}^3)$以上必要である。　③　0.5ｇの固体がすべてマグネシウムだとすると，発生する水素の体積は，$90\times\frac{0.5}{0.1}=450(\text{cm}^3)$で，このマグネシウムのうち0.1ｇをアルミニウム0.1ｇに置きかえると，発生する水素の体積は，$120-90=30(\text{cm}^3)$増える。いま，発生した水素の体積は500cm^{3}なので，この中に混ざっているアルミニウムの重さは，$0.1\times(500-450)\div30=0.166\cdots$より，0.17ｇとわかる。

３　血液循環《じゅんかん》についての問題

⑴　図１の空欄には，上から順に，脳，肺，肝臓，小腸，じん臓があてはまる。また，心臓から出る血液が流れる血管を動脈，心臓に入る血液が流れる血管を静脈という。全身から③の大静脈を通って心臓に入った血液は，②の右心房《しんぼう》，右心室と流れ，①の肺動脈を通り肺へ向かう。小腸で吸収された栄養分は，④の肝《かん》門脈を通って肝臓に流れ，心臓から出てじん臓へ流れる血液は，⑩のじん動脈を通る。

⑵　動脈血とは，酸素を多くふくんでいる血液のことである。血液は肺で二酸化炭素を排《はい》出し，酸素を取り入れるので，肺から出て各器官まで向かう血液が流れている⑥の肺静脈，⑦の大静脈，⑧の左心室，⑨の肝動脈，⑩のじん動脈を流れる血液があてはまる。

⑶　Ａ　肺で酸素を取り入れた血液は，肺から肺静脈を通って左心房に入る。したがって，⑥が選べる。　Ｂ　食べ物が消化されてできた栄養分は，小腸で吸収される。よって，小腸から肝臓へ血液が流れる肝門脈があてはまる。　Ｃ　血液中の二酸化炭素以外の不要物は，じん臓でこし取られる。したがって，じん臓から心臓に向かう血液が流れる⑤のじん静脈が適当である。　Ｄ　血液が心臓から全身に送り出されるときに血液が流れる勢いが最も強いから，左心室から出る血液が流れる大動脈が最も血圧が高い。

⑷　メダカは魚類のなかまで，心臓に心房と心室が１つずつしかない。からだの各部を通った血液は，大静脈（Ａ）→心房（Ｂ）→心室（Ｃ）→大動脈の順に流れて，えら（Ｄ）で二酸化炭素と酸素を交換《かん》したあと，からだの各部に送られる。両生類のカエルの心臓は，１つの心室と２つの心房（左心房と右心房）からなる。からだの各部を通った血液は，大静脈（Ｅ）→右心房（Ｆ）→心室（Ｇ）→肺動脈（Ｈ）の順に流れて肺に入る。肺で酸素を取り入れた血液は，肺静脈（Ｉ）→左心房（Ｊ）→心室（Ｋ）→大動脈（Ｌ）の順に流れて，からだの各部に送られる。

⑸　体重60kgの男性の血液量は，$60\times0.08=4.8(\text{kg})$である。睡眠《すいみん》時，心臓が全身に押し出す血液量は１分あたり，$70\times70=4900(\text{g})$，つまり4.9kgなので，８時間では，$4.9\times60\times8=2352(\text{kg})$とわかる。よって，８時間で血液が全身を循環する回数は，$2352\div4.8=490$(回)と求められる。

⑹　図２は肺の一部で，小さな球状の肺ほうが集まってできている。肺ほうのまわりには毛細血管がはりめぐらされていて，肺ほうに入ってきた空気中の酸素が血液中に取り入れられ，血液中の二

酸化炭素が肺ほうへ出される。

⑺　Ａは気管が枝わかれした先の気管支で，鼻や口から入った空気が通る。また，Ｂのうち１つは肺動脈からわかれた血管，もう１つは肺静脈に入る血液が流れる血管で，どちらも心臓とつながっている。

4　地層や岩石についての問題

⑴　地域特有の地形や地層から，大地の歴史や人との関わりを知ることができる自然公園をジオパークといい，地質や地形から地球の過去を知り，未来を考えて活動することに役立てられている。日本には，糸魚川《いといがわ》ジオパークや下仁田ジオパークなど，46地域のジオパークがある。

⑵　東北日本と南西日本の境となる大きな断層（構造線）は，新潟県糸魚川市付近と静岡県静岡市付近を通ることから，糸魚川―静岡構造線という。また，アジア大陸の一部だった日本列島が，大陸からはなれるとき，南西日本と東北日本の間にできた巨《きょ》大なさけ目をフォッサマグナという。ここに，陸から運ばれた土砂が大量に流れこんで地層ができ，その後の火山活動や東西から押される力で地層が隆起《りゅうき》した。このときフォッサマグナの西端《せいたん》にできた大きな断層が糸魚川―静岡構造線である。

⑶　中央構造線は，まだ日本がアジア大陸の一部だったときに，大陸のプレートの中に，海溝《かいこう》と平行にできた大断層で，その後何度も異なる方向にずれ動き，現在も一部が活断層となっている。

⑷　4　地層が左右から大きな力を受けて曲がることを，しゅう曲という。根なし山の上の層は，アジア大陸の東のふちにあった地層がのり上げたもので，このときに下にあった青岩の層との間に大きな力がはたらいて，地層が大きく折れ曲がるほどのしゅう曲ができた。　5　下仁田層は海底にたまった地層と述べられているから，貝の化石がふくまれると考えられる。

⑸　$A \div (C - B)$で密度を求めることができると述べられているので，表から$(C - B)$の値を計算すると，アは，134.5－117.4＝17.1（g），イは，120.4－116.9＝3.5（g），ウは，118.8－112.9＝5.9（g），エは，109.4－107.9＝1.5（g），オは，104.6－103.6＝1.0（g）である。この値を用いて密度を求めると，アは，44.8÷17.1＝2.61…（g/cm^3），イは，11.5÷3.5＝3.28…（g/cm^3），ウは，16.5÷5.9＝2.79…（g/cm^3），エは，5.0÷1.5＝3.33…（g/cm^3），オは，2.8÷1.0＝2.8（g/cm^3）となる。よって，ヒスイの密度は3.0 g/cm^{3}以上なので，イとエが選べる。

⑹　ふだんの川の流れでは運ぶことができない巨大な礫《れき》も，洪水《こうずい》で水量が増えると運ぱん作用によって運ばれるようになり，水量が少なくなったところでたい積作用によって留まる。また，青岩のくぼみに入った硬い石が，水流の力で青岩をけずるはたらきはしん食作用である。

⑺　一般《いっぱん》的な大地の隆起でできた山は，海底にたい積した地層が隆起したあとに，風雨や川の水のはたらきでけずられてできる。また，一般的な火山は，噴火《ふんか》によって流れ出た溶岩《ようがん》が冷え固まったり，噴出《ふんしゅつ》物が降り積もったりしたものである。したがって，これらの山の山頂とふもとは同じ時代にできた地層でできているといえる。一方，根なし山は，すべり面の下は，海底火山の溶岩が6500万年前に地下に押しこまれてできた青岩で，すべり面の上は，約１億3000万年前の海にたまった砂岩などからできた地層なので，山頂とふもとの地層は，できた場所も時代も異なっている。

⑻　糸魚川―静岡構造線は，フォッサマグナの上にできた新しい地層と古い地層の間にできた断層であり，下仁田のすべり面は，下の地層に上の地層がのり上げてできたものである。これに対し，学校で学習する断層は，地層に強い力がはたらいて断層面ができ，その面にそって平行に，地

層がずり落ちたり，せり上がったりしてできたものである。

国　語　＜第１回試験＞（50分）＜満点：100点＞

解　答

一 ①　たいとう　②～⑤　下記を参照のこと。　二 **問１**　ウ　**問２**　イ　**問３**　より多くの　**問４**　ア　**問５**　（例）　デフォルトを「臓器移植に同意する」とされたうえで，「移植に反対なのですか？」という拒絶フレームで問いかけられ，明確な意思を持たぬまま，拒絶を選択しなかったから。　**問６**　エ　**問７**　ウ　三 **問１**　**A**　オ　**B**　ウ　**C**　カ　**問２**　悪態　**問３**　ウ　**問４**　エ　**問５**　大きな背中　**問６**　イ　**問７**　（例）　部の改革は無理だと投げやりになっていたが，部員の前で勇気を出して自分の思いに賛同してくれた三熊とともに，投票の結果にかかわらず，向上心を持って真面目に練習に取り組む吹奏楽部にしていこうと強く決意した。

●漢字の書き取り

一 ②　交　③　乳歯　④　潔　⑤　白羽

解　説

一 漢字の読みと書き取り

①　群を抜《ぬ》いて現れてくること，勢いを増すこと。　②　音読みは「コウ」で，「交通」などの熟語がある。訓読みはほかに「ま(じる)」などがある。　③　哺乳類《ほにゅうるい》の多くは歯が生えかわり，最初に生える歯を乳歯という。　④　音読みは「ケツ」で，「清潔」などの熟語がある。

⑤　「白羽の矢が立つ」は“大勢のなかから特に選ばれる”という意味。いけにえとして目をつけた少女の家の屋根に，神が白羽の矢を印に立てたという俗説《ぞくせつ》に由来する。ここから“犠牲《ぎせい》者として選び出される”という意味で使われたが，今は抜擢《ばってき》される意味でも使う。

二 出典：中村隆文《なかむらたかふみ》『「正しさ」の理由――「なぜそうすべきなのか？」を考えるための倫理《りんり》学入門――』。

臓器移植について，貧富《ひんぷ》の問題やドナーを増やすやり方などを検証していく。

問１　他国で臓器移植を受けられるチャンスに，病人や家族が飛びつく心情には「藁《わら》にもすがる」が合う。「藁にもすがる」は，“切羽つまったときは頼《たよ》りになりそうにないものまで頼りにする”という意味。「天にものぼる」は，“非常にうれしく心が弾《はず》む”という意味。「後ろ髪《がみ》を引かれる」は，“未練がある”という意味。「身の縮む」は，“恐《おそ》ろしさや緊張《きんちょう》で体が丸まって小さくなったように感じる”という意味。

問２　大金を出せるA国の国民が，臓器移植の目的でB国へ行くことは，B国で移植を待つ人の行列に金の力で「割り込《こ》むようなもの」だと述べている。つまり，我《わ》が子の臓器移植のためにA国からB国に渡航《とこう》する家族の行為《こうい》は，それだけなら「生命を救うという意味で倫理的」でも，B国の病人側から見れば「反倫理的」になる。よって，イがこの内容に合う。

問３　本人の意思が不明でも，一五歳《さい》未満でも，家族の同意があれば脳死患者《かんじゃ》からの臓器摘出《てきしゅつ》を可能にし，運転免許証《めんきょしょう》の意思表示にオプトアウト方式を導入し，「臓器提供に同意していることになる人」を増やした。これは「より多くの臓器が国内で確保されること」を目的とした法改正である。

問４　同じ段落で，オプトアウトとは，「明確な（拒絶《きょぜつ》の）意思表示」をしなければ「推定上の同意」とみなされる方式だと説明されている。広告表示の「停止」をクリックしないと「広告」の「配信」が続くというアの事例が適する。

問５　前後の段落をふくむ三つの段落で，自由を保障しつつも「臓器移植に同意したことになる人」が増えるように誘導《ゆうどう》するやり方を説明している。まず「デフォルト（初期設定）」を「臓器提供に同意する」とし，さらに「〈提供しません〉に○をつければ〈臓器移植に同意しない〉ということになりますが，○をつけますか？」と「拒絶フレーム」で問いかける。すると，明確な答えを持たない状態では判断保留のまま「提供しません」に「○」をつけない人が増えるのである。この内容を整理して「『臓器提供に同意する』というデフォルトが示されたうえに，移植を『拒絶しますか？』という拒絶フレームで問われたために，判断保留の状態で『拒絶』を選べなかったから」のようにまとめる。

問６　問５でも検討したが，「オプトアウト方式」は，個人の「自由」を認めているかに見えて，実際は目的へ誘導する「リバタリアン・パターナリズム」に入る。そのやり方は，ぼう線５の前にあるように，「社会全体」にとって「善い」方向でも，選択《せんたく》の「責任」は「個人に押《お》しつけ」ていることになる。エが，この内容に合う。エ以外は，一見自由でありながら，社会的な利益のほうへ誘導し，かつ責任を個人に負わせているという三点をおさえていない。

問７　「臓器移植に同意したことになる人」が増えるしくみについて筆者は，「自由」を尊重しているかに見えても，「社会」的な利益のほうへ誘導し，かつ責任を「個人に押しつけ」ていると指摘している。つまり，「メデタシメデタシ」は皮肉をこめた批判なので，「表面上はよい決着のように見えるけど，実際はそうではないと考える筆者の批判意識のあらわれ」と発言した生徒Ｃが最も近い。生徒Ｃ以外は，筆者がこのようなしくみを批判している点をおさえていない。

三　**出典：如月《きさらぎ》かずさ『給食アンサンブル２』**。吹奏楽《すいそうがく》部の部長である高城《たかぎ》（おれ）に反発する部員たちが増えて，孤立無援《こりつむえん》と思いこんでいたとき，おおらかな副部長の三熊《みくま》に救われるようすが描《えが》かれている。

問１　**Ａ**　部活に来ない人が増え，文化祭が迫《せま》っている状況《じょうきょう》での高城（部長）の心情には，「じりじり」が適する。「じりじり」は，次第《しだい》にいら立ちがつのるようす。　**Ｂ**　牧田《まきた》たちに部長の信任投票を提案したと吉野《よしの》先生から聞き，「信任投票をして，おれが部長を続けられると思ってるんですか？」と答えた場面である。そのときの「言葉を取り繕《つくろ》う」吉野先生には，うろたえるようすの「おろおろ」が合う。「取り繕う」は，“過失や不都合をかくして，その場だけごまかす”という意味。　**Ｃ**　高城が部を改革しようとしたとき，三熊も「吹奏楽部の空気を変えて，もうちょっと真面目に練習がしたい」と思ったが，「ほかのみんなの反応が心配」で味方できなかった。三熊はそれを負い目に感じているので，「おれとおなじ気持ちだったっていうのか？」という高城の問いには，「おずおず」とうなずいたと考えられる。「おずおず」は，ためらいながらするようす。

問２　「くそっ！」は，ののしりの言葉である。孤立無援だと思っていら立っていた高城は，さらに牧田と出くわし，食缶《しょっかん》のクリームシチューを大量に床《ゆか》にこぼしてしまった。つまり，不運に不運が重なり，失態を演じた自分に腹を立てて，高城は悪態をついたのである。

問３　吉野先生は高城には伝えないまま牧田たちと話し，部長の信任投票をすることで牧田たちを部活にもどす手はずを整えている。それを知らないはずの部長から「牧田はまだ，おれが部長を辞《や》めないかぎり部活にはもどらないといってるんですか？」と図星を指されたときの反応である。言い当てられて「虚《きょ》をつかれ」，「ぎこちなく」なったのだから，ウが適する。ウ以外は，図星を指された点を反映していない。「虚をつく」は，“隙《すき》を攻《せ》める”という意味。

問４　自分に「味方」はいないと意固地になっていた高城は，床にこぼしたシチューを「ひとりで片づける」と手助けをこばんでいた。それでも，「吹奏楽部の仲間」だからと笑顔《えがお》で床をふいているのが三熊である。高城はそれを見ながら，自分は「親切でやさしく，協調性のある」三熊のようになりたかったのかもしれないと思っているのだから，自身の「本心」に気づいて「うろたえ」たのがわかる。一方の三熊はというと，自分には実力も，リーダーシップも，強さもないと言っており，それを備えた高城の口から「おまえみたいに」なりたいという言葉が出たことに「驚《おどろ》いた」のである。エがこれに合う。

問５　教室にもどるとき，高城が「悪かった。ありがとう」と声をかけたのは，三熊の「大きな背中」に向けてだった。部の改革が進まないことで意固地になっている高城にこばまれても，笑顔で「仲間」だからと掃除《そうじ》を手伝い，高城の能力も強引《ごういん》さも理解したうえで「すこしずつ，変えていこうよ」とはげまし，謝罪と感謝の言葉には黙《だま》って「おおらかな笑顔」を見せている。こういう度量の広さ，頼《たの》もしさを表すのが「大きな背中」である。

問６　高城がシチューを「いつもよりやけにあまく，そして温かく」感じていることに注目する。高城は，問４，問５で見てきたような三熊のやさしさに気持ちがなごみ，自分の思いに賛同してくれていることにも気づいたのである。よって，イが合う。

問７　直前に，信任投票の「結果」がどうでも「おれがすべきことは変わらない」とある。「すべきこと」は，高城と三熊の発言からわかる。高城は，部の「改革」が失敗し，たのしい部活の空気を壊《こわ》したと反省し，部長に選ばれなくとも，三熊といっしょに吹奏楽部のみんなに働きかけ，真剣に練習できるように部を変えていきたいと思っているのである。ここまでの経緯《けいい》を入れ，「部の改革に一人も味方がいないことにいら立っていたが，自分の強引さが楽しい部活の空気を壊したのだと反省し，支持してくれた三熊と共に，もう一度吹奏楽部のみんなでしっかり練習できるようにしたいと心に決めた」のようにまとめる。

Dr.福井の

入試に勝つ！ 脳とからだのウルトラ科学

寝る直前の30分が勝負！

みんなは，寝る前の30分間をどうやって過ごしているかな？　おそらく，その日の勉強が終わって，くつろいでいることだろう。たとえばテレビを見たりゲームをしたり――。ところが，脳の働きから見ると，それは効率的な勉強方法ではないんだ！

実は，キミたちが眠っている間に，脳は強力な接着剤を使って海馬《かいば》（脳の，知識をためる倉庫みたいな部分）に知識をくっつけているんだ。忘れないようにするためにね。もちろん，昼間に覚えたことも少しくっつけるが，やはり夜――それも“寝る前”に覚えたことを海馬にたくさんくっつける。寝ている間は外からの情報が入ってこないので，それだけ覚えたことが定着しやすい。

もうわかるね。寝る前の30分間は，とにかく勉強しまくること！　そうすれば，効率よく覚えられて，知識量がグーンと増えるってわけ。

では，その30分間に何を勉強すべきか？　気をつけたいのは，初めて取り組む問題はダメだし，予習もダメ。そんなことをしても，たった30分間ではたいした量は覚えられない。

寝る前の30分間は，とにかく「復習」だ。ベストなのは，少し忘れかかったところを復習すること。たとえば，前日の勉強でなかなか解けなかった問題や，１週間前に勉強したところとかね。一度勉強したところだから，短い時間で多くのことをスムーズに覚えられる。そして，30分間の勉強が終わったら，さっさとふとんに入ろう！

ちなみに，寝る前に覚えると忘れにくいことを初めて発表したのは，アメリカのジェンキンスとダレンバッハという２人の学者だ。

寝る前に予習した?
こっちの方がよく覚えられるのっ
復習

Dr.福井（福井《ふくい》一成《かずしげ》）…医学博士。開成中・高から東大・文Ⅱに入学後，再受験して翌年東大・理Ⅲに合格。同大医学部卒。さまざまな勉強法や脳科学に関する著書多数。

2024年度 本郷中学校

【算　数】〈第２回試験〉（50分）〈満点：100点〉

注意　コンパス，分度器，定規，三角定規，計算機の使用は禁止します。かばんの中にしまって下さい。

1　次の□に当てはまる数を求めなさい。

(1)　$4.5+4\frac{2}{3}\times\left(3\frac{1}{3}\div1.4-1.5\right)\div3\frac{1}{9}-2.25=$□

(2)　$1.8\times$□$-38\times\left\{\frac{1}{4}\div\left(2\frac{2}{3}+\frac{1}{2}\right)\right\}=2\frac{2}{5}$

2　次の問いに答えなさい。

(1)　１本90円のえんぴつと，１本150円のシャープペンシルを合わせて300本買う予定でしたが，買う本数を逆にしてしまったため，予定より2400円高くなってしまいました。はじめに買う予定だったシャープペンシルの本数は何本でしたか。

(2)　AD＝４cm，BC＝６cm であり，辺 AD と辺 BC が平行な台形 ABCD があります。対角線 AC と対角線 BD は点 E で交わります。辺 AB 上に，点 F を直線 FE が辺 BC と平行となるようにとるとき，辺 FE は何 cm ですか。

(3)　下の図は，たてが２cm，横が 18cm の長方形の中に，半径２cm の半円３個をつなげてかいたものです。(A)の部分の面積が，斜線部分の面積の $\frac{1}{3}$ であるとき，(A)の部分の面積は何 cm^2 ですか。ただし，円周率は3.14とします。

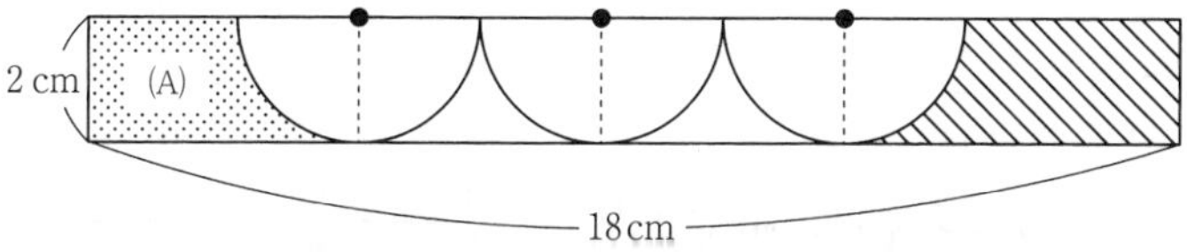

(4)　ある牧場に草が生えています。草は一定の割合で生えてきます。牛が９頭ならば，120日で牧場の草を食べつくします。牛が15頭ならば，48日で牧場の草を食べつくします。牛が29頭のとき，何日で牧場の草を食べつくしますか。

(5)　41の倍数と53の倍数を，小さい方から順に

41，53，82，106，……

のように並べたとき，46番目の数はいくつですか。

(6)　右の図のように，３つの内角が 30°，60°，90° である合同な三角形６つを使って正六角形 ABCDEF を作ったところ，この正六角形の面積は $81cm^2$ でした。

この三角形１つの面積は何 cm^2 ですか。

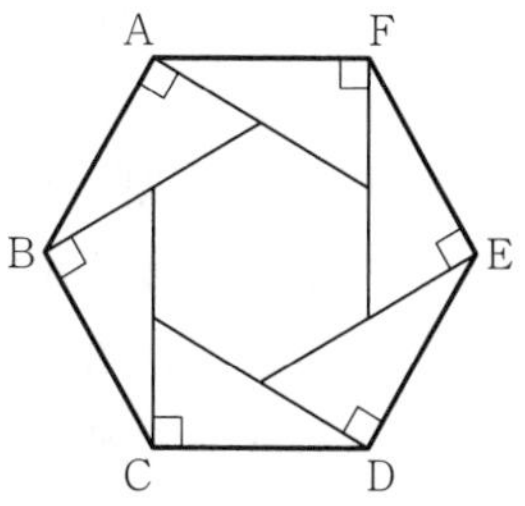

3　Ａ君は，家から自転車でＰ市まで行き，Ｐ市で用事をすませてから，家に帰る予定でした。ところが，途中のＱ市で自転車がパンクしたため，３分後にそこからバスに乗ってＰ市まで行き，すぐにバスに乗って家まで帰ってきました。そのときのＡ君の動きが次のグラフのようになりました。自転車の速さとバスの速さの比が４：９であるとき，下の問いに答えなさい。ただし，自転車とバスはそれぞれ一定の速さで進むものとします。

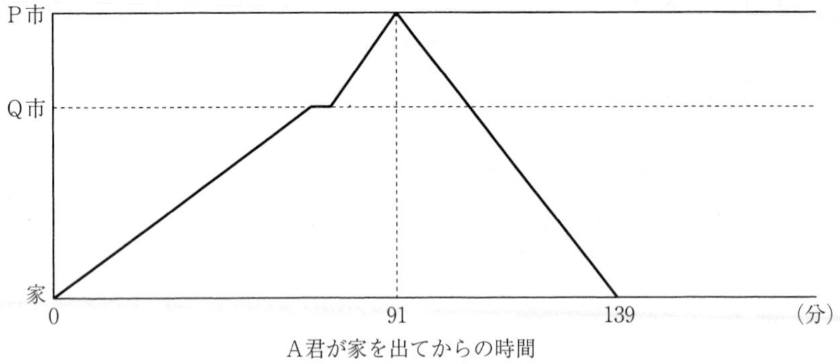

(1)　もし，Ａ君の自転車が途中でパンクしなかったとき，Ａ君がＰ市に着くのは，Ａ君が家を出てから何分後ですか。

(2)　Ｐ市からＱ市まで12km 離れていたとすると，家からＰ市までの道のりは何 km ですか。

4　図のように，たてに(あ)～(か)の６本，横に①～⑦の７本の線を同じ間かくで引きます。このとき，たてと横の交わったところの点の位置は例えば，点Ｑは〈う，2〉のように表します。

　点Ｐを〈あ，1〉に置き，暗号Ａをもとに，ルールＢ～Ｄにしたがって点Ｐを動かします。

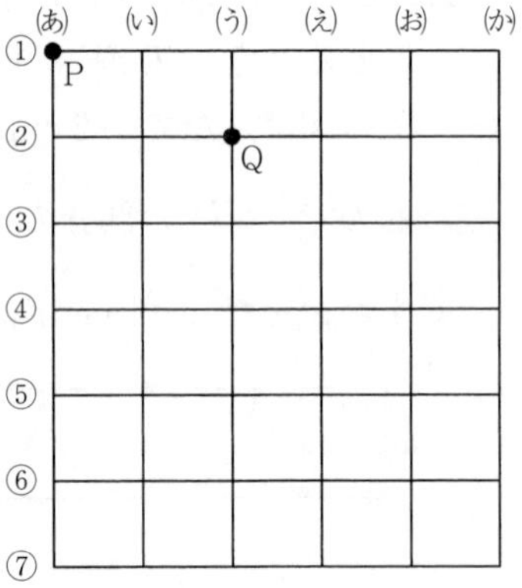

暗号Ａ：「1 0 0 1 0 1 0 0」

ルールＢ：最初は暗号Ａの数字により，1 のときは右にひとつ，0 のときは下にひとつ点Ｐを動かします。

ルールＣ：点Ｐがたての線(か)まで到達したあとは，暗号Ａの 1 のときは点Ｐを左にひとつ動かし，たての線(あ)まで到達したあとは，暗号Ａの 1 のときは点Ｐを右にひとつ動かします。

　以降はこれをくり返します。

ルールＤ：点Ｐが横の線⑦まで到達したあとは，暗号Ａの 0 のときは点Ｐを上にひとつ動かし，横の線①まで到達したあとは，暗号Ａの 0 のときは点Ｐを下にひとつ動かします。

　以降はこれをくり返します。

　例えば，暗号Ａを１回使ったあとの点Ｐの位置は〈え，6〉，暗号Ａを２回使ったあとの点Ｐの位置は〈お，3〉です。このとき，次の問いに答えなさい。

(1)　暗号Ａを５回使ったあとの点Ｐの位置を答えなさい。

(2)　暗号Ａを2024回使ったあとの点Ｐの位置を答えなさい。

5　底面が正方形の直方体の容器に水が入っていて，水平な面に置かれています。ここへ１辺が2.2cmの立方体の氷を浮かべます。なお，水はこの氷が浮く程度は入っていて，水はこおると元の体積と比べて，1.1倍の大きさとなります。また，氷を浮かべたとき大きくなった体積の分は水面より上に必ず飛び出し，氷の正方形の面が容器の底面と平行となる状態で安定するものとします。このとき，次の問いに答えなさい。ただし，容器の厚みは考えず，氷はとけないものとします。

(1)　氷が水面から飛び出した部分の高さは何cmですか。

(2)　氷を取り除いたところ水面が $\frac{2}{9}$ cm下がりました。容器の底面の１辺の長さは何cmですか。

6　H君とR君は本郷中学校の生徒です。次の【問題】をふたりで協力して解こうとしています。

【問題】

整数Aは以下の性質を持つ最小の整数です。

＜性質＞

① Aは２の倍数

② $B=A+1$である整数Bは３の倍数

③ $C=B+1$である整数Cは５の倍数

④ $D=B+2$である整数Dは７の倍数

⑤ $E=B+3$である整数Eは11の倍数

このとき，整数Aを求めなさい。

H君：むずかしそうだね。何が手掛かりになるのかな？

R君：そうだねぇ，まず①，②，⑤だけをみるとEは必ず［ア］の倍数になるね。

(1)　［ア］に適する整数のうち，最も大きい整数を下の選択肢から選びなさい。

選択肢　2，3，5，11，15，22，23，30，33，45，66，80，98

H君：そうか，確かに！　そうすると③もあわせるとEの一の位の数字は［イ］に限定されるよね。

R君：つまりEの候補は［ア］に一の位が［ウ］か［エ］である整数をかけたものになるのか。

(2)　［イ］，［ウ］，［エ］に最も適する整数を求めなさい。
ただし，［ウ］より［エ］の方が大きい整数とします。

H君：そうしたら，［ア］に一の位が［ウ］や［エ］である整数を順番にかけてEの候補を作って，そこから１だけ引けばDの候補ができるから，その数が７の倍数かどうか調べていこう。

………

R君：あっ，Dの候補が７の倍数になった。④もみたされたよ。

このEの候補は①，②，③，⑤を元々みたしているから，すべての＜性質＞をみたすね。だから求めるAはこれだ！

H君：そうだね！　やったね!!

(3)　整数Aを答えなさい。

【社　会】〈第２回試験〉（40分）〈満点：75点〉

注意　解答に際して，用語・人物名・地名・国名などについて漢字で書くべき所は漢字で答えなさい。
　　なお，国名の表記は通称でかまいません。

〈編集部注：実物の入試問題では，写真はカラー印刷です。〉

1　次の文章を読み，下の問いに答えなさい。

人間は周囲の環境の影響を受けるばかりでなく①積極的にそれらに働きかけることによって，②豊かさや便利さ，快適さを求めながら，③長い時間をかけて多様なくらしのあり方を生み出しました。

たとえば，④気温が高いのか低いのか，湿度が高いのか低いのかによって，人々の服装や住居は変わります。⑤河川や海，⑥湖などの⑦水域に近いのか遠いのかによって，⑧漁業や工業の成立や発達に違いが生じます。土壌が豊かなのかやせているのか，どのような性質の土壌なのかによって，田や⑨畑，⑩果樹園などで栽培される作物の種類も異なり，収穫量に差が生じます。木々が豊かな⑪森林なのか，牛馬などの⑫家畜の飼料が得られる草原なのかによって，動植物の分布は異なります。そして，水が豊富に得られる場所なのか，多くの⑬人口を抱える⑭都市などが成立するような⑮平坦な土地があるのかによって，人口の分布は左右されます。

このように，さまざまな環境の中で，世界中の人々は⑯相互の交流を活発にしながら，多種多様な⑰文化を生み出してきました。

問１　下線部①に関連して，人間は鉄鉱石や，（　Ａ　）をむし焼きにしたコークスなどを原料に鉄を作ります。(Ａ)について述べた文として正しいものを次の中から１つ選び，記号で答えなさい。

ア　セメントの原料になる。
イ　日本の輸入先の１位はオーストラリアである(2019年)。
ウ　プラスチックのおもな原料としても利用される。
エ　日本では足尾や別子が産地として全国で知られていた。

問２　下線部②に関連して，便利さや快適さ，効率の良さを人々は追い求めて，さまざまなものを作ってきました。このようなものに数えられる，航空機や船舶，自動車などの「輸送用機械器具」の生産額(2017年)が最も高い県を次の中から１つ選び，記号で答えなさい。

ア　愛知県
イ　兵庫県
ウ　静岡県
エ　福岡県

問３　下線部③に関連して，長い時間をかけて受け継がれてきた伝統産業があります。中部地方における伝統産業の工芸品として正しいものを次の中から１つ選び，記号で答えなさい。

ア　因州和紙
イ　九谷焼
ウ　熊野筆
エ　南部鉄器

問４　下線部④に関連して，国内観測史上最高気温41.1℃を記録したのが，埼玉県熊谷市(2018年)と静岡県(　Ｂ　)(2020年)です。(Ｂ)にあてはまる市の名称を答えなさい。

問５　下線部⑤は，都道府県の境界として利用されることもあります。このような事例として誤っているものを次の中から１つ選び，記号で答えなさい。

ア　木曽川

イ　熊野川

ウ　多摩川

エ　石狩川

問６　下線部⑥について，この中には汽水湖(海水と淡水が混じり合っている湖沼)とよばれる湖があります。汽水湖ではない湖沼を次の中から１つ選び，記号で答えなさい。

ア　サロマ湖　　イ　田沢湖

ウ　中海　　　　エ　浜名湖

問７　下線部⑦に関連して，船舶輸送と鉄道輸送に関する次の説明文と右の写真を見て，文中の(Ｃ)にあてはまる語句をカタカナで答えなさい。

海外では港湾に貨物鉄道の引き込み線を敷き，船からクレーンで降ろした海上(　Ｃ　)を直接，鉄道に載せ替えるのが一般的だ。

(読売新聞　2023年７月16日朝刊より引用)

問８　下線部⑧について述べた文として正しいものを次の中から１つ選び，記号で答えなさい。

ア　かき(養殖)の水揚げ量が最も多い都道府県は宮城県で，ついで広島県である(2018年)。

イ　卵から稚魚になるまで育ててから放流し，成長したものをとる養殖漁業は，ぶりやまぐろなどで行われている。

ウ　ほたて貝(養殖)の水揚げ量は，北海道と青森県だけで全国の９割以上をしめている(2018年)。

エ　北海道は漁業生産量が全国１位(2018年)であり，道東の沖合を流れる暖流の親潮と寒流の黒潮が出会う海域は好漁場となっている。

問９　下線部⑨に関連して，「納豆，みそ，きなこ」の原料となる農産物の生産量の都道府県別の内訳(2018年)を示したものを次の中から１つ選び，記号で答えなさい。

ア

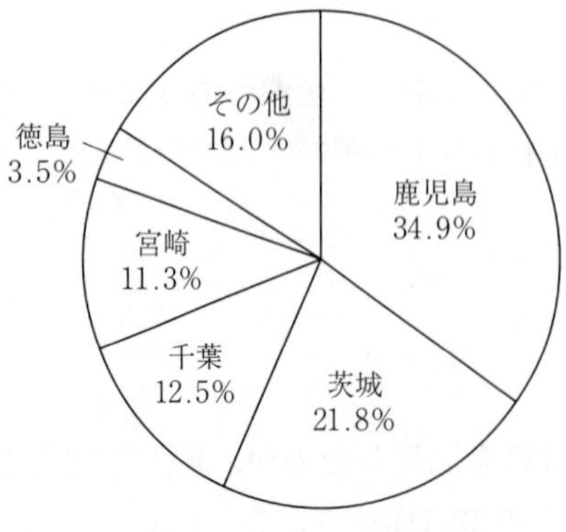

イ

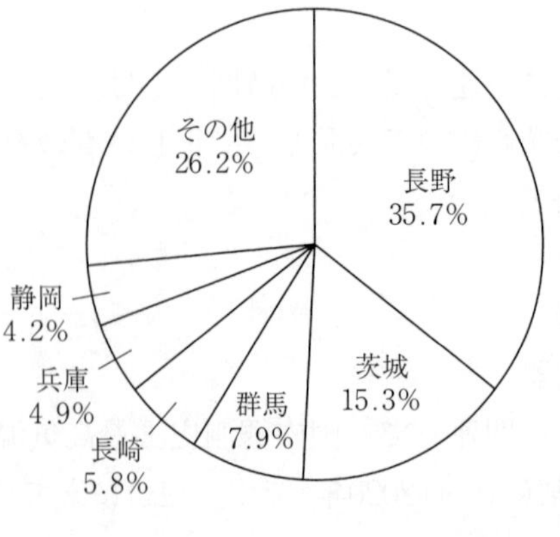

ウ

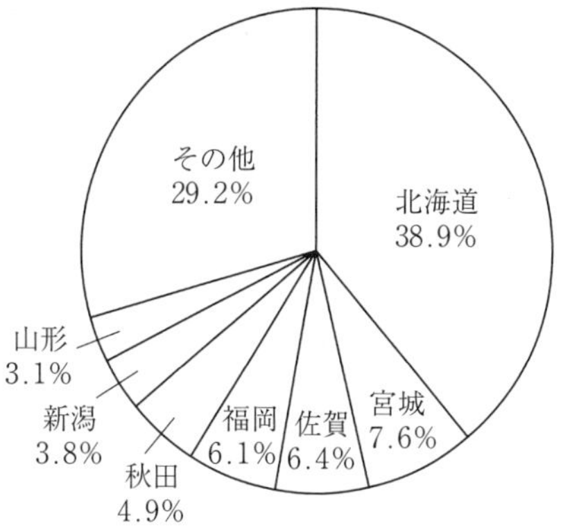

エ

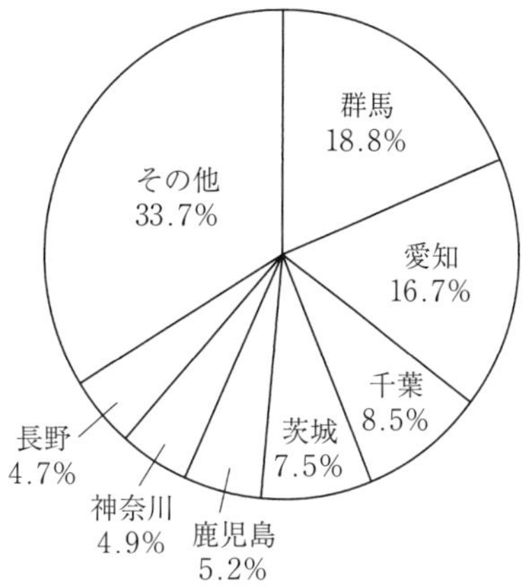

出典：帝国書院『中学校社会科地図』(2023年)

問10　下線部⑩に関連して，和歌山県で栽培される果実の中で生産量(2021年)が全国１位ではないものを次の中から１つ選び，記号で答えなさい。

ア　うめ　　イ　柿　　ウ　びわ　　エ　みかん

問11　下線部⑪について述べた文として正しいものを次の中から１つ選び，記号で答えなさい。

ア　青森県と山形県にまたがって位置する白神山地には，ブナの原生林が広がる。

イ　鹿児島県の屋久島のスギの原生林には，樹齢1000年をこすものもみられる。

ウ　長野県の木曽地方は，カシ材の産地として全国的に有名である。

エ　奈良県の吉野地方は，ヒバ材の産地として古くから知られている。

問12　下線部⑫について，次の表は「肉用牛」,「にわとり(肉用)」,「ぶた」の飼育数の上位をしめる都道府県を示したものです(2019年)。⑴鹿児島県と⑵宮崎県にあてはまるものを表の中のＡ～Ｈから１つずつ選び，記号で答えなさい。

	肉用牛	にわとり(肉用)	ぶた
1位	A	C	B
2位	B	B	C
3位	C	E	A
4位	D	F	G
5位	E	A	H

出典：帝国書院『中学校社会科地図』(2023年)

問13　下線部⑬について述べた文として正しいものを次の中から１つ選び，記号で答えなさい。

ア　日本の人口密度について，国土全体の約75%をしめる平野の方が山地よりも高い(2015年)。

イ　沖縄県における65歳以上の高齢者の割合は，全国的にみると東京のように低い(2019年)。

ウ　日本の総人口の減少は新型コロナウイルス感染症(COVID-19)が大流行してから始まった。

エ　ドーナツ化現象によって，東京などの都心部での地価が急速に上昇している。

問14　下線部⑭に関連して，次の文はある都市について説明したものです。この都市の雨温図として正しいものを下の中から１つ選び，記号で答えなさい。なお，雨温図は秋田，金沢，仙台，札幌のいずれかです。

この都市（県都）の駅を終点とする新幹線が1997年に開業した。また，竿燈まつりでも有名である。

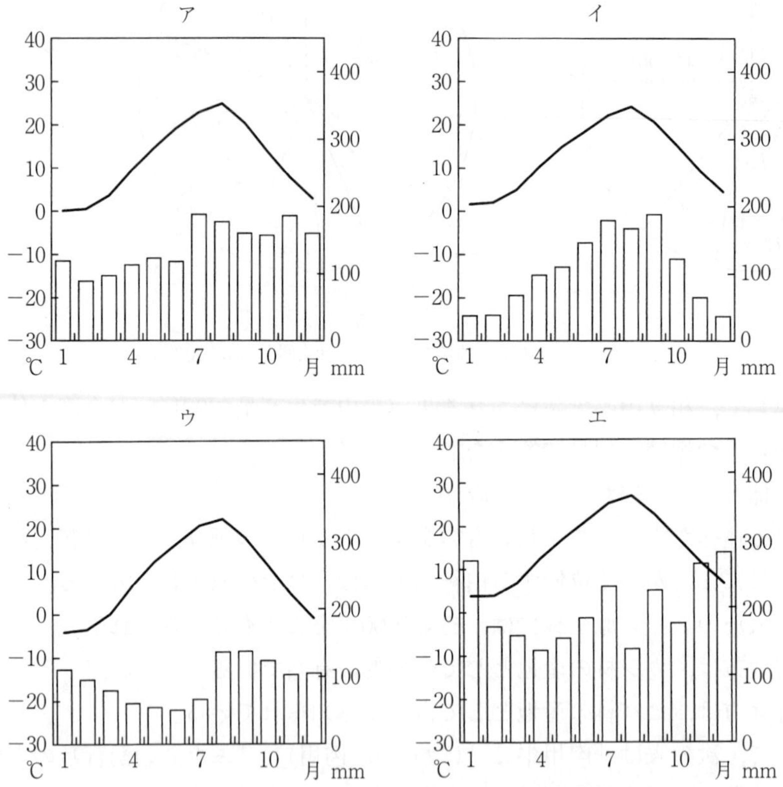

出典：帝国書院『中学校社会科地図』（2023年）

問15　下線部⑮に関連して，平野とそこを流れる河川の組み合わせとして誤っているものを次の中から１つ選び，記号で答えなさい。

ア　濃尾平野ー揖斐川　　　イ　秋田平野ー雄物川

ウ　高知平野ー四万十川　　エ　筑紫平野ー筑後川

問16　下線部⑯に関連して，瀬戸内海は古くから人やものが移動するルートとなり，ある港湾都市は横浜や大阪のように海外との貿易で重要な港として発達してきました。異国情緒ある街並みでも大変有名な，瀬戸内海に面したこの百万都市の名称を答えなさい。

問17　下線部⑰に関連して，日本各地の祭りには，海外との交流の中から生まれたものがいくつもあります。とりわけ，朝鮮通信使が通ったルート上に位置することもあり，その影響が指摘されている祭りを次の中から１つ選び，記号で答えなさい。

ア　御柱祭（長野県諏訪市）　　　イ　山形花笠まつり（山形県山形市）

ウ　那覇ハーリー（沖縄県那覇市）　エ　唐子踊（岡山県瀬戸内市）

2　本郷中学校２年生の進さんは，夏休み中に次年度３年生で執筆する中学卒業論文の準備のため，千葉県の銚子や野田に取材旅行に出かけました。進さんは日頃の食事でよく使う醤油に興味があり，その歴史や文化について有名産地で調べてみたいと思ったからでした。以下は論文作成のための調査記録の一部と先生がつけたコメントです。文章を読み，あとの問いに答えなさい。

７月28日　銚子での調査
・２つの醤油メーカーを訪ねて工場や敷地内の資料館を見学。
・Ｈ社…銚子で古い歴史を持つ。田中玄蕃《げんば》という人がA1616年(元和２)に溜《たま》り醤油の製造を始めたと伝えられる。兵庫県の西宮の人から製造法を学び創業した。
・Ｙ社…1645年(正保２)頃，和歌山県(昔は［　①　］国といった)の広村という地から儀兵衛という人が銚子にやってきて醤油製造を始めた。広村は醤油で有名な湯浅町の近くのため，その醸造技術が銚子に伝わった。②儀兵衛の子孫は代々和歌山と銚子を度々往復しながら店を経営したという。
・猛暑だったので，珍しい醤油ソフトを食べたが美味しかった(先生にもおススメ)。
・初め，とろみのある溜り醤油が作られたが，やがて赤褐色の濃口醤油が作られ，上方の淡口《うすくち》醤油と異なる醤油が多く生産された。
・銚子市内の神社に入る。社殿を建立した時の地元寄付者の銘板に同じ名字の人が多かった。地元で大きな一族なのかと思える程の名字がいくつかあり，東京では多くない名字だった。
・境内で声をかけてくれた地元の方が，これらの名字の中には和歌山県に多い名字があり，B江戸時代に和歌山から銚子に移り住んだという伝承を各家で持っていると教えてくれた。
【先生コメント】　１日で２か所も工場見学をしたのですね。暑い中頑張りました。江戸時代初めになぜ銚子で醤油製造が始められたのでしょうね。この地で醤油の原料はどう調達したのでしょう。③銚子が選ばれた理由がわかるといいですね。

８月19日　野田での調査
・C野田で醤油製造が始まったのは戦国時代。本格的には高梨兵左衛門が江戸時代前期の1661年(寛文元)に醤油を製造してから商品化がすすんだ。
・Ｋ社を見学。江戸時代は初め④船で上方の醤油が江戸に運ばれていたが，のちに野田の高梨家や茂木家が盛んに醤油を製造すると江戸でたくさん消費された。
・D野田や銚子など関東で作られた醤油は上方の醤油よりも人気になった。
・19世紀半ばに江戸幕府の御用醤油にも指定された。
・明治以降には醤油製造は地域経済を支える産業になり，製造業者たちが出資して⑤鉄道の敷設や⑥銀行の設立，病院の建設なども行った。
・大正時代には高梨・茂木など計８家の醤油醸造家が合同して大きな株式会社をつくった。この会社がＫ社の前身となっている。
・野田の醤油に関わりの深い２つの川を見るために関宿城博物館に行き，関宿河岸《がし》を見る。帰りにE鈴木貫太郎記念館を見つけたので見学してみた。
【先生コメント】　関東の醤油は，江戸時代後半に江戸や関東で大いに消費されたようですね。野田・銚子の他に土浦や佐原も醤油生産で有名でした。野田の醤油づくりが盛んになった理由も調べてみよう。

８月24日　近所の図書館での調査

・醤油のルーツは，和歌山県⑦由良の興国寺。鎌倉時代の僧覚心が中国の径山寺《きんざんじ》で禅を学び，1254年(建長６)に帰国すると，修行中に食した径山寺味噌の製法が伝わり金山寺味噌の名で広がった。

・近隣の湯浅町などで作られたが，湯浅では味噌を作る際にしみ出た液体(これが醤油の原型だ)を盛んに作るようになり，醤油製造の発祥地になった。

・醤油以前には，醤《ひしお》という塩漬けした動植物のタンパク質を微生物で分解した食品・調味料があった。F奈良時代の法令にはこれを管理する宮中の役職があった。タイのナンプラーやベトナムのニョクマム，⑧日本ではハタハタで作る塩魚汁《しょっつる》などがこれらの仲間である。

・醤油は奥が深くて驚いた。探りきれないくらいの歴史と文化の広がりがある。和歌山にも行ってみたい。

【先生コメント】　味噌から醤油が生まれたことがわかりましたね。味噌も醤油も各地に広がり，G地域ごとの風土や嗜好によって地方性豊かな醤油ができました。日本醤油分布地図を作ってみたらどうですか？

問１　下線部Ａについて，1616年前後の社会の様子や出来事として誤っているものを次の中から１つ選び，記号で答えなさい。

ア　徳川家は大名や朝廷に対して法令を出して統制を強めた。

イ　大坂の陣で豊臣家が滅亡した。

ウ　キリスト教に関係のない洋書の輸入が認められた。

エ　朱印状をもった大名や商人の船が東南アジアにおもむき貿易を行っていた。

問２　下線部Ｂについて，今の和歌山県と千葉県は長い歴史の中で黒潮を介して人々の交流が活発であったことが知られています。銚子は，和歌山から漁法や醤油醸造などの技術が伝わったことで地域が発展してきた歴史があるため，1903年(明治36)多くの困難を越えて移住してきた人々を称える記念碑を建てています。この石碑建立時にはまだ起きていない出来事を次の中から１つ選び，記号で答えなさい。

ア　大逆事件　　イ　日英同盟　　ウ　下関条約　　エ　三国干渉

問３　下線部Ｃについて，

⑴　野田市は千葉県の北西端にあり，北は茨城県坂東市・境町に接しています。坂東市は平安時代に反乱を起こした平将門の本拠地といわれています。承平・天慶の乱とその時代に関する説明として誤っているものを次の中から１つ選び，記号で答えなさい。

ア　平将門は関東地方の国府を占領し，自ら新皇と称した。

イ　藤原純友は海賊集団を率いて瀬戸内海を舞台に勢力を広げた。

ウ　都では藤原氏や他の貴族たちが摂政・関白となり天皇を補佐していた。

エ　乱を鎮圧したのは，平将門や藤原純友と同様，地方で力をつけた武士団であった。

⑵　次の文の□に入る語句として適当な川の名を下の中から１つ選び，記号で答えなさい。

野田は，北側に北西から南東に流れる利根川があり，西側には江戸に向かって南流する

[　　　]がありました。この河川の流れを生かして原材料を集め醤油を製造し，出荷しました。

ア　権現堂川　　イ　中川　　ウ　江戸川　　エ　隅田川

(3)　野田は大河川が周囲を流れ，その河道が県境となっています。明治時代以前も３つの国境が接する地でした。この３つの国境にあてはまらない旧国名を次の中から１つ選び，記号で答えなさい。

ア　下総　　イ　上野　　ウ　常陸　　エ　武蔵

問４　下線部Dについて，江戸時代の後半に，上方の醤油よりも関東の醤油が江戸で盛んに消費された理由としてどのようなことが考えられますか。地域の特性や食文化の面から推測できることで，誤っているものを次の中から１つ選び，記号で答えなさい。

ア　上方からの醤油よりも，地元関東で生産される醤油の方が安価であったため。

イ　江戸は建設工事で力仕事に従事する人が多く，色が濃く塩気がある醤油が好まれたため。

ウ　関東地方の料理では，鰹節《かつおぶし》よりも昆布を出汁として多用したので，臭みを消すためにうまみの強い醤油が好まれたため。

エ　江戸の食文化として天ぷら・そば・うなぎ・にぎりすしなどが広まると，上方の淡口醤油とは異なるうまみが強い濃口醤油が好まれるようになったため。

問５　下線部Eについて，鈴木貫太郎は野田市出身の軍人・政治家で，1945年の終戦時に内閣総理大臣を務めたことで有名です。次の1945年の終戦に至る出来事について，起きた順番に正しく並べかえたものを下のア～エから１つ選び，記号で答えなさい。

A　長崎に原子爆弾が投下された。

B　広島に原子爆弾が投下された。

C　ソ連が日本に宣戦を布告した。

D　連合国からポツダム宣言が発せられた。

ア　B→A→D→C　　イ　D→B→C→A

ウ　D→C→B→A　　エ　C→B→D→A

問６　下線部Fについて，奈良時代に出された法令に関する説明として正しいものを次の中から１つ選び，記号で答えなさい。

ア　憲法十七条では，大王への服従や豪族・役人への心構えを述べている。

イ　大宝律令は，唐にならい刑法や行政法・民法にあたる法を定めたものである。

ウ　墾田永年私財法では，従来の三世一身法に代わって墾田の永久私有を認めた。

エ　徳政令は，人々の租税を一年分免除することを命じたものである。

問７　下線部Gについて，日本列島は，東日本と西日本の違いをはじめ，全国各地に多様な地域性があり，住まいにもその特徴がみられます。北関東の農村に多くみられる特徴を次の中から１つ選び，記号で答えなさい。

ア　勾配《こうばい》が急な茅《かや》ぶきの三角屋根になっている。

イ　間口が狭く，奥に長く続く家屋が通り沿いに立ち並んでいる。

ウ　隣家との境に小屋根を付けた土造りの壁を作り，防火壁としている。

エ　家屋の北側や北西側に防風林が植えられている。

問８　文中の[①]には，現在の和歌山県を示す旧国名があてはまります。２字で答えなさい。

問9　下線部②について，この子孫で，幕末・明治を生きた濱口儀兵衛(梧陵)は，1854年の安政南海地震の際に和歌山に居り，夜に津波の到来を人々に知らせるため自分の田の稲の束に火をつけて，多くの人を救ったといわれています。近年，防災意識が高まる中で注目されている「［　　　］の火」という逸話です。［　］にあてはまる言葉をひらがな4字で答えなさい。

問10　下線部③について，銚子が醤油の製造に適した場所になったとされる理由の1つには，利根川を利用し原料や製品の流通に適した場所であったことが挙げられます。利根川が銚子に流れるようになったのは江戸時代の土木工事によります。江戸時代に関東地方の治水や開発のために大規模な土木工事を最初に命じた将軍は誰ですか，人物名を答えなさい。

問11　下線部④について，上方から江戸に物資が送られる一方で，江戸から上方に送られる荷物もありました。なかでも九十九里浜でとれた魚で作った肥料が有名でしたが，その魚の名称をひらがなで答えなさい。

問12　下線部⑤について，鉄道は1872年(明治5)の東京・横浜間の開通を皮切りに全国に広められていきました。開業当初は「ある国」から技術者が招かれ，その指導のもと進められました。日本に鉄道技術をもたらした「ある国」の国名を答えなさい。

問13　下線部⑥について，明治時代に近代的な銀行を創設し，多くの企業の設立・育成にも関わり，日本の資本主義発展に尽力した人物名を答えなさい。

問14　下線部⑦について，興国寺は鎌倉時代に暗殺された源実朝の供養のために建てられた西方寺を起源とする寺院です。帰国した覚心が当寺に入ると臨済宗の大寺となりました。覚心よりも80年以上も前に中国に渡り，日本に臨済宗を伝えた人物名を答えなさい。

問15　下線部⑧のような調味料や「きりたんぽ」を郷土料理で使うことで有名な地域はどこですか，県名で答えなさい。

3　次の文章を読み，あとの問いに答えなさい。

日本の①三権分立は，政府の権力を三つの独立した機関に分ける制度です。この制度は②日本国憲法の基本原則であり，立法権，行政権，司法権という異なる機能を持つ三つの機関が互いに監視し合い，権力の乱用を防ぎ，民主主義の原則を支えています。

国会(立法権)：

日本の国会は，立法権を有する最高の立法機関です。国会は衆議院と③参議院の両方から構成されています。④衆議院は国民の代表として定数の定められた議員によって構成され，A参議院は地域の代表として選出された議員によって構成されます。国会は一般に年に通常会期と臨時会期の二つを持ち，これによって法律の制定，予算の承認，⑤条約の批准などが行われます。

立法権の中心的な役割は法律の制定です。国会は国民の代表として，憲法に基づく法律を制定し，改正する権限を持ちます。また，国会は政府の活動を監視し，議論や質疑応答を通じて政策や予算の妥当性を検討します。このように，国会は政府の権力をチェックする役割を果たし，国民の代表としての役割を担っています。

内閣(行政権)：

内閣は，日本の行政権を担う政府の中枢です。内閣は⑥内閣総理大臣を中心として，国務大臣(閣僚)から構成されます。B内閣総理大臣は国会において選出され，国民の信任を受けた後に天皇から任命されます。内閣は政策の立案，法律の執行，行政機関の監督など，国の運営における中心的な役割を果たしています。

内閣は法律の執行において重要な役割を果たします。国会が制定した法律を実行し，具体的な政策や行政手続きを決定します。内閣は国会の議論を受け，国民のニーズや社会の変化に応じて政策を決定し，それを行政機関を通じて実施します。内閣は行政権を持つ一方で，国会による監視と批判を受けることもあり，権力の乱用を防ぐための仕組みが重要です。

裁判所(司法権)：

⑦裁判所は日本の司法権を担う独立した機関です。裁判所は憲法や法律に基づいて紛争の解決や判決を行い，国民の権利や法の遵守を保障します。裁判所は独立した判断を下すために，⑧他の政府機関や行政機関とは独立した組織となっています。

裁判所は民事事件や⑨刑事事件を審理するだけでなく，行政機関の行為の適法性や⑩憲法に違反していないかの審査も行います。これにより，行政機関の権限の乱用や違法な行動を防ぎ，公正な判断を下すことができます。また，C裁判所の判決は法的な先例となり，社会全体に影響を与える場合もあります。

三権分立はこれらの機関が互いに監視し合うことで，権力の均衡を保ち，民主主義の原則を支えています。国会が法律を制定する際には内閣がその実行を行い，裁判所が適切な判決を下すことで，民主的な国家運営が実現されます。D三権分立は日本の憲法の中心的な原則であり，政府の運営において重要な基盤となっています。

上の文章は，⑪人工知能チャットツールに「日本の三権分立について2000字程度で詳しく説明してください。説明には国会，内閣，裁判所，立法権，行政権，司法権という語句を必ず用いてください。」と指示して生成されたものです。このツールはわずか数秒でこれだけの文章を作成してくれる大変便利なものですが，多くの文法上の誤りや不適切な箇所だけではなく，⑫明確な誤りも見られます。

将来的に私たちの生活は人工知能と切り離せなくなるかもしれませんが，使用する時には，十分に気を付けたいものです。結局は使用する人間の教養が試されるのかもしれません。

問1　下線部①について，これについて論じたフランスの思想家で，『法の精神』という本を書いた人物名を答えなさい。

問2　下線部②について，これに関する文章として適切ではないものを次の中から1つ選び，記号で答えなさい。

ア　第9条で徹底した平和主義を定めている。

イ　第25条で生存権を明記している。

ウ　第32条で裁判を受ける権利を国民に保障している。

エ　第42条で国会の情報公開制度について明文化している。

問3　下線部③についての文章として適切ではないものを次の中から1つ選び，記号で答えなさい。

ア　3年ごとに半数ずつ議員を選出する。

イ　第二次世界大戦前には存在しなかった。

ウ　特定の議案で衆議院に優越する。

エ　国政調査権を行使することがある。

問４　下線部④について，この数として適切なものを次の中から１つ選び，記号で答えなさい。

ア　248名　　イ　348名　　ウ　365名　　エ　465名

問５　下線部⑤について，特に水鳥の生息地として重要な湿地の保全などを目的に生まれた条約の名称として適切なものを次の中から１つ選び，記号で答えなさい。

ア　ラムサール条約　　イ　ワシントン条約

ウ　パリ条約　　エ　マーストリヒト条約

問６　下線部⑥について，現在の内閣総理大臣を示す写真として適切なものを次の中から１つ選び，記号で答えなさい。

ア

イ

ウ

エ

※写真はすべて首相官邸のサイトより

問７　下線部⑦についての文章として適切ではないものを次の中から１つ選び，記号で答えなさい。

ア　各都道府県に１つ以上の地方裁判所が設置されている。

イ　家庭裁判所と簡易裁判所が設置されている場所は全く同じである。

ウ　高等裁判所(本庁)は全国８か所に設置されている。

エ　最高裁判所は東京に設置されている。

問８　下線部⑧について，裁判官としてふさわしくない行為をした場合は，「他の政府機関」が設置した裁判所によって裁判官を辞めさせられることがあります。この「他の政府機関」として適切なものを次の中から１つ選び，記号で答えなさい。

ア　内閣　　イ　法務省　　ウ　国会　　エ　財務省

問９　下線部⑨について，抽選によって選ばれた国民が法廷で審理に立ち会い，裁判官とともに被告人が有罪か無罪かなどを判断する仕組みを，(　　)制度といいます。(　)にあてはまる語句を３字で答えなさい。

問10　下線部⑩について，この権限を最終的に行使するのは最高裁判所ですが，このことを示す言葉として「最高裁判所は憲法の(　　)」というものがあります。(　)にあてはまる語句を２字で答えなさい。

問11　下線部⑪の英語の略称を，アルファベット２字で答えなさい。

問12　下線部⑫について，これにあてはまるものを波線部Ａ～Ｄの中から１つ選び，記号で答えなさい。

【理　科】〈第2回試験〉（40分）〈満点：75点〉

注意　机上に定規を出し，試験中に必要であれば使用しなさい。

〈編集部注：実物の入試問題では，**2**の図2はカラー印刷です。〉

1　次の文を読んで以下の問に答えなさい。

細くて軽い糸の端《はし》に，直径4.0cmのおもりをつけ，図1のようにふりこをつくりました。ふりこの長さ，おもりの材質，おもりの重さ，ふれはばを変えて，20往復する時間をはかりました。下の表はその結果です。

図1

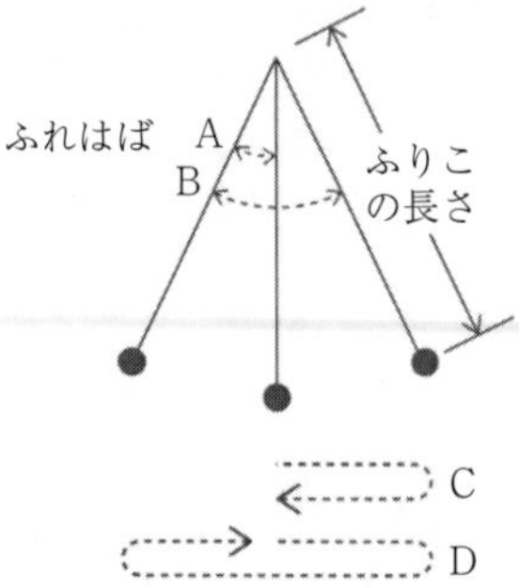

図2

ふりこの長さ〔cm〕	15	15	60	60	100	100	15	15	25	60	100
おもりの材質	ガラス	ガラス	ガラス	ガラス	ガラス	ガラス	鉄	鉄	鉄	鉄	鉄
おもりの重さ〔g〕	28	110	28	28	28	28	110	110	110	110	110
ふれはば〔度〕	20	40	20	20	40	20	20	40	20	20	20
時間〔秒〕	15.4	15.6	30.9	31.1	40.2	40.3	15.5	15.6	20.1	31.0	40.1

(1)　図2について次の①と②の答えの組み合わせとして正しいものを，下の**ア**～**エ**から1つ選び，記号で答えなさい。

①　ふりこのふれはばはA，Bのどちらですか。

②　1往復の時間は，おもりがCを移動する時間，Dを移動する時間のどちらですか。

	①	②
ア	A	C
イ	A	D
ウ	B	C
エ	B	D

(2)　重さが28gのガラスのおもりでふりこの長さが240cm，ふれはばが40度のとき，20往復する時間は何秒になりますか。答えは小数第1位を四捨五入して整数で答えなさい。

(3)　おもりが鉄で重さが110gのとき，ふれはばを2倍にして，20往復する時間を3倍にするには，ふりこの長さを何倍にすればよいですか。答えが割り切れない場合は，小数第2位を四捨五入して，小数第1位まで答えなさい。

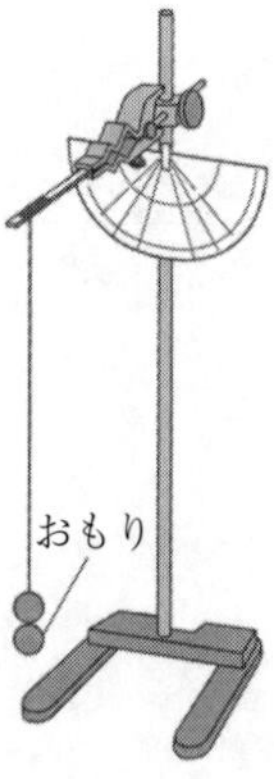

図3

(4)　ふりこの長さが60cmで重さが110gのガラスのおもりの下側に，図3のように同じおもりを貼り付けて重さを２倍にしました。ふれはばが40度のとき，20往復する時間はおもりをつける前に比べて短くなりますか，長くなりますか。その理由も含めて最も適当なものを，次の**ア**～**エ**から１つ選び，記号で答えなさい。

ア．１往復する時間はふりこの長さだけで決まるから，変わらない。

イ．おもりが重くなるとおもりは速く動くから，短くなる。

ウ．おもりが重くなるとおもりの速さは遅くなるから，長くなる。

エ．２つのおもりの中心が下に移動するのでふりこの長さは60cmより長くなるから，長くなる。

(5)　ふりこはやがて止まります。なぜ止まってしまうと考えられますか。文章で答えなさい。

(6)　ふれはばが20度でふりこの長さが60cmの鉄のおもりでふりこを動かすときに，ふりこが止まるのを防ぐために図４のように電磁石を置きました。そして，おもりが図４のＡ点を矢印の向きに通過するとき電磁石に電流を短い時間流し，ふれはばが変わらないように電流の強さと流す時間を調節しました。

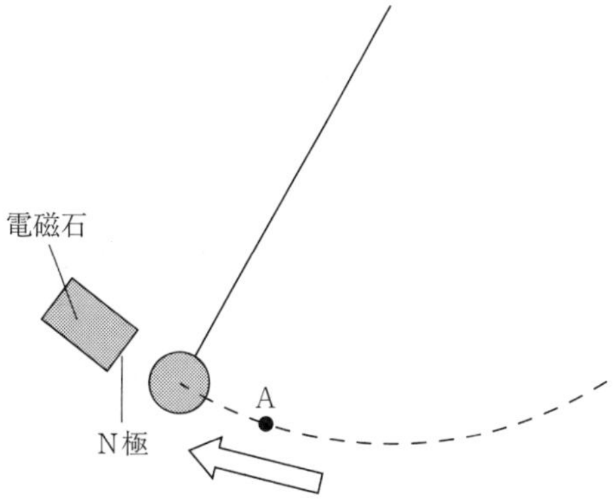

図４

①　電流は何秒ごとに流せばよいですか。答えが割り切れない場合は，小数第２位を四捨五入して，小数第１位まで答えなさい。

②　電磁石の向きを逆にしたときに電流を流すのは，Ａ点をおもりが(**ア**．矢印の向きに通過したとき　**イ**．矢印と逆向きに通過したとき)ですか。適当な答えを**ア**または**イ**から１つ選び，記号で答えなさい。

2　以下の問に答えなさい。

ナメクジに食塩をかけるとナメクジがとける，と言われますが，実際にはナメクジはとけていません。食塩をかけた後に食塩を取り除いてみると，小さくしぼんだナメクジが見つかります。このような現象が起こる理由を考えてみましょう。

生物の体は，細胞《さいぼう》からできています。細胞とは，顕微鏡《けんびきょう》を用いないと観察できず，細胞膜《まく》という非常にうすい膜で包まれた小さな部屋状のものです。この細胞を包む細胞膜が，ナメクジに食塩をかけるとナメクジがしぼむ現象にも大きく関わっています。ナメクジやその体をつくる細胞のモデルを作成し，以下の実験を行いました。なお，細胞膜と似た性質を示す膜として，セロハン膜を用いました。また，食塩や砂糖は，水と混ざり合って均一の濃度になろうとする性質があります。

【実験１】

ビーカーに水または25％食塩水を入れ，水または25％食塩水を入れたセロハン膜の袋《ふくろ》(以下，セロハン袋)を図１のようにビーカー内に糸でつるし，その変化を観察した。

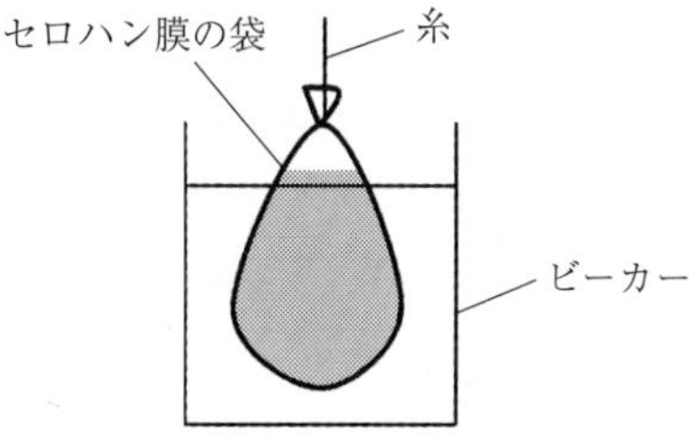

図１

ビーカーに入れた液体	セロハン袋内の液体	結果	
		セロハン袋の変化	セロハン袋内の濃度《のうど》
水	水	変化なし	0％
水	25％食塩水	ふくらむ	25％よりうすくなった
25％食塩水	水	しぼむ	0％
25％食塩水	25％食塩水	変化なし	25％

(1)　【実験１】から得られる結論として正しいものを，次の**ア**～**エ**からすべて選び，記号で答えなさい。

ア．水はセロハン膜を，通り抜《ぬ》ける。

イ．水はセロハン膜を，通り抜けない。

ウ．食塩はセロハン膜を，通り抜ける。

エ．食塩はセロハン膜を，通り抜けない。

【実験２】

　ビーカーに25％食塩水または15％食塩水を入れ，25％食塩水または15％食塩水を入れたセロハン袋を図１のようにビーカー内に糸でつるし，その変化を観察した。

ビーカーに入れた液体	セロハン袋内の液体	結果	
		セロハン袋の変化	セロハン袋内の濃度
25％食塩水	25％食塩水	変化なし	25％
25％食塩水	15％食塩水	しぼむ	15％より濃《こ》くなった
15％食塩水	25％食塩水	ふくらむ	25％よりうすくなった
15％食塩水	15％食塩水	変化なし	15％

(2)　【実験１】と【実験２】から得られる結論として正しいものを，次の**ア**～**カ**からすべて選び，記号で答えなさい。

ア．水はセロハン膜を，濃度の濃い方からうすい方へと通り抜ける。

イ．水はセロハン膜を，濃度のうすい方から濃い方へと通り抜ける。

ウ．水はセロハン膜を，通り抜けない。

エ．食塩はセロハン膜を，濃度の濃い方からうすい方へと通り抜ける。

オ．食塩はセロハン膜を，濃度のうすい方から濃い方へと通り抜ける。

カ．食塩はセロハン膜を，通り抜けない。

【実験３】

　ビーカーに水または50％砂糖水を入れ，水または50％砂糖水を入れたセロハン袋を図１のようにビーカー内に糸でつるし，その変化を観察した。

ビーカーに入れた液体	セロハン袋内の液体	結果	
		セロハン袋の変化	セロハン袋内の濃度
水	水	変化なし	0％
水	50％砂糖水	ふくらむ	50％よりうすくなった
50％砂糖水	水	しぼむ	0％
50％砂糖水	50％砂糖水	変化なし	50％

(3)　【実験１】～【実験３】の結果を踏《ふ》まえ，ナメクジに関する現象として正しいものを，次の**ア**～**カ**からすべて選び，記号で答えなさい。

ア．ナメクジに食塩をかけると，食塩はナメクジの体内に入り込《こ》む。

イ．ナメクジに食塩をかけると，ナメクジの体内にとけている物質は体外に奪《うば》われる。

ウ．ナメクジに食塩をかけると，ナメクジの体内の水は体外に奪われる。

エ．ナメクジに砂糖をかけると，ナメクジは膨《ふく》らむ。

オ．ナメクジに砂糖をかけると，ナメクジはしぼむ。

カ．ナメクジに砂糖をかけても，ナメクジは変化しない。

(4)　ナメクジは軟《なん》体動物というグループのなかまです。次の**ア**～**カ**の中から，軟体動物をすべて選び，記号で答えなさい。

ア．ハマグリ　　**イ**．クラゲ　　**ウ**．タコ　　**エ**．ミミズ　　**オ**．ウニ　　**カ**．カニ

　生物は，陸上はもちろん，海水中や淡《たん》水中など，様々な環《かん》境で生活をしています。海で生活する海水魚と，淡水で生活する淡水魚について，【実験１】～【実験３】の結果を踏まえて，体液の濃度を調節するしくみを考えます。

　なお，海水魚と淡水魚の体液はともに約１％，海水は3.5%，淡水は０％に近い塩分濃度であるものとします。

(5)　海で生活する海水魚と，淡水で生活する淡水魚の体液の濃度調節に関する記述として正しいものを，次の**ア**～**キ**からすべて選び，記号で答えなさい。

ア．海水魚は，体内に水が入り込んでくるので，積極的に水を体外へ追い出すしくみを発達させている。

イ．海水魚は，体内から水が奪われるので，積極的に水を体内に残すためのしくみを発達させている。

ウ．淡水魚は，体内に水が入り込んでくるので，積極的に水を体外へ追い出すしくみを発達させている。

エ．淡水魚は，体内から水が奪われるので，積極的に水を体内に残すためのしくみを発達させている。

オ．海水魚も淡水魚も，それぞれ生活する水中の塩分を積極的に取り込んでいる。

カ．海水魚は，水中の塩分を積極的に取り込むが，淡水魚は水中の塩分を積極的には取り込まない。

キ．海水魚は，水中の塩分を積極的には取り込まないが，淡水魚は水中の塩分を積極的に取り込む。

　海でのみ生活できる魚，川でのみ生活できる魚，海と川を行き来できる魚について，外液の塩分濃度の変化に対し，体液の塩分濃度がどのように変化するかを調べ，図２にまとめました。なお，いずれの魚も，体液の濃度が実線の範囲《はんい》からはずれると，生きていけません。また，図２中の点線上では，体液の塩分濃度と外液の塩

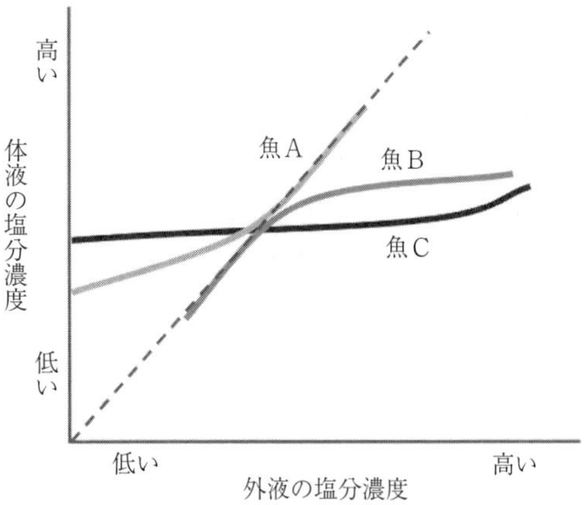

図２

分濃度が同じであることを表しています。

(6)　図２中の魚Ａ～Ｃが体液の塩分濃度を調節するしくみについて，最も適当なものを，それぞれ次の**ア**～**エ**から１つずつ選び，記号で答えなさい。

ア．外液の塩分濃度が広い範囲にわたって変化しても，体液の塩分濃度を調節するしくみがある。

イ．外液の塩分濃度が低いときには，体液の塩分濃度を調節するしくみがあるが，外液の塩分濃度が高いときには，調節するしくみがない。

ウ．外液の塩分濃度が低いときには，体液の塩分濃度を調節するしくみがないが，外液の塩分濃度が高いときには，調節するしくみがある。

エ．外液の塩分濃度にかかわらず，体液の塩分濃度を調節するしくみがない。

(7)　図２中の魚Ａと魚Ｃの具体例として適当なものを，それぞれ次の**ア**～**オ**からすべて選び，記号で答えなさい。

ア．イワシ　　**イ**．サケ

ウ．コイ　　　**エ**．ウナギ

オ．イワナ

3　次の文を読んで以下の問に答えなさい。ただし，答えが割り切れない場合は，小数第２位を四捨五入して，小数第１位まで答えなさい。

物質が水に溶《と》けると，水溶《よう》液になります。水に溶かす物質の量を増やしていくと，やがてそれ以上溶けなくなります。この溶液を［　1　］溶液といいます。水に溶かすことができる物質の量は物質の種類ごとに異なります。Ａ温度が高い［　1　］溶液を冷やしたり，水を蒸発させると，結晶《しょう》が出ることがあります。

日本の夏は非常に暑く，汗《あせ》を大量にかきますが，汗は色々な塩のなかま(塩類)が水に溶けた水溶液と考えることができます。Ｈ君は中学生で運動部に所属しています。熱中症《しょう》対策として，自分が運動する際にどのくらい水を飲めばよいのかを考えてみることにしました。調べてみると，運動中にかいた汗の量の1.5倍の水を飲む必要があることが分かりました。

８月８日，運動前に体重をはかると60kgでした。運動中に１Ｌの水を飲み，運動後に体重をはかると，59kgでした。このことから，この日と同じ運動をする場合に必要な水の量は［　2　］Ｌと考えました。また，汗には塩分が含《ふく》まれているので，塩分も同時にとる必要があります。調べてみるとヒトの汗の塩分の濃度《のうど》は0.3～0.4％でした。自分の汗の塩分の濃度が0.3％だとすると，８月８日の運動で体内から失われた塩分は［　3　］ｇであると考えました。同じ量の塩分を［　2　］Ｌの飲料からとる場合，塩分の濃度は［　4　］％にすればよいということが分かりました。この濃度は市販《しはん》のスポーツ飲料の塩分の濃度に近い値になりました。

(1)　［ 1 ］にあてはまる語句を答えなさい。

(2)　［ 2 ］にあてはまる数値を答えなさい。ただし，体重の減少の原因は汗をかくことのみと考えるものとします。また，１Ｌの水の重さは１kgとします。

(3)　［ 3 ］にあてはまる数値を答えなさい。ただし，１Ｌの汗の重さは１kgとします。

(4)　［ 4 ］にあてはまる数値を答えなさい。ただし，１Ｌの飲料の重さは１kgとします。

(5)　下線部Ａについて，次の①・②に答えなさい。

① 40℃の水100gに物質Xは40gまで溶けます。80℃の水50gに物質Xを溶かせるだけ溶かし，40℃に冷やすと5.5gの結晶が出ました。80℃の水100gに物質Xは何gまで溶けますか。

② 水を蒸発させたときに結晶が出るものを，次の**ア**～**オ**からすべて選び，記号で答えなさい。

ア．ミョウバン水溶液　　**イ**．炭酸水　　**ウ**．食塩水

エ．塩酸　　**オ**．エタノール水溶液

(6) 塩のなかまは酸性の水溶液とアルカリ性の水溶液を混ぜたときにできます。酸性およびアルカリ性に関する文章として正しいものを，次の**ア**～**オ**からすべて選び，記号で答えなさい。

ア．うすい塩酸はBTB液の色を青色にする。

イ．うすい水酸化ナトリウム水溶液はフェノールフタレインを赤色にする。

ウ．うすい塩酸に溶ける金属はすべてうすい水酸化ナトリウム水溶液でも溶かすことができる。

エ．うすい酸性の水溶液に金属を溶かすと，多くの場合酸素が発生する。

オ．うすい塩酸を赤色のリトマス試験紙につけても，色は変わらない。

4 次の文を読んで以下の問に答えなさい。

$_{\text{A}}$三大流星群の一つであるペルセウス座流星群が，2023年の８月13日17時頃《ごろ》に最も活動的となりました。この時間帯は日本の夕方にあたり日本では観測できませんでしたが，この前後の観測に適した時間帯には，それなりに多くの流星が見られました。最も多く流星が見られたのは，14日の夜明け近く（東京では午前３時台）で，このときに空の暗い場所で観測した場合の流星数は，１時間あたり30個程度となりました。この前日の13日の夜明け近くにも多めの流星が観測され，空の暗い場所で１時間あたり25個程の流星が見えました。なお，$_{\text{B}}$各夜とも夜半過ぎから明け方の時間帯に月が昇ってきましたが，月明かりの影響《えいきょう》はそれほど気にせず観測することができました。

ペルセウス座流星群の流星は，ペルセウス座の付近にある$_{\text{C}}$放射点を中心とするように放射状に出現しました。ただし，流星は放射点付近だけでなく，空全体に現れます。いつどこに出現するかも分かりませんので，なるべく空の広い範囲を見《み》渡《わた》すようにするのが良いとされています。

(1) 下線部Aの三大流星群とは，毎年安定して多くの流星が出現する３つの流星群を指すものです。ペルセウス座流星群以外の三大流星群として正しいものを，次の**ア**～**カ**から**２つ選び**，記号で答えなさい。

ア．しぶんぎ座流星群

イ．こと座流星群

ウ．おうし座流星群

エ．オリオン座流星群

オ．しし座流星群

カ．ふたご座流星群

(2) 図１は地球，地球の周りを公転する月，太陽の位置関係を表した図です。下線部Bの時刻に昇《のぼ》ってくる月が見えるのは，月が図１の**ア**～**ク**のどの位置にあるときですか。正しいものを図１の**ア**～**ク**から１つ選び，記号で答えなさい。

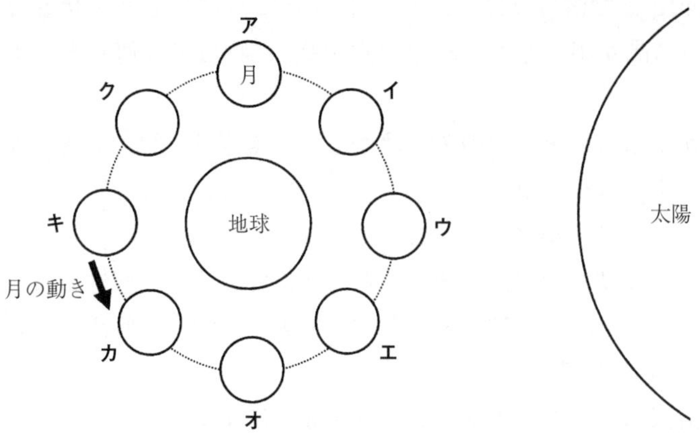

図１　地球，地球の周りを公転する月，太陽を北極星側から見た位置関係

(3)　図２は地球から見た月面の様子です。地球から見た月は常に同じ面を地球に向けており，裏側を見ることはできません。次の［　　］は，月が常に同じ面を地球に向けている理由について説明した文です。文中の［１］，［２］にあてはまる語句を答えなさい。

図２　地球から見た月面の様子

> 地球の衛星である月は，地球の周りを［　１　］すると同時に自身も［　２　］している。その周期が［　１　］，［　２　］ともに約27.3日と同じであるため，常に地球に対し同じ面を向け続けている。

(4)　下線部Ｃの放射点とは，流星群の流星が天球上で放射状に出現するように見える点です。流星は放射点から離《はな》れた位置で光り始め，放射点とは反対の方向に尾《お》を引きながら移動して消えます。図３は，地表の観測者が放射点の方を向いて流星を観測している様子を表したものです。図の流星**ア**～**エ**の中で，尾が最も長く見えるものはどれですか。**ア**～**エ**から１つ選び，記号で答えなさい。

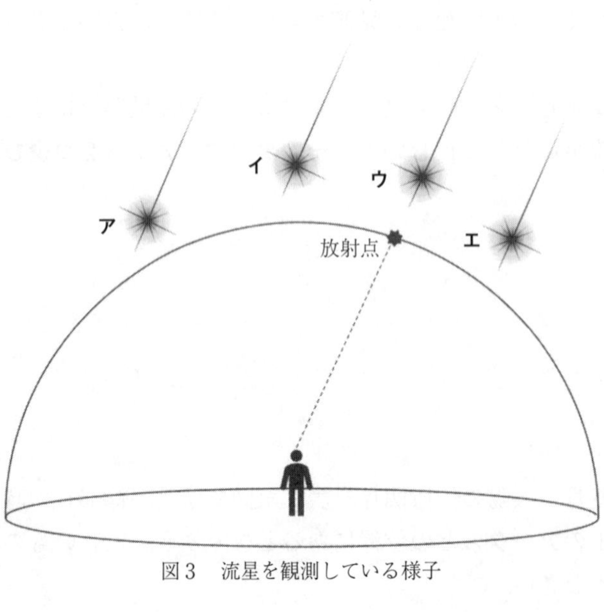

図３　流星を観測している様子

(5)　図4は8月13日午前3時頃の北の空を表した図で，ペルセウス座流星群の放射点とその周囲に見える主な星座が描《えが》かれています。おおぐま座の腰《こし》から尻尾《しっぽ》を構成する北斗七星《ほくとしちせい》の見え方として正しいものは，図の**ア**～**ウ**のどれですか。**ア**～**ウ**から1つ選び，記号で答えなさい。なお，**ア**～**ウ**のいずれも正しくないと判断した場合は，解答欄《らん》に**エ**と答えなさい。

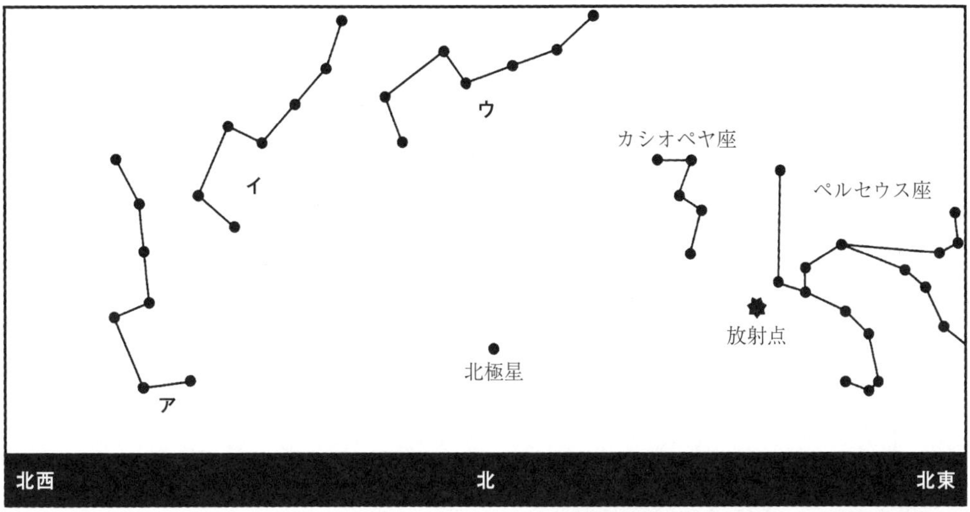

図4　8月13日午前3時頃の北の空

(6)　太陽の周りを公転する「すい星」は，氷やちり(岩石の破片)などからできていて，汚《よご》れた雪だるまによく例えられます。太陽に接近すると，中心にある「核」の外側にガス状の領域である「コマ」が形成されます。また，すい星は別名「ほうきぼし」と呼ばれているように，太陽に接近した際に「尾」を引きます(図5)。毎年決まった時期に観測される流星群も，すい星によって生み出されることが分かっています。すい星の構造のうち，流星群を生み出す要因となるものを答えなさい。

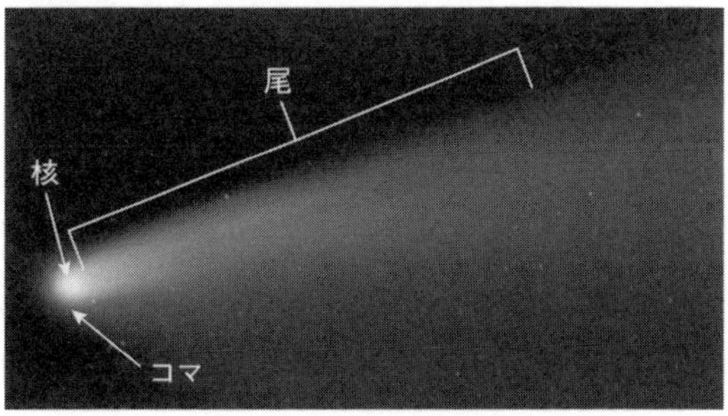

図5　すい星の構造

(7)　太陽の周りを公転するすい星の中でも，公転周期が短いすい星の中にエンケすい星があります。エンケすい星はおうし座流星群を生み出すすい星であり，最近では2023年2月2日に地球との距離《きょり》が最も近くなりました。これは太陽・地球・エンケすい星が図6のような直線状に並んだためです。次の［　　］は，地球とエンケすい星の位置関係の変化について説明した文です。文中の［1］，［2］，［3］にあてはまる数字を答えなさい。ただし，［1］，［2］は分数で，［3］は小数点以下を四捨五入した整数値で答

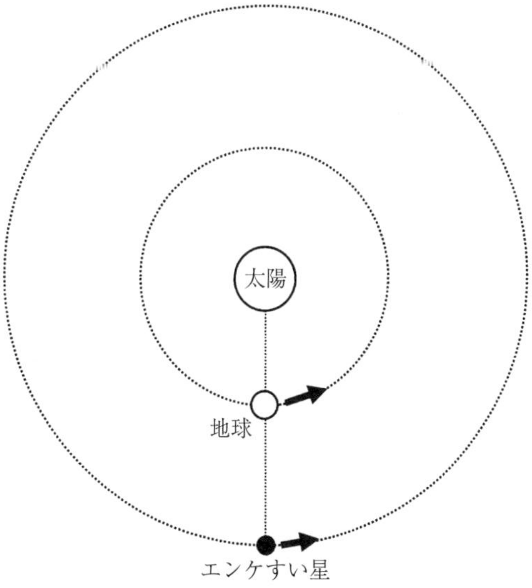

図6　2023年2月2日の太陽・地球・エンケすい星の位置関係(矢印は公転の向き)

えなさい。また，地球の公転周期を365日，エンケすい星の公転周期を1205日とします。

地球とエンケすい星が最も近づいているのは，図6のように太陽，地球，エンケすい星が一直線に並んだ状態の時となります。地球は365日かけて太陽の周りを360°一回転するので，一日当たり移動する角度は [1] °となります。

一方エンケすい星は1205日かけて太陽の周りを360°一回転するので，一日当たり移動する角度は地球よりも小さい [2] °となります。すなわち，地球とエンケすい星は，一日当たり [1] °− [2] °ずつ角度が離れていくことになります。時間の経過とともにこの角度は段々大きくなりますが，やがて [3] 日経過してこの角度が360°になると，再び太陽，地球，エンケすい星が一直線に並び，地球とエンケすい星の距離が最も近くなります。このように，2つの天体が再び同じ位置関係になるまでにかかる時間を会合《かいごう》周期といいます。

まで備わるように感じるから。

問七　――線６「こんなに快い夕暮れも珍しいな」とありますが、この時の竜介の説明として最も適当なものを次のア～エの中から一つ選び、記号で答えなさい。

ア　「無月」の駒を探し当てて興奮した自分の熱を冷ます夕暮れの涼気が、心地よさを感じさせながら、チャンさんの申し出を断った申し訳なさで落ち込む自分をなぐさめているようにも感じている。

イ　長旅の末に「無月」の駒に出会えた興奮と、駒をクラブに置いてくるという決断を下した充実感をかみしめながら、日本の夕暮れ時とは違った異国の地の夕暮れの涼気を気持ちよく感じている。

ウ　「無月」の駒をクラブに置いていくという、駒にとって最も良いと思える決断を下して、興奮する自分の熱を冷ましてくれるような夕暮れの涼気にさわやかさとすがすがしさを感じている。

エ　「無月」の駒を置いてきた達成感を感じる一方で、自分が好きな夕暮れの涼気と穏やかな雰囲気に包まれながら今までの旅を思い返し、「無月」の駒と別れることにさびしさを感じている。

エ　チャンさんの提案に従えばいいだけなのに、自分が彼女に何もしていないことに負い目を感じて彼女の気持ちを勘ぐってしまい、何とかして金銭を渡そうと考えているということ。

問三　――線2「この旅には～違いない……」とありますが、このときの竜介の心情について説明したものとして最も適当なものを次のア～エの中から一つ選び、記号で答えなさい。

ア　長い旅を続けてきて、ようやく「無月」の駒を見つけ出せただけではなく、チャンさんからその駒を無料で譲ってもらえることになり、自分がこのような幸運に恵まれたことに感謝しながらその喜びをかみしめている。

イ　探していた「無月」の駒を手に入れて、もっと喜びがこみあげてきてもいいはずなのに、心の底から喜べない自分に気づいて、納得のいかないまま「無月」の駒を受け取ってよいものかどうかとためらっている。

ウ　旅が無意味なものではなかったと実感できたことを嬉しく思う一方で、「無月」の駒をチャンさんの将棋クラブから奪うような形になってしまい、チャンさんやクラブの子供たちに悪いことをしたと申し訳なさも感じている。

エ　長く続けてきたこの旅には確かに意味があったと嬉しく思いながら、「無月」の駒を持ち帰り、日本で待つ人々にそれを見せた時の姿を想像し、自分が成し遂げたことの大きさを実感して大きな満足感にひたっている。

問四　――線3「居住まいを正した～真っ直ぐに見て」とありますが、このときの竜介について説明したものとして最も適当なものを次のア～エの中から一つ選び、記号で答えなさい。

ア　よくよく思い悩んで出した結論であったけれども、それがチャンさんの申し出に反するものなので彼女に申し訳なく思い、せめて礼儀をつくして謝罪しようとしている。

イ　チャンさんの申し出を受けるつもりでいたが、突然そうするべきではないと思いつき、その思いつきに従うことが今の自分にとって最も正しい選択だと確信している。

ウ　現在の状況に最も適切だと思える解決策がひらめき、自分自身のひらめきに従うのが一番良いと思う一方で、チャンさんの申し出を断ることにためらいも感じている。

エ　自分がどうしたいのかが明確になったことで、チャンさんの申し出を断ることに申し訳なさを感じつつも、迷ったりためらったりせずに自分の決断を伝えようとしている。

問五　――線4「やっぱりこの～ないでしょうか」とありますが、竜介がこのように言ったのはなぜですか。その理由を五十五字以上七十字以内で説明しなさい。

問六　――線5「むしろ新品の～ことさえある」とありますが、竜介がこのように思ったのはなぜですか。その説明として最も適当なものを次のア～エの中から一つ選び、記号で答えなさい。

ア　駒字のかすれや駒についた無数の傷が、その駒が長い歴史を経てきたことを感じさせ、その駒と人々との様々な触れ合いまで思い起こさせるように感じるから。

イ　将棋駒が摩耗し劣化することで、均整のとれたなめらかな美しさとは異なる、形はいびつであるが丸みを帯びた穏やかな美しさが生まれるように感じるから。

ウ　駒字がかすれたり駒に多くの傷がつくことは、駒が本来もっていた美しさを損なうものではなく、その美しさを引き立てるものであるように感じるから。

エ　長年の使用によって駒に傷がつき角がすりへってゆくことで、見事に仕上げられた将棋駒本来の美しさに加え、迫力や力強さしているのは、赤ん坊の柔らかな肌を傷つけないようにそっと包みこむ肌着みたいな、そんな優しい感触の夕闇だった。夕暮れは一日のうち竜介がことさら好んでいる時刻だった。でも、6こんなに快い夕暮れも珍しいな、と竜介は思った。こんなに快い、優しい夕闇に包まれるのは、もしかしたら、人生にそう何度も起こらないことなのではないか。

注1　イッツ・ユアーズ…ここでは、「この駒は、あなたのものです」ということ。

注2　安井さん…竜介が「無月」を探すなかで知り合った、関岳史の先輩にあたる駒職人。

注3　長塚さん…竜介の一家と家族ぐるみで親しくしている将棋好きの老人。竜介の大叔父が駒職人であったことを教えた人物。

注4　飛車先の歩…「飛車」という駒の一マス前にある「歩」という駒のこと。

注5　初手☗２六歩…「初手」とは最初の一手のこと。「☗」は先手を表し、「２六歩」は、動かした駒の名前(歩)とその位置(２六)を表している。

注6　詰将棋…将棋の遊び方の一つ。

注7　手筋…ある局面での有効な手や、有効な攻め方、守り方のこと。

注8　嘆賞する…感心してほめたたえること。

注9　一局…将棋の対戦のことを「対局」と呼び、「一局、二局…」と数える。ここでは一対戦、一試合のこと。

注10　孕まれた…ここでは、内部に含まれているということ。

注11　スーベニア…記念品や土産物のこと。

問一　═線a～cの語句について、それぞれの問題文中における意味として最も適当なものを後のア～エの中から一つずつ選び、記号で答えなさい。

a　「放心状態」

ア　疲れを感じている状態
イ　ぼんやりしている状態
ウ　頭が混乱している状態
エ　あっけにとられている状態

b　「とりとめのない」

ア　これといったまとまりがない
イ　特に気にとめる必要がない
ウ　おもしろみが感じられない
エ　はっきりと説明ができない

c　「無用の長物」

ア　優れもののように見えて、用途がはっきりしないもの
イ　本来は役立つものなのに、状況に合わず役立たないもの
ウ　見ばえはするけれども、何の役にも立たないもの
エ　役に立たないばかりでなく、じゃまになるもの

問二　――線1「おれは何てつまらないことを考えているんだ」とありますが、これはどういうことですか。その説明として最も適当なものを次のア～エの中から一つ選び、記号で答えなさい。

ア　チャンさんの言葉をそのままの意味で受け取ればいいのに、彼女が全く別のことを望んでいるのではないかと疑い、このまま彼女の提案に従ってもよいかどうか迷っているということ。

イ　チャンさんのありがたい申し出を受け入れればいいのに、恐縮してお礼の言葉すらしっかりと言えていないことに気づかずに、お金のことばかり思い悩み続けているということ。

ウ　チャンさんの善意を素直に受け取って心から感謝すればいいのに、取ってつけたようなお礼を言っただけで、チャンさんへの余計な対応策に思いをめぐらせているということ。

滑《なめ》らかな皮膚を持つ子供の顔、若者の顔は、もちろん美しい。ただ単純に美しい。しかし、それとは別の次元で老人の顔が、それがたたえている豊かな記憶ゆえの美しさを帯びるということがある。「無月」の駒の、駒字の線のかすれやおもてうらについた無数の傷も、風格ある老人の顔の皺やたるみと同じで、この駒が長年月の時間の厚みをくぐり抜けてきたことの証しなのではないか。駒が身に帯びた、貴重な勲章《くんしょう》なのではないか。

そして、この駒は、まだまだ現役として働きたいと願っている。生きた道具として、子供たちの手でつまみ上げられ、指され、盤上に打ちつけられたいと欲している。そんな駒を、記念品として大事にすると言えば聞こえはいいが、むしろミイラ化した遺骸《いがい》を恭《うやうや》しく安置するように、箪笥の奥に仕舞いこんだりしてしまうのは、可哀《かわい》そうではないだろうか。

駒を擬人化《ぎじんか》し、その心の動きを推し量ったりしてしまうといった振る舞いが、つい先ほどは我ながら何だか馬鹿馬鹿しく感じられ、思わず苦笑してしまったものだ。しかし、竜介は今や、この駒の「気持ち」に思いを致《いた》すことが、独り善がりの感情移入だとも、愚《おろ》かしい感傷だとも思えなくなっていた。

自分は鑑賞用の工芸品でもない、死蔵される「思い出の品」でもない、ただの道具だ、そして道具としてここで、ブルックリンの子供たちに使用されていたい――駒がそう語りかけているように竜介は感じた。そうさせてほしいと、駒の「魂《たましい》」が願っている。竜介はそう直感した。

――ほら、アリシアという名前でしたっけ、将棋の強いあの少女、と竜介は言った。ずっと見ていたんですが、彼女なんかも、どうやらこの駒がお気に入りのようでした。ずっと贔屓《ひいき》にして、この駒ばかり使いつづけていました。この駒は、そういう指し手がいてくれるこのすばらしいクラブで、ずっと使われていてほしい。そうぼくは思うんです。駒のほうでもそう願っているんじゃないか。日本に持ち帰ってしまったら、これはもう、たんなる注11スーベニアにしかなりませんから。

チャンさんはしばらく黙って「無月」の駒に目を落としていたが、やがて目を上げて、

――有難うございます、と言った。そうさせてもらいます。大事に使いますよ。

――どうかよろしくお願いします。さて、それではぼくは、そろそろ……。

初手☗2六歩の一手が指されたままの盤面をそのままに、竜介は立ち上がり、バッグを取って肩に掛けた。最後に「無月」の駒をもう一度じっと見つめ、じゃあ元気でな、頑張《がんば》れよ、また会おうな、とその四十枚に向かって心のなかで呼びかけると、あとはもういっさい振り返らず戸口へ向かった。

エレベーターの前まで見送ってくれたチャンさんと握手して別れの挨拶《あいさつ》を交わし、また会いましょう、どうかお元気で、と言い合い、扉が開いたエレベーターに乗り込んだ。

建物の外に出ると、強烈だった西日もさすがに衰《おとろ》え、ブルックリンの町に夕闇《ゆうやみ》が忍び寄っていた。竜介はベイリッジ・アヴェニューの駅に向かって歩き出した。夕刻が迫っても、盛夏の日射しを受けつづけていたアスファルトにはまだ日中の暑熱が籠もっている。しかし、頬《ほお》をなぶるわずかな涼気の感触があり、風とも言えないほどのその弱い空気の流れが、興奮が冷めやらない竜介の火照《ほて》った頭を心地よく冷やしてくれるようだった。その涼気が運んできたかすかな潮の香が、竜介の鼻孔《びこう》をくすぐった。

世界が夜に向かってゆっくりと沈みこんでゆく。あたりに広がり出

それじたい、駒が送ってきた何らかの合図、ないし信号なのではないか。そんな直感が頭をよぎり、それとともに、この午後子供たちと遊んでいたあいだじゅう、心に芽生え、少しずつ成長を続けてきた想念が、突然はっきりした形をとった。竜介は、飛車先の歩を突き、その駒から指を離した右手を膝《ひざ》のうえに戻し、3居住まいを正したうえで、チャンさんの目を真っ直ぐに見て、

――でも、この駒はやはり、このクラブで使ってください、と言った。

――えっ……とチャンさんが驚いた表情になり、でも、あなた、せっかくこうやって……と言いかけて口ごもった。

――駒が喜んでいる、とさっきおっしゃいましたよね。ぼくもそんな気がするけれど、でも……そうじゃないような気もするんです……うまく言えないけれど……。4やっぱりこの駒は、ここで使いつづけてもらうのがいちばん幸せなんじゃないでしょうか。

そう言った後になって、おれはじつは、この午後のあいだじゅう、心の底ではずっとそう考えつづけていたのだ、と竜介ははたと気づいた。あのときおれは、ついに「無月」の駒とめぐり逢えたことを知った。そして、その瞬間以降、子供たちと将棋を指したり、注6詰将棋《つめしょうぎ》や「次の一手」の問題を出したり、様々な「注7手筋《てすじ》」を教えたりして遊んでいたあいだじゅう、半ば無意識のうちに、「無月」の駒はここにとどまるべきではないかと自問しつづけていたのだ。そうだったのだと、いま改めて、はっきりとわかった。

見事に仕上げられた将棋駒はたしかに美しい。けれども、駒というのは結局、使われてこそのものである。それは陳列棚《ちんれつだな》に飾る工芸品でもなければ、距離を置いて注8嘆賞《たんしょう》する芸術作品でもない。本質的にはそれは道具であって、使われない道具とはたんなるc無用の長物でしかない。指でつまんで前へ進める。枡目に打ちつける。敵陣に成りこんで裏返す。人間の身体とのそうした密接な関係を保ちつづけることで、道具は道具として生きる。

そして、使用されつづけてゆくうちに、道具は当然、摩耗《まもう》し、劣化《れっか》し、古びてゆく。それは時間の流れのなかに置かれた物質というものが背負う、如何《いかん》ともしがたい宿命だ。

しかし、そんなふうに摩耗し劣化してしまった古駒は、古いからと言って醜《みにく》いのか、価値がないのか。決してそんなことはない、と竜介は思う。5むしろ新品の駒にはない、えも言われぬ美しさをそれが帯びるということさえある、と思う。実際、いま目の前の盤上で、初手☗2六歩が指され、新たな注9一局の始まりを告げているこの「無月」の駒は、竜介の目に不思議に美しい微光を帯びて見えた。それは、この駒じたいがみずから仄かな輝きを放つことで、まるで無言のうちに、"Let's play!"と、遊ぼうよと、竜介を誘っている――そんな気がするからでもあるのか。

もし「無月」の駒が美しいとすれば、それは物質の宿命としての摩耗や劣化そのもののうちに、半世紀以上昔に東京で作られて以来、今この瞬間に至るまでこの駒が経てきた「運命」の変転が、まざまざと透視《とうし》されるからではないだろうか。そこに注10孕《はら》まれた歳月の記憶の、ずしりとした重みが感知されるからではないだろうか。この駒はおれよりはるかに年長で、おれには想像もつかないような経験を身に蒙《こうむ》ってきたのだ、と竜介は思った。

男女を問わず、風格のある顔をした老人というものがときどきいるものだ。その風格は、目尻《めじり》の皺《しわ》や皮膚《ひふ》のたるみに、その人がくぐり抜けてきた人生の時間の――その苦しみや哀しみや喜びの、愛や憎しみの、倦怠《けんたい》や希望や幻滅《げんめつ》の、くっきりとした痕跡《こんせき》が刻みこまれているところから来るものだろう。

そうした痕跡や傷の刻印をまだまったく蒙っていない、まっさらで

だ、とほくほくしながら、「無月」の駒を携《たずさ》えて帰国する……。日本に持ち帰って、注2安井さんに見せてやったら、五十数年ぶりでこの駒と再会した彼は、きっと感無量という顔になるだろう。注3長塚さんや親父にも見せてやる。ほう、これがそうなのか、と驚くだろう。よくもまあ、はるばるニューヨークくんだりまで行って探し当ててきたもんだ、大したもんだ、と感心するに違いない。

いや、何よりもまず、植島さんに見せてあげたいものだ。彼女にとって、とてもとても大事な人だった関岳史が作った駒、彼の指が直接触れた駒だ。三十にもならずに死んでしまった彼が、丁寧《ていねい》に、細心に、一生懸命に彫り上げ、漆《うるし》を入れた駒……。植島さん、喜ぶだろうな……。そして、駒はそのまま植島さんに差し上げてしまってもいい、というか、そうすべきかもしれない。たぶんこの駒の持ち主としてこの世でいちばんふさわしいのは、植島さんだろうから。植島さんはきっと大喜びで受け取ってくれるだろう。そうしたら、この駒を彼女はどうするかな。

大事に仕舞《しま》っておいて、ときどき出してみては、眺めて、撫《な》でさすって、初恋の人の思い出を心に甦《よみがえ》らせる……。でも、そう言っては悪いけれど、彼女もかなりのお歳だから、いずれはお亡くなりになるだろう。そうしたら、彼女の死後、この駒はいったいどうなる……。いや、そんなことを言うなら、仮におれ自身がこの駒をとっておくとしても結局は同じことだ。記念の品として、簞笥《たんす》の引き出しにでも大事に仕舞っておいて、たまに出して眺めて悦《えつ》に入る。それはいいけれど、そのうちおれにも死が訪れる。早い遅いの違いが多少あるとしても、植島さんだろうがおれだろうが、人間、誰だっていずれは死ぬ。その後、この駒はいったいどこへ行き、どんな運命を辿《たど》ることになるのか。

ほんの数秒ほどのあいだに、そんなbとりとめのないあれやこれやの思いが、竜介の心のなかでちかちかと明滅《めいめつ》し、すばやく交錯《こうさく》し、ぼんやりと消えていった。そして、駒の運命——という言葉だけが最後に残った。駒の運命は……駒の運命は……。そこで言葉が途切れて、その後をどう続けたらいいものか、よくわからない。軽い放心状態のまま、竜介はふと、目の前の盤《ばん》に初期配置で並んでいる「無月」の駒にもう一度視線を戻《もど》した。そして、その四十枚の駒のなかから、注4飛車先《ひしゃさき》の歩《ふ》をつまみ、ひと枡《ます》先へ進めてみた。注5初手《しょて》☗2六歩……。

そうだ、安井さんもこれを——まさしくこの同じ初手を指したのだ、と不意に思い出した。出征の日の前夜、大叔父はこの駒を見せに、安井さんの部屋にやって来た。駒の出来栄えに感銘を受けた安井さんは、将棋盤を出してきて、自陣、敵陣合わせて四十枚を初期配置のかたちに並べてみた。そして——まさにこの初手☗2六歩を指してみた。たしか彼、そう言っていたよな……。

太平洋戦争下、日暮里《にっぽり》の下宿屋の一室で、あの深夜安井さんがこの駒に対して指したのとまったく同じ初手を、五十数年の歳月を隔てて、今またおれが指した。そうしてみないか、そうしてみたらどうかと、駒のほうから誘いかけてきたのかもしれない。この駒はそういう力を持っているのか。安井さんが繰《く》り返《かえ》し言った、そしてあのときは竜介には何だか実感を籠めて理解することができなかった、「霊力《れいりょく》」という言葉も甦ってくる。「いやあ、凄《すご》い駒だったよ」と安井さんは嘆息《たんそく》しながら言ったな……。

初手☗2六歩——。

すると、不思議なことに、「無月」の駒の四十枚の全体に、あの謎めいた仄《ほの》かな輝きが不意に戻ってきた。竜介はそう感じ、思わず目を瞠《みは》った。もちろんたんなる錯覚《さっかく》にすぎない、そうに決まっている、そうも思った。しかし、錯覚なら錯覚でもいいけれど、この錯覚もまた、目指し、環境破壊から地球を守ろうとする。

問六　――線5「ここに矛盾がある」とありますが、どのような点が矛盾しているといえるのですか。六十字以上八十字以内で説明しなさい。

問七　――線6「商品化の～最高じゃないか！」とありますが、この表現について説明したものとして最も適当なものを次のア～エの中から一つ選び、記号で答えなさい。

ア　「最高」という表現を用いて一部の金持ちや権力者が地球を私有化することをたたえることで、民営化を拡大していこうとする彼らの立場に肯定的な筆者の立場が明確化されている。

イ　一部の金持ちや権力者による地球の私有化を「最高じゃないか！」と過度に強調することで、一部の金持ちや権力者のあり方に対して批判的な筆者による、皮肉を表現していることがうかがえる。

ウ　「最高じゃないか！」と同意を求めるような表現を用いることで、一部の金持ちや権力者が企てている地球の私有化に賛同するよう読者を促していることがうかがえる。

エ　「商品化の過程で地球を所有できることになるのなら」といった仮定表現を用い、あくまでも一部の金持ちや権力者による地球の私有化は実現されないということを暗示している。

三

次の文章は松浦寿輝《まつうらひさき》の小説『無月《むげつ》の譜《ふ》』の一節です。プロ棋士になる夢がかなわなかった小磯竜介《こいそりゅうすけ》は、戦死した大叔父《おおおじ》（祖父の弟）の関岳史《せきたけし》が将棋の駒《こま》を作る職人であり、彼が考案した「無月」という書体を使った将棋駒を一組だけ制作していたことを知ります。海外までその駒を探す旅をした竜介は、それがニューヨークのブルックリンにある将棋クラブに寄付されていたことをつきとめます。問題文は、「無月」の駒にまつわる話を聞いた将棋クラブの代表のチャンさんが、竜介に「無月」の駒を返そうとする場面から始まります。これを読んで、後の問いに答えなさい。

――どうぞお持ちください、ミスター・コイソ、注1イッツ・ユアーズ。

――どうも有難うございます。

反射的に、機械的に、お礼の言葉がとりあえず竜介の口から出たが、その瞬間、竜介の心のなかにいろいろな思いが駆けめぐった。チャンさんはただでくれるつもりらしいけれど、それじゃあ悪いんじゃないかな……。多少のお金を払って譲《ゆず》ってもらう――そういう形にしたほうがいいかも……。でもいくら払う？　百ドルとか二百ドルとか……？　でもお金と引《ひ》き換《か》えになんていう話を持ち出すと、チャンさん、かえって侮辱《ぶじょく》されたように感じるかもしれないな……。そもそも彼女だってただで貰《もら》ってきた駒なんだし……。いやいや、1おれは何てつまらないことを考えているんだ、彼女の厚意をともかく有難く受け取っておけばいいじゃないか。

それから、竜介の心に軽いa放心状態が訪れた。しかし、もう少し何か言葉を継《つ》がなくてはいけないと焦って、

――とても嬉しいです、と言ったが、それも我ながらあまり心が籠《こ》もっておらず、何だか機械的に口から出た言葉のようだった。竜介は窓の外に目を遣《や》った。きれいに晴れ上がった夏空が広がっている。車の鳴らすクラクションの音が路上から立ち昇《のぼ》ってきた。

おれは、この後、どうするのか。有難うございます、嬉しいです、と懇切《こんせつ》にお礼を言ってチャンさんと笑顔で握手し、この駒を貰って辞去し、ホテルへ帰る……。2この旅にはやっぱり意義があったと納得できたのだから、嬉しいは嬉しいに違いない……。大成果だ、戦利品

た問題に対する答えが二点提示されています。それらの要点を説明したものとして最も適当なものを次のア～エの中から一つ選び、記号で答えなさい。

ア　土地を所有していない多くの労働者は、集団的に所有し、共同で責任を持つことでしか資源に対する責任は生まれないと考えている。一方で、土地を所有する一部の金持ちは、資源を利益に変えられる明確な所有者を定め、資源の利用者は所有者に使用料を支払い、所有者はその利益を基に資源の保全を行うことで、双方で資源に対する責任を果たせるようにすればよいと考えている。

イ　土地を所有していない多くの労働者は、土地や原料や機械の所有権を一部の金持ちから奪い取り、土地を持たない者に少しずつ分け与えることで共同責任を負えると考えている。一方で、土地を所有する一部の金持ちは、知識や金を持たない一般の人たちが土地や原料、機械を手に入れても運用や管理ができないため、彼ら自身が保持することでしか資源に対する責任は果たせないと考えている。

ウ　土地を所有していない多くの労働者は、政府を通して共同で管理することで資源に対する責任を果たせると考えている。一方で、土地を所有する一部の金持ちは、自身の都合しか考えない政治家や官僚を介さずに、土地の所有者は管理維持費を支払い、使用者は所有者に使用料を支払うことで、資源を守るための責任を分け合うことができると考えている。

エ　土地を所有していない多くの労働者は、一部の金持ちによる地球資源の独占状態を打破することでしか共同責任に対する思想は生まれないと考えている。一方で、土地を所有する一部の金持ちは、資本や権力を持つ者でなければ、合理的に資源を管理することができず、結局はだれも責任を果たさない状態がつくられてしまうと考えている。

問五　――線４「大気汚染への対策」とありますが、この実践について説明したものとして最も適当なものを次のア～エの中から一つ選び、記号で答えなさい。

ア　炭素の排出権を取引できるようにし、政府を介さずに各企業間で排出量基準を取り決めた上で、排出量の少ない企業は、炭素の排出権を大量に排出する企業へと売却する。こうした売買を通じて、炭素をあまり排出しないほうが得であるという意識を生じさせることで炭素の排出量削減を目指し、環境破壊から地球を守ろうとする。

イ　炭素の排出量が少ない企業と、炭素の排出量が多い企業との間で、市場の需給に基づいて決まった価格に応じて炭素の排出権を取引する。しかし、常に需給が合致するとは限らず、取引が不成立になることも多いため、炭素をめぐる不安定な取引を廃止するべく炭素の排出量削減を目指し、環境破壊から地球を守ろうとする。

ウ　炭素を大量に排出する企業は、政府からの指導に基づいて炭素をあまり排出しない企業から排出権を購入することで、政府から割り当てられた値よりも多い量の炭素を排出している。こうした、公然と炭素を大量に排出する状況に対して不満を生じさせることで炭素の排出量削減を目指し、環境破壊から地球を守ろうとする。

エ　炭素の排出量が、政府や国家を通じて割り当てられた値よりも多い企業には費用を支払わせ、少ない企業には利益をもたらすことで、炭素の排出量をめぐる市場取引を成立させる。そしてコスト削減への意識を生じさせることで炭素の排出量削減を

注１　コミュニティ…地域社会における小さな単位の集団。
注２　ポンド…通貨単位のひとつ。
注３　アボリジニ…オーストラリア大陸やその周辺の一部の島の先住民。
注４　オスカー・ワイルド…（一八五四〜一九〇〇）。アイルランド出身の作家。
注５　恣意…自身の思うままであること。気ままに考えること。

問一　A 〜 C にあてはまる語句として最も適当なものを次のア〜カの中から一つずつ選び、記号で答えなさい。なお、同じ記号は一度しか用いてはなりません。

ア　否定　　イ　総合　　ウ　民主
エ　致命　　オ　合理　　カ　決定

問二　――線１「集団的な愚かさ」とありますが、「愚か」といえるのはなぜですか。その理由を説明したものとして最も適当なものを次のア〜エの中から一つ選び、記号で答えなさい。

ア　自由な競争をじゃまするような決まり事が作られてしまうと、各個人の利益追求へ向けた欲求が減っていってしまい、利益を上げるために努力をする者がいなくなることで集団全体の利益も減ってしまうから。

イ　限られた一部の人たちが採取した資源をコミュニティの他の人々に配ることにすれば、皆に資源が行き渡るが、コミュニティ全体で資源を採取することを認めてしまうと、分別なく採取し続ける者が現れ、そうした者が増えるとやがて資源が底をついてしまうから。

ウ　資源の採取量に制限を設け、コミュニティで協力すれば、資源が尽きることはないが、市場社会の法則に基づいて各個人が利益を追求し始めると、皆が無制限に資源を消費するようになり、やがて資源が尽きてしまうから。

エ　ひとりあたりの資源採取量を少なくすれば資源が尽きることもなく、余った時間を仕事以外に使うことで豊かな生活を送れるが、ひとりあたりの資源採取量を増やすと、資源はすぐに尽き、仕事に追われて生活もつまらないものとなるから。

問三　――線２「こうしたことが起きる」とありますが、「こうしたこと」が起こらないようにするために、筆者はどのような社会を目指したらよいと考えていますか。これを説明したものとして最も適当なものを次のア〜エの中から一つ選び、記号で答えなさい。

ア　個人による利益の追求をよいこととして、生産や消費に多くの時間を費やすことを目指すような社会ではなく、芸術や儀式といった、各個人が精神的に豊かになれるようなことに時間を費やすことを目指すような社会。

イ　各個人が商品と貨幣の交換を通して利益追求をすることに制限をかけず、皆が経済的に豊かになることを目指すような社会ではなく、利益の追求に制限を設け、全体的に皆が貧しくなったとしても、助け合いながら生きていくことを目指すような社会。

ウ　商品と貨幣の交換による利益の追求のみを目指すような社会ではなく、各個人が利益を上げることを大切にしつつも、自然環境などの皆で利用する資源を大切にすることも重視し、私的な利益と公共の利益両方の実現を目指すような社会。

エ　商品と貨幣の交換による経済的利益の追求をよいものとし、各個人が欲望の充足を目指すような社会ではなく、公共の利益の実現を重視しつつ、自由な時間を過ごしたり、自然との共生を大事にしたりすることを目指すような社会。

問四　――線３「どうしたらすべての人が資源に責任を持てるようになるのだろう?」とありますが、この問題文ではここで提起されには経験価値はあっても交換価値がないからだ。だから、これらの資源にも交換価値を与えればいい。たとえば、あの美しい森が山火事で燃えているのを見ると、悲しくなる。こんなことが起きるのは森がみんなのもので、所有者がいないからだ。森から交換価値を得られる人がいないから、そこにあるべき価値が市場社会には見えないんだ。

　川に棲《す》むマスも同じだ。釣るまでは誰のものでもない。だから漁師は好きなだけ釣ろうとするし、そのためにマスは消え失せて漁師はばかを見ることになる。大気も同じだ。誰のものでもないから、誰もが汚してしまう。組合は資源をうまく管理できないし、政府は非効率で偏《かたよ》りがあり、権威をかさに着る。

　だから私ならこうするね。おカネに換《か》えられない貴重な資源を利益に変えられる人に預けるんだ。たとえば私ならそうした資源をきちんと管理できる」

　もし川やマスが誰かの所有物になったら、所有者は全力でそれを守るだろう。釣り人から料金を徴収《ちょうしゅう》して漁獲を制限し、マスを守って漁師も助けることができるかもしれない。大気や森林にも同じことが言える。大気にも森林にも所有者がいれば、企業は排出権におカネを払い、家族は森へのピクニックにおカネを払うようになる。所有者は資源が適切に利用されるよう資源を守り、維持するようになる。

（中略）

　経験価値より交換価値を優先する市場社会から環境破壊を守るために、かろうじてまだ残っている経験価値をひとつ残らず交換価値に変えるという考えは矛盾《むじゅん》していると思うかもしれないが、こうした考え方がいまでは主流になりつつある。

　じつは、自然の商品化は理論上の話ではない。まだ控《ひか》えめな範囲ではあるが、それは政府や企業に支持され、すでに実践されている。4大気汚染への対策として政府は次のような策を実施している。企業に炭素の排出権を与え、その権利を取引できるようにしたのだ。この新しい市場で、自動車メーカーや電力会社や航空会社など、炭素を大量に排出する企業は、あまり排出しない企業から排出権を買っている。たとえば、太陽光発電を利用している企業は排出権を売ればいい。このシステムにはふたつの利点がある。

　まず、割り当てよりも炭素の排出量が少ない会社は、さらに排出量を減らして余った権利を売って利益を得ることができる。次に、割り当てより多く排出するためのコストは、政治家の注5恣意《しい》ではなく市場の需給で決まる。なかなか賢いと思わないか？

　だが、5ここに矛盾がある。市場に問題解決をまかせる理由は、そもそも政府が信頼できないからだ。それなのに、政府に頼らなければ、このやり方はうまく行かない。

　というのも、最初の割り当ては誰が決めるのか？　農民や漁師や工場や電車や自動車の排気量を誰が監視するのか？　割り当てを超えたら誰が罰則を科すのか？

　もちろん政府だ。この種の人工的な市場をつくりだせるのは、国家だけだ。国家だけが、すべての企業を規制できる。

　金持ちと権力者が環境の民営化を勧《すす》めるのは、政府が嫌いだからではない。政府にクビを突っ込まれるのがいやなのだ。所有権を脅《おびや》かされたり、彼らが支配しているプロセスが民主化されると困るからだ。しかも、6商品化の過程で地球を所有できることになるのなら、彼らにとっては最高じゃないか！

（ヤニス・バルファキス　著　関　美和　訳『父が娘に語る　美しく、深く、壮大で、とんでもなくわかりやすい　経済の話。』ダイヤモンド社）

※問題作成の都合上、文章や小見出し等を一部省略しています。

古代ギリシャでは、公共の利益を考えられない人、つまり自分のことしか考えられない人は「イディオテス」と呼ばれた。

「節度のある者は詩人になり、節度のない者はイディオテスになる」という古代アテネのことわざがある。古代ギリシャの文章を研究した18世紀のイギリス人学者は、ギリシャ語の「イディオテス」を「愚か者《ア・フール》」と訳した。市場社会は人間をそのような節度のない愚か者にしてしまう。

もちろん(!)注3アボリジニは見事に自然と調和した暮らしを見出した。狩りや漁ばかりで一日を無駄にせず、自由な時間を使って儀式や物語や絵画や音楽を楽しんだ。個人も社会も自然との共生を目指し、イギリス人も羨《うらや》むような人間本来のいい暮らしを送っていた。

オーストラリアより人口は密集していたものの、ヨーロッパでも同じように人間は自然に生き延びる余裕を与えていた。だが市場社会が到来すると、すべてが商品になり、共有地は私物化され、交換価値が経験価値を上回り、公共の利益よりも個人の利益が優先されるようになった。

いま、もし人間と地球を救う望みが少しでもあるとすれば、市場社会では認められない経験価値をもう一度尊重できるような社会にするしかない。

ひとつのやり方は、利益追求に制限をかけることだ。たとえば1日に1時間以上は漁をしてはいけないなどと法律で決めるのがこれにあたる。そしてそのような方法はすでに行われ、一定の成功を収めている。エクアドルでは、交換価値とは関係なく、森林保護そのものを価値ある目的と定めて、エクアドルの憲法史上はじめて森林権を設定するよう憲法を修正した。

事業者の活動を制限したり、利益に税金をかけたりするのはたしかにいいことだが、もっと大きな問いがある。

どうしたら、すべての人が地球の資源に責任を持ち、それを社会に欠かせないものと考えられるようになるだろう？

土地と原料と機械を支配し、規制に反対しているほんのひと握りの権力者たちが、法律をつくり施行し監視する政府に［B］的な影響を与えているいまの世の中で、3どうしたらすべての人が資源に責任を持てるようになるのだろう？

答えは、問いかける相手によって変わる。

土地を持たない労働者に聞けば、こう答えるだろう。

「地球の資源を金持ちに独占させないためには、土地や原料や機械の所有権を奪えばいい。集団的な所有権によってしか集団的な責任は生まれない。地域か、組合か、国家を通して、資源を民主的に管理するしかない」

一方、土地や機械を大量に所有するひと握りの金持ちに同じことを聞くと、違う答えが返ってくるはずだ。

「地球を救うためには、何らかの手を打ったほうがいい。だが、政府が人々の利益を本当に代弁できると思うかい？　とんでもない！　政治家や官僚は自分たちの都合しか考えていない。大多数の人のことや地球のことなんて考えていない。組合の共同管理も幻想で、全員がテーブルを囲んで話し合っても、物事は進まない。［C］的なやり方では重大な決定はできない。注4オスカー・ワイルドが言ったように、『社会主義の問題は、話が進まないこと』だよ」

君はこう聞きたくなるに違いない。「ならどうやって地球を救うの？」と。すると、おそらくこんな答えが返ってくるはずだ。「もっと市場を！」

彼らは土地や機械や資源に対する自らの権利を守るためにこう言うのだ。

「市場社会が地球の資源をきちんと管理できないのは、これらの資源

2024年度 本郷中学校

【国語】〈第二回試験〉（五〇分）〈満点：一〇〇点〉

注意　字数指定のある問題は、特別の指示がない限り、句読点、記号なども字数に含みます。

一　次の①～⑤の――線部について、カタカナの部分は漢字に直し、漢字の部分はその読みをひらがなで答えなさい。なお、答えはていねいに書くこと。

① 一度受けた恩には必ず報いる。
② 流れにサカらって泳ぐ。
③ 日本各地のケイショウ地をめぐる。
④ 新たな価値観をソウゾウする。
⑤ そんな方法ではニカイから目薬だ。

二　次の文章を読んで、後の問いに答えなさい。

川を泳ぐマスを思い浮かべてほしい。人間がマスを全部釣《つ》ってしまったら、もうそれで終わり。マスはいなくなる。一度に少しずつ釣っていれば毎年新しく生まれるので永遠に釣り続けられる。

ではここで、注1コミュニティの伝統と慣習に代わって、市場社会の法則にマス釣りをゆだねるとしよう。

マス1匹あたりの交換《こうかん》価値を、5注2ポンドとしよう。漁師がみな自分の利益だけを追求するなら、それぞれの時間と労力の交換価値がマスの交換価値を上回る直前までマス釣りを続けるはずだ。

では時間の交換価値はどう測ったらいいだろう？　漁師がもし工場で1時間働いたら、10ポンドになるとする。その場合、1時間にマスを2匹より多く釣れば（1匹の交換価値が5ポンドなので）、工場で働くより得になる。

釣りをする人ならわかるだろうが、あなたが魚を釣れる数は、周りの釣り人の数と彼らの努力に反比例する。シンプルに言うと、釣り人が自分だけなら、釣り放題だ。川に網を放り込んで、何度か引きあげるだけでいい。しかし、自分や周りの釣り人が魚を釣れば釣るほど、残りの魚の数は減っていき、だんだん釣れなくなっていく。

だからたとえば、100人の漁師のコミュニティで協力して働いているなら、1日にひとり1時間、全員あわせて200匹までしか釣れないことにして、ひとりあたり2匹ずつ分け合うことにしてもいい。

しかし市場社会では、漁師はみな起業家として競争しあうことになっているので、競争に反する約束（や法律）は起業家精神に反する。地元のパブでビールを飲みながら、100人の漁師全員が、漁をするのは1日1時間にするのが［A］的だと同意しても、実際には2時間も3時間も、その先も、1時間あたり2匹より多く取れる限りはずっと続けてしまいたくなるはずだ。

すると、最初は釣れるマスの総数が増え、全体では200匹を大きく超えるかもしれない。だが、100人の漁師が何時間も釣りを続けているうちに、マスの数は減り、そのうちマスは川から消え失せてしまう。ひとり1日1時間ずつを続けていれば、毎日簡単に全員で200匹が釣れたはずなのに、全員が一日中釣りをしていると、やがてほとんど釣れなくなってしまう。

これこそ、1集団的な愚《おろ》かさの最たる例だ。利益追求が人間の自然な欲求だという前提に立つと、2こうしたことが起きる。

（中略）

2024年度
本郷中学校 ▶解説と解答

算　数 ＜第２回試験＞（50分）＜満点：100点＞

解　答

[1] (1)　$3\frac{4}{7}$　(2)　3　[2] (1)　130本　(2)　2.4cm　(3)　3.43cm^2　(4)　20日　(5)　1066　(6)　9 cm^2　[3] (1)　108分後　(2)　36km　[4] (1)　〈か，２〉　(2)　〈う，５〉　[5] (1)　0.2cm　(2)　6.6cm　[6] (1)　**ア**…66　(2)　**イ**…２，**ウ**…２，**エ**…７　(3)　788

解　説

[1] 四則計算，逆算

(1)　$4.5+4\frac{2}{3}\times\left(3\frac{1}{3}\div1.4-1.5\right)\div3\frac{1}{9}-2.25=\frac{9}{2}+\frac{14}{3}\times\left(\frac{10}{3}\div\frac{7}{5}-\frac{3}{2}\right)\div\frac{28}{9}-\frac{9}{4}=\frac{9}{2}+\frac{14}{3}\times\left(\frac{10}{3}\times\frac{5}{7}-\frac{3}{2}\right)\div\frac{28}{9}-\frac{9}{4}=\frac{9}{2}+\frac{14}{3}\times\left(\frac{50}{21}-\frac{3}{2}\right)\div\frac{28}{9}-\frac{9}{4}=\frac{9}{2}+\frac{14}{3}\times\left(\frac{100}{42}-\frac{63}{42}\right)\div\frac{28}{9}-\frac{9}{4}=\frac{9}{2}+\frac{14}{3}\times\frac{37}{42}\times\frac{9}{28}-\frac{9}{4}=\frac{9}{2}+\frac{37}{28}-\frac{9}{4}=\frac{126}{28}+\frac{37}{28}-\frac{63}{28}=\frac{100}{28}=\frac{25}{7}=3\frac{4}{7}$

(2)　$38\times\left\{\frac{1}{4}\div\left(2\frac{2}{3}+\frac{1}{2}\right)\right\}=38\times\left\{\frac{1}{4}\div\left(\frac{8}{3}+\frac{1}{2}\right)\right\}=38\times\left\{\frac{1}{4}\div\left(\frac{16}{6}+\frac{3}{6}\right)\right\}=38\times\left(\frac{1}{4}\div\frac{19}{6}\right)=38\times\frac{1}{4}\times\frac{6}{19}=3$ より，$1.8\times\square-3=2\frac{2}{5}$，$1.8\times\square=2\frac{2}{5}+3=5\frac{2}{5}$　よって，$\square=5\frac{2}{5}\div1.8=5.4\div1.8=3$

[2] 差集め算，相似，面積，ニュートン算，整数の性質，調べ

(1)　本数を逆にして代金が高くなったから，右の図１のように，90円のえんぴつの方を多く買う予定であったことになる。図１で，┆┆┆┆で囲んだ部分の代金は等しいので，アの部分とイの部分の代金の差が2400円となる。また，この部分の１本あたりの差は，150−90＝60(円)だから，えんぴつとシャープペンシルの本数の差は，2400÷60＝40(本)とわかる。よって，全部で300本なので，予定のシャープペンシルの本数は，(300−40)÷２＝130(本)と求められる。

図１

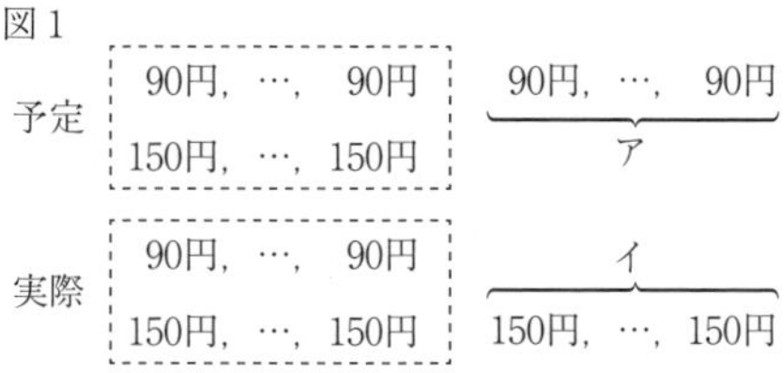

(2)　右の図２のようになる。図２で，三角形AEDと三角形CEBは相似であり，相似比は，AD：CB＝４：６＝２：３だから，AE：EC＝２：３となる。また，三角形AFEと三角形ABCも相似であり，相似比は，AE：AC＝２：(２＋３)＝２：５なので，FEの長さは，$6\times\frac{2}{5}$＝2.4(cm)と求められる。

図２

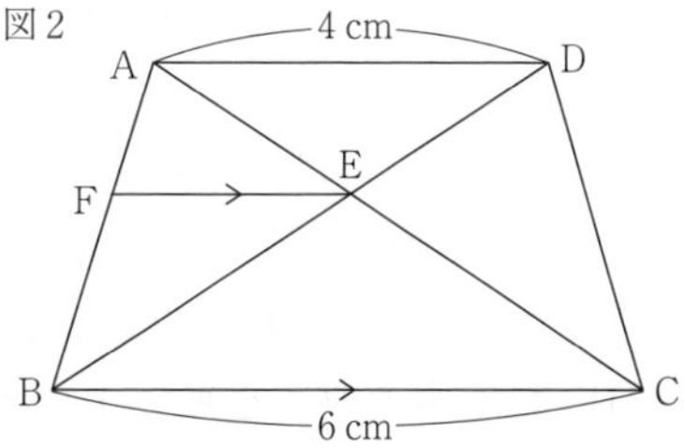

(3)　右の図３で，図形全体の面積は，２×18＝36(cm²)である。また，アの長さは，２×４＝８(cm)だから，太線で囲んだ長方形の面積は，

図３

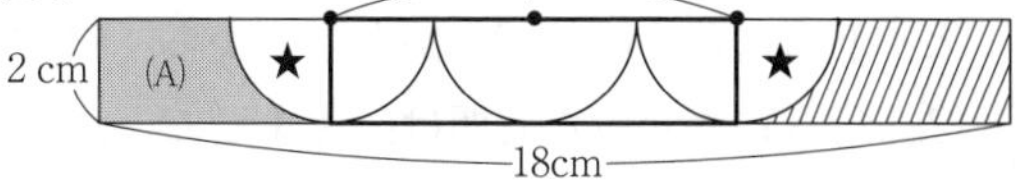

２×８＝16(cm^2)となる。さらに，★印の四分円２個の面積の合計は，$2\times2\times3.14\times\frac{1}{4}\times2=6.28$(cm^2)なので，(A)の部分と斜線《しゃせん》部分の面積の和は，36－(16＋6.28)＝13.72(cm^2)である。よって，(A)の部分と斜線部分の面積の比は，$\frac{1}{3}$：１＝１：３だから，(A)の部分の面積は，$13.72\times\frac{1}{1+3}=3.43$(cm^2)と求められる。

(4)　１日に生えてくる量を[1]，牛１頭が１日に食べる量を１として図に表すと，右の図４のようになる。図４で，[120]－[48]＝[72]にあたる量と，1080－720＝360にあたる量が等しいので，[1]＝360÷72＝５となり，はじめの量は，1080－５×120＝480とわかる。また，牛が29頭のとき，１日に減る量は，１×29－[1]＝29－５＝24だから，食べつくすまでの日数は，480÷24＝20(日)と求められる。

図４

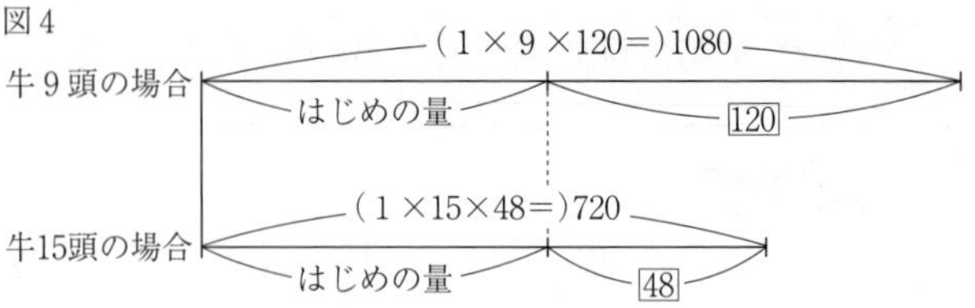

(5)　41と53の間には１以外の公約数がないので，41と53の最小公倍数は，41×53＝2173である。また，１から2173までに41の倍数は53個，53の倍数は41個あるから，2173未満の41の倍数と53の倍数の個数の合計は，(53－１)＋(41－１)＝92(個)とわかる。したがって，41の倍数と53の倍数を小さい方から順に並べたとき，46番目までに同じ数(公倍数)があらわれることはない。そこで，1000以下の倍数の個数を求めると，1000÷41＝24余り16，1000÷53＝18余り46より，41の倍数は24個，53の倍数は18個あることがわかる。これらの合計は，24＋18＝42(個)なので，小さい方から46番目の数は，1001以上の倍数の中で，46－42＝４(番目)の数である。＿の計算から，1001以上で最も小さい41の倍数は，41×25＝1025，最も小さい53の倍数は，53×19＝1007とわかるから，1001以上の倍数は右上の図５のようになり，４番目の数は1066となる。

図５

	②	④	⑤	
41の倍数	1025，	1066，	1107，	…
	①	③	⑥	
53の倍数	1007，	1060，	1113，	…

(6)　右の図６で，三角形GCDは正三角形を半分にした形の三角形なので，GCの長さを１とすると，GDの長さは２になる。また，HDの長さも１だから，GHの長さは，２－１＝１とわかる。したがって，三角形GCHと三角形HCDの面積は等しくなる。ほかの部分も同様なので，正六角形は図６のように面積が等しい三角形に分けることができる。このとき，分けてできた三角形の数は全部で，２×６＋６＝18(個)だから，三角形GCDの面積は正六角形の面積の，$\frac{2}{18}=\frac{1}{9}$(倍)であり，$81\times\frac{1}{9}=9$(cm^2)と求められる。

図６

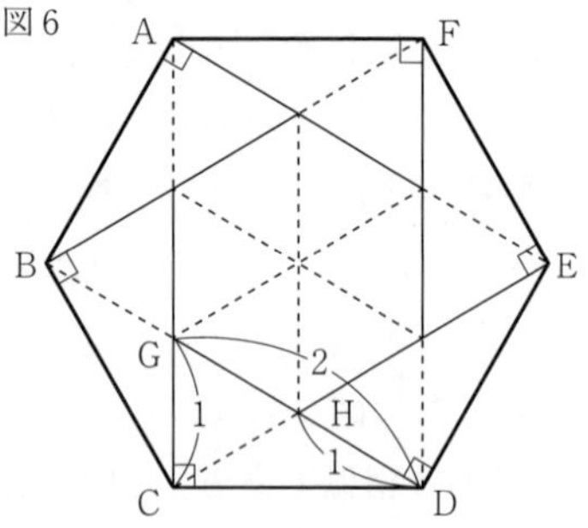

3　グラフ―速さと比，つるかめ算

(1)　自転車の速さを毎分４，バスの速さを毎分９とする。帰りにかかった時間は，139－91＝48(分)だから，家からＰ市までの道のりは，９×48＝432となる。よって，パンクしなかったとすると，Ｐ市に着くのは家を出発してから，432÷４＝108(分後)になる。

(2)　行きにかかった時間は，止まっていた３分間を除くと，91－３＝88(分)である。もし，バスだけで88分進んだとすると，９×88＝792進むから，実際よりも，792－432＝360長くなる。バスのかわりに自転車で進むと，進む道のりは１分あたり，９－４＝５短くなるから，自転車で進んだ時間は，360÷５＝72(分)，バスで進んだ時間は，88－72＝16(分)とわかる。したがって，行きに自転車で進んだ道のりとバスで進んだ道のりの比は，（４×72）:（９×16）＝２：１なので，家からＰ市までの道のりは，Ｐ市からＱ市までの道のりの，（２＋１）÷１＝３(倍)となる。よって，家からＰ市までの道のりは，12×３＝36(km)である。

4 周期算

(1) 暗号Ａを１回使うと，左右に移動することを３回，上下に移動することを５回行うことになる。したがって，暗号Ａを５回使うと，左右に移動することを，３×５＝15(回)，上下に移動することを，５×５＝25(回)行うことになる。また，左右の移動は，５×２＝10(回)で一往復するから，15÷10＝１余り５より，(あ)から５回進んだ(か)にいることがわかる。同様に，上下の移動は，６×２＝12(回)で一往復するので，25÷12＝２余り１より，①から１回進んだ②にいることがわかる。よって，５回使ったあとの位置は〈か，２〉である。

(2) (1)と同様に考える。暗号Ａを2024回使うと，左右に移動することを，３×2024＝6072(回)行うから，6072÷10＝607余り２より，(あ)から２回進んだ(う)にいることがわかる。また，上下に移動することを，５×2024＝10120(回)行うので，10120÷12＝843余り４より，①から４回進んだ⑤にいることがわかる。よって，2024回使ったあとの位置は〈う，５〉である。

5 水の深さと体積

(1) もとの水と氷の体積の比は，１：1.1＝10：11だから，もとの水の体積を⑩，氷の体積を⑪とすると，こおるときに増えた分の体積は，⑪－⑩＝①となる。したがって，１辺が2.2cmの立方体の氷を水に浮《う》かべると右の図１のようになる。図１で，水中に沈《しず》んでいる部分と水面から飛び出した部分の底面積は等しいので，体積の比が10：１のとき，高さの比も10：１になる。よって，飛び出した部分の高さは，$2.2\times\frac{1}{10+1}=0.2$(cm)とわかる。

図１

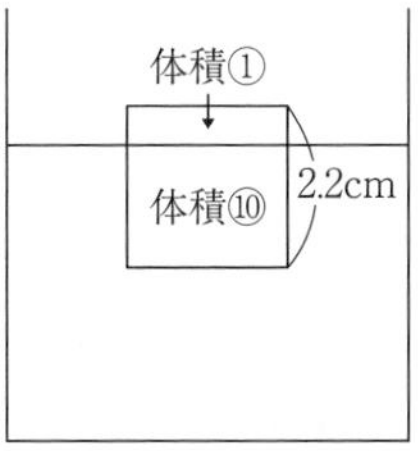

図２

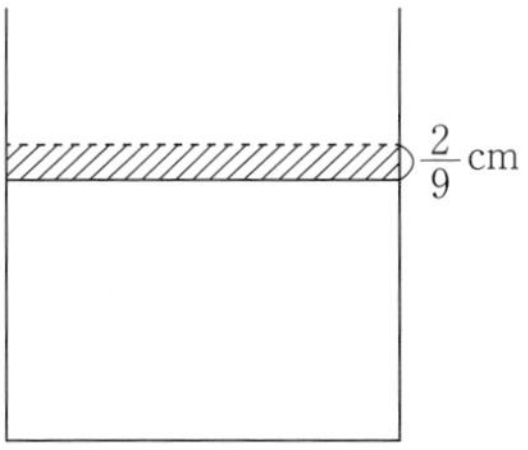

(2) 図１で水中に沈んでいる部分の体積と，右上の図２の斜線部分の体積が等しくなる。図１で水中に沈んでいる部分の体積は，2.2×2.2×(2.2－0.2)＝9.68(cm^3)だから，図２の斜線部分の底面積は，$9.68\div\frac{2}{9}=43.56$($cm^2$)とわかる。ここで，4356を素数の積で表すと，4356＝２×２×３×３×11×11となるので，4356＝（２×３×11)×（２×３×11)＝66×66となることがわかる。よって，43.56＝6.6×6.6となるから，容器の底面の１辺の長さは6.6cmである。

6 条件の整理

(1) Aは２の倍数だから，Aの候補は右の図１の①のようになる。また，BはAに１を加えた数の中の３の倍数なので，Bの候補は②の＿の数になる。さらに，EはBに３を加えた数だから，Eの候補は⑤のようになり，Eは必ず６の倍数になることがわかる。ここで，Eは11の倍数でもある

図１

①	A＝２，	４，	６，	８，	10，	12，	14，	16，	…
②	B＝<u>３</u>，	５，	７，	<u>９</u>，	11，	13，	<u>15</u>，	17，	…
⑤	E＝６，			12，			18，		…

ので，Eは6と11の公倍数となる。つまり，Eは，$6 \times 11 = 66$(…ア)の倍数である。

(2)　(1)より，Eの候補は右の図2の⑤のようになる。また，問題文中の③と⑤からCはEよりも2小さいことがわかるから，Cの候補は図2の③のようになる。さらに，Cは5の倍数なので，③の＿の数である。すると，Eの一の位の数字は2(…イ)に限定されることになる。よって，$E = 66 \times □ = ＊2$と表すことができるから，□にあてはまる数の一の位の数字は2(…ウ)か7(…エ)と決まる。

図2

⑤　E＝66，132，198，264，330，396，462，…
③　C＝64，130，196，262，328，394，460，…

(3)　問題文中の④と⑤からDはEよりも1小さいことがわかるので，考えられるEとDの値は右の図3のようになる。このうちDが7の倍数になるのは，$D = 791$のときである。すると，④から，$B = 791 - 2 = 789$となり，②から，$A = 789 - 1 = 788$と求められる。

図3

$E = 66 \times 2 = 132$　→　$D = 131$
$E = 66 \times 7 = 462$　→　$D = 461$
$E = 66 \times 12 = 792$　→　$D = 791$

社　会　＜第2回試験＞（40分）＜満点：75点＞

解　答

1　問1　イ　問2　ア　問3　イ　問4　浜松　問5　エ　問6　イ　問7　コンテナ　問8　ウ　問9　ウ　問10　ウ　問11　イ　問12　(1)　B　(2)　C　問13　イ　問14　ア　問15　ウ　問16　神戸　問17　エ　2　問1　ウ　問2　ア　問3　(1)　ウ　(2)　ウ　(3)　イ　問4　ウ　問5　イ　問6　ウ　問7　エ　問8　紀伊　問9　いなむら　問10　徳川家康　問11　いわし　問12　イギリス　問13　渋沢栄一　問14　栄西　問15　秋田　3　問1　モンテスキュー　問2　エ　問3　ウ　問4　エ　問5　ア　問6　エ　問7　イ　問8　ウ　問9　裁判員　問10　番人　問11　AI　問12　A

解　説

1　日本の自然や産業についての問題

問1　鉄をつくるのに必要なものは，鉄鉱石，石炭をむし焼きにしたコークス，石灰石である。日本の石炭の輸入先は，第1位がオーストラリア，第2位がインドネシアである(2022年)(イ…○)。なお，セメントの主な原料は石灰石(ア…×)，プラスチックの主な原料は石油(ウ…×)である。足尾や別子は銅の産地として知られる(エ…×)。

問2　愛知県は，製造品出荷額等が全国第1位であるほか，日本を代表する自動車会社とその関連企業《きぎょう》が多いことから，輸送用機械器具の生産額が全国第1位となっている(ア…○)。

問3　九谷焼は石川県(北陸地方)を代表する陶磁器《とうじき》で，1975年に国の伝統的工芸品に指定された。江戸時代初めに佐賀県有田の技術を導入してつくり始められ，一時衰退《すいたい》したものの，19世紀初めに再興した(イ…○)。なお，アの因州和紙は鳥取県(中国地方)，ウの熊野筆は広島県(中国地方)，エの南部鉄器は岩手県(東北地方)の伝統的工芸品である。

問4　2018年7月23日，埼玉県熊谷市で41.1度を観測し，2013年に高知県四万十市で記録された

41.0度の国内最高気温を更新《こうしん》した。また，2020年８月17日，広く高気圧におおわれた日本は記録的な暑さとなり，静岡県浜松市でこれに並ぶ41.1度を観測した。

問５　石狩《いしかり》川は，北海道の中央に位置する大雪山系の石狩岳《だけ》にその源を発し，上川盆地《ぼんち》や石狩平野を流れ，多くの支流をあわせて石狩市で日本海に注ぐ(エ…×)。なお，アの木曽《きそ》川は岐阜県と愛知県，愛知県と三重県，イの熊野川は和歌山県と三重県，ウの多摩《たま》川は東京都と神奈川県の境界となっている。

問６　田沢湖(秋田県)は，火山が噴火《ふんか》してできたくぼ地に水がたまってできたカルデラ湖と考えられている湖で，淡水《たんすい》湖である(イ…○)。なお，アのサロマ湖(北海道)とウの中海(島根県・鳥取県)は，湾の入り口が土砂の堆積《たいせき》によってふさがれてできた潟湖《せきこ》で，いずれも汽水湖である。エの浜名湖は淡水化した潟湖であったが，15世紀末に起きた地震《じしん》により外海(遠州灘《なだ》)と通じて汽水湖となった。

問７　コンテナは，大きな輸送用の容器で，物をばらばらで運ぶ場合には積み下ろしに相当の時間がかかったりするため，これに入れて運び，クレーンリフトで積み下ろしをして効率的に輸送している。海上コンテナは，国際標準化機構によって，寸法・強度・外形などが定められている。

問８　ほたて貝は，日本近海ではサロマ湖(北海道)，内浦湾(北海道)，陸奥《むつ》湾(青森県)で主に養《よう》殖《しょく》され，北海道と青森県で全国の９割以上の収獲《しゅうかく》量を占《し》めている(2021年)(ウ…○)。なお，かきの養殖量は広島県，宮城県の順に多い(2021年)(ア…×)。放流して成長したものをとるのは栽培《さいばい》漁業(イ…×)，親潮は寒流，黒潮は暖流である(エ…×)。

問９　納豆《なっとう》，みそ，きなこの原料は大豆で，大豆の生産量は北海道と宮城県で全国生産量の半分ほどを占める(2022年)(ウ…○)。なお，アはかんしょ(さつまいも)，イはレタス，エはキャベツの生産量の都道府県別の内訳である。

問10　びわの生産量は，第１位が長崎県，第２位が千葉県，第３位が鹿児島県である(2022年)(ウ…×)。

問11　屋久島には樹齢数千年の「縄文杉」をはじめとするスギの原生林が広がっており，1993年にユネスコ(国連教育科学文化機関)の世界自然遺産として登録された(イ…○)。なお，白神山地は青森県と秋田県にまたがって位置している(ア…×)。長野県の木曽地方はヒノキの産地(ウ…×)，奈良県の吉野地方はスギの産地である(エ…×)。

問12　鹿児島県は，ぶたの飼育数が第１位，肉用牛とにわとり(肉用)の飼育数が第２位であるのでＢ，宮崎県は，にわとり(肉用)の飼育数が第１位，ぶたの飼育数が第２位，肉用牛の飼育数が第３位であるので，Ｃとなる。なお，Ａは北海道，Ｄは熊本県，Ｅは岩手県，Ｆは青森県，Ｇは群馬県，Ｈは千葉県(2019年)。

問13　日本の高齢化率は28.4％であるが，沖縄県は高齢者の割合が22.2％で最も低く，次いで東京都が23.1％で低い(2019年)(イ…○)。なお，国土全体の約73％は山地である(ア…×)。日本の総人口の減少は2011年から続いている(ウ…×)。都心回帰現象により都心部の地価が上昇《じょうしょう》している(エ…×)。

問14　秋田新幹線は，東北新幹線の盛岡駅から分かれ，在来線を利用して秋田駅まで走る新幹線で，1997年に開業した。また，竿燈《かんとう》まつりは秋田県で毎年８月に開催《かいさい》される祭りである。秋田市は日本海側の気候であるため，冬の降水量が多く，１月の平均気温は約０℃と低い(ア…○)。なお，イは夏の降水量が多いことから仙台(宮城県)，ウは冬の平均気温が０度を下回るほど低いことから札幌(北海道)，エは冬の降水量が特に多いことから金沢(石川県)の雨温図である。

問15　高知平野を流れ土佐湾(太平洋)に注ぐのは仁淀《によど》川などで，四万十川は，不入《いらず》山を源流とし，高知県内を中部から南西部に大きく蛇行《だこう》しながら進み，土佐湾に注ぐ(ウ…×)。

問16　神戸市は兵庫県の県庁所在地で，人口約151万人(2023年)を有し，大阪湾(瀬戸内海)に面している。古くから港町として発展し，幕末に開港されると，国際貿易港として最新の設備を備えた世界有数の港に発展した。

問17　唐子踊《からこおどり》は，岡山県瀬戸内市牛窓紺浦《こんのうら》地区に伝わる伝統芸能で，異国情緒《じょうちょ》を感じさせる朝鮮風の衣装を着た２人の男の子がカンコ(小太鼓《だいこ》)や横笛に合わせて踊《おど》る(エ…○)。なお，ア〜ウの祭りが行われる地域はいずれも朝鮮通信使が通ったルート上に位置しない。

2　醤油《しょうゆ》に関する調査記録を題材とした歴史の問題

問１　江戸時代には鎖国政策がとられていたため，洋書の輸入は禁止されていたが，1720年に第８代将軍徳川吉宗は，キリスト教に関係のないヨーロッパの書物を，鎖国後も貿易を続けていたオランダから輸入することを認めた(ウ…×)。なお，アとイは1615年，エは17世紀前半のことである。

問２　1910年，天皇の暗殺を計画したという理由で社会主義者たちが捕らえられ，翌11年に幸徳秋水などが死刑《しけい》となる大逆事件が起こった(ア…○)。なお，イの日英同盟の成立は1902年，ウの下関条約の締結《ていけつ》とエの三国干渉《かんしょう》は1895年に起きた出来事である。

問３　(1)　承平《じょうへい》・天慶《てんぎょう》の乱が起こった10世紀前半ごろ，摂政《せっしょう》・関白の地位は藤原氏が独占《どくせん》し，「他の貴族たち」は摂政・関白にはなっていなかった(ウ…×)。　(2)　江戸川は，千葉県野田市と茨城県五霞《ごか》町の境界付近で利根川から分かれ，茨城県，千葉県，埼玉県，東京都の境を南に流れて東京湾に注ぐ(ウ…○)。　(3)　野田は常陸《ひたち》(茨城県)，下総《しもうさ》(千葉県北部，茨城県の一部)，武蔵《むさし》(埼玉県，東京都，神奈川県の一部)の国境が接する地であるが，上野《こうずけ》(群馬県)には接していない(イ…×)。

問４　出汁《だし》として，関西では主に昆布《こんぶ》が使われていたのに対し，関東では主に鰹節《かつおぶし》が使われていた(ウ…×)。

問５　Ａは８月９日(長崎に原子爆弾が投下される)，Ｂは８月６日(広島に原子爆弾が投下される)，Ｃは８月８日(ソ連が日本に宣戦を布告する)，Ｄは７月(ポツダム宣言が発表される)のことなので，月日の古い順に，Ｄ→Ｂ→Ｃ→Ａとなる。

問６　奈良時代に人口が増加して国から与《あた》える口分田が不足したため，聖武天皇は743年に墾田《こんでん》永年私財法を制定し，新たな土地を切り開いた場合には，永久に個人の財産として所有することを認めた(ウ…○)。なお，憲法十七条，大宝律令は飛鳥時代に出された(ア，イ…×)。徳政令はある期間の売買や貸し借りを無効にする法令で，鎌倉〜室町時代に出された(エ…×)。

問７　北関東では，冬にシベリアから日本海を越《こ》えて吹《ふ》いてくる冷たい北西の季節風が，日本海側に雪を降らせて水蒸気を減らすことで乾《かわ》いた風となり，山を越えて吹きおろすため，家屋の北側や北西側に生垣《いけがき》や防風林が植えられている(エ…○)。

問８　紀伊国は，現在の和歌山県と三重県南部をさす旧国名である。

問９　1854年に安政南海地震が発生し，夜の暗やみの中で辺りが混乱していたとき，濱口儀兵衛《はまぐちぎへえ》(梧陵《ごりょう》)は，津波の到来《とうらい》から村人を守るため，丘にある自分の田のいなむらに火をつけた。これにより，逃げ遅れた村人が火を目指して丘に登ることができ，命が救われた。この出来事をもとに「いなむらの火」という物語が生まれ，戦時中から戦後にかけて使われていた国定教科書に，教訓を伝える教材として掲載《けいさい》された。

問10　徳川家康は1603年に江戸に幕府を開くと，水上交通網《もう》の整備や江戸湾に注ぐ利根川の水害対策を目的として，利根川が銚子《ちょうし》へ流れるようにする改修工事を命じた(利根川東遷《とうせん》)。

問11　江戸時代に九十九里浜ではいわし漁がさかんになり，いわしは干して干鰯《ほしか》という肥料にされた。

問12　1872年，お雇《やと》い外国人としてイギリスから招かれた鉄道技師エドモンド・モレルの指導によって，日本に初めて鉄道が開通した。蒸気機関車が新橋―横浜間の29kmを約50分間で走り，1日9往復した。

問13　渋沢栄一は，1873年に日本初の近代的銀行となる第一国立銀行，1882年にイギリスの紡績《ぼうせき》機械を採用した大阪紡績会社を創立したほか，多くの企業の設立や育成にも関わり，「日本資本主義の父」と呼ばれた。

問14　栄西は，1168年と1187年に宋(中国)にわたって禅宗《ぜんしゅう》を学び，師と問答することを重視し，座禅《ざぜん》によってさとりを開こうとする臨済《りんざい》宗を伝えた。また，中国から茶をもたらした僧《そう》としても知られる。

問15　ハタハタは秋田県の県魚で，塩魚汁《しょっつる》は秋田県でつくられる魚醤《ぎょしょう》である。また，きりたんぽは炊《た》きたてのご飯をすりつぶし，秋田杉の串《くし》に巻きつけて焼いたもので，きりたんぽ鍋《なべ》は秋田県の郷土料理として知られる。

3　三権分立についての問題

問1　フランスの思想家であるモンテスキューは，18世紀に書いた『法の精神』の中で，法をつくる立法権，政治を行う行政権，法にもとづいて争いを解決する司法権に権力を分ける三権分立を主張し，アメリカ合衆国憲法やフランス人権宣言に影響《えいきょう》を与えた。

問2　日本国憲法第42条は，「国会は，衆議院及《およ》び参議院の両議院でこれを構成する」と定めており，国会の情報公開制度については，第57条で「両議院の会議は，公開とする」などと定めている(エ…×)。

問3　衆議院により強い権限が認められている制度を衆議院の優越《ゆうえつ》といい，法律案の再議決，予算の議決，条約の承認，内閣総理大臣の指名，予算の先議権，内閣不信任の決議などについて優越が認められているが，参議院には衆議院に優越する権限はない(ウ…×)。

問4　衆議院の定数は465名で，1選挙区から1名が選ばれる小選挙区制で289名，全国を11ブロックに分けて行われる比例代表制で176名が選ばれる。また，衆議院議員の任期は4年で，任期途中《とちゅう》で解散が行われることもある。

問5　ラムサール条約(特に水鳥の生息地として国際的に重要な湿地《しっち》に関する条約)は，1971年に採択《さいたく》された条約で，加盟する国は重要な湿地を指定し，保全と適正利用を促進《そくしん》するための計画を作成して実施することとされている(ア…○)。

問6　岸田文雄《ふみお》は，東京都出身の衆議院議員で，2021年9月に第27代自由民主党(自民党)総裁に選ばれ，10月4日に内閣総理大臣に就任し，現在に至っている(エ…○)。なお，アは菅直人《かんなおと》，イは福《ふく》田康夫《だやすお》，ウは安倍晋三《あべしんぞう》である。

問７　地方裁判所は，北海道に４か所，都府県に各１か所の計50か所，家庭裁判所と同じ場所に設置されているが，簡易裁判所は全国438か所に設置されている(イ…×)。なお，高等裁判所の本庁は札幌・仙台・東京・名古屋・大阪・広島・高松・福岡の８か所に設置されている。

問８　重大な過《あやま》ちをおかした裁判官や身分にふさわしくない行為をした裁判官について，国会が辞めさせるかどうかを判断する裁判を弾劾《だんがい》裁判といい，衆議院・参議院それぞれから選ばれた７人ずつの国会議員が裁判員を務める(ウ…○)。

問９　裁判員制度は，殺人や強盗致死傷《ごうとうちししょう》など重大な刑事事件について審議《しんぎ》する裁判の第一審に，事件ごとに抽選《ちゅうせん》で選ばれた国民が裁判員として参加する仕組みである。裁判では原則として３人の裁判官と６人の裁判員が話し合って有罪か無罪かを判断し，有罪の場合には刑の重さを決める。

問10　それぞれの裁判所には，法律や行政処分などが憲法に違反《いはん》していないかどうかを審査する違憲立法審査権があり，最高裁判所はその最終的な判断を下す決定権を持っているため，「憲法の番人」と呼ばれる。

問11　AI(人工知能)は，記憶・判断・推論など，人間の知能の働きをコンピュータに行わせる技術で，自ら物事を学習するものもある。

問12　参議院も衆議院と同様，国民の代表として定数の定められた議員によって構成される。定数は248名で，都道府県単位が原則の選挙区制で148名，全国を１つの単位とした比例代表制で100名が選ばれる(A…×)。

理　科　＜第２回試験＞（40分）＜満点：75点＞

解　答

[1] (1)　イ　(2)　62秒　(3)　９倍　(4)　エ　(5)　(例)　ふりこに空気ていこうがはたらいたり，支点にまさつ力がはたらいたりするから。　(6)　①　1.6秒　②　ア　[2] (1)　ア，エ　(2)　イ，カ　(3)　ウ，オ　(4)　ア，ウ　(5)　イ，ウ，キ　(6)　**A**　イ　**B**　ウ　**C**　ア　(7)　**A**　ウ，オ　**C**　イ，エ　[3] (1)　ほう和　(2)　３　(3)　６　(4)　0.2　(5)　①　51 g　②　ア，ウ　(6)　イ，オ　[4] (1)　ア，カ　(2)　エ　(3)　**1**　公転　**2**　自転　(4)　ア　(5)　エ　(6)　尾　(7)　**1**　$\frac{72}{73}$　**2**　$\frac{72}{241}$　**3**　524

解　説

[1] ふりこについての問題

(1)　①　一般《いっぱん》に，ふりこのふれはばを角度で表す場合は，おもりが最大にふれたときの，支点の真下からの角度をふれはばとする。　②　ふりこの１往復の時間は，おもりが同じ場所を次に同じ方向に通過するまでにかかる時間のことである。

(2)　表より，ふりこが20往復する時間は，おもりの材質やおもりの重さ，ふれはばを変えてもほとんど変化しないが，ふりこの長さを変えると大きく変わる。長さが15cmのふりこが20往復する時間は，(15.4＋15.6＋15.5＋15.6)÷４＝15.525より，約15.5秒，長さが60cmのふりこが20往復する時間は，(30.9＋31.1＋31.0)÷３＝31.0(秒)となる。このことから，ふりこの長さが，60÷15＝４(倍)になると，ふりこが20往復する時間は，31.0÷15.5＝２(倍)になることがわかる。以上のことから，

240cmは60cmの，240÷60＝４(倍)なので，長さ240cmのふりこが20往復する時間は，長さ60cmのふりこの２倍の，31×２＝62(秒)になる。

⑶　ふりこの長さを４(＝２×２)倍にすると，ふりこが20往復する時間は２倍になるので，ふりこが20往復する時間を３倍にするには，ふりこの長さを，３×３＝９(倍)にすればよいと考えられる。

⑷　ふりこの長さとは，糸をつるす支点からおもりの中心(重心)までの距離《きょり》のことである。図３のように，もとのおもりの下側に，さらにおもりをつるすと，おもり全体の中心は２つのおもりの間の部分となり，ふりこの長さが60cmよりも長くなるので，ふりこが20往復する時間は長くなる。

⑸　実際にふれているふりこには，おもりや糸に空気ていこうがはたらいたり，糸をとりつけている支点にまさつ力がはたらいたりする。これらの力は，運動をさまたげる向きにはたらくため，ふりこはやがて止まる。

⑹　①　電磁石に電流を流すと，鉄のおもりが引きつけられて持ち上げられ，ふれはばが小さくなるのを防ぐことができる。ふりこの長さが60cmのふりこが１往復する時間は，31.0÷20＝1.55より，1.6秒なので，おもりはＡ点を矢印の向きに1.6秒に１回通過する。したがって，電磁石に1.6秒ごとに電流を流せばよい。　②　鉄は電磁石のＮ極，Ｓ極のどちらにも同じように引きつけられるので，電磁石の向きを逆にしても，鉄のおもりが引きつけられる力の大きさと向きは変わらない。よって，電磁石のＮ極をおもりに向けているときと同様に，おもりがＡ点を矢印の向きに通過したときに電流を流せばよい。

2　水を通す膜《まく》についての問題

⑴　実験１で，ビーカーに水，セロハン袋《ぶくろ》内に25％食塩水を入れたとき，セロハン袋がふくらみ，セロハン袋内の食塩水の濃度《のうど》が25％よりうすくなったことから，ビーカーの水がセロハン袋へ移動したと考えられる。また，ビーカーに25％食塩水，セロハン袋内に水を入れた場合は，セロハン袋がしぼんだあともセロハン袋内には水しかないので，セロハン袋内の水が，ビーカーの食塩水へと移動したとわかる。つまり，水だけがセロハン膜を通り抜《ぬ》け，食塩は通り抜けないとわかる。

⑵　⑴より，セロハン膜を，水は通り抜けるが，水に溶《と》けている食塩は通り抜けないので，カは正しい。さらに，実験２の結果をみると，ビーカーに25％食塩水，セロハン袋内に15％食塩水を入れたとき，セロハン袋がしぼみ，セロハン袋内の食塩水の濃度が15％より濃《こ》くなっているので，食塩水に含《ふく》まれている水は，15％食塩水から25％食塩水へと移動したことがわかる。ビーカーに15％食塩水，セロハン袋内に25％食塩水を入れたときも同じように，15％食塩水から25％食塩水へ水だけが移動していて，ビーカー，セロハン袋ともに15％食塩水を入れた場合はどちらの濃度も変わっていないため，水はセロハン膜を，濃度のうすい方から濃い方へと通り抜けるといえるので，イも正しい。

⑶　実験３の結果から，砂糖水と水の組み合わせの場合も水はセロハン膜を通り抜けるが，水に溶けた砂糖はセロハン膜を通り抜けないことがわかる。ナメクジに食塩をかけるとしぼむのは，ナメクジの細胞《さいぼう》膜の中から，食塩のある体外へ水が移動するためで，これは，砂糖をかけても同様の結果になる。したがって，ウとオが正しい。なお，食塩や砂糖，ナメクジの体内に溶けている物質は，ナメクジの細胞膜を通らないので，アとイは正しくない。

⑷　ハマグリやアサリのような貝のなかまや，タコ，イカ，マイマイ(カタツムリ)などは，軟体《なんたい》動

物にあてはまる。なお，クラゲは刺胞《しほう》動物，ミミズは環形《かんけい》動物，ウニは棘皮《きょくひ》動物，カニは節足《せっそく》動物の甲殻《こうかく》類に分類される。

⑸　塩分濃度は，淡水《たんすい》がほぼ０％，海水魚と淡水魚の体液が約１％，海水が約3.5％なので，水は，淡水から淡水魚の体液へ，海水魚の体液から海水へと移動する。また，淡水魚，海水魚ともに，体液の塩分濃度を調節して約１％に保つしくみがあると考えられる。これらのことから，海水魚は体内から水が奪《うば》われるので，アは誤りで，イが正しい。淡水魚は体内に水が入ってくるので，ウが正しく，エは正しくない。体内から水が奪われる海水魚は，体内の塩分濃度が高くなるので，海水から塩分を取り込《こ》むことはなく，オとカはともに誤り。体内へ水が入り込んでくる淡水魚は，体内の塩分濃度が低くなるので，水中の塩分を取り込むことで体液の塩分濃度を高くすると考えられるため，キは正しい。

⑹　**A**　図２より，魚Ａは外液の塩分濃度が低いときは体液の塩分濃度がほぼ一定に保たれていて，外液の塩分濃度が高くなると，体液の塩分濃度が外液と同じになることから，外液の塩分濃度が低いときには体液の塩分濃度を調節できるが，外液の塩分濃度が高いときには体液の塩分濃度を調節できないといえる。　**B**　魚Ｂは，外液の塩分濃度が低いときは，体液の塩分濃度が外液と同じになっているが，外液の塩分濃度が高くなると体液の塩分濃度がほぼ一定に保たれる。したがって，外液の塩分濃度が低いときには塩分濃度を調節できないが，外液の塩分濃度が高いときには体液の塩分濃度を低くおさえることができるとわかる。　**C**　魚Ｃは，外液の塩分濃度が高いときも低いときも体液の塩分濃度がほぼ一定に保たれることから，外液の塩分濃度が広い範囲《はんい》にわたって変化しても，体液の塩分濃度を調節することができるといえる。

⑺　魚Ａは，外液の塩分濃度が低いときには体液の塩分濃度を調節できるが，外液の塩分濃度が高いと調節できないので，淡水の川でのみ生活できる，コイやイワナがあてはまる。また，魚Ｃは，外液の塩分濃度が広い範囲にわたって変化しても体液の塩分濃度を調節するしくみがあることから，海でも川でも生活できる，サケやウナギが適当である。なお，イワシは海のみで生活する魚なので，魚Ｂの具体例となる。

３　ものの溶け方についての問題

⑴　ある温度で，物質を液体に溶けるだけ溶かしたときの溶液《ようえき》を，ほう和溶液という。

⑵　１Ｌの水の重さは１kgなので，運動中に飲んだ水の重さは１kgである。よって，８月８日の運動でかいた汗《あせ》は，60＋１－59＝２(kg)とわかる。飲む必要がある水の重さは，運動中にかいた汗の1.5倍なので，２×1.5＝３(kg)，つまり，３÷１＝３(Ｌ)となる。

⑶　８月８日の運動中にかいた汗は２kgなので，汗の塩分濃度を0.3％とすると，汗に含まれていた塩分の重さは，２×0.003×1000＝６(ｇ)と求められる。

⑷　１Ｌの飲料の重さは１kgなので，３Ｌの飲料の重さは３kg＝3000ｇである。３Ｌの飲料から６ｇの塩分をとるためには，飲料の塩分の濃度を，６÷3000×100＝0.2(％)にすればよい。

⑸　①　40℃の水50ｇに溶ける物質Ｘの重さは，$40\times\frac{50}{100}=20$(ｇ)である。40℃に冷やしたときに出てきた結晶《けっしょう》の重さが5.5ｇなので，80℃の水50ｇに溶けるだけ溶かしたときの物質Ｘの重さは，20＋5.5＝25.5(ｇ)とわかる。このことから，80℃の水100ｇに溶ける物質Ｘの重さは，$25.5\times\frac{100}{50}=51$(ｇ)と求められる。　②　常温で固体である物質を水に溶かした水溶液はふつう，水を蒸発させたときに結晶が出る。したがって，アとウを選ぶことができる。なお，炭酸水は気体の二酸化炭

素，塩酸は気体の塩化水素，エタノール水溶液は液体のエタノールが水に溶けたものである。

⑹　酸性のうすい塩酸は，BTB液の色を黄色に変化させるが，赤色リトマス紙の色は変えないので，アは誤りで，オは正しい。アルカリ性のうすい水酸化ナトリウム水溶液はフェノールフタレインを赤色に変化させるので，イは正しい。塩酸に溶ける金属のうち，鉄などは水酸化ナトリウム水溶液には溶けないので，ウは正しくない。金属がうすい酸性の水溶液に溶けたとき，多くの場合水素が発生するので，エも正しくない。

４　月や星の見え方についての問題

⑴　８月頃《ごろ》に見られるペルセウス座流星群，１月頃のしぶんぎ座流星群，12月頃のふたご座流星群は，ほぼ安定して毎年多くの流星が出現することから，三大流星群とよばれる。

⑵　図１に示された月のうち，オは真夜中頃，ウは夜明け頃に東の地平線から昇《のぼ》る。よって，夜半過ぎから明け方の時間帯に昇ってくるのは，ウとオの間のエが適当である。

⑶　月は，公転周期，自転周期ともに約27.3日で，公転，自転ともに同じ方向に回っているので，常に同じ面を地球にむけている。そのため，地球から月の裏側を見ることはできない。

⑷　右の図ｉのように，流星の尾《お》を天球上にえがくと，放射点近くの流星の尾は短く，放射点から遠い流星の尾は長くなる。したがって，流星アの尾が最も長く見える。

図ｉ

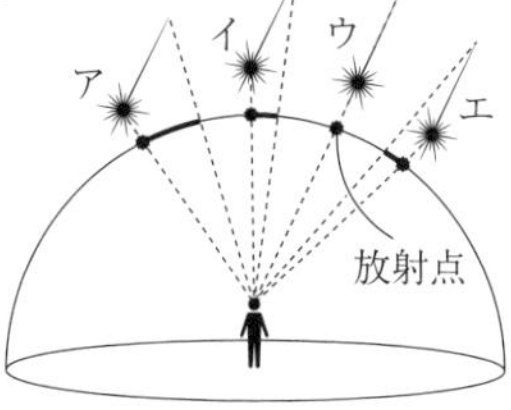

⑸　北斗七星《ほくとしちせい》とカシオペヤ座は，北極星を中心として，反時計回りに回っているように見える。その位置関係は右下の図ⅱのようになっていて，この地域でカシオペヤ座が北東の空に見えるとき，北斗七星は地平線より低い位置にあるので見えない。したがって，ア～ウのいずれも正しくない。

図ⅱ

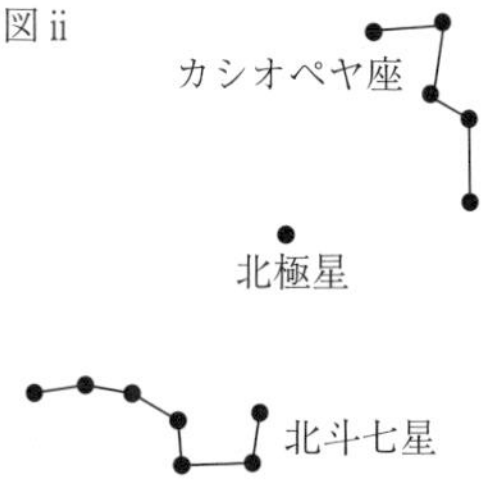

⑹　図５のすい星の核《かく》は，水や岩石の破片などからできていて，太陽から遠いところではこおっている。これが太陽に近づくと蒸発して，ガスやちりとなった部分がコマである。さらに，太陽の影響《えいきょう》を受けて，太陽と反対方向にのびたものが尾であり，尾となったちりの一部は，すい星の軌道《きどう》に残る。決まった時期に見られる流星群は，すい星の軌道を通過した地球の大気に，すい星の尾に含まれていたちりがつぎつぎと衝突《しょうとつ》することで見られる。

⑺　**１**　地球は365日かけて太陽の周りを360度回転するので，１日当たりに移動する角度は，$\frac{360}{365}=\frac{72}{73}$(度)である。　**２**　エンケすい星は1205日かけて太陽の周りを360度回転するから，移動する角度は１日当たり，$\frac{360}{1205}=\frac{72}{241}$(度)とわかる。　**３**　地球とエンケすい星が１日当たりに離《はな》れていく角度は，$\frac{72}{73}-\frac{72}{241}=\frac{12096}{17593}$(度)なので，この角度が360度となり，再び太陽，地球，エンケすい星が図６の順に一直線に並ぶのは，$360\div\frac{12096}{17593}=523.6\cdots$より，524日後である。

国　語　＜第２回試験＞（50分）＜満点：100点＞

解　答

一 ① むく　②～⑤ 下記を参照のこと。　二 **問１** **A** オ　**B** カ　**C** ウ　**問２** ウ　**問３** エ　**問４** ア　**問５** エ　**問６**（例）一部の金持ちや権力者は，政府や国家による介入を嫌っているにもかかわらず，自身が支持する市場を介した環境保全を実践するには，政府や国家を頼らざるを得ない点。　**問７** イ　三 **問１** **a** イ　**b** ア　**c** エ　**問２** ウ　**問３** イ　**問４** エ　**問５**（例）「無月」の駒が，鑑賞用のものとして仕舞いこまれるのではなく，指し手にのぞまれながら，将棋駒として使われてこそ意味があると感じたから。　**問６** ア　**問７** ウ

●漢字の書き取り

一 ② 逆　③ 景勝　④ 創造　⑤ 二階

解　説

一 漢字の読みと書き取り

① 音読みは「ホウ」で，「報告」などの熟語がある。　② 音読みは「ギャク」で，「逆転」などの熟語がある。訓読みはほかに「さか」がある。　③ 風景がすぐれているところ。　④ 新しいものを自身でつくり出すこと。　⑤「二階から目薬」は，思うようにならずもどかしいこと，あまりにも遠回しで効果が出ないことを表すことわざ。

二 出典：ヤニス・バルファキス著／関《せき》美《み》和《わ》訳『父が娘《むすめ》に語る美しく，深く，壮大《そうだい》で，とんでもなくわかりやすい経済の話。』。マス釣《つ》りの例などをあげつつ，人が地球の資源に対し責任を持つにはどうすればいいかを問いかけ，市場社会の論理が自然との調和を壊《こわ》す経緯《けいい》を説明する。

問１ **A** 100人の漁師全員が漁を１日１時間にするのは，持続的なマス釣りに適する方法だから，「合理」的である。　**B**「ひと握《にぎ》りの権力者たち」の政府に対する影響《えいきょう》力は「いまの世の中」ではかなり強いのだから，「決定」的である。　**C**「全員がテーブルを囲んで」話し合うのは，「民主」的なやり方である。

問２ ぼう線１をふくむ文の冒頭《ぼうとう》の「これこそ」は，直前の「マス」が釣れなくなる経緯を指している。漁師のコミュニティ全体で漁獲《ぎょかく》数に上限を設け，釣れたマスを全員で公平に分け合えば，継続《けいぞく》的にマスが釣れるが，市場社会の論理で利益競争に走ると，やがてマスは釣れなくなるのである。持続的に資源を利用できるやり方と，資源を使い尽《つ》くす市場社会の「愚《おろ》か」なあり方の両方を正しくとらえているのは，ウのみ。

問３「こうしたこと」とは，具体的には，個人の「利益追求」でマスという資源を釣り尽くすことを指す。この後，対照的に「自然」と「共生」するアボリジニの社会を例にあげて説明している。狩《か》りや漁ばかりでなく「自由な時間」を楽しみ，「自然と調和した暮らし」をしている。市場社会のように「個人の利益」を追求するより，自然と共生する「公共の利益」を大事にするのだから，エが合う。アとイは，「自然との共生」という要点をおさえていない。筆者は「利益追求が人間の自然な欲求だという前提」を否定的に見ているので，ウのように，私的な利益と公共の利益の両立を目指すというのは適切ではない。

問４　続いて，異なる立場の答えを二つあげている。土地を持たない労働者の場合，「集団的な所有権によってしか集団的な責任は生まれない」ので「地域か，組合か，国家を通して」管理すべきという答えである。土地を大量に所有するひと握りの金持ちの場合，「資源を利益に変えられる人」の所有物にすれば，所有者は利用者から「料金を徴収《ちょうしゅう》」し，「資源を守り，維持《いじ》する」という答えである。アが，この二つを正確にまとめている。労働者の意見に，土地を労働者に分け与《あた》えるという記述はないため，イは合わない。土地の所有者が「管理維持費」を支払《しはら》うというのは，金持ちの意見ではないため，ウも正しくない。労働者は，「地域か，組合か，国家を通して」管理すべきと述べており，金持ちの独占《どくせん》を打破するだけでは資源への責任につながらないため，エもふさわしくない。

問５　政府や企業《きぎょう》が支持する「自然の商品化」が，大気汚染《おせん》の対策としてすでに実践《じっせん》されている。具体的には，「炭素の排出《はいしゅつ》権」を与えることで，排出の多い企業は排出の少ない企業から，その権利を買うというものである。エが，この内容に合う。アとイは，政府が排出権を割り当てることを反映していない。ウには，「政府からの指導に基づいて炭素をあまり排出しない企業」とあるが，政府が企業に炭素を排出しないよう指導しているわけではない。

問６　「ここ」は，排出権の「割り当てより多く排出するためのコスト」を「政治家の恣意《しい》」ではなく「市場の需給《じゅきゅう》」に任すことを指す。金持ちや権力者が「市場の需給」に任せたいのは，市場での「所有権」を「政府」や「国家」の介入《かいにゅう》で失ったり，支配している市場を「民主化」されたりしたくないからである。しかし，排出権の「割り当て」といったおおもとのしくみは「政府」や「国家」しかつくれない。これを整理して「金持ちや権力者は市場を支配しており，それを国家や政府の介入で民主化されたくないが，炭素の排出権を売買する基本のしくみをつくれるのは国家や政府だけだという点」のような趣旨《しゅし》でまとめる。

問７　もちろん筆者は，金持ちや権力者による「地球」の私物化をよしとしていない。つまり，「彼《かれ》らにとっては最高じゃないか！」という賛辞は遠回しの非難なので，「皮肉を表現している」と説明するイがよい。

三　**出典：松浦寿輝《まつうらひさき》『無月《むげつ》の譜《ふ》』**。棋士《きし》になる夢をあきらめた小磯竜介《こいそりゅうすけ》（おれ）が，大叔父《おおおじ》の手になる一組の将棋駒《ごま》を探して海外を旅し，ニューヨークの将棋クラブで実物に対面した場面である。

問１　a　「放心状態」は，ぼうっとしている状態のこと。　b　「とりとめ」は，しまり，まとまりのこと。　c　「無用の長物」は，あっても役に立たないどころか，かえってじゃまになるもののこと。

問２　大叔父の将棋駒を将棋クラブのチャンさんが「どうぞお持ちください」と譲《ゆず》ってくれたとき，竜介は「機械的」に「有難《ありがと》うございます」とお礼を言った後，ただじゃ悪いか，お金を払うのは失礼か，などと考えている。そして「彼女《かのじょ》の厚意をとにかく有難く受け取っておけばいい」のに「つまらないこと」を考えたと自省したのだから，ウがよい。

問３　旅の「意義」は，大叔父の将棋駒にたどり着き，駒を譲ってもらえたことである。ただし，「嬉《うれ》しいは嬉しいに違《ちが》いない……」は，ためらいや疑問などのふくみを表す言い方なので，嬉しいけれどこれでいいのかという竜介の迷いが読み取れる。この後，日本に駒を持ち帰って知人たちに見せてあげたいと思い巡らしたあげく，竜介は「この駒はやはり，このクラブで使ってください」とチャンさんに申し出ている。つまり，竜介は，駒をもらうべきか迷っていたのだから，イがあてはまる。

問４　「居住まいを正す」は，“姿勢をきちんと直す，あらたまる”という意味。これは，「この駒はやはり，このクラブで使ってください」と言うときの竜介のようすである。すぐ前の駒の「謎《なぞ》めいた仄《ほの》かな輝《かがや》き」は，「思い出の品」として死蔵されるより，ここで子供たちに「使用されていたい」と望んでいる駒が「遊ぼうよ」と誘《さそ》う輝きである。そう「直感」して，どうすべきか決めた竜介の迷いのなさ，それを「真っ直《す》ぐ」伝えようとする率直《そっちょく》さ，駒を譲ると言ってくれたチャンさんへの感謝と敬意，「居住まいを正した」というのは，それらが現れた姿勢なのでエがよい。

問５　「駒の『魂《たましい》』」は，「鑑賞《かんしょう》用の工芸品」でも「死蔵される『思い出の品』」でもなく，道具として「ブルックリンの子供たちに使用されていたい」と願っていると，竜介は感じたのである。また，自分が日本に持ち帰ったら単なる「記念品」だが，駒は道具として使われてこそ「生きる」のだと思っている。これをもとに，「無月の駒は，工芸品として鑑賞されたり思い出の品として死蔵されたりするのではなく，使われてこそ将棋の駒として本領を発揮すると感じたから」のようにまとめる。

問６　次の段落に，古い「無月」の駒の魅力《みりょく》がある。「無月」の駒が「美しい」のは，摩耗《まもう》や劣化《れっか》のうちに半世紀以上の「『運命』の変転」が見え，その「歳月《さいげつ》の記憶《きおく》」の重みが感知されるからで，アがよい。

問７　問４，５で見たように，竜介は自分が納得《なっとく》できる決断を下しているので，そのすがすがしさを説明したウがよい。アのように「落ち込《こ》む」ようす，イのように「日本」と「異国」の夕暮れを比べるようす，エのように「さびしさ」を感じるようすはない。

Memo

Memo

2023年度 本郷中学校

【算　数】〈第１回試験〉（50分）〈満点：100点〉

注意　コンパス，分度器，定規，三角定規，計算機の使用は禁止します。かばんの中にしまって下さい。

1　次の□に当てはまる数を求めなさい。

(1)　$(\square-7)\times5\div\{9-(1+4\div6)\times3\}-2=8$

(2)　$\left(2.023+2\frac{89}{100}\right)\times\frac{50}{289}-\left(1.25-\frac{9}{10}\right)=\square$

2　次の問いに答えなさい。

(1)　右の図のような密閉《みっぺい》された三角柱の容器に水を入れ，水平な床《ゆか》に長方形の面が底面になるように置いたところ，水の深さは6cmになりました。

この容器の置き方を変えて三角形の面が底面になるようにします。このとき，水の深さは何cmになりますか。

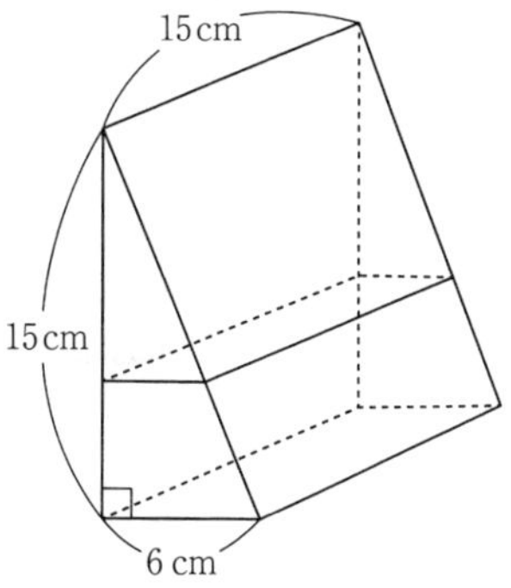

(2)　ある本を買った日に全体の$\frac{1}{3}$より5ページ多いページ数を読み，翌日には残りの$\frac{2}{3}$よりも11ページ少ないページ数を読んだところ，全体の$\frac{1}{4}$が残りました。この本は全部で何ページありますか。

(3)　2つの小学校A，Bで合計168人が算数のテストを受けました。小学校Aで受けた人の平均点は全体の平均点より1.5点高く，小学校Bで受けた人の平均点は全体の平均点より2.1点低かったです。小学校Aでテストを受けた人数は何人ですか。

(4)　右の図のように長さが与えられた長方形ABCDを頂点Bを中心とし90°回転させました。辺ADが通った部分の面積は何cm^2ですか。

ただし，円周率は3.14とします。

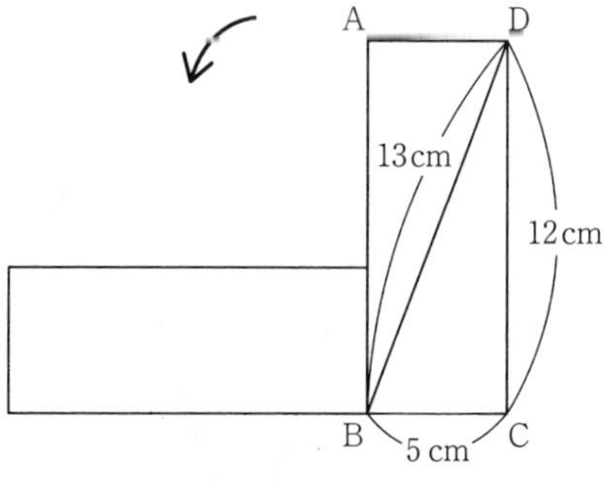

(5)　赤と青の電球があります。赤の電球は2秒間ついて1秒間消えることをくり返し，青の電球は3秒間ついて2秒間消えることをくり返します。赤と青の電球が同時についてから100秒間で赤と青の電球が両方ともついている時間は何秒間ですか。

(6)　高さ4.4mの電灯の真下に兄と弟がいます。まず弟が歩き始め，兄は弟が出発してから10秒後に弟と同じ方向に歩き始めます。兄と弟の歩く速さは同じで，兄と弟の身長はそれぞれ176cmと110cmです。2人の影《かげ》の長さが等しくなるのは，兄が出発してから何秒後ですか。

3　［図Ⅰ］の①のように壁《かべ》Ａから出発する点Ｐがあります。また，壁Ａから少し離《はな》れた所に壁Ｂがあり，壁Ｂは点Ｐが出発すると同時に，矢印の方向に毎分１ｍの速さで動き出します。②のように点Ｐは壁Ｂにぶつかると壁Ｂの動く速さだけ速さを落として，壁Ａに向かってはね返ります。さらに③のように壁Ａとぶつかると今度は速さを変えずに壁Ｂに向かってはね返ります。再び壁Ｂにぶつかると②と同じように速さを落としてはね返ります。このような運動をくり返します。

［図Ⅱ］は，点Ｐが出発してからの時間と点Ｐと壁Ｂの距離の関係を表したものです。このとき，後の問いに答えなさい。

［図Ⅰ］

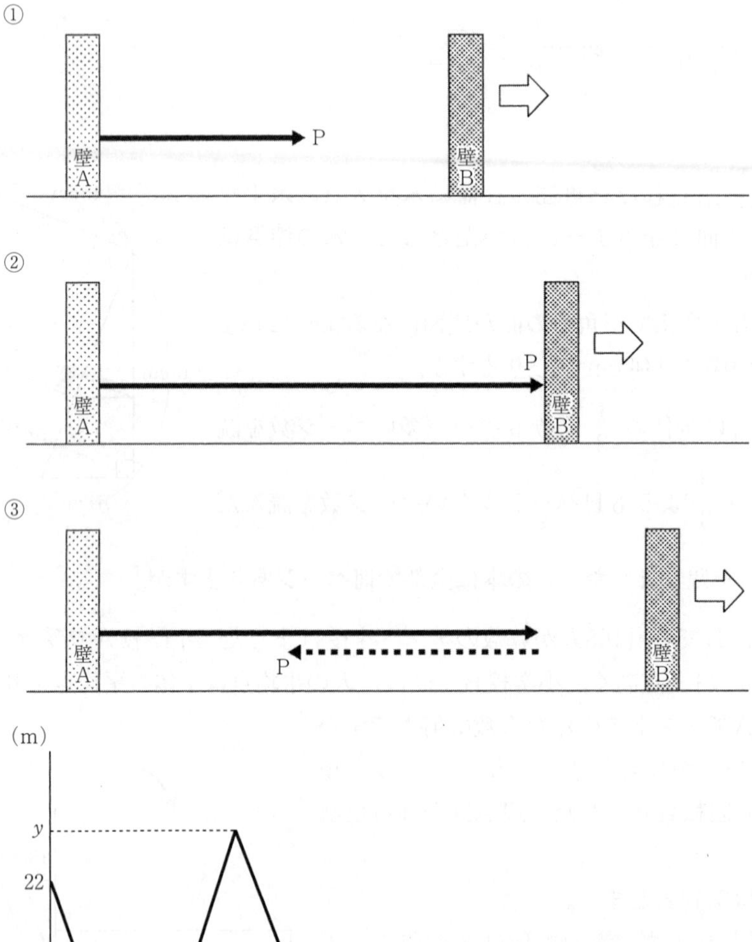

［図Ⅱ］

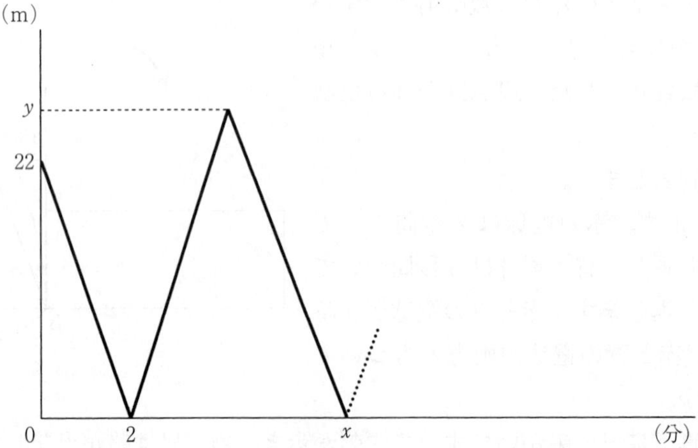

(1)　点Ｐが出発したときの速さは毎分何ｍですか。

(2)　［図Ⅱ］の y はいくつですか。

(3)　［図Ⅱ］の x はいくつですか。

4　Ａさんと B 先輩は本郷中学校の同じクラブの生徒です。
Ａさんが見つけてきた次の問題を，ふたりで相談しながら解いています。
次の(ア)，(イ)，(ウ)，(エ)，(オ)に当てはまる整数を答えなさい。

> **【問題】**
> ある数で19350を割ると７余り，14300を割ると３余ります。
> ある数のうちで最も大きい整数を求めなさい。

Ａさん：どこから手をつけたらいいのか，ちょっと迷いますね。
Ｂ先輩：とりあえず，考えやすい問題形式に言いかえてみようか。
Ａさん：ああ，なるほど。

> (ア)と(イ)はどちらも５けたの整数として考えると，
> (ア) [1][9][　][　][　] と(イ) [1][4][　][　][　] の<u>公約数のうちで最も大きい整数(最大公約数)</u>
> を求めなさい。

と言いかえられますね。
Ｂ先輩：上手い上手い。
Ａさん：でも，２つの数が大きくて公約数を見つけるのが大変そうですね。
Ｂ先輩：こういうときに役立つ，おもしろい考え方があるよ。
２つの数をもっと小さくした例で考えてみよう。
「104と39の最大公約数」はいくつかな？
Ａさん：う～ん。[　(ウ)　] ですよね。
Ｂ先輩：正解。実は，２つの数の最大公約数を楽に求めるのに役立つ「整数の性質」があるんだ。
104÷39＝２あまり26…①　が成り立つよね。
文字を使うと $a \div b = q$ あまり r　とあらわせるよね。

一般に，
> 「(割られる数 a)と(割る数 b)の最大公約数」は，
> 「(割る数 b)と(あまり r)の最大公約数」と同じになる。

…②

という性質があるんだよ。
Ａさん：へ～え，不思議ですね。でも，なぜそうなるんでしょうか。
Ｂ先輩：中学３年生になったら授業でも証明を確認できるよ。
まずは，②の性質をくり返し使って(ウ)を求めてみよう。
この［図Ⅰ］の線分図が何を意味しているのかわかるかな？

［図Ⅰ］

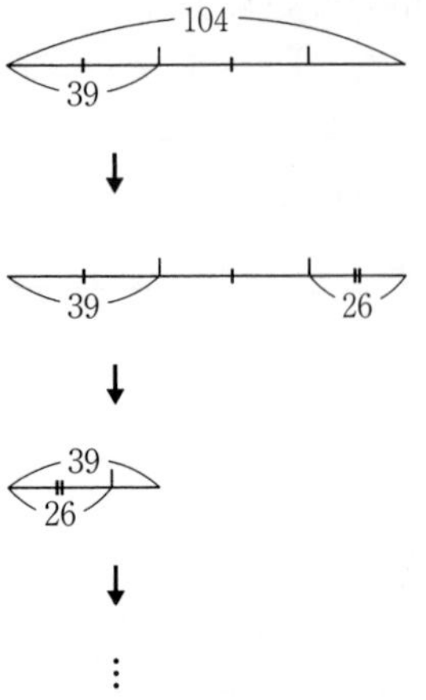

［図Ⅱ］

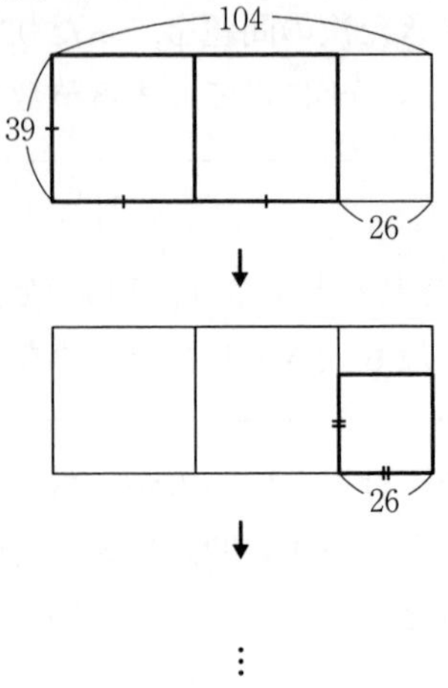

Ａさん：「104と39の関係」が「39と26という，より小さい数の関係」に変化していますね。これをくり返していくと，最後に(ウ)が求まるということですか…

Ｂ先輩：その通りだよ。ただ，どうなったらくり返し作業が完了したのかが少しわかりづらいよねえ。そこで，線分図を平面図にかきかえてみる。するとおもしろいことが起きるよ。

Ａさん：どのようにするんですか？

Ｂ先輩：まず，［図Ⅱ］のように，（割られる数104）を横，（割る数39）を縦とする長方形を用意する。すると，104÷39＝２あまり26…①　だから，何が起こるかな？

Ａさん：一辺の長さが39の正方形が２つ並んでその右に，縦39，横26の長方形が１つ残る。そうか，①の式の（割る数）が「正方形の一辺の長さ」として視覚化されるんだ！

Ｂ先輩：これをくり返していくと，どうなると思う？

Ａさん：あっ，(ウ)が求まりますね…

　つまり一辺の長さが(ウ)の正方形で，縦39，横104の長方形が埋めつくされることになるんですね。

Ｂ先輩：さてそれでは，最初の【問題】の答えを求めてみようか。

Ａさん：同じように考えて，(イ) 1 4 □□□ と(エ) 5 0 □□ の最大公約数を求めればいいんだ。同じことを，どんどんくり返していくと…

　（しばらくして）なるほど，［(オ)］が答えですね。

Ｂ先輩：そうだね。正解にたどりつけたね。

5　図のような１辺の長さが５cm の立方体 ABCD-EFGH があり，辺 DH を DQ：QH＝1：2 に分ける点を Q，辺 EH 上の真ん中の点を R とします。このとき，次の問いに答えなさい。

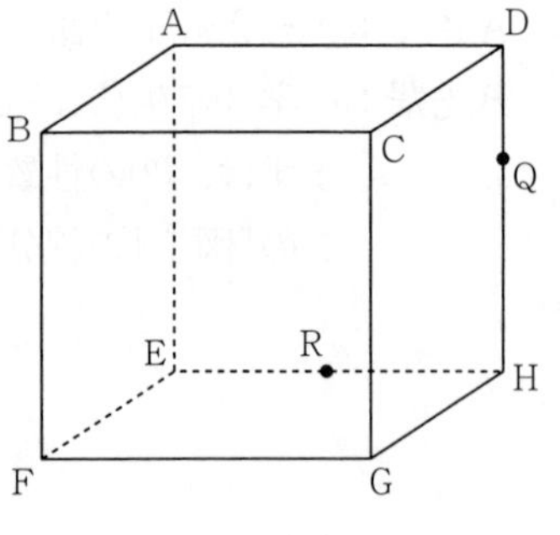

(1)　点Ｄ，Ｅ，Ｆを通る平面でこの立方体を切ったとき，頂点Ｇを含む方の立体をＫと呼ぶことにします。このとき立体Ｋの体積は何 cm^3 ですか。

(2)　点Ｆ，Ｑ，Ｒを通る平面で立方体 ABCD-EFGH を切ったとき，切り口の図形として最も適するものを(ア)～(ク)の中から選びなさい。

㈠　三角形　㈡　二等辺三角形　㈢　長方形　㈣　ひし形

㈤　五角形　㈥　六角形　㈦　正六角形　㈧　七角形

⑶　⑴で出来た立体Ｋを点Ｆ，Ｑ，Ｒを通る平面で切ったとき，頂点Ｇを含まない方の立体をＬと呼ぶことにします。このとき立体Ｌの体積は何 cm^3 ですか。

【社　会】〈第1回試験〉（40分）〈満点：75点〉

注意　解答に際して，用語・人物名・地名・国名などについて漢字で書くべき所は漢字で答えなさい。
なお，国名の表記は通称でかまいません。

〈編集部注：実物の入試問題では，**1** の地形図と写真，問6の図はカラー印刷です。〉

1　島原半島に関する次の文章と地形図を読み，下の問いに答えなさい。

島原半島は，「ユネスコ世界ジオパーク」に指定されています。①ジオパークは「大地の公園」を意味し，地質学的に重要な価値を持つ地域が認定されます。その地域内では，保存のために人間を完全に排除することはしません。自然と人間との共生，持続可能な開発，これらを総合的に実現させるため，可能な範囲で，地域住民と連携しつつ，研究・教育・地域振興・ジオツーリズム(地域の地質資源を保護しながら行う観光)などにジオサイト(大地のなりたちがわかる見どころ)を活用するのです。2004年からユネスコが後援する「世界ジオパーク」の認定が始まり，現在はユネスコの正式事業「ユネスコ世界ジオパーク」として認定が行われています。2022年4月現在，世界で46カ国177カ所，②日本からは9カ所が登録されています。

島原半島ユネスコ世界ジオパークは，島原半島全体がその認定地域であり，島原市・雲仙市・南島原市の三市にまたがります。テーマは「人と火山の共生」です。そのテーマの通り，ジオサイトには，地形や植物のほか，地形などを利用して作られた③城跡・④発電所・棚田といったものも含まれています。

島原半島ユネスコ世界ジオパークでは，半島の中心にある(　A　)岳を主峰とする雲仙火山，半島を囲む海，そこに住む人々，これらに関連する出来事―噴火とそれによる災害，そこからの復興など―について学ぶことができます。

雲仙火山の噴火と聞いてまず思いつくのは，1990年11月から約6年続いた「平成の大噴火」と呼ばれるものでしょう。この時は火口付近に溶岩が重なってできる高まり，溶岩ドームが成長しました。現在これは平成新山と呼ばれています。溶岩ドームが成長していく過程で，⑤その一部が崩壊して流出する現象が繰り返し発生しました。これにより大きな被害が出ました。

その前の大きな噴火は1792年までさかのぼります。この時には噴火にともなう地震で眉山《まゆやま》が崩壊しました。その土砂は島原の町を埋めた後，(　B　)海に流れ込むと(　⑥　)を引き起こして対岸を襲い，(　⑦　)国も被害を受けました。この一連の災害は「島原大変(　⑦　)迷惑」と呼ばれ，語り継がれています。

このように島原半島とその周辺の人々は，大きな災害に見舞われてきました。それでも懸命に復興を遂げ，さらに⑧その環境から独自の文化を形作りました。

問1　地形図に関する下の問いに答えなさい。

(1)　復興アリーナを中心とする地形図中Xの範囲は，地形図上で縦2cm，横1cmでした。Xの範囲の実際の面積を解答欄に合うように答えなさい。なお，縮尺は地形図から読み取りなさい。

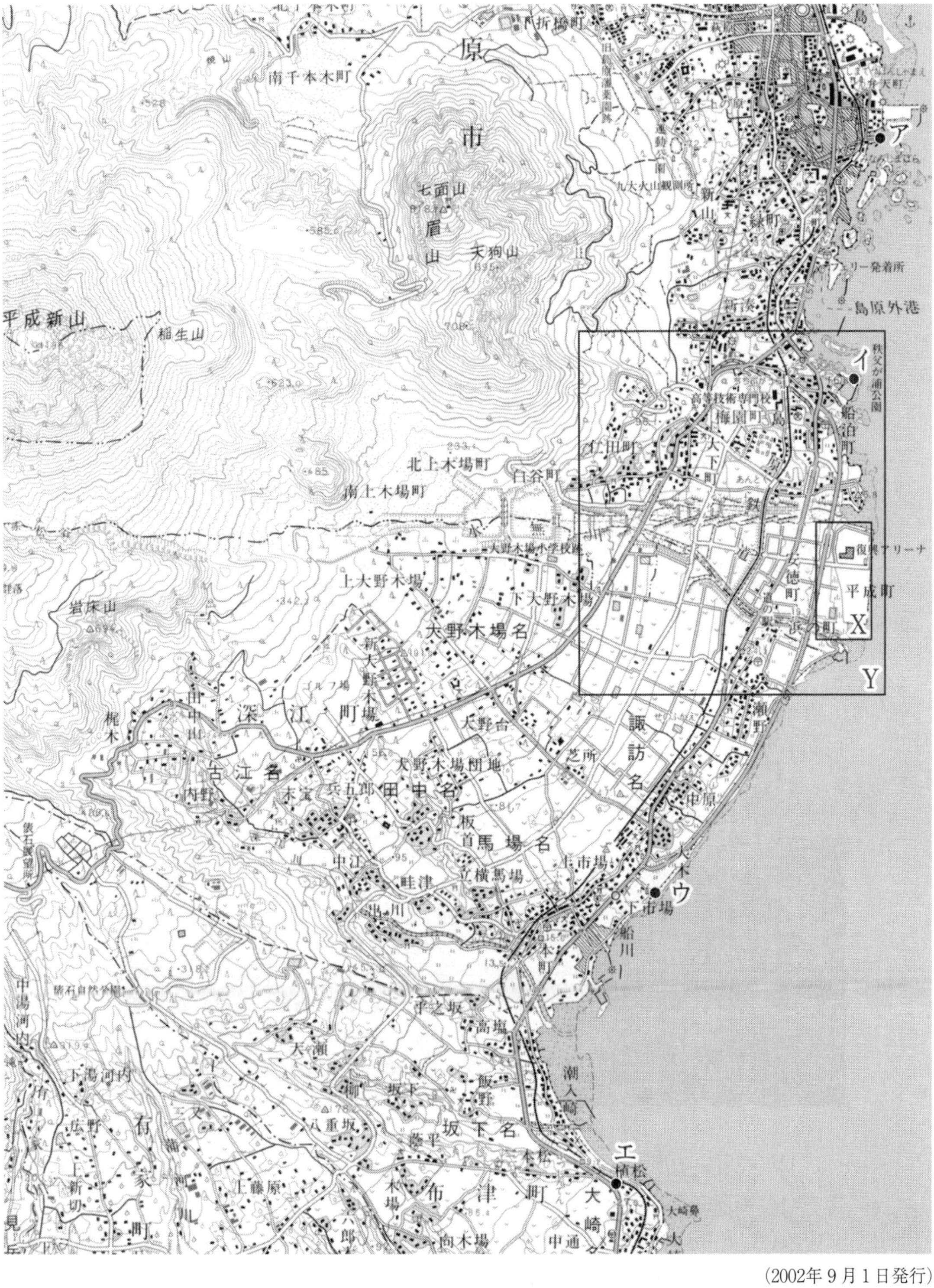

(2002年９月１日発行)

〈編集部注：編集上の都合により原図の90％に縮小してあります。〉

(2)　次の空中写真は，地形図中Ｙの範囲の1984年８月の様子を示しています。「平成の大噴火」の影響を大きく受けたと考えられる地点を，上の地形図を参考にしつつ，写真中の地点(あ)～(え)から１つ選び，記号で答えなさい。

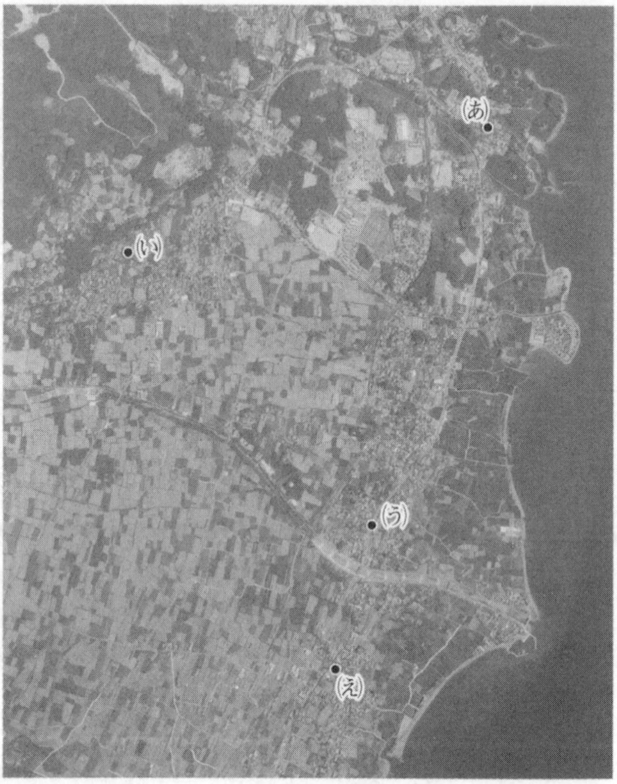

(国土地理院発行の空中写真より作成)

(3)　次の写真は，地形図中のどの位置から撮影したものと考えられますか。前のページの地形図中の地点ア～エから１つ選び，記号で答えなさい。

(2022年８月 作問者撮影)

(4)　1792年の眉山の崩壊により流出した土砂は，眉山からどの方角へ流れ下ったと考えられますか。４方位で答えなさい。

問２　文中の(Ａ)・(Ｂ)にあてはまる語句を答えなさい。
なお，(Ａ)は解答欄に合うように２字で答えなさい。

問３　下線部①について，ジオパークの保全に関する取り組みとして誤っているものを次の中から１つ選び，記号で答えなさい。

ア　ジオパーク内の貴重な地形・地質を守るために，ジオサイトの１つである浜辺の清掃活動を地域住民と協力して企画・実施した。

イ　教育・調査研究活動の一環として，地域の小・中学校への出前授業や小学生を対象とした夏休み体験学習会を企画・実施した。

ウ　ジオツーリズムでの町おこしのため，ジオサイトの１つである川の流れを一部改変して，バリアフリーな見学・体験施設を造成・建設した。

エ　ジオパーク発展のために，国内外や地域内の関係者から情報収集をして，それを「ジオパーク関連情報」としてSNS・webで発信した。

問４　下線部②に関連して，次の表は「ユネスコ世界ジオパーク」に登録されている日本国内の９カ所に関する情報を示しています。これに関して下の問いに答えなさい。

地域名	主な構成自治体名
洞爺湖有珠山	北海道伊達市など
アポイ岳	北海道 a 様似町
糸魚川	新潟県 b 糸魚川市
伊豆半島	静岡県下田市など
山陰海岸	Z
隠岐	島根県 c 隠岐の島町など
室戸	高知県 d 室戸市
島原半島	
阿蘇	熊本県高森町など

※島原半島の構成自治体は作問の都合により省略した。

⑴　表中Ｚの構成自治体として誤っているものを次の中から１つ選び，記号で答えなさい。

ア　京都府　　イ　鳥取県　　ウ　岡山県　　エ　島根県

⑵　次の雨温図は，上の表中下線部ａ～ｄのいずれかのものです。該当する自治体をａ～ｄから１つ選び，記号で答えなさい。

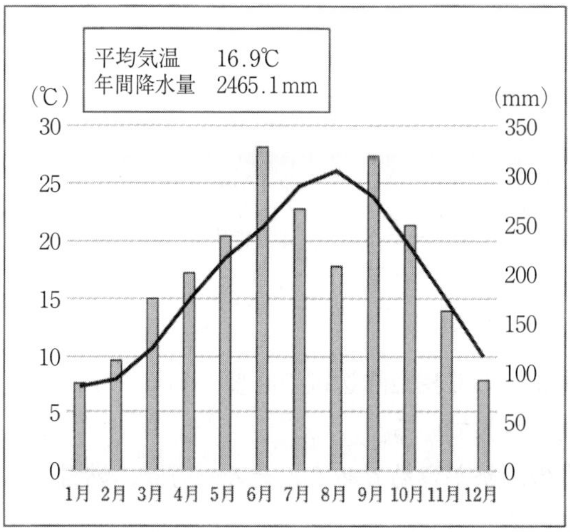

問５　下線部③に関連して，島原半島南部にある原城跡は，火山噴出物の堆積により形成された地形を利用して築城されたことからジオサイトの１つになっています。これに関して下の問いに答えなさい。

⑴　この火山噴出物は，活発な活動を繰り返してきた世界最大級の火山が大規模噴火した際

に海を越えて流出，堆積したものです。この火山として正しいものを次の中から１つ選び，記号で答えなさい。

ア　有珠山　　イ　桜島　　ウ　阿蘇山　　エ　箱根山

(2)　この原城跡は，ある出来事の舞台となりました。そして，これに関連して世界遺産の構成資産の１つとなりました。この世界遺産の登録名として正しいものを次の中から１つ選び，記号で答えなさい。

ア　「神宿る島」宗像・沖ノ島と関連遺産群

イ　紀伊山地の霊場と参詣道

ウ　平泉—仏国土(浄土)を表す建築・庭園及び考古学的遺跡群

エ　長崎と天草地方の潜伏キリシタン関連遺産

問６　下線部④に関連して，次の【図】は日本国内の発電所の分布図です。図中のマークａ～ｄは，水力・火力・原子力・地熱のいずれかの発電方式を，そして【説明文】１～４は各発電方式のいずれかの特徴を記したものです。マークと説明文の組み合わせとして正しいものを下のア～エから１つ選び，記号で答えなさい。

【図】

※火力は1500Mw以上，水力は100Mw以上，地熱は１Mw以上のものを示す。原子力は運転停止中を含む。エレクトリカル・ジャパン webサイト内の「発電所データベース」より作成。

【説明文】

1　需要に合わせた柔軟な発電が可能な一方で長距離送電の必要がある。また大規模な建設工事にともなう生態系の破壊が問題視されている。

2　大規模発電が可能で，また供給量の調整が容易である。その一方で，燃料の枯渇や発電にともなう大気汚染が問題視されている。

3　安定的に大量の電力を供給することができる。その一方で長距離送電が必要であり，かつ発電後の廃棄物の処理について難しい問題がある。

4　安定的な供給ができ，電力供給のベースとして利用される。一方で長距離送電の必要があり，建設の適地を探すことが難しいという問題点がある。

ア　マーク：a　説明文：4
イ　マーク：b　説明文：2
ウ　マーク：c　説明文：1
エ　マーク：d　説明文：3

問７　下線部⑤について，この現象を説明した文として正しいものを次の中から１つ選び，記号で答えなさい。
ア　火山灰，軽石などが高温の火山ガスとともに一気に流れ下る。
イ　数百メートル流出する間に冷えて土石流と呼ばれるものになる。
ウ　溶岩ドームの崩落により噴火の一切の現象が終了する。
エ　火山ガスの流出で，周囲が焼き尽くされた後，深い谷が形成される。

問８　文中の(⑥)に入る語句として正しいものを次の中から１つ選び，記号で答えなさい。
ア　高潮　　イ　洪水
ウ　赤潮　　エ　津波

問９　文中の(⑦)にあてはまる旧国名として正しいものを次の中から１つ選び，記号で答えなさい。
ア　筑前　　イ　肥前
ウ　肥後　　エ　薩摩

問10　下線部⑧に関連して，次の写真と説明文は島原の特産「ろくべえ」に関するものです。説明文中の空欄にあてはまる食材を下の中から１つ選び，記号で答えなさい。

(農林水産省 web サイトより引用)

「ろくべえ」は，かつて島原一帯が大飢饉に見舞われた際に人々を救った食べ物です。気候が暖かく，火山性の痩せ地が広がる島原では，早くから［　　　］が盛んに栽培されていました。今から約230年前(1792年)の災害の後，島原半島は大飢饉に見舞われました。その時，深江村(現在の南島原市深江町)農家の六兵衛という人が保存食用の［　　　］の粉末に，つなぎとして山芋を入れ，熱湯でこねて，うどん状にしたものを作りました。これが「ろくべえ」の始まりと言われています。麺は長くなく，表面がツルツル，なかはモッチリとしています。食べるとほのかな甘味が口の中に広がるのが特徴です。ダシはすまし汁で，ネギや七味唐辛子をかけると美味しさが増します。耐乏食だった過去がありますが，現代風にアレンジされ，県内の学校給食の定番メニューになるなど，素朴な味わいの郷土料理として愛されています。

ア　そば　　　　イ　とうもろこし
ウ　さつまいも　エ　大豆

2　次の文章を読み，下の問いに答えなさい。

「人生100年時代」といわれるようになり，定年などにより65歳前後で退職した後の「第二の人生」の時間が長くなる人が増えています。そこで，日本の有名人の生涯から，「第二の人生」に関する事例をみてみましょう。

最初は「それまでとは全くと言っていいほど別の人生を歩んだ」例です。23歳の時にA「北面の武士」の立場も妻子も官位も捨てて突如出家した西行は，流鏑馬《やぶさめ》などの武芸，和歌，蹴鞠《けまり》などに秀でた文武両道の武士でした。出家の理由は定かではなく，さまざまなうわさもありましたが，出家後は諸国を行脚・修行しつつ作歌に励みました。次に，隠居後に趣味三昧《ざんまい》の日々を送った例として足利義政を見ましょう。彼は14歳で室町幕府の８代将軍に就任しましたが，次第に隠居したがるようになります。それも一因となって応仁の乱が起こりましたが，乱を終息させずに，1473年に38歳で本当に隠居しました。その後，京都東山に山荘を造営し，①水墨画・茶の湯・連歌・能・生け花などに打ち込んでいます。また，徳川御三家のひとつ水戸家出身の徳川慶喜も同様でした。彼は1866年に30歳で征夷大将軍に就任しましたが，翌年には②朝廷に政権の返上を願い出て許可されています。その後は静岡などで，屋内では絵画・囲碁・将棋・能楽・謡曲・手芸，屋外では狩猟・釣り・鷹狩・カメラ・自転車などの多くの趣味を満喫しました。一方で多くの趣味ではなく，何か１つに専念した人もいます。下総国佐原で酒造業などを手掛ける伊能家に婿入りした伊能忠敬は，家業を立て直し，B 1794年に50歳で隠居しました。その翌年に江戸へ行って20歳も年下の天文学者の高橋至時《よしとき》に弟子入りし，念願の天文暦学の研究に没頭していきます。その後，地球の大きさをより正確に知る必要があると考え，自らが測量を行うことにしました。こうして全国を測量し，その結果をまとめた地図が作成されました。それは「伊能図」と呼ばれて近代においても参考にされるほどでした。最後の例が，幕末期に会津藩主であった松平容保《かたもり》です。彼は京都守護職として新撰組などを預かり京都の治安維持に努めました。ところが，34歳の時に「朝敵」とされ，戊辰戦争で敗れました。謹慎解除の後，1880年に③日光東照宮の宮司に任命され，荒れ果てていた神社やその周囲を修復しました。

次に，「人生の後半に大きな転機を迎えた」例です。まず，遣唐使に随行した僧からの要請を受け，日本へ渡って戒律をもたらした鑑真の場合です。当時，彼は56歳であり，すでに名僧としての地位を確立していました。唐の法律では海外渡航が禁止され，多くの弟子が反対する中，日本への渡航は６度目に成功し，C 754年に平城京に入りました。次に同じく50代から勢力を拡大し，数カ国を支配するD戦国大名となった毛利元就の場合です。幼い時に城から追い出されて「乞食《こつじき》若殿」と呼ばれた毛利元就は，家督を譲った後，60歳の時に大内氏を滅ぼして周防国・長門国を奪い，70歳の時には山陰地方の大勢力であった尼子氏を滅ぼしています。最後の例が，堺の豪商の出身で「侘び茶」を大成した［　④　］です。彼は幼い頃から堺商人の社交術として「茶の湯」に親しんでいましたが，1568年の47歳の時に，勢力を拡大した織田信長の茶頭《さどう》に招かれ，また，本能寺の変後には豊臣秀吉にも招かれました。こうして大名たちとの交流・仲介などにより大きな権力を持つようになりましたが，豊臣秀吉の怒りを買って切腹に追い込まれてしまいました。

次は，［　④　］のように「最晩年に人生が暗転してしまった」例です。もちろん，本人が自ら人生を暗転させようとしたわけではありません。まず，平安時代中期に学者政治家としては異例の右大臣にまで昇進した ⑤ です。その出世が疎まれて貴族層から反発・警戒され，57歳の時に罪を着せられて大宰府に左遷となり，３年後にその地で没しています。また，アメリカ陸軍元帥のマッカーサーは極東軍司令官として英雄でもあり，敗戦後の日本に君臨してE対日占領政策を遂行したり，朝鮮戦争で「国連軍」を指揮したりしたことでよく知られています。しかし，その朝鮮戦争時に大統領のトルーマンと対立して解任された上，後に「日本を降伏させ，民主国家に改造した実績」により大統領選挙に共和党から出馬しようとして失敗しました。長らく部下でもあり，ヨーロッパ方面の連合国軍総司令官であったアイゼンハワーに敗れたのです。

こうした生き方の一方で，「生涯現役を貫いた」例もあります。晩年に「尼将軍」として承久の乱での「演説」などで有名な ⑥ ，30歳前後で法然の弟子となり，布教活動に励むとともに90歳で死去するまで執筆活動を続けたF親鸞，死去する90歳まで描き続け，「画狂人」と称えられて海外でも高い評価を受けている⑦葛飾北斎，第一国立銀行・東京証券取引所・キリンビール・王子製紙など500社以上もの会社設立に関わって「G日本資本主義の父」と呼ばれる渋沢栄一，佐賀藩出身で早稲田大学を創設し，H２度目の首相就任は77歳であった大隈重信，日露戦争において日本海海戦を勝利に導き，昭和初期まで「生ける軍神」として海軍内に絶大な影響力を保持し，大規模な国葬でおくられた ⑧ ，日本銀行総裁・大蔵大臣・首相などを歴任した敏腕の財政家であるI高橋是清らがいました。

元首相の迷言でもありましたが，「人生いろいろ」です。小学生の諸君がイメージするには難しいかもしれませんが，いずれは考えてみてください。

問１　下線部Aについて，これを設置した白河上皇が始めた院政の時期に関する記述として誤っているものを次の中から１つ選び，記号で答えなさい。

ア　上皇(法皇)が最高権力者となったので，摂政・関白が廃止された。

イ　保元・平治の乱などを通して，武士の勢力として平氏が台頭した。

ウ　上皇(法皇)が仏教を崇拝し，高野山や熊野への参詣が多くなった。

エ　中国の宋との貿易が盛んになり，宋銭などが輸入された。

問２　下線部Bについて，この時期の文化に関する記述として誤っているものを次の中から１つ選び，記号で答えなさい。

ア　本居宣長が『古事記伝』を著し，国学を大成した。

イ　井原西鶴が浮世草子『日本永代蔵』などを発表した。

ウ　蘭学が盛んとなり，杉田玄白・前野良沢らが『解体新書』を著した。

エ　俳諧では与謝蕪村や小林一茶らが作品を残した。

問３　下線部Cについて，この時期の文化に関する記述として誤っているものを次の中から１つ選び，記号で答えなさい。

ア　歴史書として『古事記』や『日本書紀』が編さんされた。

イ　国をさまざまな災いから守る役割が仏教に期待された。

ウ　東大寺の大仏など，多くの仏像がつくられた。

エ　最初の勅撰和歌集である『万葉集』が編さんされた。

問４　下線部Dについて，これに関する記述として誤っているものを次の中から１つ選び，記号で答えなさい。

ア　伊豆・相模国を拠点に勢力を拡大していったのが，北条氏であった。

イ　武田晴信は「信玄堤」と呼ばれる堤防を築いて洪水を防ごうとした。

ウ　戦国大名となった人物の約９割が，下剋上を起こして成り上がった。

エ　自分の領内にのみ適用された分国法を制定する戦国大名もいた。

問５　下線部Ｅについて，これに関する記述として誤っているものを次の中から１つ選び，記号で答えなさい。

ア　衆議院議員選挙法が改正され，25歳以上の男女に選挙権が与えられた。

イ　農地改革によって，多くの小作農が小規模ながらも自作農となった。

ウ　財閥解体は，冷戦の激化にともない，不徹底なものになった。

エ　大日本帝国憲法が改正され，日本国憲法として公布・施行された。

問６　下線部Ｆについて，この人物は浄土真宗を開きましたが，それも含まれる「鎌倉新仏教」に関する記述として誤っているものを次の中から１つ選び，記号で答えなさい。

ア　法然は「南無阿弥陀仏」を唱えることで死後，成仏できる，と説いた。

イ　一遍は各地を廻り，踊念仏などを利用して布教した。

ウ　栄西が曹洞宗を，道元が臨済宗を日本にもたらした。

エ　日蓮は「南無妙法蓮華経」を唱えることが大事である，と説いた。

問７　下線部Ｇについて，幕末期から昭和戦前期までの日本経済に関する記述として誤っているものを次の中から１つ選び，記号で答えなさい。

ア　欧米との貿易が始まってから日本の輸出品第一位は生糸であった。

イ　明治政府は欧米から最新の機械・技術を日本に移植する政策を採った。

ウ　日本経済は日清・日露戦争の頃には産業革命を達成した。

エ　工業の近代化とともに，農業の近代化・機械化も急速に進んだ。

問８　下線部Ｈについて，これは1914年から1916年にかけてのことですが，この前後の時期に起こった出来事の記述として誤っているものを次の中から１つ選び，記号で答えなさい。

ア　明治天皇が亡くなり，大正天皇が即位した。

イ　サラエボ(サライェヴォ)事件をきっかけに第一次世界大戦が始まった。

ウ　日本は中国に対して二十一カ条の要求を行った。

エ　日ソ中立条約の締結により，日本とソ連は国交を樹立した。

問９　下線部Ｉについて，この人物は大蔵大臣として軍備拡張予算を削減したことで，特に陸軍から恨まれ，1936年に起こったクーデタ時に殺害されてしまいました。その陸軍の一部が起こしたクーデタ事件の名称を次の中から１つ選び，記号で答えなさい。

ア　三・一五事件　　イ　二・二六事件

ウ　四・一六事件　　エ　五・一五事件

問10　下線部①について，日本的な風景山水画(水墨画)を大成した人物名を答えなさい。

問11　下線部②について，この政治行動の名称を答えなさい。

問12　下線部③について，この神社の中門で，数々の極彩色の彫刻や装飾から「日暮門」とも呼ばれている門の名称を答えなさい。

問13　文中の［④］にあてはまる人物名を答えなさい。

問14　文中の［⑤］にあてはまる人物名を答えなさい。

問15　文中の ⑥ にあてはまる人物名を答えなさい。

問16　下線部⑦について，この人物や歌川広重・喜多川歌麿らが描き，役者や美人，風景などを題材とした風俗画の総称を答えなさい。

問17　文中の ⑧ にあてはまる人物名を答えなさい。

3　次の文章を読み，下の問いに答えなさい。

昨年２月，①ロシアがウクライナに大規模な侵攻を始めたとき，世界はたいへん驚きました。みなさんも新聞やテレビの報道を通じて，とても不安な気持ちになったのではないかと思います。

いつの時代も，どこでも，戦争は辛く悲しいことばかりを生み出します。②国際連合は，そのような悲惨な戦争を防ぐため，また国際協力を発展させるため，（ １ ）年に設立されました。その本部は（ ２ ）市に置かれています。特に重要な機関のなかに（ ３ ）があり，現在そこでは③常任理事国と非常任理事国の合計（ ４ ）カ国が，④世界の平和を維持するための主要な責任を負っています。

また国際連合は，世界中の国々が，人種や⑤性の違いによる差別をなくし，⑥基本的人権を尊重することも訴えています。そのためには，世界各国の人々が互いの文化を知り，学びあうことが大切であることから，たとえば国際連合の専門機関であるユネスコは，教育・科学・文化の向上と交流を通じて世界平和の実現を目指しています。

ところで，日本は第二次世界大戦でアジアをはじめ多くの国々に戦争の被害をもたらし，また国内でも多くの国民が苦しみました。その反省のもとに制定されたのが日本国憲法です。⑦日本国憲法の前文に，「恒久の平和を念願し，この憲法を制定する」と述べているのはそのためです。また外交においても，世界の平和と国際協調を重視する「国連中心主義」をとってきています。

第二次世界大戦が終わってから77年間，さまざまな努力を重ねて日本は平和を保ってきました。この平和をずっと守っていくために，みなで知恵をつくしていきましょう。

問１　(１)～(４)にあてはまる語句や数字を答えなさい。

問２　下線部①について，この国はアメリカと並んで世界有数の核兵器保有国でもあります。これに対し，日本は唯一の被爆国として「非核三原則」をとってきました。下はその原則を示した文章です。空欄にあてはまる語句を答えなさい。

核兵器を「もたず，（　　），もちこませず」

問３　下線部②について，環境問題への取り組みもこの機関の重要な役割の１つです。それでは，2015年の総会で採択された「2030年までに持続可能な世界を実現するための17のゴール」のことを何といいますか。アルファベットで答えなさい。

問４　下線部③について，常任理事国のうち１カ国でも反対すれば重要な決議は採択できません。常任理事国だけがもつこの権限を何といいますか。３字で答えなさい。

問５　下線部④について，国際連合が行う停戦監視や治安維持活動を何といいますか。アルファベット３字で答えなさい。

問６　下線部⑤について，多くの人々が女性差別を撤廃する運動を行ってきました。女子の教育を受ける権利の拡大を求めてパキスタンで活動していたある人物は，2014年に17歳でノーベル平和賞を受賞しました。この人物の名前として正しいものを次の中から1つ選び，記号で答えなさい。

ア　ワンガリ・マータイ　　イ　マララ・ユスフザイ

ウ　マリア・レッサ　　エ　アウンサンスーチー

問7　下線部⑥について，基本的人権はできる限り尊重されますが，公共の福祉のために制限されることがあります。それでは次の①～③の場合に制限されている人権として最も適切なものを，下の【語群】ア～エの中から1つずつ選び，記号で答えなさい。

①　一定の年齢以上でないと，議員に立候補できない。

②　消防官は，待遇の改善を求めるストライキができない。

③　緊急事態宣言が出されたとき，飲食店が営業時間の短縮を要請された。

【語群】

ア　争議権　　イ　請求権　　ウ　参政権　　エ　自由権

問8　下線部⑦について，次の文章は日本国憲法の前文の一部です。(A)～(D)にあてはまる語句として正しいものを，下の【語群】ア～クから1つずつ選び，記号で答えなさい。

> 日本国民は，恒久の平和を念願し，人間相互の関係を支配する崇高な理想を深く自覚するのであって，平和を愛する諸国民の(　A　)に信頼して，われらの(　B　)を保持しようと決意した。われらは，平和を維持し，(　C　)，圧迫と偏狭を地上から永遠に除去しようと努めている国際社会において，名誉ある地位を占めたいと思う。われらは，全世界の国民が，ひとしく(　D　)から免かれ，平和のうちに生存する権利を有することを確認する。

(旧仮名づかいは新仮名づかいに改めた)

【語群】

ア　弾圧と不信　　イ　幸福と平等　　ウ　専制と隷従　　エ　友愛と理性

オ　恐怖と欠乏　　カ　安全と生存　　キ　貧困と差別　　ク　公正と信義

【理　科】〈第１回試験〉（40分）〈満点：75点〉

注意　机上に定規を出し，試験中に必要であれば使用しなさい。

1　次の文を読んで以下の問に答えなさい。

2022年８月２日，千葉県内では各所で気温が上がりました。市原市と佐倉市で38.0度を記録したほか，我孫子市では37.8度，船橋市では36.9度を記録するなど，千葉県内10カ所で猛暑日となりました。

この暑さによって，流鉄株式会社が運行する流鉄流山線で，レールが高温となったため一時全線で運転を見合わせるなどの影響がありました。

(1)　以下の文の [1] にあてはまる最も適する記号を，次の**ア**～**オ**から１つ選び，記号で答えなさい。また，[2]，[3] にあてはまる数値を答えなさい。

38.0度などの気温をはかるときに使う温度の単位「度」の記号は [1] のように表します。この単位は，水がこおるときの温度を [2] 度，水がふっとうするときの温度を [3] 度としたものです。

ア．°A　　**イ**．°B　　**ウ**．℃　　**エ**．°D　　**オ**．°E

(2)　温度をはかる温度計には図１のように細いガラス管に灯油などの液体を入れたものがあります。この温度計は液体のどのような性質を利用して温度をはかっていますか。その性質として最も適するものを，次の**ア**～**オ**から１つ選び，記号で答えなさい。

ア．液体は温度が上がると，重さが増える性質。

イ．液体は温度が下がると，重さが増える性質。

ウ．液体は温度が上がると，体積が増える性質。

エ．液体は温度が下がると，体積が増える性質。

オ．液体は温度に関係なく，つねに体積が一定になる性質。

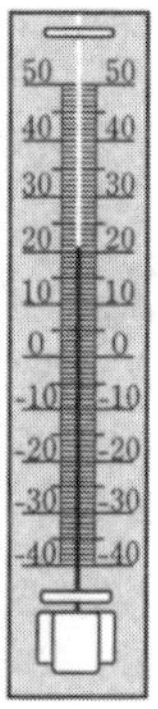

図１

(3)　熱の伝わり方には**ア**～**ウ**の３つの種類があります。

ア．もの同士が直接触れて熱が伝わる。

イ．ものの移動とともに熱が伝わる。

ウ．もの同士がはなれていても熱が伝わる。

次の①～④の主な熱の伝わり方は**ア**～**ウ**のどの熱の伝わり方と同じですか。**ア**～**ウ**からそれぞれ１つ選び，記号で答えなさい。

①　石油ストーブで部屋全体を温める。

②　トースターでパンを焼く。

③　フライパンで肉を焼く。

④　氷のうで頭を冷やす。

(4)　８月２日の午後１時に流鉄流山線のレール上のある地点での温度は64度となったそうです。８月２日の千葉県の最高気温は38.0度ですが，なぜレールは64度になったと考えられますか。その主な理由として正しいと考えられるものを，次の**ア**～**カ**からすべて選び，記号で答えなさい。

ア．鉄は空気よりも熱が伝わりやすいから。

イ．鉄は空気よりも熱が逃げにくいから。

ウ．太陽光にレールが温められたから。

エ．温められた空気は地面近くに集まるから。

オ．電車がレールの上を何度も通ることにより，レールが温められるから。

カ．電車がレールの上でブレーキをかけることにより，レールが温められるから。

(5)　流鉄流山線ではレールの温度が上がったことにより，一時全線で運転を見合わせました。レールの温度が上がったことによりレールにどのような変化が起きたため運転が見合わせられたと考えられますか。理由として最も適切と考えられるものを，次の**ア**～**オ**から１つ選び，記号で答えなさい。

ア．レールがぼうちょうし，真っすぐ伸びることのできない部分でレールが曲がってしまうから。

イ．レールがちぢんで，レールの長さが短くなってしまうから。

ウ．レールの重さが変わってしまい，レールがきちんと固定されなくなってしまうから。

エ．レールの表面がなめらかになり，電車のブレーキが利きにくくなってしまうから。

オ．レールの表面のまさつが大きくなり，電車が走りにくくなってしまうから。

(6)　(5)のようなことを防ぐために，レールをしくときにある工夫をしています。その工夫は何ですか。簡単に答えなさい。

2　次の文を読んで以下の問に答えなさい。ただし，答えが割り切れない場合，小数第３位を四捨五入して，小数第２位まで答えなさい。

　アルミニウムはさびると酸化アルミニウムに変化します。ある日，授業中に実験で使った粉末のアルミニウムを実験室に出しっぱなしにしてしまいました。数週間後，アルミニウムの表面《ひょうめん》はさびて酸化アルミニウムに変化していましたが，内部はさびずにアルミニウムのままでした。<u>この表面がさびてしまったアルミニウム３g</u>の中に，どのくらい酸化アルミニウムが含《ふく》まれているのかを調べるために，次の実験を行いました。

【実験１】

　新たにさびていない粉末のアルミニウムを用意し，塩酸を加えた。すると，アルミニウムが溶《と》け，気体Ａが発生した。そこで，ある重さのアルミニウムを溶かすために必要な塩酸の量を調べ，それらを反応させたときに発生した気体Ａの体積を測定した。その結果をまとめると，右の表１のようになった。

表１　実験１の結果

アルミニウムの重さ(g)	1	2	3	4	5
必要な塩酸の体積(cm^3)	200	400	600	800	1000
発生した気体Ａの体積(cm^3)	1250	2500	3750	5000	6250

【実験２】

　新たに粉末の酸化アルミニウムを用意し，【実験１】で用いたものと同じ塩酸を加えた。すると，酸化アルミニウムが溶けたが，気体Ａは発生しなかった。そこで，ある重さの酸化アルミニウムを溶かすために必要な塩酸の量を調べ，その結果をまとめると，右の表２のようになった。

表２　実験２の結果

酸化アルミニウムの重さ(g)	1	2	3	4	5
必要な塩酸の体積(cm^3)	105	210	315	420	525

【実験３】

　実験室に出しっぱなしにして表面がさびてしまったアルミニウム３gに過剰《かじょう》量（３gの中に

含まれているアルミニウムおよび酸化アルミニウムをすべて溶かすために必要な量よりもはるかに多い量)の塩酸を加えると，3000 cm^3 の気体Aが発生した。

(1)　さびるとは空気中の酸素が金属に結びついて起こる現象です。酸素に関わる記述として正しいものを，次の**ア**～**オ**からすべて選び，記号で答えなさい。

ア．ものを燃やすときに必要な気体である。

イ．石灰水を白くにごらせる。

ウ．水にわずかに溶け，水溶《よう》液は青色リトマス紙の色を赤色に変える。

エ．過酸化水素水に二酸化マンガンを入れると，二酸化マンガンが分解されて，気体の酸素が発生する。

オ．水上置換《ちかん》法で集めることができる。

(2)　塩酸を加えて気体Aが発生する物質を，次の**ア**～**オ**から2つ選び，記号で答えなさい。

ア．銅　　**イ**．炭酸カルシウム　　**ウ**．マグネシウム　　**エ**．銀　　**オ**．鉄

(3)　下線部について，実験室に出しっぱなしにして表面がさびてしまったアルミニウム3gのうち，さびずに残っているアルミニウムは何gですか。

(4)　下線部について，表面がさびてしまったアルミニウム3gをすべて溶かすためには，今回の実験で使用した塩酸が少なくとも何 cm^3 以上必要ですか。

(5)　数週間前，実験室に出しっぱなしにしてしまった粉末のアルミニウムは何gでしたか。ただし，一定量のアルミニウムがすべて酸素と反応して酸化アルミニウムになると，重さが1.9倍になるものとします。

(6)　(5)のアルミニウムをすべて塩酸で溶かしたとき，発生する気体Aの体積は何 cm^3 ですか。最も近い数値を，次の**ア**～**キ**から1つ選び，記号で答えなさい。

ア．2400 cm^3　　**イ**．2750 cm^3　　**ウ**．3000 cm^3　　**エ**．3400 cm^3

オ．3750 cm^3　　**カ**．4000 cm^3　　**キ**．4400 cm^3

3　植物は，光合成のはたらきによって生活に必要なデンプンをつくります。また，植物は，光合成に必要な物質を葉や根などから吸収しますが，二酸化炭素は主に葉の気孔《きこう》から，［　1　］は根から吸収します。一方，植物は光合成のはたらきによってデンプンのほかに［　2　］をつくります。光合成のはたらきは，葉の細胞《さいぼう》の中の［　3　］で行われます。

光合成は，光の強さの影響を受けることが知られています。右のグラフは，植物Aと植物Bにおいて，光の強さと光合成のはたらきによって吸収される二酸化炭素の量の関係を表しています。ただし，グラフは，二酸化炭素を吸収する量が二酸化炭素を放出する量よりも多くなった時点より記しています。

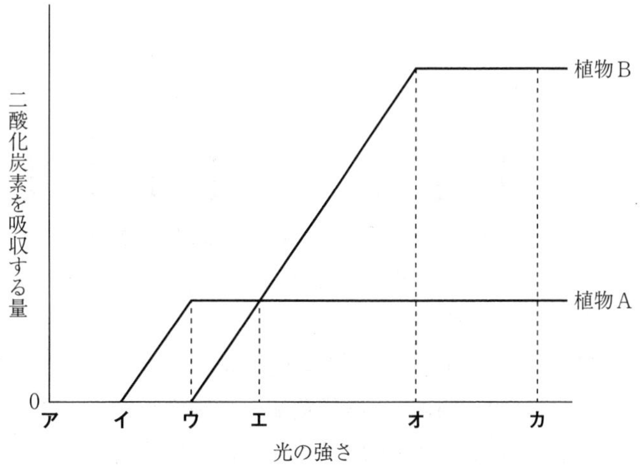

(1)　文中の［　1　］～［　3　］に適切な語句を入れなさい。

⑵　植物と同じように光合成を行うものを，次の**ア**～**ク**からすべて選び，記号で答えなさい。

ア．アメーバ　　**イ**．シイタケ　　**ウ**．ミドリムシ　　**エ**．コウボ
オ．ボルボックス　　**カ**．ゾウリムシ　　**キ**．アオカビ　　**ク**．ハネケイソウ

⑶　文中の下線部にある「二酸化炭素」は，植物のどのようなはたらきによってつくられたものですか。

⑷　植物Ａと植物Ｂについて，このグラフからわかることとして**間違《まちが》っているもの**を，次の**ア**～**エ**から１つ選び，記号で答えなさい。

ア．植物Ａは，光が強くなってもあまり光合成のはたらきは大きくならないが，光が弱い所でも生育することができる。

イ．植物Ｂは，光が弱い所では光合成のはたらきが小さいが，光が強い所では大きくなるため，光の強い所での生育に適している。

ウ．植物Ａ・植物Ｂとも，光合成のはたらきは光の強さに比例して，光が強ければ強いほど大きくなる。

エ．植物Ａ・植物Ｂとも，光合成のはたらきは光が強くなると大きくなるが，ある一定の光の強さをこえると変化しなくなる。

⑸　植物Ａが植物Ｂより成長しやすい光の強さの範囲は，前のページのグラフ中の光の強さの範囲**ア**～**カ**のどこですか。解答例のように答えなさい。
（解答例：**ア**～**カ**）

⑹　植物Ｂにあてはまる植物を，次の**ア**～**オ**から２つ選び，記号で答えなさい。

ア．シイ　　**イ**．クヌギ　　**ウ**．ブナ　　**エ**．コナラ　　**オ**．カシ

⑺　火山の噴火《ふんか》や山火事などによって，植物が生育できなくなった土地であっても，長い年月を経ると森林へと変わっていくことが知られています。以下の図は，一度植物が生育できなくなった土地での植物の変化を表しています。**ア**～**カ**を古い年代から順に並べ替えなさい。

ア．背の低い草

イ．背の低い樹木

ウ．植物Ａのなかまの樹木

エ．植物Ｂのなかまの樹木
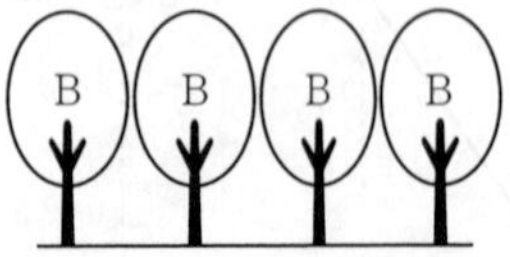

オ．植物Ａと植物Ｂがまざった樹木
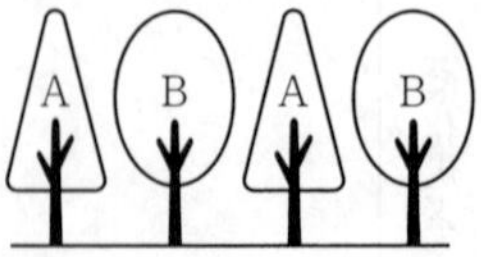

カ．背の高い草

⑻　富士山のような高い山では，標高が上がるにつれて，生えている樹木の種類が変化していきます。富士山の麓《ふもと》から山頂に登っていくときにみられる樹木の変化を，次の**ア**～**カ**から１つ選び，記号で答えなさい。

ア．常緑針葉樹→落葉広葉樹→常緑広葉樹　　**イ**．常緑針葉樹→常緑広葉樹→落葉広葉樹
ウ．落葉広葉樹→常緑針葉樹→常緑広葉樹　　**エ**．落葉広葉樹→常緑広葉樹→常緑針葉樹
オ．常緑広葉樹→常緑針葉樹→落葉広葉樹　　**カ**．常緑広葉樹→落葉広葉樹→常緑針葉樹

4 月が惑《わく》星を隠《かく》す現象を「惑星食」といいます。最近では2021年11月8日に「金星食」，2022年7月21日の深夜から22日にかけての「火星食」，2022年11月8日の「皆既《かいき》月食と天王星食」がありました。国立天文台のホームページより引用した各現象の説明を参考にし，その後にある「本郷君の観測」と「本郷君の疑問」を読んで以下の問に答えなさい。

金星食　～昼間におこる金星食～

金星食は，月が手前を通ることで金星を隠す現象です。月と金星は約1カ月ごとに繰《く》り返し近づいて見られますが，地上から見る月の通り道と金星の通り道がずれているため，金星食はなかなか起こりません。また起こる場合も観察できる地域が限られますので，珍《めずら》しい現象と言えます。今回の金星食は，国内では九州の一部や沖縄，小笠原諸島などを除いた地域で起こります。東京では，13時46分41秒に月が金星を隠し始めます(潜《せん》入開始)。この時の金星は，月の輝《かがや》いていない部分に隠されます。13時48分48秒には，金星はすべて隠されてしまいますが，金星も欠けているため，これより少し前には金星が見えなくなるでしょう。

隠された金星は，14時37分50秒に月の明るい側から出現し始めます。月から金星全体が完全に出現するのは14時40分00秒ですが，やはり金星が欠けているため，これよりも少し早く月から金星が離《はな》れて見えるでしょう。表1は各地の経過，図1は東京での見え方です。

表1　11月8日昼間の金星食(各地の経過)

	潜入開始	潜入終了	出現開始	出現終了
札幌	13時42分22秒	13時43分51秒	14時49分08秒	14時50分39秒
仙台	13時44分59秒	13時46分45秒	14時44分21秒	14時46分10秒
東京	13時46分41秒	13時48分48秒	14時37分50秒	14時40分00秒
京都	13時43分22秒	13時45分56秒	14時24分41秒	14時27分19秒
福岡	13時52分19秒	(全体が潜入せず，一部のみ隠されて終わる)		13時57分22秒

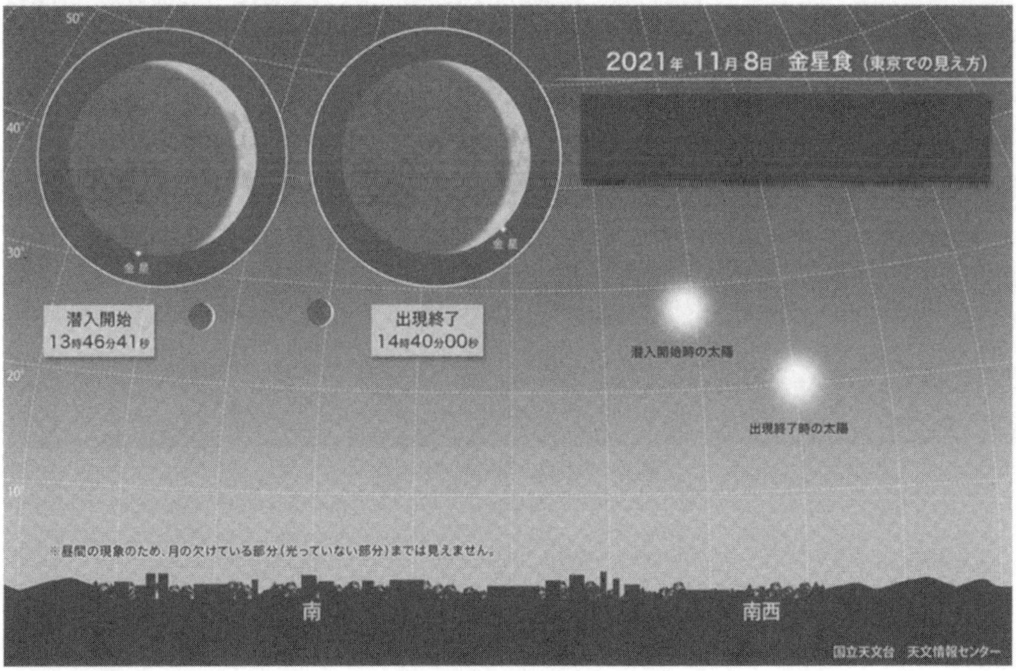

図1　金星食　東京での見え方

火星食　～昇《のぼ》ってきた月の陰《かげ》から，火星が現れる～

７月21日の深夜，東の低空で，昇ってくる月が火星を隠す現象「火星食」が起こります。月齢《れい》は22.5，下弦《げん》の翌日です。0.3等の火星は，月の光っている縁《ふち》(明縁《えん》)から月に隠され(潜入)，暗縁から出現してきます。

今回の火星食は，各地の月の出の前後に起こります。関東の大部分から中部，近畿《き》，中国，四国の各地方では，火星が月に隠れた状態で昇ってきて，出現のみ地平線上で見られます。九州以西の地域では，火星の出現後に月の出となり，食を見ることはできません。日本の北東側では，地平線上に昇ってから火星の潜入が起こり，全経過を見ることができる地域もあります。表２は各地の経過，図２は東京での見え方です。

表２　７月21日深夜の火星食(各地の経過)

	月の出	潜入開始	出現開始
札幌	21日23時18分	21日23時43分17秒	22日０時32分01秒
仙台	21日23時28分	21日23時37分57秒	22日０時21分06秒
東京	21日23時37分	(地平線の下)	22日０時15分17秒
名古屋	21日23時49分	(地平線の下)	22日０時15分33秒
京都	21日23時54分	(地平線の下)	22日０時15分48秒
広島	22日０時09分	(地平線の下)	22日０時16分07秒

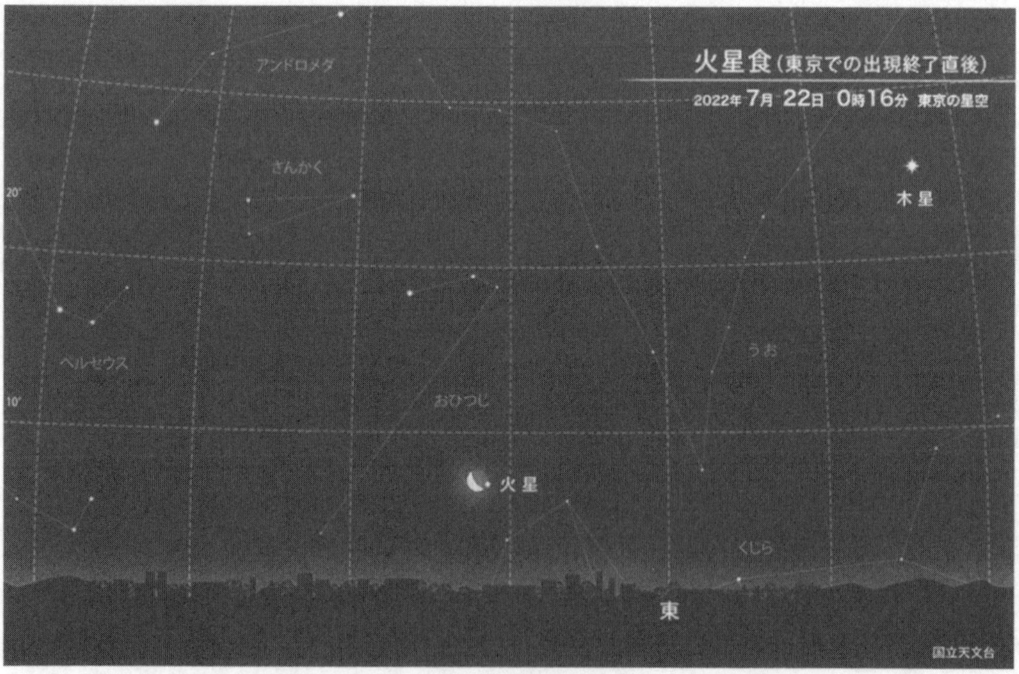

図２　火星食　東京での見え方

皆既月食　～全国で条件よく見られる皆既月食～

11月８日の夜，皆既月食が起こります。この月食は，日本全国で観察することができます。南西諸島では部分食の始まり時点での月の高度がまだ低いですが，多くの地域で月の高度がある程度高くなる時間帯に皆既食となり，観察しやすいでしょう。月は，18時９分から欠け始め，19時16分に皆既食となります。A皆既となった月は，「赤銅色」と呼ばれる，赤黒い色に見えます。皆既食は86分間続いて20時42分に終わり，その後は徐々に月は地球の影から抜けて，21時49分に部分食が終わります。この進行は，どこで見ても同じです。図３は東京での見え方です。

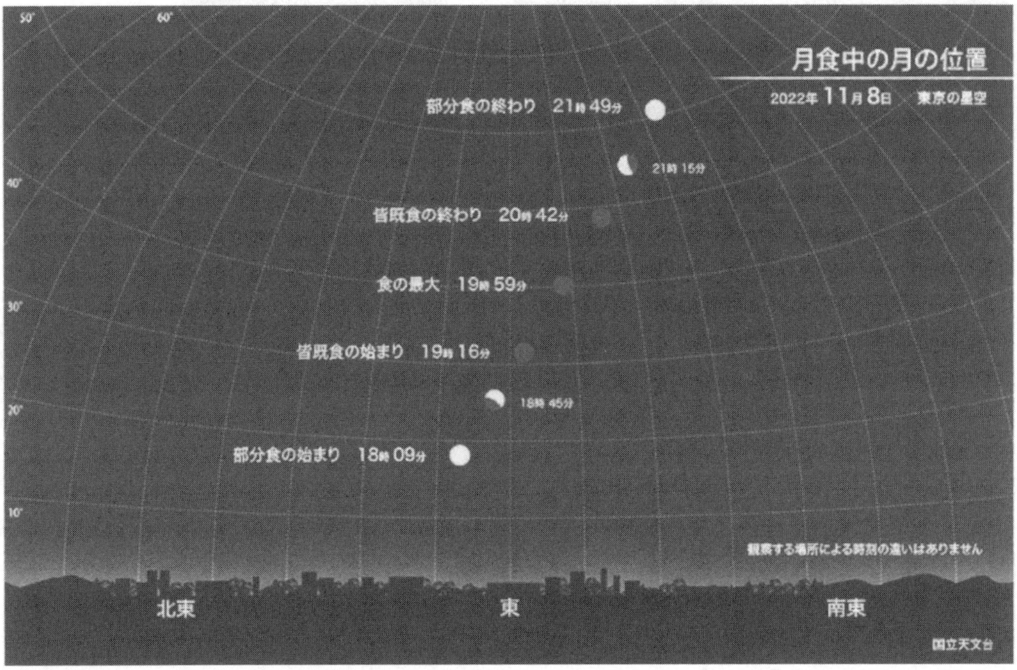

図３　皆既月食　東京での見え方

～赤銅色の月の陰に隠れる青い惑星～

月食の最中に，小笠原諸島を除く日本のほとんどの場所で月が天王星を隠す「天王星食」が起こります。天王星は約６等級で，薄い青色に見えます。非常に条件の良い空でも肉眼で見える限界の明るさですから，双眼鏡や天体望遠鏡などを使って探してみるとよいでしょう。普段の満月のすぐ近くであれば，圧倒《とう》的な明るさに負けてしまいますが，多くの地域では天王星の潜入時に月が皆既食中で暗いため，見つけやすいのではないでしょうか。表３は各地の経過，図４は東京での見え方です。

表３　11月８日の天王星食（各地の経過）

	潜入開始（高度）	出現開始（高度）
札幌	20時49分04秒（48.3度）	21時47分23秒（56.9度）
仙台	20時44分24秒（49.1度）	21時31分51秒（57.4度）
東京	20時40分53秒（48.4度）	21時22分20秒（56.2度）
京都	20時31分53秒（43.6度）	21時21分18秒（53.2度）
福岡	20時22分12秒（37.4度）	21時16分51秒（48.5度）
那覇	20時13分12秒（33.2度）	20時54分08秒（42.2度）

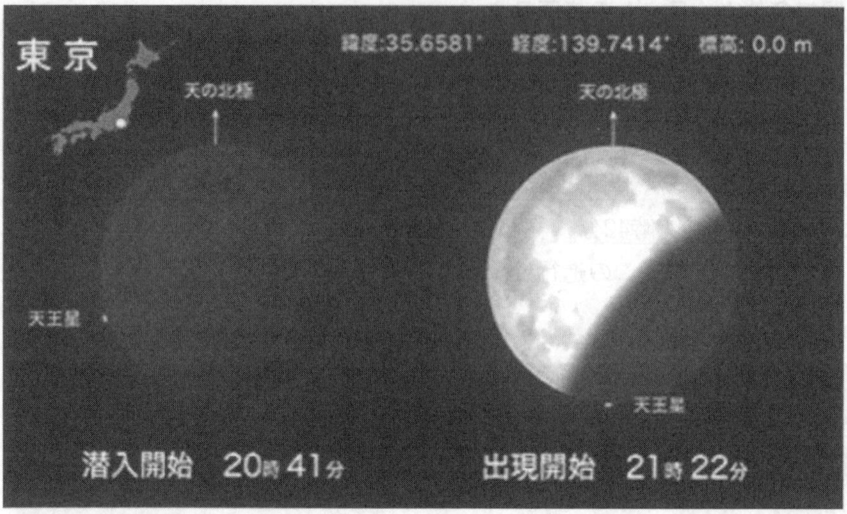

図4　天王星食　東京での見え方

本郷君の観測

2021年11月8日

本郷君は東京にある学校の屋上で金星食を観測しました。太陽の位置に注意して，天体望遠鏡で金星を見つけました。金星は丸くなく，欠けて見えました。三日月の[1]部分から潜入する金星を確認し，その後，三日月の[2]部分から出現した金星の撮影《さつえい》に成功しました(写真1)。

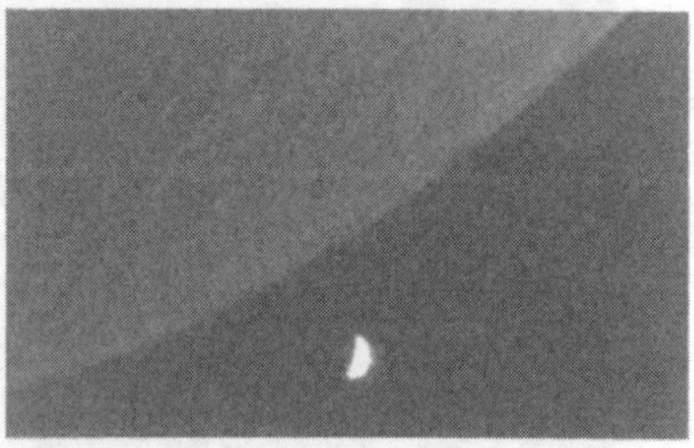

写真1　金星の出現

2022年7月21・22日

本郷君は自宅のベランダに天体望遠鏡を用意し，火星食の観測の準備をしました。そして，東京での月の出の時刻，深夜11時37分を待ちました。しかし，曇天のため月の出の時刻になっても月が全く見えませんでした。火星の出現時刻である22日の0時15分に火星の出現を見ることができませんでした。本郷君は他の場所で火星食が見えないか，パソコンで検索《さく》すると北海道にある「なよろ市立天文台」からの生配信があり，それを見ることにしました。ちょうど火星が出現したところをスクリーンショットしたものが写真2です。

写真2　火星の出現

本郷君の疑問

太陽や月は東から出て西に沈むので，一般的には東にある地点の方が日の出や月の出の時刻が早くなります。しかし，東京より[3]にある「なよろ市」では，火星の出現開始時刻が東京より遅くなることを本郷君は疑問に思いました。

2021年11月8日の金星食の場合，東京より[3]にある札幌では，金星の出現開始時刻が東京より遅くなっています。本郷君は惑星食での出現には，月が1日に約50分遅れて出てくるので，惑星や星座の星に対して，月が[4]から[3]へ移動していることと関係しているからではないかと考えました。ちなみに，札幌での金星の潜入開始時刻は東京よりも早くなっています。そして，東京より [4] にある京都では，金星の出現開始時刻は東京より [5] ，金星の潜入開始時刻は東京より [6] なっています。本郷君は，惑星食での惑星の潜入時刻や出現時刻のちがいは， [7] だけではなく， [8] によって星の高度が異なることや，地球が太陽の周りをまわる面に対し，各惑星が太陽の周りをまわる面や月が地球の周りをまわる面がわずかに傾いていることも関係し，複雑であると考えました。

(1) [1] ， [2] に当てはまる語句の組み合わせとして最も適当なものを次の**ア**～**エ**から１つ選び，記号で答えなさい。

	ア	**イ**	**ウ**	**エ**
1	明るい	明るい	暗い	暗い
2	明るい	暗い	明るい	暗い

(2) 金星食の時，京都で金星がすべて隠されている時間は約何分ですか。次の**ア**～**キ**から１つ選び，記号で答えなさい。

ア．10　**イ**．20　**ウ**．30　**エ**．40　**オ**．50　**カ**．60　**キ**．70

(3) [3] ， [4] に当てはまる方角を，次の**ア**～**エ**から１つずつ選び，記号で答えなさい。

ア．北　**イ**．東　**ウ**．南　**エ**．西

(4) [5] ， [6] に当てはまる語句の組み合わせとして最も適当なものを，次の**ア**～**エ**から１つ選び，記号で答えなさい。

	ア	**イ**	**ウ**	**エ**
5	早く	早く	遅く	遅く
6	早く	遅く	早く	遅く

(5) [7] ， [8] に当てはまる語句を，次の**ア**～**カ**から１つずつ選び，記号で答えなさい。

ア．月　**イ**．惑星　**ウ**．標高　**エ**．緯度　**オ**．経度　**カ**．時差

(6) 地球の影に完全に入る皆既月食のときに，下線Ａのように月が赤銅色(暗く赤い色)に見えるのはなぜですか。次の**ア**～**オ**から１つ選び，記号で答えなさい。

ア．太陽ー地球ー月が完全に一直線上に並んでいないため

イ．地球の形が完全な球でないため

ウ．地球の大気(地表の上にある空気)で曲げられた赤い光が月で反射するため

エ．月の形が完全な球でないため

オ．月の表面にあるクレーターが凸凹《でこぼこ》のため

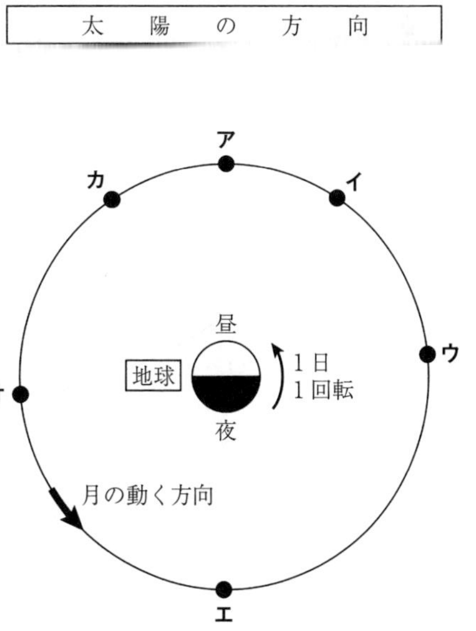

(7) 右の図は月が地球の周りをまわる様子を地球の北極の上から見た図です。次の①，②，③の位置として最も適当な位置を図の**ア**～**カ**からそれぞれ選び，

記号で答えなさい。

① 2021年11月８日の月の位置

② 2022年７月21・22日の月の位置

③ 2022年11月８日の月の位置

(8) 下の図は各惑星が太陽の周りをまわる様子を地球の北極の上から見た図です。✹は太陽，○は地球を示しています。各惑星は反時計まわりに太陽の周りをまわっています。地球(○)から見たとき，次の①，②，③の位置として最も適当な位置を，図の**ア**～**サ**からそれぞれ選び，記号で答えなさい。

① 2021年11月８日の金星の位置

② 2022年７月21・22日の火星の位置

③ 2022年11月８日の天王星の位置

ただし，図では，地球，金星，火星はほぼ本来の位置にありますが，天王星は本来の位置よりも内側にあるので地球からどの方向に見えるかで答えなさい。

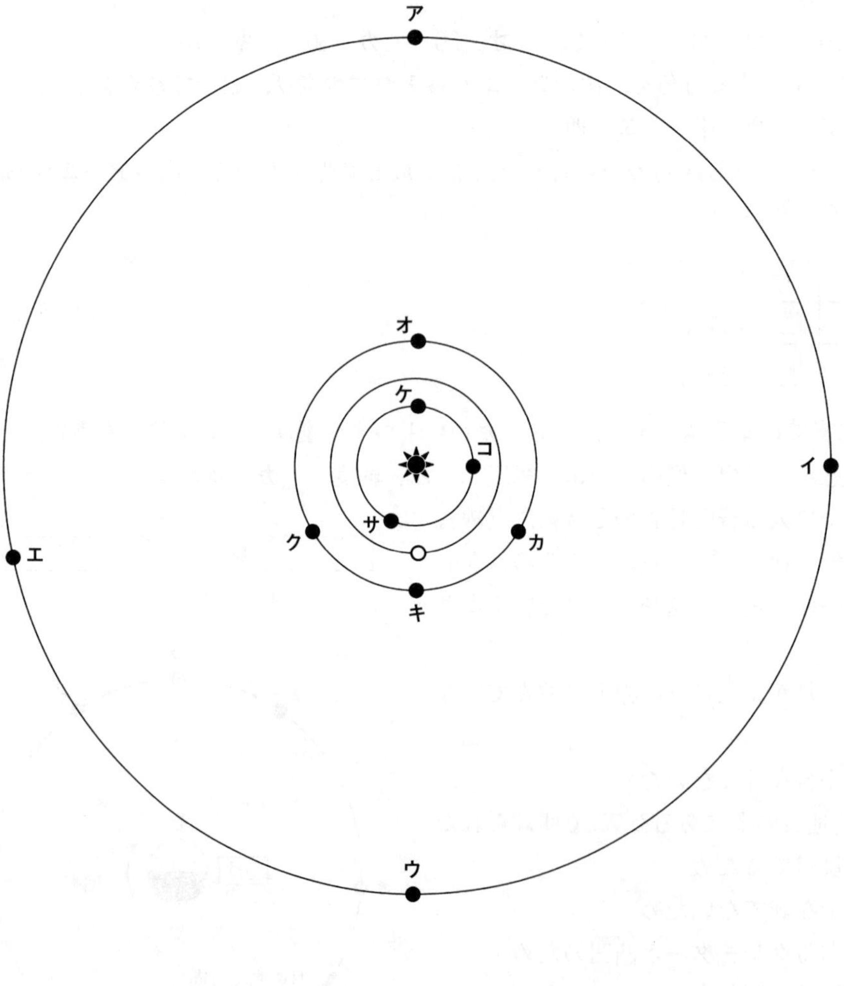

分を振り返りつつ、村崎さんの話していた「夢」を思い返しながら、これからもよりよい額縁制作のために努力をする覚悟が自分にあることを確信している。

ウ　額縁職人になることに戸惑いや悩みはあったものの、額縁制作を支援してくれた人々のおかげでなんとか満足のできる額縁を制作することができ、同時に職人としての成長を自覚することができた。そんな「僕」は今までの自分を振り返りつつ、日本美術の伝承を受け継ぐ者の一人として手作りの重要性を自覚しつつ、よりよい額縁の制作に取り組まなくてはならないと自分を奮い立たせている。

エ　まだまだ未熟である「僕」が、多くの人々に支えられながら、仕事の難しさ、厳しさ、孤独に耐えなくてはならないつらさ、また額縁職人としてのあるべき姿などを村崎さんから教えられ、仕事に誇りや満足感をもつことができた。そんな「僕」は今までの自分を振り返りつつ、村崎さんの話していた「夢」を思いながら、仕事に取り組む強い決意が自分にあることを確認している。

問八　――線7「村崎さんは『真似をするな』としかめ面になった」とありますが、これは以前村崎さんが「夢」について語った時の口ぶりを「僕」が真似たことによるものです。村崎さんの額縁職人としての「夢」とはどのようなものですか、五十字以上六十字以内で説明しなさい。

が行われなくなってきたことに憤っている。

イ　機械による生産活動が盛んになり、手作りをする必要がなくなりつつあることから、日本美術の昔ながらの方法による技術の伝承が滞ってしまっている状況に、胸を痛めている。

ウ　師匠から弟子へといった、人のぬくもりを伴う技術の伝承から、オートメーション化した技術へ取って代わられ、人と人との関係性が失われつつあることを嘆いている。

エ　工業技術が発達し、効率化が求められるようになるにつれて、手作業による非効率的な作業は敬遠されるようになり、手作業による技術の伝承が全く行われなくなったことを気に病んでいる。

問五　――線４「真鍮箔だ」とありますが、これを選んだ理由として最も適当なものを次のア～エの中から一つ選び、記号で答えなさい。

ア　本金箔だと主役である絵よりも額縁のほうが際立ってしまうのに対し、真鍮箔の冷ややかで光沢のある色あいは、かえって絵のもつあたたかさを導き出してくれるから。

イ　はがれやすく色のあせやすい本金箔に対し、はがれにくく色のあせにくい真鍮箔は、百年先もこの絵を引き立て守ってくれるであろうから。

ウ　額縁に貼る箔は絵の作者に配慮して選ぶべきであり、作者であるジャックが本金箔よりも真鍮箔の色の方を好んでいたことを憶えていたから。

エ　本金箔の素材は金のみであるが、銅と亜鉛でできている真鍮箔は素材が一種類でないために深い色味が出て、絵に味わい深さをかもし出す効果が期待できるから。

問六　――線５「捨てなきゃいけない感情もある」とありますが、村崎さんがこのように述べるのはなぜですか。最も適当なものを次のア～エの中から一つ選び、記号で答えなさい。

ア　額縁にできた箔の貼りムラのような小さなことにこだわり、いちいち不快な感情をいだいていては、かえって全体のバランスや出来映えへの注意がおろそかになってしまうから。

イ　額縁職人としての経験が未熟で絵の作者の思いを十分理解できなくてもどかしく感じても、そもそも完璧に理解することなど不可能であり、仕事をする上で邪魔な感情でしかないから。

ウ　絵や作者に対する思い入れが強すぎると、それが額縁を作る時の判断に影響し、作品の魅力を生かすことができなくなるおそれがあるから。

エ　額縁制作の対象になる絵への好悪の感情は、絵に込められた作者の思いや感情に対する正しい理解や、額縁を作る時の取り組みに影響を及ぼすおそれがあるから。

問七　――線６「夢を見られなきゃ、だめですよ」とありますが、このように言うに至った「僕」について述べたものとして、最も適当なものを次のア～エの中から一つ選び、記号で答えなさい。

ア　村崎さんから、額縁職人としてのあるべき姿や、モールディングや額縁に貼る箔の選び方といった仕事の細部に至るまでを教えられ、「僕」はようやく額縁職人として自信や誇りをもてるまでになった。そんな「僕」は今までの自分を振り返りつつ、これからも「僕」を指導してくれた村崎さんと同じ「夢」の実現のため、よりよい額縁制作に励んでいく決意をしている。

イ　額縁職人の仕事は作成者の名前が表に出ることのない地味なものではあるが、額縁制作に試行錯誤を繰り返す「僕」を見守り支えてくれる人がいて、「僕」は額縁職人としての誇りとやりがいを感じられるまでになった。そんな「僕」は今までの自

注８　膠…ここでは、箔を額に貼る接着剤。

問一　＝線ａ「安堵」・ｂ「王道」・ｃ「素朴さ」の問題文中における意味として最も適当なものを後のア～エの中からそれぞれ一つ選び、記号で答えなさい。

ａ「安堵」
ア　簡潔で筋のとおった意見に納得すること
イ　励まされたりほめられたりして自信を持つこと
ウ　不安や心配が解消されて心が落ち着くこと
エ　興奮で高ぶる気持ちが冷静になること

ｂ「王道」
ア　最も上品で洗練されたやり方
イ　一般的で最もふさわしいやり方
ウ　最も整ったきれいなやり方
エ　ねらいにあった優れたやり方

ｃ「素朴さ」
ア　どこにでもある安い素材で作られているさま
イ　様々なものが入り交じっていてまとまりのないさま
ウ　手の加えられていないありのままのさま
エ　しっかりしていて飾り気のないさま

問二　――線１「――――こういう額がいいっていうんじゃなくて、この額がいいって思えたら」とありますが、この言葉にこめられている「僕」の思いはどのようなものですか。その説明として最も適当なものを次のア～エの中から一つ選び、記号で答えなさい。
ア　額竿を選んで組み合わせて作ればよいというわけではなく、絵のもつ雰囲気にしっかり合った額縁を求めたいという思い。
イ　額竿を組み合わせて自分が満足できる額縁を求めるのではなく、多くの人がよいと感じる額縁を求めるべきだという思い。
ウ　伝統的なデザインを重視して額竿を組み合わせるのではなく、流行に沿ったデザインや材質の額竿を選び、額縁に仕立てるのだという思い。
エ　高価な材料を使った額竿を選んで組み立てればよいというわけではなく、できるだけ安価な材料の額竿で絵にぴったりの額縁を求めるのだという思い。

問三　――線２「俺、ひとつは流木使うから」とありますが、村崎さんがこの絵の額縁に流木を使おうと思ったのはなぜですか。最も適当なものを次のア～エの中から一つ選び、記号で答えなさい。
ア　様々な苦難を乗り越えてきたであろう旅芸人の一座を描いた絵の額縁として、長い年月、厳しい風や波にさらされてきた流木は適していると考えたから。
イ　つつましい生活をしてきたであろう旅芸人の一座を描いた絵の額縁として、流木のように飾り気のない素材は似つかわしいと考えたから。
ウ　「僕」が費用のかかるやり方で額縁を作りたいと申し出てくることを予期して、自分は費用のかからない素材ですませようと考えたから。
エ　旅芸人の一座を描いた油絵には、長い歴史とそこからにじみ出てくる独特の雰囲気を合わせ持つ流木で作った額縁がふさわしいと考えたから。

問四　――線３「産業革命のあとに育ったのは、弟子じゃなくてビルばっかりだ」とありますが、この時の村崎さんの思いについて説明したものとして最も適当なものを次のア～エの中から一つ選び、記号で答えなさい。
ア　産業は盛んになったものの、社会に後継者を育てるだけの時間的余裕がなくなってきていることで、日本美術の技術の伝承表に出るわけじゃない。どんなに考え抜いたか、どれだけ時間と愛情をかけたかなんて、そんなことは誰にもわからない。だけど。

僕が知ってる。

唯一無二《ゆいいつむに》の、この素晴らしい額を生み出したのが僕だってことを。

それが僕の大きな誇りだ。それでいい。

ああ、僕は今、なんて幸せな仕事をしているんだろう。

待っててくれよ、ジャック。

僕は、百年先もこの絵を守れる額を完成させてみせる。

村崎さんはしばらくの間、『エスキース』が収まった額装を黙ってじっと見ていた。

体をこわばらせながら、僕は村崎さんの言葉を待つ。

彼はゆっくりと顔を上げ、静かにほほえんだ。

「本金箔にするって言ってたのに、よく真鍮箔に決めたな、空知。見事な判断だったと俺は思うよ」

そう言ってもらえて、ほっとした。体中の力が抜ける。

村崎さんは満足したような表情で続けた。

「額縁屋にとっては、画家や作品を個人的に好きになりすぎるのもちょっとしたリスクなんだ。愛が深いほど、冷静さを失わずに何が正しいのかを見極《みきわ》めなくちゃいけない。5捨てなきゃいけない感情もあるんだよ」

そして彼は、額の下部に人差し指をあててちょっと笑った。

「ここの、箔の貼りムラも実にいい」

僕は肩をすくめる。

やっぱりまだまだ、パーフェクトには仕上げられない。

「……すみません、もっときれいに貼れるように精進《しょうじん》します」

「いや、嫌味じゃなくて本心だよ。手作りだからこその穏やかなゆらぎがいいんだ。飽きないあたたかみが出る」

村崎さんは額から指を離し、僕をじっと見た。

「そういうことも含めて、なにもかもがこの絵に本当に似合ってる。よくがんばったな」

嬉しかった。村崎さんに認めてもらえて。でもなんだか、僕よりも村崎さんのほうがもっと嬉しそうで、胸が熱くなってくる。

大きく息を吐き出すと、村崎さんはしみじみと言った。

「工房の求人募集をかけたとき、おまえが来てくれて嬉しかったけど、正直すぐにいなくなると思ったよ。遊びたい盛りの若者で、日々の欲に負けていくだろうなって」

目を伏せるような村崎さんの表情に、僕は自分を顧《かえり》みる。そして決意するような気持ちで、顔を上げた。

「日々の欲なんて、そんなことより……6夢を見られなきゃ、だめですよ」

僕が得意げに言うと、7村崎さんは「真似をするな」としかめ面になった。笑い出したいのを、こらえるようにして。

注1　モールディング…額の枠《わく》にするための、あらかじめ装飾や加工が施された細長い材料。一般的にはこれを用いて四角く絵を囲み、額にする。額竿。

注2　スクラッチ…刻みつける技法。

注3　ニードル…彫刻用のピン。

注4　エアリー…空気のように軽やかな。

注5　ペーパーをかけ…紙やすりで表面をこすって。

注6　箔押し…ここでは、金や銀などの金属を紙のように薄く打ち延ばしたもの(=箔)を額竿に貼ること。

注7　次郎…「僕」の美術大学時代の仲間。

自分でも驚くぐらいに順調だった。羽根を刻《きざ》み、注5ペーパーをかけ、なめらかな木地が出来上がっていく過程を僕は充実した気分で進めた。

最後は、注6箔《はく》押しをして仕上げだ。僕は箔が収まっている引き出しをひとつ開け、和紙に包まれた箔をそっと取り出した。

箔には、本金箔を筆頭に、本銀箔、真鍮《しんちゅう》箔、錫《すず》箔、アルミ箔、黒箔、プラチナ箔……いろいろな種類がある。

純金の本金箔を使おうと決めていた。高額でもそれがb王道だし、予算のことは心配するなと村崎さんも言ってくれた。なんといっても、これだけ思い入れがあるのだ。最高の輝きを授けたかった。

でも、本金箔を包んでいる和紙を開き、ゴールドのまぶしさを目にしたときに手が止まった。他人の靴を履《は》き違えたときのような、おさまりの悪い違和感を覚える。

あの絵を魅力的に見せるために、これがベストだろうか？

僕は金箔に和紙をかぶせ、思案した。

もっとシックなたたずまいにするために、銀箔にするか。そもそも箔押しをせずに、無垢《むく》な木のc素朴《そぼく》さを残したままのほうがいいのか。

違う、やっぱりここは本金箔だ。僕たちが再会した奇跡を祝したい。

いや、でも……。

考えれば考えるほどわからなくなっていく。

自分で絵を描くときの葛藤《かっとう》や迷いとは異なるものだった。どこまで僕のやりたいようにやっていいんだろう。

注7次郎が言っていた。額なんか作ったって、絵ばっかり注目されて空知の名前が表に出ることはないんだろ？

その通りだ。だからこそ、僕の想いだけでも強く注《そそ》ぎ込みたかったのかもしれない。

だけど……それは、額職人として本当に作品に寄り添うということだろうか？　画家の気持ちを無視することになるんじゃないだろうか？

額は絵よりも前に出てはいけない。僕が額で、ジャックが絵だ。

ジャックなら。

ジャックなら、どんなことを望む？

――僕の絵が、ずっと居心地よく過ごせるようなフレームと出会えたら……。

あのときの彼の声が、遠くから響いてくる。はっきりと心が定まった。

使うべきは本金箔じゃない。光が強すぎて、この作品がそっと抱いている灯《ともしび》をかき消してしまう。

この絵にぴったり似合うのは……。

僕は本金箔を包み直してしまい、迷わず別の引き出しを開けた。

4真鍮箔だ。僕はそう確信する。

真鍮箔は一見、金に見えるけれど、銅と亜鉛《あえん》で作られている。その配合によって、色味が少しずつ違う。

引き出しから取り出した、真鍮箔三号色、青口。

亜鉛の配合が若干《じゃっかん》多めの、青みがかった金色。クールな輝きを持つその色は、女の子のぬくもりを引き出してくれるだろう。

注8膠《にかわ》を使い、息をするのも忘れそうなほどの集中力で箔を押していく。

極薄の脆《もろ》い箔が吸いつくように木と同化するたび、僕はジャックとの不思議な一体感を覚えた。

彼がここにいなくても、何年も会っていなくても、今、僕は間違いなく彼と一緒にこの額を作っている。

次郎の言うように、力の限り魂を入れ込んだって、額職人の名前がともできない」

見せる？　知るって、誰が？

僕がきょとんとしていると、村崎さんは顎《あご》に手をやりながら言った。

「俺は、ちょっと危機を感じてるね。日本美術が危ないって。それは素材から言えることで、たとえば江戸時代以前の書物はまだきれいに残ってるだろ。でも、ここ百年で作られた紙は粉化《ふんか》しちゃってそんなにもたないんだ。せっかくの文献も絵もこなごなだよ。昔の日本には優れた技術がたくさんあったのに、口伝《くでん》でしか継承されないから消えてしまったものがいくつもある。オートメーション化が進んで、後継者をじっくり育てる余地もない。3産業革命のあとに育ったのは、弟子《でし》じゃなくてビルばっかりだ」

　堰《せき》を切ってあふれ出す村崎さんの話に、僕は黙って耳を傾ける。彼は遠くを見やるようにして、語り続けた。

「額装は高名な画家や美術館だけのものじゃない。ごく普通の一般家庭で、もっと日常的に楽しめるはずなんだ。子どもの描いた絵でも好きな人からもらったポストカードでも、気持ちいいなと素直に思えるものがいつもそばにあるって、すごく豊かなことだよ。額の良さを、その技術を、できるだけたくさんの人に見せて伝えていきたいって思うんだ。世間一般にとって、もっと身近な存在になるように知らせていきたいんだ。それが、俺の夢だね。人の営《いとな》みと共に絵があり続ける、真の豊かな生活」

　本当に、村崎さんが一度にこんなにしゃべるのを見るのは初めてだった。

　普段は寡黙《かもく》な彼の中にこれだけたくさんの想いがつまっていることを、僕はどうして理解しようとしなかったのだろう。

「夢が見られなきゃ、だめだ」って、そのひとことにすべてが凝縮されていたのに。

やっとわかった。

村崎さんの夢は……。額や絵に対してだけじゃない、毎日の暮らしに向けられているんだ。生身《なまみ》の肉体と心を持った、人々の。

村崎さんは僕にちらりと目をやった。

「なんの木を使うか決めたのか？」

僕はうなずく。

「桜を」

日本に興味があると言ってくれたジャックに、日本人の僕から親愛の情を込めて。

（中略）

時々、村崎さんにチェックしてもらいながら、僕は時間と手をかけて木地《きじ》を成形し、寸法に合わせて慎重に枠《わく》を組んだ。

額の全容が見えてきて、ほっとする一方で新しい緊張が生まれる。

鳥の羽根の彫刻。かなり重要なポイントだった。ここでそぐわない細工《さいく》をしたら、すべてが台無しになってしまう。僕は図鑑や画集をいくつもめくり、いろんな種類の羽根を研究した。どんな羽根をどんなふうに彫《ほ》っていくか……。

ジャックと過ごしたわずかなひとときを、思い出から手繰《たぐ》り寄せる。あのときジャックが楽しそうに僕に教えてくれた、ペインティング・ナイフの技法。

注2スクラッチ、スクラッチ。

……………そうだ、スクラッチだ。彫刻刀で立体的に彫り込むんじゃなくて、注3ニードルで削り描くんだ。主張は抑えめに、でもエレガントにキュートに。四隅で舞う注4エアリーな羽根たちは、女の子が隠し持っている痛みをやわらかく包んでくれるだろう。

城寺さんの言葉が頭に浮かんだ。

「こういう人がいいっていうんじゃなくて、この人がいいって思えたら、それが完璧な組み合わせだと思いますよ。人ってみんな、ひとりしかいないんだから」

ああ、と僕は声を漏《も》らした。

僕はずっと「イメージに近いもの」を選んで額装してきた。いつの頃からか、そういう仕事のやり方が身についてしまっていた。

円城寺さんの言葉を、額と絵に置き換えてみる。

1 ――こういう額がいいっていうんじゃなくて、この額がいいって思えたら。

それが完璧な組み合わせだ。絵ってみんな、ひとつしかないんだから。

冷蔵庫の扉を閉め、工房の隅に走った。木材の置いてある場所だ。

僕は探し求める。

「近いもの」じゃない。それしかないと、ぴったりくるものを。

（中略）

「村崎さん、僕……相談があるんです」

ちょっと僕を見やると村崎さんはテーブルに着き、促《うなが》すようにして椅子を指さした。僕は村崎さんと向かい合い、そこに座る。

「あの絵の額、モールディングじゃなくて木材から作ってもいいですか」

今まで村崎さんがそうするのを手伝ったことはあったし、練習として自分用に作ることはあった。でも、受注品をひとりで木材から手掛けたことはない。そして、失礼な話だが円城寺画廊が潤沢《じゅんたく》な予算を出してきたとは思いづらかった。

僕はかなり意を決して申し出たのに、村崎さんは驚きもせずあっさりとこう言った。

「やっとその言葉が出たか。おまえがそう言うの、待ってたよ」

「……でも、予算のこととか」

僕がおずおずと言うと、村崎さんは唇の端を片方、上げた。

「2俺、ひとつは流木使うから。おまえの額装に多少金がかかっても、トントンだ」

僕はa安堵《あんど》と喜びとで、「タダですもんね！」と笑った。ところが村崎さんは、不本意な表情を浮かべる。

「タダっていうのとは違うぞ。プライスレスだ」

村崎さんはテーブルの上で手を組んだ。

「今回、円城寺画廊が持ってきた作品の中に、十九世紀の旅芸人の一座を描いた油絵があってな。家族なのかもな。老人も子どももいて。あれを見たとき、おお、ここにつながったか、ぴったりだと思ったんだ。流れ流れていろんな景色を見てきたであろう流木が、今の姿になるまでの長い時間と経験。表情や味わいをそのまま大事に活かせるって」

急に興奮気味に話し出した村崎さんに、僕は戸惑《とまど》った。

村崎さんはいつも黙々と作業しているから、心も常に冷静沈着なんだと思っていた。でも違った。彼はほんとうに額縁を作ることが好きで、こんなに熱い気持ちでひとつひとつに取り組んでいたのだ。

まるで用意されたかのように、村崎さんの手にたどりついた流木。

そうか、そういうことだったのか。

「村崎さん、こんなときのために、流木を拾ったりしてるんですね」

納得しながら僕が言うと村崎さんは、いや、と首を振る。

「今回はたまたまだ。売り物になるかどうかは関係なく、俺はただ手作りの額ってものを残したいだけだよ。形にして見せないと、知るこから。

エ　人間にはそれぞれ違いがあって当然であるのに、社会では全員を一律に同じものとして取り扱ってしまうので、その違いをなくすために家庭環境とは関係なく努力をしなければならないから。

問六　――線5「そういう人生を～いけません」とありますが、「そういう人生を全部、再構成してい」くとはどういうことですか。三十字以上四十字以内で分かりやすく説明しなさい。

問七　次のア～オのうち、問題文の内容と合致しているものを二つ選び、記号で答えなさい。

ア　現代の消費社会や競争社会という不安に満たされた枠組みから脱却し、人々が安心できる新しい社会体制の創出が求められている。

イ　すてきなバッグを持つことによって自分自身にうっとりすることが可能となるが、そのことによって本当に幸せになれるわけではない。

ウ　家族仲の良い環境に生まれて意識せずとも安心感を持てた人は、根源的な欲求を満たすことができるので、それはとても望ましいことだ。

エ　人間は個性を持った存在のため、社会は全員をみな同じように受け入れていくのではなく、それぞれの持つ個性を優先的に尊重すべきだ。

オ　生まれた環境によって植え付けられた恐怖心は強く残るため、その人に対して親身に寄りそってくれる存在が何よりも大切だ。

三　次の文章は、青山《あおやま》美《み》智《ち》子《こ》の小説『赤と青とエスキース』の一節です。主人公の「僕」(空知《そらち》)は、「アルブル」という額縁工房で一人前の額縁職人(＝額職人)を目指し仕事に励んでいます。ある日、円城寺《えんじょうじ》画廊から二枚の絵の額縁制作を依頼されます。そのうちの一枚、赤い服の若い女性をモデルにした「エスキース」という絵は、「僕」が大学三年の夏にオーストラリアのメルボルンで出会い、額縁職人になるきっかけを与えてくれたジャックが描いたものでした。次の場面は、「僕」が工房の経営者である村崎さんに頼み、「エスキース」の額縁の制作を担当させてもらうところです。これを読んで、後の問いに答えなさい。

僕は注1モールディングのサンプルを詰め込んだ箱を作業台に運んだ。工場で作られたすでに出来上がっている額竿《がくざお》だから、カットしてそのまま組めばいい。幸いなことに、アルブル工房には種類が豊富に揃《そろ》っている。

デッサンした形状に近いものを、その中から探していく。これまでも、村崎さんを手伝いながら何度もこうやって額装をしてきた。きっといいものが見つかるはずだ。

山型の断面になっているモールディングをいくつか取り出し、絵にあてながら僕は完成図を想像した。でも、なかなか決めることができなかった。

………何かが、違う。

今ひとつ、しっくりこない。そんなに難しいデザインではないのに。思い描いているのと似たような額竿がたくさんあるのに、すぐそばまで近づいていると思うのに、何が違うんだろう。

僕は目を閉じてため息をつく。少し休憩しようと、立ち上がった。冷蔵庫まで歩いていき、麦茶のポットに手をかける。そのとき、円ければ不要な存在と見なされてしまうから。

ウ　機能集団とは共同体とは全く違い、共同体から機能集団へと変化したことによって、今まで共同体で培《つちか》ってきた経験や技術が全く役に立たなくなってしまったから。

エ　社会構造が大幅に変化し、働き方も変化を求められていくなかで、人々はみな任された役割を果たすことができずに、自分の存在価値も分からなくなってしまうから。

問三　――線2「消費社会」とありますが、ここでの「消費社会」とはどのような社会だと筆者は述べていますか。その説明として最も適当なものを次のア～エの中から一つ選び、記号で答えなさい。

ア　一つでも多くの商品を売るという競争を強いられた結果、たとえ効果を偽ってでも商品の売り上げを優先させずにはいられないような社会のこと。

イ　生きていくうえでの苦しみを簡単に解消できるかのようにうたった商品を売りつけ、消費者もそんな商品を求めずにはいられないような社会のこと。

ウ　人間全員が幸せになれないという不安を解決できるような商品を提供することで、購入者たちを少しでも救おうと努力しているような社会のこと。

エ　売る側にとっては不本意ながら客の購入のしやすさを優先して、本来不安を解消することは難しいのに、安易な解決策で対処するような社会のこと。

問四　――線3「人生に行き詰まります」とありますが、なぜ「行き詰ま」ってしまうと筆者は考えているのですか。その理由として最も適当なものを次のア～エの中から一つ選び、記号で答えなさい。

ア　我慢や苦労をしないで欲求を満たしてくれる消費社会は、神経症にかかることを人々に促しているのにもかかわらず、それを治すための体制が整っておらず、医学が追いついていないから。

イ　人間が成長するうえで欠かせないのがナルシシズムだが、現在の社会ではそれを解消したり克服したりすることばかりに目が行きがちで、最終的に人々は成長できなくなってしまうから。

ウ　自分の人生を生きるためには親からの自立が最も重要だが、それを実現するための大きな負担とリスクが消費社会では与えられず、人々はうまく人生を送ることができなくなってしまうから。

エ　人生を充足させるためには負担とリスクとを乗り越えることが必要だが、今の消費社会ではそれらを避けて生きることが可能なため、人々は人生に必要な成長の機会を奪われているから。

問五　――線4「人間は非常に不公平です」とありますが、「不公平」と言えるのはなぜですか。その説明として最も適当なものを次のア～エの中から一つ選び、記号で答えなさい。

ア　世の中には両親の仲の良い家庭で育った場合と、そうではなく両親の仲の悪い家庭で育った場合とが考えられるが、社会は不仲な家庭で育った人々に対して手を差し伸べようとしないから。

イ　肉体的にも精神的にも不安を抱えた環境で成長した人は、無意識の安心感を持つことができなくなり、人間の根源的欲求である保護と安全とを満たすことが人生の目標となってしまうから。

ウ　社会は人間全員を同じように扱うのにもかかわらず、それぞれが生まれ育った環境の違いによって、無意識の安心感を持つことができている人とそうではない人とが世の中には存在する周囲の人が自分に求めてきた価値ではなく、自分が信じる自分の価値に価値観を再構成するのです。

前述したように、世の中には「無意識の安心感」を持つ人もいます。何かあったら、必ず自分を助けてくれる人がいると無意識に信じられる人がいる。その一方で、他人が怖い、何をされるか分からない、生きるのが怖いという人もいます。

あるいは「記憶に凍結《とうけつ》された恐怖感」という言葉があります。これは、幼児期に自分はいつ殴《なぐ》り殺されるか分からないような環境の中で育った結果、抱くようになった恐怖感です。

記憶に凍結されたこの恐怖感は十年、二十年、そんな期間では変わらないと考えられています。何もしなければ、死ぬまでこの恐怖感を持って生きていくことになります。

どのような家庭に生まれるかは、もちろん当人の責任ではありません。

しかし、そうした運命を抱えて生まれ、いつまでも「記憶に凍結された恐怖感」のような恐怖を抱えて生きていると、四十歳になっても五十歳になっても、七十歳になっても八十歳になってもその人は幸せになれません。

大切なのは、我々は自分がめぐり合わせた人生としっかりと向き合い、自分の人生を受け入れながらも、人格を再構成することによって、新しい人生を切り拓《ひら》くことです。

「おやじがアルコール依存症《いぞんしょう》で暴力を振るってどうしようもない」。そういう環境の中で生まれた人にとって、これは「記憶に凍結された恐怖感」です。これは長い間、強く残ります。しかし、何もせずにそのまま生きて、「はい、あなたの人生つらかったですね」ではあまりにも悲劇的ではないでしょうか。

5そういう人生を全部、再構成していかなくてはいけません。またそのためには、自分の人生はどういう人生なのかを考えることが、極めて大切なのです。

（加藤諦三《たいぞう》『不安をしずめる心理学』）

※問題作成の都合上、文章を一部省略しています。

注１　神経症…心理的な原因によって起こる心身の機能障害。

注２　ナルシシズム…精神分析の用語で、自分自身を愛すること。自己愛。うぬぼれ。

注３　フロイト…ジークムント・フロイト（一八五六－一九三九）。オーストリアの心理学者。精神科医。

注４　母親固着…精神分析の用語で、母親からの愛情を強く求め、執着すること。

注５　ボールビー…ジョン・ボールビー（一九〇七－一九九〇）。イギリス出身の医学者。精神科医。精神分析家。

問一　［A］～［C］にあてはまる語句として最も適当なものを次のア～カの中からそれぞれ一つ選び、記号で答えなさい。ただし、同じ記号を二度以上選ぶことはできません。

ア　例えば　イ　それなら　ウ　さらに

エ　なぜなら　オ　ところで　カ　ところが

問二　――線１「我々にとって不安な時代に入った」とありますが、なぜ「我々」は「不安」を感じるようになったと考えられますか。その説明として最も適当なものを次のア～エの中から一つ選び、記号で答えなさい。

ア　人類の歴史の変化のなかで、家族から会社へと人間社会の中心が移り変わり、よく知らない人たちとも積極的に交流していかなければならなくなってしまったから。

イ　社会構造の変化によって、集団に所属しているだけでは自分の存在理由が見出せなくなり、そのなかでの役割をやりとげな

[B] 消費社会では、そうした課題に対しても、「ここに行けば解決する」「この本を読めば解決する」という情報が売られています。真の成長が得られない解決法が、「これで解決できる」と言って売られているのです。

本来、人生の充足というのは、そのように簡単に解決できるものではありません。人生における不可避的な課題が、次から次へとたくさんあって、それらを解決しながら何とか成長することで、その結果、ようやく手に入るものです。成長と退行の葛藤の中で生きていくことには、ものすごい負担とリスクが伴うのです。

一方で、そうした負担とリスクを負わずに生きていくこともできますし、いまの社会はその方法も教えてくれます。ただしその場合、前にも述べたように、人生に必要な成長を遂げていないので、最終的には行き詰まることになります。

だからいま、誰もが不安に陥っているのです。

（中略）

4人間は非常に不公平です。

両親の仲が良い家庭に生まれれば、お母さんに注4母親固着を満たしてもらい、お父さんに励《はげ》ましてもらえます。そうした環境で、人生の課題をそれぞれ乗り越えながら、自立して生きていくことができます。

しかし、生まれた家庭が、両親の仲が悪い場合もあります。いつもお父さんがお母さんに暴力を振るっていて、お母さんの泣き声を聞くのが嫌で、耳をふさいで押し入れに入っていた。それればかりか現在では、幼児虐待《ぎゃくたい》が増えています。

このように、とことん虐待される家庭に生まれる人もいれば、家族仲の良い家庭に生まれる人もいる。肉体的にも心理的にも不安を抱えた、孤独で虐待される環境に生まれる人もいれば、イギリスの精神科医注5ボールビーが言うような「無意識の安心感」を持って成長する人もいます。

ボールビーの言う「無意識の安心感」とは、意識しないで自分は安心感を持っている、ということです。つまり、保護と安心、安全を保障されていると無意識に感じている。ボールビーはこれを「Unconscious《アンコンシャス》 reassurance《リアシュアランス》」という言葉で表現しています。

どんなことがあっても必ず助けてくれる人がいると信じている、自分は常に愛されて保護されている、という安心感のもとに生きていて、無意識の安心感を持てるというのは、本当に素晴らしいことです。

そんな、どんなことがあっても自分を助けてくれるという無意識の安心感を抱き、保護と安全という人間の根源的な欲求が満たされている人がいる一方で、そうではない人もいる。ところが社会は、こうした前提の違いがあるのにもかかわらず、全員を同じように取り扱います。無意識の安心感のある、なしにかかわらず、二十歳になったら、二十歳の人間として同様に扱うのです。

しかし、その二十歳の人の中には、心理的には二、三歳どころか、さらに未熟で、生まれたままのような精神年齢の人もいれば、人間として成熟しつつある人もいる。

[C]、心理的に幼い人のもとに生まれてくる子どももまた、肉体的にも心理的にも不安のまま生きていくことになるのです。

しかし、どのような環境のもとに生まれようとも、自分の運命を成就して、最後まで生きなければならない点は同じです。

その意味でも我々にとって大切なことは、人格の再形成です。

つまり、これまでとは別の視点で、自分の価値観を見つめ直すということです。

人生を生きるのは本当に大変で、人間は誰もが幸せになるようにプログラムされているわけではありません。

そうであるにもかかわらず、「これを読めば幸せになれます」という本がどんどん出版されます。どうすれば簡単に不安を消せるか、といった内容の一時間か二時間で読める本を出版社も求めるのです。

もちろん、それほど簡単に不安を消すことなどできませんが、だからといって本当に不安を消すことができる方法を説いた、実践《せん》することが難しい内容の本は、出版社から発刊を断られます。

「不安を消せる、こんな簡単な方法がありますよ」という本と、「人間の不安というのは根源的な問題であり、大変なことなのだ」と書いた本があるとします。

さらに、後者には「生きるということをなめてはいけないよ」というようなことが書いてあったとしましょう。そうした時に、読者がどちらを買うかといえば、多くの人が不安を消す簡単な方法を書いてあるほうを手に取りがちです。

消費社会はとにかく物を売ることを優先するので、「これを買えば、こういうことが可能」ということを散々宣伝します。まるで当然のことのように、いかに容易にその不安が解決できるかを示し、これを買えば「こんなにいいことがあるよ」と売り込みます。

しかし、そんな魔法の杖《つえ》のようなものはありません。よく考えれば分かることですが、もし「こうすれば幸せになれますよ」ということが本当なら、人類はとっくの昔から幸せになっているはずです。

そのような、ないはずの魔法の杖を売っているのが消費社会なのです。こうすれば幸せになれる――そんなことをしたって、幸せにはなれるわけがないのに、いかにして安易に望むものが手に入るか、ということを競って売っているのです。

人生の課題の一つに注2ナルシシズムがあります。

人は誰もがナルシシズムを持って生まれてきます。生きていく過程で、そのナルシシズムを昇華し、克服して、我々は成長していくわけです。

人間が成長していくためには、その時期、その時期でどうしても解決しなければならない課題がありますが、このナルシシズムを解消することで精神的に成長していくのもその一つです。ところが、世の中には、この克服すべきナルシシズムを満足させるようなものがたくさんあります。「このバッグを持ったら、すてきですよ」というのは、まさにナルシシズムを満たしてくれる商品の一つです。

本来、人間は成長とその反対である退行の葛藤《かっとう》の中で、生きていくべき存在です。しかし、消費社会というのは、我慢や苦労なしで安易に欲求を満たしてしまう社会なのです。

一時的には成長に伴う苦しい試練に直面せずに生きていける社会ではあるのですが、成長を避けていると、結局[3]人生に行き詰まります。ナルシシズムや退行を無理に乗り越えなくても、楽しく生きていける社会であれば、いいのではないか、という考えもあるでしょう。しかし、歳を重ねてある年齢に達し、自分の人生を振り返った時に、本当に心から触れ合える人というのは、自分が成長していなくては得られません。そういう人が誰もいなかったことに、人生の終盤で初めて気づくとしたら、これほど寂《さび》しいことはありません。

それにもかかわらず、消費社会は「そういう生き方が一番いいですよ」とすすめているのです。

人間が成長していく中での課題には、ナルシシズムや退行の克服だけではなく、もう一つ、親からの自立、つまり「オイディプス・コンプレックス」の克服があります。

これは、注3フロイトが「人類普遍《ふへん》の課題である」と述べたほどで、当然簡単に解決できるはずのないものです。

2023年度 本郷中学校

【国　語】〈第一回試験〉（五〇分）〈満点：一〇〇点〉

注意　字数指定のある問題は、特別の指示がない限り、句読点、記号なども字数に含みます。

一　次の①～⑤の――線部について、カタカナの部分は漢字に直し、漢字の部分はその読みをひらがなで答えなさい。なお、答えはていねいに書くこと。

① 列車が警笛を鳴らしながら通過した。
② 紅葉はバンシュウの時期が美しい。
③ よく冷えたタンサン水が出された。
④ 私は彼にオンギを感じている。
⑤ 床がカガミのようにみがかれていた。

二　次の文章を読んで、後の問いに答えなさい。

人類の歴史を辿《たど》ると、共同体から機能集団の歴史になりました。機能集団の一例は、会社などの組織です。一方、共同体というのは家庭などです。

かつては共同体に属してさえいれば、「君は君だから生きている意味がある、価値がある」とされた。人間はそこにいること自体に意味が持てました。

ところが、機能集団というのは共同体とはまったく異なり、そこに属しているだけでは価値や意味を持てません。

［A］、会社の部長が「俺は俺だから意味がある」と言って、その役割を果たさなければどうなるでしょう。会社は潰《つぶ》れてしまうかもしれません。そもそも、その人が集団の中で求められている役割を果たさなければ、必要とされないでしょう。人間の社会は共同体から機能集団になったわけですが、この流れ自体が、1我々にとって不安な時代に入ったことを意味しています。

さらに、現代について考えてみると、消費社会、競争社会へ変化してきました。実はこのことが、我々の不安をより強いものにしているのです。

競争社会とそうではない社会とでは、我々が感じる不安はまったく違います。

競争社会は、勝つか負けるかという社会です。勝つことでしか不安から逃れられない人は、早く結果を出そうとして焦《あせ》る。いましていることの結果を気にして、いつまでも不安です。

また2消費社会も同様に人を強い不安に陥《おとしい》れます。

消費社会は「これを買えば、こんないいことがありますよ」という商品をどんどん売る社会です。このクリームをつけたら「十歳若返ります」「きれいなお肌になります」「このハンドバッグを持ったらすてきに見えますよ」といった具合に商品を売りつけます。

要するに、消費社会は「安易な解決を可能にする商品を競って売る社会」なのです。

安易な解決を求めるというのは、社会全体が注1神経症《しょう》に陥っていることを意味しています。

人は生きている以上、さまざまな苦しいこと、大変なことに直面しますが、そうした苦しみに対して「こうすれば解決できる」と言う人がいると、安易な解決法を求めて、多くの人がその人のところに集まってしまう。

いわば消費社会とは、みんなが一生懸命、神経症に向かって走っているような社会。しかも、それを社会として推奨《しょう》しているのです。

2023年度

本郷中学校　▶解説と解答

算　数　＜第１回試験＞（50分）＜満点：100点＞

解　答

$\boxed{1}$ (1)　15　(2)　0.5　$\boxed{2}$ (1)　9.6cm　(2)　336ページ　(3)　98人　(4)　19.625cm^2　(5)　40秒間　(6)　10秒後　$\boxed{3}$ (1)　毎分12m　(2)　$26\frac{2}{11}$　(3)　6.8　$\boxed{4}$ (ア)…19343，(イ)…14297，(ウ)…13，(エ)…5046，(オ)…841　$\boxed{5}$ (1)　62.5cm^3　(2)　(オ)　(3)　$17\frac{13}{36}$ cm^3

解　説

$\boxed{1}$ 逆算，四則計算

(1)　$9-(1+4\div6)\times3=9-\left(1+\frac{4}{6}\right)\times3=9-1\frac{2}{3}\times3=9-\frac{5}{3}\times3=9-5=4$より，$(\square-7)\times5\div4-2=8$，$(\square-7)\times5\div4=8+2=10$，$\square-7=10\times4\div5=8$　よって，$\square=8+7=15$

(2)　$\left(2.023+2\frac{89}{100}\right)\times\frac{50}{289}-\left(1.25-\frac{9}{10}\right)=(2.023+2.89)\times\frac{50}{289}-(1.25-0.9)=4.913\times\frac{50}{289}-0.35=\frac{4913}{1000}\times\frac{50}{289}-0.35=\frac{17}{20}-0.35=0.85-0.35=0.5$

$\boxed{2}$ 水の深さと体積，割合と比，相当算，平均とのべ，図形の移動，面積，周期算，速さと比

(1)　正面から見ると右の図１のようになる。図１で，三角形ABCと三角形APQは相似であり，相似比は，AB：AP＝15：(15－６)＝５：３だから，PQの長さは，$6\times\frac{3}{5}=3.6$(cm)とわかる。したがって，台形PBCQの面積は，(3.6＋６)×６÷２＝28.8(cm^2)なので，容器に入っている水の体積は，28.8×15＝432(cm^3)と求められる。また，三角形ABCの面積は，６×15÷２＝45(cm^2)だから，三角形ABCが底面になるように置いたときの水の深さは，432÷45＝9.6(cm)とわかる。

図１

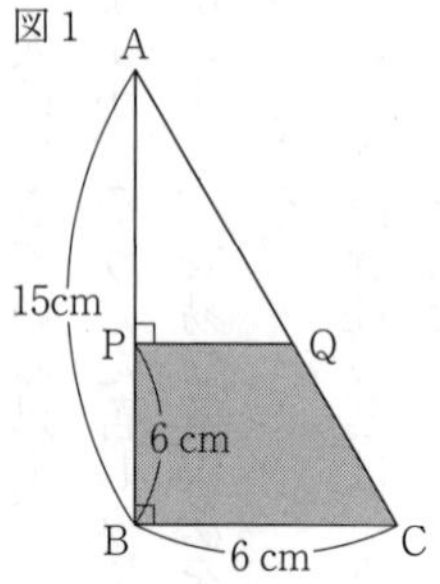

〔**ほかの考え方**〕　三角形ABCと三角形APQの面積の比は，(５×５)：(３×３)＝25：９なので，水の体積と容器の容積の比は，(25－９)：25＝16：25とわかる。よって，三角形ABCが底面になるように置いたときの水の深さは，$15\times\frac{16}{25}=9.6$(cm)と求めることもできる。

(2)　全体のページ数を$\boxed{1}$，１日目に読んだ残りのページ数を①として図に表すと，右の図２のようになる。図２で，太線部分のページ数は，$\boxed{\frac{1}{4}}-11$(ページ)と表すことができる。また，太線部分の，$1\div\left(1-\frac{2}{3}\right)=3$(倍)が①にあたるから，①にあたるページ数は，$\left(\boxed{\frac{1}{4}}-11\right)\times3=\boxed{\frac{3}{4}}-33$(ページ)とな

図２

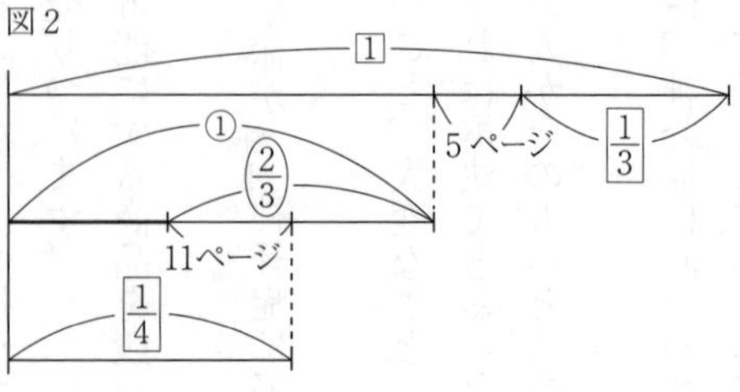

る。これに１日目に読んだページ数を加えると，全体のページ数は，$\boxed{\frac{3}{4}}-33+\boxed{\frac{1}{3}}+5=\boxed{\frac{13}{12}}-28$（ページ）となる。よって，$\boxed{1}=\boxed{\frac{13}{12}}-28$より，$\boxed{1}$にあたるページ数（全体のページ数）は，$28\div\left(\frac{13}{12}-1\right)=336$（ページ）と求められる。

⑶　Ａで受けた人数を□人，Ｂで受けた人数を△人として図に表すと，右の図３のようになる。図３で，かげをつけた部分の面積と太線で囲んだ部分の面積は，どちらも168人全員の合計点を表している。したがって，これらの面積は等しいので，アとイの長方形の面積も等しくなる。また，アとイの長方形のたての長さの比は，1.5：2.1＝５：７だから，横の長さの比は，$\frac{1}{5}:\frac{1}{7}=7:5$となる。よって，Ａで受けた人数（□）は，$168\times\frac{7}{7+5}=$98（人）と求められる。

図３
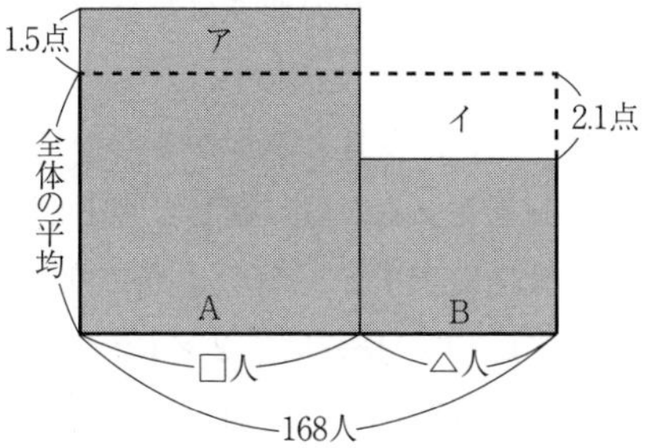

⑷　辺ADは右の図４のかげの部分を通る。このとき，長方形が回転した角度は90度なので，対角線BDが回転した角度も90度である。また，斜線《しゃせん》部分を矢印のように移動すると，かげの部分は半径が13cmの四分円から半径が12cmの四分円を除いたものになる。よって，辺ADが通った部分の面積は，13×13×3.14÷４－12×12×3.14÷４＝(169－144)×3.14÷４＝6.25×3.14＝19.625（cm^2）と求められる。

図４
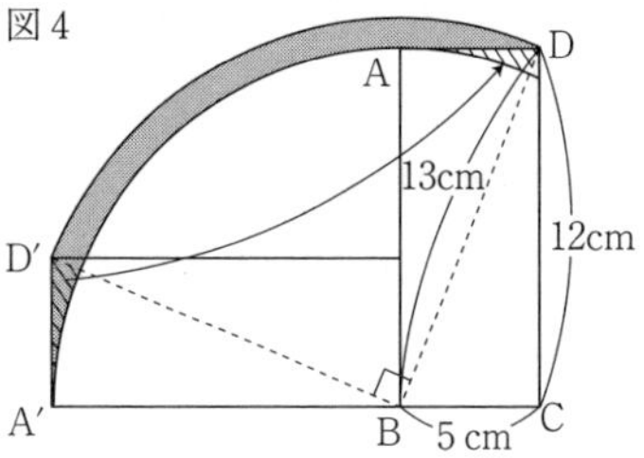

⑸　赤は，２＋１＝３（秒）ごと，青は，３＋２＝５（秒）ごとに同じ点滅《てんめつ》をくり返すから，赤と青は３と５の最小公倍数である15秒ごとに同じ点滅をくり返す。そこで，最初の15秒間について１秒ずつ調べると，右上の図５のようになる（○はついていること，×は消えていることを表す）。したがって，15秒間の中で両方ともついている時間は６秒間あることがわかる。また，100÷15＝６余り10より，これが６回くり返され，さらに10秒間余る。最後の10秒間の中で両方ともついている時間は４秒間あるので，全部で，６×６＋４＝40（秒間）と求められる。

図５

赤	○	○	×	○	○	×	○	○	×	○	○	×	○	○	×
青	○	○	○	×	×	○	○	○	×	×	○	○	○	×	×

⑹　電灯の高さと弟の身長の比は，4.4：1.1＝４：１，電灯の高さと兄の身長の比は，4.4：1.76＝５：２だから，右の図６のようになる。図６で，２人の影《かげ》の長さは等しいので，弟の影の長さ（①）を$\boxed{2}$とすると，弟が歩いた長さは，④－①＝③＝$\boxed{6}$となる。したがって，弟と兄が歩いた長さの比は，６：（５－２）＝２：１だから，弟と兄が歩いた時間の比も２：１となる。この差が10秒なので，比の１にあたる時間は，10÷（２－１）＝10（秒）となり，このようになるのは兄が出発してから，10×１＝10（秒後）とわかる。

図６
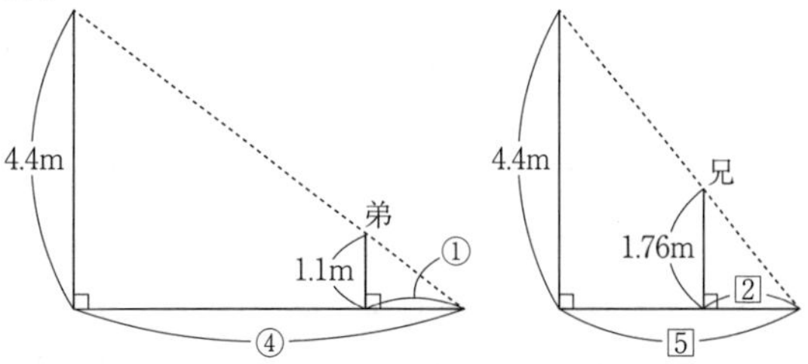

3 グラフ―旅人算

⑴ 問題文中の図Ⅱから，最初の壁《かべ》Ａと壁Ｂの間の長さは22mであり，最初の点Ｐと壁Ｂの速さの差は毎分，22÷２＝11(m)とわかる。よって，最初の点Ｐの速さは毎分，11＋１＝12(m)である。

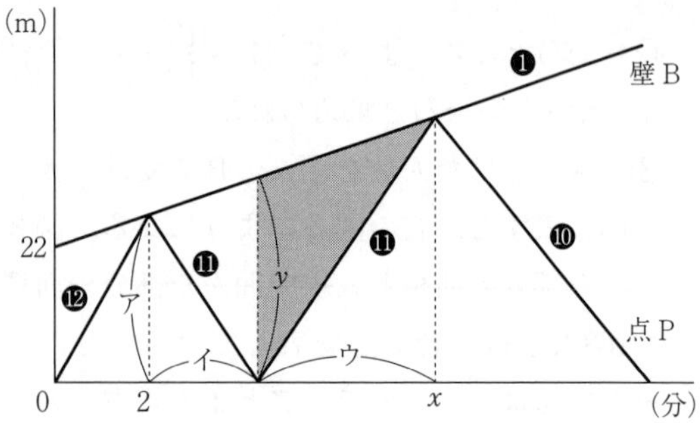

⑵ 点Ｐは壁Ｂとぶつかるたびに速さが毎分１mおそくなるから，壁Ｂと点Ｐが動くようすをグラフに表すと，右のようになる(●は分速を表す)。アの長さは，２×12＝24(m)なので，点Ｐが最初に壁Ｂにぶつかってから壁Ａにぶつかるまでの時間(イ)は，24÷11＝$\frac{24}{11}$(分)とわかる。また，その間の壁Ｂと点Ｐの速さの和は毎分，１＋11＝12(m)だから，その間に壁Ｂと点Ｐが離《はな》れる長さ(y)は，12×$\frac{24}{11}$＝$\frac{288}{11}$＝26$\frac{2}{11}$(m)となる。

⑶ かげの部分で，壁Ｂと点Ｐの速さの差は毎分，11－１＝10(m)なので，ウの時間は，$\frac{288}{11}$÷10＝$\frac{144}{55}$(分)とわかる。よって，x＝２＋$\frac{24}{11}$＋$\frac{144}{55}$＝$\frac{34}{5}$＝6.8(分)と求められる。

4 整数の性質

まず，19350を割ると７余る数は，19350－７＝19343を割ると割りきれる数である。同様に，14300を割ると３余る数は，14300－３＝14297を割ると割りきれる数である。よって，両方に共通する最も大きい数は，19343(…ア)と14297(…イ)の最大公約数になる。次に，右の図１の計算から，104＝２×２×２×13，39＝３×13となることがわかる。よって，104と39の最大公約数は13(…ウ)である。さらに，19343÷14297＝１余り5046より，19343と14297の最大公約数は，14297と5046(…エ)の最大公約数になることがわかる。これを続けると，14297÷5046＝２余り4205，5046÷4205＝１余り841，4205÷841＝５より，19343と14297の最大公約数は841(…オ)とわかる(右の図２を参照)。

図１

2) 104　3) 39
2) 52　　 13
2) 26
　 13

図２

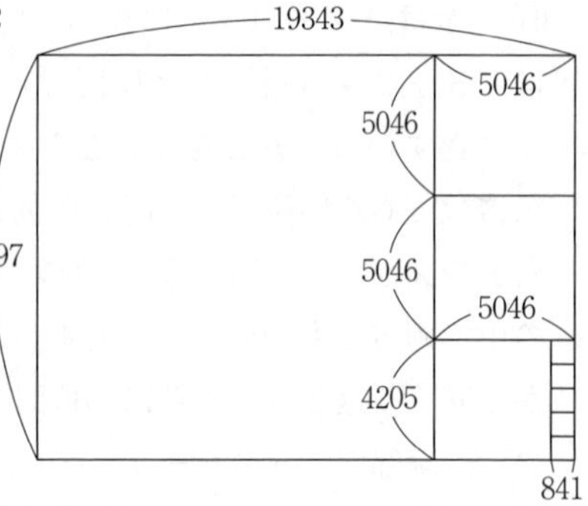

5 立体図形―分割，体積

⑴ Ｄ，Ｅ，Ｆを通る平面で切ると，右の図１のように合同な２つの三角柱に分かれる。よって，立体Ｋの体積は，５×５×５÷２＝62.5(cm^3)とわかる。

図１

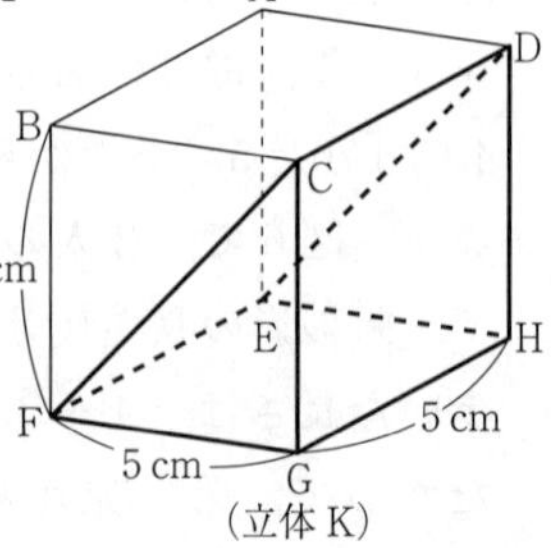

(立体Ｋ)

⑵ 下の図２のように，ＦとＲ，ＲとＱはそれぞれ直接結ぶことができる。また，Ｆを通りRQと平行な直線が辺BCと交わる点をＳ，Ｓを通りFRと平行な直線が辺CDと交わる点をＴとすると，切り口は五角形QRFST(…オ)になる。なお，このとき頂点Ｇを含《ふく》む方の立体をＭと呼ぶことにする。

⑶ はじめに，立体Ｍの体積を求める。それぞれの辺を延長すると下の図３のようになり，各部分の長さは図３のように求めることができる(単位はcm)。図３で，３つの三角すいＩ－CTS，Ｑ－

HJR，I－GJFは相似であり，相似比は，SC：RH：FG＝$\frac{5}{4}$：$\frac{5}{2}$：５＝１：２：４だから，体積の比は，$(1\times1\times1):(2\times2\times2):(4\times4\times4)=1:8:64$となる。したがって，立体Mの体積は三角すいI－CTSの体積の，$(64-1-8)\div1=55$(倍)とわかる。また，三角すいI－CTSの体積は，$\left(\frac{5}{4}\times\frac{5}{2}\div2\right)\times\frac{5}{3}\div3=\frac{125}{144}$($cm^3$)なので，立体Mの体積は，$\frac{125}{144}\times55=\frac{6875}{144}$($cm^3$)と求められる。次に，立体Mを面CDEFで切ると，下の図４の三角すいF－CTSが切り取られる。この三角すいの体積は，$\left(\frac{5}{4}\times\frac{5}{2}\div2\right)\times5\div3=\frac{125}{48}$($cm^3$)だから，残りの部分の立体をＮと呼ぶことにすると，立体Ｎの体積は，$\frac{6875}{144}-\frac{125}{48}=\frac{1625}{36}$($cm^3$)となる。立体Ｌは立体Ｋから立体Ｎを除いたものなので，立体Ｌの体積は，$62.5-\frac{1625}{36}=\frac{625}{36}=17\frac{13}{36}$($cm^3$)である。

図２

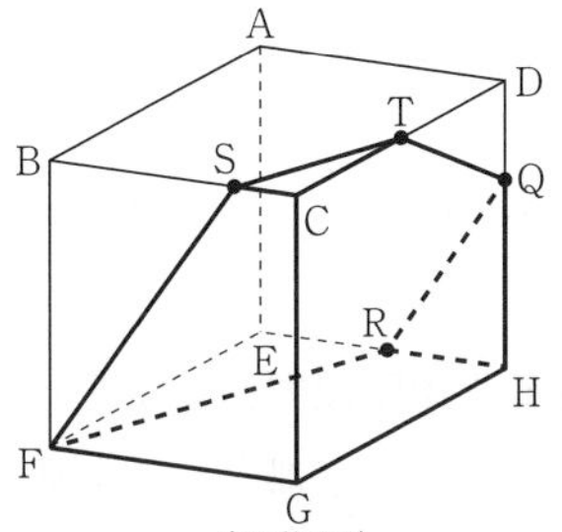

(立体Ｍ)

図３

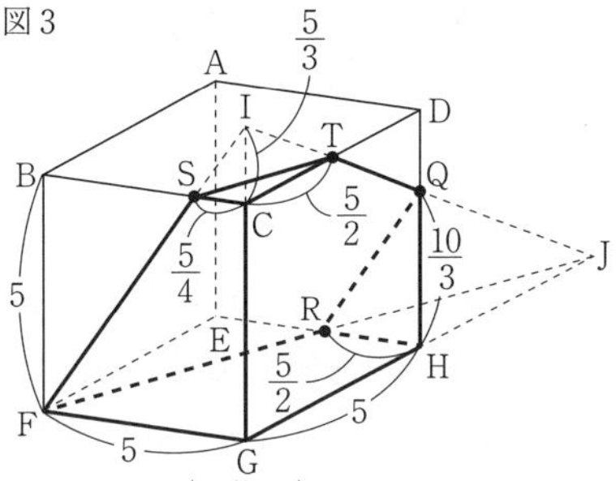

(立体Ｍ)

図４

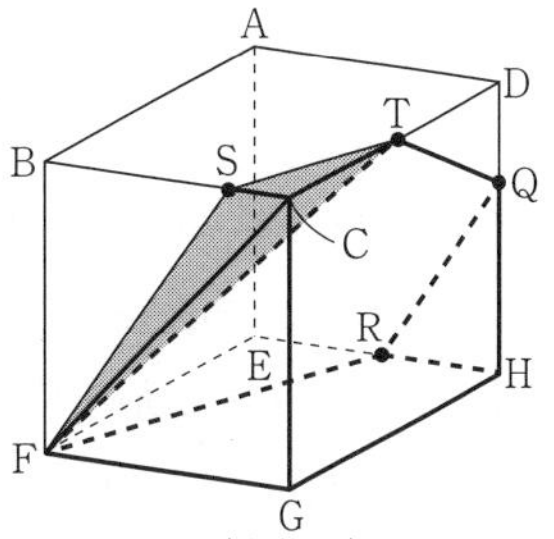

(立体Ｎ)

社　会　＜第１回試験＞(40分)＜満点：75点＞

解　答

[1] **問１** (1) 0.5(km^2)　(2) (う)　(3) エ　(4) 東　**問２** **A** (雲仙)普賢　**B** 有明　**問３** ウ　**問４** (1) ウ(エ)　(2) d　**問５** (1) ウ　(2) エ　**問６** イ　**問７** ア　**問８** エ　**問９** ウ　**問10** ウ　[2] **問１** ア　**問２** イ　**問３** エ　**問４** ウ　**問５** ア　**問６** ウ　**問７** エ　**問８** エ　**問９** イ　**問10** 雪舟　**問11** 大政奉還　**問12** 陽明門　**問13** 千利休　**問14** 菅原道真　**問15** 北条政子　**問16** 錦絵(浮世絵)　**問17** 東郷平八郎　[3] **問１** **1** 1945　**2** ニューヨーク　**3** 安全保障理事会　**4** 15　**問２** つくらず　**問３** SDGs　**問４** 拒否権　**問５** PKO　**問６** イ　**問７** ① ウ　② ア　③ エ　**問８** **A** ク　**B** カ　**C** ウ　**D** オ

解　説

[1] 島原半島を題材とした問題

問１ (1)　地形図で等高線を読み取ると，太い線(計曲線)が100mおきに引かれていることがわかる。等高線の細い線(主曲線)が20mおき，太い線が100mおきに引かれているのは，縮尺が50000分の１の地形図である。また，実際の距離は，(地形図上の長さ)×(縮尺の分母)で求められる。したがって，示された地形図上の２cmは実際には，２×50000＝100000cm＝1000m＝１kmとなり，この半分の１cmは実際には0.5kmとなる。１×0.5＝0.5より，Ｘの範《はん》囲《い》の面積は0.5km^2と求められる。

(2)　空中写真から，(う)の場所には建物があったことが読み取れる。水無《みずなし》川の流路などを手がかりとして，この場所を地形図と照らし合わせると，ここが「安徳町」周辺にあたるとわかるが，地形図上ではこの地域にほとんど建物がない。これは，1990年に始まった「平成の大噴火」の影響《えいきょう》で，町が大きな被害を受けたからだと推測できる。　(3)　山が２つ写るようにして撮影《さつえい》したとき手前に海が広がり，湾が左側に入りこむように見えるのは，エだけである。　(4)　文章から，1792年に眉《まゆ》山が崩壊《ほうかい》して出た土砂が，海に流れこんだことがわかる。地形図には方位記号が示されていないので，地形図の上が北，右が東，下が南，左が西にあたる。眉山から見て海は右，つまり東の方向に広がっている。

問２　**Ａ**　(雲仙)普賢《ふげん》岳は島原半島のほぼ中央に位置する活火山で，1990年代にはマグマ噴火をふくむ活発な火山活動が起こった。　**Ｂ**　有明海は福岡・佐賀・長崎・熊本の４県に囲まれた内海で，のりの養殖がさかんなことで知られる。なお，島原半島の北側を有明海，東側を島原湾とよぶこともある。

問３　ジオパークは，地質学的に貴重な自然や地形の保全も目的の一つとしているので，そこに流れる川の流れを改変することは，その目的に反する行為といえる。

問４　(1)　中国山地を境として，その瀬戸内海側を山陽地方，日本海側を山陰地方とよぶことがある。岡山県は，瀬戸内海側の山陽にふくまれる。また，山陰海岸ジオパークは京都府，兵庫県，鳥取県の日本海側の海岸に分布している。　(2)　雨温図は，梅雨や台風の時期の降水量が多く，冬の降水量が少ない太平洋側の気候の特徴《とくちょう》を示しているので，ｄの高知県室戸市があてはまる。

問５　(1)　島原半島の形成に影響をおよぼすと考えられる大規模な火山として，島原半島のほぼ東に位置する阿蘇山が選べる。阿蘇山は約９万年前に大噴火を起こし，現在の巨大なカルデラが形成されるとともに，火山噴出物が遠くまで運ばれ，その一部は原城跡のある島原半島南部にまで達して台地を形成した。なお，有珠《うす》山は北海道，桜島は鹿児島県にある火山，箱根山は神奈川県と静岡県にまたがる火山。　(2)　原城跡は1637年に起こった島原・天草一揆《いっき》の舞台《ぶたい》となり，天草四郎時《とき》貞《さだ》を首領とする一揆軍がここに立てこもって抵抗《ていこう》を続けた。江戸時代にはキリスト教が禁止されたが，長崎や天草地方(熊本県)には隠《かく》れて信仰を守り続けたキリシタン(キリスト教信者)の集落が点在しており，島原・天草一揆を起こした人のなかにはこうしたキリシタンもふくまれていた。2018年には，原城跡をふくむ周辺地域の集落などが「長崎と天草地方の潜伏《せんぷく》キリシタン関連遺産」として，ユネスコ(国際連合教育科学文化機関)の世界文化遺産に登録された。なお，アは福岡県，イは三重県・奈良県・和歌山県，ウは岩手県にある世界文化遺産。

問６　福井県の若狭《わかさ》湾沿岸に複数あるａは原子力発電所で説明文は３，東京都や大阪府などの大都市に近い沿岸部に複数立地しているｂは火力発電所で説明文は２，東北地方と九州地方の山間部に複数立地しているｃは地熱発電所で説明文は４，中央高地の山間部に多く立地しているｄは水力発電所で説明文は１となる。

問７　火山の噴火にともない，火山灰や軽石，火山ガスといった高温の火山噴出物が山の斜面《しゃめん》を流れ下る現象を，火砕《かさい》流という。1990年から始まった雲仙普賢岳の噴火では，1991年に大規模な火砕流が発生して大きな被害が出た。

問８　1792年の雲仙火山の噴火では，眉山の山体崩壊にともなって発生した土砂が有明海に流れこんで津波を起こし，対岸を襲《おそ》った。なお，高潮は強い低気圧や台風によって海面が上昇《じょうしょう》する現象。洪水は河川の水量が異常に増えたり，それによって流路から水があふれたりすることで，大雨や雪解け水によって引き起こされる。赤潮は，海水中のプランクトンが異常に増えて海の色が変わる現象で，特に漁業に大きな被害をおよぼす。

問９　島原半島の東側には熊本県があり，熊本県の旧国名は肥後という。なお，筑前《ちくぜん》は福岡県北西部，肥前は佐賀県・長崎県，薩摩は鹿児島県西部の旧国名。

問10　気候が暖かく，火山性の痩《や》せ地でも育つ作物として，さつまいもがあてはまる。さつまいもは現在も，火山噴出物の台地であるシラス台地が広がる鹿児島県や，火山噴出物などが堆積《たいせき》してできた関東ローム(層)の台地が広がる茨城県・千葉県の収穫《しゅうかく》量が多い。統計資料は『日本国勢図会』2022／23年版による。

2　各時代の歴史的なことがらについての問題

問１　上皇(法皇)が政治の実権を握《にぎ》り，院政を行うようになったあとも，朝廷の役職としての摂《せっ》政《しょう》・関白は残っており，1156年の保元の乱では関白の藤原忠通《ただみち》が後白河天皇側についた。

問２　1794年は江戸時代後半にあたり，江戸の庶民《しょみん》を担《にな》い手とした文化が栄えた。ア，ウ，エはこれにあてはまるが，イは，江戸時代前半に上方とよばれた京都・大坂(大阪)で栄えた元禄文化にあてはまる。

問３　『万葉集』は現存する最古の和歌集で，８世紀後半ごろに大伴家持《おおとものやかもち》らが編さんした。勅撰《ちょくせん》和歌集は天皇の命令によってつくられた和歌集で，その最初のものである『古今《こきん》和歌集』は，紀貫之らが編さんを進めて10世紀初めに完成した。

問４　戦国時代には，身分の下の者が上の者を実力で倒し，その地位にとってかわるという下剋《げこく》上《じょう》の風潮が広まった。しかし，甲斐《かい》(山梨県)の武田氏や薩摩(鹿児島県)の島津氏のように，守護大名から成長した戦国大名もおり，「約９割が，下剋上を起こして成り上がった」という記述は正しくない。なお，イについて，武田晴信は一般に「武田信玄」というよび名で知られている。

問５　太平洋戦争(1941～45年)敗戦後の民主化政策の一つとして，1945年12月に衆議院議員選挙法が改正され，満20歳以上の男女に選挙権が与えられた。

問６　栄西も道元も宋(中国)に渡って禅宗を学び，帰国後，栄西は臨済宗，道元は曹洞宗を開いた。

問７　農業用の機械は太平洋戦争敗戦後から本格的に普及《ふきゅう》し，農業の近代化が急速に進んだ。

問８　ソ連は初の社会主義国として1922年に成立したが，当初，日本は国交を結んでいなかった。その後，1925年に日ソ基本条約が結ばれたことで，日本はソ連との国交を樹立した。なお，アは1912年，イは1914年，ウは1915年のできごと。また，日ソ中立条約は1941年に結ばれた。

問９　1936年２月26日，陸軍の青年将校らが首相官邸《かんてい》や警視庁などを襲って斎藤実《さいとうまこと》内大臣や高橋是清《これきよ》大蔵大臣らを暗殺し，一時，東京の中枢《ちゅうすう》部を占拠《せんきょ》した。このクーデタ事件は，その日づけから二・二六事件とよばれる。

問10　雪舟《せっしゅう》は京都相国《しょうこく》寺の画僧で，明(中国)に渡って水墨画《すいぼくが》の技術をみがき，帰国後は山口などで活動して日本風の水墨画を大成した。代表作に「秋冬《しゅうとう》山水図」「天橋立《あまのはしだて》図」などがある。

問11　倒幕の気運が高まるなかで江戸幕府の第15代将軍となった徳川慶喜《よしのぶ》は，土佐藩(高知県)の前藩主・山内容堂(豊信《とよしげ》)のすすめに従い，1867年10月に京都の二条城で，政権を朝廷に返上する大政奉還を行った。これによって江戸幕府は滅《ほろ》び，長く続いた武士の世の中も終わった。

問12　陽明門は日光東照宮を代表する建造物で，豪華《ごうか》な装飾がほどこされ，日が暮れるまで見ていても飽《あ》きないということから，「日《ひ》暮《ぐらし》門」ともよばれる。

問13　千利休は堺(大阪府)の豪商の出身で，侘《わ》び茶を完成させたことから茶道の大成者とされる。織田信長，豊臣秀吉に仕え，政治にも影響力を持ったが，秀吉の怒《いか》りにふれて自害させられた。

問14　菅原道真は平安時代の貴族で，894年に遣唐使の廃止を提案したことでよく知られる。宇多《うだ》天皇と醍醐《だいご》天皇に重用されて右大臣にまで昇進したが，左大臣の藤原時平のたくらみによって901年に大宰府《だざいふ》(福岡県)に左遷《させん》され，その地で亡くなった。

問15　北条政子は，鎌倉幕府の初代執権《しっけん》北条時政の娘で，初代将軍源頼朝の妻となった。頼朝の死後，一族とともに幕政に深くかかわったことから尼《あま》将軍とよばれ，後鳥羽《ごとば》上皇が承久《じょうきゅう》の乱(1221年)を起こしたときには，御家人の結束を説いて幕府軍を勝利に導いた。

問16　錦《にしき》絵は多色刷り版画のことで，江戸時代後半に浮世絵の画法として確立された。葛飾北斎《かつしかほくさい》や歌川(安藤)広重，喜多川歌麿《きたがわうたまろ》らはその手法を用いて，多くの作品を描いた。

問17　東郷平八郎は薩摩藩出身の海軍軍人で，日露戦争(1904～05年)では連合艦隊《かんたい》司令長官として日本海海戦を指揮し，日本を勝利に導いた。これによって国民的英雄となり，1934年に亡くなったときは，国葬《こくそう》が行われた。

3　現代の国際社会や国際機関，日本国憲法と人権についての問題

問１　**1**　国際連合は，世界の平和と安全を守ることを目的として，1945年10月に原加盟国51カ国で設立された。　**2**　国際連合の本部は，アメリカのニューヨークに置かれている。　**3**，**4**　安全保障理事会は総会と並ぶ国際連合の主要機関で，アメリカ・イギリス・フランス・ロシア・中国の５常任理事国と，任期２年の非常任理事国10カ国の，合わせて15カ国で構成されている。

問２　核兵器を「もたず，つくらず，もちこませず」という非核三原則は，核兵器に対する日本政府の基本方針で，1967年に佐藤栄作首相が国会で表明し，1971年には衆議院で採択《さいたく》された。

問３　SDGsは，2015年に国際連合の総会で採択された「持続可能な開発目標」のことで，2030年までに世界が達成するべき17分野のゴール(目標)と169のターゲット(達成基準)が盛りこまれている。

問４　国際連合の安全保障理事会で，常任理事国には，１カ国でも反対すると重要な決議が採択できないという特別な権限が与えられている。常任理事国のみに与えられるこの権限は，拒否権とよばれる。

問５　PKOは国際連合が行う「平和維持活動」の略称で，紛争地域における停戦監視《かんし》や治安維持活動，復興支援などを行う。日本の自衛隊も，PKOに参加するため，海外に派遣されることがある。

問６　マララ・ユスフザイはパキスタン出身の教育活動家で，女性の権利が著しく制限されていたパキスタンにおいて，女子教育の重要性などを主張し続けた。そのためにイスラム過激派の銃撃《じゅうげき》を受けたが，回復して活動を続けた。その功績が評価され，2014年に17歳でノーベル平和賞を受賞した。なお，ワンガリ・マータイはケニアの環境保護活動家で2004年に，マリア・レッサはフィリピンのジャーナリストで2021年に，アウンサンスーチーはミャンマーの政治家で1991年に，それぞれノーベル平和賞を受賞している。

問７　①　議員に立候補する権利は被選挙権とよばれ，参政権にふくまれる。　②　ストライキをする権利は，争議権や団体行動権とよばれる。労働者に認められる権利だが，消防官をふくむ公務員は，社会生活に与える影響が大きいといった理由から，争議権が認められていない。　③　営業時間の決定などの営業の自由は，自由権のうちの経済活動の自由にふくまれる。

問８　**A**，**B**　示された文は，日本国憲法前文の第２段で，平和主義の理念が書かれた部分である。「公正」は公平でかたよっていないこと，「信義」はまごころを持って約束を守り，相手に対する務めをはたすことを表す。ここでは，公平さやまごころによって，自分たちの「安全と生存」を保ち続けていこうという決意が示されている。　**C**　「専制」は，権力者が独断で勝手にものごとを決めること，「隷従《れいじゅう》」は支配者のいいなりになることといった意味で，第二次世界大戦がこうしたことを原因として起こったという反省に立ち，国際社会がこれらを「地上から永遠に除去しようと努めている」としている。　**D**　「欠乏《けつぼう》」は，何かが足りないことを意味する。ここでは，戦争が生む恐《きょう》怖《ふ》や欠乏から免《まぬ》かれ，平和に暮らす権利が全世界の人々にあると述べられている。

理　科　＜第１回試験＞（40分）＜満点：75点＞

解　答

[1] (1) **1** ウ　**2** 0　**3** 100　(2) ウ　(3) ① イ　② ウ　③ ア　④ ア　(4) ア，ウ　(5) ア　(6) （例）レールのつなぎ目にすき間をつくっておく。

[2] (1) ア，オ　(2) ウ，オ　(3) 2.4 g　(4) 543cm^3　(5) 2.72 g　(6) エ

[3] (1) **1** 水　**2** 酸素　**3** 葉緑体　(2) ウ，オ，ク　(3) 呼吸　(4) ウ　(5) イ～エ　(6) イ，エ　(7) ア→カ→イ→エ→オ→ウ　(8) カ

[4] (1) ウ　(2) エ　(3) **3** イ　**4** エ　(4) ア　(5) **7** オ　**8** エ　(6) ウ　(7) ① カ　② ウ　③ エ　(8) ① サ　② カ　③ ウ

解　説

[1] 気温，熱の伝わり方，物質の熱による体積変化についての問題

(1)　ふだん使っている温度の単位「度」は「℃」で表す。この単位では，水がこおるときの温度を０度，水がふっとうするときの温度を100度としている。

(2)　灯油やアルコール，水銀などの液体は，温度が上がるとその体積が規則正しく増える。図１の温度計はこの性質を利用している。

(3)　熱の伝わり方のうち，アは熱の伝導，イは熱の対流，ウは熱の放射を表している。①は熱の対流による現象で，石油ストーブの熱で温められた空気が軽くなって上昇《じょうしょう》し，部屋の上の冷たい空気が下降することで対流が起こり，部屋全体があたたまる。②は一般《いっぱん》的に熱の放射による現象で，トースターの電熱線から出た熱が，少しはなれたパンに伝わることでパンが焼ける。③と④は熱の伝導による現象で，フライパンと肉，および，氷のうと頭が直接触《ふ》れて熱が伝わる。

(4)～(6)　夏の暑い日には，レールが太陽光からの放射熱によって直接温められる。また，鉄は空気より熱が伝わりやすいので，レールの温度が気温より高くなることがある。鉄は温められるとぼうちょうして長くなるので，その分だけ余《よ》裕《ゆう》がないと，レールは曲がってしまう。これを防ぐため

に，レールのつなぎ目にはすき間をつくってある。

2 金属のさび，金属と水溶液《すいようえき》の反応についての問題

(1) 酸素の性質として，空気より少し重く水にほとんど溶《と》けない，水上置換《ちかん》法で集めることができる，ものを燃やすときに必要な気体である，過酸化水素水に二酸化マンガンを入れて発生させることができるなどがあげられる。なお，イやウは二酸化炭素の性質で，エは二酸化マンガンではなく，過酸化水素が分解することで酸素が生じるので正しくない。

(2) 気体Ａは水素で，塩酸にアルミニウム，鉄，マグネシウム，亜鉛《あえん》などの金属を加えると発生する。

(3) 実験２より，酸化アルミニウムは塩酸と反応しても水素を発生しないので，実験３で発生した水素はすべて，さびずに残ったアルミニウムが塩酸と反応して発生したものである。表１より，アルミニウム１ｇを塩酸と過不足なく反応させると1250cm^{3}の水素が発生することから，3000cm^{3}の水素が発生したときには，$1\times\frac{3000}{1250}=2.4$(ｇ)のアルミニウムが反応している。したがって，表面がさびてしまったアルミニウム３ｇのうち，さびずに残っているアルミニウムは2.4ｇとわかる。

(4) 表１より，アルミニウム１ｇと塩酸200cm^{3}が過不足なく反応するので，アルミニウム2.4ｇと過不足なく反応する塩酸は，$200\times2.4=480$(cm^3)とわかる。また，さびてできた酸化アルミニウムの重さは，$3-2.4=0.6$(ｇ)であり，表２より，酸化アルミニウム１ｇが塩酸105cm^{3}にちょうど溶けるので，0.6ｇの酸化アルミニウムは，$105\times0.6=63$(cm^3)の塩酸に溶ける。したがって，表面がさびてしまったアルミニウム３ｇと過不足なく反応する塩酸は，$480+63=543$(cm^3)と求められ，少なくとも543cm^{3}以上の塩酸が必要なことがわかる。

(5) アルミニウムが酸化アルミニウムになると重さが1.9倍になるので，0.6ｇの酸化アルミニウムは，$0.6\div1.9=0.315\cdots$より，0.32ｇのアルミニウムからできている。したがって，出しっぱなしにしてしまったアルミニウムの重さは，$2.4+0.32=2.72$(ｇ)と求められる。

(6) 2.72ｇのアルミニウムをすべて塩酸と反応すると，表１より，$1250\times2.72=3400$(cm^3)の水素が発生する。

3 植物のはたらき，森林のつくりとうつり変わりについての問題

(1) 植物は光のエネルギーを利用して，水と二酸化炭素からデンプンと酸素をつくり出す。このとき，二酸化炭素は主に葉の気孔《きこう》から吸収し，水は根の根毛から吸収する。植物のこのようなはたらきを光合成といい，主に葉の葉緑体で行われる。

(2) ミドリムシ，ボルボックス，ハネケイソウは葉緑体を持つプランクトンで，光合成を行う。

(3) 植物や動物などの生物は酸素を取り入れて二酸化炭素を出し，このとき生活に必要なエネルギーを得ている。生物のこのようなはたらきを呼吸という。

(4) 光合成のはたらきには二酸化炭素が必要なので，二酸化炭素を吸収する量が多くなると，光合成のはたらきが大きくなると考えられる。グラフで，植物Ａはウの光の強さまで，植物Ｂはオの光の強さまで，それぞれ光合成のはたらきが大きくなったあと一定になっていることから，どちらの植物も光が強くなると光合成のはたらきが大きくなるが，ある一定の光の強さをこえると変化しなくなることがわかる。

(5) 光の強さがイからエまでのときは，植物Ｂより植物Ａの方が光合成のはたらきが大きくなっているが，光の強さがエより強くなると，植物Ｂの方が光合成のはたらきが大きい。

⑹　植物Ａは弱い光でも生育でき，植物Ｂは光の強いところでの生育に適している。植物Ａのような植物を陰性《いんせい》植物（陰樹）といい，シイやカシ，ブナなどの樹木があてはまる。また，植物Ｂのような植物を陽性植物（陽樹）といい，クヌギやコナラ，マツなどがあてはまる。

⑺　火山の噴火《ふんか》などで植物が生息できなくなった土地にコケなどが生え始めると土ができ，やがて背の低い草→背の高い草→背の低い樹木と移り変わっていく。その後，この土地には光が十分に当たるので，地面近くでは光の強いところでの生育に適している植物Ｂ（陽樹）のなかまの樹木の林になる。植物Ｂが十分成長すると，地面近くには日光が届きにくくなるので，地面近くでは光が弱くても成長できる植物Ａ（陰樹）が育つようになる。さらに長い年月をかけて植物Ａが成長したり，植物Ｂがかれたりして，植物Ａと植物Ｂが混ざった林へと変化していき，最終的に植物Ａのなかまの樹木だけの林になる。

⑻　標高が高くなるにつれて，植物が生育するのに必要な気温や光，しめり気などの条件が不足するようになる。そのため，気温などの条件がそろっている麓《ふもと》では多くの常緑広葉樹がみられるが，標高が高くなるとしだいに秋から冬にかけて葉を落とす落葉広葉樹がみられるようになり，さらに標高が高い場所ではより乾燥《かんそう》に強い針葉樹の林になる。

4　惑星《わくせい》食と皆既《かいき》月食についての問題

⑴　表１と図１より，東京で金星は13時46分41秒に三日月の暗い部分から潜入《せんにゅう》し，14時37分50秒に三日月の明るい部分から出現し始めたことがわかる。

⑵　表１より，京都で金星が三日月に潜入終了した時刻は13時45分56秒で，出現開始した時刻は14時24分41秒とわかる。したがって，金星がすべて隠《かく》されていた時間は，14時24分41秒－13時45分56秒＝38分45秒より，約40分となる。

⑶　なよろ市や札幌《さっぽろ》市は東京より東に，京都市は東京より西に位置している。また，同じ時刻に見える月の位置は，１日あたり西から東へと約12度移動して見え，このため月は，１日あたり約50分遅《おく》れて出てくる。

⑷　表１より，京都での金星の出現開始時刻は14時24分41秒で，東京では14時37分50秒なので，出現開始時刻は京都の方が早い。また，京都での金星の潜入開始時刻は13時43分22秒で，東京では13時46分41秒なので，潜入開始時刻も京都の方が早い。

⑸　表１から，金星の潜入開始時刻は，必ずしも東にある地点の方が早いとはいえないことがわかる。つまり，これらの時刻のちがいは，東西の関係を表す経度だけでなく，観測する地点の南北の関係を表す緯度《いど》にも関係していると考えられる。

⑹　皆既月食のときに月が赤銅色に見えるのは，太陽の光が地球の大気を通りぬけるとき，その一部である赤い光が曲げられて影《かげ》の中にまわり込《こ》み，月の表面で反射するためである。

⑺　①　図１より，金星食の起こった2021年11月８日には三日月が観測されているので，月はカの位置にある。　②　火星食の起こった2022年７月21・22日の月齢《げつれい》は22.5で下弦《かげん》の翌日と書かれているので，月はウの位置にある。　③　2022年11月８日は皆既月食が観測されているので，この日は満月であることがわかり，月はエの位置にある。

⑻　それぞれ，ア～エは天王星，オ～クは火星，ケ～サは金星の位置を表している。　①　地球から見たとき，2021年11月８日の月（三日月）の方向のサに金星がある。　②　地球から見たとき，2022年７月21・22日の月（ほぼ下弦の月）の方向のカに火星がある。　③　地球から見たとき，

2022年11月８日の月（満月）の方向のウに天王星がある。

国　語　＜第１回試験＞（50分）＜満点：100点＞

解　答

一　①　けいてき　②～⑤　下記を参照のこと。　二　**問１**　**A**　ア　**B**　カ　**C**　ウ　**問２**　イ　**問３**　イ　**問４**　エ　**問５**　ウ　**問６**　（例）　悲劇的だと思う自分の体験の全てを，主体的に捉え直すことで充実した人生を送ること。　**問７**　イ，ウ　三　**問１**　**a**　ウ　**b**　イ　**c**　ウ　**問２**　ア　**問３**　エ　**問４**　イ　**問５**　ア　**問６**　ウ　**問７**　イ　**問８**　（例）　額そのものの良さや技術を人々に知ってもらうだけでなく，絵やそれを引き立てる額によって人々の生活を豊かにすること。

●漢字の書き取り

一　②　晩秋　③　炭酸　④　恩義　⑤　鏡

解　説

一　漢字の読みと書き取り

①　警戒《けいかい》や注意をさせるために鳴らす笛。　②　秋の終わり。　③　二酸化炭素が水に溶《と》けてできる弱い酸。　④　恩を受けたという義理。　⑤　音読みは「キョウ」で，「望遠鏡」などの熟語がある。

二　出典は加藤諦三《かとうたいぞう》の『不安をしずめる心理学』による。筆者は，現代の特徴《とくちょう》である「消費社会」の問題について説明した後で，人間は非常に不公平なものであるとし，そのなかでどう生きるべきかを述べている。

問１　**A**　「機能集団」の一つである会社を例に出して説明しているので，具体的な例をあげるときに用いる「例えば」が合う。　**B**　親からの自立というのは簡単に解決できるはずのない課題だと述べた後で，消費社会ではそのような課題に対しても簡単さをうたった解決法が売られていると述べているので，前のことがらを受けて，後に対立することがらを述べるときに用いる「ところが」がふさわしい。　**C**　前では，生まれ育った家庭の環境《かんきょう》による違《ちが》いなどから二十歳《はたち》でも未熟な人も成熟しつつある人もいると述べ，後では，心理的に幼い人のもとに生まれる子どももまた不安のまま生きていくことになると述べているので，前のことがらに別のことをつけ加えるときに使う「さらに」があてはまる。

問２　直前に注目する。人は，かつては「共同体」に属してさえいれば価値があるとされたが，「機能集団」では「その人が集団の中で求められている役割を果たさなければ，必要とされない」ので，人々は不安を感じるのである。

問３　続く部分に注目する。消費社会について，筆者は「安易な解決を可能にする商品を競《きそ》って売る社会」であるとし，生きているうえで起こる問題に対してそれを簡単に解決できるとうたった商品が売られ，多くの人がそれに向かっていく社会であると説明している。

問４　ぼう線３の直前に「成長を避《さ》けていると」とあることに注目する。前の部分で，人間が成長していくためには解決しなければならない課題があり，人間は成長と退行の葛藤《かっとう》の中で生きていくべきだが，消費社会は「我慢《がまん》や苦労なしで安易に欲求を満たし」，「一時的には成長に伴《ともな》う苦しい試練に直面せずに生きていける社会」だと述べられている。だから，この社会では「成長を避け」る，つまり，成長の機会を失っていることになるのである。

問５　続く部分に注目する。両親の仲が良い家庭に生まれて無意識の安心感を持てる人もいれば，そうではない人もいると，人によって生まれ育った環境が違うことを説明した後で，社会はこうした前提の違いにかかわらず「全員を同じように取《と》り扱《あつか》います」と述べている。それを「不公平」だと言っているのである。

問６　「そういう人生」とは，前の部分で述べられている「記憶《きおく》に凍結《とうけつ》された恐怖感《きょうふかん》」を抱《かか》えたままの「悲劇的」な人生のことである。筆者は，そのような人生にならないように生きる上で大切なのは「人格の再形成」，「再構成」であると述べているので，内容をおさえる。「これまでとは別の視点で，自分の価値観を見つめ直す」こと，「周囲の人が自分に求めてきた価値ではなく，自分が信じる自分の価値に価値観を再構成する」こと，「自分がめぐり合わせた人生としっかりと向き合い，自分の人生を受け入れ」つつ「新しい人生を切《き》り拓《ひら》く」ことが大切なのだと述べている。よって，「自分の価値観で自分の人生としっかりと向き合い，これから新しい人生を切り拓くこと」のようにまとめる。

問７　消費社会について説明されている部分で，「このバッグを持ったら，すてきですよ」と売られているバッグも，ナルシシズムを満たしてくれはするが，そのようなもので幸せになれるわけがないと筆者は述べている。よって，イが合う。また，ぼう線４に続く部分で，両親の仲が良い家庭に生まれて「無意識の安心感を持てるというのは，本当に素晴《すば》らしいこと」であり，そのような人は「保護と安全という人間の根源的な欲求が満たされている」と述べられているので，ウも選べる。

三　**出典は青山美智子《あおやまみちこ》の『赤と青とエスキース』による。**「僕《ぼく》」は，自分に額縁《がくぶち》職人になるきっかけを与《あた》えてくれたジャックの描《か》いた絵の額縁をつくるために，奮闘《ふんとう》している。

問１　a　「安堵《あんど》」は，“気がかりなことが解消され，安心する”という意味。　b　「王道」は，最も適したやり方。　c　「素朴《そぼく》さ」は，あまり手が加えられず，自然のままに近いようす。

問２　「僕」はそれまで，自分のイメージに近いものをモールディングのサンプルから探そうとしていた。しかし，しっくりくるものが見つからず，そんなとき円城寺《えんじょうじ》さんの言葉が頭に浮《う》かんだ。そして，「イメージに近いもの」ではなく「それしかないと，ぴったりくる」額をつくろうと思い直して，木材の置いてある場所へ向かったのである。

問３　続く部分で，村崎さんがその理由を説明している。「十九世紀の旅芸人の一座を描いた油絵」の額縁に流木を使えば，流木の「今の姿になるまでの長い時間と経験，表情や味わいをそのまま大事に活《い》かせる」と思ったと話しているので，エがふさわしい。

問４　村崎さんの言葉に注目する。村崎さんは，昔の日本には優《すぐ》れた技術がたくさんあったのに，消えてしまったものがいくつもあって，さらにオートメーション化が進んだことで後継者《こうけいしゃ》をじっくり育てることもなくなった現状を，日本美術の危機だと感じていることをおさえる。

問５　「僕」は，本金箔《きんぱく》では額が絵よりも目立って「作品がそっと抱《いだ》いている灯《ともしび》をかき消してしまう」と感じた。そして，クールな輝《かがや》きを持つ真鍮《しんちゅう》箔の色であれば，ジャックの絵に描かれた女の子のぬくもりを引き出してくれるだろうと考えている。

問６　村崎さんは，本金箔をやめて真鍮箔にした「僕」の判断を「見事」だと言っている。そして，「僕」が思い入れの強いジャックの絵を前に悩《なや》んだように，「画家や作品を個人的に好きになりすぎる」と冷静さを失わずに何が正しいのかを見《み》極《きわ》めるのが難しいのだと話している。そのために，「捨てなきゃいけない感情もある」のだと言っているので，ウが合う。

問７　「僕」は，自分のつくった額を村崎さんに認めてもらい，嬉《うれ》しくなっている。そして，これまでの自分をふり返って，「夢が見られなきゃ，だめだ」という言葉の通り，熱い夢を持って仕事をしている村崎さんのもとで，葛藤や迷いがありながらも，納得《なっとく》のいく仕事ができたことにも喜びを感じていると考えられる。そして，村崎さんの言葉に対してぼう線６のようにはっきりと言っていることから，自分も夢を持って仕事をしていこうと決心していることが読み取れる。

問８　ぼう線３の直後で，村崎さんが自分の思いを語っている部分に注目する。額の良さとその技術を「できるだけたくさんの人に見せて伝えていきたい」，「世間一般《いっぱん》にとって，もっと身近な存在になるように知らせていきたい」，そして「人の営みと共に絵があり続ける」ようにするのが夢だと話している。よって，「額そのものの良さや額づくりの技術をたくさんの人に見せて伝え，人の生活のそばに絵があり続けるようにすること」のようにまとめられる。

2023年度 本郷中学校

【算　数】〈第２回試験〉（50分）〈満点：100点〉

注意　コンパス，分度器，定規，三角定規，計算機の使用は禁止します。かばんの中にしまって下さい。

1　次の□に当てはまる数を求めなさい。

(1)　252×7÷21－(□－48÷3＋39)÷5＝78.9

(2)　$(5.4 \div 0.108 - 6) \times 22.4 - 11.2 \div 0.05 + 8 \div \left(\frac{1}{4} - \frac{1}{5}\right) \div \left(\frac{4}{7} - 0.125\right) =$ □

2　次の問いに答えなさい。

(1)　一枚の長さが22cmの紙テープを150枚つなぎ合わせます。つなぎ目の重なりを３cmとするとき，つなぎ合わせた紙テープ全体の長さは何cmですか。

(2)　次の表は，ある小学校の年度別の６年生児童の立ち幅とびの平均記録です。平成24年度から令和３年度までの10年間の記録の中央値が155.7cmのとき，令和元年度の記録は何cmですか。

年度	記録(cm)
平成24	157.2
平成25	156.8
平成26	156.3
平成27	155.8
平成28	154.9

年度	記録(cm)
平成29	155.8
平成30	154.7
令和元	□
令和２	152.6
令和３	152.9

(3)　ある整数Aの約数のすべての和を$[A]$で表します。例えば

$[3]=1+3=4$，$[4]=1+2+4=7$

$[12]=1+2+3+4+6+12=28$

です。このとき，$\frac{[2023]}{[289]}$はいくつですか。

(4)　右の図のような半径12cmで中心角が90°のおうぎ形OABについて，円周部分を３等分した点をAに近い方からC，Dとします。

このとき，三角形OCDをOCを軸として１回転させてできる立体の体積は何cm³ですか。ただし，円周率は3.14とします。

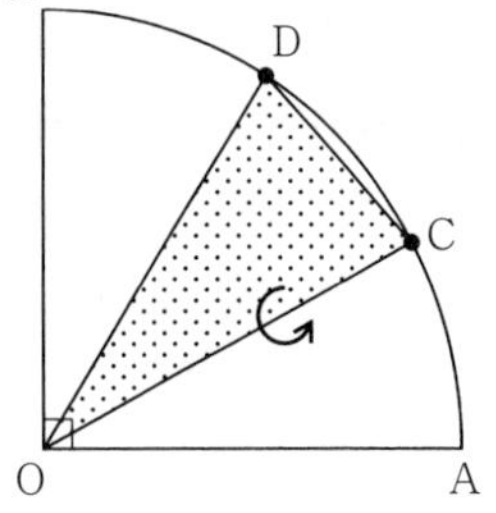

(5)　$\boxed{2}$，$\boxed{0}$，$\boxed{2}$，$\boxed{3}$，$\boxed{0}$，$\boxed{2}$の６枚のカードを並べかえて，６桁《けた》の偶数をつくります。このとき，同じ数字がとなり合わない並べ方は何通りですか。ただし，例えば$\boxed{0}\boxed{2}\boxed{0}\boxed{2}\boxed{3}\boxed{2}$のような数は５桁の数と見なします。

(6)　右の図のように，ADを5cmとする長方形ABCDの辺AB上に，AEが3cmとなる点Eをとります。また，点Eと頂点Cを結び，三角形DEFが直角二等辺三角形となるように，辺EC上に点Fをとります。

このとき，CDの長さは何cmですか。

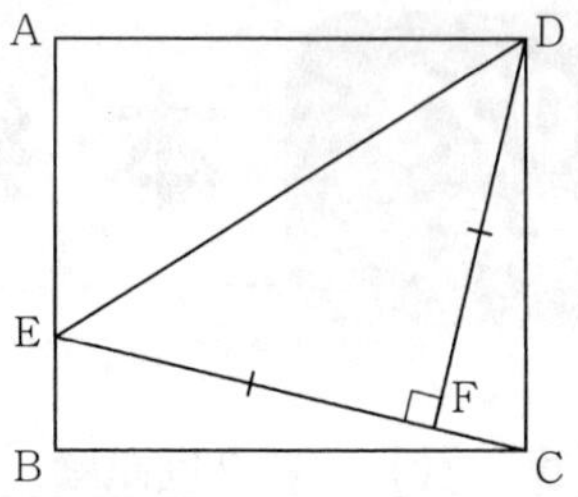

3　底面の1辺が50cmの正方形で高さが40cmの[図Ⅰ]のような仕切りのある水そうがあります。この水そうに①のじゃ口から毎分250cm^{3}で水を入れ続けます。水を入れ始めてから満水になるまでの，時間と水そうの中のAの部分とBの部分の水の深さとの関係は[図Ⅱ]のようになります。②，③は排水ポンプで，最初は閉じています。このとき，後の問いに答えなさい。ただし，仕切りの厚さは考えないものとします。

[図Ⅰ]

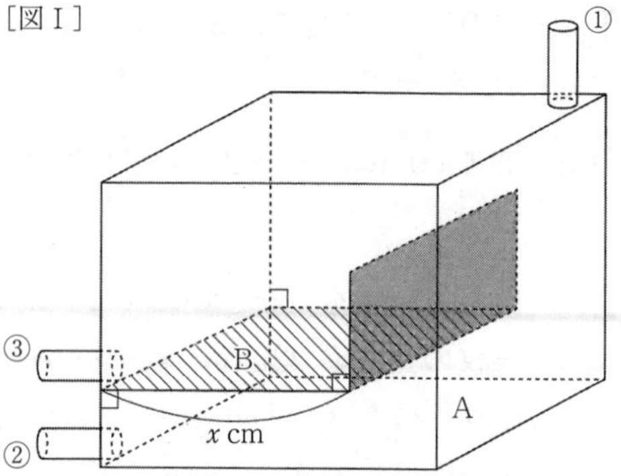

[図Ⅱ]

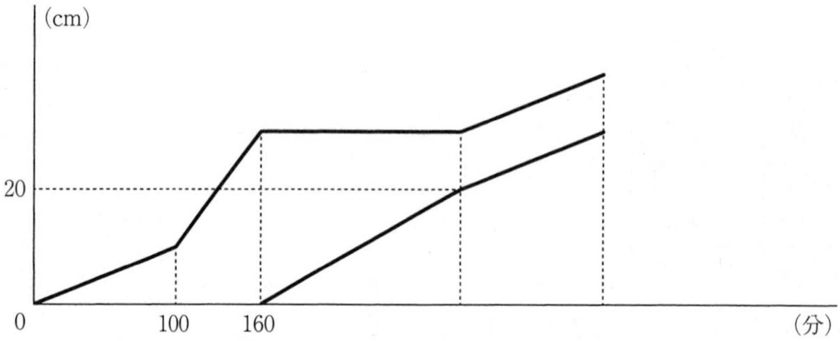

(1)　[図Ⅰ]のxの値はいくつですか。

(2)　この水そうが満水になると同時に①のじゃ口は開けたまま②の排水ポンプから水を排出します。②の排水ポンプは，毎分450cm^{3}の水を排出します。このとき，Aの部分の水面とBの部分の水面の差が10cmとなるのは，①のじゃ口から水を入れ始めてから何分後ですか。

(3)　②の排水ポンプを止めて，再び水そうを満水にさせてから，①のじゃ口は開けたまま②の排水ポンプと③の排水ポンプを使って水を排出したところ，仕切りの影響《えいきょう》なくBが空になるまで，Aの部分の水面とBの部分の水面がそろったまま下がっていきました。②の排水ポンプは，毎分450cm^{3}の水を排出します。このとき，③の排水ポンプからは毎分何cm^{3}の水を排出していましたか。

4 次の先生と生徒の会話を読んで後の問いに答えなさい。

先生「1辺が1cmの正方形がたくさんあります。その正方形を平らな面の上にのせて図形を作ります。ただし，辺と辺がずれないように並べます。周の長さが最も短くなるように正方形が重ならないようにして並べます。123個並べたとき，周の長さは何cmになりますか？」

生徒「この問題は難《むずか》しいなぁ。周の長さが最も長くなるように，そして正方形が重ならないようにして123個並べた図形の周の長さなら簡単に出せるんだよな。」

先生「どうやって求めるの？」

生徒「正方形を123個並べて図形を作るとき，最も長くなるようにするには，例えば，下の[図Ⅰ]のように一列に並べればいいよね。だから，（ ア ）cmだよ。」

[図Ⅰ]

先生「そうですね。では，最も短くなるときも，一緒に考えてみましょう。」

先生「上の[図Ⅰ]で，ひとつひとつの正方形に注目すると，1本の辺だけでとなり合っている正方形が2個，残りの正方形は2本の辺でとなり合っていると考えられますよね。ということは周の長さを短くするには，ひとつひとつの正方形に注目したときに，1本の辺や2本の辺でとなり合っている正方形を作るのではなく，3本の辺や4本の辺でとなり合うときを考えればいいんです。」

生徒「でも，まだイメージがわかないな。」

先生「では，正方形の数を少なくして考えてみましょう。正方形を1個並べると周の長さは，1×4＝4cm，2個並べると周の長さは1×2＋2×2＝6cmになります。3個以上並べるときは，2通り以上の並べ方が考えられます。ここでは周の長さだけに注目するので，回転させたりひっくり返したりして同じ図形になるものは1通りと考えることにしましょう。」

生徒「はい。」

先生「すると，3個並べるときは[図Ⅱ]と[図Ⅲ]のときに限られます。このときの周の長さはいずれも，（ イ ）cmになります。」

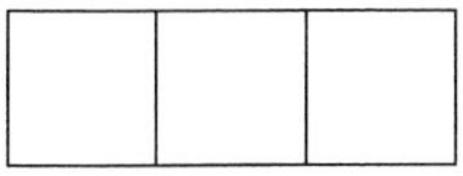

[図Ⅱ]

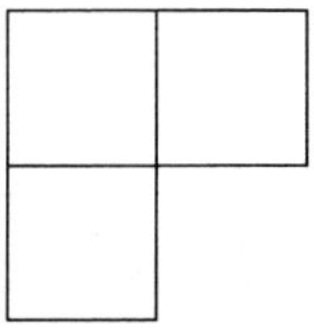

[図Ⅲ]

先生「では，4個のときはどうでしょうか。」

生徒「[図Ⅱ]と[図Ⅲ]をもとにすると，（ ウ ）通りの異なる並べ方が考えられます。あっ，このとき，できる図形によって周の長さが異なりますね。」

先生「そうです。4個以上で周の長さが異なる並べ方が考えられるんですね。4個のときは，10cmになるときが（ エ ）通り，（ オ ）cmになるときが1通りあることが分かります。周の長さが最も短くなるとき，その長さは（ オ ）cmになるんですね。その調子で5個のときを考えるとどうなりますか？」

生徒「４個並べたときの図形をもとにすると，５個のとき最も短いのは（ カ ）cm になるぞ。あれ，６個のときも（ カ ）cm になった。そっか，７個のとき，８個のとき……って考えると，例えば周の長さが最も短くなるのが，（ キ ）個並べたときと，16個並べたときは一緒だ。」

（しばらく考えて）

生徒「そうか，正方形を123個並べたとき，周の長さが最も短くなるのは（ ク ）cm になるように置いたときだ。」

先生「そうです。その通りです。」

⑴ （ア）～（カ）に当てはまる数を答えなさい。

⑵ （キ）に当てはまる数として，16以外で考えられる数を小さい順にすべて答えなさい。

⑶ （ク）に当てはまる数を答えなさい。

5 ［図Ⅰ］のような，底面の半径は３cm，母線の長さが６cm である円すいがあります。この円すいについて次の問いに答えなさい。ただし，円周率は3.14とします。

［図Ⅰ］

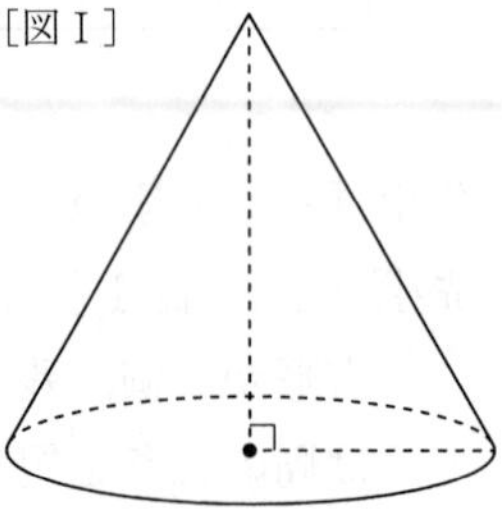

⑴ 円すいの表面積は何 cm^2 ですか。

次にこの円すいを図のように台の上に横に倒し回転させます。

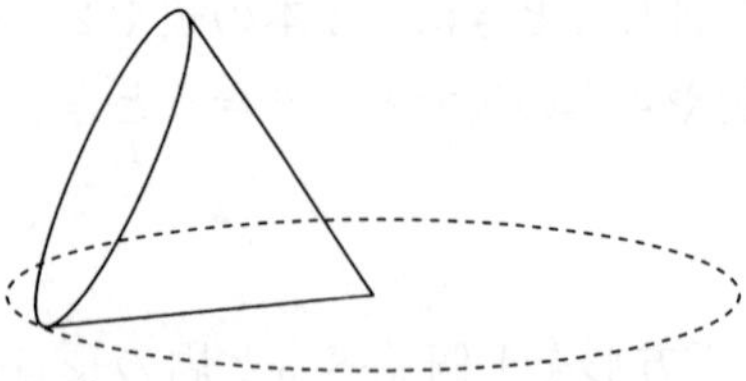

⑵ このとき，円すいを回転させて通ったあとを図で示したとき，以下の㋐～㋓の中で最も適切なものを選びなさい。

㋐

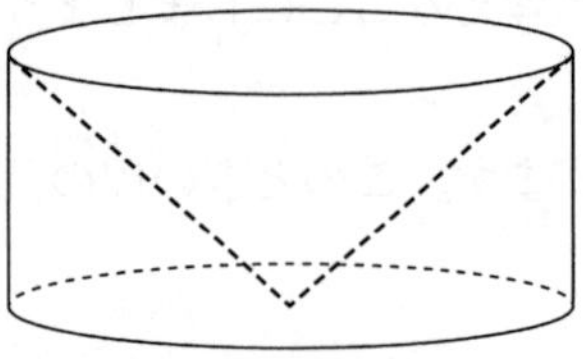

㋑

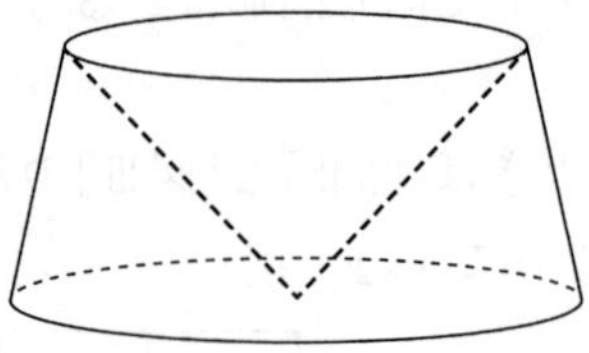

㋒

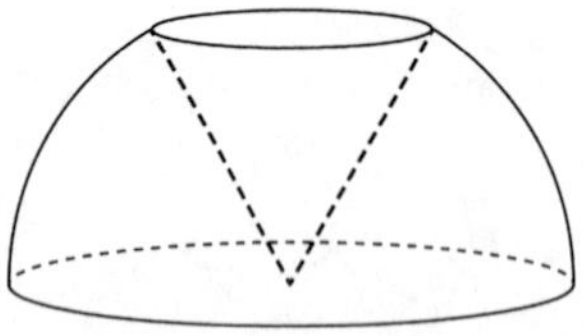

㋓

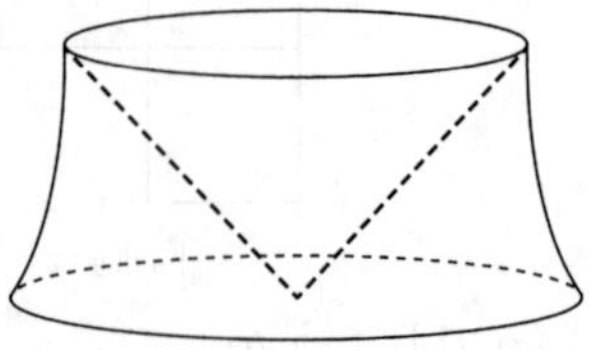

さらに，［図Ⅰ］と同じ円すいを２つ用意し底面がくっつくようにします。これを［図Ⅱ］のような厚さがない高さが同じ円形のレールの上をゆっくり押してすべらずに転がします。このとき，この立体をレールの上にある置き方をすることによりコースから外れることなく一周させることができました。ただし，中心に近い方のレールを内側，遠い方を外側とし，内側の円形のレールは半径が６cm，外側の円形のレールは半径が９cm とします。

［図Ⅱ］

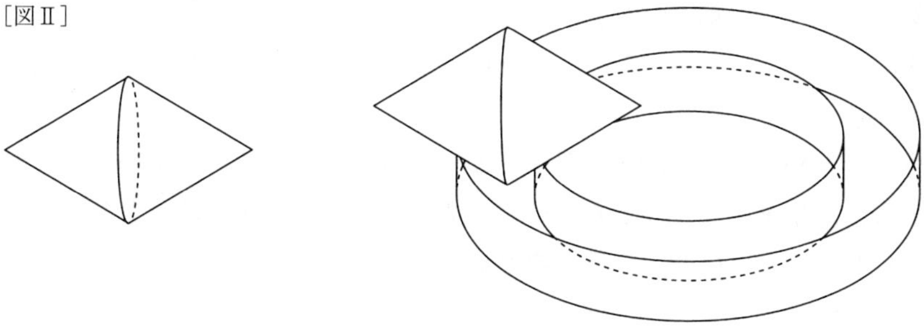

(3)　１周できたとき，以下の①，②に答えなさい。

①　レールと立体の断面として，以下の(お)～(き)の中で一番適切なものを選びなさい。

(お)

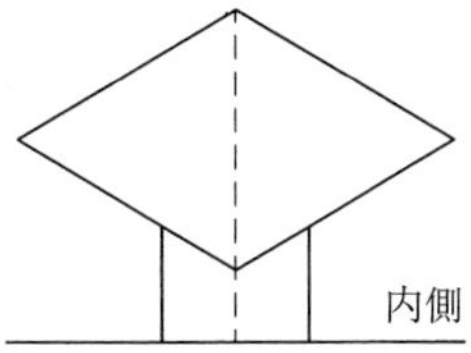

(か)

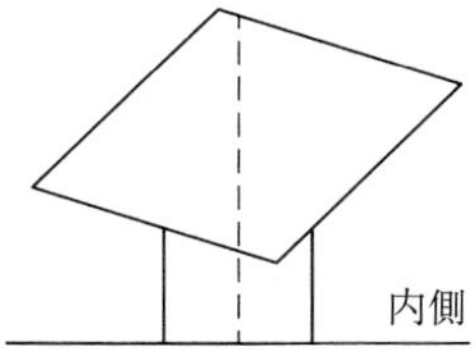

(き)

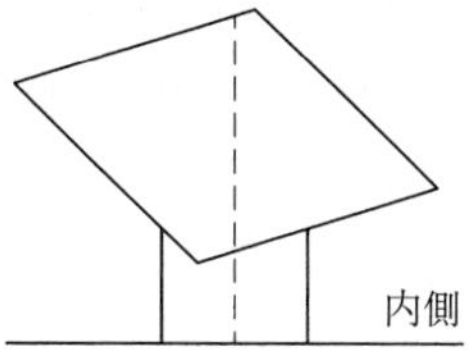

②　レールに乗った立体の側面には，レール上を転がったときに内側，外側ともにレールの跡が残るとします。その通った跡で切ると，その切り口は円になります。このとき，内側のレールのあとにできる切り口の円の半径は，外側のレールのあとにできる切り口の円の半径の何倍ですか。

【社　会】〈第２回試験〉（40分）〈満点：75点〉

注意　解答に際して，用語・人物名・地名・国名などについて漢字で書くべき所は漢字で答えなさい。
なお，国名の表記は通称でかまいません。

1　本郷中学校１年生のつとむ君は，2022年８月１日から家族と一緒に旅行に出かけました。次の文章は，旅行初日の出来事を記したつとむ君の日記の一部です。日記に添付された移動経路に関する図表を参考にしつつ，下の問いに答えなさい。

８／１

僕は家族で長崎に旅行に行きました。行きは寝台特急と新幹線を乗り継いで行きました。この旅行で僕は初めて寝台特急に乗りました。僕は絶対寝ないぞと思っていましたが，①熱海を出た後，気づいたら停車したホームの奥に朝日に照らされて白く光るお城が見えました。それを見て僕は（　１　）駅に停車しているのだと気づき，カメラを構えましたが，列車が出発して撮ることが出来ませんでした。写真を撮れなかった上に熱海を出た後②約６時間も寝てしまい，とてももったいない気持ちになりました。

岡山で乗り換える際，県特産の（　Ａ　）の形をした容器の駅弁を買い，新幹線「さくら」の車内で食べました。中身は岡山の郷土料理「まつりずし」でした。パッケージに書いてある通り，日本一の味でした。このまま（　２　）まで行っても乗り換えが出来るのですが，今回は博多で降りました。９月に廃止になる特急「かもめ」（通称「白いかもめ」）に始発駅から乗るためです。昼食をとった後，博多駅の周辺を散歩しました。地下鉄で③空港まで15分くらいで行けること，駅のホームに立ち食いそばではなく「立ち食いうどん」や「立ち食い（　Ｂ　）」といったご当地のお店があって驚きました。

「かもめ」は車内の座席が革張りで高級感がありました。肥前山口を出た辺りから海沿いを走りました。大潮の３日後だったからか，車窓から見えた港では（　　Ｃ　　），びっくりしました。

浦上からは路面電車が見えてきました。④原爆投下の際に壊滅的な被害を受けたのに，たった３カ月半で運転を再開した話を聞いたことがあります。終着駅の長崎は，あと１カ月あまりで開通する⑤新幹線を出迎えるためか再開発の真っただ中でした。この日はホテルに入った後，中華街で夕飯を食べました。

〰〰〰〰〰〰〰〰〰〰〰〰

乗った電車の時刻

駅	時刻	列車名	駅	時刻	列車名
東京	21:50		博多	15:55	
横浜	22:15		鳥栖	16:16	
熱海	23:23		新鳥栖	16:20	
沼津	23:39	寝台特急 サンライズ 瀬戸・出雲	佐賀	16:33	特急 かもめ 27号
富士	23:53		肥前山口	16:42	
静岡	0:20		肥前鹿島	16:53	
浜松	1:12		諫早	17:34	
姫路	5:26		浦上	17:52	
岡山	6:27		長崎	17:55	
岡山	7:15				
福山	7:32				
広島	7:56	新幹線 さくら 541号			
新山口	8:28				
小倉	8:48				
博多	9:04				

おおよその移動経路（１日目）

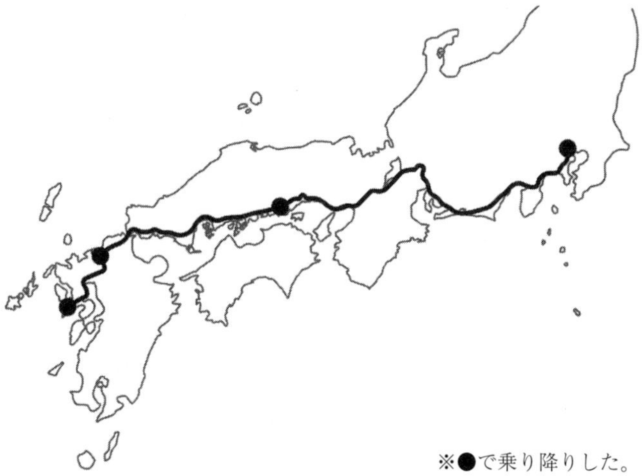

※●で乗り降りした。

問１　文中の（１）・（２）にあてはまる語句を，日記を参考にしつつそれぞれ答えなさい。

問２　下線部①に関連して，熱海温泉は年間を通して多くの人が訪れる全国的にも有名な温泉地です。次の表は，いくつかの有名温泉地について示しています。下の問いに答えなさい。

温泉地名	県	説明
熱海	静岡	奈良時代の伝承が残るほど古くから愛されてきた。湯あたりが柔らかい温泉。かつて「熱海七湯」といわれたように，多くの源泉があり，湯量が豊富なのも特徴。
別府	（ Ｄ ）	湧出量・源泉数ともに全国１位。多くの源泉が点在する。泉質が多様なことから，これらの違いを楽しめる「地獄めぐり」が人気。
草津	群馬	ア
白浜	和歌山	イ
那須	栃木	ウ
鬼怒川	栃木	江戸時代に発見されたものの，当時は僧侶や大名しか入湯が許されなかった。周辺の世界遺産「（ Ｅ ）の社寺」も合わせて観光できる。
箱根湯本	神奈川	エ
道後	（ Ｆ ）	約3000年の歴史を持つ温泉。そのシンボルは明治27年から建築された国指定重要文化財「道後温泉本館」。子規記念博物館や道後公園もおすすめ。

⑴　表中の（Ｄ）～（Ｆ）にあてはまる語句をそれぞれ２字で答えなさい。

⑵　次の文は，表中のア～エのいずれかの説明文です。適切なものをア～エから１つ選び，記号で答えなさい。

> 標高約1200ｍに位置し，「恋の病以外効かぬ病は無い」と言われるほど殺菌力の強い源泉が湧出。湯畑や湯もみショーが人気。

問３　下線部②について，つとむ君の乗った列車が，この約６時間の間に通った都道府県はいくつになりますか。その数を答えなさい。

問４　下線部③に関連して，次の表は国内の空港の旅客輸送人員（2021年度）及び貨物輸送量（2020年度）の上位５つを示しています。表中Ｇ～Ｉは，羽田・福岡・那覇のいずれかです。その組み合わせとして正しいものを下の中から１つ選び，記号で答えなさい。

	旅客(国際線含む)	貨物					
		総合計		内訳(一部)			
				野菜		金属類	
		発送空港	到着空港	発送空港	到着空港	発送空港	到着空港
１位	G	G	G	H	G	大阪	G
２位	H	大阪	I	G	新千歳	H	新千歳
３位	新千歳	I	新千歳	I	H	G	H
４位	I	H	H	大阪	I	広島	鹿児島
５位	大阪	新千歳	大阪	高松	大阪	米子	熊本

神戸空港 web サイト，国土交通省『令和２年度航空貨物動態調査報告書』より作成

ア　G　那覇　H　羽田　I　福岡　　イ　G　福岡　H　那覇　I　羽田

ウ　G　羽田　H　那覇　I　福岡　　エ　G　羽田　H　福岡　I　那覇

問５　下線部④について，旅行からの帰宅後，つとむ君は原爆投下の被害について調べることにしました。次の図は，その過程で作成した原爆投下にともなう家屋の被害状況に関する図です。この図の説明文ａ・ｂの正誤の組み合わせとして適切なものを下の中から１つ選び，記号で答えなさい。

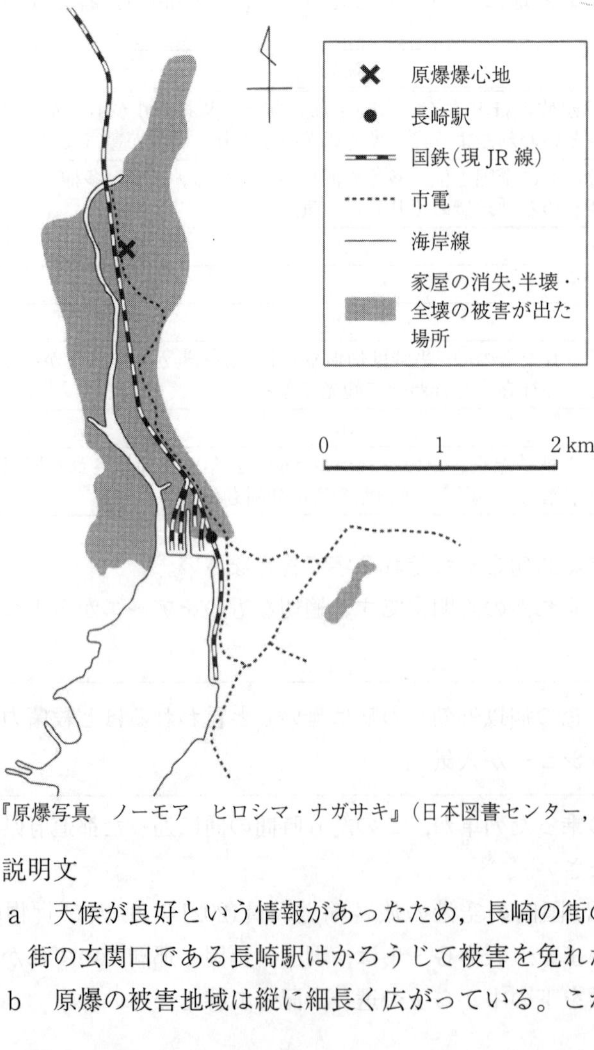

『原爆写真　ノーモア　ヒロシマ・ナガサキ』(日本図書センター，2005年)より作成

説明文

ａ　天候が良好という情報があったため，長崎の街の中心地に原爆は投下された。しかし，街の玄関口である長崎駅はかろうじて被害を免れた。

ｂ　原爆の被害地域は縦に細長く広がっている。これは長崎の街が立地している地形と大い

に関連していると考えられる。

ア　a：正　b：正　　イ　a：正　b：誤

ウ　a：誤　b：正　　エ　a：誤　b：誤

問６　下線部⑤に関連して，2022年は東北地方の新幹線にとって記念すべき年であったことから「新幹線イヤー」と称しキャンペーンが行われました。これに関連した下の問いに答えなさい。

(1)　2022年に開業30周年を迎えた新幹線を次の中から１つ選び，記号で答えなさい。

ア　東北新幹線　　イ　山形新幹線　　ウ　北陸新幹線　　エ　上越新幹線

(2)　次の表は東北新幹線の福島以北の沿線，４県についての年間日照時間(2020年)，農業産出額の果樹及び畜産(いずれも2018年)，工業生産(出荷額，2017年)，※県庁都市人口割合(2015年)の数値を示したものです。青森県に該当するものを表中のア～エから１つ選び，記号で答えなさい。

※県庁都市人口割合は，県人口に対する県庁都市人口の割合を示す。

	年間日照時間(時間)	農業産出額		工業生産(出荷額)(億円)	県庁都市人口割合(％)
		果樹(億円)	畜産(億円)		
ア	1563.8	126	1608	25432	23.3
イ	1797.2	26	758	44953	46.4
ウ	1683.5	255	455	51571	15.4
エ	1598.9	828	905	19361	22.0

政府統計の総合窓口(e-Stat)，『中学校社会科地図』(帝国書院)より作成

問７　文中の(Ａ)にあてはまるものを次の中から１つ選び，記号で答えなさい。

ア　桃　　イ　梨　　ウ　りんご　　エ　みかん

問８　文中の(Ｂ)にあてはまる語句を次の中から１つ選び，記号で答えなさい。

ア　ほうとう　　イ　きしめん　　ウ　ラーメン　　エ　スパゲティ

問９　文中の(Ｃ)にあてはまるものを次の中から１つ選び，記号で答えなさい。

ア　防波堤が海の中に沈んでいるように見えて

イ　つながれた船が砂の上に置かれるようになっていて

ウ　風力発電所の風車が堤防の上に多く設置されていて

エ　造船所とその関連の工場が多くあって

2　次の文章を読み，下の問いに答えなさい。

2020年５月25日に，鹿児島県沖の地図に載っている島「スズメ北小島」が実在せず，250ｍほど南にある岩礁を誤って記載したのではないか，と報道されました。これは，現在でも正確な地図を作製することが難しいということを示しています。そこで，日本における地図の歴史を振り返ってみましょう。

律令体制が整う以前の地図は残されていないので，地図が作製されたかは不明です。ただし，A５世紀には世界的にも大規模な築造物である古墳が造営されていることから，距離や角度を正確に測る技術が日本列島に存在したと考えられます。律令体制では①公民に対して口分田を支給し，戸籍・計帳に基づいて課税するようになりました。そこで，742年に口分田の支給結

果を表記する校田《こうでん》図《ず》が初めて作製されました。また，政府は738年に諸国に対して国郡図の作製も命じています。この地図には行政単位である国や郡，官道の距離，主要集落，著名な山や川，土地の形状や広狭などが記されており，国・郡単位で作製されました。796年にも「先の地図が古くなったため，新たな諸国地図を作製する」よう命じています。こうした公地公民に基づく地図が作製される一方，743年に発令された［　②　］により永続的な土地私有が認められたことから，私有地である荘園の地図も作製されるようになりました。その後も強力な統一権力が不在の状態が長く続いたので，荘園ごとに管理や開発のための荘園図が作製されました。室町時代までに作られた荘園図は，B荘園全体を示すためのものと，③荘園に関係するさまざまな争いごとの際の証拠，または裁判の結果を示すもの，の２種類に分類できます。また，京都や奈良などの都市図も現存しています。

鎌倉時代から江戸時代前期まで流布した地図が，「［　④　］図」と総称される簡略な日本地図で，その最古のものは京都の仁和寺に所蔵されています。「［　④　］図」と総称される地図はどれも，丸みを帯びた国々が団子状に連なって日本列島を形作っている，「地図の上が北」と統一されていない，などの共通の特徴があります。この他にも14世紀中頃に⑤本州から九州にかけてのほぼ全域が描かれた「日本扶《ふ》桑《そう》国之図」があります。これは日本列島全体が描かれている地図では最古級のものです。1402年にC朝鮮王朝で作製された東アジアの地図の中にも日本列島が描かれていますが，実際とはかなりかけ離れた姿です。

戦国時代にはDヨーロッパから宣教師や商人が訪れるようになったことをきっかけとして，日本に世界地図がもたらされました。楕円状のスペースに描かれた世界地図は，「地球が球体である」ことや「世界は五州からなる」ことなど，日本人の地理的知識に大きな影響を与えました。

この後は豊臣政権・江戸幕府という強力な中央統一権力が列島を支配していきますが，その際に利用されたもののひとつが地図でした。⑥1582年以降に検地を進め，1590年に国内統一をほぼ達成した豊臣秀吉は，全国の大名らに検地帳とともに，国絵図の提出を命じています。それは大名の領地ごとにではなく，律令制の方法を踏襲して国・郡単位で作製させています。そうすることで，自らの政治的権威を正当化しようとしたもの，と考えられています。なお，国絵図には城郭，集落(郷または村の名，村の石高，家数)，耕地，街道，水系，郡や郷の境界などが描かれていました。E江戸幕府も同様に国絵図の作製を命じています。また，出版事業が盛んとなった江戸時代には，多彩な地図が刊行され，人々に身近なものとなりました。特に菱川師宣の弟子で浮世絵師の石川流宣《りゅうせん》が描いた「日本山海潮陸図」は，街道，宿場，名所など観光情報を盛り込んだ地図で，実用性の点で人気を博しました。江戸時代後期にはロシアが蝦夷地に接近してきたこともあり，蝦夷地に関するより正確な地理的情報を得ようと，幕府は天文学者の［　⑦　］に測量を許可しました。こうして［　⑦　］たちは1800年から1816年にかけて日本全国の測量を行いました。その結果，［　⑦　］の没後に完成した「大日本沿海輿地全図」は，歩測・天体観測などを組み合わせた実測による精密な測量が行われた点が特徴で，⑧国防上の理由から「秘図」扱いでした。

明治政府は，F地租改正を実施する上で土地の所有状況を知る必要があると考え，地籍図を作製しました。また，三角形の辺と角度の関係を利用する三角測量が本格的に導入され，国土管理と防衛のために必須の地形図も作製しました。1887年には地形図が出版されるようになり，購入が可能となりました。しかし，国外の地図はなかなか入手できず，G日露戦争時には死亡したロシア兵の持っていた地図の情報に頼りながら，中国東北部で日本軍はロシア軍と戦っていました。1919年には飛行機から空中撮影した写真を用いる測量が開始されました。特にH関東大震災では被災状況の確認，復興計画の立案のために空中写真が活用されました。日本全域で空中写真を用いるようになるのはI第二次世界大戦後です。

戦後，国土開発に伴う土地利用の変化は，これまで以上に急速，かつ大きいものでした。各時期に作製された地図を見ると，高速道路や新幹線など描き込む対象物が増え，山が削られたり田畑が宅地に造成されたりといった変化を読み取ることができます。また，この30年ほどの間にデジタル技術が発展したため，地図にもデジタル化の動きが広がりました。民間ではデジタル地図に現在位置情報，渋滞情報などを組み合わせて利用するカーナビや，インターネットによる地図配信などが一般化しています。2009年には国土地理院が従来の２万5000分の１地形図に代わり，デジタルデータで表現される「電子国土基本図」を基本図として採用し，重要な公共施設の迅速な情報更新が可能となり，さらなる活用や機能強化についても検討されているそうです。

問１　下線部Aについて，日本列島で築造された古墳に関する記述として誤っているものを次の中から１つ選び，記号で答えなさい。

ア　「卑弥呼の墓」ともいわれる箸墓古墳は出現期・前期の古墳の中でも最大級である。

イ　日本最大の古墳は５世紀(中期)の大山古墳(「伝仁徳陵古墳」)である。

ウ　日本の古墳を大きさの順で並べると，１位から10位まではすべて近畿地方にある古墳で占められる。

エ　埼玉県にある稲荷山古墳からは，ヤマト王権との関係を示す鉄剣が出土している。

問２　下線部Bについて，次の荘園図を見て，その下にある説明文中の〔(a)〕・〔(b)〕にあてはまる数字の組み合わせとして正しいものを下の中から１つ選び，記号で答えなさい。

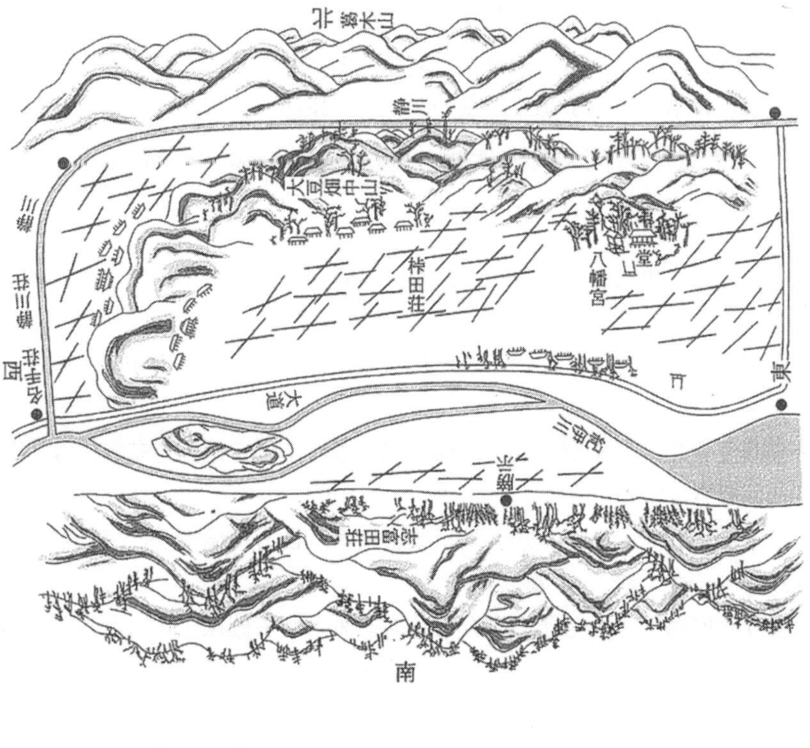

【説明文】

この荘園図は12世紀後半期に成立した神護寺領桛田荘《かせだのしょう》絵図の模写図である。この図をみると，東側に現在の宝来山神社にあたる「八幡宮」と，神願寺にあたる「堂」が並んで描かれている。中央部を流れる川が紀伊川(紀ノ川)である。●印はこの荘園の境界を示すものであり，全部で〔 (a) 〕カ所に打たれている。その内部には，〔 (b) 〕カ所の集落(家のまとまり)がある。この絵図が作られた理由としては，紀伊川の南にある高野山領志《し》富《ぶ》田荘《たのしょう》との間で，川原の島や耕地の領有をめぐって争ったためといわれる。

ア　〔(a)〕－４　〔(b)〕－３　　イ　〔(a)〕－４　〔(b)〕－４

ウ　〔(a)〕－５　〔(b)〕－３　　エ　〔(a)〕－５　〔(b)〕－４

問３　下線部Ｃについて，この王朝に関する記述として誤っているものを次の中から１つ選び，記号で答えなさい。

ア　この王朝は，対馬の宗氏に勘合を与え，貿易を独占させた。

イ　この王朝は，豊臣秀吉の２度の侵略を受けた。

ウ　この王朝は，1876年に日朝修好条規を明治政府と結んだ。

エ　この王朝は，1910年に併合されて日本の植民地となった。

問４　下線部Ｄについて，彼らに関する記述として誤っているものを次の中から１つ選び，記号で答えなさい。

ア　ポルトガル人やスペイン人は「南蛮人」と呼ばれた。

イ　ヨーロッパの商人は主に日本の銀と中国の生糸を取り引きしていた。

ウ　スペインは1624年までに自主的に日本から退去していった。

エ　ポルトガルは島原・天草一揆の後に，江戸幕府から来航が禁止された。

問５　下線部Ｅについて，江戸幕府は慶長(1604年)・正保《しょうほう》(1644年)・元禄(1697年)・天保(1835年)の時期に国絵図などの作製・提出を命じています。それぞれの時期に関する記述として誤っているものを次の中から１つ選び，記号で答えなさい。

ア　慶長期に「大御所」の徳川家康は大坂の陣で豊臣家を滅ぼし，徳川家の安泰を図った。

イ　正保前後の時期の将軍は徳川家光で，参勤交代や「鎖国」体制など，幕藩体制が整えられていった。

ウ　元禄期には徳川綱吉が生類憐みの令を発し，捨て子や病人，高齢者，動物を保護の対象とした。

エ　天保期には老中の水野忠邦が改革を行ったが，浅間山の大噴火などによる飢饉の発生にあい，失脚した。

問６　下線部Ｆについて，これに関する記述として誤っているものを次の中から１つ選び，記号で答えなさい。

ア　土地所有権を確認する地券を交付し，それに記載されている地価を基準に算出した地租を地券所有者に納めさせることにした。

イ　税率は当初は地価の３％であったが，地租改正反対一揆の続発を受けて1877年に２％へ引き下げられた。

ウ　地租改正により政府は毎年固定額の現金を政府歳入として確保することができるようになった。

エ　地租を納められなくなった地券所有者は，地券を売却して納税しなければならなくなり，その結果，土地を失うものも多くなった。

問7　下線部Gについて，これに関する記述として誤っているものを次の中から1つ選び，記号で答えなさい。

ア　「満州」を占領して朝鮮半島に圧力をかけるロシアに対し，日本はイギリスと同盟を結んで対抗した。

イ　ロシアは陸軍が旅順・奉天などで勝利したが，海軍が日本海海戦で壊滅したため，降伏した。

ウ　アメリカの仲介でポーツマス条約を締結し，日露戦争は終結したが，日本は賠償金を受け取れなかった。

エ　講和条約の内容に不満であった民衆が日比谷焼打事件を起こしたが，政府は戒厳令を発して鎮圧した。

問8　下線部Hについて，この災害の前後に起こった出来事を，年代順に並べた時に2番目となるものを次の中から1つ選び，記号で答えなさい。

ア　ベルサイユ条約に調印した。

イ　原敬首相が暗殺された。

ウ　米騒動が起こった。

エ　男子普通選挙法・治安維持法が制定された。

問9　下線部Iについて，この戦争に至るまでに起こった出来事を，年代順に並べた時に2番目となるものを次の中から1つ選び，記号で答えなさい。

ア　盧溝橋事件が起こった。　　イ　世界恐慌が起こった。

ウ　柳条湖事件が起こった。　　エ　国際連盟から脱退した。

問10　下線部①について，戸籍上の6歳以上の男女に口分田を支給する方法の名称を答えなさい。

問11　文中の［②］にあてはまる法令名を答えなさい。

問12　下線部③について，次の荘園図は鎌倉時代に荘園領主(領家)と地頭の間で起こった紛争を解決した際に作製されたものです。図中に引かれた分割線の端には，当時の幕府政治の最高責任者であった北条一門の2名の人物の花押《かおう》(サイン)がすえられています。そのような北条一門が独占していた鎌倉幕府の最高責任者が就く役職名を答えなさい。

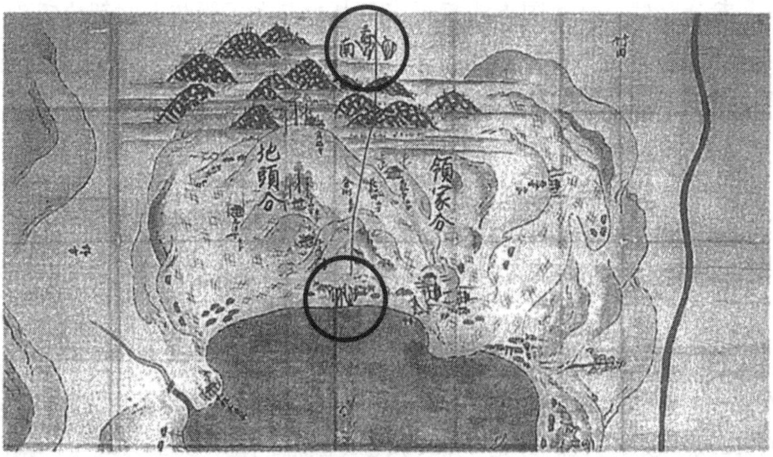

問13　文中の ④ にあてはまる人物名を答えなさい。なお，この人物は，奈良時代に灌漑事業や架橋，井戸掘りなどに取り組み，東大寺の大仏造立の際にも寄付を集めるなど，政府に協力した僧侶です。

問14　下線部⑤について，この地図には「龍及国」と書かれた「琉球」も記載されています。15世紀に統一された琉球王国が王府を置いた「グスク(城)」の名称を答えなさい。

問15　下線部⑥について，次の検地帳に記載されている百姓「左兵衛」が，この2カ所だけの土地を所持している場合，この人物が納入しなければならない年貢高を〔条件〕にしたがって計算し，適切な単位をつけて答えなさい。

〔検地帳〕

(所在地名)	(田畑の等級)	(面積)	(石高)	(耕作者名)
六ノつぼ	上田《じょうでん》	八畝《せ》十五歩	一石二斗《と》七升五合《ごう》	左兵衛
同所	上田	一畝	一斗五升	同人

〔条件〕 (1)　土地の面積単位は，町・段(反)・畝・歩の4種類で，

1畝＝30歩，1段(反)＝10畝，1町＝10段(反)

で計算する。

(2)　容積単位は，石・斗・升・合などで，

10合＝1升，10升＝1斗，10斗＝1石

で計算する。

(3)　年貢高は百姓の所持する土地の石高を基準にして，「二公一民」の割合で納入する。

問16　文中の ⑦ にあてはまる人物名を答えなさい。

問17　下線部⑧について，この地図の写しを帰国の際に持ち出そうとして失敗して国外追放となったドイツ人が，長崎郊外に開いていた蘭学塾・診療所の名称を答えなさい。

3　次の文章を読み，下の問いに答えなさい。

昨年7月10日に，参議院議員通常選挙の投開票が行われました。そこで参議院の選挙の歴史や，今回の選挙結果を見ていきましょう。

①衆議院と異なり，参議院は②日本国憲法で規定されたことで誕生し，初めての選挙は③1947年に実施されました。この時の④定数は250名でしたが，1970年には252名に増え，2000年には242名に減ったのち，今回の選挙で(1)名となりました。このように定数はたびたび変更されてきました。

また，2016年には合区が導入されました。参議院議員通常選挙での合区とは，一票の格差の是正のために，複数の選挙区をあわせて新たに一つの選挙区にすることです。これにより，実際に鳥取県と(2)県，(3)県と徳島県がそれぞれ一つの選挙区とされました。

次に，今回の選挙を見ていきましょう。

与党である【 A 】は，選挙の前に111名の議員が所属していましたが，今回の選挙の結果で所属議員は119名となり，大幅に議席を増やしました。それに対して野党第一党の【 B 】は，選挙前の45名から39名に減らしました。野党の中で大きく議席を増やしたのは，所属議員が20

名をこえた【 Ｃ 】と，党の代表が立候補し３議席を獲得した【 Ｄ 】です。

なお，⑤今回の選挙で有権者となった⑥本郷高校の生徒の多くは，投票して自らの意思を表明したようです。皆さんもいつか⑦選挙権を持つようになりますから，日頃から選挙制度について意識して生活しましょう。

問１　（１）～（３）にあてはまる数字や語句を答えなさい。

問２　下線部①について述べた文章として誤っているものを次の中から１つ選び，記号で答えなさい。

ア　衆議院は明治時代から設置されていた。

イ　衆議院議員の任期は４年である。

ウ　一部の議案では，いわゆる「衆議院の優越」と呼ばれる機能が働くことがある。

エ　衆議院の定数は，参議院よりも少ない。

問３　下線部②について，そこに書かれていないものを次の中から１つ選び，記号で答えなさい。

ア　陸海空軍その他の戦力は，これを保持しない。

イ　何人も，自らの人格の自由な発展を求める権利を有する。

ウ　信教の自由は，何人に対してもこれを保障する。

エ　すべて国民は，勤労の権利を有し，義務を負ふ。

問４　下線部③について，この年よりも前の出来事として正しいものを次の中から１つ選び，記号で答えなさい。

ア　男女普通選挙制の実現　　　　　　イ　東京オリンピックの開催

ウ　サンフランシスコ平和条約の締結　　エ　イタイイタイ病に関する訴訟の提起

問５　下線部④について，衆議院の選挙では過去に二度，定数のあり方が憲法違反であるという判決が下されました。その理由は(　　)が大きすぎるから，というものでした。空欄にあてはまる語句を５字で本文中から抜き出して答えなさい。

問６　下線部⑤について，選挙期間中に元内閣総理大臣が銃撃される事件が発生しましたが，この人物に関する文章として誤っているものを次の中から１つ選び，記号で答えなさい。

ア　この人物が首相だった時に，消費税が増税された。

イ　この人物が首相だった時に，アメリカでトランプ大統領が誕生した。

ウ　この人物が首相だった時に，イタリアがEU(欧州連合)から離脱した。

エ　この人物が首相だった時に，11カ国によるTPP(環太平洋パートナーシップ協定)が発効した。

問７　下線部⑥について，今回の参議院議員選挙に関して，全国の投票率として最も近い数値を次の中から１つ選び，記号で答えなさい。

ア　25％　　イ　50％　　ウ　75％　　エ　100％

問８　下線部⑦について，選挙権を持つのは何歳からですか。その年齢を数字で答えなさい。

問９　【A】～【D】にあてはまる政党を次の中から１つずつ選び，記号で答えなさい。

ア　日本共産党　　イ　立憲民主党　　ウ　れいわ新選組　　エ　参政党

オ　自由民主党　　カ　社会民主党　　キ　日本維新の会　　ク　公明党

問10　1970年には252名に増え について，２名増えたのは(　　　　)に備えるためでした。空欄にあてはまる文章を簡潔に答えなさい。

【理　科】〈第２回試験〉（40分）〈満点：75点〉

注意　机上に定規を出し，試験中に必要であれば使用しなさい。

1　次の文を読んで以下の問に答えなさい。

本郷君は湖のほとりで行われた林間学校に参加しました。図１のように，その日は風のない穏《おだ》やかな日で，向こう岸の建物がきれいに水面に映《うつ》っていました。

次の(1)〜(5)は，本郷君は湖のほとりから向こう岸の建物，および水面を見ているとします。

図１

(1)　向こう岸の建物は水面にどのような形に映っていましたか。次の**ア**〜**エ**から最も正しいものを１つ選び，記号で答えなさい。

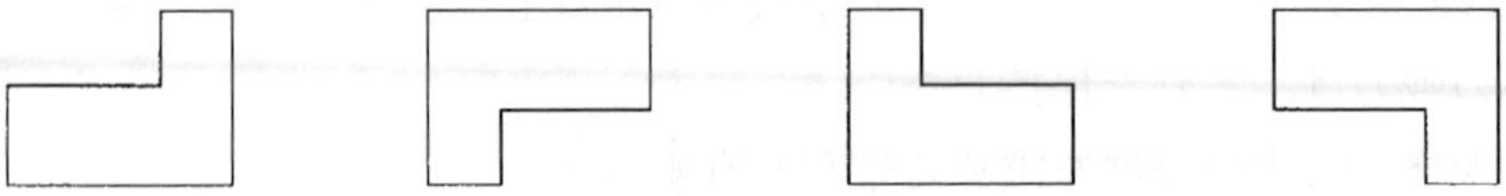

ア　**イ**　**ウ**　**エ**

(2)　図２で建物のＡ点，Ｂ点から出て水面で反射した光はどのように目に届いたか，作図しなさい。解答用紙には本郷君の目の位置をＣ点として表しています。

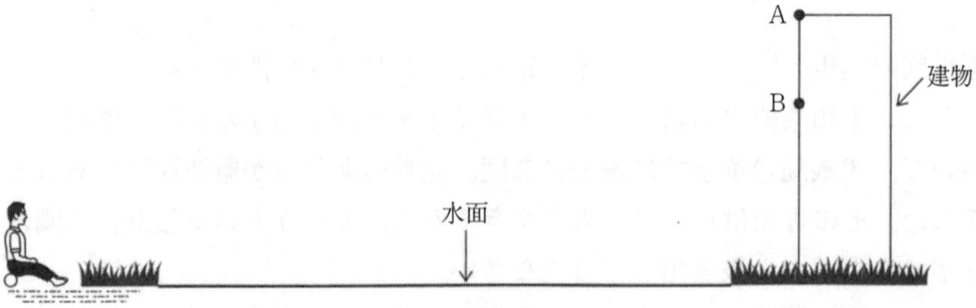

図２

(3)　図３のように腕《うで》を伸ばして，虫めがねで建物を見ました。建物はどのような形に見えますか。(1)の**ア**〜**エ**から最も正しいものを１つ選び，記号で答えなさい。

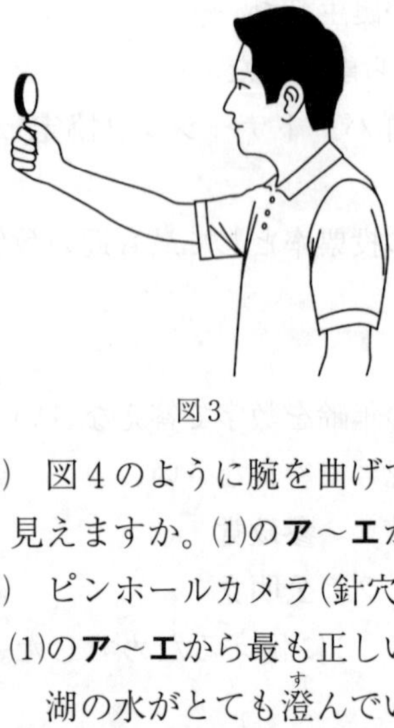

図３

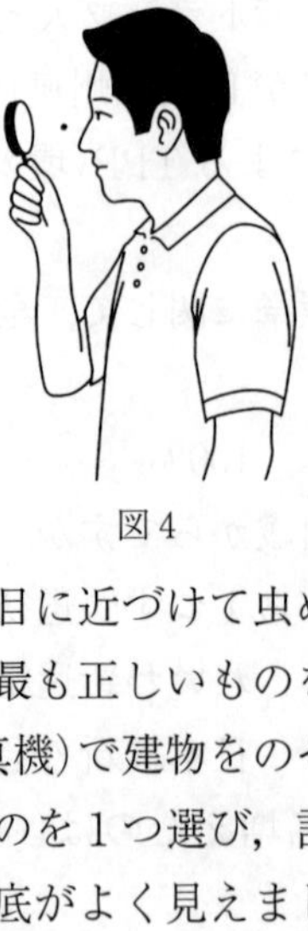

図４

(4)　図４のように腕を曲げて，目に近づけて虫めがねで建物を見ました。建物はどのような形に見えますか。(1)の**ア**〜**エ**から最も正しいものを１つ選び，記号で答えなさい。

(5)　ピンホールカメラ(針穴写真機)で建物をのぞきました。建物はどのような形に見えますか。(1)の**ア**〜**エ**から最も正しいものを１つ選び，記号で答えなさい。

湖の水がとても澄《す》んでいて底がよく見えました。本郷君は，湖の底は意外に浅いと思いました。そのとき，友達の染井君が，「底をのぞき込むと，浅そうに見えても実際にはもっと深いんだよ。」と教えてくれました。そこで，実験をして確かめることにしました。

　図５は実験の原理を簡単に表した図です。高さのある透明な容器に水を入れ容器の底に10円玉を入れます。そして真上から10円玉を見たとき，どれだけの深さのところにあるように見えるか(これを見かけの深さとします)を，計測しました。その結果が次の表です。

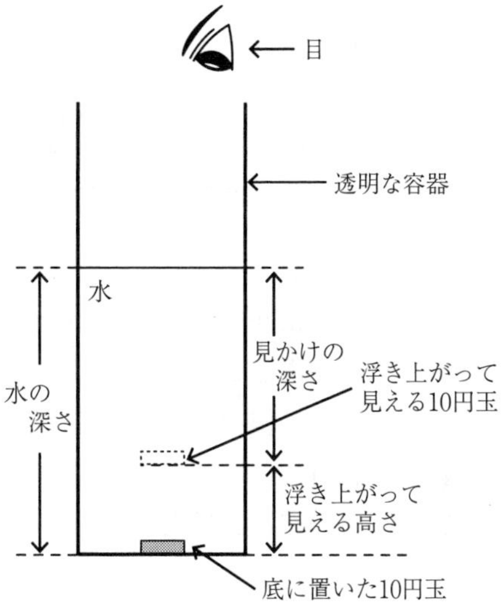

図５

表

水の深さ(cm)	見かけの深さ(cm)
10	7.5
20	15.0
30	22.5
40	30.0

(6)　水の深さと10円玉が浮き上がって見える高さはどのような関係ですか。解答用紙の横軸《よこじく》に水の深さ，縦軸《たてじく》に10円玉が浮き上がって見える高さをとってグラフをかきなさい。ただし，横軸，縦軸の目盛りに適当な数値を入れること。また，横軸，縦軸の１目盛りは違う数値でもかまいません。

(7)　見かけの深さが1.5ｍの湖の底は，実際にはどれだけの深さがあることになりますか。

(8)　空気中から水中に光が進む場合，光の進み方を正しく表しているのはどれですか。次の**ア**～**エ**から最も正しいものを１つ選び，記号で答えなさい。

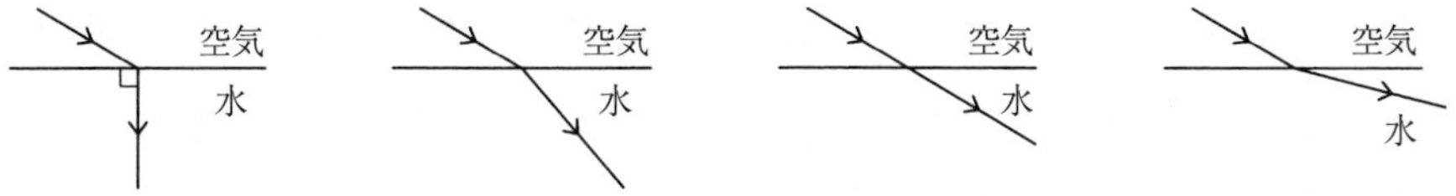

ア　**イ**　**ウ**　**エ**

2　次の文は三《み》宅《やけ》泰《やす》雄《お》『空気の発見』(1962年７月初版，2020年５月改版９版　角川ソフィア文庫)の文章の一部を引用したものです。この文を読んで以下の問に答えなさい。

> 　私たちのまわりにあるものは，すべて，重さをもっています。羽根のように軽いものでも，やはり重さがあります。しかし，昔の人は，空気には重さがないと考えていました。空気に重さがあることをはじめて見出した人は，ガリレオ・ガリレイ(1564―1642年)でした。ガリレイはガラスのビンの中に，ポンプで空気をおしこみ，それをはかりにかけて，はかりがつり合うようにした実験を行うことで空気に重さがあることを見出しました。

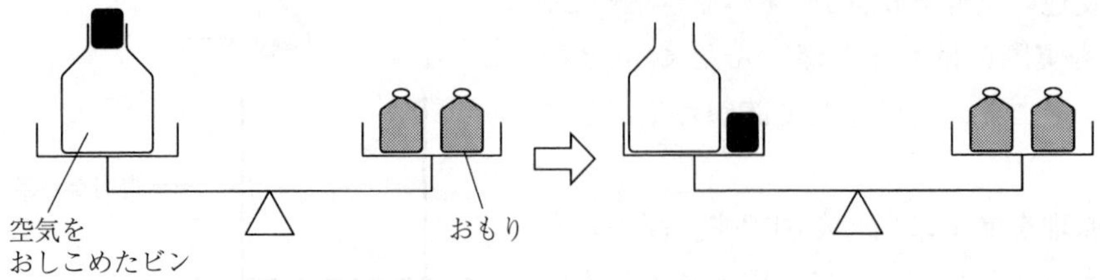

(1)　ガリレイは空気をおしこめたビンの重さをはかり，ビンのふたをあけた時の実験結果から空気に重さがあることを見出しました。実験結果として予想されることを次の**ア**～**ウ**から，ガリレイの考えの根拠《こんきょ》となるものを次の**エ**～**キ**から，それぞれ１つずつ選び，記号で答えなさい。

【実験結果】

ア．ビンの口をあけたところ，ビンのほうが軽くなった。

イ．ビンの口をあけたところ，ビンのほうが重くなった。

ウ．ビンの口をあけても，ビンとおもりの重さは同じだった。

【考えの根拠】

エ．ビンの体積に変化が生じたため

オ．ビンの中にさらに空気が入りこむため

カ．ビンの中におしこんだ空気の一部分がにげ出したため

キ．空気をおしこんでいるがビンの体積は変化しないため

ガリレイは空気が水に比べて，どんな重さをもっているか調べました。空気を満たした容器の中に，A その中にはじめからあった空気を逃《に》げないようにして，容器の体積の $\frac{3}{4}$ まで水を入れ重さをはかりました。その後，B 容器に小さい穴をあけて $\frac{3}{4}$ だけの体積に相当する空気を出し，そのあとでふたたび容器の重さをはかり，その重さの差から空気が水と比べて，どんな重さをもっているか計算しました。

(2)　ガリレイがおこなった水と空気の重さを比べる実験を800cm^{3}の体積，100gの重さを持つ容器を用いて再現しました。実験では，下線部Aの重さは702g，下線部Bの重さは700.5gでした。この実験結果より，同じ体積で重さを比べたとき，空気の重さを１とすると水の重さはいくつになるか答えなさい。ただし，答えが小数となる場合は小数第１位を四捨五入して整数で答えなさい。また，用いた水は１cm^{3}あたり１gであるとします。

ガリレイの弟子であるトリチェリー(1608−1647年)は空気の重さについてさらに研究しました。トリチェリーは，一方の端《はし》をふさいだ長いガラス管に水銀をみたし，空気が入らないように水銀だめのなかに，開いている方の口をさかさまにしてつっこみました。その結果，水銀は少し下がって76cmの高さでとまりました。空気は全く入らないようにしたので水銀の上には空気はないはずです。しかも，水銀は，76cmの高さにとどまっています。トリチェリーは，この現象を大気の重さ(地球のまわりにある空気全体の層《そう》の重さ)によって，水銀がおし上げられていると説明しました。

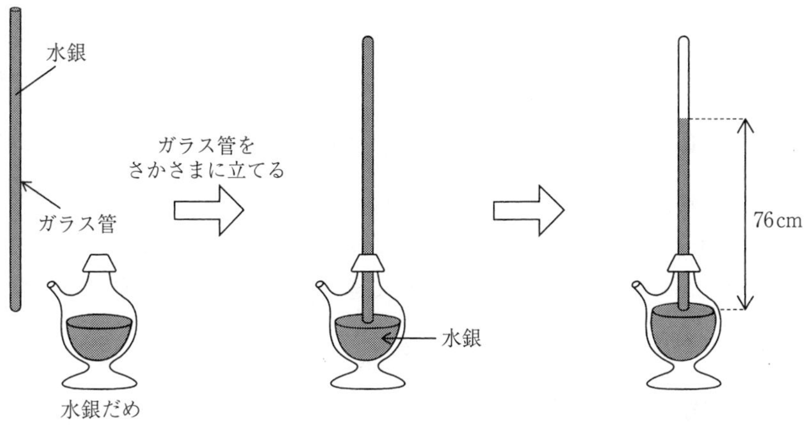

(3)　トリチェリーの実験のガラス管の断面を１cm^2だとすると水銀をおし上げている大気の重さは，何ｇですか。答えが小数となる場合は小数第１位を四捨五入して整数で答えなさい。ただし，水銀の重さは１cm^3あたり，13.6ｇであるとします。

> 空気の中で初めて発見された気体は，『固まる空気』と呼ばれていた気体です。ジョーセフ・ブラック(1728―1799年)が石灰石に酸性の水溶液《すいようえき》を反応させてできる気体は，空気とは全くちがう性質があることに気付き『固まる空気』と名付けました。また，この『固まる空気』が空気中にもわずかに存在することも確かめました。

(4)　文中の『固まる空気』を発生させる方法を，次の**ア**～**オ**からすべて選び，記号で答えなさい。

ア．オキシドールにレバーを入れる
イ．鉄くぎに塩酸を加える
ウ．卵のからに塩酸を反応させる
エ．ベーキングパウダー(ふくらし粉)を加熱する
オ．アルミニウムに水酸化ナトリウム水溶液を反応させる

(5)　ブラックは空気中に『固まる空気』があることを確認しました。ある水溶液Ｘを空気中にそのまま置いておくと，液の表面に白い膜《まく》ができます。その白い物質をとって，酸を加えると『固まる空気』がでてくることが分かったからです。この水溶液Ｘの名前を答えなさい。

> ダニエル・ラザフォード(1749―1819年)は，空気中で炭やろうそくを燃やした後に生じる『固まる気体』を除去すると，なお，１種の気体があることを発見し，この気体を『毒のある空気』と名付けました。この気体の中では，ろうそくなどは燃えないことがわかりました。

(6)　ラザフォードが発見した『毒のある空気』は空気中に何％存在する気体でしょうか。最も適当な値を，次の**ア**～**オ**から１つ選び，記号で答えなさい。

ア．0.04％
イ．0.9％
ウ．20％
エ．50％
オ．80％

> アントアス・ラボアジェ(1743－1794年)は，密閉した器の中に，115gの水銀と1.4Lの空気を入れ，12日のあいだ熱しました。その後，もとの圧力と温度にして，空気の体積をはかるとほぼ $\frac{1}{6}$ だけ体積が減っていることが分かりました。残った空気の中では，ろうそくは燃えず，その中に動物を入れると，またたく間に死んでしまいました。水銀の表面には赤いものができておりこれを集めて，重さをはかると2.7gになりました。この赤い物質を空気に触《ふ》れさせないで熱してみると気体が出てきたので，その気体を集めて体積をはかったところ，ちょうどはじめにもちいた空気の $\frac{1}{6}$ の体積だけありました。赤い物質から気体が出た後には水銀が残り，その重さは2.5gでした。

(7) ラボアジェの実験で生じた赤い物質はどんな物質が結びついたものだと考えられますか。考えられる物質の名前を2つ答えなさい。

3 血液について以下の問に答えなさい。

右の図は，顕微鏡《けんびきょう》で見たヒトの血液のスケッチです。ただし，Cは透《とう》明(うすい黄色)の液体です。

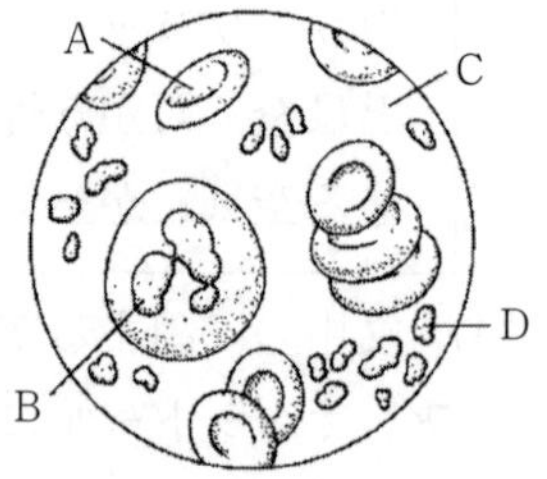

(1) Aに含《ふく》まれ，酸素運搬《ぱん》にかかわる物質の名前(色素名)を答えなさい。

(2) ヒトの体液とそれに関連する体のしくみについて記述した次の**ア**～**カ**について，**間違《まちが》っているもの**をすべて選び，記号で答えなさい。

ア．血液中に含まれる血球のうち，最も数が多いのは，Aである。
イ．Bは，免疫《めんえき》(細菌《さいきん》やウイルスから体を守る働き)に関係する。
ウ．Cは，血液中の血球や様々な物質を全身に運搬する働きがある。
エ．Dは，血液が血管内で固まらないようにする働きがある。
オ．動脈血とは，動脈中を流れている血液のことである。
カ．過剰《かじょう》な免疫反応の結果がヒトにとって不都合な場合をアレルギーとよぶ。また，その代表例としては，花粉症《しょう》が知られている。

ヒトの血液には，ABO式やRh式など，さまざまな血液型が知られています。最もよく知られているABO式とは，赤血球の表面に付いている“抗原《こうげん》”の種類に着目した血液型で，ヒトでは，A型，B型，AB型，O型の4種類が存在します。また，このABO式では，各血液型によって，血しょうに含まれている“抗体《こうたい》”の種類も決まっています。表は，血液をABO式で分けたときの，赤血球表面の抗原と，血しょうに含まれている抗体の関係をまとめたものです。ただし，表中の図は，赤血球や抗原，抗体の関係を分かりやすく表したもので，それぞれの実際の大きさなどは考慮《こうりょ》していません。

表

血液型 / 抗原と抗体	A型	B型	AB型	O型
赤血球表面の抗原	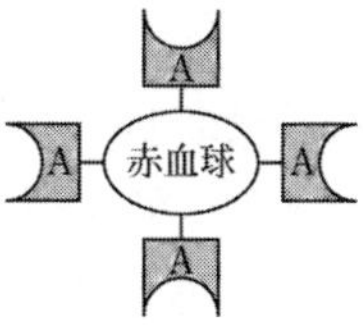 A抗原のみ持つ	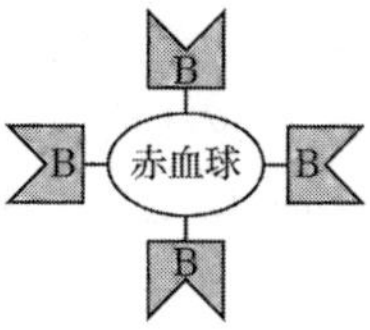 B抗原のみ持つ	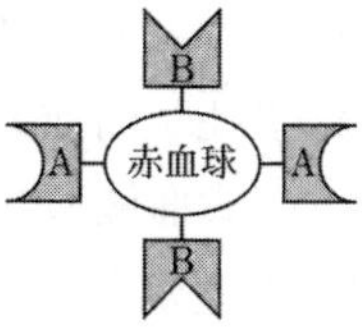 両方の抗原を持つ	 両方の抗原とも持たない
血しょうに含まれている抗体	 B抗体のみ含む	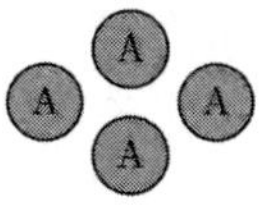 A抗体のみ含む	両方の抗体とも含まない	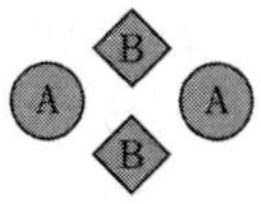 両方の抗体を含む

図１のように，A抗原とA抗体は結合します。同様に，B抗原とB抗体も結合します。それに対し，図２のように，A抗原とB抗体は結合しません。同様に，B抗原とA抗体も結合しません。そのため，血液を赤血球と血しょうに分け，A型の血液から取り出した赤血球と，B型の血液から取り出した血しょうを混ぜると，結合が起こり，血液のかたまりができます。このような現象を血液の凝集《ぎょうしゅう》反応といいます。

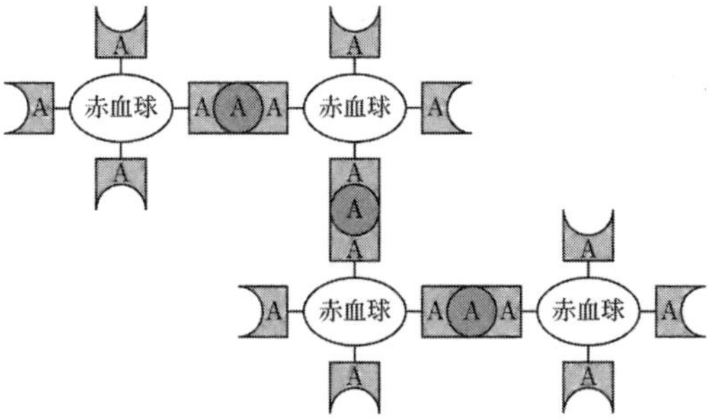

図１

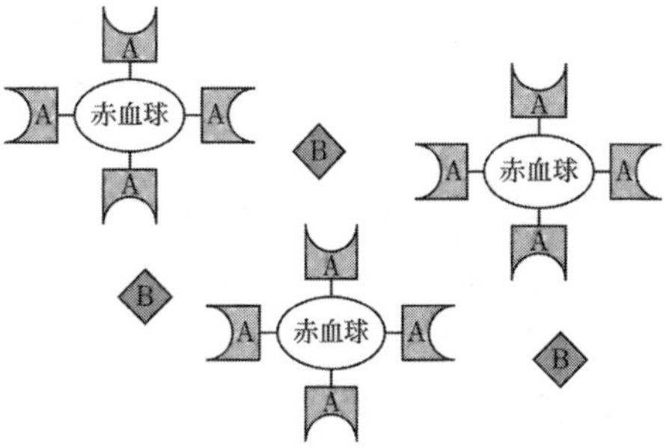

図２

治療《ちりょう》の目的で不足した血液を補うことを輸血といいます。輸血には，血液をそのまま輸血する“全輸血”と，成分ごとに分けて輸血する“成分輸血”があります。そして，どちらの場合も，輸血することができる血液の組み合わせは決まっています。なぜなら，輸血する血液の血液型によっては凝集反応が起こり，死に至ることもあるからです。

(3)　血液を赤血球と血しょうに分け，次の**ア**～**ク**のような組み合わせで混ぜました。このうち，凝集反応が起こる組み合わせをすべて選び，記号で答えなさい。

	赤血球	血しょう		赤血球	血しょう
ア．	A型	O型	**イ**．	A型	AB型
ウ．	B型	O型	**エ**．	B型	AB型
オ．	AB型	A型	**カ**．	AB型	O型
キ．	O型	B型	**ク**．	O型	AB型

(4)　赤血球のみを成分輸血する場合について考えます。下の文中の［　　］にあてはまる血液型を，次の**ア**～**エ**から１つずつ選び，記号で答えなさい。

ア．A型　　**イ**．B型
ウ．AB型　　**エ**．O型

[　1　]の人から取り出した赤血球は，同じ血液型の人に輸血した場合は凝集反応が起こらないが，違う血液型の人に輸血した場合，すべての場合で凝集反応が起こる。一方，[　2　]の人から取り出した赤血球は，どの血液型の人に輸血しても凝集反応が起こらない。

それぞれの人のABO式血液型は，遺伝《いでん》によって決まることが分かっています。そこで，わたしたちのABO式血液型がどのように決まるのかについて考えます。なお，ABO式血液型の遺伝は，次の規則１～３にしたがいます。

【規則１】

ABO式血液型を決定する遺伝子は，遺伝子Ⓐ（A型にする），遺伝子Ⓑ（B型にする），遺伝子Ⓞ（O型にする）の３種類であり，遺伝子Ⓐと遺伝子Ⓑと遺伝子Ⓞの３種類の遺伝子の中から，２つの遺伝子を組み合わせて持つ。

よって，考えられる遺伝子の組み合わせは，以下の６パターンのみである。

ⒶⒶ，ⒶⓄ，ⒷⒷ，ⒷⓄ，ⒶⒷ，ⓄⓄ

【規則２】

遺伝子Ⓞは，遺伝子Ⓐや遺伝子Ⓑと組み合わされると，そのはたらきが隠《かく》されたように見える。しかし，遺伝子Ⓐと遺伝子Ⓑは，たがいに組み合わされても，それぞれのはたらきは隠されたようには見えない。

よって，遺伝子の組み合わせとABO式血液型には，次のような関係がある。

（遺伝子の組み合わせ）		（ABO式血液型）
ⒶⒶ，ⒶⓄ	⟶	A型
ⒷⒷ，ⒷⓄ	⟶	B型
ⒶⒷ	⟶	AB型
ⓄⓄ	⟶	O型

【規則３】

父親は２つ持つ遺伝子のうちからどちらか１つを子に伝え，母親も２つ持つ遺伝子のうちからどちらか１つを子に伝える。よって，父親と母親から１つずつ遺伝子をもらった子は，規則１にもあるように，２つの遺伝子を持つ。

ただし，それぞれの親が持つ２つの遺伝子は，どちらの遺伝子も同じ確率で子に伝えられる。

（例）　父親の遺伝子の組み合わせ：ⒶⓄ
　　→子には，遺伝子Ⓐ，または遺伝子Ⓞを伝える
　母親の遺伝子の組み合わせ：ⒶⒷ
　　→子には，遺伝子Ⓐ，または遺伝子Ⓑを伝える

よって，この両親の子の遺伝子の組み合わせを，表を用いて考えると，以下のように考えられる。

母親の遺伝子＼父親の遺伝子	遺伝子Ⓐ	遺伝子Ⓞ
遺伝子Ⓐ	ⒶⒶ	ⒶⓄ
遺伝子Ⓑ	ⒶⒷ	ⒷⓄ

↖子の遺伝子の組み合わせ

また，先の(例)の場合，必ずしも４人の子ができるとは限らないので，遺伝子の組み合わせがⒶⒶ，ⒶⓄ，ⒶⒷ，ⒷⓄである子が，それぞれ25%$\left(\frac{1}{4}\right)$の確率《かくりつ》で生まれる可能性があると考える。さらに，規則２から，Ａ型である子が50%$\left(\frac{1}{2}\right)$，AB 型である子が25%$\left(\frac{1}{4}\right)$，Ｂ型である子が25%$\left(\frac{1}{4}\right)$の確率で生まれる可能性があると考える。

(5)　父親の血液型がAB 型で，母親の血液型がＯ型であるとします。この両親の子の血液型として考えられるものを，次の**ア**～**エ**からすべて選び，記号で答えなさい。

ア．Ａ型　　**イ**．Ｂ型　　**ウ**．AB 型　　**エ**．Ｏ型

(6)　両親の血液型が，ともにAB 型であるとします。この両親の子の血液型もAB 型である確率を，次の**ア**～**カ**から１つ選び，記号で答えなさい。

ア．100%（すべてAB 型）　　**イ**．75%$\left(\frac{3}{4}\right)$

ウ．50%$\left(\frac{1}{2}\right)$　　**エ**．25%$\left(\frac{1}{4}\right)$

オ．12.5%$\left(\frac{1}{8}\right)$　　**カ**．０％

(7)　母親の血液型がＡ型であることは分かっていますが，父親の遺伝子の組み合わせは分かっていません。この両親の間には，Ｂ型とＯ型の子が生まれました。この父親の遺伝子の組み合わせとして考えられるものを，次の**ア**～**カ**から１つ選び，記号で答えなさい。

ア．ⒶⒶ　　**イ**．ⒶⓄ

ウ．ⒷⒷ　　**エ**．ⒷⓄ

オ．ⒶⒷ　　**カ**．ⓄⓄ

(8)　Ａ型の父親とＢ型の母親からＢ型の女の子が生まれました。この女の子が母親となり，Ｂ型の男の子が生まれたとき，この男の子の父親の遺伝子の組み合わせとして考えられるものを，(7)の**ア**～**カ**からすべて選び，記号で答えなさい。

4　気象について以下の問に答えなさい。なお，問題文中の天気図は気象庁のホームページより引用しています。

2022年，気象庁の発表によると関東甲信越《こうしんえつ》地方は６月８日ごろ梅雨入りをしました。これは前年度よりも７日早く，平年に比べると１日早い梅雨入りです。６月14日には日本の南の海上に$_{A}$梅雨前線が長々と停滞《ていたい》し，梅雨前線上の四国および紀伊半島《きいはんとう》南岸付近を低気圧が東へと進

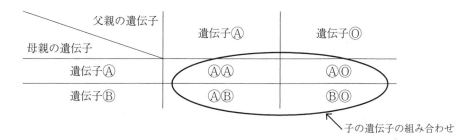

みました。さらに関東地方の上空1500m付近は9℃以下の冷たい空気に覆《おお》われており，雨の降る日中は東京で最高気温が20℃を下回りました。このような梅雨のころの低温を「梅雨寒(つゆざむ)」と呼びます。

その後気象庁は，6月27日に関東甲信越地方が B梅雨明けしたと発表しました。これは前年度より19日早く，また平年に比べても22日早い梅雨明けになります。このような異例の速さでの梅雨明けになったのは，C偏西風《へんせいふう》と Dラニーニャの影響《えいきょう》が大きいと考えられています。またそれと関係して，東京は梅雨明け前の6月25日から9日間連続で最高気温が35℃を越《こ》す E猛《もう》暑《しょ》日を記録しました。これは1875年の統計開始以来，観測史上最長となりました。

(1) 下線部Aの梅雨前線を含《ふく》む「前線」とは，2種類の空気の塊《かたまり》(気団)が接触した面が，地上と交わる線のことを指します。梅雨前線の周囲の気団の組み合わせとして正しいものを，次の**ア**～**エ**から1つ選び，記号で答えなさい。なお，図の上側を北とし，図の(暖)は暖気を，(寒)は寒気をそれぞれ指します。

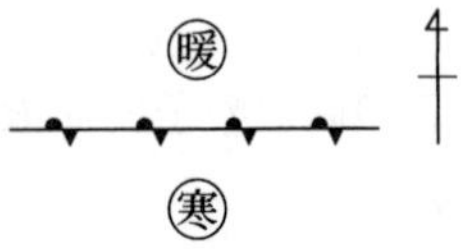

ア

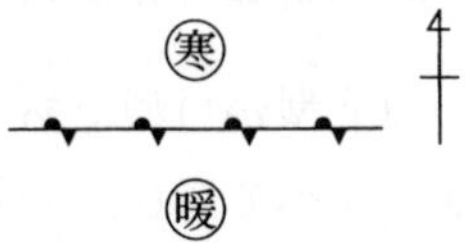

イ

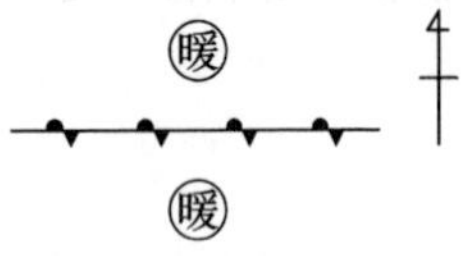

ウ

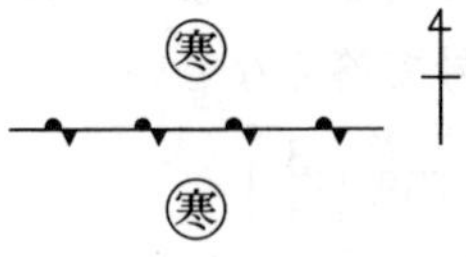

エ

(2) 6月14日の梅雨寒のころの気圧配置として正しいものを，次の**ア**～**エ**から1つ選び，記号で答えなさい。

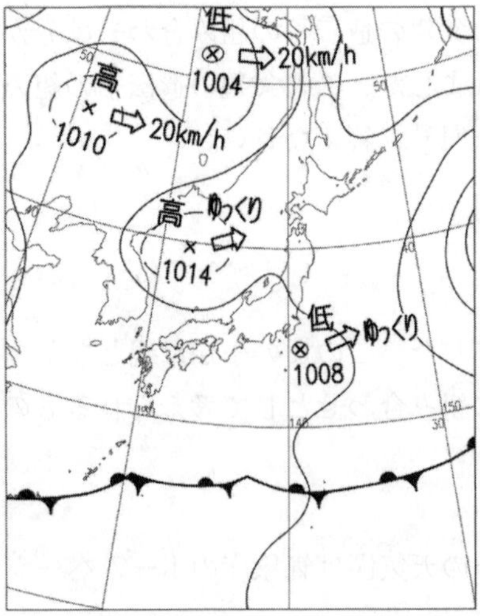

ア

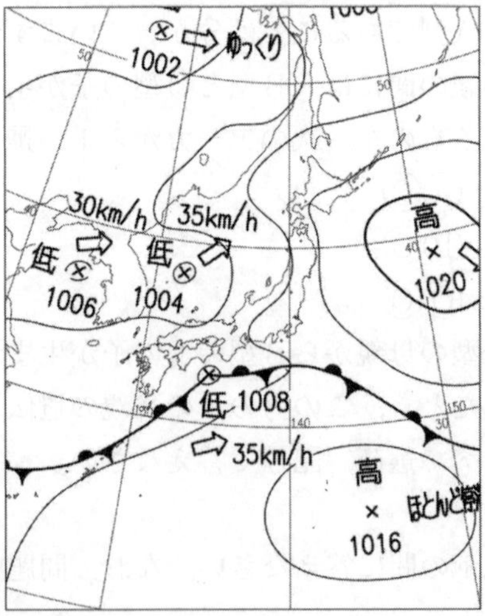

イ

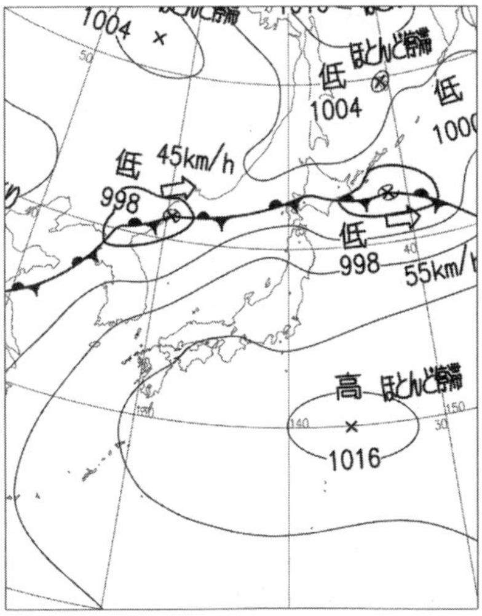

ウ

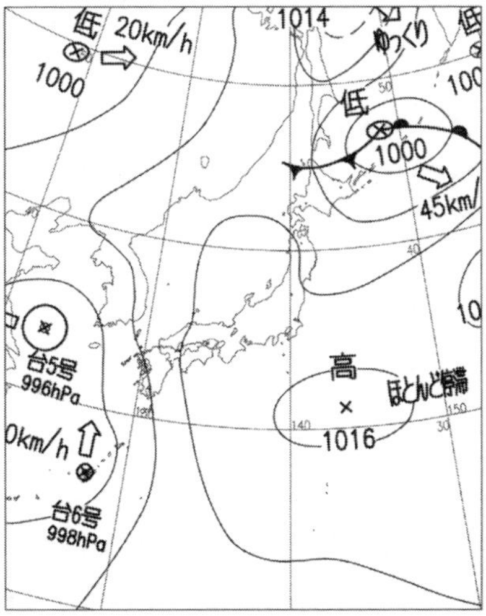

エ

(3)　下線部Ｂの梅雨明けについて，気象庁は９月１日に梅雨明けの確定値を発表し，速報で６月27日としていた関東甲信越地方の梅雨明けの日にちを，７月23日と一か月近く遅《おそ》く修正しました。このように梅雨明けの日にちが大きく変更《へんこう》されることはとても珍《めずら》しいことです。2022年の天気について説明した文のうち，**梅雨明けの変更理由と関係の深いもの**はどれですか。次の**ア**～**オ**から１つ選び，記号で答えなさい。

ア．６月初めに梅雨前線が日本の南の海上で発生し，日本列島の広い範囲に雨をもたらした。

イ．６月終わりに梅雨前線が北上し，太平洋高気圧が本州上空に張り出した。

ウ．７月１日に発生した台風４号は５日に九州北部へ上陸し，そのまま本州を横断し各地に雨をもたらした。

エ．７月初めから太平洋高気圧の勢力が弱まり全国的に雨の降る日が増加し，特に７月中旬は連日のように雨が降った。

オ．８月初め，関東甲信越地方は最高気温が35℃を越す猛暑日が連日続いた。

(4)　下線部Ｃの偏西風とは，日本を含む中緯度帯《ちゅういどたい》の上空に吹《ふ》く風を指します。偏西風の特徴《とくちょう》や，偏西風によってもたらされる気象の変化について説明した文のうち，**間違《まちが》っているもの**はどれですか。次の**ア**～**オ**から１つ選び，記号で答えなさい。

ア．日本では，天気は西から東に向かって移り変わる。

イ．偏西風のうち，上空10000ｍ前後で強く吹く風のことを特にジェット気流と呼ぶ。

ウ．冬の日本では強い北西の風が吹き，日本海側で雪が降り，太平洋側で晴れとなることが多い。

エ．日本のはるか南の海上で発生した台風は，中緯度に達すると北東に移動するようになる。

オ．偏西風は，南と北の温度差を減少させるように南北に蛇行《だこう》しながら吹くことがある。

(5)　下線部Ｄのラニーニャについて説明した文のうち，**間違っているもの**はどれですか。下の**ア**～**エ**から１つ選び，記号で答えなさい。なお，文中の地域の位置関係については次の図１を参照すること。

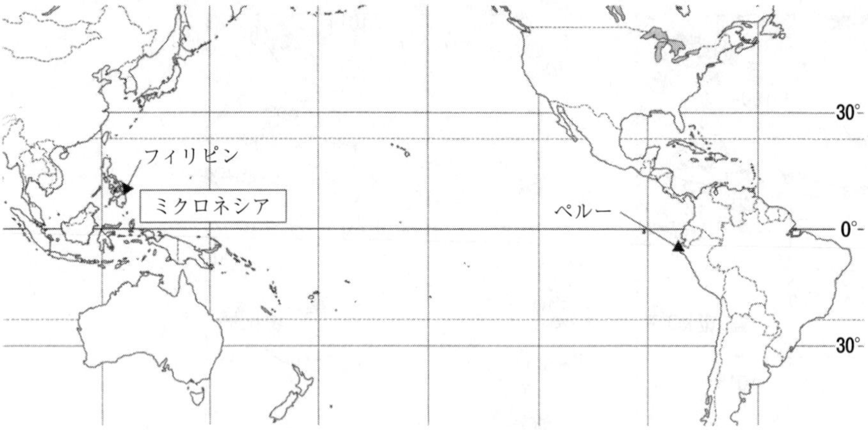

図１　太平洋周辺の地図

ア．太平洋の赤道付近で吹く貿易風が，平年より強くなることにより発生する。

イ．西太平洋赤道域(フィリピン・ミクロネシア付近)の海面水温が上昇《じょうしょう》し，大気の状態が不安定になり，積乱雲の活動が活発になる。

ウ．日本の南東の海上に発生する太平洋高気圧が平年よりも活発になり，日本の夏は気温が平年より高くなる傾向《けいこう》にある。

エ．ラニーニャは複数年に渡《わた》ることもある長期間な現象のため，夏以外にも様々な影響を及《およ》ぼし，日本の冬は暖冬となる傾向がある。

(6)　下線部Ｅの猛暑とは平常の気温と比べて著しく暑いときのことを指し，主に夏の気候について用いられます。次の**ア**～**ク**から，猛暑を引き起こす原因となるものをすべて選び，記号で答えなさい。

ア．ヒートアイランド現象　　**イ**．火山の噴火《ふんか》

ウ．やませ　　**エ**．からっ風

オ．フェーン現象　　**カ**．ゲリラ豪雨《ごうう》

キ．春一番　　**ク**．エルニーニョ現象

(7)　梅雨と同じメカニズムで発生する気象現象に「秋雨」があります。秋雨について説明した文のうち，**間違っているもの**はどれですか。次の**ア**～**エ**から１つ選び，記号で答えなさい。

ア．秋雨は梅雨と同じく，東南アジアから東アジアの広い範囲《はんい》で起こる気象現象であり，各地に長雨をもたらす。

イ．秋になると，夏の間本州を覆っていた暖かい高気圧の勢力が弱まり，大陸の冷たい高気圧が日本海や北日本方面に張り出してくる。この性質の違う２つの空気がぶつかる所は大気の状態が不安定になり，秋雨前線が発生する。

ウ．秋雨前線は梅雨前線と同じく，前線を挟《はさ》んで暖かい空気と冷たい空気とが押《お》し合いをしているため，日本上空に停滞して長雨が続く。

エ．秋雨の時期は秋の台風シーズンと重なっているため，台風から秋雨前線に向かって湿《しめ》った空気が流《なが》れ込《こ》み，積乱雲が発達して大雨となり，大規模な水害を引き起こす場合がある。

(8)　空気には水蒸気が含まれており，空気の塊《かたまり》(空気塊《くうきかい》)が上昇することにより気温が下がっていくと，そのうちに湿度が100％となり，露点《ろてん》(湿度100％のときの気温)に達します。このとき空気塊が含んでいた水蒸気が凝結《ぎょうけつ》して細かい水滴ができ始め，雨雲を始めとする雲が発生し

ます(図２)。

今，高度０ｍで気温24.5℃，露点が12.5℃の空気塊が上昇し，ある高さX[m]で雲ができ始めたとします。このときの凝結高度(雲ができ始める高さ)Xは何ｍになるか計算しなさい。なお，解答の際は以下の条件を参考にすること。

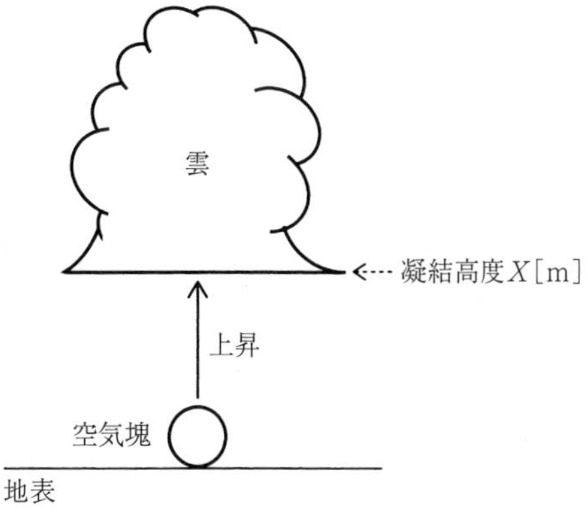

図２　雲の発生

【条件】

①　空気塊の気温は空気塊が100ｍ上昇するごとに１℃ずつ下がる。

②　空気塊の露点は空気塊が100ｍ上昇するごとに0.2℃ずつ下がる。

③　凝結高度では，空気塊の気温と露点の値は等しくなる。

はこの店の責任者である店長なので、客には堂々とした態度で対応するとともに、幸田にも自分の立場をはっきり示そうと一生懸命になっている。

イ　自分には書店の店長という肩書はあるものの、まだ働き始めたばかりで文句を言ってくる客に対する対応の仕方もよくわからないので、はっきりとした性格で店のこともよくわかっているアルバイトの幸田に頼りたいと思う一方、それでは自分の成長につながらないと感じ、無理をしてでも強気な態度で客に対応しようと強がっている。

ウ　自分よりも現場経験が長く書店員としての能力と情熱をあわせ持つアルバイトの幸田に比べると、自分は何一つ幸田より優れたところがないとはわかっていながらも、普段から自分を見下している幸田に頼りたくはなかったので、結果はどうなるかわからないが、自分は店長であり、アルバイトよりも立場が上であることを示そうと必死になっている。

エ　自分は書店で働き始めたばかりで、転売ヤーのような客が来た場合の対応の仕方は知らなかったので、きっぱりとした性格のアルバイトの幸田に任せた方が理にかなっているとは思いながらも、それでは店長である自分がアルバイトより下に見られてしまうかもしれないと思い、無理をしてでも自分が対応しようとやっきになっている。

問六　――線５「わたしは痛くも痒くもない、と思った」とありますが、そのように思えるようになったのはなぜですか。きっかけとなった出来事について触れたうえで、解答らんに合うように、五十字以上七十字以内で説明しなさい。

問七　――線６「あなたも書店員になった以上、すでに呪いにかかっていますよ」とありますが、このように述べる森の目に映る由佳子について説明したものとして最も適当なものを次のア～エの中から一つ選び、記号で答えなさい。

ア　由佳子は書店員になったことに不満を持ってはいるが、実際は自分の夢をかなえるためならばやっかいな客への対応も自ら買って出るように、目標に向かって努力を惜しまず働くことで、書店員としての誇りを持ちつつある。

イ　由佳子は会社の都合で書店員になっただけで情熱に欠けていたが、実際はしつこい買い占め客に対しその場で販売する上限を決めたように、正しいと思うことを行わずにはいられなくなっており、社会人としての心構えが備わってきている。

ウ　由佳子は書店員になったことに不平を言っているが、実際は新入社員の時に受けた研修なども生かして横暴な転売ヤーの買い占めを防いだように、書店員に必要な力を身につけながら、仕事に集中するようになってきている。

エ　由佳子は内心では書店員の仕事を不本意だと思いながらも、実際は多くの人が欲しがっている人気コミックの買い占めに必死になって抵抗したように、自分でも気づかないうちに、書店員としてのあるべき姿にこだわりを持つようになっている。

ア　書店で仕事をする上で大切なポイントについては本部のマニュアルを読んで理解した気になっていたが、同じような説明でも、長い現場経験に裏打ちされた森のアドバイスを直接聞くことで、自分には書店員としての心構えがまだ身についていなかったことを実感している。

イ　書店員として働くにあたっての心構えは本部のマニュアルを読んで十分できていると思っていたが、森の説明にはこれまで聞いたことのない、現場経験に基づいた最新の情報が盛り込まれており、自分がまだまだ書店員としていたらないところだらけだということを痛感している。

ウ　書店の仕事についての注意点は本部のマニュアルを読んでしっかりと理解していたが、長い現場経験を持つ森の説明を聞くことで、書店員の仕事において最も重要なのは本の仕入れ方であると知り、しっかりとした心構えが自分にはまだなかったことを実感している。

エ　書店員の仕事に関する重要なポイントは本部のマニュアルを読んでしっかりと理解していたつもりだったが、現役の書店員として長い間働いてきた森の説明を聞くことで、現場で働いた者にしかわからない多くの注意点があることを知り、自分がいかに無知であったかを痛感している。

問四　――線3「由佳子のなかで、ひとつ、スイッチが切り替わった」とありますが、この前後の由佳子の気持ちの変化を説明したものとして最も適当なものを次のア～エの中から一つ選び、記号で答えなさい。

ア　転売ヤーだと思われる男の横暴な態度に怖れを感じ、どう対応してよいのかわからず困惑していたが、新刊のコミックを買うために今まで大事にとっておいたであろう図書カードを握って来店した子供を見て、お金を多く持っている大人ばかりが欲しいものを手に入れるのはおかしいと感じ、勇気を奮い立たせて男による買い占めを拒否しようと決心した。

イ　残りの新刊コミックをすべて転売ヤーだと思われる男に売ってよいとは思えず対応に戸惑っていたが、本当にそのコミックを求めて店に来た子供を見て、そのコミックを読みたいと思っているより多くの客に売りたいという思いが湧《わ》きあがってくるとともに、男のひどく横柄な態度に腹が立ったこともあり、買い占めは決して許さないという方針で対応しようと決意した。

ウ　早く来た客を優先して本を売るのは当然であり、また誰に売っても利益に違いはないとはいえ、店にある残りの新刊コミックをすべて男に売ってよいとも思えなかったので、どのような対応が適切か考えていたところ、男が一方的に買い占めを進めようとしたため怒りが湧《わ》き、このまま男にコミックを売るのはやめようと決断した。

エ　客の男がやけに急いで新刊コミックの同じ巻を大量に購入しようとするのを不審に思い、そのわけを知りたいと思ったものの、男の態度が強引なものだったのでその理由を聞くことができなかったが、その本を求めるより多くの客に本を届けることの大切さを思い出し、勇気を出して男の本音を聞こうと意を決した。

問五　――線4「いいえ、わたしが店長です。わたしが、対応します」とありますが、この時の由佳子についての説明として最も適当なものを次のア～エの中から一つ選び、記号で答えなさい。

ア　自分には書店員としての十分な知識や経験がなく、転売ヤーだと思われる客への対応は、店のルールや客の扱いをよくわかっているアルバイトの幸田の方がうまくできるだろうが、自分プを作ることに長けた人のこと。

注６　取次…出版社と書店とをなかだちする会社のこと。たいてい書店は取次を通して本を仕入れている。

注７　パワポ…パワーポイントの略。発表する資料の作成や実際の発表時に使用するソフトウェアのこと。

注８　転売ヤー…人気商品を買い占め、定価に上乗せした価格で他人に売ることで稼ぐ者のこと。

注９　唯我独尊…この世の中で自分より尊いものはいない、という意味の熟語。

注10　矜持…自分の能力を信じて抱く誇りのこと。

注11　引き継ぎの朝礼…開店から夕方まで仕事をするスタッフである早番から、夕方から夜にかけて仕事をする遅番に対して必要事項を伝達するための打ち合わせのこと。

注12　ケースバイケース…時と場合による、という意味。

注13・注14・注15　近藤勇・沖田総司・土方歳三…江戸時代末期の武士。京都の治安維持にあたった組織である新選組の中心的人物たちで、三人とも同じ道場の出身で旧知の仲だった。

注16　光太郎…由佳子の大学時代の同期。

問一　═══a「不貞腐れながら」・b「肩をいからせて」・c「おどけて」の問題文中における意味として最も適当なものを後のア〜エの中からそれぞれ一つ選び、記号で答えなさい。

a「不貞腐れながら」

ア　不満でなげやりな態度になりながら

イ　煮え切らない態度になりながら

ウ　悲しみで沈んだ態度になりながら

エ　申し訳なさそうな態度になりながら

b「肩をいからせて」

ア　周囲に遠慮した態度で

イ　落ち込んだ態度で

ウ　怒りで高ぶった態度で

エ　わがままな態度で

c「おどけて」

ア　ふざけた様子で　　イ　驚いた様子で

ウ　真剣な様子で　　エ　馬鹿にした様子で

問二　――線１「美しい誤読」とありますが、森の「美しい誤読」についての話を由佳子はどのように受けとめていると考えられますか。その説明として最も適当なものを次のア〜エの中から一つ選び、記号で答えなさい。

ア　自分では仕事で失敗したと思っても、かえってその失敗が客からは好感を持たれることもあるのだと、なぐさめられているように感じている。

イ　客から怒鳴りつけられても、それを良い経験として心に刻み込み、成長につなげることの方が大事だと、勇気づけられているように感じている。

ウ　たとえ仕事を完璧にできなかったとしても、失敗を恐れることなく積極的に取り組むことに価値があると、励まされているように感じている。

エ　書店員の仕事は、どのような結果になろうと常に自分が正しいと思うことを思い切りやることが肝心だと、背中を強く押されているように感じている。

問三　――線２「頭ではわかっているつもりだった」という表現は、森の話を聞いた由佳子のどのような気持ちを述べたものですか。その説明として最も適当なものを次のア〜エの中から一つ選び、記号で答えなさい。

ースのときだってもちろん。店長の権限をもって、本日公式見解発表となった、ということで」

森は由佳子を労《ねぎら》ってくれているらしかった。

「そうでしょうか」

自分の判断が正しかったのか、由佳子は半信半疑だった。

「店長、あなたが決めたのなら、それに従います。言うなれば、あなたは注13近藤勇《こんどういさみ》です。どっしり構えていればいい。さしずめ僕は……、注14沖田総司《おきたそうじ》かな」

「あ、そこは注15土方歳三《ひじかたとしぞう》じゃないんですね」

由佳子は笑った。

「わたしにそんな気概は残っていませんよ。昔『沖田総司は女だった！』って小説がありましたね。舞台が先だったかなあ。だからなんでもあり。沖田が美形の高齢者だって構わんでしょう」

森がcおどけて、剣を振り回す動きをした。わりと身軽だ。

「むちゃくちゃですけど、それでお願いします。それと」

由佳子はコホン、とひとつ咳《せき》をして、言った。

「わたしはこの店を潰しません」

「頼みますよ」

森は洒落《しゃれ》たハンチング帽《ぼう》を被《かぶ》った。トレンチコートが似合っている。とても上等なものに、由佳子の目には映った。

「わたし、サカエで出世したいんです。わたしのしたい仕事をするために」

この仕事は不本意であると言っているようなものだなあ、と由佳子は口にしてから気づいた。

「書店員はね、なんで不平不満ばかりあるのにしがみつくように頑《かたく》なに、働いていると思いますか？」

森がまたクイズを始めた。

「本が好きなんでしょう』

由佳子は答えた。当たり前のことだ。

「ちょっと違いますね。呪いです」

「はい？」

由佳子の驚いた顔を見て、森がにやりと笑った。

「6あなたも書店員になった以上、すでに呪いにかかっていますよ、あれだ。『思う存分、呪い合おうじゃないか』」

「森さん、お若いですねえ」

注16光太郎《こうたろう》に無理やり押しつけられた漫画《まんが》のセリフで、たしかあった。

「書店員はわがままなんですよ。面白いものが大好き、いつだって心を動かしてくれる本を探している。そして、人に勧めたくってしょうがない」

「いい呪い」

由佳子は言った。

口のなかですぐに溶けてしまうくらいに甘い、禁断の砂糖菓子だ。

※問題作成の都合上、文章中の小見出し等を省略したところがあります。

注1　シュリンク…書店店頭での立ち読み防止や商品保護のために単行本をフィルムで包装すること。

注2　ポップ…客に興味を持たせるため、手のひらサイズの紙に書籍の魅力などを書いたもの。

注3　店長マニュアル…さかえブックス五反田店の歴代の店長たちが書き溜めたもので、店長だけに受け継がれているマニュアルのこと。

注4　幸田…書店での仕事を熟知しているアルバイト。現在は森のアシスタントとして働いている。

注5　バズりポップ職人…口コミなどで急激に注目を集めるようなポッ

幸田の頑張りで、列がまもなく途切れそうだった。

「じゃあ何冊までなら買えるんだ？」

男はa不貞腐《ふてくさ》れながら言った。

「常識の範囲内って、じゃあこの店の常識では何冊なんだ？」

「それは」

由佳子は言葉に詰まった。

何冊が正しいんだ？

男は睨《にら》みつけてくる。すぐに返事をしなくては、また男は喚《わめ》き散《ち》らす。

「二冊じゃないですか？」

そう言ったのは、さっきまで列の並びを整理しながら問い合わせを受けていた、吉屋だった。

「読む用と保存用で、二冊までなら。俳優さんが表紙の雑誌を予約されるお客さま、だいたい二冊いるっておっしゃいますし」

「三冊ですよ。布教用にわたし、コミック買ったこともある」

遠くで声がした。年配のアルバイト、有吉《ありよし》こずえが小走りでやってきた。

「一冊です。あくまで、お一人さま一冊」

レジを終え、幸田が宣言した。

「じゃあ……」

由佳子は決めた。

「当店では、人気コミックは、どうしてもという場合だけ、一人二冊までお買い上げいただけることにします！」

「はあ？　なんだよ、いま決めてんのかよ！」

男が喚いた。

由佳子は臆《おく》さなかった。アルバイトたちが、見守ってくれている。あらを探すためでなく。彼女たちは、仲間だ。

「はい、店長のわたしが、ただいま決めさせていただきました。きちんとこういった場合の対応を練っておらず、お客さまには大変ご迷惑をおかけしました。わたしも二冊までなら常識の範囲内、と考えました。スタッフ全員の意見を聞き、平均二冊。今回はそれでよろしければ、販売させていただきます」

言い終えると、由佳子は頭を下げた。

男は千円札を投げつけた。

そんなことをされても、5わたしは痛くも痒《かゆ》くもない、と思った。

由佳子の手から、領収書と袋をひったくり、男はb肩をいからせて店を出ていった。

（中略）

「なあなあになっていたんで、ちょうどよかった」

森が帰り支度《じたく》をしながら言った。

「どういうことですか？」

結局由佳子が、本日のメール返信を終える見込みは立っていない。あと一時間で遅番たちがやってくる。注11引き継ぎの朝礼をして、夜のピークタイムまでは待機、で今日はおしまい。まだまだ先は長かった。

早番たちも残り時間が迫っている。店内を慌《あわ》ただしく動き回る姿がモニターに映っていた。

「個数制限を決めても、崩れてしまうものなんです。泣き落とされたり恫喝《どうかつ》されたりしてね。そして一度許すとどこからか噂《うわさ》を聞きつけて、たくさん買えると思った人たちが押しかけてくる。売り上げ的には百人が一冊買っても、一人が百冊買っても変わりありません。書店としては売れているうちに、という気持ちもあります。注12ケースバイケいるのだ。

3由佳子のなかで、ひとつ、スイッチが切り替わった。

お金を払う、商品を渡す。何ひとつ間違ってはいない、けれど、こういう態度は気に入らない。心底、軽蔑する。

「お客さま、常識の範囲内でのお買い上げをお願いします」

由佳子は言ってやった。

「は？」

男は眉《まゆ》をきつく寄せ、深い皺《しわ》を作った。

「申し訳ありませんが、お客さまお一人に、いまある在庫すべてをお売りすることはできません。人気商品です。お店においでになった、お客さまお一人お一人に、お渡ししたいので、申し訳ございません」

由佳子は冷や汗を掻《か》きながら、言葉を間違えぬよう、慎重に話した。この店ではどういうルールになっているのか、わかっていなかった。

「わたしが代わりましょうか」

隣のレジの幸田が、接客を終え、自分の前に休止板を置いた。言葉は丁寧《ていねい》だが、並々ならぬ覇気《はき》が漲《みなぎ》っている。

転売ヤーも、そんなやつの対応にこまねいているボンクラ社員も、全員かかってこい、ぶっ潰《つぶ》す！　と全身で語っている。

たしかに、店のルールを把握していて、接客も安心して任せることのできる幸田に引き継ぐのが正解だろう。

由佳子はこの店にやってきたばかりで、なにも知らない。本の知識も、書店員の注10矜持《きょうじ》も。

「4いいえ、わたしが店長です。わたしが、対応します。幸田さん、そちらのレジを勝手に閉められては困ります。並んでいらっしゃるお客さまのお会計をお願いします」

由佳子は言った。

この転売ヤーの対応を終え、レジの混雑が解消した瞬間、めちゃめちゃ詰められる、と恐れている場合ではない。

予想できるつまらない未来なんて、いまは見ている暇は、ない。

「人に頼まれてんだよ、さっさとしてくれよ」

男が怒鳴った。

「すみませんが、すべてお売りすることはできません」

「店にこられない友達の分なんだけど？」

それ、あんたたちが買い占めて買えなかった、ネットの向こうの人の呼び名か？　代行した、とでも言いたいのか。だったら定価で渡すんでしょうね。

友達がいない、と賭《か》けてもいいけれど、これだけ「ほんとうの」お友達がいたとして――。

「たくさんの方が、この商品をお求めにいらっしゃいます。お客さまのお友達には申し訳ございませんが、お店にきてくださったお客さま優先とさせていただきます」

「仕事で店寄れないとか、入院しているやつもいるんだけど」

「申し訳ございません」

由佳子は下げたくもない頭を下げた。

「俺も頼まれてるんだからさあ。買えないと困るんだけど」

「申し訳ございません」

新入社員だったときに受けた研修で、謝り方を学んだな、と由佳子は思いだした。曲げる角度まで厳しく。それを自分がきちんとできているかは、わからない。

男はこの本が買えないと困る、と怒りながら訴えた。

横で幸田がレジをこなし続けていた。さすがだ。列が短くなっていく。いままさにレジでクレームを受けているのを見て、会計に並ぶのを躊躇《ちゅうちょ》している人もいるのだろう。

何度も、他のお客さまの分です、と伝えた。

カードを返し忘れてしまい、幸田にさんざん注意されたのだ。

ひとつのお会計が終われば、すぐ、次のお会計。並んでいるお客さまはこっちの都合などおかまいなしだ。

「ああ、そういえば、この漫画の次の巻、いつ出るの？」

「雑誌の名前を忘れたけれど、京都の特集していたことだけは覚えている」

「この本少し折れているんだけど、他に在庫ない？」

会計以外にもお問い合わせをこなしていかなくてはならない。ここしばらくで、自分もずいぶんカバー掛けが早くなったな、と小さいながらも成長を感じた。

どか、とコミックがカウンターに置かれた。

由佳子はコミックを手に取り、バーコードをスキャンした。おかしなことに気づいた。

「巻数お間違えじゃ……」

コミックはすべて同じ巻だった。

「袋持ってきてるんで」

と男は携帯用のエコバッグをひろげだした。

「あの、巻数」

「カバーなしで」

由佳子の話をまったく聞こうとしない。

「こちら、同じ商品ですが」

少々声を大きくして、由佳子は手にしているコミックを見せた。

「それでいいんで」

男は無表情で答えた。だからどうした、ということなんだろう。傲《ごう》慢《まん》な態度でいれば、そのまま会計できると思っている。

注８転売ヤー、ってやつだ。由佳子は理解した。

昨日発売されたばかりの人気コミックだった。入り口の新刊台にまだ少しだけ残っていたのを朝、確認していた。いまある在庫すべてを購入するつもりなのか。

一人に販売しても、売り上げは売り上げだった。早いもの勝ち、とも言える。でも、釈然《しゃくぜん》としない。

新刊コミックは、売り切れたからといって、即《そく》追加するのは難しい。出版社によっては、新刊はしばらく経《た》ってからでないと発注を受け付けないところもある。再入荷はしばらくない、かもしれない。

「領収書、宛名《あてな》なしで」

男はさっさとことを進めようとしている。

「あっ、昨日あったのにない〜」

子供の大声が店内に響いた。コミック新刊台からだった。

並んでいる列があるというのに、子供は注９唯我独尊《ゆいがどくそん》、おかまいなしに、ずかずかとレジにまでやってきた。

手には図書カードを握っている。

「すみませーん、ありますかあ」

元気よく子供が告げた題名は、由佳子の手元にあった。

「早くしてくんない」

男が舌打ちをした。

「ちょっと待ってくださいね」

由佳子は小さなお客さま、に応えた。

「お問い合わせですか？」

アルバイトの吉屋響《よしやひびき》がやってきた。

由佳子の手にしているコミックを見て、ああ、とすぐに察したらしく、困った顔をした。どうしようもない、と。

「なにぐずぐずしてんだよあんた。早くしてくんないかなあ、急いでるんだからさあ」

男が凄《すご》んだ。でかい態度でいれば、このままやりおおせると思って先日も、スマートフォンを器用にいじりながらＳＮＳをチェックしていた。動画制作にも挑戦するつもりらしい。とんでもなく勤勉だ。自分が森の年齢になったとき、そんなふうに自分の仕事を追求し続けていることができるのだろうか。

仕事を超えて、本を誰かの手に届けることは、森の人生を懸けたテーマ、なのだろう。

「売れているものはたくさん売る。しかし新刊だけが売れているわけではないんです。新刊に頼り切りになると、目玉商品がないときに地獄《じごく》を見ます。むしろ、売り上げの大部分は既刊《きかん》が作っているんですよ。

話題作や定番をきちんと棚に置かなくてはいけません。なので棚のチェックは面倒がらずに、こまめにしておかないと。文庫本は注6取次に自動発注を頼んでおけば安心、なんてことはありません。注文書にあるランキングもくるたびに確認しておき、シリーズものの抜け巻を作ったまま放置、なんてことのないようにしなくては」

森は流暢《りゅうちょう》に語った。ほんとうに、先生みたいだ。

本部が作ったマニュアル用注7パワポにもあったので、2頭ではわかっているつもりだった。

「まず、この本屋に行けば、必要としているものが必ずある、と思っていただかなくてはなりません。お客さまが求めているものを、ちゃんと手渡すこと。それが第一。そして第二に、なにか面白いものがないかな、とやってくる人に、例えばこんなものはどうですか、と提案をする。それは現場にいないとできません。本部が提案してくる商品やフェアは、ありゃあ、机の上で数字を眺めて決めて、出版社との取引だのと、まあ、ざっくり言えば、政治ですよ。もちろん利用しますが、僕はね、自分が面白いと責任を持って……」

森の顔はぐっと真剣味を帯びた。表情が豊かな人だ、と由佳子は思った。

レジ呼び出しのベルが鳴った。

防犯カメラのモニターを見ると、レジに列ができていた。他のスタッフもお客さま対応真っ最中だった。

「行ってきます」

由佳子は立ち上がった。

森の話の続きは気になるが、またいずれ。事務所で作業をしているときは、いつだってそばにいるのだ。機会はいくらでもある。

「現場にいれば、すぐに身につきますし、僕が言わなくても気づきます」

「はい」

由佳子は頷《うなず》いた。

「這《は》い上《あ》がったとき、いつもいた場所が違うように見えたなら、きっと、爽快《そうかい》でしょう」

這い上がる？　由佳子は森の言葉の真意を摑《つか》めぬまま、事務所から飛びだした。

レジカウンターに入ると、幸田が驚いた顔で迎えた。

「呼んだのはあなたじゃありません」

と言いたげだった。由佳子をチラリと一瞥《いちべつ》し、すぐに笑顔の接客に戻った。プロだ。

由佳子は休止中と書かれた板を外し、使われていないレジに入った。

買い物の列はどんどんと伸びていった。

五反田の街は、ビジネス街と住宅街の顔を併《あわ》せ持つ。平日はオフィスで働いている人々、休日は家族連れで通りは賑《にぎ》わう。

絵本コーナーのほうでは、子供たちが楽しそうに本を選んでいる。雑誌コーナーでは立ち読み客のおかげで、雑誌を取ろうとする人が苦労している。店は混雑していた。

ミスをしないように、由佳子は集中した。先日も、残金のある図書

三

次の文章はキタハラの小説『早番にまわしとけ　書店員の覚醒』の一節です。由佳子《ゆかこ》は入社当初はサカエグループのファッション通販部門に所属していましたが、ある日会社の指示で、本社勤務からさかえブックス五反田店の店長へと配置換えとなってしまいました。年々売り上げが落ちている書店事業への配置換えで自分が出世コースから外れてしまったと落ち込む由佳子でしたが、元の部署に戻るために、書店の店長としてなんとか成果を上げようと考えています。次の場面は、由佳子が働きはじめて間もないころの話です。これを読んで後の問いに答えなさい。

開店前の店内では、全員が黙々と作業をしていた。

手伝います、と腕捲《うでまく》りをして乗りこむと、じゃあコミックに特典ペーパーを入れて、注1シュリンクしておいて、と頼まれた。

すべてを終わらせることなく店はオープンし、開店早々、人々が飛びこんできてコミックを買っていく。

レジのマニュアルは事前に読んでおいたものの、いきなりの実践《じっせん》になってしまった。助けを呼ぼうにもスタッフは忙しそうだ。

あまりにもとろくさかったものだから、長い列ができた。並んでいたおやじが、

「別のやつがレジしろ！」

と怒鳴り散らした。

思いだして由佳子が沈んでいるのを森《もり》は嬉《うれ》しそうに眺めた。なにが楽しいんだ、と顔をしかめると、

「1美しい誤読」

と森は言った。

「なんですか？」

「僕が注2ポップ作りで心がけていることです。人は完璧に理解することはできません。意図を読み違えているかもしれない。でも恐れずに、誤読したとしても美しくあろう、ってね。読書というのはこの世で一番ロマンティックな行為ですから」

「いいですね」

由佳子は感心した。

誰かの言葉でなく、森自身の経験がこもった言葉。力強く、心地よく響く。まるで一輪、花を差しだされたみたいに。

「僕も全部が全部できているわけではありませんがね」

森は不思議だ。注3店長マニュアルにはアルバイトのこれまでの経歴や仕事ぶりも書かれていた。由佳子は他のスタッフのことはある程度、把握することができた。

けれど、森に関してはほとんど書かれていなかった。

『注意　森さんにはよっぽどの事態でない限り、レジ・その他雑務を頼まないこと。基本フリーで動いてもらう。』

とあった。

森は創業からいるスタッフだ。普通だったら定年退職となるところを、こちらが頼んで相談係としてきていただいている、らしい。だからといって、人の仕事をあれこれ指図したりしない。相談されるまでは放っておくのが信条のようだった。

そういえば、「考えて。間違ったとしても構わないんだから」と言われたっけ。

注4幸田《こうだ》とあれこれ作戦会議をしているのを見かけるが、ほぼ、任せっぱなしだ。

いつも事務所の椅子に座って、本を読み、いまは「注5バズりポップ職人」となっている。

る莫大な富を貯め込んだ資本家たちだけが、必要なものを常に不足することなく買い求めることができ、彼らの生活は、日々の暮らしに事欠く社会の大多数の人々のうらやむものになっていくから。

エ　現代の消費資本主義の社会では、見せびらかしのための高額な商品をどれだけ売り広めていくかということが商品を生産する側の課題であり、購入者に自分を他者よりも良く見せることができるような商品を供給しないと生き残ることができないから。

問六　――線4「記号としての〜担うようになった」とありますが、これはどういうことですか。その説明として最も適当なものを次のア〜エの中から一つ選び、記号で答えなさい。

ア　商品は、それを購入することで自分自身のイメージを形作るためのものとなり、自分らしさを消費者に与えることができないような品物は全く価値がないものと考えられるようになったということ。

イ　商品は、何にどれくらい役に立つのかというそれ自体が持つ具体的な有用性よりも、他の商品と比べて相対的にどれくらいの値打ちがあるかという基準から価値が計られるようになったということ。

ウ　商品は、品物の持つ特定の意味合いを持ち主に与えるものと捉えられるようになり、ありたいと望む自分自身のイメージを形作る道具として、人々が個性を表現するために買い求められるようになったということ。

エ　商品は、手に入れることで自身が満足できたかどうかだけではその価値を計ることはできず、客観的な基準からも評価してみないと本当に価値があるかどうかは分からないと考えられるようになったということ。

問七　――線5「私有への欲求には歯止めがなくなります」とありますが、これはなぜですか。その説明として最も適当なものを次のア〜エの中から一つ選び、記号で答えなさい。

ア　他の人がとても手に入れることはできないだろうと思われる高価な品物を所有することで満足したとしても、資本主義の社会ではどんな品物もいずれ他者が同じように所有するものとなるため、いつまでも最新の高価な品物を買い求め続けなければならなくなるから。

イ　他の人がなかなか手に入れられない品物を所有することで、自分の生活を満足のいくものだと感じることができたとしても、他者が同じものを入手できるようになると、その満足感を維持するためには周囲の人々より沢山の品物を所有したいと考えるようになるから。

ウ　他の人が持っていないような品物を手に入れて自分の個性を表現できたと思っても、物の所有によって得られるアイデンティティを保っていられるのは一時的なもので、変化し続ける自己を満足させるためには常に最先端の品物を買い求めないとならなくなるから。

エ　他の人が持っていないような品物を所有することによって自分の存在を意味づけることができたとしても、他者が同じものを所有するようになってしまえば、新たに他者との差別化を図るために、また別の品物を求めずにはいられなくなるから。

問八　――線6「失うことへの恐怖」とありますが、これはどのような恐怖だと考えられますか。五十字以上六十字以内で説明しなさい。

ア～オの中から一つ選び、記号で答えなさい。

ア　ＡＤＧ／ＢＣＥＦ　　イ　ＡＥＦＧ／ＢＣＤ

ウ　ＡＣＤＦ／ＢＥＧ　　エ　ＡＢＧ／ＣＤＥＦ

オ　ＡＤＥＧ／ＢＣＦ

問三　――線１「この説明は～という気がします」とありますが、このように筆者が述べているのはどうしてですか。その説明として最も適当なものを次のア～エの中から一つ選び、記号で答えなさい。

ア　筆者は、食品こそ必要なものしか買わないが、洋服となると、必要でなくても気に入ったものは買わずにはいられないと考えているから。

イ　筆者は、『「消費」をやめる』という本を書きながらも、ついつい不要なものを買い続けてしまう自身の意志の弱さに長い間悩まされてきたから。

ウ　筆者自身が、買い物客がどんな献立を考えているかに関係なく、店側の売りたいものを売ろうというスーパーの姿勢に不満を感じているから。

エ　筆者自身、消費のための欲求を刺激されると、あまり必要ではない商品をつい買ってしまうような経験を今まで何度もしているから。

問四　――線２「現代の資本主義の特徴」とありますが、この特徴は現代の社会においてどのような状況を生み出していると筆者は述べていますか。その説明として最も適当なものを次のア～エの中から一つ選び、記号で答えなさい。

ア　資本主義の成熟によってありきたりなものが売れなくなってしまったため、その打開策として高価で人の欲望をくすぐるような品物ばかり販売されるようになり、日常的な必要品があまり店頭に並ばなくなってしまっている。

イ　資本主義の成長によって人々の生活に欠かせないものが社会全体に行き渡るにつれ、必ずしも必要ではなくても自分にとって価値があると思えるものを皆が求めるようになり、本当の意味での豊かさが問われるようになっている。

ウ　資本主義の発達によって生活に必要なものが出揃った現代の社会は、不要なものでもそれを自分のものにしたいという欲求を際限なくかきたて、人々に消費を促していかないと、経済活動を維持することが難しくなっている。

エ　資本主義の後退によって生活に必要なものを生産するだけでは産業は立ち行かなくなり、本当はあまり価値のないものを価値があるかのように見せかけて人々に売りさばく必要性がたかまり、広告が重視されるようになっている。

問五　――線３「消費資本主義の～いいかもしれません」とありますが、筆者がこのように述べるのはなぜですか。その説明として最も適当なものを次のア～エの中から一つ選び、記号で答えなさい。

ア　現代の消費資本主義社会では、他者からうらやましいと思われたいがために高額な商品を購入することが重要であり、人々は手に入れた品物を見せびらかして自分は他者とは違うという満足を得るために、終わりのない消費行動に駆り立てられていくから。

イ　現代の消費資本主義社会では、他者からうらやましいと思われるために商品を買い集めることこそが重要で、どんなに必要なものでも多くの人が手に入れられるようなものはまったく見向きもされなくなっており、人々は高額な商品ばかりを買い漁るようになっているから。

ウ　現代の消費資本主義社会では、大量生産によって生み出されが持たないものを自分が持っているというところにその本質的な意味が隠されています。所有は、社会的な差別指標になっているわけです。「足るを知れ」という格言がありますが、こうした格言があること自体、足るを知ることの難しさを表しています。いや、そもそも、足る状態のために、私有を増進するのではなく、あくまでも他者との差別化をめざして私有に走るわけですから、私有すればするほどに、さらなる私有への欲望が亢進することになります。

私有するとは、「失うもの」が増えるということです。

「失うもの」が多ければ多いほど、人は臆病になります。「失うもの」が無ければ、怖いものはないとよく言いますが、わたしたちは「私有」を増やすことで、6失うことへの恐怖も増やしていると言えるのではないでしょうか。

（平川克美《ひらかわかつみ》『共有地をつくる　わたしの「実践私有批判」』）

※問題作成の都合により、文章の表記や書式等を変更したところがあります。

注１　マーケティング…商品やサービスが消費される仕組みをつくり出すための企業の活動。

注２　マーチャンダイジング…消費者の欲求を満たすように商品を適切に市場に提供する企業の活動。

注３　廉価…安い値段。

注４　寅さんの啖呵売…啖呵売は巧みな話術を用いて品物を売りさばく商売の手法。映画『男はつらいよ』シリーズの主人公、車寅次郎は商品を売り込むためにしばしば啖呵売を行っている。

注５　ドライブ…かきたてること。

注６　亢進…高まること。

注７　箴言…人生の教訓の意味も含めた短い句。格言。

注８　ソースタイン・ヴェブレン…（一八五七～一九二九）アメリカの経済学者・社会学者。

注９　有閑階級…資産があって生産労働に従事しない富裕層の人々。

注10　爆買い…ここでは必要以上に大量の商品を一度に買うこと。

注11　浮揚…浮かび上がること。

注12　business《ビジネス》…ここでは企業経営という意味。

注13　industry《インダストリー》…ここでは工業生産という意味。

注14　ポストモダン…行き詰まった近代社会を批判的に乗り越えようとする考え方。

注15　ジャン・ボードリヤール…（一九二九～二〇〇七）フランスの哲学者。ポストモダンの代表的な思想家とされる。

注16　交換価値…一定量のある商品が他のどれだけの量の商品と交換できるかという相対的な価値のこと。

注17　等価労働価値…ある商品の、それを生産するために費やされた労力に相応するとされる価値のこと。

注18　爛熟期…成熟しきって衰えが見え始める時期。

問一　═線(1)～(3)が主語、または修飾語として係る（結びつく）部分を次の――線の中からそれぞれ一つ選び、記号で答えなさい。

(1)　(1)それが　ア事前に　イ考えていた　ウ献立に　エ必要な　オ食材でなくとも　カついつい　キ買い物カゴの　ク中に　ケ放り込んでしまうのです。

(2)　(2)どこかで「ア走ることで、イもっと　ウ走ることを　エ要請する　オスイッチ」が　カ入ったからじゃないかと　キ思うのです。

(3)　(3)消費資本主義の時代には　ア多くの　イ消費者の　ウ目標のような　エものに　オなった　カ感が　キあります。

問二　～～線A～Gの「ある」を言葉の種類ごとに分類すると二つに分けることができます。その分け方として最も適当なものを次のす。いや、3消費資本主義の本質は、むしろこの「見せびらかし」を期待した消費のほうにこそ潜んでいると言ってもいいかもしれません。
「見せびらかし」だけではなく、気持ちがむしゃくしゃしたり、落ち込んだりしたときなどに、注10爆買《ばくが》いすることで気持ちが晴れる、なんていうことはよくあります。よく考えてみれば、こうした代償行為的な消費もまた、自分を着飾ったり、高額な食事やワインを楽しんだりすることで、自分の存在感を注11浮揚《ふよう》させたいという無意識の欲求が駆動していると言えるのではないでしょうか。

ヴェブレンは、「未開時代」「野蛮時代」「手工業時代」「機械産業時代」へと発展してきた経済発展の歴史は、お金集めとしての「注12business《ビジネス》」と商品生産としての「注13industry《インダストリー》」の対立と分離の過程であったと考えました。この過程の中で、「持てるもの」と「持たざるもの」の分離、「財を所有するもの」と「財を生産するもの」の分離、「富めるもの」と「貧しきもの」の階級分化が起きたというのです。

十九世紀末のヴェブレンの経済史の見立ては、現在の消費資本主義に至るまでの状況をほぼ正確に言い当てているように見えます。かつては年金生活者の特権であった、働かずしてたらふく食い、なおかつ尊敬を集めるという生き方が、(3)消費資本主義の時代には多くの消費者の目標のようなものになった感があります。

注14ポストモダンの哲学者として知られる注15ジャン・ボードリヤールは、一九七〇年に出版した『消費社会の神話と構造』の中で、大衆消費・再生産の社会における消費行動を分析して、ヴェブレンとは少し異なった解釈をしています。

ボードリヤールは、商品は単に注16交換価値や注17等価労働価値を示すのではなく、4記号としての象徴的な価値を担うようになったと説き、それは人をして単なる衒示的な行動に駆り立てるだけではなく、個人のアイデンティティ（自分らしさ）を表現する記号となり、人は自分らしさを獲得するために消費するのだと説明したのです。

一九七〇年といえば、日本はまだ高度経済成長のただ中にありましたが、ヨーロッパの中心的な都市社会はすでに資本主義の注18爛熟《らんじゅく》期に入っており、ボードリヤールは、日本が以後辿《たど》る消費資本主義社会の道すじを言い当てていたわけです。

さて、ここまで説明して、これら頭の良い先人の思想は確かに素晴らしいのですが、どうも頭でっかちな気がしてしょうがないのです。わたしはまたもとの箴言「人間は欲しいから買うのではなく、買うから欲しくなる」というところに戻ってしまいます。

つまり、人間の行動を合理的に説明しようとすれば、人間は目的に向けて行動するといった目的論的なものになります。確かに日常的には、かっこよく見せたいから、あるいは鬱陶《うっとう》しいから床屋に行くとか、腹が減ったからそれを満たすために食事をするといったような目的論的な行動をするのですが、人間の欲望に限っては、ほとんどの目的論的な説明は後知恵の合理性に思えます。

「欲しいから買うのではなく、買うから欲しくなる」というのは、何かを私有することは、さらなる私有へわたしたちを駆り立てるということです。ボードリヤールが言うように、私有がアイデンティティを表現する記号であるならば、競争社会においては、5私有への欲求には歯止めがなくなります。なぜなら、わたしが私有すれば、すぐにそれに追いつくように誰かが私有することになり、誰かが私有すれば、さらに他の誰かが私有することになるからです。

資本主義のマーケットはそのようにして拡大してきたので、まさにこの私有へのあくなき追求こそが、物質文明発展の梃子《てこ》になっていたわけです。

私有というのは、自分が何かを持っているということ以上に、他者掃除機だったり、バッグだったり、布団だったりと、誰もがすでに私有しているありふれたものなのですが、売り込みの見事な口上《こうじょう》につい乗せられてしまいます。バナナのたたき売りとか、注4寅さんの啖呵売《たんかばい》なんかも同じで、「マーケティング」などと言葉だけ新しくなっていますが、こういう手法は、昔からDあるわけです。

それで、消費者は必要のないものをつい買ってしまう。いや、必要のないものを買わせないと経済が回らなくなっているということです。そのためには、人々の私有への欲望を限りなく注5ドライブさせてゆく必要がEあるのです。

かつてのビジネスマン時代のわたしは、結構な稼ぎがあったので、道楽的に洋服を買い漁《あさ》っていたことがありました。そして、こうした消費によって、さらなる消費欲求が起きるのを抑えることが難しくなっていったのです。

そのときには気がつかなかったのですが、後で振り返ってみてわかるのは、不要なものが欲しくなるのは、必要なものの欠落によるのではなく、不要なものの過剰によるのだということでした。

わたしは、今ではこのことをほとんど確信しています。なぜそうなるのかを説明するのはなかなか難しいのですが、おそらく大方は、わたしの考え方に同意してくれるのではないでしょうか。

どうやら、人間には誰にも、そんなところがありまして、毎朝ジョギングをしているランナーは、最初は健康のためとか、痩《や》せたいからといった欲望から始めるのでしょうが、だいたいの場合はすぐに飽《あ》きてしまい、やめてしまいます。ところが、これをずっと続けて習慣になってしまう人がいる。その理由は、彼／彼女が辛抱強いというよりは、(2)どこかで「走ることで、もっと走ることを要請するスイッチ」が入ったからじゃないかと思うのです。わたしは空手の稽古《けいこ》を続けていますが、これも同じです。何かのために空手の稽古を続けているのではなく、空手の稽古をしているからもっとやりたくなる。

子どもの頃、わたしは切手集めをしていたのですが、切手に関心がなかった頃はそれを集めようと思うことなどはありませんでした。何かのきっかけがあって、切手帳を買い、少しばかりの記念切手が手に入ると、もっと他の切手も欲しくなり、Fある程度の枚数が集まると、切手収集に対する欲求はさらに注6亢進《こうしん》していったのです。

あらゆる人間の行動には、このような合理的ではない要因によって駆り立てられる傾向がGあるようです。

わたしが言いたいのはこういうことです。わたしたちの消費には、それが欲しいから集めるのではなく、集めるから欲しくなるというような側面があります。欲望は欲望によって駆動されると言ってもよいかもしれません。

だからこそ、人間の欲望を刺激することで売り上げを上げる資本主義的な生産様式は、商品が溢《あふ》れかえっても、飽和という状態にならずに、しぶとく太り続けているのかもしれません。私有物が過剰になればなるほど、人は欲しくなってしまうんです。

わたしは、このことはかなり重要な人間の性向じゃないかと思うのですが、このことだけで人間の消費傾向を説明したのでは、「成せば成る」とか「元気があればなんでもできる」「気合だ」みたいな意味不明の注7箴言《しんげん》みたいになってしまうので、もう少し分析的な言葉でこれを説明してみます。

アメリカの経済学者注8ソースタイン・ヴェブレンは、その著書『注9有閑階級の理論』(一八九九年)の中で、金利生活者などの有閑階級が自己顕示《けんじ》欲を満たすために高額な商品を購入する現象に注目し、これを衒示《げんじ》的消費(conspicuous《コンスピキュアス》 consumption《コンサンプション》)と名付けました。

消費欲にはこのように生活のための必要消費という面だけではなく、消費によって得られる「見せびらかし」効果が駆動することがありま

2023年度 本郷中学校

【国 語】〈第二回試験〉（五〇分）〈満点：一〇〇点〉

注意 字数指定のある問題は、特別の指示がない限り、句読点、記号なども字数に含みます。

一 次の①～⑤の――線部について、カタカナの部分は漢字に直し、漢字の部分はその読みをひらがなで答えなさい。なお、答えはていねいに書くこと。

① 何となく悪寒を感じるので病院に行く。
② 神社で一年の無病ソクサイを願う。
③ 台所でサツマイモをムしている。
④ 目の前に大きなリッキョウが見える。
⑤ 相手チームはよくトウソツがとれていた。

二 次の文章を読んで後の問いに答えなさい。

以前、『「消費」をやめる』（ミシマ社）という本を書きました。しかし、消費欲というのはなかなか厄介《やっかい》なもので、わたしはその後もついつい不要なものを購入してしまったのです。言行不一致。これは困ったものです。

最近は食品以外のものはあまり買わなくなりましたが、なかなか消費をやめられないということに関しては、もう少し思考を整理して考えを深める必要がありそうです。

通常、わたしたちはそれが必要だから買うのだと考えています。しかし、自分の消費欲を省みると、1この説明はずいぶんあやしいものだという気がします。たとえば毎日のスーパーでの消費を考えてみると、わたしは不要なものまで買ってしまうことがしばしばあります。もちろん、食品は腹を満たすために必要だから買うという側面はAあるのですが、商品棚《だな》に「本日の目玉商品」なんていうものが並んでいると、(1)それが事前に考えていた献立《こんだて》に必要な食材でなくとも、ついつい買い物カゴの中に放り込んでしまうのです。まあ、目玉ですから、買っておくことに越したことはないと。

これは洋服の場合になると、もっと顕著になります。デパートの洋品売り場を歩いていると、すでに持っているにもかかわらず、新商品やブランドものなどが欲しくなってしまうのです。新しいスーツを買えば、それに合う靴も欲しくなります。時計もちょっとハイグレードなものにしたいと思うかもしれません。わたしは、まんまと敵の注1マーケティング戦略にハマっている。マーケティングとか注2マーチャンダイジングは、必要のないものを買わせる技術なのですから。

2現代の資本主義の特徴は、必要のないものの増加ということです。生活に必要なものは、資本主義の初期の段階でほとんど出揃《でそろ》い、その発展の過程で多くの人々が手にすることができるようになりました。たとえば白物《しろもの》家電と言われる冷蔵庫や洗濯機、炊飯器などは、価格もずいぶん注3廉価《れんか》になりました。もちろん、貧困に喘《あえ》ぐ生活の中でこれらの必需品すら手にできない人はいますが、本書の読者の大部分はすでにそういったものを私有しているのではないでしょうか。

これは、Bある意味で資本主義の恩恵だったわけで、総体としては先進国の住民は文明の利器の恩恵を享受《きょうじゅ》できるようになったと言えます。しかし、国民のほとんどの層に、こうした工業生産物が行き届いてしまえば、もはや買い替え需要以外には需要自体がなくなってしまいます。こうした総需要が飽和《ほうわ》したことが、成長のCある時点で資本主義下での経済成長が鈍化した理由だと思います。

テレビショッピングという番組がありますよね。売られているのは、

2023年度

本郷中学校 ▶解説と解答

算　数 ＜第２回試験＞（50分）＜満点：100点＞

解　答

1 (1) 2.5　(2) 1120　**2** (1) 2853cm　(2) 155.6cm　(3) 8　(4) 452.16cm^3　(5) 7通り　(6) 4.25cm　**3** (1) 35　(2) 562.5分後　(3) 毎分$466\frac{2}{3}$cm^3　**4** (1) ㋐…248，㋑…８，㋒…５，㋓…４，㋔…８，㋕…10　(2) 13，14，15　(3) 46　**5** (1) 84.78cm^2　(2) ㋒　(3) ①　㋖　②　$\frac{2}{3}$倍

解　説

1 **逆算，四則計算**

(1) $252\times 7\div 21=\frac{252\times 7}{21}=\frac{252}{3}=84$，$\square-48\div 3+39=\square-16+39=\square+39-16=\square+23$より，$84-(\square+23)\div 5=78.9$，$(\square+23)\div 5=84-78.9=5.1$，$\square+23=5.1\times 5=25.5$　よって，$\square=25.5-23=2.5$

(2) $(5.4\div 0.108-6)\times 22.4-11.2\div 0.05+8\div\left(\frac{1}{4}-\frac{1}{5}\right)\div\left(\frac{4}{7}-0.125\right)=(50-6)\times 22.4-224+8\div\left(\frac{5}{20}-\frac{4}{20}\right)\div\left(\frac{4}{7}-\frac{1}{8}\right)=44\times 22.4-224+8\div\frac{1}{20}\div\left(\frac{32}{56}-\frac{7}{56}\right)=985.6-224+8\times\frac{20}{1}\div\frac{25}{56}=761.6+8\times\frac{20}{1}\times\frac{56}{25}=761.6+358.4=1120$

2 **植木算，条件の整理，平均とのべ，約束記号，整数の性質，体積，場合の数，相似，長さ**

(1) 紙テープ150枚分の長さの合計は，$22\times 150=3300$(cm)である。また，つなぎ目の数は，$150-1=149$(か所)だから，つなぎ目によって短くなる分の長さの合計は，$3\times 149=447$(cm)とわかる。よって，紙テープ全体の長さは，$3300-447=2853$(cm)になる。

(2) 中央値に近い値を並べると，右の図１の㋐のようになる。ところが，$(154.9+155.8)\div 2=155.35$(cm)となるから，㋐の場合は条件に合わない。したがって，令和元年の記録が154.9cmと155.8cmの間に入ることになるので，㋑と㋒の場合が考えられる。㋑の場合，154.9cmと元年の記録の和が，$155.7\times 2=311.4$(cm)となり，元年の記録は，$311.4-154.9=156.5$(cm)と求められる。ところが，これは155.8cmより長いから，条件に合わない。よって，正しいのは㋒の場合である。このとき，155.8cmと元年の記録の和が311.4cmなので，元年の記録は，$311.4-155.8=155.6$(cm)とわかる。

図１

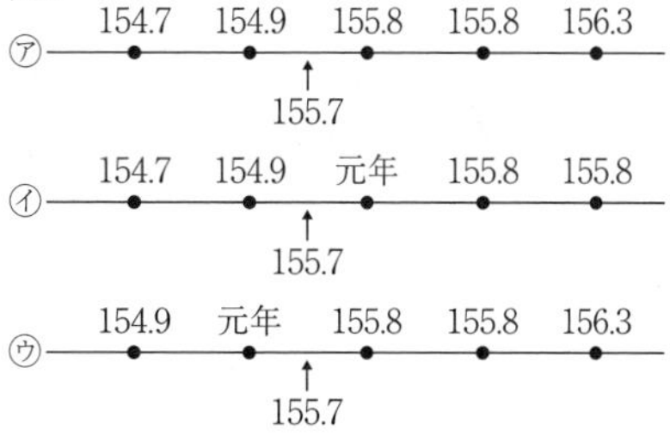

(3) 右の図２の計算から，$2023=7\times 17\times 17$となることがわかるから，2023の約数は１，７，17，119，289，2023の６個であり，$[2023]=1+7+17+119+289+2023=2456$となる。また，$289=17\times 17$より，289の約数は１，17，289の３個とわかるので，

図２

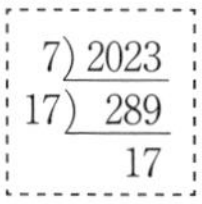

[289]＝１＋17＋289＝307となる。よって，$\frac{[2023]}{[289]}=\frac{2456}{307}=8$と求められる。なお，2023の約数の和は，（１＋７）×（１＋17＋17×17）で求められ，289の約数の和は＿部分だから，求める値は，１＋７＝８であるとわかる。

⑷　右の図３のように，角DOCの大きさは，90÷３＝30(度)になる。また，DからOCに垂直な線DEを引くと，三角形DOEは１辺の長さが12cmの正三角形を半分にした形の三角形になるので，EDの長さは，12÷２＝６(cm)とわかる。したがって，三角形OCDをOCを軸《じく》として１回転させると，右の図４のように２つの円すいを組み合わせた形の立体ができる。ここで，２つの円すいの高さを□cm，△cmとすると，□と△の和は12だから，２つの円すいの体積の和は，６×６×3.14×□÷３＋６×６×3.14×△÷３＝６×６×3.14×(□＋△)÷３＝６×６×3.14×12÷３＝144×3.14＝452.16(cm^3)と求められる。

図３

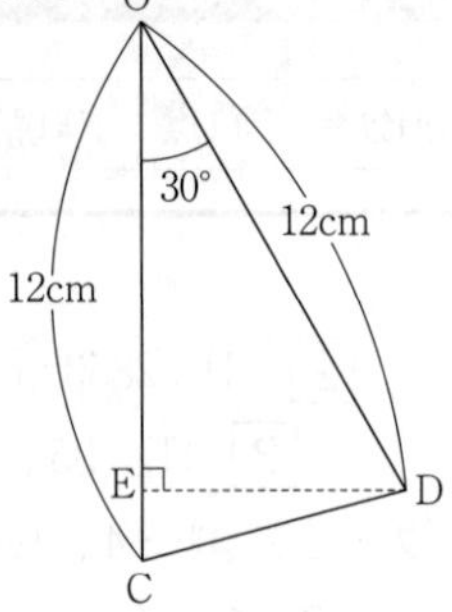

図４

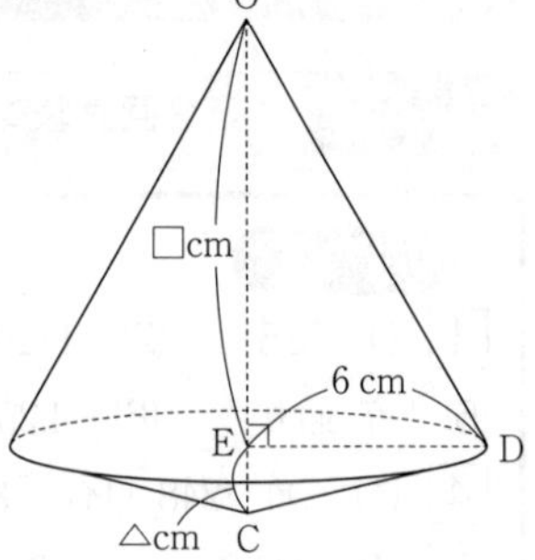

⑸　十万の位は２か３，一の位は０か２になるので，樹形図をかいて調べると，下の図５のように７通りできることがわかる。

⑹　下の図６のように，三角形DEFと同じ大きさの直角二等辺三角形DGFを作る。また，ADを延長した直線上にGから垂直な線GHを引くと，同じ印をつけた角の大きさはそれぞれ等しくなる。すると，三角形AEDと三角形HDGは合同になるので，DH＝３cm，HG＝５cmとわかる。次に，DAとCEを延長した直線の交点をＩとすると，三角形IEAと三角形IGHは相似になる。このとき，相似比は，AE：HG＝３：５だから，IA：AH＝３：(５－３)＝３：２となり，IAの長さは，(５＋３)×$\frac{3}{2}$＝12(cm)と求められる。さらに，三角形IEAと三角形ICDも相似であり，相似比は，IA：ID＝12：(12＋５)＝12：17なので，CDの長さは，３×$\frac{17}{12}$＝4.25(cm)とわかる。なお，CD×AH÷２＝(三角形DEGの面積)を利用して求めることもできる。

図５

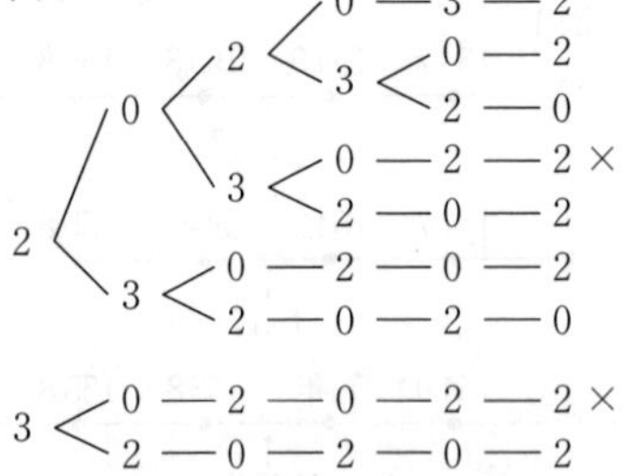

図６

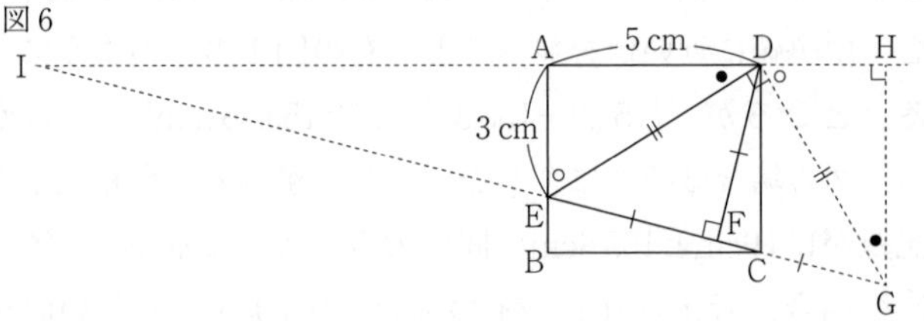

3　グラフ—水の深さと体積

⑴　下の図１のア～エの順に水が入る。問題文中の図Ⅱから，アの部分に入る時間は100分，イの部分に入る時間は，160－100＝60(分)とわかる。また，Bの部分のグラフの傾《かたむ》きが変わるときの水の深さが20cmだから，ウの部分の高さは20cmとわかる。次に，水を入れる割合は毎分250cm^3なので，アの部分の容積は，250×100＝25000(cm^3)となり，アの部分の高さは，25000÷(50×50)＝10(cm)と求められる。したがって，アの部分と(イ＋ウ)の部分の容積の比は，10：20＝１：２だ

から，(イ＋ウ)の部分に入る時間は，$100\times\frac{2}{1}=200$(分)である。よって，ウの部分に入る時間は，200－60＝140(分)なので，イの部分とウの部分の容積の比(横の長さの比)は，60：140＝３：７となり，xの値は，$50\times\frac{7}{3+7}=35$(cm)と求められる。

図１
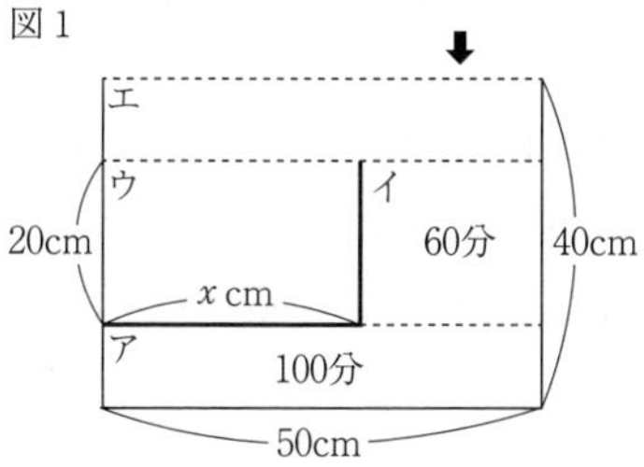

図２
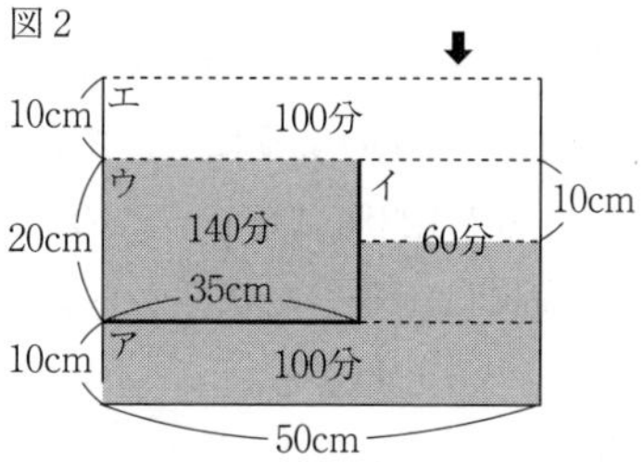

図３
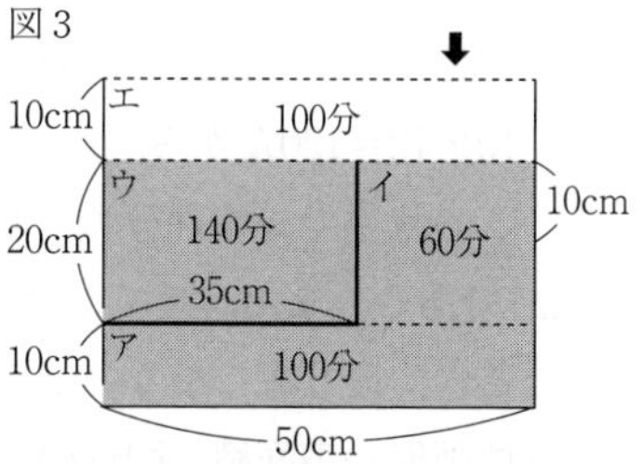

⑵　⑴から，エの部分の高さは，40－(10＋20)＝10(cm)とわかる。すると，アの部分とエの部分の容積は同じになるから，エの部分に入る時間も100分である。②の排水《はいすい》ポンプを開けるとエ，イ，アの部分の水が排水されるので，上の図２のようになる時間を求めればよい。このときまでに減る水の体積は，エの部分が25000cm^3，イの部分が，(50－35)×50×10＝7500(cm^3)だから，合わせて，25000＋7500＝32500(cm^3)になる。また，毎分，450－250＝200(cm^3)の割合で減るので，図２のようになるのは排水を始めてから，32500÷200＝162.5(分後)と求められる。さらに，満水になるまでの時間が，160＋140＋100＝400(分)だから，図２のようになるのは水を入れ始めてから，400＋162.5＝562.5(分後)である。

⑶　上の図３のようになった後，イの部分の水面とウの部分の水面が同じ速さで下がったことになる。また，イの部分とウの部分の底面積の比は３：７なので，イの部分とウの部分の水は毎分３：７の割合で減ったことがわかる。さらに，イの部分の水は毎分200cm^{3}の割合で減るから，ウの部分の水が減る割合は毎分，$200\times\frac{7}{3}=\frac{1400}{3}=466\frac{2}{3}$(cm^3)と求められる。このとき，ウの部分にはもう水が入らないので，③の排水ポンプが排水する割合も毎分$466\frac{2}{3}$cm^{3}である。

４　平面図形―構成，長さ

図１

図２
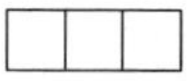

図３
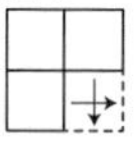

図４
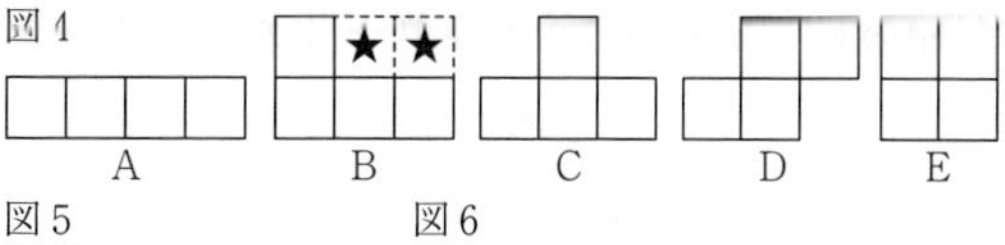

図５
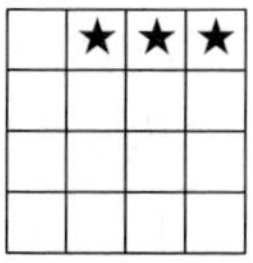

図６
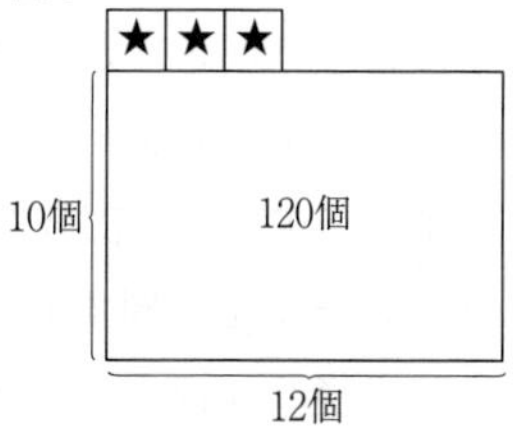

⑴　右の図１のように並べると，たて１cm，横123cmの長方形になるから，周の長さは，(１＋123)×２＝248(cm)(…ア)とわかる。同様に，右の図２の場合は，(１＋３)×２＝８(cm)となる。また，図３の場合は，矢印のように移動すると１辺２cmの正方形の周の長さと等しくなるので，２×４＝８(cm)と求められる。よって，図２と図３の場合はどちらも８cm(…イ)である。次に，４個の正方形を並べる方法は右上の図４の５通り(…ウ)ある。周の長さは，Ａは，(１＋４)×２＝10(cm)であり，ＢとＣとＤは図３と同様に考えると，たて２cm，横３cmの長方形の周の長さと等しくなるから，(２＋３)×２＝10(cm)とわかる。また，Ｅは，２×４＝８(cm)なので，10cmになるときが４通り(…エ)，

8 cm(…オ)になるときが１通りある。さらに，たとえばＢの★の部分に正方形を加えても周の長さは変わらないから，５個のときも６個のときも最も短いのは10cm(…カ)である。

(2) 16個並べたときに最も短くなるのは，上の図５のように並べた場合の，４×４＝16(cm)である。ここから★の部分を取り除いても周の長さは変わらないので，最も短い長さが16cmになるのは，16個以外で，13個，14個，15個(…キ)並べたときとわかる。

(3) 10×12＝120だから，たとえば上の図６のように，たてに10個，横に12個並べた状態から考える。この状態で★の部分に３個加えると123個になり，このときの周の長さは，(11＋12)×２＝46(cm)である。また，たてに11個，横に11個並べた状態から２個加えても同じになるから，123個並べたとき，最も短くなるのは46cm(…ク)とわかる。

5 立体図形─表面積，図形の移動

(1) 底面積は，３×３×3.14＝９×3.14(cm^2)である。また，側面積は，(母線)×(底面の円の半径)×(円周率)で求めることができるから，６×３×3.14＝18×3.14(cm^2)となる。よって，表面積は，９×3.14＋18×3.14＝(９＋18)×3.14＝27×3.14＝84.78(cm^2)と求められる。

図１

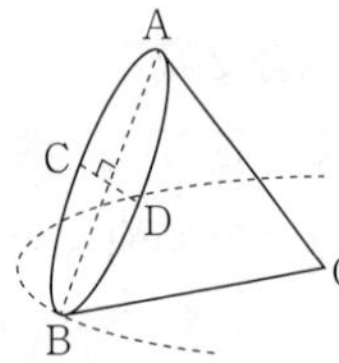

図２

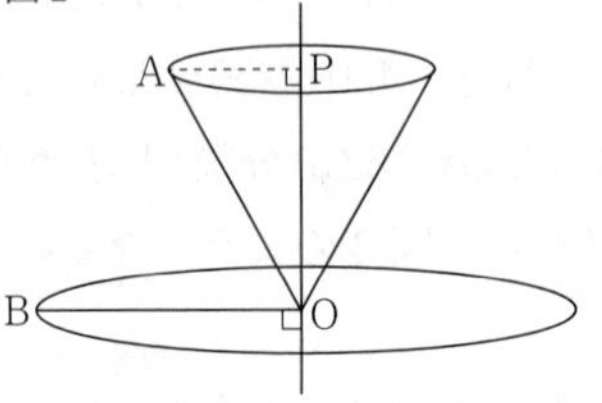

図３

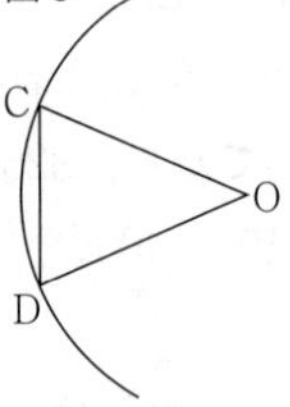

図４

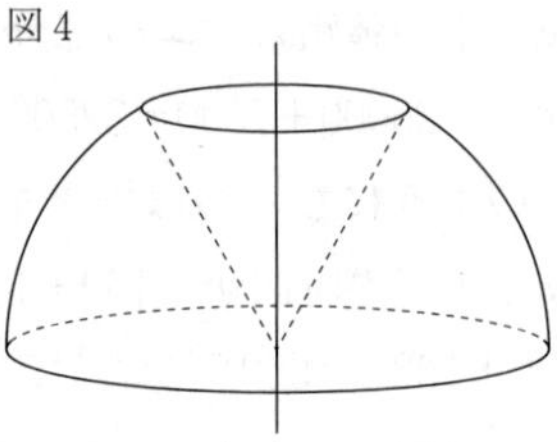

(2) 上の図１のように，円すいの頂点をＯとし，垂直に交わる底面の円の直径をAB，CDとする。はじめに正面から見た図を考える。すると，上の図２のように，ＢはＯを中心とする円をえがき，ＡはＰを中心とする円をえがく。次に真上から見た図で，三角形OCDが通る部分を考える。すると，上の図３のようになるので，円すいの底面は外側にふくらんだ部分を通ることがわかる。よって，上の図４のようになるから，最も適切なものは(う)である。

(3) ① はじめに，右の図５のように左右対称《たいしょう》に置く場合を考える。このとき，立体が内側のレールと接する点をＥ，外側のレールと接する点をＦとすると，立体がレールの上を転がるのにともなって，点Ｅは太点線アの線上を円をえがくように動き，点Ｆは太点線イの線上を円をえがくように動く。このとき，立体がレールの上を１周する間に立体は何回転かするが，立体はつながっているので，アとイの部分の回転数は同じになる。また，アとイの部分の円の半径は等しいから，点Ｅと点Ｆが動いた長さも等しくなる。一方，立体がレールを１周する間に，点ＥはQEを半径とする半径６cmの円をえがき，点ＦはQFを半径とする半径９cmの円をえがくので，点Ｅと点Ｆが動いた長さは等しくない。したがって，図５の置き方は正しくないことがわかる。また，点Ｅと点Ｆが動いた長さを等しくするにはアよりもイの方を長くする必要があるから，上の図６のように置けばよいことがわかる。よって，最も適切なものは(き)である。　② アとイで切ったときの切り口の半径の比は，点Ｅが回転する円の半径と点

図５

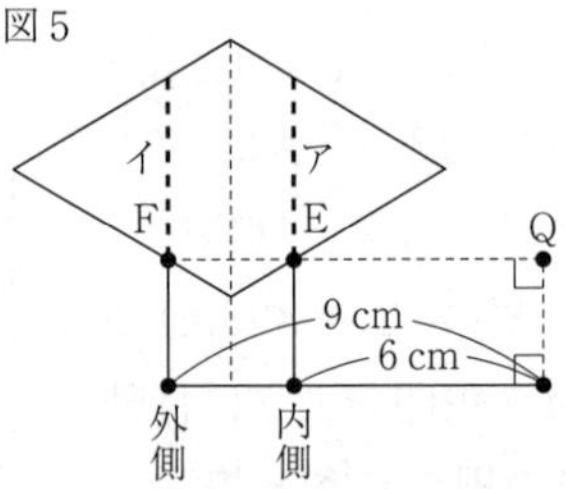

図６

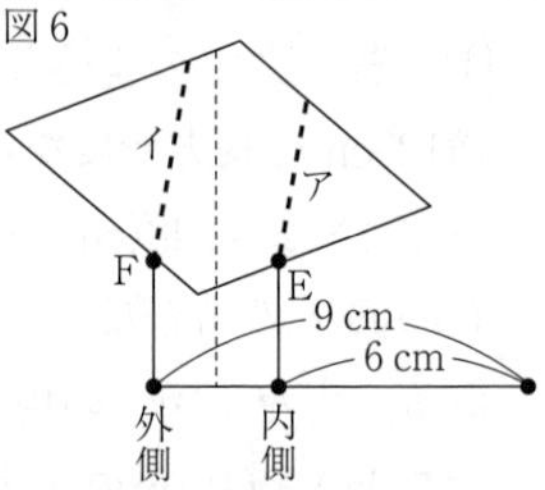

Ｆが回転する円の半径の比と等しくなる。つまり，６：９＝２：３なので，アの半径はイの半径の，$2 \div 3 = \frac{2}{3}$(倍)である。

社　会 ＜第２回試験＞（40分）＜満点：75点＞

解　答

1 **問１** **1** 姫路 **2** 新鳥栖 **問２** (1) **D** 大分 **E** 日光 **F** 愛媛 (2) ア **問３** 7 **問４** エ **問５** ウ **問６** (1) イ (2) エ **問７** ア **問８** ウ **問９** イ **2** **問１** ウ **問２** エ **問３** ア **問４** ウ **問５** エ **問６** イ **問７** イ **問８** ア **問９** ウ **問10** 班田収授法 **問11** 墾田永年私財法 **問12** 執権 **問13** 行基 **問14** 首里城 **問15** 9斗5升 **問16** 伊能忠敬 **問17** 鳴滝塾 **3** **問１** **1** 248(名) **2** 島根(県) **3** 高知(県) **問２** エ **問３** イ **問４** ア **問５** 一票の格差 **問６** ウ **問７** イ **問８** 18(歳) **問９** **A** オ **B** イ **C** キ **D** ウ **問10** (例) 沖縄の本土復帰(に備えるため)

解　説

1 交通や各地の特色などについての問題

問１ **1** 熱海《あたみ》駅を出てから約６時間後，夏の朝日が出るころに停車した駅であることから，姫路《ひめじ》駅(兵庫県)だとわかる。ここで見えた「白く光るお城」とは，ユネスコ(国際連合教育科学文化機関)の世界文化遺産にも登録されている国宝で，「白鷺《しらさぎ》城」ともよばれる姫路城である。 **2** 「さくら」は九州新幹線と山陽新幹線を走る列車で，九州新幹線は，福岡県・佐賀県・熊本県を経て鹿児島県にいたるが，その間に新鳥栖《とす》駅(佐賀県)を通る。新幹線「さくら」と特急「かもめ」は新鳥栖駅での乗り換《か》えもできるが，つとむ君は始発駅から特急「かもめ」に乗るため，博多駅で乗り換えることにしたのである。

問２ (1) **D** 別府は大分県中部に位置しており，温泉地としてよく知られている。 **E** 日光は栃木県北西部に位置しており，日光東照宮があることでよく知られている。日光東照宮は，二荒《ふたら》山神社，輪王《りんのう》寺やその周辺の遺跡とともに，「日光の社寺」としてユネスコの世界文化遺産に登録されている。 **F** 道後温泉は長い歴史を持つ温泉で，愛媛県の県庁所在地である松山市にある。 (2) 群馬県西部にある草津温泉は，恋の病以外なら何でも効くといわれたほど殺菌《さっきん》力の強い源泉が湧《わ》くことで知られる。50℃近い高温の源泉が湧くため，そのまま入浴することはできないが，水でうすめると温泉の効果が弱くなってしまう。そこで，入浴できる温度まで水温を下げるため，大きな板で湯をかき混ぜる「湯もみ」が行われており，そのようすは草津温泉の名物となっている。

問３ つとむ君が乗った寝台特急「サンライズ瀬戸・出雲《いずも》」は，静岡県内で熱海駅から浜松駅まで５駅に停車したあと，愛知県，岐阜県，滋賀県，京都府，大阪府を通過し，兵庫県の姫路駅に着いている。

問４ 国際線をふくむ旅客数が最も多いＧには，首都東京にあって多くの人が利用する羽田があてはまる。ＨとＩのうち，金属類の発送空港・到着空港として上位に入っていないＩが，工業があまりさかんではない沖縄県にある那覇《なは》空港だと判断できる。残ったＨには，福岡空港があてはまる。

問５　ａ　長崎駅は，家屋の被害が出た地域の端に位置しており，被害を受けたと考えられる。

ｂ　長崎市街は北と東西の三方を山に囲まれていたため，被害は浦上川流域に集中した。よって，正しい。

問６　(1)　2022年の30年前は，1992年にあたる。山形新幹線は，東北新幹線の福島駅から分かれる形で，1992年に山形駅までが開業した(1999年に新庄駅まで延伸)。なお，東北新幹線と上越新幹線は1982年に開業した。北陸新幹線は，高崎駅—長野駅間が長野新幹線として1997年に開業し，2015年に北陸新幹線として金沢駅(石川県)まで開業した。　(2)　青森県はりんごの収穫《しゅうかく》量が全国で最も多く，果実の産出額も全国第１位である。なお，畜産の産出額が多いアは岩手県，イは人口が県庁所在地の仙台市に集中している宮城県。ウは福島県で，東北地方で最も工業生産出荷額が多い。また，県庁所在地の福島市の人口は，郡山市，いわき市についで県内第３位となっている。統計資料は『データでみる県勢』2023年版などによる(以下同じ)。

問７　岡山県の桃の収穫量は全国第６位で，昔話の「桃太郎」の伝説が生まれた地であることもあって，桃を特産品としている地域がある。

問８　博多駅のある福岡県福岡市では，「博多ラーメン」ともよばれる豚骨《とんこつ》ラーメンが名物となっている。なお，ほうとうは山梨県，きしめんは愛知県の郷土料理。

問９　「大潮の３日後」とあるので，大潮で潮位が上がったときには海だったところが，潮が引いて砂浜となって，そこにいくつもの船が置かれるようになっていたのだと推測できる。びっくりするような光景であったことも手がかりとなる。

２　各時代の歴史的なことがらについての問題

問１　大規模な古墳は近畿地方に多いが，墳丘の大きさで第４位の造山《つくりやま》古墳と第９位の作山《つくりやま》古墳は，中国地方の岡山県にある。

問２　●印は，荘園図の左右に２か所ずつと，「牓示《ぼうじ》」の字の下の，合わせて５カ所に打たれている。これらに囲まれた範囲《はんい》内では，西側に２カ所，「大豆畑中山」付近に１カ所，「八幡宮」の南に１カ所の合わせて４カ所に，家と考えられる絵が集まっている場所，つまり集落がある。

問３　勘合《かんごう》は明(中国)との貿易のさい，正式な貿易船とそうでない船とを区別するために用いられた合い札である。

問４　江戸幕府は，キリスト教を禁止する目的もあり，貿易統制を進めていった。イギリスはみずから退去したが，スペイン船は1624年，ポルトガル船は1639年に来航が禁止されたことで日本に来なくなった。

問５　浅間山の大噴火は，老中田沼意次《おきつぐ》が政治を行っていた1783年に起こった。これによって天明の飢饉《ききん》の状況《じょうきょう》がさらに悪化し，田沼が失脚《しっきゃく》する一つの原因となった。

問６　1873年から地租改正が実施されたさい，地租は地価の３％とされた。これが江戸時代までと変わらない重い負担であったことから，各地で地租改正反対一揆《いっき》が起こった。その結果，地租は1877年に地価の2.5％へと引き下げられた。

問７　日露戦争(1904～05年)のさい，遼東《リャオトン》半島の旅順や満州(中国東北部)の奉天では激戦が行われた。旅順は日本軍の攻撃で陥落《かんらく》，奉天からもロシア軍が退却《たいきゃく》し，日本は一応の勝利を収めた。

問８　アは1919年，イは1921年，ウは1918年，エは1925年のできごとなので，年代順にウ→ア→イ

→エとなる。

問9　アは1937年，イは1929年，ウは1931年，エは1933年のできごとなので，年代順にイ→ウ→エ→アとなる。

問10　中大兄《なかのおおえの》皇子(のちの天智天皇)を中心とする朝廷は，645年から大化の改新とよばれる政治改革に取り組み，646年に改新の詔《みことのり》を出した。ここで，公地公民の原則と班田収授法を制定するという方針が打ち出され，戸籍《こせき》の作成などが進められた。6歳以上の男女に口分田を支給するという班田収授法は，701年に大宝律令が完成したことで確立された。

問11　奈良時代には，人口増加などによって口分田が不足した。そこで朝廷は723年，3代までの土地の所有を認める三世一身法を出したが，効果が上がらなかったため，新しく開墾《かいこん》した土地の永続的な私有を認める墾田永年私財法を出した。これにより，荘園とよばれる私有地が拡大することとなった。

問12　執権《しっけん》は鎌倉幕府における将軍の補佐役で，源氏の将軍が3代でとだえると，実際に政治を動かすようになった。執権の地位は，初代将軍源頼朝の妻・北条政子の実家である北条氏の一門が独占した。

問13　行基は奈良時代の僧で，民間に布教活動をしながら，弟子や信者とともに橋をかけたり，灌漑《かんがい》用の池や溝《みぞ》をつくったりするなどの社会事業を行い，人々の信望を集めた。当時は仏教が朝廷の統制下に置かれていたため，行基は当初弾圧されたが，のちに許され，東大寺の大仏をつくるさいにはその費用集めを行って協力した。こうした功績から，行基は最高僧位の大僧正《だいそうじょう》の地位を与えられた。

問14　首里城は15世紀に成立した琉球《りゅうきゅう》王国の王府で，現在の那覇市につくられた。戦災などで何度も焼失したがそのたびに再建され，2000年には「琉球王国のグスク(城という意味)及《およ》び関連遺産群」として，ユネスコの世界文化遺産に登録された。しかし，2019年に火災で正殿などが焼失し，復元に向けた作業が進められている。

問15　〔検地帳〕に記された2カ所の土地の石高の合計は，(一石二斗《と》七升《しょう》五合)＋(一斗五升)＝一石三斗十二升五合で，〔条件〕の(2)より，一石四斗二升五合となる。〔条件〕の(3)より，これが年貢高の基準となり，このうち「二公一民」の割合，つまり3分の2を年貢，残りを自分の取り分とすることになる。一石四斗二升五合は，条件(2)より，1425合にあたるので，その3分の2は，1425÷3×2＝950合，つまり9斗5升になる。

問16　伊能忠敬《ただたか》は江戸で測量術や天文学を学んだのち，江戸幕府の命令を受けて1800年から1816年まで全国の沿岸を測量して回り，正確な日本地図を作製した。この業績は忠敬の死後，弟子たちが「大日本沿海輿《よ》地《ち》全図」として完成させた。

問17　鳴滝《なるたき》塾は，1823年に長崎出島のオランダ商館の医師として来日したドイツ人のシーボルトが長崎郊外に開いた診療《しんりょう》所兼蘭学《けんらんがく》塾で，医学などの講義を行った。1828年，シーボルトは帰国にさいして，国外への持ち出しが禁じられていた日本地図を持ち出そうとしたことが発覚し，国外追放の処分を受けた(シーボルト事件)。

3　選挙や日本国憲法などについての問題

問1　1～3　2015年に公職選挙法が改正され，参議院議員通常選挙の選挙区選挙において，鳥取県と島根県，高知県と徳島県をそれぞれ一つの選挙区とする合区が導入された。この制度は，翌

2016年の選挙から適用された。また，2018年にも公職選挙法が改正され，参議院の議員定数がそれまでの242名から248名に変更《へんこう》された。

問２　2023年２月時点の衆議院の議員定数は465名で，参議院の248名より多い。

問３　アは日本国憲法第９条，ウは第20条，エは第27条の条文にあたる。「人格の自由な発展」については，世界人権宣言のなかに，これにふれた条文がある。

問４　アは1945年，イは1964年と2021年，ウは1951年，エは1968年のできごとである。

問５　選挙区によって議員一人あたりの有権者数が異なり，有権者一票の価値に差があるという問題を，一票の格差という。国政選挙では，一票の格差をめぐってたびたび裁判が起こされており，憲法違反という判決が下されたこともある。そこで，一票の格差を是正《ぜせい》するためにたびたび公職選挙法が改正され，議員定数や区割りなどが変更されるのである。

問６　2022年７月，奈良県で自由民主党候補の応援演説を行っていた安倍晋三元首相が，銃撃を受けて暗殺された。在任期間中の2020年１月31日には，イギリスがEU(欧州連合)から離脱した。

問７　近年の国政選挙の投票率は低い傾向《けいこう》にあり，参議院議員通常選挙の投票率は1992年以降，50％台か，低いときは40％台という状態が続いている。

問８　2015年に公職選挙法が改正され，選挙権を与えられる年齢が20歳から18歳へと引き下げられた。18歳選挙権は，国政選挙では2016年の参議院議員通常選挙から適用された。

問９　2022年の参議院議員通常選挙の結果，与党の自由民主党が119議席を確保し，連立与党を組む公明党とともに146議席を占《し》めた。野党では，野党第一党の立憲民主党が45議席から39議席へと議席を減らした一方で，日本維新の会が15議席から21議席，れいわ新選組が２議席から５議席へと議席を増やした。

問10　沖縄は太平洋戦争敗戦後，アメリカ軍の統治下に置かれたため，国政選挙の対象外とされた。しかし，1969年に佐藤栄作首相とアメリカのニクソン大統領が会談し，沖縄返還に合意したという共同声明を発表したため，沖縄の復帰に合わせた法整備などが進められた。その一つとして，1970年に国政参加選挙という特別な選挙が行われ，５名の衆議院議員と２名の参議院議員が沖縄から選出された。

理　科　＜第２回試験＞（40分）＜満点：75点＞

解　答

[1] (1)　エ　(2)　解説の図①を参照のこと。　(3)　イ　(4)　ア　(5)　イ　(6)　解説の図②を参照のこと。　(7)　２ｍ　(8)　イ　[2] (1)　**実験結果**…ア　**根拠**…カ　(2)　400　(3)　1034ｇ　(4)　ウ，エ　(5)　石灰水　(6)　オ　(7)　酸素，水銀　[3] (1)　ヘモグロビン　(2)　エ，オ　(3)　ア，ウ，オ，カ　(4)　**1**　ウ　**2**　エ　(5)　ア，イ　(6)　ウ　(7)　エ　(8)　イ，ウ，エ，オ，カ　[4] (1)　イ　(2)　イ　(3)　エ　(4)　ウ　(5)　エ　(6)　ア，オ　(7)　ア　(8)　1500ｍ

解　説

[1]　光の進み方についての問題

(1)　水面には，向こう岸の建物が鏡に映っているように見える。図１では，建物の位置が水面の上なので，建物の像は水面の下にできる。したがって，上下だけが逆になっているエを選ぶ。

(2)　右の図①のように，建物のＡ点，Ｂ点それぞれについて，水面に対して対称《たいしょう》な位置に点をとり，Ｃ点と結んだ直線が水面と交わる点が光の反射する位置である。このとき，Ａ点から出て水面で反射してＣ点に届く線，Ｂ点から出て水面で反射してＣ点に届く線に，それぞれ矢印をつけてもよい。

図①

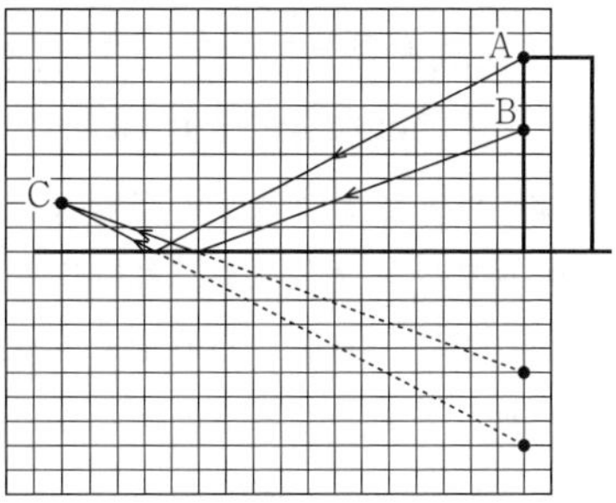

(3)　遠くにある建物から出た光のうち，虫めがねを通った光は虫めがねの焦《しょう》点付近に集まり，そのまま直進して，建物上部からの光は下に，左からの光は右へ進む。虫めがねを持った腕《うで》を伸《の》ばしたとき，焦点の外側に目があるので，見える像は上下左右が逆になる。

(4)　虫めがねを目に近づけると，建物から届いた光が集まる焦点より内側の位置で見ることになるので，上下左右が逆転しない，もとの形に見える。

(5)　ピンホールカメラでは，針穴を通った光がそのまま直進をするため，スクリーンには，上下左右が逆になった像が映る。

(6)　表から，10円玉が浮《う》き上がって見える高さを求める。水の深さ10cmのときの10円玉が浮き上がって見える高さは，10－7.5＝2.5(cm)，水の深さ20cmでは，20－15.0＝５(cm)，水の深さ30cmでは，30－22.5＝7.5(cm)，水の深さ40cmでは，40－30.0＝10(cm)となる。横軸《じく》に40，縦軸に10までの数値がとれるように目盛りを書き入れ，点を打って直線で結んでグラフとすると，右の図②のようになる。

図②

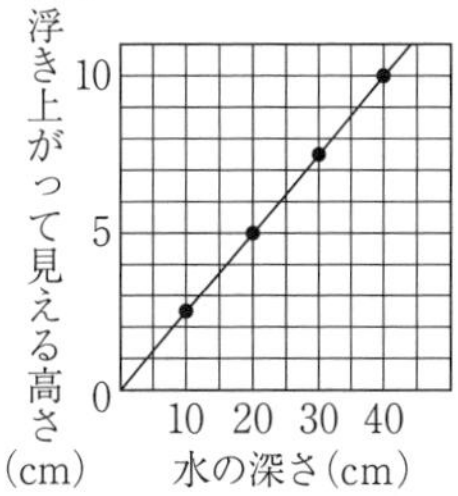

(7)　表より，水の深さと見かけの深さは比例することがわかる。よって，見かけの深さが1.5m(＝150cm)のとき，水の深さは，$10\times\frac{150}{7.5}$＝200(cm)より，２ｍと求められる。

(8)　光が空気中から水中へななめに入るとき，水面から遠ざかるように折れ曲がる。これを光の屈《くっ》折という。

2　空気の性質についての問題

(1)　空気には押《お》しちぢめられる性質があるので，圧力をかけてビンの中に押しこめることができる。空気を押しこめたビンのふたをあけると，押しこまれていた空気は，ビンの体積分を残してにげ出すので，ふたを開けたビンのほうが軽くなれば，にげ出した空気に重さがあったとわかる。

(2)　下線部Ａの容器には，押しこめられた容器の体積分の空気と，容器の体積の$\frac{3}{4}$の水が入っている。また，下線部Ｂの容器には，容器の体積の$\frac{1}{4}$の空気と，$\frac{3}{4}$の水がある。下線部Ｂの重さと下線部Ａの重さの差は，702－700.5＝1.5(ｇ)で，これは容器の体積の，$1-\frac{1}{4}=\frac{3}{4}$の空気の重さにあたるので，容器の体積分の空気の重さは，$1.5\div\frac{3}{4}$＝2.0(ｇ)である。したがって，空気の重さを１としたときの水の重さは，１×800÷2.0＝400とわかる。

(3)　水銀を押し上げている大気の重さは，ガラス管の中の水銀の重さとつりあっているので，１×

76×13.6＝1033.6より，1034ｇと求められる。

⑷　石灰石と酸性の水溶《よう》液を反応させてできる『固まる空気』は，二酸化炭素である。二酸化炭素は，卵のからに含《ふく》まれる炭酸カルシウムと塩酸を反応させたり，ベーキングパウダーの成分の重そう（炭酸水素ナトリウム）を加熱したりすることでも発生させることができる。なお，アでは酸素，イ，オでは水素が発生する。

⑸　石灰水を空気中においておくと，空気中の二酸化炭素と反応をして炭酸カルシウムができる。炭酸カルシウムは水にとけにくいので，液の表面に白い膜《まく》をつくる。

⑹　空気中で炭やろうそくを燃やすと，酸素が使われてちっ素と二酸化炭素が残ることから，『毒のある空気』はちっ素とわかる。ちっ素はものを燃やすはたらき（助燃性）がなく，空気中に約78％含まれている気体である。

⑺　水銀を熱した後に残っていた空気の中では，ろうそくが燃えず，動物は死んでしまうことから，減少した$\frac{1}{6}$の気体は酸素であったと考えられる。また，水銀の表面にできた赤い物質を熱すると，減少した分の酸素が出て，水銀が残ることから，赤い物質は水銀と酸素が結びついてできた物質とわかる。

3　ヒトの血液と血液型についての問題

⑴　Ａは赤血球で，赤血球に含まれている赤い色素をヘモグロビンという。ヘモグロビンは，酸素が多いところで酸素と結びつき，酸素が少ないところで酸素をはなすことで，全身に酸素を運んでいる。

⑵　Ａの赤血球は，血球の約96％をしめている。Ｂは白血球で，体内に入ってきた細菌《さいきん》を食べて殺すはたらきがある。Ｃの液体は血しょうで，栄養分や，二酸化炭素などの不要物をとかして運ぶ。Ｄの血小板は，出血したときに血液を固まらせるはたらきがあるので，エは間違《まちが》いである。また，動脈血は酸素を多く含む血液のことで，動脈中を流れるとは限らないので，オも誤りとなる。花粉症《しょう》のように，本来は無害な物質に対して免疫《めんえき》反応がはたらいてしまい，かゆみやはれなどの不都合な症状が出てしまうことをアレルギーという。

⑶　表より，Ａ型の赤血球は，Ａ抗《こう》体を含むＢ型とＯ型の血しょうと凝《ぎょう》集反応を起こす。また，Ｂ型の赤血球は，Ｂ抗体を含むＡ型とＯ型の血しょうと凝集反応を起こす。さらに，AB型の赤血球は，AB型以外の血しょうで凝集反応を起こす。なお，Ｏ型の赤血球はＡ，Ｂ両方の抗原を持たないので，どの血液型の血しょうと混ぜても凝集反応が起きない。以上のことから，ア，ウ，オ，カが選べる。

⑷　AB型の赤血球はＡ，Ｂ両方の抗原を持つから，Ａ型，Ｂ型，Ｏ型の血しょうと凝集反応が起きるので，同じAB型の人にしか輸血ができない。また，Ｏ型の赤血球はＡ，Ｂのどちらの抗原も持たないので，どの血液型の人に輸血しても凝集反応が起こらない。

⑸　AB型の父親の遺伝子の組み合わせはⒶⒷ，Ｏ型の母親の遺伝子の組み合わせはⓄⓄである。右の表①のように，この両親の子に伝わる遺伝子は，ⒶⓄまたはⒷⓄの組み合わせになるので，Ａ型の子とＢ型の子が生まれる可能性がある。

表①

父親の遺伝子 ＼ 母親の遺伝子	遺伝子Ⓐ	遺伝子Ⓑ
遺伝子Ⓞ	ⒶⓄ	ⒷⓄ
遺伝子Ⓞ	ⒶⓄ	ⒷⓄ

⑹　父親と母親の遺伝子の組み合わせがともにⒶⒷなので，下の表②のように，考えられる子の遺

伝子の組み合わせは，ⒶⒶ，ⒶⒷ，ⒷⒷの３通りで，血液型の確率は，Ａ型が，$\frac{1}{4}$×100＝25(％)，AB型が，$\frac{2}{4}$×100＝50(％)，Ｂ型が，$\frac{1}{4}$×100＝25(％)になる。

表②

父親の遺伝子／母親の遺伝子	遺伝子Ⓐ	遺伝子Ⓑ
遺伝子Ⓐ	ⒶⒶ	ⒶⒷ
遺伝子Ⓑ	ⒶⒷ	ⒷⒷ

⑺　Ｏ型の子の遺伝子の組み合わせがⓄⓄであることから，母親の遺伝子はⒶⓄで，父親の遺伝子にもⓄが含まれているとわかる。すると，Ｂ型の子の遺伝子の組み合わせはⒷⓄと決まるので，父親の遺伝子の組み合わせはⒷⓄであると考えられる。

⑻　Ａ型の父親の遺伝子の組み合わせはⒶⒶまたはⒶⓄ，Ｂ型の母親の遺伝子の組み合わせはⒷⒷまたはⒷⓄなので，この両親から生まれたＢ型の女の子の遺伝子の組み合わせはⒷⓄである。この女の子から生まれたＢ型の男の子の遺伝子の組み合わせがⒷⒷの場合，父親の遺伝子の組み合わせは，ⒷⒷ，ⒶⒷ，ⒷⓄの３通り，男の子の遺伝子の組み合わせがⒷⓄの場合，父親の遺伝子の組み合わせは，ⒶⓄ，ⒷⓄ，ⓄⓄ，ⒷⒷ，ⒶⒷの５通りが考えられる。以上のことから，イ，ウ，エ，オ，カが選べる。

4　日本の気象についての問題

⑴　梅雨前線は，日本の南の海上にある暖かく湿《しめ》った空気の塊《かたまり》である小笠原《おがさわら》気団と，日本の北の海上にある冷たく湿った空気の塊であるオホーツク海気団の勢力が押しあいをするときにできる。したがって，南側に暖気，北側に寒気がある図が正しい。

⑵　６月14日には，日本の南の海上に梅雨前線が停滞《ていたい》し，四国や紀伊《きい》半島南岸付近を低気圧が東に進んだと述べられていることから，イが選べる。

⑶　太平洋高気圧の勢力が強まって，梅雨前線が北上することで梅雨が明ける。そのため，６月の終わりに太平洋高気圧の勢力が強まったときに梅雨明けの速報が出された。しかし，その後，太平洋高気圧の勢力が弱まって停滞前線が南下し，雨の降る日が多くなったので，梅雨明けの日にちが変更されたと考えられる。

⑷　ウの冬の強い北西の風は，大陸のシベリア高気圧から太平洋の低気圧に向かって吹《ふ》く季節風のことなので，偏《へん》西風による気象の変化にはあてはまらない。

⑸　ラニーニャは，赤道付近に吹く東風が平年より強くなり，平年よりもペルー沖の海面水温が低く，西太平洋赤道域の海面水温が高くなる現象である。この影響《えいきょう》で，日本付近は夏に太平洋高気圧が活発となって猛《もう》暑になりやすく，また，冬は西高東低の気圧配置が強まって厳しい寒さとなりやすい。なお，ラニーニャが続くのは半年から１年半ほどである。

⑹　ヒートアイランド現象は都市部の気温が周辺地域と比べて高くなる現象，フェーン現象は湿った空気が山を越《こ》えるさいに高温で乾燥《かんそう》した空気となる現象で，どちらも猛暑を引き起こす原因となる。なお，エルニーニョ現象では，日本は冷夏になることが多い。

⑺　梅雨前線や秋雨前線は，小笠原気団とオホーツク海気団の境界にできるので，日本周辺の東アジアでは見られるが，東南アジアなど赤道付近の地域では見られない。よって，アが間違っている。

⑻　空気塊が100ｍ上昇《しょう》すると，空気塊《かい》の気温は１℃ずつ下がり，露《ろ》点は0.2℃ずつ下がる。高度０ｍで気温が24.5℃で，露点が12.5℃の空気塊は，100ｍ上昇するごとに，気温と露点の差が，１－0.2＝0.8(℃)ずつ小さくなるので，気温と露点が同じになる凝結高度は，(24.5－12.5)÷0.8×100＝

1500(m)である。

国　語　＜第２回試験＞（50分）＜満点：100点＞

解　答

[一] ①　おかん　②～⑤　下記を参照のこと。　[二] **問１**　⑴　オ　⑵　カ　⑶　オ　**問２**　オ　**問３**　エ　**問４**　ウ　**問５**　ア　**問６**　ウ　**問７**　エ　**問８**　（例）　他者との差異を求めて買い集めてきた品物を失うことで，自分自身のアイデンティティまでも失ってしまうのではないかという恐怖。　[三] **問１**　**a**　ア　**b**　ウ　**c**　ア　**問２**　ウ　**問３**　ア　**問４**　イ　**問５**　ア　**問６**　（例）　買い占めを防いだことで，アルバイトたちを仲間だと思えるようになるとともに，多くの人に本を届けるという書店員の仕事も果たせたという自負がある(から。)　**問７**　エ

●漢字の書き取り

[一] ②　息災　③　蒸　④　陸橋　⑤　統率

解　説

[一]　漢字の読みと書き取り

①　全身がぞくぞくとする寒気。　②　病気をせず，元気なこと。　③　音読みは「ジョウ」で，「蒸発」などの熟語がある。　④　道路や線路の上などにかけられた橋。　⑤　たくさんの人をまとめ，率いること。

[二]　出典は平川克美《ひらかわかつみ》の『共有地をつくる　わたしの「実践《じっせん》私有批判」』による。通常，わたしたちは必要だから物を買うのだと考えているが，それだけではないと筆者は説明している。

問１　⑴「それが」に直接つなげて読んでみると，オは「それが」→「食材でなくとも」となり，意味がまとまる。　⑵「どこかで」に直接つなげて読んでみると，カは「どこかで」→「入ったからじゃないかと」となり，意味がまとまる。　⑶「消費資本主義の時代には」に直接つなげて読んでみると，オは「消費資本主義の時代には」→「なった」となり，意味がまとまる。

問２　Ａ，Ｄ，Ｅ，Ｇは述語になる。Ｂ，Ｃ，Ｆは直後の言葉に係る修飾語《しゅうしょくご》になる。

問３　「この説明」とは，「わたしたちはそれが必要だから買うのだ」ということを指している。ぼう線１の直前に，「自分の消費欲を省《かえり》みると」とあることに注目する。筆者は，自分がスーパーで不要なものまで買ってしまう例を直後にあげ，その経験から，「必要だから買う」とは言えないと考えているのである。

問４　続く部分に注目する。筆者は，「現代の資本主義の特徴《とくちょう》」を「必要のないものの増加」と言っているが，生活に必要なものはすでにほとんどの人が私有しているため，「必要のないものを買わせないと経済が回らなくなっている」のである。そのため，人々の私有への欲望をかきたてているのだと説明されている。

問５　「見せびらかし」は，前の段落で述べられていた，財産がある人たちが周りから注目されて認められたいという欲求を満たすために高額な商品を買うことを受けている。問４でみたように，「現代の資本主義」は，必要のないものの消費によって成り立っている。その背景にはこのよう

に，品物を購入《こうにゅう》して他者からうらやましいと思われることで，自分は他者とは違《ちが》う存在だという満足感を得る行動があるのだから，アが合う。

問６　続く部分に注目する。商品が「個人のアイデンティティ（自分らしさ）を表現する記号」となり，人は「自分らしさを獲得《かくとく》するために」商品を買うと述べられている。つまり，その人が何を持っているかがその人の個性になるということなので，ウがふさわしい。

問７　直後に，自分が私有するとすぐ誰《だれ》かが私有するからという理由が説明されている。問６でみたように，商品は自分らしさを表すものである。さらに読み進めると，「私有」の本質的な意味は「他者が持たないものを自分が持っている」ことであり，「他者との差別化をめざして私有に走る」ので，さらに「私有への欲望」が高まると述べられているので，エが合う。

問８　少し前で，私有すると「失うもの」が増えると述べられている。問７でみたように，人は他者との差別化をめざして私有しているが，他者との差別の基準である品物を「失う」ということは，自分自身のアイデンティティをも失うことになるのではないかという恐怖《きょうふ》につながるのである。

三　**出典はキタハラの『早番にまわしとけ　書店員の覚醒《かくせい》』による。**由佳子《ゆかこ》は書店の店長として働いているが，慣れない仕事でなかなかうまくいかない。そんなとき，由佳子の前に同じ本を何冊も購入しようとする客が現れる。

問１　**a**　「不貞腐《ふてくさ》れる」は，“不平や不満から反抗的《はんこうてき》になったり，なげやりになったりする”という意味。　**b**　「肩《かた》をいからせる」は，“肩を高く張り，にらみをきかせるような態度をとる”という意味。　**c**　「おどける」は，“ふざける”という意味。

問２　レジを担当したものの手こずって客が長い列になってしまい，客からも怒鳴《どな》られたことを思い出して沈《しず》んでいた由佳子に，ベテランの森がかけた言葉である。ポップをつくる森は，もしかすると著者の意図を読み違えているかもしれないが，それでも恐《おそ》れずに美しくあろうと心がけていると話している。つまり，由佳子にも，失敗したとしても恐れずに積極的に仕事をすればいいと伝えているのだと考えられる。

問３　由佳子が森の話を聞いて，「頭ではわかっているつもりだった」ことを本当にはわかっていなかったと実感していることをおさえる。マニュアルにあったのと同じような内容でも，森が自分自身の経験をこめて語ってくれるため，由佳子の心に入ってくるのだから，アが適する。

問４　ぼう線３の前後に注目する。人気コミックの新刊を買《か》い占《し》めようとする男に，そのまま売ってもいいものかと「釈然《しゃくぜん》としない」，もやもやした思いでいたが，そのコミックを求めてやってきた子供の姿を見て，やはり全部売ることはできないと思い，男の「でかい態度」にも「軽蔑《けいべつ》」を感じたのである。「切《き》り替《か》わった」後，男に対して，「常識の範囲内《はんいない》でのお買い上げを」と言い，さらに「お店においでになった，お客さまお一人お一人に，お渡《わた》ししたいので」一人にすべてを売ることはできないと，ひるまずに気持ちと姿勢を伝えている。

問５　問４で見たように，この直前，由佳子は「転売ヤー」だと思われる客に，断固として在庫の全部を売らない姿勢を見せている。幸田《こうだ》は由佳子が対応に困っていると考えて代わろうとしているが，店長としては，幸田に頼《たよ》るのではなく，信念を持って自分で対応すべきだと思ったのである。

問６　「転売ヤー」と思われる客を前に，初めはどうすればいいか迷いがあったが，考えを曲げずに対応を続けているうちに，自分はたくさんの人に本を届けるために正しいことをしているのだと自信を持てるようになった。また，由佳子が困っていたときにアルバイトの店員たちが助けてくれたことで，自分には仲間がいるという心強さも感じていたと考えられる。

問７　書店員について，森は，この前後で「呪《のろ》い」にかかっており，心を動かしてくれる本を探し，人に勧《すす》めたくてしょうがないと話している。自分のしたい仕事をするために出世したいという由佳子にとって書店員の仕事は不本意なのだろうが，それでも，必死に買い占めをさせまいとした裏には，たくさんの人に本を届けたいという書店員としての思いがあることを，森は感じ取っているのである。

2022年度　本郷中学校

〔電　話〕(03) 3917－１４５６
〔所在地〕〒170-0003　東京都豊島区駒込４－11－１
〔交　通〕JR山手線・都営三田線―「巣鴨駅」より徒歩３分
JR山手線・東京メトロ南北線―「駒込駅」より徒歩７分

【算　数】〈第１回試験〉（50分）〈満点：100点〉

注意　コンパス，分度器，定規，三角定規，計算機の使用は禁止します。かばんの中にしまって下さい。

1　次の□に当てはまる数を求めなさい。

(1)　$9\div 8+(7-\square)\div 4\times 3-1=2$

(2)　$\left(\frac{1}{6}-\frac{54}{337}\right)\times 2022\div\left(0.625\div 1\frac{9}{16}+2.2\right)=\square$

2　次の問いに答えなさい。

(1)　A君，B君，C君の３人でみかん狩りに行き，３人合わせて51個のみかんをとりました。A君がとった個数はB君がとった個数の半分で，C君がとった個数はB君がとった個数の２倍よりも５個少なかったです。このとき，C君はみかんを何個とりましたか。

(2)　ある本を開きました。そこに書かれているページの左の数と右の数をかけ合わせると1190になりました。このとき，数の小さい方のページは何ページですか。

(3)　家から学校へ行くのに毎分80mの速さで進むと予定よりも10分遅く到着します。また，毎分60mの速さで進むと予定よりも15分遅く到着します。このとき，家から学校までの距離は何mですか。

(4)　1000から9999までの４けたの整数のうち，2025や5055のように５を含んでいる整数は何個ありますか。

(5)　図のような辺ABの長さが10cm，AC＝BCの直角二等辺三角形ABCの内部を対角線の長さが１cmの正方形PQRSが移動します。最初，正方形の辺SRは三角形の辺ACと，辺QRは辺BCと重なっています。その後，頂点Pが辺ABとぶつかるまで正方形は辺BC上を動きます。さらにその後，点Pが辺ABにそって移動し，辺SRが辺ACに重なったところで正方形は止まります。なお，辺PSと辺BCはつねに平行を保ちながら移動します。このとき，三角形ABCの内部で，正方形PQRSが通過しなかった部分の面積は何cm^2ですか。

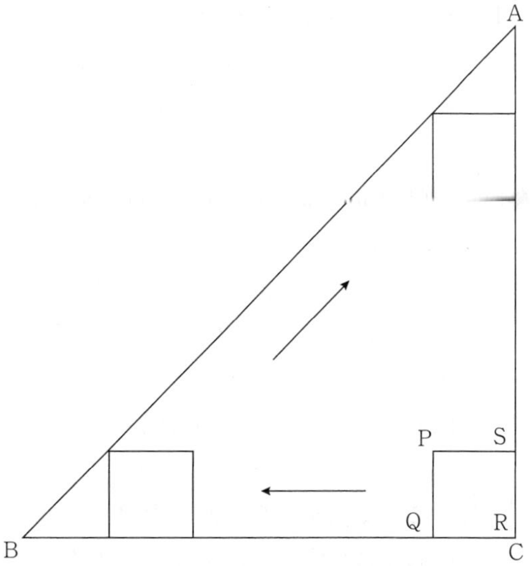

(6)　正方形BCDEを底面とし，全ての辺の長さが等しい四角すいA-BCDEがあります。底面の対角線の交点を点Oとしたとき，AOを軸としてこの四角すいを１回転させました。この回転によって四角すいが通過した部分の体積は，最初の四角すいの体積の何倍ですか。ただし，円周率は3.14とします。

3　スキー場に[図Ｉ]のような，それぞれ一定の速さのリフトＡ，Ｂ，Ｃが設置されています。Ａが一番速い高速リフトですが，いつも混んでいて待ち時間は一番長いです。同じふもとから同じ山頂にＢとＣを乗り継いでも行けますが，Ｂにも少しの待ち時間があり，ＢとＣの乗り継ぎには１分かかります。兄はＡを利用して山頂へ向かいましたが，途中，Ａのリフトは少し停止しました。同じ時刻に弟も，ＢとＣを利用して山頂に向かったところ，兄と同時に着きました。[図Ⅱ]のグラフは兄弟がリフトに並び始めてから山頂に着くまでの，時間と二人の進んだ距離の差の関係を表したものです。このとき，次の問いに答えなさい。

[図Ｉ]

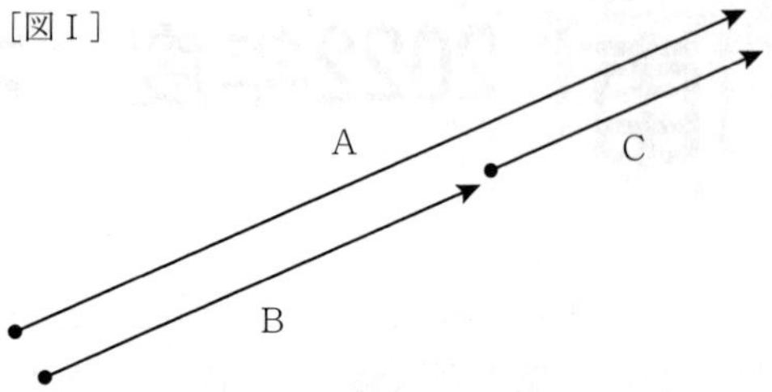

[図Ⅱ]

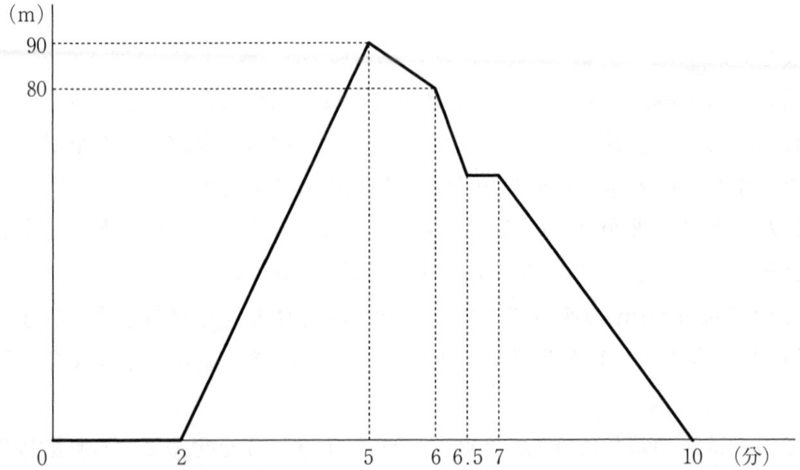

(1)　リフトＡの速さは毎分何ｍですか。

(2)　リフトＡが途中で止まったのは，ふもとから何ｍ動いたところですか。

(3)　リフトＣの速さは毎分何ｍですか。

4　[例]のような４×４のマス目があり，それぞれのマス目に数字を入れていきます。入れる数字は，１，２，３，４のいずれか１つですが，次のようなルールがあります。

①　縦，横とも，同じ列には，すべて異なる数字が入ります。

②　例のように，2×2マスに分けられている４つのブロックに入る数字もすべて異なります。

以下は，Ｘ君とＹ君の会話です。

[例]

4	3	2	1
2	1	4	3
3	4	1	2
1	2	3	4

Ｘ「こんな表をもらったんだけど，ルール通りに数字を入れるとすると，何通りの数字の入れ方があるんだろう。」

Ｙ「難しいね。どこか数字が決まるところはないのかな。」

Ｘ「３が３か所に入っているから，あと１つどこかに入るはずだよね。」
「あっ，わかった。Ａのところに入る数字は３じゃない？」

Ｙ「本当だ。どの列にも同じ数字は１個しか入れないから，Ａが３だよ

[表]

		3	
3			
	3	4	

ね。」

Ｘ「ほかに，数字が決まるところはないかな？」

Ｙ「うーん，ないみたいだね。
だったら，いくつか数字を当てはめて考えてみようよ。」

Ｘ「じゃあ，表のＣなんだけど，１，２，４のどれかが入るんだよね。例えば２が入るとしてみたらどうなるかな。」

Ｙ「そのときは，ＢとＤに入る数字が決まるよね。」

Ｘ「あっ，だったらＥに入る数字も決まるよ。」

		3	
3			
	3	4	
			A

	E	3	D
3			C
	3	4	B
			A

⑴　Ｄ，Ｅに入る数字を答えなさい。

Ｙ「残ったマスもすべて数字が決まるよね。」

Ｘ「本当だね。今度はＣが１のときを試してみようかな。
そうすると，表のＦに入る数字も決まるよ。」

	E	3	D
3			C
	3	4	B
	F		A

⑵　Ｆに入る数字を答えなさい。

Ｘ「へぇ，可能性のある数字を順番に当てはめていけば，きちんと数えることができるんだね。あとはＣが４のときだけど，これはちょっと大変かな。」

Ｙ「大丈夫だよ，ていねいにやれば数え上げられるさ。」

Ｘ「そうだね，何とかできそうだ。
わかった，最初の表では，全部で　ア　通りの数字の入れ方があるんだ！」

⑶　ア　に当てはまる数字を答えなさい。

5　図のような１辺の長さが５cm の立方体があります。このとき，次の問いに答えなさい。

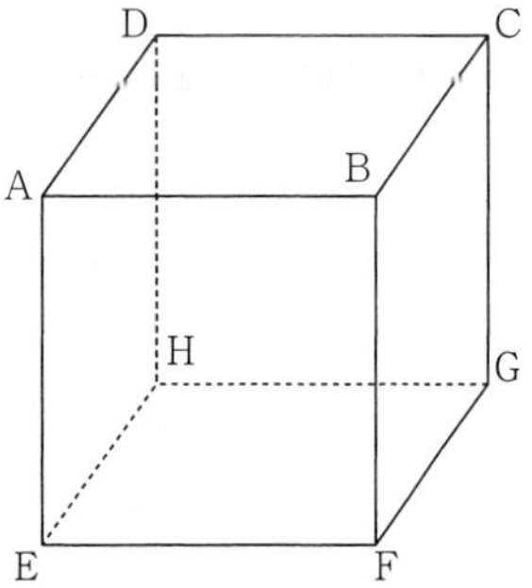

⑴　この立方体を３点Ａ，Ｆ，Ｈを通る平面で切ったとき，点Ｅを含む立体Ｓの体積は何 cm^3 ですか。

⑵　この立方体の４点Ａ，Ｃ，Ｆ，Ｈを頂点とする立体Ｔの体積は何 cm^3 ですか。

⑶　立体Ｔを３点Ｂ，Ｇ，Ｄを通る平面で切ったときの点Ａを含む立体Ｕの体積は何 cm^3 ですか。

【社　会】〈第１回試験〉(40分)〈満点：75点〉

注意　解答に際して，用語・人物名・地名・国名などについて漢字で書くべき所は漢字で答えなさい。
なお，国名の表記は通称でかまいません。

〈編集部注：実物の入試問題では，**1** の地形図と **3** のグラフはカラー印刷です。〉

1　次ページの地形図(縮尺１：50000 の原図を115％拡大)をみて，次の問いに答えなさい。

問１　この図から読み取れる内容を説明した次の各文について，内容が正しければ○を，誤っていれば×を答えなさい。

ア　河川の流域や湖岸の平地には，水田の分布がみられる。

イ 「つちうら」駅の西側に，建物の密集地がみられる。

ウ　図中の南西部には，規模の大きな工業団地がみられる。

エ　図中の複数箇所に，発電所・変電所が分布している。

オ　図中の最高地点の標高は，25ｍである。

カ　図中を新幹線が通っている。

問２　図中のＡの湖沼について，次の①～④の問いに答えなさい。

①　湖水面の標高を整数で答えなさい。

②　この湖沼の名称を次の中から１つ選び，記号で答えなさい。

ア　北浦　　　イ　霞ヶ浦

ウ　印旛沼　　エ　手賀沼

③　この湖沼の名産で，シラウオやエビ類とならんで漁獲量が多い水産物を次の中から１つ選び，記号で答えなさい。

ア　アンコウ　　イ　シジミ

ウ　ヒラメ　　　エ　ワカサギ

④　この湖沼周辺が主産地で，「この地域が含まれる県」が全国一の生産量をあげている農産物(2018年)を次の中から１つ選び，記号で答えなさい。

ア　れんこん　　イ　日本なし

ウ　すいか　　　エ　レタス

問３　図中をほぼ南北方向に走る国道６号線は，古くから主要都市を結ぶ街道として整備されてきました。現在もこの国道の通称として使用されている江戸時代の※街道名を次の中から１つ選び，記号で答えなさい。

※　江戸から図中の県の県庁所在都市までの区間

ア　日光街道　　イ　水戸街道

ウ　甲州街道　　エ　奥州街道

問４　図中の「市役所」からＡの湖岸の「国民宿舎」までの直線距離は，原図の上では５cm です。実際の距離を整数で答えなさい。

問５　図中の「土浦市」とほぼ同緯度に位置する都市を次の中から１つ選び，記号で答えなさい。

ア　新潟市

イ　福井市

ウ　大阪市

エ　高松市

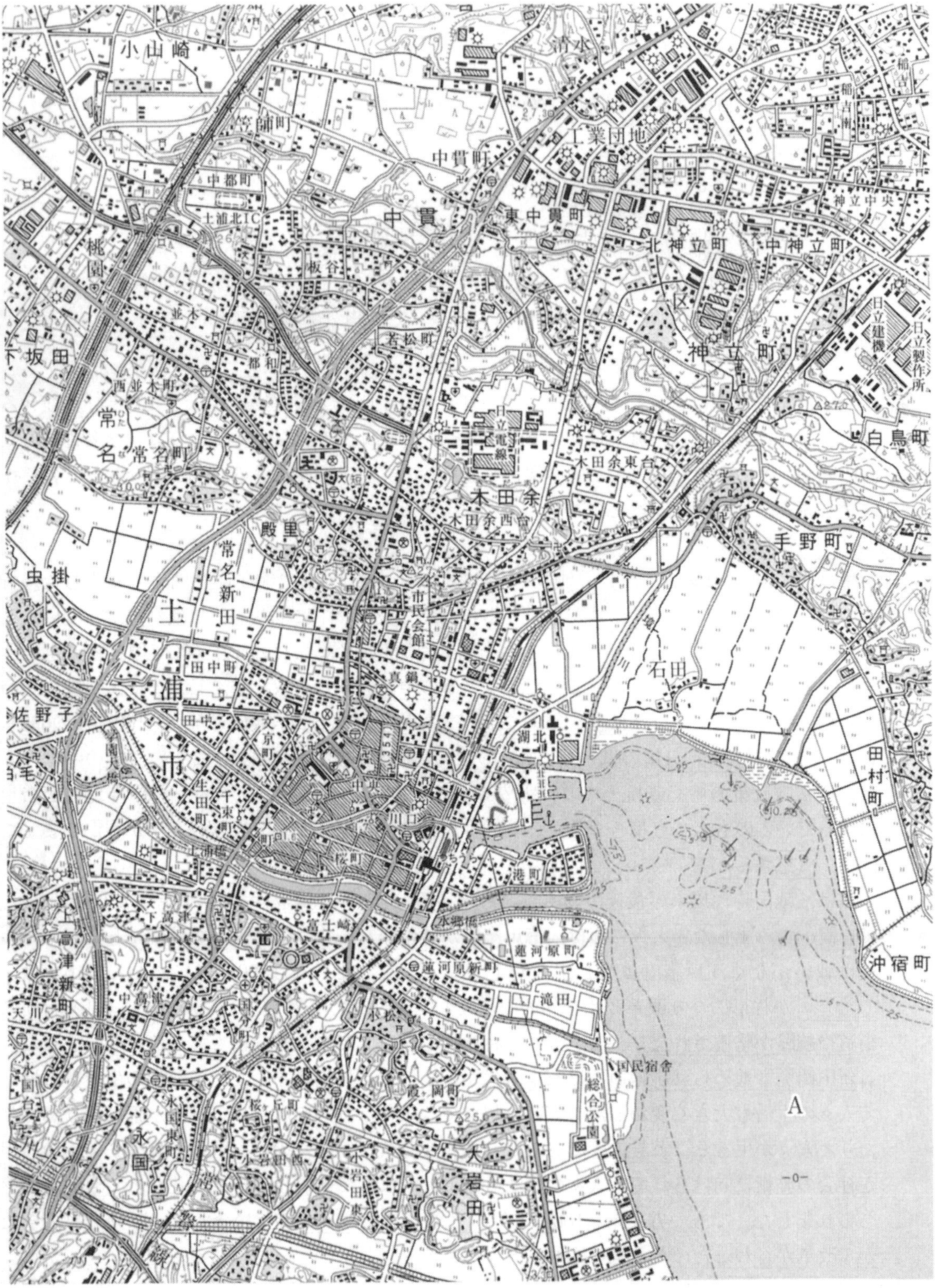
小山崎
清水
笠師町
工業団地
中貫町
中都町
土浦北IC
中貫
東中貫町
北神立町
中神立町
神立中央
桃園
板谷
並木
若松町
下坂田
都和
西並木町
神立町
日立建機
日立製作所
常名
常名町
日立電線
白鳥町
木田余東台
木田余
木田余西台
殿里
手野町
虫掛
常名新田
土
市民会館
田中町
真鍋
石田
浦
佐野子
文京町
湖北
市
田村町
生田町
千東町
大町
川口
桜町
港町
下高津
富士崎
水郷橋
蓮河原町
上高津新町
蓮河原新町
沖宿町
中高津
滝田
天川
国民宿舎
総合公園
永国台
永国東町
桜ケ丘町
A
大岩田
永国
小岩田西
小岩田東

問６　次の表は，図中の地域が属する県と，その県が隣接する４県に関する統計です。ア～オにあてはまる県名をそれぞれ答えなさい。

県	人口 (万人) 2019年	面積 (km^2) 2019年	農業産出額 (億円) 2018年	工業生産(出荷額・総額) (億円) 2017年	小売業年間販売額 (億円) 2015年
ア	190	13,784	2,113	51,571	21,840
イ	293	6,097	4,508	123,377	31,621
ウ	197	6,408	2,871	92,793	22,958
エ	737	3,798	1,758	137,066	71,529
オ	631	5,158	4,259	121,895	64,055

出典：帝国書院『中学校社会科地図』(2021年)

2　今年は本郷学園にとって大変意味ある一年です。1922年の創立から数えて100年目を迎えるからです。次の文章は，歴史の中で100年間という時間が社会や人々にどのような変化をもたらすのか，という点で本郷生が調べ学習をした時の発表と質疑応答の一部を紹介したものです。文章を読み，下の問いに答えなさい。

発表Ⅰ　(祥真さん)

僕は，538年に仏教が［　①　］国から日本に伝わってからの100年間を調べてみました。日本ではA最初は信仰すべきか賛否もありましたが，豪族の中に少しずつ仏教が定着していったようです。仏教を厚く信仰した豪族の血を引いた厩戸王(聖徳太子)は，600年頃推古天皇とともに仏教を重んじる政治を行いました。②当時の中国王朝は仏教を重んじたので，仏教に関わる事柄も私たちの想像以上に多く日本に伝わったと思います。仏教伝来から約100年後の639年には，奈良の［　①　］川のほとりに［　①　］大寺が建立されたとありました。この寺はのちに国家仏教政策の中心寺院となり，大安寺と呼ばれたそうです。［　①　］という地名が奈良に残っているのもとても驚きました。朝鮮半島とのつながりがとても強いことがわかりました。

発表Ⅱ　(悠さん)

私は，戦国時代以来の最後のいくさともいえるB1614～15年の大坂の陣からその100年後までを調べてみました。大坂の陣は，徳川家康が豊臣家を滅亡させた大きな戦乱でしたが，その後は戦いがなく江戸幕府は少しずつ安定していきました。ほぼ100年後にあたる1716年は，［　③　］が将軍になり改革政治を始めた年でした。授業でも習いましたが，④この100年間に街道や航路が整備されたり，C全国的に特産物も成立して商業や経済も大きく発展しました。D新田開発も進められ耕地面積は家康時代から２倍近くに増えました。多分米の生産量も増えて人々の生活も大きく変わったのではと想像できます。戦いの時代は，土地が荒れたり奪われたりと人々が生きることも大変でしたが，平和な時代が続いたので，戦争に費やす多くの負担が社会の整備に向けられて，人々の生活も向上したようです。世の中の変化がとても大きく感じられました。でも一方で，E100年も経つと幕府のしくみが時代に合わない部分も出てきたから改革が行われたのだと思います。

発表Ⅲ　(翼さん)

私は，F1922年の本郷学園創立からの100年間の駒込・巣鴨の変化を調べました。本郷という名は，昔の東京市本郷区(現在の文京区)にちなんでいます。本郷区教育会長だった松平頼寿《よりなが》先生が，地域の人々の要望も受けて区内に中学校を新設しようと計画したのが始まりです。しかし都市化が進む本郷区では学校を建てる広い用地がみつからず，巣鴨にあった頼壽先生の自宅の一部を校地にしてスタートしました。頼壽先生は本郷中学の初代校長に就任しました。

創立の翌年には ⑤ が発生し，東京を中心に大きな被害があり，復興にも時間がかかりました。昔の地図を見比べてみると，この間にG学校周辺も大きく変化していることがわかります。当初の校門は駒込門のみで，巣鴨門は戦後に作られたようです。本郷生が巣鴨駅を使うようになるのはずっと後のことだとわかりました。第二次世界大戦後は，中学は新たな制度で高校となり本郷高校になりましたが，中学課程も復活して今に至っています。これまでに⑥多くの先生が学園に関わり，また多くの生徒も本郷から巣立って社会で活躍しています。大正時代から現在までの100年間の出来事は年表に載っているだけでもとてもたくさんあって，ずっと昔の時代の100年間よりも調べることが大変でした。

質問ａ　(伸さん)

発表Ⅰへの質問です。仏教が伝来すると，それまでの神(神社)のほかに仏(寺院)が加わって２つの宗教が日本に存在したのだと思いますが，これらは対立をしたり争ったりしなかったのですか。

回答　(祥真さん)

長い時間をかけて，対立というよりも融合していったようです。H日本の文化には，外来文化の影響を受けながらうまく融け合って独特のものになっていくものが多いみたいですね。

質問ｂ　(建さん)

発表Ⅱへの意見です。⑦日本の国内で，この100年間に大きな戦いが一度あったと思います。九州で起きた争乱でしたが，幕府にとって大事件でした。でも，幕末まで戦いがなかったので，⑧学問が発達したり，豊かな文化や芸術が芽生えたのだと思います。悠君の意見の通りだと思います。

質問ｃ　(翔登さん)

発表Ⅲへの質問です。本郷中学が作られた頃，なぜ中学校新設の要望が高まったのですか。小学生の人口が増えたからですか。

回答　(翼さん)

それもあると思いますが，本郷ができたのは第一次世界大戦が終わった時代で， Ｉ からだと思います。

問１　下線部Ａについて，賛否について論争をした二つの氏族の組み合わせとして正しいものを次の中から１つ選び，記号で答えなさい。

ア　蘇我氏と物部氏

イ　蘇我氏と大伴氏

ウ　物部氏と大伴氏

エ　大王家と蘇我氏

問２　下線部Ｂの年に出された江戸幕府の法令として誤っているものを次の中から１つ選び，記号で答えなさい。

ア　武家諸法度

イ　一国一城令

ウ　禁中並公家諸法度

エ　キリスト教の禁教令

問３　下線部Ｃについて，江戸時代に著名だった特産物の例として，誤っているものを次の中から１つ選び，記号で答えなさい。

ア　富山の薬

イ　徳島の藍

ウ　桐生の綿織物

エ　銚子の醤油

問４　下線部Ｄについて，この時代に大規模な新田開発ができた理由として誤っているものを次の中から１つ選び，記号で答えなさい。

ア　大名に大規模な河川改修などを課すことで，治水事業が進んだから。

イ　都市で生活の場を失った人々が開発の労働力になったから。

ウ　開発に必要な資金を町人たちに出資させることができたから。

エ　治水の技術や農具の性能が向上してきたから。

問５　下線部Ｅについて，改革政治の内容として正しいものを次の中から１つ選び，記号で答えなさい。

ア　大名の参勤交代を廃止した。

イ　物価の引下げをするため株仲間を解散した。

ウ　風紀の乱れを取り締まるために出版物を統制した。

エ　年貢の増収を目指した。

問６　下線部Ｆについて，本郷中学が創立されてから社会で起きた次の出来事のうち，古い順に並べた時に３番目になるものはどれですか，記号で答えなさい。

ア　リットン調査団が来日した。

イ　太平洋戦争が始まった。

ウ　国家総動員法が公布された。

エ　陸軍の青年将校らが二・二六事件を起こした。

問７　下線部Ｇについて，９ページと10ページの地図は，本郷中学創立前年の1921(大正10)年と，1937(昭和12)年，1957(昭和32)年の巣鴨・駒込周辺の地形図です。これらを読み解きながら指摘できることとして正しいものを次の中から１つ選び，記号で答えなさい。なお，地図中のＡは巣鴨駅，Ｂは駒込駅です。

ア　巣鴨駅は，大正から昭和にかけて貨物ターミナル駅として徐々に拡張していることがわかる。

イ　本郷学園の場所は，もとは畑が広がっていたことがわかる。

ウ　巣鴨駅から山手線と交差する大通り(旧中山道)を北西に進んだ先には，戦後になってから東京市電の車庫ができたことがわかる。

エ　大正から昭和にかけて，山手線の南側の岩崎邸周辺には，広い庭を持つ住宅地が造られ，宅地化が進んでいることがわかる。

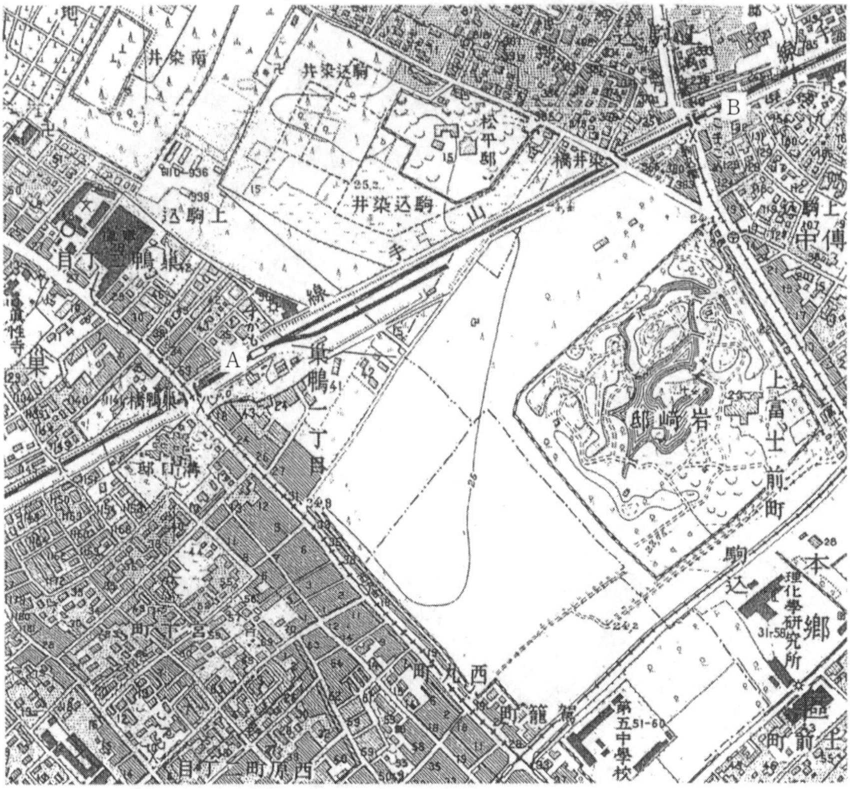

1921（大正10）年地形図

1937（昭和12）年地形図

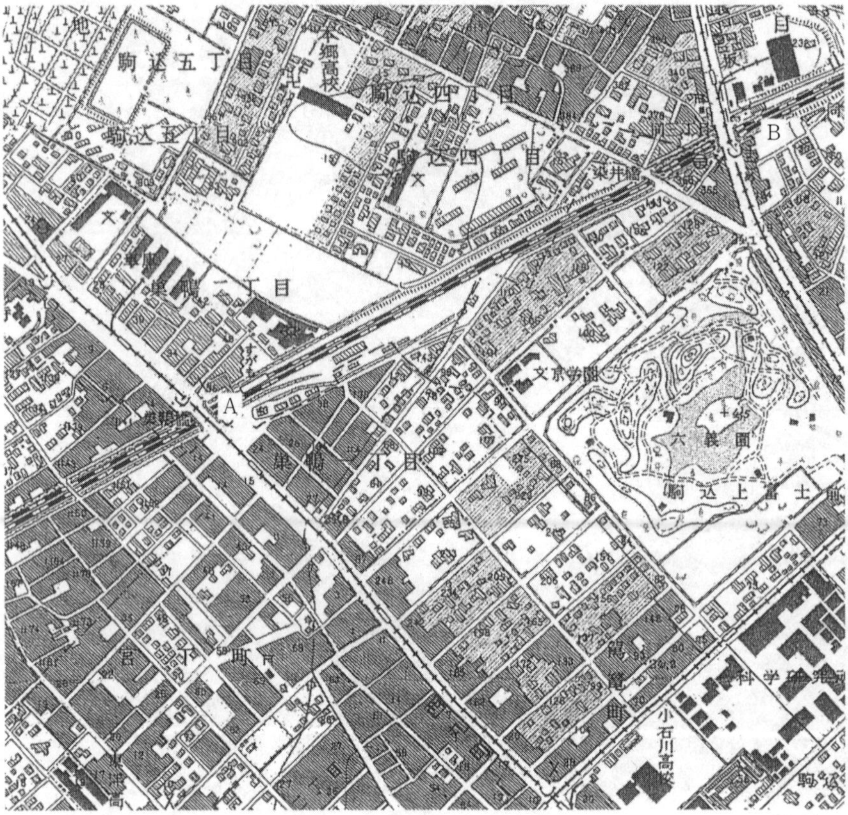

1957(昭和32)年地形図

問８　下線部Hについて，そのような事例として正しくないものを次の中から１つ選び，記号で答えなさい。

ア　漢字をもとにして，片仮名や平仮名が成立した。

イ　お茶の栽培と喫茶の習慣の広がりを経て，茶の湯が創始された。

ウ　室町時代になると，部屋全体に畳を敷く建築様式が登場した。

エ　明治時代以降にカレーやとんかつが登場した。

問９　文中の［Ｉ］について，回答者翼さんの説明として正しいと考えられる文章を次の中から１つ選び，記号で答えなさい。

ア　大戦景気を経て都市に住むサラリーマン層が増加して，子どもに対する教育熱が高まった

イ　大正デモクラシーの中で，自由な校風を目指す男女共学の中学校が増えてきましたが，この一方で男子校への人気も高まった

ウ　都市化が進んで，従来の中学校の多くが郊外に移転した

エ　義務教育が中学校まで引き上げられた

問10　文中の［①］にあてはまる語句を答えなさい。

問11　下線部②について，奈良時代に唐から日本に渡来して戒律をもたらした鑑真が開いた寺院を何と言いますか。その名称を答えなさい。

問12　文中の［③］にあてはまる人名を答えなさい。

問13　下線部④について，日本海から瀬戸内海を経て大坂に至る航路で活躍した船の名前を３字

で答えなさい。

問14　文中の ⑤ にあてはまる歴史的な出来事を答えなさい。

問15　下線部⑥について，第２代校長徳川宗敬《むねよし》先生は参議院議員を兼ねていた1951年，吉田茂らと共に日本全権委員として国際会議に参加しました。この会議で日本は，連合国との戦争状態を終結させ，日本の主権回復を定める条約に調印しました。この会議が開催された都市名を答えなさい。

問16　下線部⑦に該当する出来事の名称を答えなさい。

問17　下線部⑧の一例として，江戸時代半ばに確立した演劇の一つで，男性のみで演じられる舞台芸能を何と言いますか，その名称を答えなさい。

3　次の文章を読み，下の問いに答えなさい。

環境問題が大きな注目を集めるようになったのは1960年代以降のことです。アメリカでは『沈黙の春』という本が農薬による生態系破壊の問題を警告し，ヨーロッパでは自動車や工場からの排ガスが地上に（　1　）として降ることで，森林の破壊や湖沼の汚染が広がっていました。同時期に高度経済成長の結果，日本では①四大公害裁判が提訴され，人間の経済活動が環境破壊につながるという負の側面が広く理解されるようになりました。

そこで1972年に国連人間環境会議が（　2　）で開催され，はじめて環境問題がグローバルな課題として意識されました。

ところがこの会議では，②すでに工業化を達成した豊かな先進国と，これから工業化しようとする発展途上国との，きびしい対立も明確になりました。途上国から出たのは「すでに豊かになった先進国は環境保護が可能かもしれないが，まだ多くの国民が貧しい途上国では環境発展の方が優先だ」という意見です。

そこで1992年に（　3　）で開催された地球サミットでは，未来の世代のため，資源の無駄遣いや環境破壊をできる限り抑制しつつ，工業化も進めるという「持続可能な開発」を，あらゆる面から促進していくことが約束されました。

この会議にあわせて③気候変動枠組条約が採択され，地球温暖化の加速の原因である温室効果ガスを削減するために加盟国が行動をとることが約束されました。この約束の実施状況を確認するために開く会議がCOP（気候変動枠組条約締約国会議）で，３回目のCOPは京都で開催され，具体的に何％の温室効果ガスを削減するかを各国・地域が約束した④京都議定書が成立しました。

その後，世界各地で⑤温暖化の影響が表れ，2010年代以降は次々に「観測史上最も暑い夏」や「百年に１度の大雨」などの極端現象が観測されるようになりました。このような中，2015年にCOP21が（　4　）で開かれ，ついに途上国も含めたすべての国が温室効果ガスを削減することに合意しました。目標は，18世紀のイギリス産業革命の時から計算して，できれば1.5℃までの気温上昇に留めるよう，社会の仕組みを変えることです。既に世界の平均気温は1.1℃上昇しています。このため当時の⑥内閣総理大臣は「2050年までに脱炭素社会を実現する」と宣言しました。市民の一人一人も，この重要性を理解し，実現に取り組んでいく必要があります。

問１　文中の（１）～（４）について，次の設問Ａ～Ｃに答えなさい。

Ａ　(１)にあてはまる，環境を悪化させる現象を表す語句を３字で答えなさい。

Ｂ　(２)と(３)には国名が入ります。正しいものを次の中から１つずつ選び，記号で答えなさい。

ア　ブラジル

イ　デンマーク

ウ　フィンランド

エ　スウェーデン

オ　南アフリカ共和国

カ　フランス

Ｃ　(４)には，2024年にオリンピックが開催される都市の名称が入ります。空欄にあてはまる都市名を答えなさい。

問２　下線部①について述べた文として正しいものを次の中から１つ選び，記号で答えなさい。

ア　熊本県八代海では化学肥料会社の排水に含まれたカドミウムが海洋を汚染し，魚を食べた人々だけでなく胎児までもが中毒で亡くなった。

イ　四大公害の発生を受けて，環境破壊を未然に防ぐことが大切だという認識が広まり，公害対策基本法が制定された。

ウ　四大公害裁判が終わった1971年に，環境省が創設された。

エ　四大公害とは，水俣病・イタイイタイ病・新潟水俣病・川崎ぜんそくのことである。

問３　下線部②のような，先進国と途上国との間に生まれている経済的格差とそれに由来する諸問題を一般に「□□問題」といいます。□□にあてはまる語句を答えなさい。

問４　下線部③について，日本における条約の承認と締結の手続きについて述べた文として正しいものを次の中から１つ選び，記号で答えなさい。

ア　内閣が条約を締結するが，事前または事後に条約を衆議院に提出し，３分の２以上の承認を得る必要がある。

イ　外務省が条約を締結するが，事前または事後に条約を衆議院に提出し，３分の２以上の賛成を得る必要がある。

ウ　外務省が条約を締結するが，事前に条約を国会に提出し，過半数の承認を得る必要がある。

エ　内閣が条約を締結するが，事前または事後に条約を国会に提出し，過半数の承認を得る必要がある。

問５　下線部④について，京都議定書は，1990年の各国の温室効果ガス排出量に比べ，2012年までに様々な方法をとって基準値以下まで抑えこむことを約束したものです。次のグラフを参照しながら下の設問ＡとＢに答えなさい。

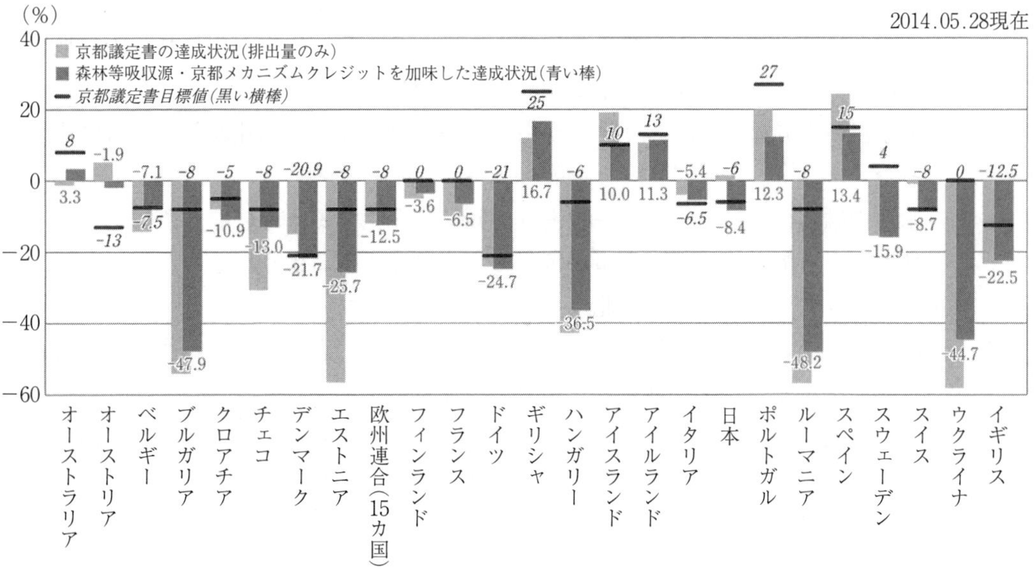

京都議定書目標値とその達成状況
(2008〜2012年平均[森林等吸収源・京都メカニズムクレジットを加味])
引用：「国立環境研究所　地球環境研究センターニュース」(2014年７月号)

A　グラフ中の青い棒は「森林等吸収源・京都メカニズムクレジットを加味した達成状況」を示しています。これについて説明した次の文章の(１)と(２)にあてはまる語句を答えなさい。

「森林等吸収源」とは，山や海沿いに植林をしたり都市を緑化したりすることで温室効果ガスが吸収されると考え，その分を全体の排出量から差し引けることをいいます。

「京都メカニズムクレジット」は，３つの柱で構成されています。１つ目は「共同実施」で，例えば日本がドイツから効率的な発電技術を輸入して，日本の排出量が１％減ったとすると，その分は(　１　)の排出量削減に計上することができる，ということです。２つ目は「クリーン開発メカニズム」といい，例えば日本がマダガスカルに技術支援をしてその国の温室効果ガスが１％削減できた場合，その分を日本の削減量に計上できる，ということです。３つ目は「グリーン投資スキーム」といい，例えば京都議定書が指定した日本のプロジェクトにイギリスが資金援助をし，目標以上に排出量が削減された場合，その分だけ(　２　)の削減量に計上できる，というものです。

B　グラフの中の黒い横棒は，各国の温室効果ガス排出量の上限を示したもので，京都議定書では各国がこの数値を下回ることが目標とされました。グラフから読み取れる内容として正しいものを次の中から１つ選び，記号で答えなさい。

ア　「森林等吸収源・京都メカニズムクレジットを加味した達成状況」で見た場合，目標値を達成できなかった国は１つもない。

イ　温室効果ガスの排出量のみで見た場合，1990年に比べ最も多く削減することに成功したのは，スペインである。

ウ　「森林等吸収源・京都メカニズムクレジット」を利用しなければ，日本は目標値を達成できなかった。

エ　アメリカがグラフの中に存在しないのは，石炭産業支援を掲げて当選したトランプ政権が京都議定書から脱退したからである。

問６　下線部⑤について，その影響の具体例をあげたＡ～Ｃの現象がみられる国や地域として適切なものをそれぞれ下の中から１つずつ選び，記号で答えなさい。

Ａ　海水温の上昇によって，サンゴが白い骨格だけになる「白化現象」が常態化するようになった。

Ｂ　氷河の融解によって，洪水や地滑りが頻繁に発生するようになった。

Ｃ　熱波によって大規模な山火事が毎年のように発生するようになった。

ア　シベリア　　イ　インド北部　　ウ　モルディブ

問７　下線部⑥について，内閣総理大臣に任命されるまでの過程を述べた次の文を読み，(１)と(２)にあてはまる語句をそれぞれ２字で答えなさい。

内閣総理大臣が辞職をした場合，次の内閣総理大臣をめざす候補者が立候補し，最も多くの票を得た人が(　１　)で内閣総理大臣に(　２　)される。その後，天皇の任命を経て新しい内閣総理大臣が誕生する。

【理　科】〈第１回試験〉（40分）〈満点：75点〉

注意　机上に定規を出し，試験中に必要であれば使用しなさい。

1　以下の問に答えなさい。

Ⅰ．おもりＡ～Ｆを用意し，おもりを図１のようにばねはかりにつるし空中で重さをはかりました。そして，図２のように100mLの水が入ったメスシリンダーにばねはかりにつるしたおもりを入れて水中での重さをはかったところ，結果は表１のようになりました。

図１

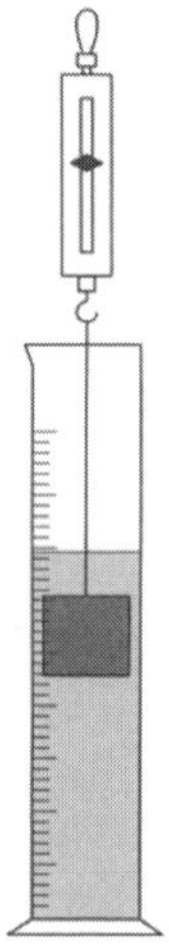

図２

表１

おもり	A	B	C	D	E	F
空中での重さ〔g〕	100	100	100	80	60	40
水中での重さ〔g〕	88	86	64	60	40	20

次に図３のように，電子てんびんの上に100mLの水が入ったメスシリンダーを置き，おもりを水中に入れる前と，図４のようにばねはかりにつるしたおもりＡ～Ｆをそれぞれ水中に入れたときの，電子てんびんの示す値を読み取りました。また，おもりを入れる前とおもりＡ～Ｆを水中に入れたときの，メスシリンダーの示す値も読み取りました。それらの結果が表２です。

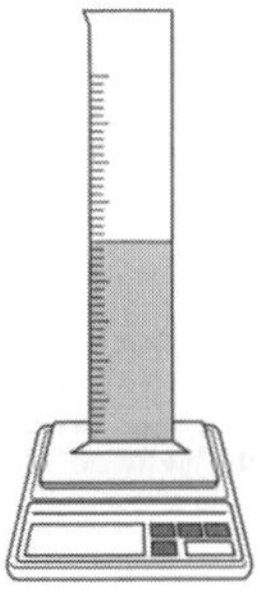

図３

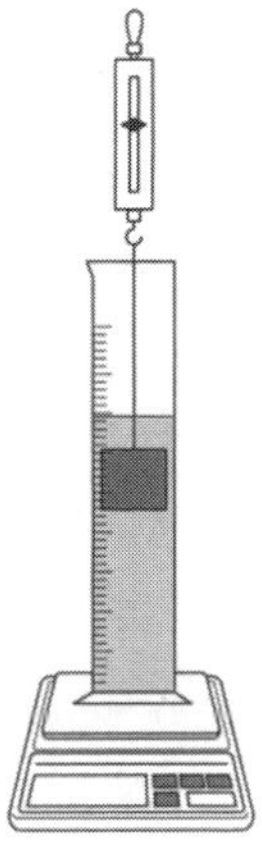

図４

表２

おもり	入れる前	A	B	C	D	E	F
電子てんびん〔g〕	242	254	256	278	262	262	262
メスシリンダー〔mL〕	100	112	X	136	120	Y	120

(1)　次の１～３はメスシリンダーに100mLの水をはかり取る方法の説明です。この説明１～３の下線部について正しければ○，間違っていれば正しい説明になるように直しなさい。

１．メスシリンダーを水平なところに置く。

２．100の目もりの少し上のところまで水を入れる。

３．横から液面を見ながらスポイトで水を少しずつ取り，水面を100の目もりに合わせる。

(2)　図５のように水の入ったメスシリンダーがあります。

① 正しく読み取るためには目の位置は図５のア～ウのどの位置が正しいですか。

② 水面のあたりは図６のように見えました。この水の体積は何 mL ですか。

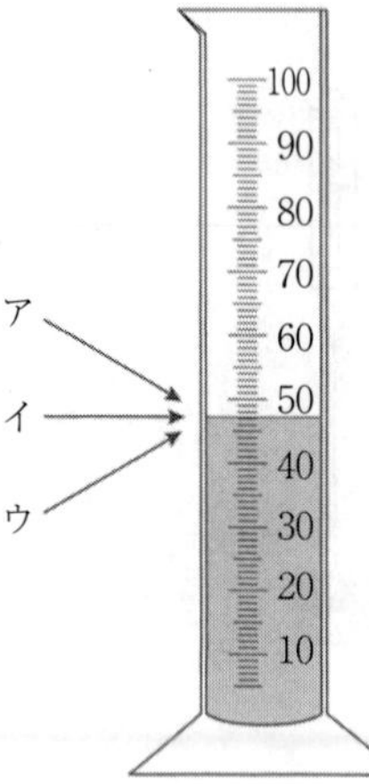

図５

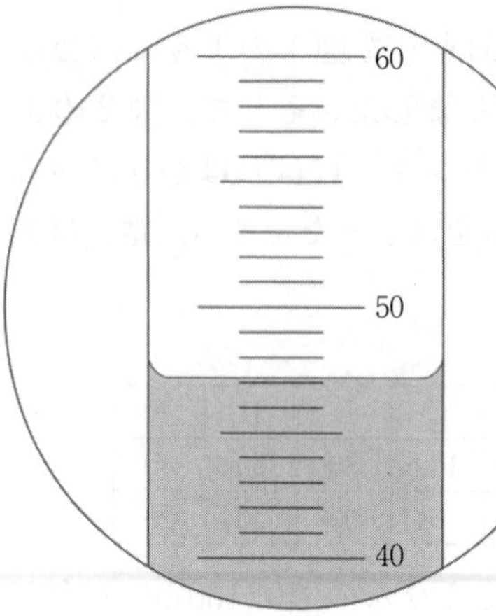

図６

⑶ 表２のX，Yにあてはまる数値をそれぞれ答えなさい。

⑷ 図７のように，おもりAをばねはかりからはずして，おもりがメスシリンダーの底に着いているとき，電子てんびんの示す値は何ｇになりますか。

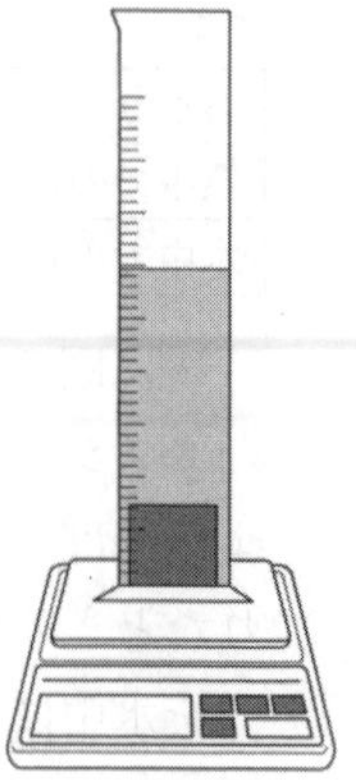
図７

Ⅱ．図８のように，半分に切ったペットボトルにキャップをせず，中にピンポン玉を入れて，ピンポン玉でペットボトルの口をふさぎました。

⑸ この状態で上から水を注いでいくとピンポン玉はどうなりますか。次のア～エから１つ選び，記号で答えなさい。

ア．いくら水を入れてもピンポン玉は浮かない。

イ．水を入れたらすぐにピンポン玉は浮きはじめる。

ウ．ピンポン玉が半分くらい水につかると，ピンポン玉は浮きはじめる。

エ．ピンポン玉が完全に水につかると，ピンポン玉は浮きはじめる。

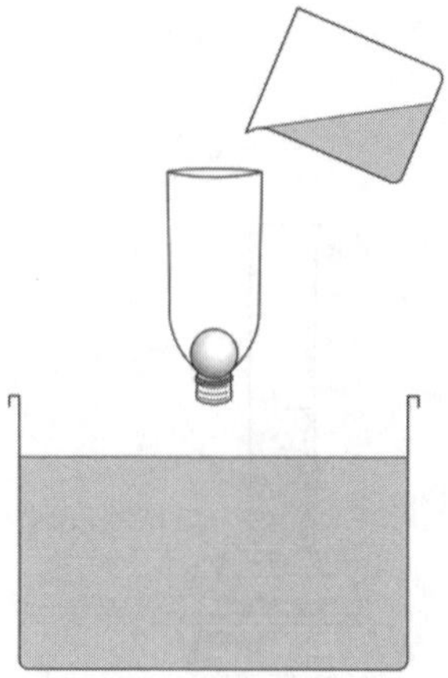
図８

⑹ ⑸のようになった理由を次のア～オから１つ選び，記号で答えなさい。

ア．水にはものを浮かせるはたらきがあるから。

イ．空中よりも水中の方が重さは小さくなるから。

ウ．ピンポン玉が水を押しのけた分，ピンポン玉に浮く力がはたらくから。

エ．ピンポン玉の上に水があるので，ピンポン玉は押さえつけられるから。

オ．ピンポン玉の方が水よりも重いから。

⑺ ⑸の状態のピンポン玉と水の入ったペットボトルを水の入った水そうにしずめていくと，ピンポン玉はどうなりますか。次のア～オから１つ選び，記号で答えなさい。

ア．ペットボトルの口が水面につくと，すぐにピンポン玉は浮く。

イ．ペットボトルの口が水面につくと，すぐにピンポン玉はしずむ。

ウ．ペットボトルをある程度しずめると，ピンポン玉は浮く。

エ．ペットボトルをある程度しずめると，ピンポン玉はしずむ。

オ．ペットボトルを水そうにしずめていっても何も変わらない。

2　以下の問に答えなさい。

(1)　次の[a]～[c]にあてはまる語句を下の表の組み合わせのア～カから1つ選び，記号で答えなさい。

物質は，顕《けん》微鏡《びきょう》でも見えないようなとても小さな粒《つぶ》からできています。その粒の集まり方の違いにより，物質の状態が決まります。

[a]のときは，粒はばらばらになっているので，入れ物によって形が変わります。また，粒と粒の間がとても広くなっているので，[a]の体積は，[b]や[c]に比べてとても大きくなります。

[b]のときは，粒が規則正しく並んでいます。粒は[a]や[c]のときのようには動けないため，[b]は形が変わりません。

[c]のときは，粒同士が集まっていて，[a]に比べると粒と粒の間はせまくなります。しかし，粒の場所は決まっていないので，入れ物によって形が変わります。

	a	b	c
ア	固体	液体	気体
イ	固体	気体	液体
ウ	液体	固体	気体
エ	液体	気体	固体
オ	気体	固体	液体
カ	気体	液体	固体

(2)　図のように－20℃の氷100gをビーカーに入れ，カセットコンロを用いて火の強さを変えずに加熱する実験を行いました。

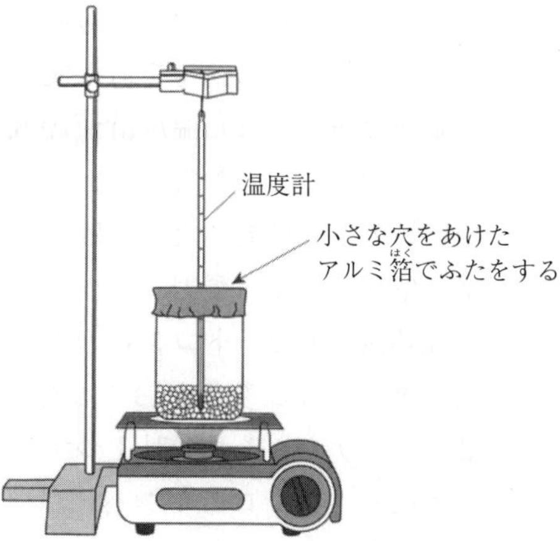

①　ビーカーに入れた温度計の値はどのように変化しましたか。次の1，2を参考にして最も正しいものをあとのア～カから1つ選び，記号で答えなさい。

1．100gの氷と水について，温度を1℃上昇《じょうしょう》させるときの加熱時間を比べると，水の温度を1℃上昇させるほうが加熱時間が長い。

2．0℃の氷100gをすべて0℃の水にするときの加熱時間と，100℃の水100gをすべて100℃の水蒸気にするときの加熱時間を比べると，水を水蒸気にするときの加熱時間のほうが長い。

※　ア～カのグラフにおいて，●でビーカー内の水はすべて気体になった。

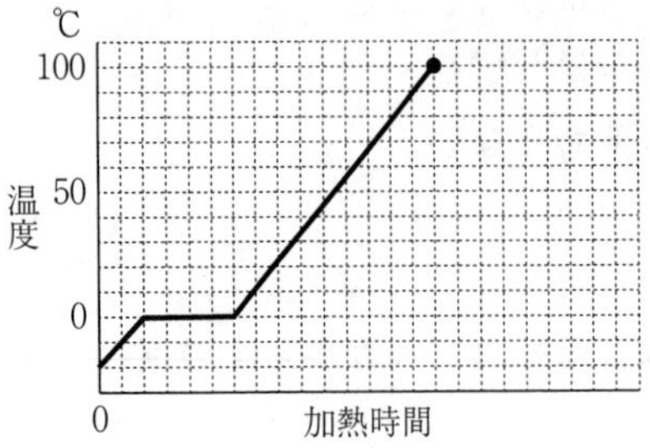

ア

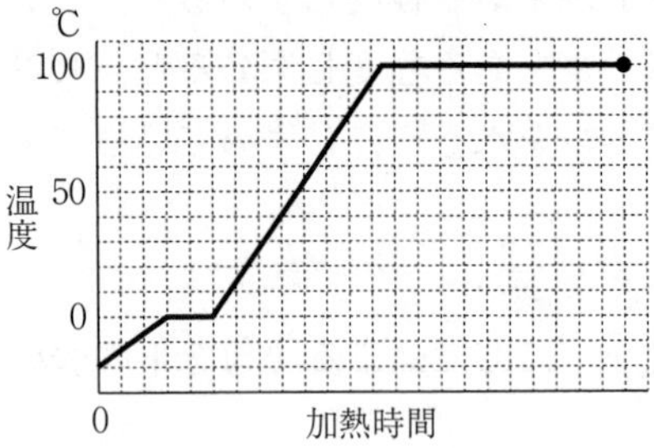

イ

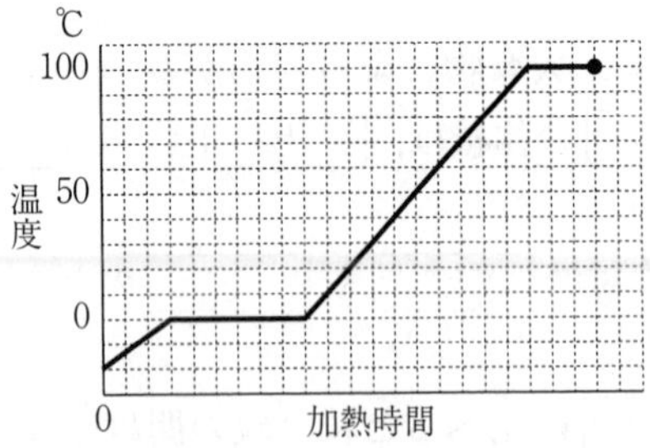

ウ

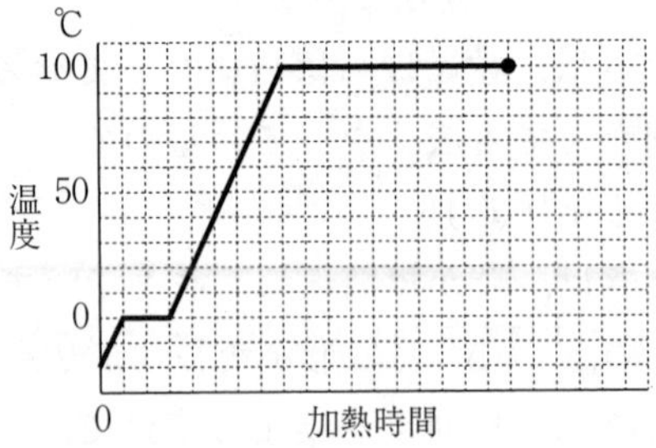

エ

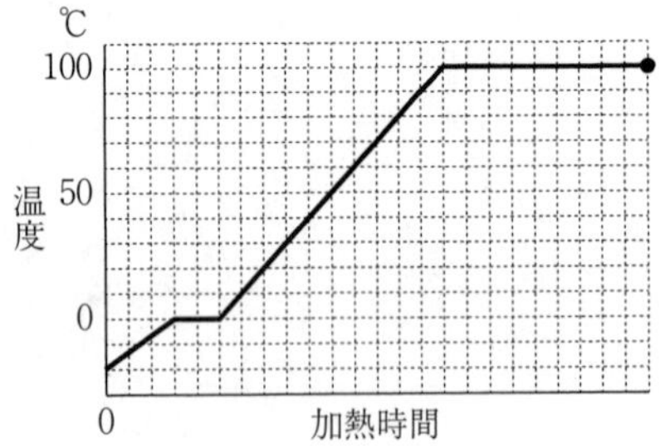

オ

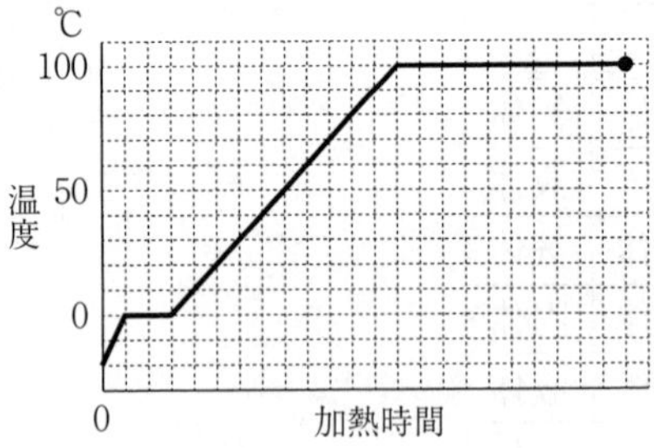

カ

② 次の文の [X] ～ [Z] にあてはまる語句を下のア～カからそれぞれ選び，記号で答えなさい。ただし，同じ語句を何度使ってもかまいません。

ビーカーに入れた温度計が100℃を示すと，ビーカー内の水は [X] する。ビーカーにかぶせたアルミ箔の穴から出た水蒸気は， [Y] するので白い煙《けむり》のように見える。また，白い煙のように見えたものは [Z] するので，再び見えなくなる。

ア．融解《ゆうかい》　　イ．凝固《ぎょうこ》　　ウ．蒸発《じょうはつ》　　エ．凝縮《ぎょうしゅく》　　オ．沸騰《ふっとう》　　カ．昇華《しょうか》

③ 加熱後，カセットコンロのボンベをさわると，ひんやり冷たく感じました。これはボンベ内でどのような変化がおこったためでしょうか。[Ⅰ]，[Ⅱ] にあてはまる語句を語群Ⅰ，Ⅱのア～ケからそれぞれ1つずつ選び，記号で答えなさい。

カセットコンロのボンベには，ブタンという物質が [Ⅰ] の状態で保存されており，カセットコンロを使用するとボンベ内のブタンが [Ⅱ] する。このとき周囲の熱をうばうことになるのでボンベにさわると冷たく感じる。

語群Ⅰ　ア．固体　　イ．液体　　ウ．気体

語群Ⅱ　エ．融解　　オ．凝固　　カ．蒸発

　　　　キ．凝縮　　ク．沸騰　　ケ．昇華

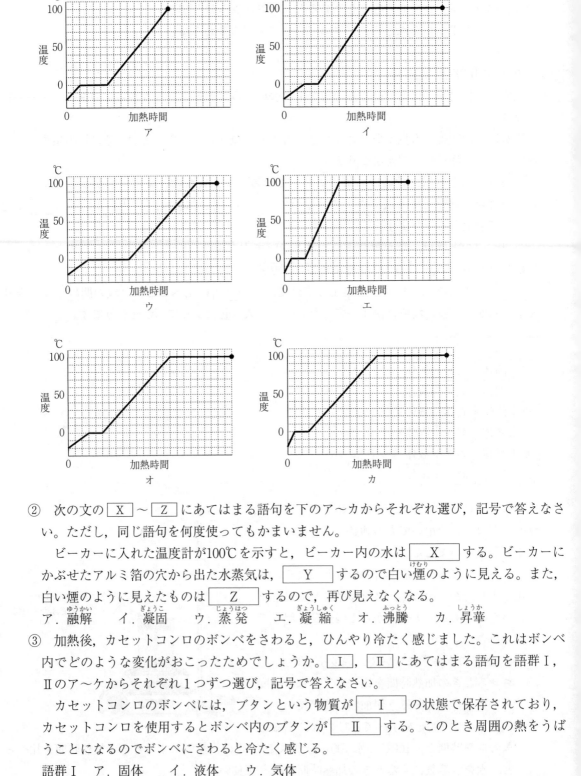

④　カセットコンロ(ブタンの燃焼)を用いて16℃の水1Lを100℃にするときに発生する二酸化炭素の体積を求めなさい。ただし，ブタンの燃焼により生じる熱のすべてが水の温度上昇に使われるのではなく，熱の35％が水の温度上昇に使われます。ブタン1gを燃焼させ，その熱がすべて水の温度上昇に使われるとき1Lの水を12℃上昇させるだけの熱が生じ，発生する二酸化炭素の体積は1.6Lです。答えが，割り切れないときは小数第1位を四捨五入して，整数で答えなさい。

(3)　冷蔵庫を使わずに水を固体にできるか実験を行いました。図のように水を入れた試験管を，氷300gに食塩を100g加えたビーカーに入れ，冷やしました。10分後に確認すると試験管の水が固体になっていることが確認できました。

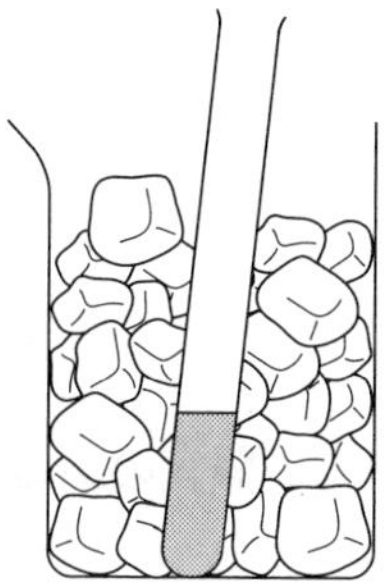

次の文は試験管内の水が固体になったことを説明する文です。［Ⅲ］，［Ⅳ］にあてはまる語句を語群Ⅲ，Ⅳのア～エからそれぞれ選び，記号で答えなさい。

氷に食塩をかけると氷の温度を下げることができる。氷に食塩をかけることで，氷は［Ⅲ］やすくなり，［Ⅳ］ことで周囲を冷やすことができる。よって，試験管内の水を固体にすることができる。

語群Ⅲ　ア．かたまり　　イ．とけ

語群Ⅳ　ウ．周囲の熱をうばう　　エ．周囲に熱をあたえる

(4)　冬，寒くなってくると水道管に保温材などをとり付けて水道管の中の水がこおらないようにすることがあります。水道管の中の水がこおると，蛇口《じゃぐち》から水が出なくなってしまうことのほかに，どのようなことがおこるでしょうか。理由とともに答えなさい。

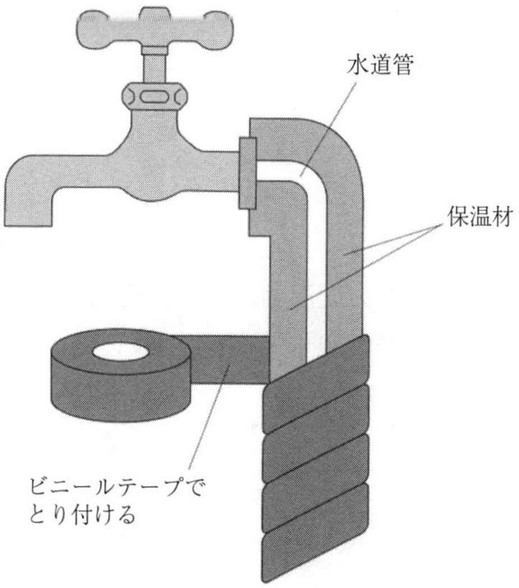

3 以下の問に答えなさい。

昆虫《こんちゅう》は，無セキツイ動物の節足動物に分類されます。体が２つに分かれ，足が４対ある [a] 類や，体が２つに分かれ，足が５対ある [b] 類なども節足動物のなかまです。

(1) [a]，[b] にあてはまる語句を答えなさい。また，[a]，[b] にあてはまる動物を，次のア～ケからそれぞれすべて選び，記号で答えなさい。

ア．セミ　　イ．ヤスデ
ウ．サソリ　　エ．ミジンコ
オ．ムカデ　　カ．ザリガニ
キ．ダニ　　ク．アメーバ
ケ．カブトムシ

(2) [a]，[b] の体のつくりの２つの分け方として正しいものを，次のア～キから２つ選び，記号で答えなさい。

ア．頭部　　イ．胸部　　ウ．腹部　　エ．頭胸部　　オ．胴《どう》部
カ．触角《しょっかく》部　　キ．頭胴部

(3) 昆虫の呼吸器官を次のア～オから１つ選び，記号で答えなさい。また，その器官のある体の部位を(2)のア～キから１つ選び，記号で答えなさい。

ア．えら　　イ．肺　　ウ．気管
エ．気孔《きこう》　　オ．触角

(4) 昆虫X，Y，Zは以下の特徴《とくちょう》をもっています。昆虫X，Y，Zにあてはまる種名を，下のア～シからそれぞれ１つずつ選び，記号で答えなさい。

昆虫X：北海道から九州に生息している。夏になると雄《おす》の成虫が樹木にとまり，「ジージー」という声で鳴く。幼虫も成虫も，樹木の根や幹に口をさして樹液を吸う。

昆虫Y：体長は約90mm。大きな２対のはねをもつ。体が黒色と黄色のしま模様《もよう》になっている。頭部には大きな１対の複眼をもつ。

昆虫Z：幼虫と成虫は草むらなどにすみ，植物の葉を食べる。成虫は発達した後足をもち，遠くまで大きく飛びはねることができる。

ア．イエバエ　　イ．クマバチ
ウ．オニヤンマ　　エ．シオカラトンボ
オ．ミンミンゼミ　　カ．アブラゼミ
キ．コガネムシ　　ク．クワガタムシ
ケ．ゴキブリ　　コ．トノサマバッタ
サ．カブトムシ　　シ．アゲハチョウ

(5) 昆虫は，気温が変化すると体温を一定に保つことができない変温動物です。変温動物で成体(親)が肺呼吸をおこなう動物を，次のア～キからすべて選び，記号で答えなさい。

ア．ウナギ　　イ．ペンギン
ウ．コウモリ　　エ．ウミガメ
オ．ヒキガエル　　カ．モグラ
キ．ワニ

4 天文に関する以下の問に答えなさい。

(1) 2021年8月20日から22日の夜，月が土星と木星に近づいて見えました。2021年の8月は2日に土星が，20日に木星がそれぞれ「衝《しょう》」になりました。「衝」とは天体が最も地球に接近したときを指す言葉で，「衝」のとき天体は太陽が沈《しず》む頃《ころ》に空に昇《のぼ》り，太陽が昇る頃に地平線に沈みます。ひと晩中天体を見ることができるため，観測するには絶好の機会となります。

図1　2021年8月20日から22日の同時刻における月と木星・土星の位置関係

① 2021年8月20日から22日にかけて，東京では図1のように月が木星と土星に接近して見えました。この時，同時刻の月の位置が変化する理由の説明として正しいものを次のア～エから1つ選び，記号で答えなさい。

ア．月が地球の周りを公転しているため。

イ．月が自転をしているため。

ウ．木星と土星が太陽の周りを公転しているため。

エ．木星と土星がそれぞれ自転をしているため。

② 次の図2は太陽系の惑星《わくせい》の公転軌道《きどう》を表しています。このとき，木星の「衝」の位置として正しいものを図2のア～クから1つ選び，記号で答えなさい。

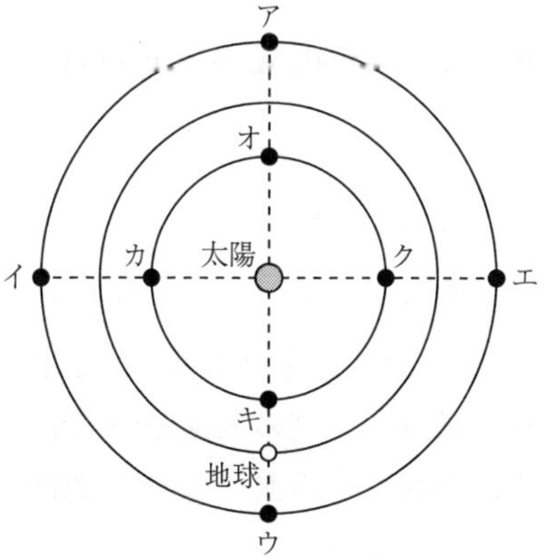

図2　惑星の公転軌道

③ 太陽系の惑星は，地球と似た特徴を持つ「地球型惑星」と，木星と似た特徴を持つ「木星型惑星」の2つがあります。木星型惑星の特徴(公転周期，直径，主成分)の組み合わせとして正しいものを，ア～クから1つ選び，記号で答えなさい。なお，公転周期と直径は地球型

惑星と比べたものとします。

	公転周期	直径	主成分
ア	長い	大きい	気体
イ	長い	大きい	固体
ウ	長い	小さい	気体
エ	長い	小さい	固体
オ	短い	大きい	気体
カ	短い	大きい	固体
キ	短い	小さい	気体
ク	短い	小さい	固体

④　太陽系の惑星のうち，地球よりも内側の軌道を公転する惑星を「内惑星《ないわくせい》」，地球よりも外側の軌道を公転する惑星を「外惑星《がいわくせい》」とそれぞれ呼びます。地球型惑星の中で，外惑星に属する惑星を答えなさい。

⑤　天体の大きさを表す場合，実際の大きさよりも角度を用いて見かけの大きさを表すことが多くあります。このようにして表した見かけの直径を「視直径《しちょっけい》」と呼びます。図１における８月22日の満月の動きを観察すると，満月は２分間で自身の視直径と同じ角度だけ動きました。このときの満月の視直径は何度(°)になるか計算しなさい。なお，この問題において月の公転は考慮しないものとします。

(2)　安永３年(1774年)，江戸《えど》時代の俳人である与謝蕪村《よさぶそん》が現在の神戸市灘区《なだく》にある六甲山地《ろっこうさんち》の摩《ま》耶山《やさん》を訪れたときに，「菜の花や　月は東に　日は西に」という句を詠《よ》みました。このとき見えた月の形として正しいものを，次のア～キから１つ選び，記号で答えなさい。

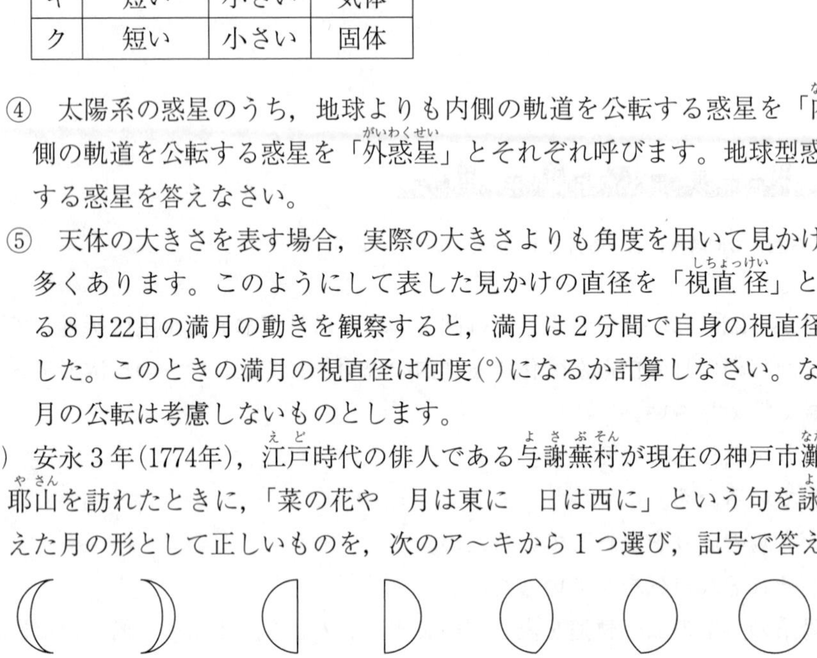

ア　イ　ウ　エ　オ　カ　キ

(3)　与謝蕪村が詠んだ句の中に「月天心《つきてんしん》　貧しき町を　通りけり」というものがあります。この句の解釈《かいしゃく》は一説によると，満月が町並みを通過しながら天心(空の中心＝天頂付近)に見える様子を詠んだものとされています。このように，天頂付近に月が見える日はいつでしょうか。次のア～エから１つ選び，記号で答えなさい。

ア．春分の日　　イ．夏至の日　　ウ．秋分の日　　エ．冬至の日

(4)　海面の水位(潮位)は月や太陽の引力の作用を受けて，約半日の周期でゆっくりと上下に変化しています。この現象を「潮汐《ちょうせき》」といい，潮位が上がりきった状態を「満潮」，反対に下がりきった状態を「干潮」とそれぞれ呼びます。また，１日の満潮と干潮の潮位差が最も大きくなることを「大潮」といいます。大潮が起こるときの太陽，地球，月の並び順および潮位の模式図として正しいものを，あとのア～クから２つ選び，記号で答えなさい。

［干潮，満潮の例］

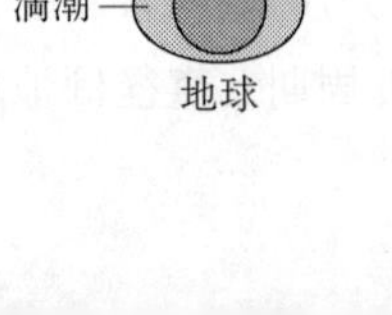

ア

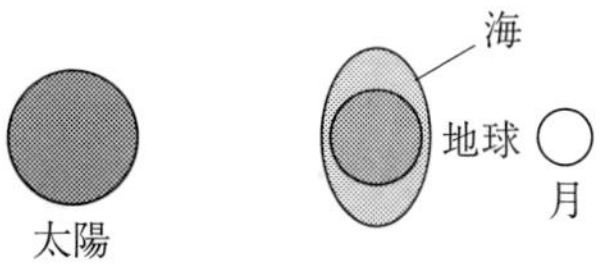

イ

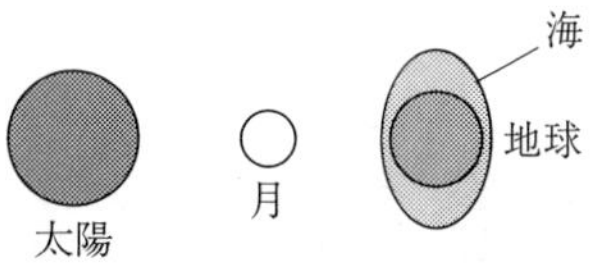

ウ

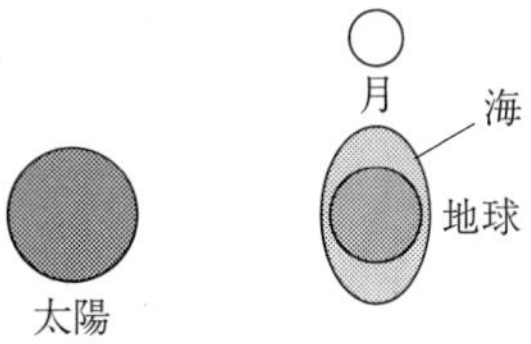

エ

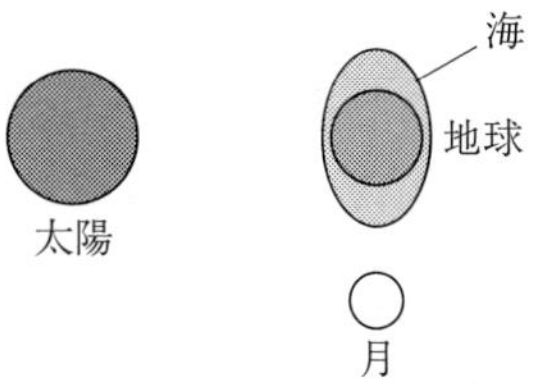

オ

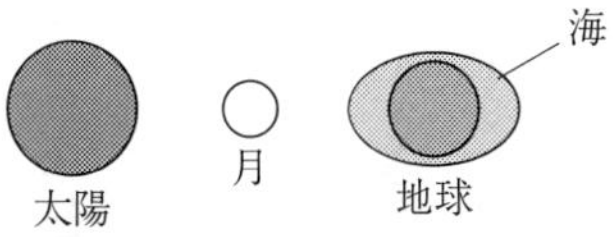

カ

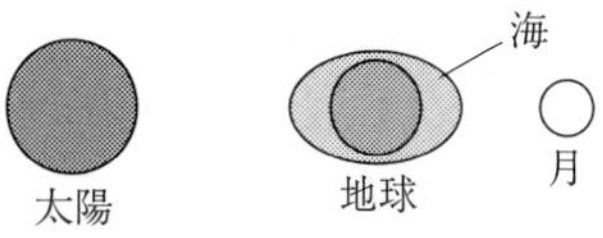

キ

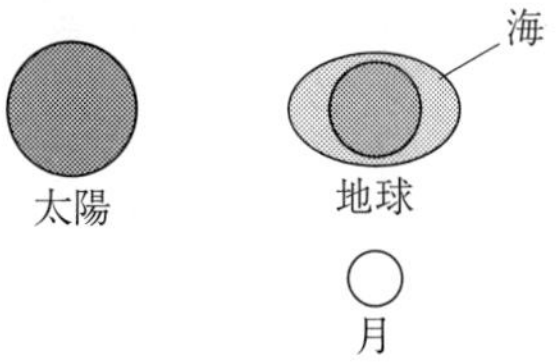

ク

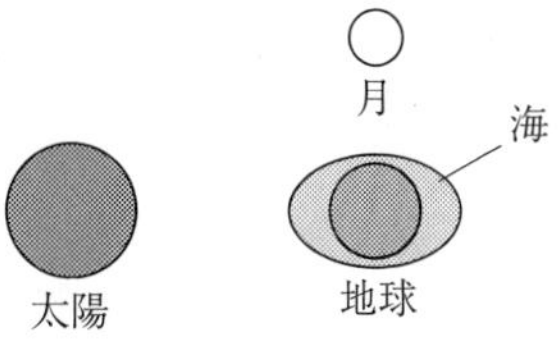

ア　選手はただ伴走者の指示通りに練習をしてレースを走ればよいが、伴走者は自分との戦いだけではなく、事前の準備にも多大な労力を要し、一方レース本番では他の競技者との戦いにのみ気を配らざるを得ないので、自分との戦いどころではないということ。

イ　選手は自分との戦いの先に記録やメダルといった結果がついてくるが、伴走者はまずレースを伴走するための自分自身の準備が必要で、そこですでに自分との戦いをすませていることもあり、選手のために走る本番のレースではとても自分との戦いに気持ちは向かないということ。

ウ　選手は伴走者とともにトレーニングやレースをすることで本番のレースでは記録をめざせるが、伴走者は科学的なトレーニングを構築することや、競技者のペースメーカーとならなければならないなど、とても自分自身との戦いをしているような精神的な余裕はないということ。

エ　選手はレースでの自分との戦いの先に勝利や記録といった得るものがあるが、伴走者は競技者の目となることを求められているのであり、レースに参加しているようで実はレース自体には参加していないという立場である以上、そもそも自分との戦いの場が与えられていないということ。

問十　――線８「この人が俺の伴走者なんだ」とありますが、淡島は内田を自分にとってどのような人物としてとらえていると考えられますか。問題文全体を見て六十字以上八十字以内で答えなさい。

憤りを感じているということ。

エ　一人のランナーとして出場するレースには勝負よりもレースをコントロールすることにこだわってきた淡島が、内田への反発を感じると同時に、自分の中に個人として内田に勝ちたいという気持ちが芽生えてきたということ。

問七　――線５「俺は信頼に応えるために走っているのか。伴走者はそのためにいるのか」とありますが、ここからうかがえる淡島の心情の説明として最も適当なものを次のア～エの中から一つ選び、記号で答えなさい。

ア「目の見えないランナーのために、自分のすべてをなげうって尽くすのは相手が信頼してくれているからこそである。しかし、その信頼に応えることで自分が評価されたいという軽薄な思いだけで走り続ける、そんな人生で良いのだろうか」と伴走者としての務めを果たそうとしながらも迷っている。

イ「自分も現役のランナーである以上、やはり勝負には勝ちたい。しかし、自分が勝ってしまっては伴走者としての役割は何も果たしていないことになる。伴走者である以上、勝負しようとする気持ちを持つことは、やはり相手の信頼を失うことになるのだろうか」とこれまでとこれからの自分の人生について疑問を抱くようになった。

ウ「目の見えないランナーが伴走者を信頼するのも、伴走者がその期待に応えようとするのも当然だ。しかし、自分はただ信頼に応えようという思いだけで走っているのではなく、自分も共にこのレースに勝ちたいと思っても良いのではないか」と一人のランナーとしての本能が目覚めてきた。

エ「革命家の家に入れるように話をつけたり、私生活もレースでも内田の代わりに目となって生活を助けたり、研修のアドバイスをしたりと、ひたすら自分が共に走るランナーのために尽くしてきた。一瞬迷ったこともあったが、それこそが自分が望んだ人生なのだ」と自分に自信と誇りを持ち始めた。

問八　――線６「白昼夢を見ながら走っているようだった」とありますが、この部分からホアキンを視界にとらえるまでの間の表現は淡島のレース中のどんな状態を述べていると考えられますか。最も適当なものを次のア～エの中から一つ選び、記号で答えなさい。

ア　レース中に生まれた様々な内田への思いもただひたすら走ることに集中しているうちに消え失せ、もはや二人をつなぐ一本のロープを頼りに、結果を気にせず、ただ内田とともに走ることに無上の喜びを感じるようになっている。

イ　レースも終盤になって、レース中の内田とのやりとりも忘れるほど疲れと照りつける日射しとで意識を失いそうになり、夢か現実かも分からない状態になっても、ひたすら内田を勝たせることだけに集中してゴールに向かおうとしている。

ウ　科学的なトレーニング方法が主流となる中で、自分の練習方法はデータに頼らない勘に頼った方法ではあるが、むしろ精神面を鍛えられた結果、この灼熱のレースでも二人の間にあるロープだけに集中して気力だけで走り続けることができるようになっている。

エ　これまでの内田の横柄な態度への反発は消え、レース中にもかかわらず夢を見ているような時間の中で内田と一つになったような感覚を覚えた後、改めて現実のレースに集中して、ひたすらゴールをめざすことだけを考えるようになっている。

問九　――線７「だが俺たち伴走者は違う」とありますが、これはどういうことですか。その説明として最も適当なものを次のア～エの中から一つ選び、記号で答えなさい。

狂いの努力をしていることを知り、革命に身を投じた若い頃の自分を思い浮かべて、内田の夢をかなえてやりたいと思ったから。

エ　自分たちが目指した革命に比べればスケールは小さいものの、異国の地で日本のマラソン界に革命を起こそうとしている目の見えない男に対して、自分も夢を託してみたいと応援したくなったから。

問四　――線２「濁りのない瞳は淡島の遥か後ろを見つめているようだった」とありますが、これは老人のどのような気持ちを表現していると考えられますか。その説明として最も適当なものを次のア～エの中から一つ選び、記号で答えなさい。

ア　二人の男の故郷である遠い島国に思いを寄せ、二人が明日のレースで戦う様子を静かに応援したいという気持ちを表現している。

イ　二人の男の言動から明日のレースに何としても勝ちたいという熱意を感じ、二人が背負ってきた重圧や厳しい練習を思い浮かべて、心から応援したくなったという気持ちを表現している。

ウ　自分自身も淡島のように、何かを成し遂げようとする男の姿をすぐ側で見続け、ともに夢を持って生きた時があったことを懐かしく思う気持ちを表現している。

エ　革命家の家をわざわざ訪ねてきた内田の姿を見ているうちに、一緒に夢の実現に向かって走った無二の友である革命家の姿が目に浮かび、淡島の姿すら視界に入らなくなるほど革命家と過ごした日々を懐かしんでいる気持ちを表現している。

問五　――線３「淡島の案内で～黙り込んだ」とありますが、この時の内田の心情はどのようなものだと考えられますか。その説明として最も適当なものを次のア～エの中から一つ選び、記号で答えなさい。

ア　明日のレースには何としても勝って、パラリンピック代表の座を自分のものにするのだという静かな闘志と熱い気持ちを抱いている。

イ　明日のレースを前にした緊張を和らげようとした結果、かえって自分のことを必要以上に話してしまったことを少し後悔している。

ウ　明日のレースに勝ちたいのは言うまでもないが、それ以上に自分のできることをやり尽くしたいという静かな思いをつのらせている。

エ　明日のレースにかける強い思いを抱いているが、一方で日本とは違う環境の中で、いつも通り「耳で見る」ことができるだろうかという不安と戦っている。

問六　――線４「淡島の胃がふいに熱を帯びた」とありますが、これはどういうことを表していますか。その説明として最も適当なものを次のア～エの中から一つ選び、記号で答えなさい。

ア　これまで淡島は練習でもレースでも、内田のどんな無理難題にも応えてきたのに、大事なレースの最中に現役のランナーでもある自分をバカにするような言葉を投げかけられて思わずカッとなって冷静さを失ったということ。

イ　淡島は内田のレースの勝ち負けよりも彼をコントロールすることに情熱をかけてきたのに、内田からかけられた言葉によって、にわかにこのレースだけは内田に勝ちたいという衝動がわきあがってきたということ。

ウ　伴走者である淡島が内田よりも先にゴールすることが許されないことは分かりきっているのに、「俺に勝つつもりで走れ」などと挑発するようなことを言われる情けない自分に対して、がちゃんと見ていれば、内田を転倒させなければ、まちがいなくホアキンを抜き去り堂々と金メダルを獲ることができたのだ。内田はパラリンピックへの切符を手にすることができたのだ。それなのに、俺のせいで、俺がちゃんと役割を果たさなかったせいで。思わず嗚咽《おえつ》が漏れ、息が苦しくなる。

「淡島」うつむいたまま内田が声を出した。

「なんですか」

「観客に挨拶だ」

淡島は顔を上げた。

「こっちです」淡島は内田の肘《ひじ》を持って、メイン席の前に立たせた。

「一時の方角へ」観客のいる方向を教える。

頭を下げるのかと思いきや、内田はいきなり両手を高々と掲げ、そのまま大きく振った。まるで優勝したかのような態度だった。客席から大きな歓声があがった。

「すごい。すごいですよ」淡島は思わずスタジアムをぐるりと取り囲む客席を見回した。観客たちは誰もがその場に立ち上がり、手にしている旗や帽子やタオルを振り回していた。自国のヒーローと最後まで競った男を、暖かく祝福していた。

「ああ」内田はニコリとした。「見えている」

「え?」

「お前が見ているものを、いま俺も見ている」そう言って内田はそっと淡島の肩に手を置いた。「お前がちゃんと見てくれたら、俺にだって見えるのさ」

「俺は」

「お前は伴走者だ。俺の目だ」

俺は伴走者だ。そして、8この人が俺の伴走者なんだ。

大会の運営スタッフなのだろう。若い女性が真っ赤なタオルを持って二人に近づいてきた。恥ずかしそうに目を伏せたままタオルを静かに差し出す。淡島は内田の背中に回り込み、受け取ったタオルを内田の両肩にふわりと掛けた。太陽の香りがした。

淡島はもう一度客席を見上げた。その向こう側に広がる青い空に、小さな雲が二つ並ぶようにして浮かんでいた。

（浅生《あそう》　鴨《かも》『伴走者』「夏・マラソン編」）

注1　晴眼者…視覚に障害のない人。

注2　ホアキン…内田のライバルで、この大会の優勝候補。

注3　エンリケス…ホアキンの伴走者。

問一　〰〰線A～Iの言葉を種類ごとに分類した組み合わせとして最も適当なものを次のア～エの中から一つ選び、記号で答えなさい。

ア　AE／BCI／DF／GH

イ　AEF／BCD／GH／I

ウ　ADEF／BCI／GH

エ　AE／BCHI／DF／G

問二　問題文中の[X]・[Y]に入る漢字一字をそれぞれ答えなさい。

問三　――線1「誰も触れることは～見るだけだ」とありますが、老人が最終的に門を開けてくれたのはなぜだと考えられますか。その理由として最も適当なものを次のア～エの中から一つ選び、記号で答えなさい。

ア　淡島から、目の見えない者は触れて感じることしかできないのだ、と何度も食い下がられてそのあまりの熱意に門を開けなければ何をされるか分からないと恐れを抱いたから。

イ　目の見えない連れの男になんとかしてこの邸宅の壁を触れさせてやりたい、と訴える淡島がその男の伴走者だと知り、昔の自分の姿を淡島に重ねて共感したから。

ウ　目の見えない男が遠い島国である日本で優勝目指して死に物

マラソンは自分との戦いだ。長い歴史の中で科学的なトレーニング方法が編み出され、競技のスタイルも大きく変わってきたが、それでも最後の最後にはやはり自分との戦いが待っている。

7だが俺たち伴走者は違う。

視界に光が戻った。目の前には海が広がっていた。青かった。この青さを内田にも伝えたい。淡島はそう思った。

海の手前にあるカーブを右に曲がればあとはスタジアムまでの直線だ。

「まもなく全力」淡島は声を出した。思わず叫びたくなる気持ちを抑える。ここで叫ぶ必要は無い。ただ走るだけだ。もういい。あとはどうなってもいい。この二キロを走り抜く。そのために俺たちはここに来たんだ。

内田のギアが入った。トップスピードで走り出す。速い。ここでまだこのスピードが出せるのか。なんという体力だ。

「ホアキンまで二五」

ホアキンの背中がどんどん大きくなってきた。行ける。追いつける。このスピードなら必ず捕まえられる。

「行ける、行けます」

「うあああ」内田が吠えた。

あと一〇。スタジアムに入ればあとはトラックを一周するだけだ。なんとかそこまでに並びたい。

内田とホアキンは同時にスタジアムへ飛び込んだ。びっしりと埋め尽くされた客席から一斉に大きな歓声が沸き起こる。

淡島は自分の肉体の動きを内田に合わせることに集中した。俺は存在しない。今ここを走っているのは内田だけだ。俺も内田だ。コンマ一秒たりとも動きをずらさない。一ミリも狂わさない。俺は完全に内田に一致する。それが伴走者だ。

淡島はちらりと横目でホアキンを見た。注3エンリケスと目が合う。苦しそうに顔を歪《ゆが》めていた。ホアキンとまったく同じ表情をしている。そうか。この二人も俺たちと同じなんだな。

ゴールまであと五〇メートル。淡島はそのことを内田には告げなかった。もうすぐゴールだと思えば気が緩むかも知れない。最後の最後まで、ゴールするその瞬間まで全力疾走するには、ゴールの位置は知らせないほうがいい。

走れ。走れ。走れ。走れ。

最後の瞬間、淡島はロープから手を離し、ほんの少しだけ後ろへ下がった。伴走者が先にゴールしてはいけない。

四人が塊となってゴールを駆け抜けると、競技スタッフの手からゴールテープがゆっくりと抜け落ちていった。音が消え、全てがモノクロームの映像のようになる。

「どうだ」荒い息のまま内田が聞く。

結果は淡島にもわからなかった。内田とホアキンは完全に同時に飛び込んだように思えた。電光掲示板の表示に目をやる。結果はまだ何も映し出されていない。確認しているのだろうか。それほどの僅差なのか。

一位の欄にホアキンの名が点灯した。歓声がスタジアムに響き、地鳴りとなって淡島の足を震わせた。

「そうか」淡島がまだ何も言わないうちに内田はそう言った。「負けたんだな」

この歓声は地元選手の勝利を祝うものなのだ。内田はゆっくりと腰を折り、膝の上に両手を置いた。丸くなった背中がまだ激しく上下している。

「本当にすみませんでした」淡島の目から涙がこぼれた。あのとき俺今、二人は一[X]同[Y]だ。腕の振りも足のH運びも完全に一致している。歩数も歩幅も一寸と変わらない。手と手をつなぐ一本のロープから互いの気持ちが伝わってくる。

「走っている間だけ、俺は自由になれる」

内田はそう言っていた。だがそれでも淡島には内田の心の奥底にあるものが、まだＩわからない。

「いいか淡島、俺は死ぬ気で走るぞ」内田が声を出した。

「はい」

「お前は俺に勝つつもりで走れ」

バカにするなよ。4淡島の胃がふいに熱を帯びた。俺だって現役のランナーだ。負けるわけがないだろう。そう考えて淡島はハッとした。今まで勝ち負けよりレースをコントロールすることにこだわってきた俺が、内田に負けたくないと考えている。この俺が勝つことを欲している。

このまままっすぐ進み、海に突き当たったところで右に曲がれば四〇キロのポイントだ。広々とした道の先には真っ青な海が見えている。両側には古いホテルが並び、客室の窓から覗く人々が大きく手を振っていた。

あとは全力で走りきるだけだ。どちらが先にスタジアムに飛び込むかで勝負は決まる。

5俺は信頼に応えるために走っているのか。伴走者はそのためにいるのか。

次々に変わる景色は遠く正面からやってきて、あっというまに左右へ分かれ、そして後ろへと消えていく。その全てがまるでスローモーションのようだった。遠くに見える空も海も、沿道で声援を送る人も、木々や車や建物も、今そこにあるのにもかかわらず、ぼんやりとして輪郭が定まっていない。古い映写機がスクリーンに映し出す映像のように淡く柔らかな色彩が光に包まれている。まるで眠っているような感覚だった。淡島は走りながら、その光景をぼんやりと眺めていた。体が夢の中へ溶けていく。6白昼夢を見ながら走っているようだった。右側から照りつける太陽の光が眩《まぶ》しい。淡島は思わず目を細めた。あれほど苦しかった呼吸が、いつのまにか楽になっている。

突然、あらゆる風景から色が消えた。ゆっくりと光が何かに遮られ、辺りが闇に包まれていく。淡島は目を凝らしたが、まるで何も見えなかった。目の前から全てが消えていた。

闇の中で淡島の目に映っているのは内田と自分をつなぐ一本のロープだけだった。その先にあるはずの内田の姿も、ロープを握っているはずの自分の手も見えなかった。他に何もない空間で、ただ一本のロープだけが規則正しく振られ続けている。

いったい何が起きたんだ。淡島は混乱した。こんなバカなことがあるか。あまりの苦しさに俺は幻覚を見ているのだろうか。

何も見えない恐怖。先が分からない不安。それでも淡島は、自分の見ている光景については何も口にせず走りつづけた。余計なことを言って内田を心配させてはいけない。

ふと淡島は、音に気づいた。

周りには誰もいないのに大きな歓声が左右から鳴り響いている。耳に意識を集中すると、歓声の中で自分自身の足音が一定の間隔を刻んでいるのがわかる。足音は心臓の鼓動と混ざり合い、複雑なリズムを奏でていた。そしてもう一つ。ああ、これは内田の足音だ。

暗闇の中で、そこだけスポットライトの光が当たったように内田の足がぼんやりと浮かび上がった。足から腰、背中の順に、次第に内田の体が輪郭を現し始める。肩から伸びた腕の先でロープがしっかりと握られていた。

今の淡島には内田とロープしか見えていなかった。

ざ来た甲斐がない。内田は頷《うなず》き、ゆっくりと歩を進めた。

「ここに壁があるってのは、わかるんだよ」

「見えなくても？」

「壁のある方向からは音が来ないからな」

「へぇ」以前の淡島なら驚きを隠しただろう。障害者に対して失礼なことを言っているのではないかという怯《おび》えがあったのだ。だが、今はそうした感情はなくなっている。おかしければ笑い、知らないことに出会えば驚く。当たり前のことだが、内田と長く付き合っている間に、ようやく素が出せるようになっていた。

「それが解《わか》るまでには、三年くらいかかった」

「音が無いことに気づくのに？」

「最初のころは必死で音を聞いてたんだよ」

「今は聞いていないんですか」

「ああ。聞いていない。耳で見ている」

「見ている？」淡島は首を傾《かし》げた。

「注1晴眼者は周りの様子を見ながら、いろんなことを同時に把握するだろ。それと同じことだよ」

「同じことって」

「どこからどんな音が聞こえているかを意識せずに聞いている。言ってみれば、音で観察しているようなものさ。たぶん先天性の連中とは感覚が違うんだろうけどな」

晴眼者も何かを意識的に見ているわけではない。視覚の中に自然に入ってくるものから、様々な情報を受け取っているだけだ。この人はそれを音でやっているのか。

「それじゃ、俺がここにいることも」

「見えている」

「でも俺の顔を見たことはありませんよね」

「そりゃそうだ。いいか、お前は俺の頭の中では、かなりいい男にしてやってるんだから感謝しろよ」内田はそう言って笑った。

3淡島の案内で内田は建物の際《きわ》に立ち、そっと手で壁に触れたあとしばらく黙り込んだ。淡島は何か問いかけようとしたが、彫像のように静かにその場に立ち尽くす内田の姿に声をかけることをやめた。

三六キロから三八キロにかけては道幅が極端にA狭くなり、坂はそれまで以上に急になった。

坂を上りながら、巨大な墓地を回り込むように大きく右へカーブする。長いカーブなので、体のバランスが知らず知らずのうちにB崩れてしまいそうになる。カーブがC終わったところで道は一度平坦になる。D急に足が楽になった。だがすぐ目の前に急な坂が待っている。

「まもなく最後の登坂です」淡島が伝える。

ここだ。この坂だ。まるで壁がそびえ立っているように感じる。

「きついですよ、踏ん張って」そう言って淡島自身も腹に力を入れる。俺もE辛い。ふくらはぎが悲鳴を上げそうになった。

急に内田の呼吸パターンが変わった。二度吸って一度吐く。かなり苦しいのだろう。あれだけの転倒をしたのだ。体に痛みが残っていないはずがない。

坂を上りきったところから、やや坂を下ったところにある交差点を左折する。海へ向かう一直線だ。ここでようやくF平坦な道に戻るが、街路樹のシュロ以外に風を遮《さえぎ》るもののほとんどない道では、正面から吹き付けてくる風がレース終盤の体に重くのしかかってくる。

前方に注2ホアキンの姿が見えた。細い体がG一回り小さくなったように見える。おそらくホアキンも相当苦しいはずだ。

淡島は、顎《あご》を引いて体の中心を懸命に保とうとしながら走る内田を見た。この人は、絶対に諦めない。

エ　独りで家にいるときではなく他者との関係性の中にほんとうの「わたし」は存在するため、どんなにつらいことがあっても他者とかかわらないと「わたし」の存在が社会の中で失われてしまうことになりかねないから。

問九　――線6「広い意味の他者に『わたし』や『わたしたち』が支えられている」とありますが、「広い意味の他者に『わたし』が支えられている」とはどういうことですか。七十字以上九十字以内で説明しなさい。

三　次の文章を読んで、後の問いに答えなさい。

　視覚障害を持つマラソンランナーである内田は「記録よりもメダルを」と考える男だった。そんな内田に声を掛けられた淡《あわ》島《しま》は、一時は企業の陸上競技部に所属していた有力なマラソンランナーであったが、現在はその企業に勤めながら個人の資格でレースに参加している。いつしか勝つことへのこだわりを持つことよりも「ペース配分やタイムなどを計画した通りに走ること」を目標とするようになっていた淡島であったが、「内田には二時間一〇分台で走るランナーが伴走者として必要だ」という話を聞き、伴走者になることを引き受けた。二人はパラリンピックの出場条件である国際大会での優勝をめざしてトレーニングを続け、ついにその本番レースを迎えることになった。この小説では国際大会を走っている場面に二人の出会いからこれまでの場面が挟み込まれるという構成になっている。問題文は、レース前日に、舞台となる南半球のある島国の革命家の家を訪れた場面から始まる。

淡島は柵に隙間《すきま》がないかと邸宅の周囲を回った。路地の奥に邸宅を管理する者の詰めている小屋があった。淡島は小屋の中を覗《のぞ》き込み、浅黒い肌の老人に声をかけた。

「この男が邸宅の壁に触れたいと言っています」そう言って内田を指さす。

「1誰も触れることはできないよ。外から見るだけだ」

むろん、初めからできる相談ではなかった。

「彼は視覚障害者なんです。見ることはできません」淡島は食い下がった。柵の外にいては革命家を感じることはできない。もっとも触れて感じることができるとも思えないが、それでも内田の願いを叶《かな》えてやりたかった。

「なぜ目の見えない者がここに来たのだ」

「彼自身を変えるためです」

「お前は何者だ」

老人は怪訝《けげん》そうな表情になった。

「俺は伴走者です」淡島は胸を張った。「革命家にだって伴走者はいたでしょう」

伴走者はレースを共に走るだけの存在ではない。誰かを応援し、その願いを叶えようと思う者は、みんな伴走者なのだ。

内田の願いを叶えるのが、ここにいる俺の役割だ。伴走者としての俺の役割なのだ。淡島の必死の願いを聞き、老人は静かに目を閉じた。目尻から涙がこぼれ落ちる。

「儂《わし》が彼の伴走者だった。彼の革命をすぐ側《そば》で見つめてきたのだ」

2濁《にご》りのない瞳は淡島の遥《はる》か後ろを見つめているようだった。

老人は柵の扉に大きな鍵を挿《さ》し門扉を開いた。門の開く音に内田の顔が緩む。

「建物までは三〇センチほどの丸い石で道がつくられています」淡島は素早く足元の状況を伝えた。ここで足を痛めてしまっては、わざわして最も適当なものを次のア～エの中から一つ選び、記号で答えなさい。

ア　私たちが何かしらの行動や経験をする際は、「わたし」以外のものとのつながりを通じて行われているにもかかわらず、それらを意識することなく「わたし」という存在を感じていること。

イ　社会とのつながりの中で私たちは様々な「わたし」を生きているにもかかわらず、それらの「わたし」は単に演じている「わたし」にすぎず、確固たる「ほんとうの自分」が別に存在すると考えていること。

ウ　レンズや空気といった「わたし」以外の存在なくしては感じることのできない視覚や聴覚の原理を知ることによって、一見関係なく思われる「わたしがわたしである」ことの必要性が実感できること。

エ　「わたし」以外のものと接し変化していくことによってのみ「わたし」はつくりあげられていくものであるのに、その「わたし」という輪郭をしっかり保っていないと逆に生きづらくなってしまうこと。

問七　――線4「『わたし』が溶ける経験を～受けとめられると思います」とありますが、筆者はこの一文を通してどのようなことを伝えようとしているのですか。その説明として最も適当なものを次のア～エの中から一つ選び、記号で答えなさい。

ア　私たちは他者との出会いによって知らず知らず新しい「わたし」を手に入れているので、現在の「わたし」が不満な人も悲観せず、とにかく様々な他者に出会うよう努力すべきであるということ。

イ　家庭や学校や社会など、様々な場所で様々な役割を担うことによって私たちは複数の「わたし」を生きているので、その中には自身で認めることのできる「わたし」がいるはずであるということ。

ウ　「わたし」はこれまでの人生で出会ってきた他者からの影響によってつくられたものであるため、今の「わたし」に不満を抱いていてもそれは自分だけの責任ではなく環境のせいでもあるということ。

エ　これまでの様々な出会いによって「わたし」は成り立っているが、それは「わたし」の固有性をさまたげるものではなく、これからの出会いも含めて「わたし」に固有性を与えるものであるということ。

問八　――線5「これは考えるに値する問いだと思います」とありますが、なぜ筆者は「考えるに値する問い」だと言っているのですか。その理由として最も適当なものを次のア～エの中から一つ選び、記号で答えなさい。

ア　多様性が求められる現代では、他に影響されない揺るぎない「わたし」の存在よりも様々な状況に応じて様々な「わたし」の存在を示せることが大切であると認識することで、社会で活躍していくことができるから。

イ　「わたし」の存在は他者とのかかわりによって見出されるものであると知ることで、誰からも影響を受けていない「わたし」が本当の「わたし」であるという考えから自由になることができ、生きていきやすくなるから。

ウ　「アイデンティティ」という言葉に代表される西洋近代の個人主義的な人間観を知ることで、「分人」という概念を含んだ文化人類学が提唱する正しい人間観を身につけることができ、人間関係で困ることが少なくなるから。

たら、どんな他者と出会うかが重要な鍵になる。

「わたし」をつくりあげている輪郭は、やわらかな膜のようなもので、他者との交わりのなかで互いにはみだしながら、浸透《しんとう》しあう柔軟なもの。そうとらえると、少し気が楽になりませんか？

もちろんその「他者」は生きている人間だけとは限りません。身の回りの動植物かもしれませんし、本や映画、絵画などの作品かもしれません。いずれにしても、文化人類学の視点には、そんな6広い意味の他者に「わたし」や「わたしたち」が支えられているという自覚があります。

この本でこうした「つながり」をベースにした人間観を考えてきたのは、その見方のほうが「正しい」と言いたいからではありません。ひとつの見方よりも、複数の見方を手にしていたほうが、「わたし」も「わたしたち」もともに生きやすくなるのではないかと考えているからです。複数の視点をたずさえておくこと。それこそが文化人類学的な知の技法の鍵でもあります。

※問題作成の都合上、文章を一部省略しています。また、文章中の小見出し等を省略したり、書体を変更したりしたところがあります。

注　侘び寂び…静かさや簡素さなどに見られる日本文化特有の美意識や感覚のこと。

問一　[A]にあてはまる四字熟語として最も適当なものを次のア～エの中から一つ選び、記号で答えなさい。

ア　自画自賛　イ　意気投合
ウ　首尾一貫　エ　切磋琢磨

問二　[B]、[C]にあてはまる言葉として最も適当なものを次のア～カの中から一つずつ選び、記号で答えなさい。

ア　個性的　イ　意図的　ウ　抽象的
エ　肉体的　オ　普遍的　カ　潜在的

問三　次の一文は問題文中から抜き出したものです。この一文を戻すのにふさわしい部分を問題文中の（1）～（4）の中から一つ選び、番号で答えなさい。

「人とは違う個性が大切だ」とか、「自分らしい生き方をしろ」といったメッセージが世の中にはあふれています。

問四　――線1「学生に『日本文化とは何ですか？』と聞くと、みんな同じように答えます」とありますが、筆者はなぜ学生たちの答えが同じようになると考えていますか。その説明として最も適当なものを次のア～エの中から一つ選び、記号で答えなさい。

ア　日本にいながら今までほとんど関わりがなかった着物や華道、茶道、相撲、歌舞伎、侍、侘び寂びなどの日本文化に対して、学生たちが少なからず興味や憧れを抱いているから。

イ　昔も今も多くの日本人になじみがないものであっても、外国人とうち解けるためには、外国では見られない日本固有の文化を紹介することがふさわしいと学生たちが思っているから。

ウ　自分たちにほとんど関係のない文化であっても、日本発祥の文化や日本特有の文化こそが日本文化であるという考えが、学生たちの頭の中で無意識にはたらいているから。

エ　大学の学生はその出身地が日本全国に及び、それぞれの出身地の文化を紹介すると差異が生まれてしまうため、日本人なら誰もが知っている日本文化を答えようとするから。

問五　――線2「『わたし』という存在の輪郭」とありますが、この「輪郭」の特徴について、筆者の見解が最もよく表れている部分を問題文中より三十二字で抜き出し、最初と最後の五字を答えなさい。

問六　――線3「けっこう不思議なこと」とありますが、筆者はどのようなことが「不思議なこと」だと言っていますか。その説明とって支えられ、つくりだされているからです。

そもそも私たちは複数の「わたし」を生きています。たとえば、家のなかでは末娘として「甘えんぼう」と言われている人でも、部活では頼れる先輩として後輩に慕《した》われているかもしれません。大学の授業では「生徒」として教室でおとなしくしている人が、バイト先の塾では「先生」と呼ばれ、黒板の前で堂々と話をするかもしれません。

私たちは、つねに複数の役割をもって生きています。それは、だれと対面するかによって、「わたし」のあり方が変化しうることを意味します。家族のなかの「末娘」は、「親」や「兄弟」との関係においてあらわれる「わたし」のあり方。部活の「先輩」は「後輩」との関係抜きには存在できません。先生と生徒も同様です。「生徒」の存在によって、その人は「先生」であることができる。

このようにすでに私たちは状況に応じて複数の「わたし」を生きています。そのどれがほんとうの「わたし」なのでしょうか？

人前では期待される役を演じていて疲れる。家に独りでいるときの自分が気楽でいい。そう思う人もいるでしょう。（　３　）でも、だれとも関係を結ばない「わたし」が、ほんとうの「わたし」と言えるのか、ちょっと考えてみてください。すべての演じるべき役を脱ぎ去ったあとに、演じない本当の「わたし」がいるのか、いたとしてそれにどんな意味があるのか。５これは考えるに値する問いだと思います。

「アイデンティティ」という言葉があります。「自己同一性」と訳されますが、自分がつねに同一の存在であり続けるというのは、まさに近代の個人主義的な人間観です。演じる役をすべて脱ぎ去ったあとに、同一の揺るがない核のような「わたし」がいる。そんな見方に通じます。

小説家の平《ひら》野《の》啓一郎《けいいちろう》（一九七五～）は、複数の自分の姿をたんなる「キャラ」や「仮面」のようなものと考えてはだめなんだと言います。たったひとつの「ほんとうの自分」や［　A　］したぶれない「本来の自己」なんてない。一人のなかに複数の「分人《ぶんじん》」が存在しているのだと、本書の内容とも通じる議論を展開しています（『私とは何か「個人」から「分人」へ』）。

英語の「個人individual」は、「分割できるdividual」に否定の接頭辞「in」がついている語で、それ以上分割不可能な存在という意味が込められています。この西洋近代的な個人とは異なる人格のあり方を示してきた文化人類学にとっても、じつは「分人dividual」はとても大切な概念でした。

（中略）

さきほど説明したように、状況や相手との関係性に応じて「わたし」が変化するという見方も、まさに「分人」的な人間のとらえ方です。［　B　］には、「わたし」のなかに複数の人間関係にねざした「わたし」がいる。だれと出会うか、どんな場所に身をおくかによって、別の「わたし」が引き出される。

ここで重要なのは、他者によって引き出されるという点です。それは「わたし」が［　C　］に異なる役を演じ分けているのとは違います。他者との「つながり」を原点にして「わたし」をとらえる見方です。

（　４　）でも「わたし」は「わたし」だけでつくりあげるものではない。たぶん、自分のなかをどれだけ掘り下げても、個性とか、自分らしさには到達できない。

他者との「つながり」によって「わたし」の輪郭がつくりだされ、同時にその輪郭から「はみだす」動きが変化へと導いていく。だとし他者との差異が集団としての一体感や持続性を生み出すように、2「わたし」という存在の輪郭も、ひとつの感情や身体経験をひとまとめにしておくために必要とされます。他者と交わることで輪郭が溶け出して交じり合ってしまうからこそ、その輪郭を固める装置が必要とされるのだと言ってもいいかもしれません。

精神科医の木村敏《きむらびん》（一九三一〜）は、統合失調症は「わたしがわたしである」ということに確信を持てなくなったときに生まれる病気だと言います（『自分ということ』）。「わたし」という存在の感覚は、だれにとってもあたりまえに感じられるものではなく、それが失われることもある。私たちはその輪郭を維持しないと、とても生きづらくなるのです。

「わたし」の輪郭を維持する。そのことを身近な例に引きつけて考えてみましょう。たとえば、杖《つえ》を使って歩いている人にとって、杖は身体の一部のように感じられるはずです。メガネをかけているとき、そこで「見ている」のは「メガネ」ではなく、「わたし」だと思っているのも同じです。「わたし」の眼だけでは見えていないにもかかわらず、見ている「わたし」がはっきりと感じられる。

道具を使うかどうかだけではありません。私たちは音を自分の耳で聞いていると感じます。でも当然ですが、その音の振動を伝えているのは空気です。空気がまわりに充満しているからこそ、音が届く。音はそれを発するものの振動とそれを伝える空気の振動、その震えを知覚する耳という身体器官との協働作業をとおして、「聞こえる」わけです。でも経験のレベルでは、「わたし」が聞いているとしか感じられない。

そもそも「わたし」の経験は外部の世界へと拡張しながら、それらとの交わりをとおして構成されている。私たちの身体的な境界は、つねに外部の「わたし以外のもの」と連動する開かれたものなのです。

それでも、ふつうは「わたし」をしっかりとした輪郭のある独立した存在として経験できる。考えてみると、3けっこう不思議なことです。

（中略）

私たちは他者とつながるなかで境界線を越えたいろんな交わりをもちます。それによって変化し、成長することもできます。それは「わたし」という存在が、生まれつきのプログラム通りに動くようなものではなく、いろんな外部の要素を内側に取り込んで変わることのできるやわらかなものだからです。

4「わたし」が溶ける経験を変化への受容力ととらえると、ポジティブに受けとめられると思います。さまざまな人と出会い、いろんなものをやりとりした結果として、いまの「わたし」がいる。

その出会いの蓄積は、その人だけに固有なものです。だれ一人として、あなたと同じ人と同じように出会っている人はいません。「わたし」の固有性は、そうした他者との出会いの固有性のうえに成り立っている。

（　2　）でもだからこそ、いまの「わたし」が不満な人は、それを悲観する必要もない。みんな気づかないうちにかつての「わたし」を捨て、こっそり他者からあらたな「わたし」を獲得しているのですから。

中学から高校に、あるいは高校から大学に入った途端に、自分のキャラクターが変わったと感じる。自分では意識していなくても、友だちからそう言われたり、友だちのそんな変化を目にしたりする。そういうことは、よくありますよね。

クラス替えがあって自分を取り囲む人が変わるだけでも、自分が変化したように感じる。それは「わたし」という存在が周囲の他者によ

二〇二二年度　本郷中学校

【国　語】〈第一回試験〉（五〇分）〈満点：一〇〇点〉

注意　字数指定のある問題は、特別の指示がない限り、句読点、記号なども字数に含みます。

一　次の①～⑤の——線部について、カタカナの部分は漢字に直し、漢字の部分はその読みをひらがなで答えなさい。なお、答えはていねいに書くこと。

① 彼が会長に立候補すると専らの噂《うわさ》だ。
② 年長者をウヤマいましょう。
③ 彼はいつもホガらかな顔で笑う。
④ 安全性のケンサを行う。
⑤ 大けがを負って海軍をジョタイした。

二　次の文章は、松村圭一郎《まつむらけいいちろう》『はみだしの人類学　ともに生きる方法』の一節です。これを読んで、後の問いに答えなさい。

1学生に「日本文化とは何ですか？」と聞くと、みんな同じように答えます。着物や華道、茶道、相撲《すもう》、歌舞伎《かぶき》、侍《さむらい》、侘《わ》び寂《さ》び……。（　1　）でも、教室に着物を着ている人は一人もいません。ふんどしをつけている人も、歌舞伎役者も、ちょんまげ頭の人もいません。だれもその「日本文化」にあてはまらなくても、それらが日本人の固有の文化だと信じて疑わない。不思議なことです。もともと武士階級の侍なんて、全人口からみればごくわずかでしたし、庶民は絹の着物を身につけることが禁じられていました。極端な話、いまも昔も一部にしか存在しなかった要素であっても、日本人の文化だと考えることは可能なのです。

「日本人」というのは「器《うつわ》」であって、何がその「なかみ」として差異を構成するのかは時代によって変化します。そうしてなかみが変化しても、日本人という容《い》れ物、つまり境界そのものは維持される。それは日本人ではない人たちとのあいだに境界線が引かれているからです。

もし世界中に日本人しかいなくなったら、「日本人」というカテゴリー（＝容れ物）に意味はなくなります。「日本人」は、「日本人ではない人たち」との関係においてはじめて「日本人」でいられるのです。

さらに「日本人」という境界は、つねに存在する絶対的なものではありません。たとえば、私たちはよく関西人はどうだとか、関西人のなかでも京都人はこうで、大阪人はこうだといった言い方をします。そのとき「日本人」としてのまとまりは無視されます。

「関西と関東は文化が違う」と言うとき、そこに明確な差異があることを疑う人はいません。その関西人と関東人の比較では、京都人と大阪人の違いは意識されなくなり、同じ関西人として均質な存在にされます。どういう境界線で比較するかで、「差異」そのものが変わるのです。

集団と集団との境界をはさんだ「関係」が、その集団そのものをつくりだしていく。「つながり」によって集団間の差異がつくられ、集団内の一貫性が維持される。

ある輪郭をもった集団は単独では存在できません。別の集団との関係のなかで、その差異の対比のなかで、固有性をもつという確信が生まれ、それが集団の一体感を高める。それは、「わたし」が「他者」との交わりのなかで変化してもなお、「他者」との境界線をはさんで「わたし」であり続けるのと同じです。

2022年度
本郷中学校　▶解説と解答

算　数　＜第１回試験＞（50分）＜満点：100点＞

解　答

$\boxed{1}$ (1) 4.5　(2) 5　$\boxed{2}$ (1) 27個　(2) 34ページ　(3) 1200m　(4) 3168個　(5) $12.75cm^2$　(6) 1.57倍　$\boxed{3}$ (1) 毎分40m　(2) 60m　(3) 毎分20m　$\boxed{4}$ (1) D…４，E…２　(2) ２　(3) ６通り　$\boxed{5}$ (1) $20\frac{5}{6}cm^3$　(2) $41\frac{2}{3}cm^3$　(3) $36\frac{11}{24}cm^3$

解　説

$\boxed{1}$ 逆算，四則計算

(1)　$9\div8-1=\frac{9}{8}-1=\frac{9}{8}-\frac{8}{8}=\frac{1}{8}$より，$\frac{1}{8}+(7-\square)\div4\times3=2$，$(7-\square)\div4\times3=2-\frac{1}{8}=\frac{16}{8}-\frac{1}{8}=\frac{15}{8}$，$7-\square=\frac{15}{8}\div3\times4=\frac{15}{8}\times\frac{1}{3}\times\frac{4}{1}=\frac{5}{2}$　よって，$\square=7-\frac{5}{2}=7-2.5=4.5$

(2)　$\left(\frac{1}{6}-\frac{54}{337}\right)\times2022\div\left(0.625\div1\frac{9}{16}+2.2\right)=\left(\frac{337}{2022}-\frac{324}{2022}\right)\times2022\div\left(\frac{5}{8}\div\frac{25}{16}+\frac{11}{5}\right)=\frac{13}{2022}\times2022\div\left(\frac{5}{8}\times\frac{16}{25}+\frac{11}{5}\right)=13\div\left(\frac{2}{5}+\frac{11}{5}\right)=13\div\frac{13}{5}=13\times\frac{5}{13}=5$

$\boxed{2}$ 分配算，整数の性質，速さと比，場合の数，図形の移動，面積，体積

(1)　Ｂ君がとった個数を$\boxed{1}$として図に表すと，右の図１のようになる。図１で，$\boxed{0.5}+\boxed{1}+\boxed{2}=\boxed{3.5}$にあたる個数が，51＋５＝56(個)だから，$\boxed{1}$にあたる個数は，56÷3.5＝16(個)と求められる。したがって，Ｃ君がとった個数は，16×２－５＝27(個)である。

図１

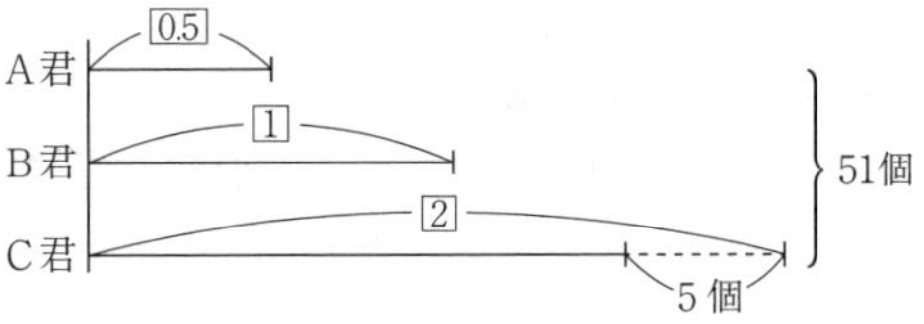

(2)　左の数と右の数は，積が1190で差が１になる。右の図２の計算から，1190＝２×５×７×17であることがわかり，これを差が１の２つの整数の積に分けると，２×５×７×17＝(２×17)×(５×７)＝34×35となる。よって，小さい方は34ページである。

図２

```
2) 1190
5)  595
7)  119
     17
```

(3)　毎分80mと毎分60mの速さの比は，80：60＝４：３なので，かかる時間の比は，$\frac{1}{4}:\frac{1}{3}=3:4$となる。この差が，15－10＝５(分)だから，比の１にあたる時間は，５÷(４－３)＝５(分)となり，毎分80mの速さで行くときにかかる時間は，５×３＝15(分)とわかる。よって，家から学校までの距離《きょり》は，80×15＝1200(m)である。

(4)　はじめに，どの位にも５を含《ふく》まない整数の個数を求める。千の位には０と５を除いた８通りの数字を使うことができ，百の位，十の位，一の位には５を除いた９通りの数字を使うことができるので，５を使わない４けたの整数の個数は，８×９×９×９＝5832(個)とわかる。また，1000から

9999までの整数は全部で，9999−1000＋１＝9000(個)あるから，５を含んでいる整数の個数は，9000−5832＝3168(個)と求められる。

⑸　正方形が通過しないのは，右の図３の斜線《しゃせん》部分の３つの三角形である。●印の部分の長さは１cmなので，アの長さは，10−１×３＝７(cm)となる。したがって，大きい三角形は対角線の長さが７cmの正方形を半分にしたものだから，その面積は，７×７÷２÷２＝12.25(cm^2)とわかる。また，小さい三角形を２つ合わせると対角線の長さが１cmの正方形になるので，その面積は，１×１÷２＝0.5(cm^2)と求められる。よって，斜線部分の面積は，12.25＋0.5＝12.75(cm^2)である。

図３

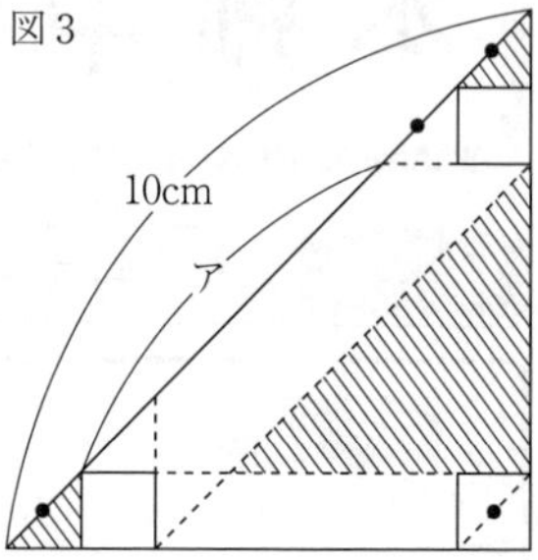

⑹　四角すいＡ−BCDEは右の図４のような立体であり，これをAOを軸《じく》として１回転させると，右の図５のような円すいができる。また，図４のように，正方形BCDEの１辺の長さを１，OBの長さを□とすると，図５の円すいの底面の円の半径は□になる。ここで，三角形OBCの面積は，□×□÷２＝１×１÷４＝0.25となるから，□×□＝0.25×２＝0.5とわかる。さらに，図４と図５は高さが等しい四角すいと円すいなので，体積の比は底面積の比と等しくなる。よって，図４と図５の体積の比は，（１×１）：(□×□×3.14)＝１：(0.5×3.14)＝１：1.57だから，図５の体積は図４の体積の1.57倍と求められる。

図４

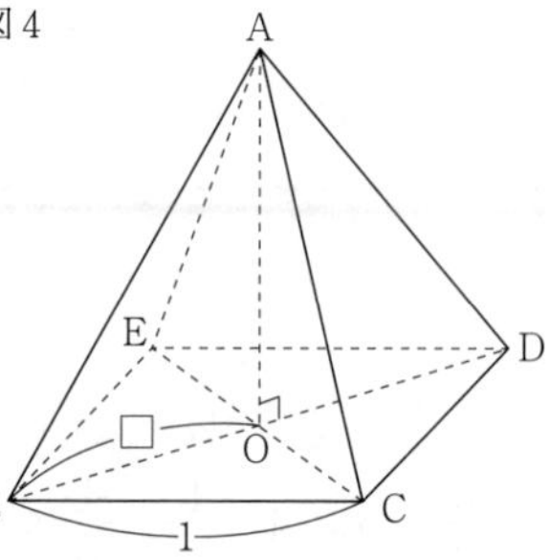

図５

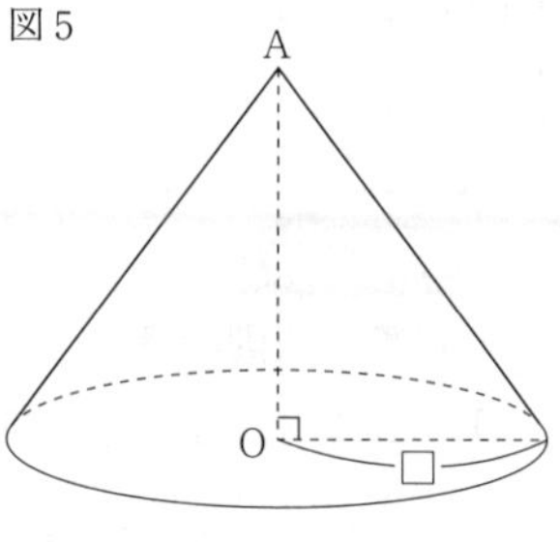

3　グラフ—旅人算

⑴　問題文中のグラフから，Ｂに乗ったのは２分後，Ａに乗ったのは５分後とわかる。また，５分後から７分後までのグラフの傾《かたむ》きから，３つのリフトの進行のようすをグラフに表すと右のようになる。このグラフから，Ｂの速さは毎分，90÷（５−２）＝30(m)と求められる。また，５分後から６分後までの間にＡとＢの間の距離が，90−80＝10(m)縮まっているから，ＡとＢの速さの差は毎分，10÷（６−５）＝10(m)となる。よって，Ａの速さは毎分，30＋10＝40(m)とわかる。

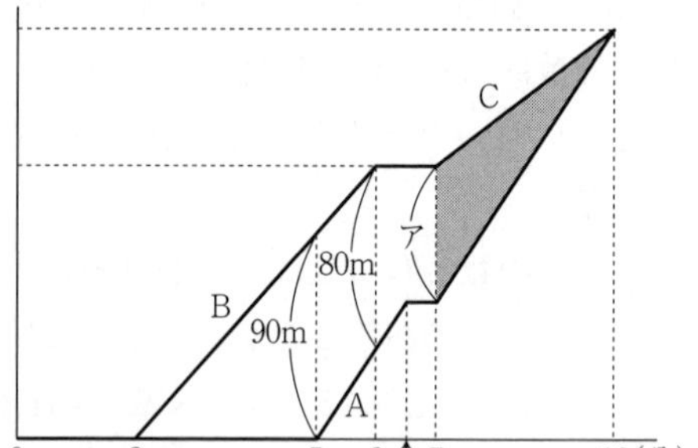

⑵　Ａが止まったのはＡに乗ってから，6.5−５＝1.5(分後)なので，ふもとから，40×1.5＝60(m)動いたところである。

⑶　グラフのかげをつけた部分に注目する。Ｂに乗った時間は，６−２＝４(分)だから，Ｂで進んだ距離は，30×４＝120(m)となり，アの距離は，120−60＝60(m)とわかる。したがって，かげをつけた部分では，兄と弟の間の距離は１分間に，60÷(10−７)＝20(m)の割合で縮まったので，ＡとＣの速さの差は毎分20mとわかる。よって，Ｃの速さは毎分，40−20＝20(m)である。

4　条件の整理

⑴　$C=2$とすると，右の図１のようになる。このとき，AとBに４を入れることはできないから，４が入るのはDと決まる。すると，$G=1$，$H=2$と決まるので，右の図２のようになる。次に図２で，$I=4$と決まる。また，BとKには１と２が入るが，Bに２を入れることはできないから，$B=1$，$K=2$と決まる。すると，$A=3$となり，右の図３のようになる。そこで，残りの数字は右の図４のように決まるので，$D=4$，$E=2$とわかる。

⑵　$C=1$とすると，右下の図５のようになる。図５で，GとIには２と４が入るが，Gに４を入れることはできないから，$G=2$とわかる。これにともなってほかの数字も次々と決まり，右の図６のように１通りに決まるので，$F=2$である。

⑶　$C=4$とすると，下の図７のようになる。この場合は次に決まる数字がないので，場合分けをして調べる。すると，$D=1$としたときに下の図８，図９の２通り，$D=2$としたときに下の図10，図11の２通りあることがわかる。よって，$C=2$とすると１通り，$C=1$とすると１通り，$C=4$とすると４通りあるから，全部で，$1+1+4=6$(通り)となる。

図１

J	E	3	D
3	I	G	2
K	3	4	B
L	F	H	A

図２

J	E	3	4
3	I	1	2
K	3	4	B
L	F	2	A

図３

J	E	3	4
3	4	1	2
2	3	4	1
L	F	2	3

図４

1	2	3	4
3	4	1	2
2	3	4	1
4	1	2	3

図５

J	E	3	D
3	I	G	1
K	3	4	B
L	F	H	A

図６

2	1	3	4
3	4	2	1
1	3	4	2
4	2	1	3

図７

J	E	3	D
3	I	G	4
K	3	4	B
L	F	H	A

図８

4	2	3	1
3	1	2	4
1	3	4	2
2	4	1	3

図９

2	4	3	1
3	1	2	4
1	3	4	2
4	2	1	3

図10

4	1	3	2
3	2	1	4
2	3	4	1
1	4	2	3

図11

1	4	3	2
3	2	1	4
2	3	4	1
4	1	2	3

5　立体図形―分割，体積

⑴　立体Ｓは，下の図１の太線で囲んだ三角すいＡ－ＥＦＨである。よって，体積は，$5\times5\times\frac{1}{2}\times5\times\frac{1}{3}=\frac{125}{6}=20\frac{5}{6}$(cm³)となる。

⑵　立体Ｔは，下の図２の太線で囲んだ立体である。これは，立方体から４つの合同な三角すいＡ－ＥＦＨ，Ｃ－ＧＨＦ，Ｆ－ＢＣＡ，Ｈ－ＤＡＣを取り除いた形をしている。立方体の体積は，$5\times5\times5=125$(cm³)であり，取り除いた４つの三角すいの体積は，⑴で求めた立体Ｓの体積と等しく$\frac{125}{6}$cm³だから，立体Ｔの体積は，$125-\frac{125}{6}\times4=\frac{125}{3}=41\frac{2}{3}$(cm³)と求められる。

図１

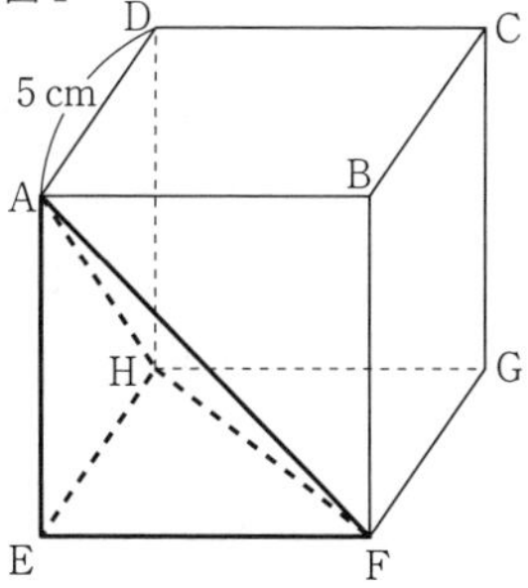

図２

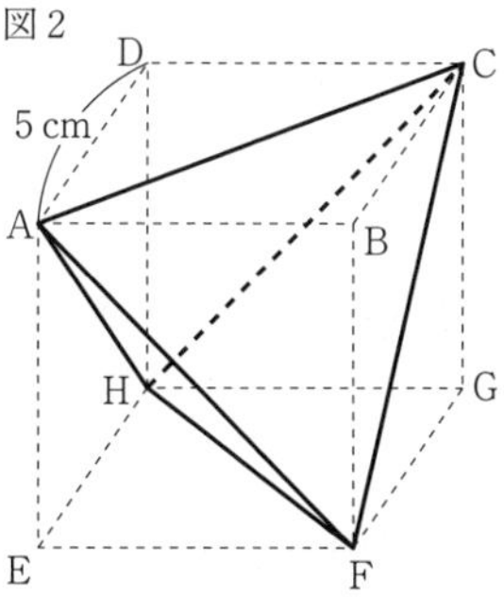

図３

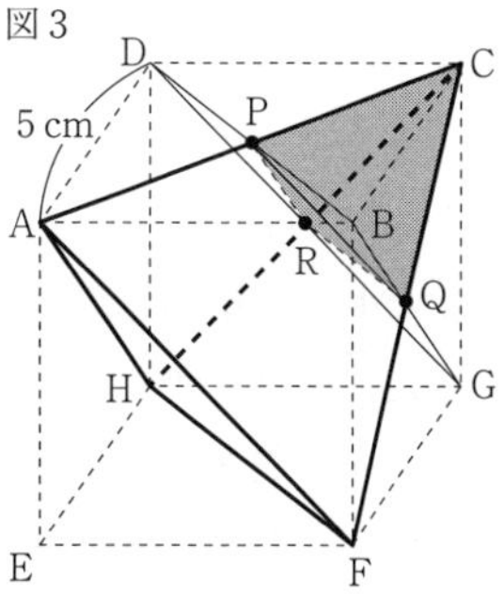

⑶　立体Ｔは，頂点をＣ，底面を三角形AFHとする三角すいＣ－AFHと見ることができる。また，上の図３のように，CAとBDが交わる点をＰ，CFとBGが交わる点をＱ，CHとDGが交わる点をＲとすると，立体Ｕは，三角すいＣ－AFHから三角すいＣ－PQRを取り除いた形の立体になる。ここで，Ｐ，Ｑ，ＲはそれぞれCA，CF，CHの真ん中の点なので，三角すいＣ－PQRの体積は三角すいＣ－AFHの体積の，$\frac{1}{2}\times\frac{1}{2}\times\frac{1}{2}=\frac{1}{8}$(倍)になる。よって，立体Ｕの体積は三角すいＣ－AFHの体積の，$1-\frac{1}{8}=\frac{7}{8}$(倍)だから，$\frac{125}{3}\times\frac{7}{8}=\frac{875}{24}=36\frac{11}{24}$($cm^3$)と求められる。

社　会　＜第１回試験＞（40分）＜満点：75点＞

解　答

1　**問１**　**ア**　○　**イ**　○　**ウ**　×　**エ**　○　**オ**　×　**カ**　×　**問２**　①　0(m)　②　イ　③　エ　④　ア　**問３**　イ　**問４**　2500(m)　**問５**　イ　**問６**　**ア**　福島県　**イ**　茨城県　**ウ**　栃木県　**エ**　埼玉県　**オ**　千葉県　**2**　**問１**　ア　**問２**　エ　**問３**　ウ　**問４**　イ　**問５**　エ　**問６**　ウ　**問７**　エ　**問８**　ウ　**問９**　ア　**問10**　百済　**問11**　唐招提寺　**問12**　徳川吉宗　**問13**　北前船　**問14**　関東大震災　**問15**　サンフランシスコ　**問16**　島原の乱（島原・天草一揆）　**問17**　歌舞伎　**3**　**問１**　**A**　酸性雨　**B**　**2**　エ　**3**　ア　**C**　パリ　**問２**　イ　**問３**　南北　**問４**　エ　**問５**　**A**　**1**　ドイツ　**2**　イギリス　**B**　ウ　**問６**　**A**　ウ　**B**　イ　**C**　ア　**問７**　**1**　国会　**2**　指名

解　説

1　**地形図を題材とした問題**

問１　**ア**　河川の流域にあたる「常名新田」や，湖岸の平地にあたる「石田」「田村町」などに水田(||)がみられるので，正しい。　**イ**　特にことわりのないかぎり，地形図の上が北，右が東，下が南，左が西を表す。「つちうら」駅の西側には，斜線《しゃせん》で表された建物の密集地があるので，正しい。　**ウ**　規模の大きな工業団地は，地形図の北部にはみられるが，南西部にはみられない。**エ**　「日立電線」の西や「湖北」の南など，複数箇所《かしょ》に発電所等(☼)がみられるので，正しい。**オ**　「工業団地」の西側を通る道路上に，標高27.3mを示す水準点(⊡)がある。　**カ**　地形図中を走るJR線(━━)が新幹線であるかどうかは読み取れない。なお，この線路はJR常磐《じょうばん》線のものである。

問２　①　「Ａ」の下にみえる「-０-」が，湖水面の標高を表している。　②　地形図に描かれている土浦市は茨城県南部にあり，霞ヶ浦《かすみがうら》(西浦)の西岸に位置している。霞ヶ浦は茨城県南部に広がる全国で２番目に大きな湖で，広い意味ではこの東に広がる北浦と合わせて霞ヶ浦とよぶこともある。なお，印旛《いんば》沼と手賀沼は千葉県にある。　③　霞ヶ浦は，海だったところが切りはなされてできた海跡《かいせき》湖だが，現在は淡水《たんすい》をたたえており，シラウオやエビ類，ワカサギなどが漁獲《ぎょかく》される。ワカサギは霞ヶ浦の名産として知られるが，現在は漁獲量が減少している。なお，アンコウとヒラメは海でとられる。シジミは，淡水や淡水と海水が混じり合った汽水に生息する貝で，汽水湖である宍道《しんじ》湖(島根県)や十三湖(青森県)で多くとられる。　④　れんこんの生産量は茨城県が全国第１位で，以下，佐賀県，徳島県が続く。なお，日本なしは千葉県，すいかは熊本県，レタスは長野県が生産量全国第１位。統計資料は『データでみる県勢』2022年版による(以下同じ)。

問３　江戸時代には人やものの往来がさかんになったことから，東海道・中山道・日光街道・奥州街道・甲州街道の五街道が整備され，これにともなって要地を結ぶ脇《わき》街道も整備された。水戸街道もそうした脇街道の一つで，日光街道・奥州街道の千住宿から分かれ，千葉県，茨城県を通って，徳川御三家の一つであった水戸藩の城下町・水戸にいたった。

問４　実際の距離は，(地形図上の長さ)×(縮尺の分母)で求められる。この地形図の縮尺は50000分の１なので，５×50000＝250000(cm)＝2500(m)となる。

問５　土浦市が茨城県南部に位置することと，本州の関東地方以西がやや南西にかたむいていることなどから，福井市だと判断できる。土浦市は北緯約36度に位置し，熊谷市(埼玉県)や長野県の諏《す》訪《わ》湖なども ほぼ同緯度にある。なお，新潟市(北緯約38度)は土浦市より北，大阪市(北緯約35度)と高松市(香川県，北緯約34度)は土浦市より南に位置している。

問６　ア～オ　茨城県は，福島県，栃木県，埼玉県，千葉県に接している。このうち，面積が最も大きいのは，全国第３位の大きさをほこる福島県なので，アにあてはまる。また，都道府県別の人口は，東京都，神奈川県，大阪府，愛知県，埼玉県，千葉県の順に多いので，エに埼玉県，オに千葉県があてはまる。イとウのうち，農業産出額の多いイが茨城県で，茨城県の農業産出額は北海道，鹿児島県についで全国で３番目に多い。残ったウには，栃木県があてはまる。

２　各時代の歴史的なことがらについての問題

問１　６世紀なかばに仏教が伝来すると，これを受け入れようとする蘇我《そが》氏と，受け入れに反対する物部《もののべ》氏との間で争いが起こった。崇仏《すうぶつ》論争とよばれるこの争いは，587年に蘇我馬子が物部守屋《もりや》を倒《たお》したことで決着し，以後，朝廷や豪族の中に仏教が定着していった。

問２　幕府はキリスト教禁止を徹底《てってい》するため，1612年に天領(幕府の直轄《ちょっかつ》地)にキリスト教の禁教令を出し，翌13年にはこれを全国に拡大した。なお，ア～ウはいずれも1615年に出された法令。

問３　群馬県東部の桐生《きりゅう》市を中心とする地域では，奈良時代に始まったとされる織物づくりが受けつがれ，江戸時代には幕府の保護を受けて高級絹織物の産地へと発展した。この桐生織は現在，国の伝統的工芸品に指定されている。

問４　江戸時代の新田開発は幕府や大名の指示，あるいは豊かな町人の出資などにもとづいて行われ，実際の労働は地元の農民らが行うのが一般的であった。都市で生活の場を失った人々は無宿人などとよばれ，鉱山での重労働につかされたり，人足寄場という収容施設で働いたりした。

問５　1716年から始められた改革政治は享保の改革とよばれ，幕府の財政再建をおもな目的としてさまざまな政策が実施された。その一つとして上米《あげまい》の制が実施され，石高１万石につき100石の米を大名に差し出させる代わりに，参勤交代における江戸滞在《たいざい》期間を１年から半年に短縮した。なお，アについて，参勤交代は，江戸時代末まで続けられた。イは老中水野忠邦が行った天保の改革の中で，ウは老中松平定信が行った寛政の改革と，天保の改革の中で行われた。

問６　アは1932年，イは1941年，ウは1938年，エは1936年のできごとなので，古い順にア→エ→ウ→イとなる。なお，リットン調査団は1931年に始まった満州事変の実情を調査するため，国際連盟によって翌32年に派遣され，満州事変を日本の侵略《しんりゃく》であると報告した。

問７　ア　Ａの巣鴨《すがも》駅の近くには，1921(大正10)年・1937(昭和12)年のいずれの地形図でも貨物ターミナルと考えられる場所があるが，その規模は変わっていない。　イ　1921年(大正10)年の地形図によると，1937(昭和12)年に「本郷中學《ちゅうがく》」がある場所には針葉樹林(Λ)などはみられるが，当時は畑の地図記号は使われていなかったため，畑が広がっていたかどうかはわからない。　ウ　戦前のものである1937(昭和12)年の地形図にも，「車庫」と書かれた場所がある。1921(大正10)年の地形図でも，ここに東京市電(┼┼┼┼┼┼)が引きこまれていることから，この当時，すでにこの場所に車庫があったと判断できる。　エ　1921(大正10)年には空き地の多かった岩崎邸《てい》の周辺に，1937(昭和12)年には建物が立ち並んでいることが読み取れる。建物の間の周囲の白い部分は住宅の庭と考えられるので，正しい。

問８　室町時代には，平安時代の寝殿《しんでん》造をもとにして，書院造という建築様式が登場した。書院造は部屋全体に畳《たたみ》を敷《し》くことや，ふすまやあかり障子などを仕切りとすること，床《とこ》の間や違《ちが》い棚《だな》を備えていることなどを特徴《とくちょう》としており，今日の和風住宅のもととなった。中国から伝えられた禅《ぜん》宗《しゅう》の影響《えいきょう》を受けているが，室町時代に広がっていた禅宗(特に臨済宗)はすでに日本文化として定着していたといえるので，ウが正しくない。

問９　ア　第一次世界大戦中の日本は，大戦景気とよばれる好景気を迎《むか》えた。また，この時代には都市で働くサラリーマンが増え，彼らのための住宅も多く建てられた。よって，正しい。　イ　男女共学が広がるのは，第二次世界大戦後のことである。　ウ　本郷中学のある東京都豊島《としま》区は郊外ではなく，都心にあたる。　エ　第二次世界大戦後の1947年に出された教育基本法と学校教育法によって，義務教育が小学校６年間と中学校３年間の９年間へと引き上げられた。

問10　百済《くだら》は朝鮮半島南西部にあった国で，538年(一説に552年)に百済の聖明王《せいめいおう》が日本の欽明《きんめい》天皇に経典などを贈《おく》ったことが，日本への仏教の正式な伝来とされる。百済川(現在は曽我《そが》川とよばれる)は奈良県中部の北葛城《かつらぎ》郡を流れており，ここには百済という地名が残っている。

問11　唐招提寺《とうしょうだいじ》は奈良市にある律宗の総本山で，唐(中国)の高僧・鑑真《がんじん》によって759年に創建された。金堂などは創建時の姿を残しており，1998年には「古都奈良の文化財」の一つとしてユネスコ(国連教育科学文化機関)の世界文化遺産に登録された。

問12　徳川吉宗は，徳川御三家の一つであった紀伊藩(和歌山県)の藩主から江戸幕府の第８代将軍に就任すると，享保の改革とよばれる幕政改革に取り組んだ。

問13　江戸時代前半，河村瑞賢《ずいけん》によって，東北地方の日本海側から津軽海峡《かいきょう》をまわり，太平洋を通って江戸に至る東廻《まわ》り航路と，東北地方の日本海側から日本海を南下したのち，関門海峡をまわって瀬戸内海に入り，大坂(大阪)に至る西廻り航路が開かれた。その後，西廻り航路には，蝦夷《えぞ》地(北海道)の海産物などを大坂へと運ぶ北前船が就航し，日本海側の各地に寄港して商売を行うことで大きな利益をあげた。

問14　本郷中学が創立されたのは1922年のことで，翌23年の９月１日には関東大震災が発生した。関東大震災は，地震の揺《ゆ》れとともに火災による被害も大きかった。

問15　1951年，アメリカ西部の都市サンフランシスコで，第二次世界大戦の講和会議が行われた。日本全権委員としてこの会議に出席した吉田茂《しげる》は，連合国48か国との間でサンフランシスコ平和条約を結び，この条約が翌52年に発効したことで，日本は独立を回復した。

問16　発表Ⅱでは，江戸時代前半のことが述べられている。この時期の1637年，領主の圧政とキリスト教徒への弾圧にたえかねた島原(長崎県)・天草(熊本県)地方の農民たちは，16歳の少年・天草四郎時貞《ときさだ》を首領として反乱を起こした。これを島原の乱(島原・天草一揆《いっき》)といい，一揆軍は島原半島南部の原城跡にたてこもって抵抗《ていこう》したが，幕府は大軍を投入して翌38年にようやくこれをしずめた。

問17　歌舞伎《かぶき》は，安土・桃山時代に出雲《いずも》の阿国《おくに》が始めたかぶき踊《おど》りを起源とし，江戸時代には男性のみが演じる舞台《ぶたい》芸能として完成された。

3　環境問題と政治のしくみについての問題

問１　**A**　工場の煙《けむり》や自動車の排気ガスにふくまれる窒素《ちっそ》酸化物や硫黄《いおう》酸化物が，大気中をただようううちに化学変化を起こして酸性の強い物質に変化し，雨水などにとけこんで地表に降り注ぐものを，酸性雨という。酸性雨は，森林を枯《か》らす，湖沼を酸性化して水生生物を死滅《しめつ》させるといった被害をもたらし，原因となる物質が風によって運ばれるため，国境をまたいだ国際的な環境問題となる。　**B**　**２**　1972年，スウェーデンの首都ストックホルムで国連人間環境会議が開かれた。これは環境をテーマとした初の本格的な国際会議で，「かけがえのない地球」がスローガン(標語)としてかかげられた。　**３**　1992年，ブラジルのリオデジャネイロで地球サミット(環境と開発に関する国連会議，国連環境開発会議)が開かれ，「持続可能な開発」を理念として気候変動枠組《わくぐみ》条約への署名などが行われた。　**C**　2024年のオリンピック夏季大会は，フランスの首都パリで開催される。なお，2015年に開かれたCOP21(国連気候変動枠組条約第21回締約《ていやく》国会議)では，地球温暖化防止のためのパリ協定が採択《さいたく》された。

問２　ア「カドミウム」ではなく「有機(メチル)水銀」が正しい。この文は，水俣《みなまた》病について説明している。　イ　1950～60年代に四大公害をはじめとする公害問題が深刻化したことから，1967年に公害対策基本法が制定された。よって，正しい。　ウ　1971年には環境庁が設置され，2001年の中央省庁再編のさいに環境省に格上げされた。　エ「川崎ぜんそく」ではなく「四日市ぜんそく」が正しい。

問３　北半球に多い先進国と，南半球に多い発展途上国との間の著しい経済的格差と，それにもとづく政治的・経済的諸問題は，南北問題とよばれる。

問４　条約は内閣が締結し，事前または事後に国会が承認する。国会の承認には衆参各議院で出席議員の過半数の賛成が必要となるが，議決には衆議院の優越が適用される。

問５　**A**　**１，２**　２つ目のマダガスカルの例から，技術支援や資金援助をした側も，減った分の排出量を削減《さくげん》量に計上できることがわかる。　**B**　日本は，排出量のみでみた場合には目標値におよんでいないが，「森林等吸収源・京都メカニズムクレジットを加味した達成状況」では，目標値を達成したことになる。

問６　**A**　サンゴは熱帯や亜《あ》熱帯の海に分布するので，赤道付近にある島国のモルディブがあてはまる。　**B**　地球温暖化の影響によって急速に進んでいるヒマラヤ地域の氷河の融解によって，近年インド北部では洪水や地滑りが頻繁《ひんぱん》に発生している。　**C**　グリーンランドやシベリア，アラスカなどの北極圏《けん》では，熱波を原因とする大規模な森林火災(山火事)の発生があいついでいる。

問７　**１，２**　内閣総理大臣は国会議員の中から国会が指名し，天皇が任命する。衆議院と参議院の指名が異なったときは両院協議会が開かれ，それでも一致しない場合，あるいは衆議院の指名後10日以内(国会休会中を除く)に参議院が指名しない場合には，衆議院の指名が国会の指名となる。

理　科　＜第１回試験＞（40分）＜満点：75点＞

解　答

1 (1) **1** ○　**2** 少し下　**3** 少しずつ入れ　(2) ① イ　② 47.2mL　(3) **X** 114　**Y** 120　(4) 342ｇ　(5) ア　(6) エ　(7) ウ　**2** (1) オ　(2) ① カ　② **X** オ　**Y** エ　**Z** ウ　③ **Ⅰ** イ　**Ⅱ** カ　④ 32Ｌ　(3) **Ⅲ** イ　**Ⅳ** ウ　(4) (例) 水道管の中の水がこおると，体積が大きくなるため，水道管がはれつする。　**3** (1) **a** クモ／ウ，キ　**b** こうかく／エ，カ　(2) ウ，エ　(3) **呼吸器官**…ウ　**体の部位**…ウ(ア，イ)　(4) **X** カ　**Y** ウ　**Z** コ　(5) エ，オ，キ　**4** (1) ① ア　② ウ　③ ア　④ 火星　⑤ 0.5度　(2) キ　(3) エ　(4) オ，カ

解　説

1 メスシリンダーの使い方，浮力《ふりょく》，水圧についての問題

Ⅰ (1) メスシリンダーを使って決まった量の液体をはかり取るときは，まず，メスシリンダーを水平なところに置き，はかり取りたい量の目もりの少し下のところまで液体を入れる。そして，横から液面を見ながらスポイトで液体を少しずつ入れていき，液面を目もりに合わせる。

(2) 水面の低くなっているところの目もりを，水面の真横から読み取る。このとき，最小目もりの $\frac{1}{10}$ まで目分量で読み取る。図６のメスシリンダーは，１目もりが１mLを表しているので，47.2mLと読み取れる。

(3) 表２から，メスシリンダーの示す値が増えた分だけ，電子てんびんの示す値も増えていることがわかる。したがって，表２でおもりＢを入れたときのメスシリンダーの示す値は，100＋(256－242)＝114(mL)，おもりＥを入れたときのメスシリンダーの示す値は，100＋(262－242)＝120(mL)となる。

(4) おもりＡの重さは100ｇで，100mLの水が入ったメスシリンダー全体の重さは242ｇであることから，図７の電子てんびんの示す値は，100＋242＝342(ｇ)と求められる。

Ⅱ (5), (6) 水の入った容器にピンポン玉を上から入れる場合にはピンポン玉は浮《う》くが，図８のように上から水を注いでいくと，ピンポン玉の上にある水の重さでピンポン玉が押《お》さえつけられるため，いくら水を注いでもピンポン玉は浮かない。

(7) ペットボトルの口元をある程度しずめて，ペットボトルの中に水が入ってくると，ピンポン玉は浮く。

2 物質の状態変化と熱の出入りについての問題

(1) 物質が小さな粒《つぶ》からできていると考えた場合，粒がばらばらで，粒と粒の間がとても広くなっている状態が気体(ａ)，粒が規則正しく並んで，粒と粒の間がとてもせまくなっている状態が固体(ｂ)である。また，液体(ｃ)は，粒同士が集まっていて気体よりは粒と粒の間がせまくなっているが，入れ物によって集まり方を変えることができ，形が変わる。

(2) ① １から，同じ重さの－20℃の氷を０℃の氷にするまでの加熱時間より，０℃の水を20℃の水にするまでの加熱時間のほうが長いことがわかり，２から，同じ重さの０℃の氷をすべて０℃の

水にするときの加熱時間より，100℃の水をすべて100℃の水蒸気にするときの加熱時間のほうが長いことがわかる。よって，これらを満たすカのグラフを選ぶ。　②　水はおよそ100℃で沸騰《ふっとう》し，ビーカー内の水の内部から水蒸気への変化が起こる。このとき，アルミ箔《はく》の穴から出てきた水蒸気は，まわりの空気で冷やされて小さな水の粒になり，白い煙《けむり》のように見える。このような水蒸気が水になる変化を凝縮《ぎょうしゅく》(液化)という。白い煙のように見えたものは，やがて蒸発して水蒸気に戻《もど》り空気中にふくまれるため，再び見えなくなる。　③　一般《いっぱん》にカセットコンロのボンベには，燃料となるブタンが液体の状態で保存されており，カセットコンロを使用するときには，液体のブタンが気体に変化(蒸発)して燃える。この変化により，ブタンがまわりから熱をうばうため，加熱後のボンベをさわると冷たく感じる。　④　ブタン１ｇを燃焼させたとき，発生した熱の35％が水の温度上昇《じょうしょう》に使われるので，１Ｌの水の上昇温度は，$12\times\frac{35}{100}=4.2$(℃)となり，このときに二酸化炭素は1.6Ｌ発生する。16℃の水１Ｌを100℃にするには，100－16＝84(℃)水温を上昇させなければならないので，このときに発生する二酸化炭素の体積は，1.6×84÷4.2＝32(Ｌ)と求められる。

(3)　この実験で，試験管内の水が固体(氷)になったことから，試験管内の水は周囲から熱をうばわれたことがわかる。そして，このことから，氷に食塩をかけると氷がとけやすくなり，周囲から熱をうばって氷がとけたことで，試験管内の水は熱をうばわれて冷やされ，氷になったと考えられる。

(4)　水が氷に変化すると，その体積は約1.1倍になる。したがって，水道管の中の水がこおると水道管がはれつする危険がある。

3　節足動物とセキツイ動物の特徴《とくちょう》についての問題

(1)，(2)　節足動物には，体が頭部・胸部・腹部の３つに分かれ，足が３対(６本)ある昆虫《こんちゅう》類，体が頭胸部と腹部の２つに分かれ，足が４対(８本)あるクモ類，足が５対(10本)で，体が頭胸部と腹部の２つに分かれているものが多いこうかく類などがある。クモ類にはサソリやダニなど，こうかく類にはミジンコやザリガニ，エビ，ダンゴムシなどがいる。

(3)　昆虫は腹部や胸部に複数ある気門で空気を出し入れしている。気門から取り入れた空気は気管を通して体中(頭部，胸部，腹部)に送られ，この気管で気体の交かん(呼吸)がおこなわれる。

(4)　Ｘ　アブラゼミの雄《おす》は「ジージー」という声で鳴く。　Ｙ　体が黒色や黄色のしま模様になっていて，体長が約90㎜もあることから，オニヤンマが選べる。　Ｚ　幼虫も成虫も草むらなどにすみ，葉を食べることから，トノサマバッタがあてはまる。バッタの特徴として，後足が大きく発達し，高いジャンプ力を持つことがあげられる。

(5)　は虫類のウミガメやワニと両生類のヒキガエルは，変温動物で成体が肺呼吸をおこなう。なお，ウナギは魚類，ペンギンは鳥類，コウモリとモグラはほ乳類である。

4　惑星《わくせい》の特徴，月の見え方，潮汐《ちょうせき》についての問題

(1)　①　月は地球のまわりを公転しているため，同時刻の月の位置は，毎日東にずれていく。

②　木星は地球の外側を公転している惑星なので，図２のア～エを通るように公転し，最も地球に接近しているウの位置のときに衝《しょう》になる。　③，④　太陽系の惑星を２つに分ける場合，直径が小さく，主成分が岩石などの固体で密度が大きい水星，金星，地球，火星を地球型惑星といい，直径が大きく，水素やヘリウムなどの気体でおおわれている木星，土星，天王星，海王星を木星型

惑星という（なお，一般に天王星と海王星は主成分が氷とされていることが多い）。木星型惑星はいずれも外惑星で，公転周期は地球型惑星よりも長い。また，地球型惑星のうち，火星だけが外惑星である。　⑤　地球が１日１回自転しているため，月は１時間（60分）で，360÷24＝15（度）東から西に動くように見える。したがって，満月の視直径は，$15\times\frac{2}{60}=0.5$（度）となる。

⑵　月が東の空に，太陽が西の空にあったことから，満月に近い月だったと考えられる。

⑶　満月は地球から見たときに，太陽と反対の位置にあるときに見える。したがって，太陽が空の高い位置に見える夏のころは，満月が低い位置に見え，太陽が空の低い位置に見える冬のころは，満月が高い位置に見える。

⑷　潮汐はおもに月や太陽が地球におよぼす引力によって生じる。地球に対して月と太陽が一直線上に並ぶとき，月と太陽による力の方向が重なるため，１日の満潮と干潮の潮位差が最も大きくなる。したがって，大潮はオの新月やカの満月のときに起こる。

国　語　＜第１回試験＞（50分）＜満点：100点＞

解　答

一　①　もっぱ　②～⑤　下記を参照のこと。　二　**問１**　ウ　**問２**　**B**　カ　**C**　イ　**問３**　4　**問４**　ウ　**問５**　他者との交～柔軟なもの　**問６**　ア　**問７**　エ　**問８**　イ　**問９**　（例）　他人だけでなく動植物や文化的作品などとの交わりによって新たな「わたし」が獲得されるとともに，その他者の存在が様々な「わたし」を内包した「わたし」の存在を成り立たせているということ。　三　**問１**　ア　**問２**　**X**　心　**Y**　体　**問３**　イ　**問４**　ウ　**問５**　ア　**問６**　エ　**問７**　ウ　**問８**　エ　**問９**　エ　**問10**　（例）　一体感を持ちながら共に走るという，これまで経験したことのない感覚を味わわせてくれたり，走ることに対する意義や情熱を呼び覚ましてくれたりした，かけがえのない存在。

●漢字の書き取り

一　②　敬　③　朗　④　検査　⑤　除隊

解　説

一　漢字の読みと書き取り

①　音読みは「セン」で，「専門」などの熟語がある。　②　音読みは「ケイ」で，「尊敬」などの熟語がある。　③　音読みは「ロウ」で，「明朗」などの熟語がある。　④　ある基準をもとに，異状がないかどうか，適しているかどうかなどを調べること。　⑤　軍隊をやめること。

二　出典は松村圭一郎《まつむらけいいちろう》の『はみだしの人類学　ともに生きる方法』による。筆者は，「わたし」とはただひとつではなく，他者との出会いによって変化するものであり，他者とのつながりによって別の「わたし」が引き出されるものであると述べている。

問１　直後に「ぶれない」とあることから，最初から最後まで考え方や行動が変わらないことを表す，ウ「首《しゅ》尾《び》一貫《いっかん》」がふさわしい。

問２　**B**　もともと「『わたし』のなかに複数の人間関係にねざした『わたし』」がいて，「だれと出会うか，どんな場所に身をおくかによって，別の『わたし』が引き出される」という文脈なので，外に出ず内側にかくれて存在するさまを表す，カ「潜在的《せんざいてき》」がふさわしい。　**C**　直前で述べられた「他者によって引き出される」に対して，自分で異なる役を演じ分けることを表す言葉なので，自分でこうしようと考えるさまを表す，イ「意図的」が合う。

問３　もどす文では「個性が大切だ」と世の中では言われている，ということが述べられている。空欄《くうらん》の後にはすべて，前のことがらに対して後のことがらが対立する関係にあることを表す「でも」があるので，もどす文に反する内容が後に続くことになる。空欄４に入れると，後の「『わたし』は『わたし』だけでつくりあげるものではない」は，もどす文の内容への反論というつながりになるので，文意が通る。

問４　次の段落に「だれもその『日本文化』にあてはまらなくても，それらが日本人の固有の文化だと信じて疑わない」とある。さらにその二つ後の段落に「『日本人』は，『日本人ではない人たち』との関係においてはじめて『日本人』でいられる」とある。つまり，「日本人ではない人たちとのあいだに境界線が引かれ」たときに，学生たちは日本特有であるものを「日本文化」だと考えるのである。よって，ウが合う。

問５　本文の最後から三つ目の段落で，「『わたし』をつくりあげている輪郭《りんかく》」について，それは「やわらかな膜《まく》」のようなものであり，「他者との交わりのなかで互《たが》いにはみだしながら，浸透《しんとう》しあう柔軟《じゅうなん》なもの」だと述べられている。

問６　同じ段落の内容に注目する。私たちが見たり聞いたりするときに，自分の体だけでなくほかのものとのつながりを通じて行われているように，「私たちの身体的な境界は，つねに外部の『わたし以外のもの』と連動する開かれたもの」である。それなのに「わたし」の存在をはっきりと感じられるのであるから，「不思議」だといえるのである。

問７　前後の内容からとらえる。筆者は，私たちが他者と交わりをもつことで変化することを「『わたし』が溶ける」と表現している。「『わたし』という存在」は「いろんな外部の要素を内側に取《と》り込《こ》んで変わることのできる」ものなので，さまざまな人と出会ってやりとりした結果が，いまの「わたし」であり，その「出会いの蓄積は，その人だけに固有なもの」で，「『わたし』の固有性は，そうした他者との出会いの固有性のうえに成り立っている」と述べられている。よって，エがふさわしい。

問８　ぼう線５の「これ」は，直前の，「すべての演じるべき役を脱《ぬ》ぎ去ったあとに，演じない本当の『わたし』がいるのか，いたとしてそれにどんな意味があるのか」という問いを指す。この問いが「考えるに値する」のは，「近代の個人主義的な人間観」である「たったひとつの『ほんとうの自分』」や「本来の自己」という考えにとらわれるのではなく，本文の最後にある「『つながり』をベースにした人間観」を考えるほうが「生きやすくなる」と思っているからだと述べている。よって，イが選べる。

問９　直前に注目すると，人間だけでなく「身の回りの動植物」，「本や映画，絵画などの作品」などもふくめて「広い意味の他者」としている。筆者は，「他者との『つながり』によって『わたし』の輪郭がつくりだされ」ると述べており，問７でみたように，「『わたし』の固有性」は「他者との出会いの固有性」のうえに成り立っているとも述べている。これらをふまえてまとめる。

三　**出典は浅生鴨《あそうかも》の『伴走者《ばんそうしゃ》』所収の「夏・マラソン編」による。**視覚障害を持つ内田と伴走者の淡島《あわしま》は，パラリンピックを目指して国際大会のレースを走っている。内田とともに過ごし，ともに走っているうちに，淡島の心にある変化が生まれてくる。

問１　Ａ「狭《せま》い」，Ｅ「辛《つら》い」は，言い切りの形が「～い」となる，性質やようすを表す言葉。Ｂ「崩《くず》れる」，Ｃ「終わる」，Ｉ「わかる」は動きやはたらきを表す言葉。Ｄ「急だ」，Ｆ「平坦《へいたん》だ」は，言い切りの形が「～だ」となる，ようすや状態を表す言葉。Ｇ「一回り」，Ｈ「運び」は，ものの名前やことがらを表す言葉である。

問２　「一心同体」は，二人以上の人が，心も体も一人の人のように固く結びつくこと。

問３　門を開ける直前の老人の言葉に注目すると，「儂《わし》が彼《かれ》の伴走者だった。彼の革命をすぐ側《そば》で見つめてきたのだ」とある。「内田の願いを叶《かな》えるのが，ここにいる俺《おれ》の役割だ」と考え，内田のために必死にうったえる淡島の姿に，老人はかつての自分を重ね合わせ，ひとごとだと思えなかったのだと考えられる。

問４　「儂が彼の伴走者だった」と話すときに「目尻《めじり》から涙《なみだ》がこぼれ落ち」ているようすから，老人が淡島の言葉によって「革命をすぐ側で見つめてきた」過去を思い出し，懐《なつ》かしく思っているのだと考えられる。よって，ウがふさわしい。

問５　ぼう線１の後にあるように，革命家の邸宅《ていたく》の壁《かべ》に触《ふ》れて「革命家を感じる」ことが「内田の願い」だった。それが叶い，壁に触れたあと「しばらく黙《だま》り込んだ」ようすからは，革命家の情熱を感じ，自分も翌日のレースに向けて闘志《とうし》を抱《いだ》いていることが読み取れる。

問６　続く部分に注目する。直前の内田の言葉に対して「俺だって現役《げんえき》のランナーだ。負けるわけがないだろう」と反発を感じている。そしてそのように感じた自分に「ハッとし」ているように，「今まで勝ち負けよりレースをコントロールすることにこだわってきた」淡島は，自分でも気がつかないうちに「内田に負けたくない」という熱い思いを抱き始めていたのである。

問７　問６でみたように，淡島は自分のなかに「内田に負けたくない」という気持ちがあることに気づいている。そして，ぼう線５の疑問を持ち始めているので，ウがふさわしい。

問８　続く部分に注目する。「辺りが闇《やみ》に包まれ」た中，淡島に見えているのは「内田と自分をつなぐ一本のロープだけ」で，自分の足音と内田の足音が「一定の間隔《かんかく》を刻んでいる」のを聞いていることから，ともに走る内田との結びつきを強く感じていることがわかる。そして，視界に光が戻《もど》ってからは，「あとはどうなってもいい。この二キロを走り抜《ぬ》く。そのために俺たちはここに来たんだ」と全力でゴールを目指している。

問９　直前に注目する。選手の場合，「最後の最後にはやはり自分との戦いが待っている」のだが，ゴール直前の場面で淡島が「俺は完全に内田に一致《いっち》する。それが伴走者だ」と考えているように，「伴走者」には「自分との戦い」はないのだから，エが合う。

問10　レース中，淡島は自分自身が変わっていくのを感じている。内田の伴走者として走ることを通して，「勝ち負けよりレースをコントロールすることにこだわってきた」自分が「勝つことを欲《ほっ》して」走るようになっていたのである。ぼう線８からは，内田が淡島を「俺の目だ」と感じているのと同様に，淡島も内田を自分にとってかけがえのない存在だと感じていることが読み取れる。

2022年度　本郷中学校

〔電　話〕 (03) 3917－１４５６
〔所在地〕 〒170-0003　東京都豊島区駒込４－11－１
〔交　通〕 JR山手線・都営三田線―「巣鴨駅」より徒歩３分
JR山手線・東京メトロ南北線―「駒込駅」より徒歩７分

【算　数】〈第２回試験〉(50分)〈満点：100点〉

注意　コンパス，分度器，定規，三角定規，計算機の使用は禁止します。かばんの中にしまって下さい。

1　次の□に当てはまる数を求めなさい。

(1)　$\left\{\left(3\frac{2}{7}+2\frac{3}{14}\right)\div 2\frac{1}{16}-5\frac{1}{3}\times 0.3\right\}\div\frac{8}{45}=\square$

(2)　$3\times 0.75\div\left\{\left(1.35-\frac{1}{4}\right)\div 4\frac{2}{5}-\square\right\}=31.5\div 1.75$

2　次の問いに答えなさい。

(1)　工場内にある長さのベルトコンベアーがあり，これを利用して製品Ａを移動させます。この製品Ａを移動させるのに通常72秒かかりますが，ベルトコンベアー上を同じ方向に動く運ぱん機を使って移動させると，ふたつの速さを合計した速さとなり同じ距離を24秒で移動できます。そこで，運ぱん機の速さを1.5倍にしてベルトコンベアー上で製品Ａを移動させると，何秒で移動できますか。

(2)　今から２年前，Ａ君の年れいはＡ君のお兄さんの半分の年れいでした。また今から８年前，Ａ君の年れいはＡ君のお姉さんの $\frac{1}{3}$ の年れいでした。Ａ君のお兄さんは，Ａ君のお姉さんより２才年上です。Ａ君のお兄さんは，今何才ですか。

(3)　正方形BCDEを底面とし，全ての辺の長さが等しい四角すいA-BCDEがあります。底面の対角線の交点を点Oとし，AOを軸としてこの四角すいを１回転させました。この回転によって四角すいが通過した部分の体積は，この回転によって三角形ABCが通過した部分の体積の何倍ですか。ただし，円周率は3.14とします。

(4)　$1\times2\times3\times4\times5\times6\times7\times8$ の計算式において，７か所のかけ算の記号×のうち，２か所をわり算の記号÷に書き直したところ，630になりました。どの数字の前の×を÷に書き直したか，２つの数字を答えなさい。

(5)　２つの式

$A+2\times B=17$,　　$B+2\times C=15$

があります。文字A，B，Cはそれぞれ異なり，１から９までのいずれかの整数です。ただし，同じ文字は同じ整数を表すものとします。このとき，Cに当てはまる整数はいくつですか。

(6)　図のように半径６cmの半円の周を６等分しました。このとき，斜線部分の面積は何cm^2ですか。ただし，円周率は3.14とします。

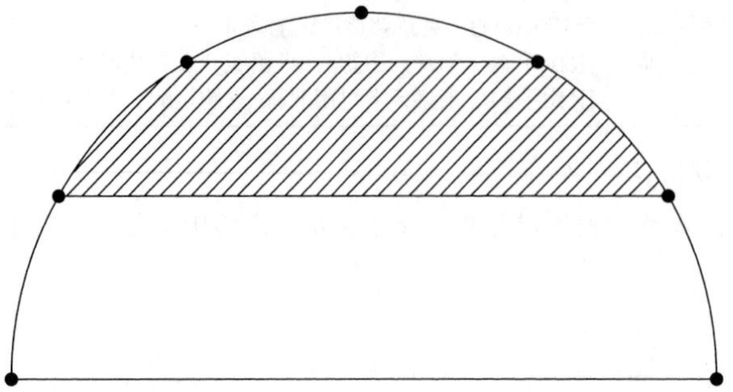

(7)　10以上の整数が小さい順に並んでいる数の列があります。その数の列から０や２を含む整数のみを取り出して新しい数の列を作ると，次のようになります。

10，12，20，21，22，23，24，25，26，27，28，29，30，32，……，90，92，100，101，102，……，110，112，……

このとき，この新しい数の列において2022は先頭から数えて何番目の整数ですか。

3　［図Ⅰ］のように直方体でできたしきりで，①②③の部分に分けられている直方体の容器があります。この容器には，①の部分の上部から一定の量の水を給水する管Ａと，②の部分の下部に一定の量の水を排出するポンプＢがあります。

［図Ⅱ］は管Ａだけを開き，水を入れ始めてからの時間と①の部分の水の深さの関係を表したグラフです。このとき，下の問いに答えなさい。

［図Ⅰ］

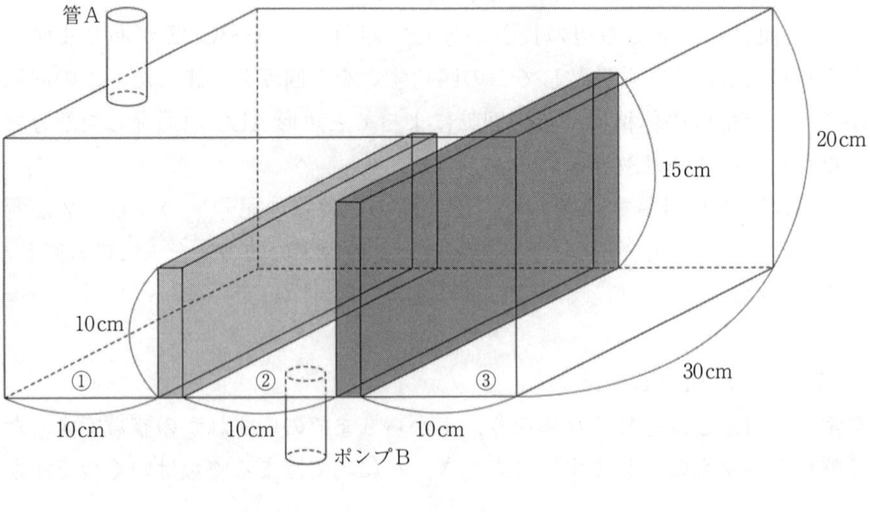

［図Ⅱ］

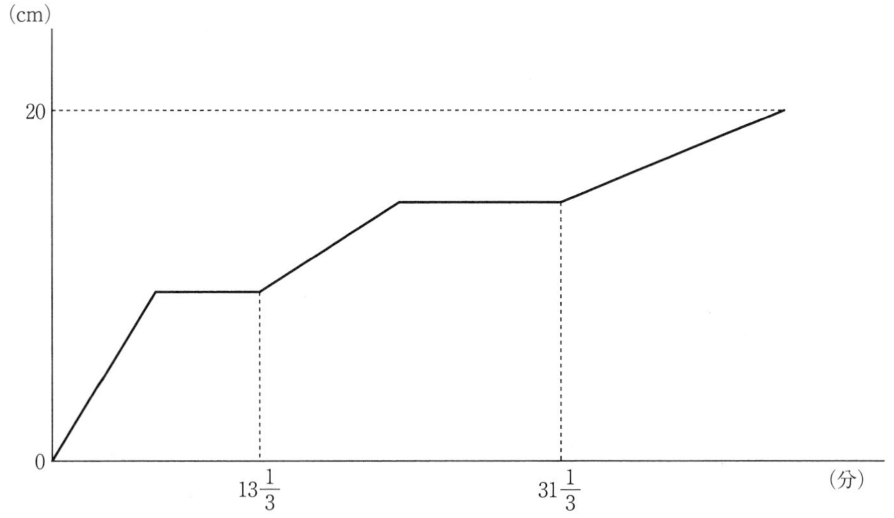

⑴　管Ａからは毎分何 cm^3 の水を入れていますか。

⑵　しきりの厚さが２つとも同じとき，しきりの厚さは何 cm ですか。

⑶　容器が満水になったところで管Ａから水を給水しながらポンプＢからも水を排出し始めました。ポンプＢからは管Ａから給水する水の量の２倍の量を排出するとき，②の水の深さが③の水の深さの半分になるのは，ポンプＢから水を排出し始めてから何分後ですか。

4　Ｈ君とＲ君は本郷中学校の生徒です。
次の問題をふたりで協力して解いています。

【問題】

［図Ⅰ］のような三角形 ABC があります。角 x を角 OAC と呼ぶことにするとき，角 BOC と角 AOB は 139° であり，角 ABO は 19°，角 OCB は 11° です。このとき角 x は何度ですか。

［図Ⅰ］

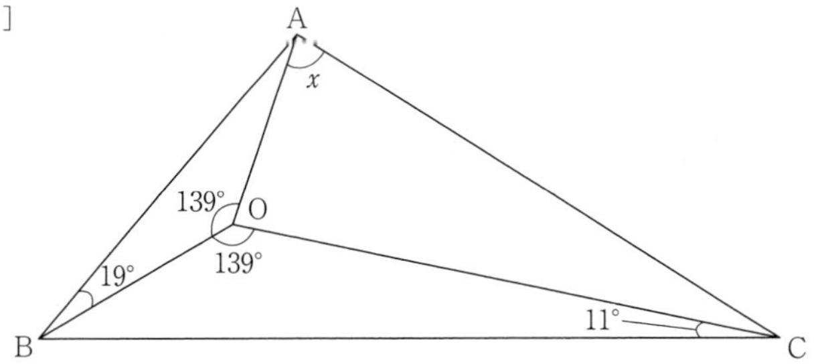

以下は問題を解いているふたりの会話です。

Ｈ君：こういう問題は考えやすいように補助線を引いていくことが基本だよね。
Ｒ君：そうだね，便利そうな補助線を引いてみようか。
Ｈ君：さらに言うと，正三角形や二等辺三角形ができるようにかいていくと，考えやすくなったりするんだよね。

R君：うんうん，そうしたら[図Ⅱ]みたいに三角形 ABD が正三角形になるように点Dをとってみよう。

H君：なるほど。そうすると角 CBD は a 度になるね。

[図Ⅱ]

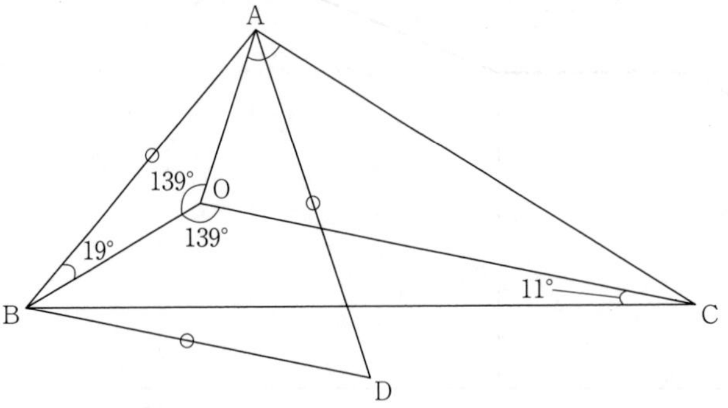

(1)　a の値を求めなさい。

R君：あっ，そうするとこことここが平行になるんだ！　これが手掛かりになるのかなぁ。

H君：うーん，どうかな。[図Ⅱ]にいろいろかき込んでみよう。

……

R君：んっ？　辺 OC 上に角 CBP が 11° になるように点Pをとると，うまくいきそうだよ。

H君：本当だ，三角形 OAB と合同な三角形ができたね！

(2)　〰〰の三角形を次の①～⑥の中からすべて選びなさい。

①　三角形 OAD

②　三角形 OAC

③　三角形 OBC

④　三角形 PBC

⑤　三角形 PBD

⑥　三角形 OPB

R君：もう少しかな。あっ，ここに補助線を引くとひし形ができるよ。

H君：そうだね，そうしたらこことここが等しいから二等辺三角形ができて…

……

H君：できた，角 x が求まったよ！

R君：そうだね！！

(3)　角 x は何度ですか。

5 図の立体は球の $\frac{1}{8}$ で，点Oは中心，2つの側面と1つの底面は中心角が90°のおうぎ形です。弧BCのまん中の点Dを通り，おうぎ形OACに平行な平面でこの立体を切ったとき，弧ABと交わる点をE，直線OBと交わる点をFとします。OAの長さを10cmとするとき，次の問いに答えなさい。

ただし，円周率は3.14とします。また，弧とはおうぎ形の曲線部分を指します。

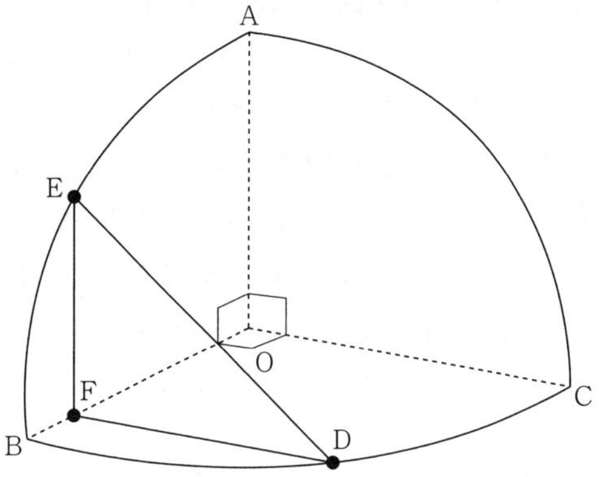

(1) 角ODEは何度ですか。

(2) 球面の上で2点D，Eをひもでつなぎます。ひもの長さを最も短くするとき，何cmになりますか。

【社　会】〈第２回試験〉（40分）〈満点：75点〉

注意　解答に際して，用語・人物名・地名・国名などについて漢字で書くべき所は漢字で答えなさい。
　なお，国名の表記は通称でかまいません。

〈編集部注：実物の入試問題では，図表７はカラー印刷です。〉

1　次の図と文章を読み，下の問いに答えなさい。

　食料自給率は食料供給に対する国内生産の割合を示す指標です。a日本の食料自給率の中でも，基礎的な栄養価であるエネルギー(カロリー)に着目した「カロリーベースでみた食料自給率」は，図表１のとおり米を除いて一貫して低下しています。

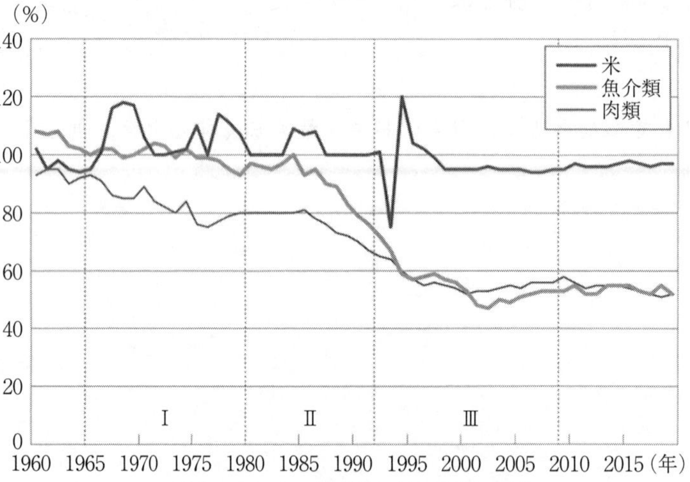

図表１　日本の品目別食料自給率の推移
（農林水産省「食料需給表」より作成）

1	新潟県	666,800
2	北海道	594,400
3	（ １ ）	527,400
4	（ ２ ）	402,400
5	宮城県	377,000

図表２　米の都道府県別収穫量の上位５道県
（単位はｔ，2020年，農林水産省「作況調査」より作成）

　米は日本の多くの地域で栽培されています。図表２をみると，収穫量で（ １ ）や（ ２ ）などの東北地方各県を上回るのが，北海道と①新潟県であることが分かります。

　新潟県内の米の生産について詳しくみていきましょう。図表３をみると，新潟県の中でも信濃川や（ ３ ）川の中下流域に広がる（ ４ ）平野での生産が多くなっていることが分かります。

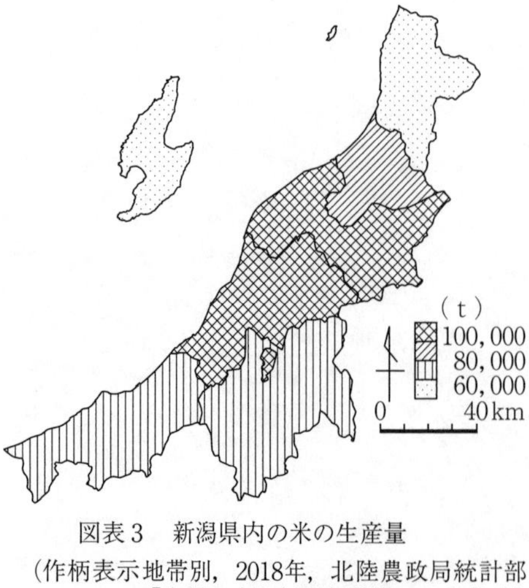

図表３　新潟県内の米の生産量
（作柄表示地帯別，2018年，北陸農政局統計部『水稲の市町村別収穫量』より作成）

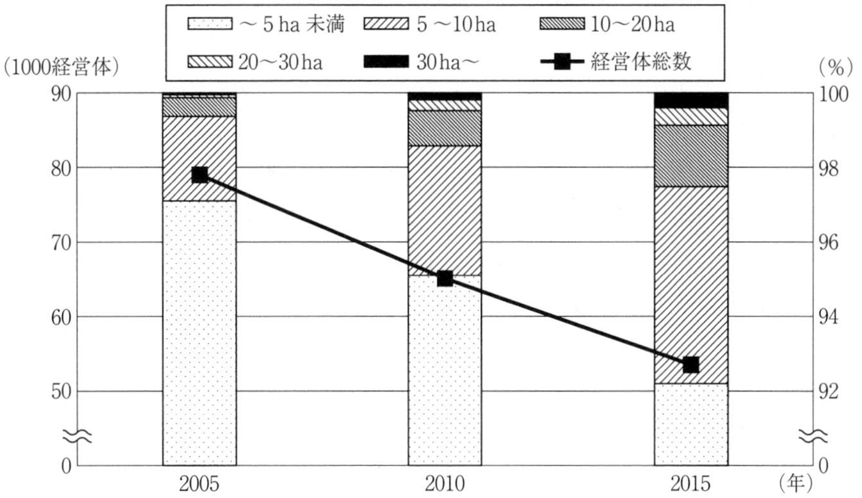

図表４　水稲を作付けした農業経営体数・水稲作付面積規模別割合
（農林水産省「農林業センサス」より作成）

他方，農家の現状をみると近年の新潟県では，全国のそれと同じように農家が減少しています。図表４によると2005年からの10年間で約27000の農業経営体が減少，つまり農家が減少したことが分かります。その一方で農家１軒あたりの作付面積は増加し，2015年には7.47％の農業経営体が５ha 以上の作付けをしています。苦しい状況の中でも経営規模を大きくして利益を上げようとしている農家の姿がここに表れているようです。

さて，現在はこのように日本有数の穀倉地帯として有名な（　４　）平野ですが，その中心都市・新潟の名称の由来の１つに「信濃川下流に新しく出来た＊1潟湖《せきこ》」というものがあります。このことから推察するに，どうやら昔の新潟や（　４　）平野の様子は現在のそれとは異なるようです。

（　４　）平野の地形やそこでの生業についてみていきましょう。（　４　）平野の海岸付近には沿岸流の影響を受けて幾重にも列状に連なった砂丘が発達しています。江戸時代前期まで，（　４　）平野の河口は信濃川と荒川の２か所のみで，多くの河川の水は，平野内に滞留する状態でした。結果，平野内には沼地や湿地帯が形成されました。「正保（　４　）国絵図」（1645年）には，大小の潟湖が多く描かれています。さらに「（　４　）平野には地図に表記されない沼がある」と言われるほど，田は湿地のような状態でした。腰まで水に浸かりながら稲刈りをする姿や仕掛けを用いてどじょうや魚を「釣る」姿がみられたそうです。

江戸時代には全国的にみられる新田開発と同じように（　４　）国でも地主・町人などの出資で大規模な開発が行われました。これらでは河川の付け替えと②水抜きのための水路の建設が主に行われました。

（　４　）平野における水路開削の先駆けと言われているのが1730年に（　３　）川の水を排水するために建設された松ヶ崎掘割《まつがさきほりわり》です。（　３　）川は元々信濃川に合流する形で流れていました。（　３　）川中流に位置する紫雲寺潟《しうんじがた》干拓に際して，増水時の排水路として掘割が建設されました。信濃川の河口の約５km 北の砂丘を開削するため，延べ約11万人の人員を動員し，２か月ほどで幅 54m の放水路を建設しました。当初は増水した分の水のみを排出するように堰《せき》を設けていましたが，翌年の洪水で堰が壊れ，制御不能となり，流路が変わってしまいました。現在は，幅約１kmとなっている，この掘割が（　３　）川の河口に指定されています。

建設中の困難や建設後のトラブルがあったものの，この放水路建設により，河川や湿地の水を排出すれば，潟湖の開発・湿田の乾田化が可能になるということが判明しました。ここから多くの放水路が建設されていきます。

特に（　４　）平野の開発に影響を与えた放水路が b 大河《おおこう》津《づ》分水《ぶんすい》です。その構想は江戸時代までさかのぼります。本間屋数右衛門をはじめ多くの人々が幕府に建設の嘆願をしたものの許可が下りず，建設できずにいました。そして時は流れ，1896年に「横田切れ」と呼ばれる堤防決壊と大規模な浸水被害が発生しました。これを受け着工，およそ15年の歳月を経て1922年に完成しました。

大河津分水の建設により信濃川沿岸の乾田化が進み，良質の米が収穫できるようになりました。また，信濃川の大規模な洪水も抑えられています。図表５をみると，横田切れによる被害，大河津分水建設や干拓などによる作付面積増加を確認できると思います。このように大小の放水路が建設された結果，河口や放水路は現在，20か所を数えるようになりました。

米の食料自給率の推移をヒントとして新潟の農地開発をみてきました。農地は，先人の並々ならぬ努力により拡大しました。しかしながら国内の③産業別人口割合の変化，人口の④都市部への移動にともなう過疎・過密などの影響により，近年では放棄される農地が増加しています。食料自給率低下は，我々の生活スタイルの変化にともなう消費品目と生産品目のミスマッチに原因が求められる一方，ここまでみてきたような c 国内外の農業をめぐる事象の影響を受けて変化しています。このように統計などをもとに，その原因や歴史をひも解くとさまざまなことを知ることができるのです。

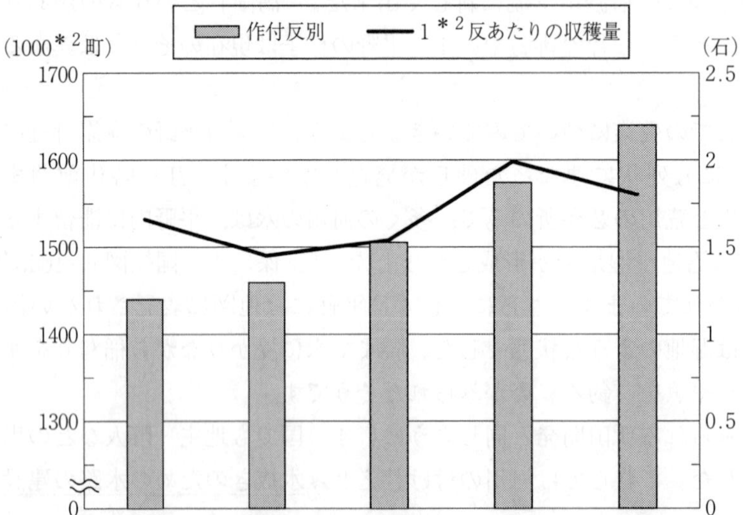

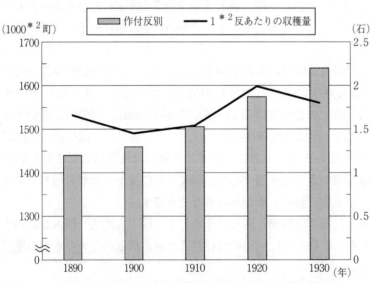

図表５　新潟県の米の作付面積と１反あたりの収穫量の推移

（内閣統計局ほか『日本帝国統計年鑑』より作成）

＊１　潟湖：海から砂などで仕切られて形成された湖。湖底に泥が堆積し，湖岸は湿地状となっている。

＊２　１町・１反：土地の面積の単位。１町＝10反＝9917.36m^2。

問１　文中の（１）～（４）にあてはまる語句を答えなさい。

問２　次の図表６中の(Ａ)・(Ｂ)にあてはまる自然地名を答えなさい。

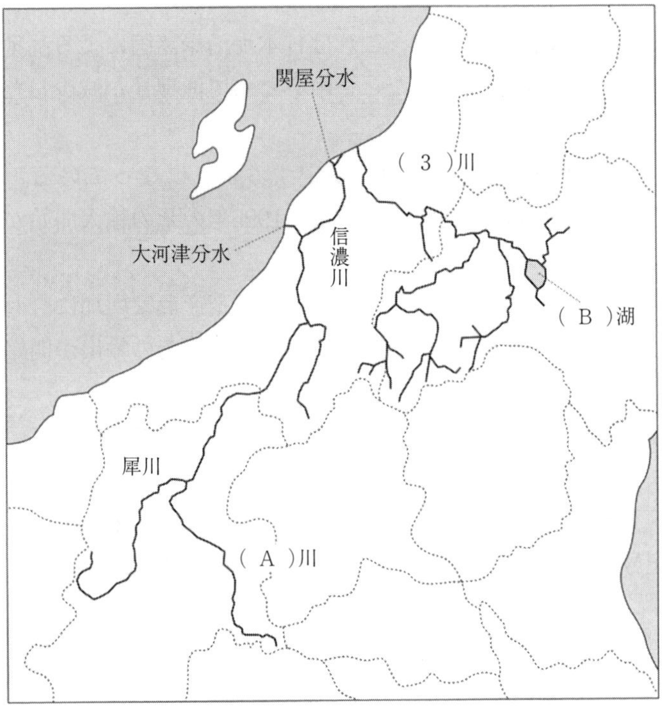

図表６

問３　下線部ａについて，日本の食料供給全体における食料自給率(カロリーベース，2019年)の値として，正しいものを次の中から１つ選び，記号で答えなさい。

ア　28%　　イ　38%　　ウ　48%　　エ　58%

問４　下線部ｂについて，大河津分水と信濃川の分岐点には，図表７のように大河津分水に流す水量を調節する可《か》動堰《どうせき》と信濃川本流に流す水量を調節する洗堰《あらいぜき》が設置されています。平常時は，可動堰と洗堰は開いた状態で，信濃川下流域の人々の生活や生業に必要な分量の水を流しています。次の①・②の状況になった場合，可動堰と洗堰をどのように動かし対応すると考えられますか。下の選択肢から１つずつ選び，記号で答えなさい。

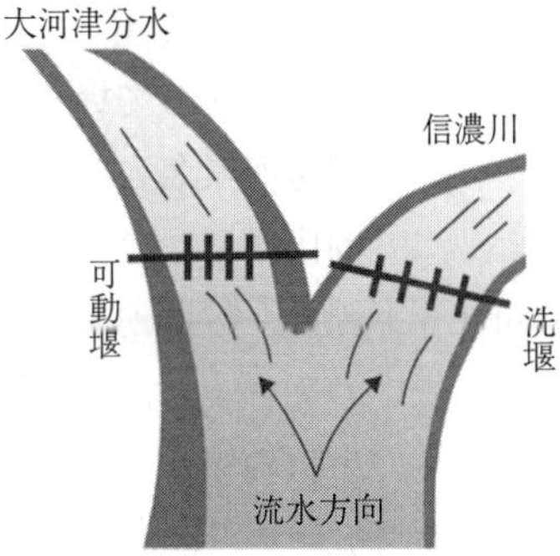

図表７　大河津分水と信濃川の分岐点

①　この地点より上流が洪水の時

②　この地点より信濃川下流域が洪水の時

ア　可動堰は開ける。洗堰は開ける。

イ　可動堰は閉める。洗堰は開ける。

ウ　可動堰は開ける。洗堰は閉める。

エ　可動堰は閉める。洗堰は閉める。

問５　下線部ｃについて，図表１中の期間Ⅰ～Ⅲに関する次の説明文のうち，正しいものを１つ選び，記号で答えなさい。

ア　期間Ⅰでは，米の食料自給率が上昇した。これは国が米の自給率引き上げのために行った政策(機械化奨励，農家人口増加目的の補助制度拡充など)の結果，米の生産量が増加したことが主な原因である。

イ　期間Ⅱでは，魚介類の食料自給率が低下した。これは日本海沿岸諸国による乱獲の影響を受けて，日本海側の漁港でマグロやすけとうだらを中心として漁獲量が減少したことが主な原因である。

ウ　期間Ⅲでは，米の食料自給率が100％を切る値に安定するようになっている。これは1970年代から続けられてきた米の生産量を調整する政策，1995年の米の輸入開始が主な原因である。

エ　期間Ⅲでは，肉類の食料自給率が安定してきている。これは畜産農家増加に合わせて豚肉を中心に出荷量が増加したほか，ブランド化に合わせて牛肉や鶏肉の輸出が開始されたことが主な原因である。

問６　下線部①について，新潟県は国内では数少ない天然ガスの産出地として知られています。図表８は，日本の資源の輸入相手国上位５か国(2019年)を示しています。図表中のア～エは，アメリカ・オーストラリア・カナダ・ロシアのいずれかを示しています。オーストラリアに該当するものを１つ選び，記号で答えなさい。

	液化天然ガス(LNG)	原油	石炭	鉄鉱石
1	ア	サウジアラビア	ア	ア
2	マレーシア	アラブ首長国連邦	インドネシア	ブラジル
3	カタール	カタール	イ	エ
4	イ	クウェート	ウ	南アフリカ共和国
5	ブルネイ	イ	エ	ウ

図表８

問７　下線部②に関連して，ある都道府県では植物が完全に分解されずにできた土が積み重なった湿地が広がっていたため，新潟周辺と同様に排水路を建設して農地を増やしていきました。この都道府県名として正しいものを次の中から１つ選び，記号で答えなさい。

ア　岡山県　　イ　福島県　　ウ　北海道　　エ　和歌山県

問８　下線部③に関連して，図表９は都道府県別の産業別人口構成(2017年)を示しています。図表中のア～エは，青森県・神奈川県・熊本県・新潟県のいずれかです。新潟県として正しいものを次の中から１つ選び，記号で答えなさい。

	第一次産業	第二次産業	第三次産業
ア	12.0	20.8	67.2
イ	5.3	29.7	65.1
ウ	0.8	21.1	78.1
エ	9.1	20.7	70.2

図表９　(単位は％)

問９　下線部④について，図表10は新潟・東京間の輸送手段別旅客・貨物輸送量(2019年)を示しています。図表中のＸ～Ｚは，鉄道・自動車・船舶のいずれかの輸送手段です。Ｘ～Ｚの組み合わせとして正しいものを下の中から１つ選び，記号で答えなさい。

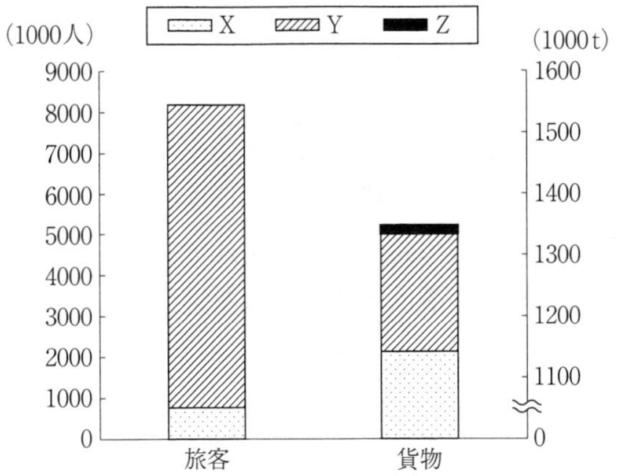

図表10
（国土交通省「貨物・旅客地域流動調査」より作成）

ア　X：鉄道　　Y：自動車　Z：船舶
イ　X：船舶　　Y：鉄道　　Z：自動車
ウ　X：鉄道　　Y：船舶　　Z：自動車
エ　X：自動車　Y：鉄道　　Z：船舶

問10　本文の内容を含んだ新潟県に関する説明文のうち，正しいものを次の中から１つ選び，記号で答えなさい。

ア　2015年のデータによると，新潟県内では約4,000の農業経営体が５ha 以上の水田に田植えを行っていた。

イ　現在の新潟県の地域は，江戸時代を通して良質な米が収穫できる穀倉地帯として，全国的にも有名な場所であった。

ウ　大河津分水は「横田切れ」と呼ばれる堤防決壊・浸水被害を受け，当時の幕府から建設の必要性が認められ，1730年に完成した。

エ　フェーン現象の影響を受け，新潟県三条市では2020年８月17日に最高気温41.1℃を観測した。これは気象庁観測史上１位の記録である。

2　次の文章を読み，下の問いに答えなさい。

学問としての数学は，今から1500年ほど前に中国から朝鮮半島経由で日本列島に輸入されました。もちろん，それ以前から生活の必要上，物の数を数えたり長さや面積・容積を測ったりするために，①ある程度の数量に関する考えや方法はあったでしょう。

『　②　』によると，百済から易や暦の専門家が派遣されたことで数学が紹介されました。また，A推古天皇の時期には，高句麗からも暦・天文に関する書物がもたらされました。これ以後，数学が学ばれていくようになります。

公地公民を原則とする律令体制で不可欠であった③口分田の班給には，土地測量と戸籍調査が必要でした。郡司などの地方役人は収支の計算を担いました。建築・土木，暦・天文などにも計算が必要でした。そのため，律令国家は役人養成の教育機関に数学を教授する科を設置しています。ただし，中には高度な数学も含まれていたので，学生たちがどこまで理解できたのかは不明です。

平安時代半ばから室町時代にかけて数学研究は停滞していた，と考えられています。それでも租税，建築・土木，B戦争などに関わる計算・図形などの知識は，専門化された学者貴族の家で継承されていました。

戦国時代になると，C軍事技術の革新，築城技術の進歩，D鉱山開発や水利事業，検地など，数学的な知識・技術がそれまで以上に必要となりました。戦国大名の積極的な領内経営もあって商業や交通が発達し，貨幣の流通を円滑にするために発せられた撰銭令《えりぜにれい》では，貨幣の混合比率を定める場合もあり，経済活動においても計算の知識は不可欠でした。そのため，室町時代末期に伝来した④算盤を用いる珠算も流行するようになります。

数学研究が盛んになり始めるのは，安土桃山時代でした。E豊臣秀吉による朝鮮侵略をきっかけに中国の数学書が輸入されたことも一因でした。また，1600年頃には『算用記』という数学の入門書が現れ，後の和算書の先駆けとなっています。

江戸時代になると，大きな戦争がなくなったことから経済活動がさらに活発化し，武士の役割も戦闘から行政へと変化しました。そのため，学問も重視されるようになりました。こうした中，京都の有力商人である⑤角倉了以の外孫にあたる吉田光由が1627年に『塵劫記《じんごうき》』を発刊します。この書には，米の売買や⑥両替，船の運賃など日常生活に直接必要となる問題や，土地測量，米・酒などの量を計る枡《ます》の寸法，川・城・堀・石垣などの土木工事，といった様々な技術に関する問題，さらに娯楽的な興味本位の問題まで記載されています。この書物は日本における最初の数学入門書として広く普及するだけでなく，大衆的な通俗数学書の型を決定した書ともいえるでしょう。また，庶民や学者が数学の問題やその解答を記した絵馬を神社仏閣に奉納することも行われ，実用性を超えた知的な関心の対象としての数学が庶民にも広がっていきました。こうした日用の数学，遊びの数学に理論的な数学を加えて日本独自に発展した数学が「和算」です。

その理論的な数学で和算を大成したのが，「算聖」と呼ばれる［　⑦　］です。彼は1674年に『発微算法《はつびさんぽう》』を著わし，「傍書法《ぼうしょほう》」(代数による筆算法)を考案して多元高次の方程式を解くことを可能にしました。また，行列式や「ベルヌーイ数」の発見，正多角形の計算，円に内接する正131072角形を使って円周率を3.14159265359まで求めるなど，多くの業績を残しました。

一方，ヨーロッパ数学はF徳川吉宗の時に中国語訳の西洋数学書が輸入されて伝わりました。それらは，G蘭学や航海術，国防などに関心を持った和算家を中心に学ばれています。その後，ペリー来航により国防を中心に西洋数学(「洋算」)を正式に学ぶ必要が高まりました。1855年に設置された海軍伝習所には，学生として和算家も集められました。科学技術の基礎科目として筆算による算術，平面・球面三角法，微分積分など高度な西洋数学が教えられましたが，和算家はそれらを容易に理解し，習得したといいます。また，西洋数学の入門書も多く輸入されました。

明治期になると西洋数学への関心はさらに高まり，ヨーロッパに留学して西洋数学を習得する者も現れました。1872年に初等教育を定めた［　⑧　］が公布され，小学校における算術教育は「和算を廃止し，洋算を専ら用いる」ことが規定されました。しかし，教師が不足したため，和算家が算術教育に従事することもありました。その後，イギリスに留学して東京大学に数学科を設置したH菊池大麓や，東京大学物理学科を卒業後にドイツに留学した藤沢利喜太郎らにより，数学研究は大学が独占するようになりました。こうして和算家は次第に減少し，西洋数学が主流になっていきました。日本の数学研究が世界的に認められるようになるのは，I大正期に類体論を創出した高木貞治からです。その後，金融工学に貢献することになる伊藤清，「数学界で最高の権威」とされるフィールズ賞を日本人で初めて受賞した小平邦彦らが登場しました。

問１　下線部Aについて，この天皇は中国に使者を派遣しましたが，その中国王朝の名称を次の中から１つ選び，記号で答えなさい。

ア　魏　　イ　隋　　ウ　唐　　エ　明

問２　下線部Bについて，この時期に起こった戦争を年代順に並べた時に２番目となるものを次の中から１つ選び，記号で答えなさい。

ア　平将門の乱　　イ　平治の乱　　ウ　承久の乱　　エ　前九年合戦

問３　下線部Cについて，この１つが鉄砲です。これを種子島にもたらしたのはヨーロッパの商人でした。その国名を次の中から１つ選び，記号で答えなさい。

ア　スペイン　　イ　オランダ　　ウ　ポルトガル　　エ　イギリス

問４　下線部Dについて，この時期に「ある鉱山」から採掘された「ある鉱物」が世界の流通量の約３分の１を占めていた，といわれる状況になりました。その「ある鉱山」を次の中から１つ選び，記号で答えなさい。

ア　足尾銅山　　イ　釜石鉄山　　ウ　佐渡金山　　エ　石見銀山

問５　下線部Eについて，これに関する説明として誤っているものを次の中から１つ選び，記号で答えなさい。

ア　１回目を「文永の役」，２回目を「慶長の役」という。

イ　徳川家康は肥前名護屋まで出陣したが，朝鮮半島に渡らなかった。

ウ　朝鮮側は李舜臣の活躍により，日本側の補給路を遮断した。

エ　日本側は戦利品として朝鮮の学問・技術を持ち帰った。

問６　下線部Fについて，この人物の行った幕政改革に関する説明として正しいものを次の中から１つ選び，記号で答えなさい。

ア　旧里帰農令を発して江戸への出稼ぎ者を農村に返そうとした。

イ　裁判を公平・迅速に行うために公事方御定書を編さんさせた。

ウ　幕府権力を強化するために上知令を発した。

エ　将軍の仁徳を示すために生類憐みの令を発した。

問７　下線部Gについて，これに関する説明として誤っているものを次の中から１つ選び，記号で答えなさい。

ア　この学問を大成した人物に本居宣長がいる。

イ　西洋医学の実証性を示したものに『解体新書』がある。

ウ　伊能忠敬を中心に，精巧な日本列島の地図を作製した。

エ　私塾の一つとして，長崎の郊外に鳴滝塾が設立された。

問８　下線部Hについて，この人物は第一次桂太郎内閣の文部大臣を務めたことがあります。この内閣の時に起こった出来事として誤っているものを次の中から１つ選び，記号で答えなさい。

ア　日露戦争が勃発した。

イ　日比谷焼打事件が起こった。

ウ　日英同盟が締結された。

エ　下関条約が締結された。

問９　下線部Ⅰについて，この人物が類体論に関する論文を発表したのは1920年でした。そのときに首相であったのが原敬です。原敬に関する説明として誤っているものを次の中から１つ選び，記号で答えなさい。

ア　原敬内閣が成立する直前に，米騒動が起こっていた。

イ　第一次世界大戦後のパリ講和会議に全権団を派遣した。

ウ　朝鮮で「独立万歳」をさけぶ五・四運動が起こった。

エ　衆議院議員選挙法を改正し，選挙権の範囲を少し拡大した。

問10　下線部①について，柱の間を「十二進法」で測っているのではないかと考えられる巨木建築の遺構が見つかった，青森県の縄文遺跡の名称を答えなさい。

問11　文中の ② には，720年に編さんされた歴史書の名称があてはまります。その書名を答えなさい。

問12　下線部③について，戸籍に登録された６歳以上の男女に６年に一度，口分田を班給する，というこの方法の名称を答えなさい。

問13　下線部④について，江戸時代に村の子どもたちに「読み書き算盤」などを教えた教育機関の名称を答えなさい。

問14　下線部⑤について，この人物は京都の豪商で，江戸幕府から海外渡航の許可を得て東南アジア方面へも貿易船を出しました。この海外渡航の許可証の名称を答えなさい。

問15　下線部⑥について，この時代の江戸では主に金貨が，大坂や京都などの上方では主に銀貨が使われていました。そのため，江戸と大坂で取引をした場合，金貨と銀貨の交換比率に基づいて決済していました。井原西鶴は「親の譲りを受けずに自分の才覚(能力)で稼ぎ出し，銀500貫目《かんめ》以上となった場合は分限《ぶげん》という。銀1000貫目以上は長者という」と作品中で語っています。では，「長者」とは金貨で換算した場合に最低限，どの程度の資産を所有していることになりますか。次の条件に従って計算をし，単位をつけて答えなさい。

〔条件〕

(1)　1609年段階で幕府が定めた交換比率は「金１両＝銀50匁《もんめ》」である。

(2)　金貨は「両」を標準単位とし，「１両＝４分《ぶ》＝16朱」の四進法で計算する。

(3)　銀貨は「匁」を標準単位とし，「1000匁＝１貫目」で計算する。

問16　文中の ⑦ にあてはまる人物名を答えなさい。

問17　文中の ⑧ にあてはまる語句を答えなさい。

3　次の文章を読み，下の問いに答えなさい。

フランスの思想家（　1　）は『法の精神』の中で，三権分立を主張しました。その思想は現在の日本にも取り入れられています。

三権のうち（　2　）権を担う国会は，法律の制定のほか，（　3　）の議決や（　4　）の承認などを行います。また衆議院と（　5　）に分かれますが，【　　X　　】。（　5　）の議員は任期が【 A 】年ですが，①選挙は【 B 】年ごとに実施されます。それに対して衆議院は任期が【 C 】年ですが

(　6　)があるため，実際の任期は短くなる場合がほとんどです。

国会によって指名された②内閣総理大臣が他の国務大臣を任命して，内閣が作られます。内閣総理大臣とその他の国務大臣は，(　7　)でなければなりません。内閣は(　8　)権を担っており，法律に基づいて業務を執行したり(　3　)を作成したりします。

(　9　)権を担っているのは裁判所です。すべての裁判官は，良心に従って(10)して裁判を行うことが憲法で保障されています。裁判所は(11)裁判所と高等裁判所などその他の下級裁判所に分かれますが，高等裁判所の判決の後に(11)裁判所へ訴えることを(12)と言います。(11)裁判所の裁判官は，任命後初めて行われる衆議院議員総選挙の際に(13)を受けることになっています。

問１　(１)～(13)にあてはまる語句を次から選び，記号で答えなさい。

ア　司法	イ　控訴	ウ　解散	エ　行政	オ　審理
カ　条約	キ　条例	ク　予算	ケ　ロック	コ　参議院
サ　モンテスキュー	シ　高級	ス　弾劾	セ　上告	ソ　最高
タ　国会議員	チ　文民	ツ　貴族院	テ　ルソー	ト　提訴
ナ　同盟	ニ　立法	ヌ　政令	ネ　独立	ノ　国民投票
ハ　国民審査	ヒ　自治	フ　連邦議会	ヘ　自立	ホ　解職

問２　【X】にあてはまる文章として正しいものを次の中から１つ選び，記号で答えなさい。

ア　大日本帝国憲法の時代には，衆議院は枢密院，(　5　)は元老院と呼ばれていました

イ　大日本帝国憲法の時代には，衆議院のみ設置された一院制を採用していました

ウ　衆議院と(　5　)で異なった議決をしたときには，衆議院の議決が優先される「衆議院の優越」が働く場合があります

エ　衆議院の議員が(　5　)の議員となることも可能です

問３　文中の【A】～【C】にあてはまる数字を答えなさい。

問４　下線部①について，昨年実施された東京都議会議員選挙の小平市選挙区では，58年ぶり３回目というめずらしい出来事が起こりました。その出来事を説明した文章として適切なものをD群の中から１つ選び，記号で答えなさい。また，その出来事によって生じた問題を説明している文章として適切なものをE群の中から１つ選び，記号で答えなさい。

D群

ア　候補者の得票が同数だったので，決選投票が行われた。

イ　候補者の人数が定数と同じだったので，無投票になった。

ウ　候補者が全くいなかったので，定数が隣接の選挙区に移された。

エ　天候不良によって一部の投票所が開かなかったために，投票できなかった有権者がいた。

E群

カ　小平市の有権者の意見が他の選挙区に比べてより都政に反映されてしまう，という不公平が生じた。

キ　選挙の運営にあたる職員の安全確保と，選挙権の確実な保障を両立させることができなかった。

ク　選挙の運営には多額の税金が使われているが，再度投票をすることが必要になったた

め追加の費用が必要となった。

ケ　各政党が候補者の調整を行ったことによって生じたため，政党政治への不信感が高まり，今後の政治的無関心や投票率の低下につながる。

問５　下線部②について，内閣総理大臣経験者をＦ群から１人選び，次にその人物が首相だった時に実現した出来事として正しいものをＧ群から１つ選び，それぞれ記号で答えなさい。

Ｆ群

ア　野田佳彦　　イ　安倍晋三

ウ　菅義偉　　　エ　岸田文雄

Ｇ群

カ　消費税率の引き上げ実施

キ　地球サミット(国際連合環境開発会議)への日本の参加

ク　初の日朝首脳会談

ケ　長野県で冬季オリンピック・パラリンピックの開催

【理　科】〈第２回試験〉（40分）〈満点：75点〉

注意　机上に定規を出し，試験中に必要であれば使用しなさい。

〈編集部注：実物の入試問題では，**2** の図３・図４と(5)の図はカラー印刷です。〉

1　どんな物体でもたたくと音が出ます。このときたたいた物体は振《しん》動しています。また，このときの音の高さは物体によって違《ちが》います。このように物体には必ず決まった高さの音を出す性質があります。１秒間に振動する回数が多いと高い音になります。音について以下の問に答えなさい。

スピーカーに平らな板をはりつけて，板の上に砂を置いて音を出すと，図１のように砂がふるえて模様ができます。

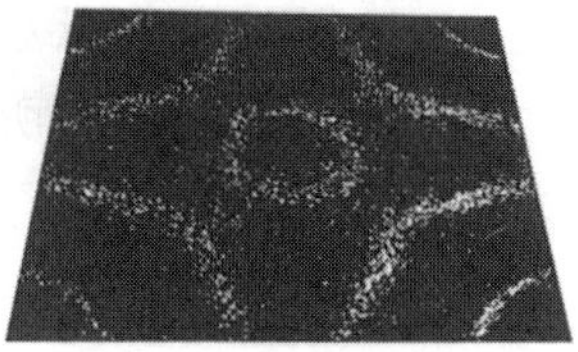

図１

(1)　音を大きくすると砂の動きはどうなりますか。次のア～エから１つ選び，記号で答えなさい。

ア．板は速く動くので，１秒間に振動する回数は増えたが砂の動きは小さくなった。

イ．音の高さは変わらないので，１秒間に振動する回数は変わらなかったが，砂は大きく動いた。

ウ．板はゆっくり大きく動くので１秒間に振動する回数は減ったが，そのため砂は大きく動いた。

エ．板は速く大きく動くので，１秒間に振動する回数は増え，砂も大きく動いた。

図２のようにブザーを食品保存用の真空保存庫に入れると音が小さくなります。

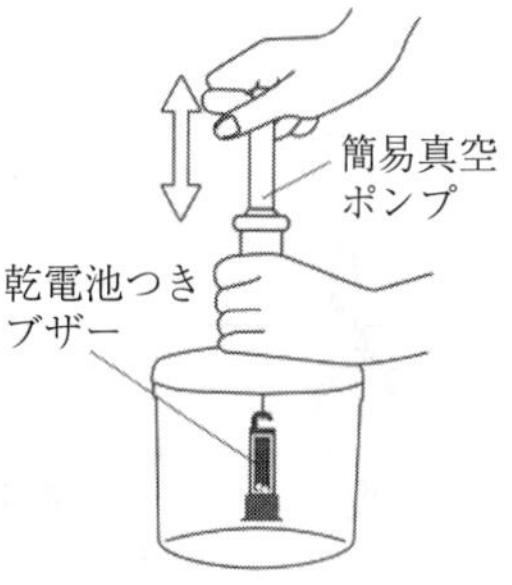

図２

(2)　この状態から真空ポンプで空気をぬいていくと，音の聞こえ方はどうなりますか。次のア～エから１つ選び，記号で答えなさい。

ア．空気が少なくなるのでブザーが振動しやすくなり，音の高さが高くなる。音の大きさはだんだん小さくなる。

イ．空気が少なくなるのでブザーが振動しやすくなり，音の高さが低くなる。音の大きさはだんだん小さくなる。

ウ．音の高さは変わらない。音の大きさはだんだん小さくなる。

エ．はじめのうちは音の大きさは変わらない。ブザーが振動しやすくなるのでだんだん音の高さが高くなっていき，やがて高すぎて聞こえなくなる。

この真空保存庫にヘリウムの気体を入れ，ブザーをならす実験をおこないました。

(3)　音の聞こえ方はどうなりますか。次のア～ウから１つ選び，記号で答えなさい。

ア．ブザーは振動しているが，空気がなくなりヘリウムの気体は振動しないので音は聞こえなくなる。

イ．ブザーは振動しておりヘリウムの気体が振動を伝えるので，空気がなくなっても音は聞こえる。

ウ．ヘリウムの気体の中ではブザーは振動しないので，音は聞こえなくなる。

(4)　このブザーをビニール袋に入れ，それを水の入った大きな水槽《そう》の中に沈めました。このとき音の聞こえ方はどうなりますか。正しいものを次のア～エから１つ選び，記号で答えなさい。

ア．水中では音を伝える空気がないので，聞こえなくなる。

イ．水中でも空気中でも音は伝わるから水槽に沈めても音は聞こえる。水は空気より重いので振動しにくくなり，音の高さが低くなる。

ウ．水中でも空気中でも音は伝わるから水槽に沈めても音は聞こえる。ブザーが１秒間に振動する回数は変わらないから，音の高さは変わらない。

エ．水中でも空気中でも音は伝わるから水槽に沈めても音は聞こえる。水は空気より重いので振動しにくくなり，深くなれば深いほど音の高さが低くなる。

アルミニウムのパイプで鉄琴《きん》を作ろうと思います。長さが50cmのパイプを２カ所で支えて，よく響《ひび》く場所を探したら，両側から11cmの２点で支えるとよく響きました。

(5) 長さ40cmのパイプを２点で支える時，その２点の位置をどのようにすればよく響きますか。次のア～ウから１つ選び，記号で答えなさい。

ア．端《はし》からの距離《きょり》はどのパイプでも変わらないから，両側から11cmの位置で支えればよい。

イ．支える位置の場所は，全体の長さからの割合で決まるから，両側から９cmの位置で支えればよい。

ウ．支える場所の間で大きく振動すればよいので，支える間の距離が28cmで大きく振動する。つまり，両側から６cmの位置で支えればよい。

このパイプを様々な長さに切って音階を作りました。表はその音階とパイプの長さを示しています。次の問に答えなさい。答えが割り切れない場合，小数第３位を四捨五入して小数第２位まで求めなさい。

記号	音階名	長さ〔cm〕
A	ソ	57.6
B	ド	50.0
C	ミ	44.5
D	ソ	40.7
E	ド	35.4
F	ミ	31.5
G	ソ	28.8
H	ド	

(6) 音の高さを１オクターブ高くするには，パイプの長さを何倍にすればいいですか。

(7) 記号Hのパイプの長さは何cmにすればいいですか。

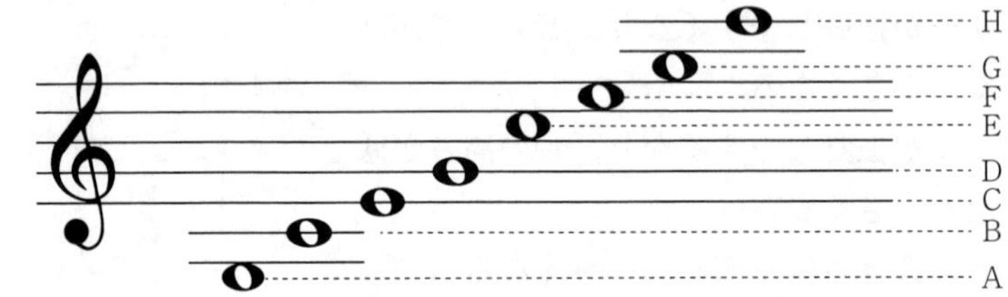

2 以下の問に答えなさい。

Ⅰ．植物は秋になると，葉の色が緑色から黄色や赤色に変わります。これを紅葉《こうよう》といいます。紅葉には様々な色素(色のもとになる物質)が関係しています。

葉が緑色に見える春から夏にかけて，葉の中に最も多く含《ふく》まれる色素はクロロフィルという緑色の色素です。葉でつくられるその他の色素には黄色のカロテノイドや赤色のアントシアニンがあります。これらの色素の量によって，葉の色が変化します。

カエデの葉の色は，まず緑色から黄色，さらに黄色から赤色へ変化することが知られていて，上記の３種類の色素が関係しています。カエデおよびイチョウの葉において，各色素の量が夏から秋にかけてどのように変化していくのかを調べた結果，次の図１・図２のようになりました。図１がカエデ，図２がイチョウの葉における変化を表しています。各図中のA，B，Cはクロロフィル・カロテノイド・アントシアニンのいずれかの色素の量の変化を示しています。各図において，「最も量が多い色素の色がその時季の葉の色になる」と考えます。

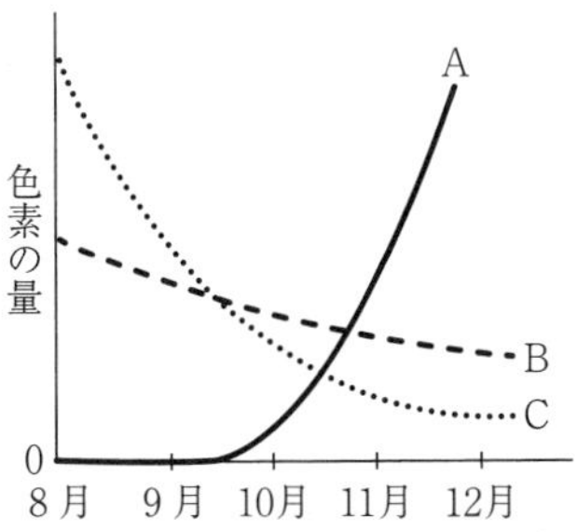

図1

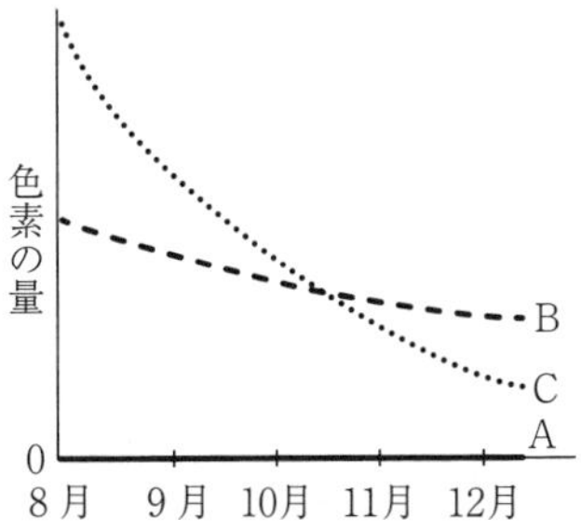

図2

(1)　図1，図2のA・B・Cの色素は何ですか。それぞれ正しいものを次のア～ウから1つずつ選び，記号で答えなさい。

ア．クロロフィル　　イ．カロテノイド　　ウ．アントシアニン

(2)　図1・図2のグラフから読みとれることとして，正しいものを次のア～カからすべて選び，記号で答えなさい。

ア．8月はカエデ・イチョウともに葉が緑色であり，これは緑色の色素のみが葉に含まれるからである。

イ．葉が黄色くなるのは，秋になると黄色の色素の量が増え，黄色の色素が最も多くなるからである。

ウ．葉が黄色くなるのは，秋になると緑色の色素の量が減り，黄色の色素が最も多くなるからである。

エ．イチョウの葉が黄色くなるのは，11月に入ってからである。

オ．イチョウの葉が赤くならないのは，秋になると葉に含まれる赤色の色素の量が減ってしまうからである。

カ．イチョウの葉が赤くならないのは，秋になっても赤色の色素の量が増えないからである。

Ⅱ．混ざっている色素を分ける方法を調べてみると，図3のように水性ペンの黒インクに含まれる色素を分ける次のような方法がありました。

【操作1】　長方形のろ紙を用意し，下から1cmの所にえんぴつで線を引いた。

【操作2】　水性ペンの黒インクを操作1でろ紙に引いた線上につけてよく乾《かわ》かした。

【操作3】　このろ紙を，少量の水を入れたビーカーに入れた。すると，ろ紙が水を吸い上げた。

【結果】　操作3のあと，しばらく放置すると，いくつかの色素に分かれた。

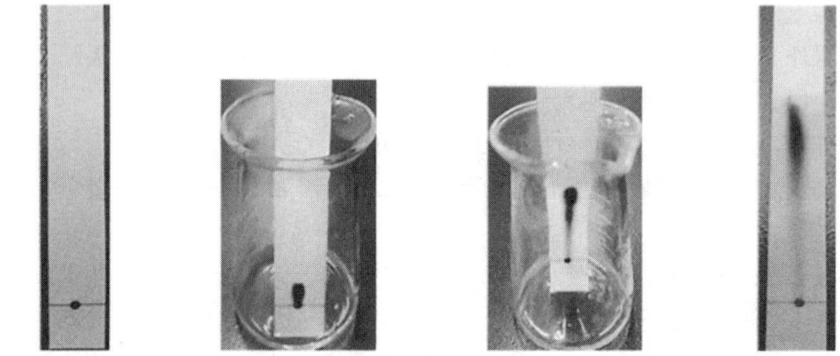

操作1・操作2　　操作3　　結果

図3

これは，ろ紙が水を吸い上げると，水性ペンの黒インクに含まれているいくつかの色素のうち，ろ紙との結びつきが弱く，水に溶《と》けやすい色素から順に，それぞれろ紙の上部へ移動したためです。このように，物質を分けることを分離《ぶんり》といいます。

(3) 下線部について，ビーカーに入れた水の量が多く，操作1でろ紙に引いた線より高いところまでろ紙が水に浸《ひた》ってしまうと，うまく色素を分離することができませんでした。その理由を簡単に答えなさい。

(4) 物質の分離について，正しいものを次のア～キからすべて選び，記号で答えなさい。

ア．試験管に塩酸を入れて，水を蒸発させると，試験管内に必ず1種類の固体が得られる。

イ．試験管に水酸化ナトリウム水溶《よう》液を入れて，水を蒸発させると，試験管内に必ず1種類の固体が得られる。

ウ．試験管に塩酸と水酸化ナトリウム水溶液を入れて反応させたあと，水を蒸発させると，試験管内に必ず1種類の固体が得られる。

エ．試験管にアンモニア水を入れて加熱した。ここで発生した気体を水上置換《ちかん》法で集めると，空気と混ざらずに集められる。

オ．試験管に過酸化水素水と二酸化マンガンを入れて反応させた。ここで発生した気体を水上置換法で集めると，空気と混ざらずに集められる。

カ．砂が混ざった海水をろ過すると，純粋な(他の成分が混ざっていない)水が得られる。

キ．砂が混ざった海水を加熱すると，水蒸気が生じ，それを冷やすと純粋な(他の成分が混ざっていない)水が得られる。

Ⅲ．水性ペンの黒インクを分離する方法をつかって，紅葉前後の葉に含まれる色素を次の操作で分離してみました。

【操作1】 紅葉前の緑色のカエデの葉と紅葉後の赤色のカエデの葉をそれぞれ1.0gずつ用意した。

【操作2】 紅葉前の緑色のカエデの葉からすべての色素を溶かし出した。これを色素溶液1とした。

【操作3】 紅葉後の赤色のカエデの葉からすべての色素を溶かし出した。これを色素溶液2とした。

【操作4】 長方形のろ紙を2枚用意し，それぞれ下から1cmの所にえんぴつで線を引いた。

【操作5】 片方のろ紙には色素溶液1を，他方のろ紙には色素溶液2を，操作4でろ紙に引いた線上に同じ量つけてよく乾《かわ》かした。

【操作6】 操作5を行った2枚のろ紙を液体Dの入った別々のビーカーに入れて，同じ時間だけ放置した。

【結果】 操作6の後，色素溶液1は図4のように分離した。
(図4のろ紙上の横線は操作5ではじめに色素溶液1をつけた位置を示しています。)

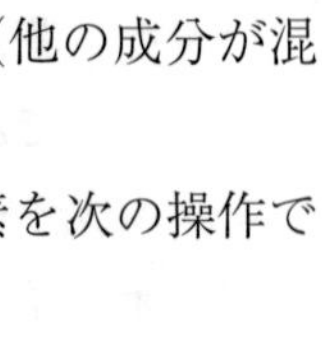

図4

(5) 色素溶液2は，操作6のあとどのように分離されると考えられますか。正しいものを次のア～カから1つ選び，記号で答えなさい。ただし，赤色の色素は液体Dにはほとんど溶けないものとします。また，各図のろ紙上の横線は操作5ではじめに色素溶液2をつけた位置を示しています。

ア.

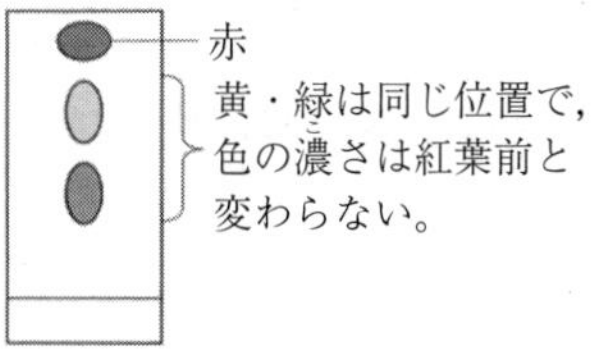
赤
黄・緑は同じ位置で,
色の濃《こ》さは紅葉前と
変わらない。

イ.

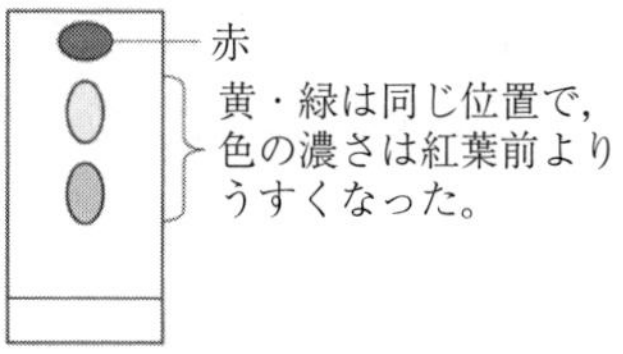
赤
黄・緑は同じ位置で,
色の濃さは紅葉前より
うすくなった。

ウ.

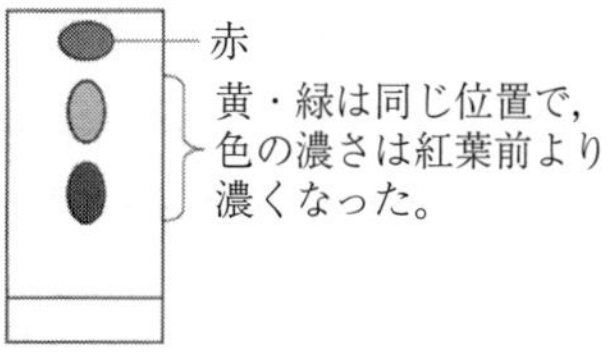
赤
黄・緑は同じ位置で,
色の濃さは紅葉前より
濃くなった。

エ.

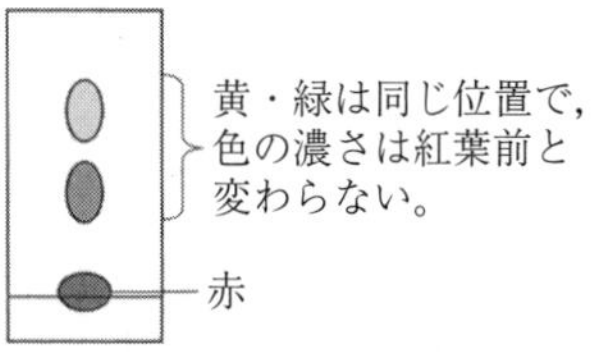
黄・緑は同じ位置で,
色の濃さは紅葉前と
変わらない。
赤

オ.

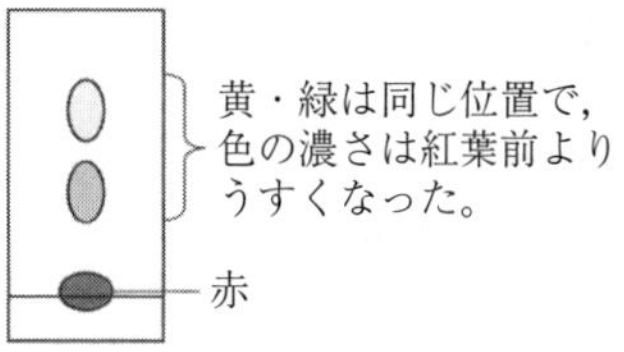
黄・緑は同じ位置で,
色の濃さは紅葉前より
うすくなった。
赤

カ.

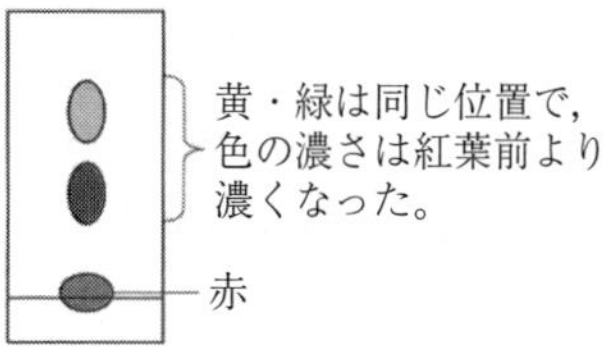
黄・緑は同じ位置で,
色の濃さは紅葉前より
濃くなった。
赤

Ⅳ. 水溶液に溶けている色素の量を調べる方法に吸《きゅう》光度《こうど》を測定するというものがあります。これは図5のように，無色・透明のガラス容器に色素の水溶液を入れ，側面に当てた光がどのくらい色素に吸収されたかを調べる方法です。

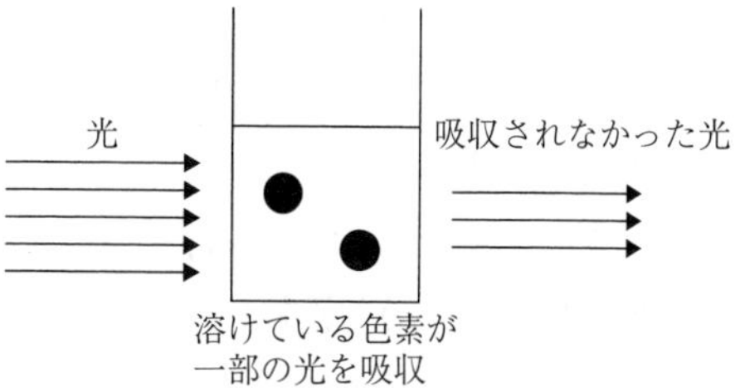
光
吸収されなかった光
溶けている色素が
一部の光を吸収

図5

水溶液に含まれる色素の量が少ないと，色素が吸収する光の量は少なくなります。よって，色素に吸収されずに容器を通過する光の量は多くなります。このとき，吸光度が小さいといいます。

逆に，水溶液に含まれる色素の量が多いほど，色素が吸収する光の量は多くなります。よって，色素に吸収されずに容器を通過する光の量は少なくなります。このとき，吸光度が大きいといいます。

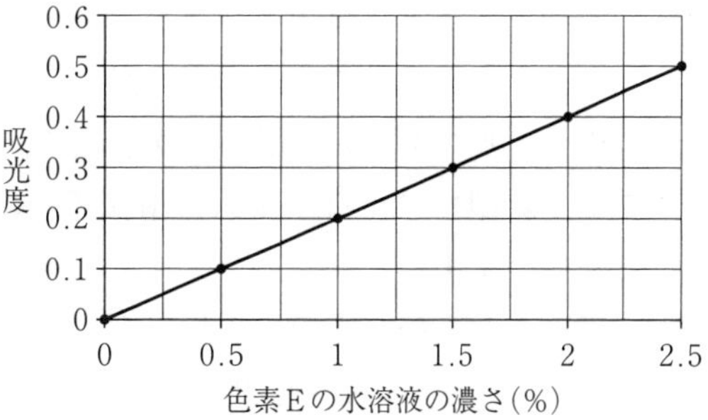
吸光度
0.6
0.5
0.4
0.3
0.2
0.1
0
0
0.5
1
1.5
2
2.5
色素Eの水溶液の濃さ(%)

図6

ある植物の葉に含まれる色素Eの量を調べるために，いくつかの濃さの色素Eの水溶液をつかって，それぞれの吸光度を測定しました。このとき，水溶液の濃さと吸光度の大きさの関係は図6のグラフのようになりました。

(6) ある植物の乾燥した葉6gをすりつぶし，粉末状にしました。この粉末のうちの2gに含まれるすべての色素Eのみを他の成分から分離しました。この色素Eを水に溶かして1gの水溶液として，<u>この水溶液の吸光度を測定すると，0.3でした。</u>

① 下線部について，この色素Eの水溶液の濃さは何%ですか。

② この乾燥した葉6gに含まれていた色素Eの重さは何gですか。

3 次の文を読んで，以下の問に答えなさい。

私たちの体内は，体液によって充《み》たされています。もっとも代表的な体液は，血管の中を流れる血液です。血液中には，さまざまな成分が含《ふく》まれます。次の表１は，血液の成分とその特ちょうをまとめたものです。

表１

成分		特ちょう
細ぼう成分	赤血球	［　①　］を含み，酸素を運ぶ。
	白血球	“免疫《めんえき》”に関係する。
	血小板	血液を［　②　］。
液体成分	血しょう	さまざまな物質を運ぶ。

白血球にはさまざまな種類があり，白血球の一種であるリンパ球は，体内に侵入《しんにゅう》した病原体などの自分以外の異物(これを“抗原《こうげん》”と言う)を取り除くはたらきがあり，これを“免疫”と言います。具体的には，リンパ球が“抗体《こうたい》”というたんぱく質を作り，この抗体が抗原を無毒化します。

また，私たちの免疫は，一度体内に侵入して取り除いた抗原を記憶《きおく》するしくみ(これを“免疫記憶”と言う)があり，同じ抗原が２度目の侵入をしてきた場合には，速やかに取り除きます。この仕組みを利用したのが［　③　］接種であり，病原性(病気などを引き起こす力)を弱くした抗原や，抗原の一部分をあらかじめ体内に入れ，免疫記憶を成立させておきます。

2019年末より，世界的に新型コロナウイルスがまん延し，世界全体に大きな影響《えいきょう》をあたえています。ウイルスとは非常に微小《びしょう》であり，１mmの１万分の１くらいの大きさです。新型コロナウイルスも非常に微小であるので，感染が起きても簡単に検出することは出来ません。そこで，新型コロナウイルスの遺伝子を増やして検出する［　④　］検査という方法がよく用いられています。

(1) 表１中および文中の［　①　］～［　③　］に入る適切な語を答えなさい。

(2) 文中の［　④　］に入る適切な語をアルファベット３文字で答えなさい。

(3) 免疫は，わたしたちの体を守るために，非常に重要なしくみです。しかし，そのしくみが過《か》剰《じょう》にはたらいて，不利益をもたらすこともあります。

これに関して，身近な具体例を次のア～オから２つ選び，記号で答えなさい。

ア．けがをしたところに，うみが出る。

イ．春になると，毎年，花粉症になる。

ウ．風邪《かぜ》をひいて，発熱する。

エ．特定の食品を食べると，じんましんやかゆみが出る。

オ．くさった食べ物を食べて，腹痛を起こす。

(4) 右のグラフは，実験的に抗原をネズミに注射し，作られる抗体の量がどのように変化しているのかを調べたものです。

前の文章から判断して，右のグラフにおいて，２回目の抗原注射後の正しい曲線をア～エから１つ選び，記号

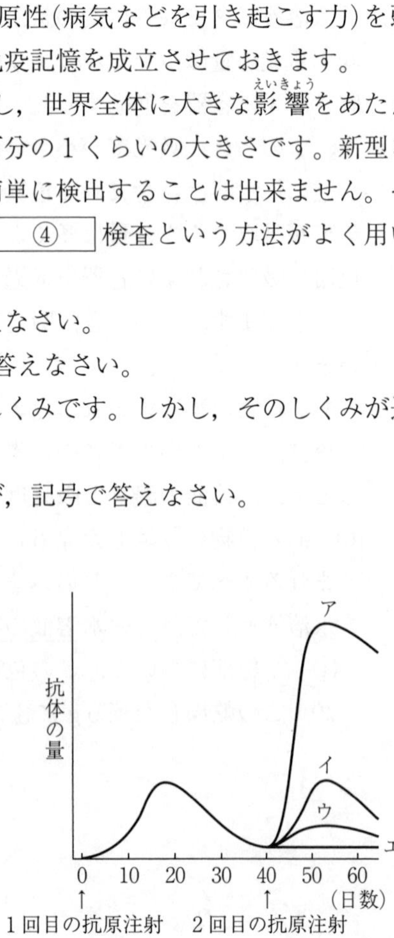

で答えなさい。

なお，１回目の抗原注射後，ネズミは抗原による病気を発症しましたが，２回目の抗原注射後は発症しませんでした。

(5) 抗体の研究でノーベル賞を受賞した科学者を次のア～オから１人選び，記号で答えなさい。

ア．湯川秀樹《ゆかわひでき》　イ．小柴昌俊《こしばまさとし》　ウ．山中伸弥《やまなかしんや》

エ．利根川進《とねがわすすむ》　オ．真鍋淑郎《まなべしゅくろう》

(6) ウイルスは，その構造が短期間で変化していくため，免疫記憶が成立しづらいという一面もあります。このようにウイルスが変化する現象を何といいますか。次のア～オから１つ選び，記号で答えなさい。

ア．強毒化　イ．進化　ウ．昇華《しょうか》　エ．転換《てんかん》　オ．変異

(7) ウイルスによって引き起こされる病気を次のア～オから２つ選び，記号で答えなさい。

ア．破傷風《はしょうふう》　イ．エイズ　ウ．ペスト

エ．インフルエンザ　オ．マラリア

4 気象に関する以下の問に答えなさい。なお，問題文中の天気図は気象庁のホームページより引用しています。

Ⅰ．2021年，日本各地で(a)線状降水帯と呼ばれる帯状の雨域の発生が繰《く》り返《かえ》し起こり，多くの降水被害《ひがい》をもたらしました。このような大規模な災害に警戒《けいかい》を促《うなが》すために，気象庁は2013年８月30日より(b)特別警報という新たな警報を運用してきており，７月や８月に発生した大雨の際には各地に大雨特別警報を発表し，住民に最大限の警戒を促すようにしています。

また，大雨による被害としては，７月３日に静岡《しずおか》県熱海市伊豆山地区の逢初《あいぞめ》川で大規模な(c)土石流が発生し，多くの人的被害や家屋の倒壊《とうかい》をもたらしました。

(1) 下線部(a)の線状降水帯について，発生メカニズムはまだ完全に解明されていませんが，現在，発生メカニズムとして４つの条件が提示されています。この発生条件として**間違《まちが》っているもの**を次のア～エから１つ選び，記号で答えなさい。

ア．低層に暖かく湿《しめ》った空気が大量に流入する。

イ．前線や地形の影響《えいきょう》で，暖かく湿った空気が上昇し雲が発生する。

ウ．発生した雲が安定した大気の状態の下で，積乱雲へと発達する。

エ．上空を流れる風の影響で，積乱雲群が線状に並ぶ。

(2) 下線部(b)の特別警報とは，「警報」の発表基準をはるかに超《こ》える大雨や大津波《おおつなみ》等が予想され，重大な災害の危険性が著しく高まっている場合に気象庁より発表され，最大級の警戒を呼《よ》びかけるものです。特別警報について述べた文として**適当でないもの**を次のア～エから１つ選び，記号で答えなさい。

ア．特別警報が発表されたときは，経験したことのないような大雨や暴風などが発生する確率が高いため，自分の住んでいる市町村の避難《ひなん》情報に従い，適切な行動をとること。

イ．大雨による特別警報が発表されたとき，避難所への避難が難しい場合は，自宅近辺の高台に移動するなどして，身の安全を確保するようにする。

ウ．大雨のような時間とともに危険度が高まる災害では，特別警報よりも前に発表される気象情報や注意報・警報を確認し，早めの行動をとることが大切である。

エ．特別警報が発令されたときに素早い避難ができるよう，住んでいる地域にどのような危険があり，またどのような避難行動をとる必要があるのか，自治体の発表しているハザードマップなどをもとに，日頃《ひごろ》からしっかり確認しておくことが重要である。

(3)　図１は８月14日12時の日本列島周辺の天気図です。この日は日本列島に発達した前線がつくられることにより，九州から近畿《きんき》にかけて線状降水帯が発生し，各地で大雨が発生しました。

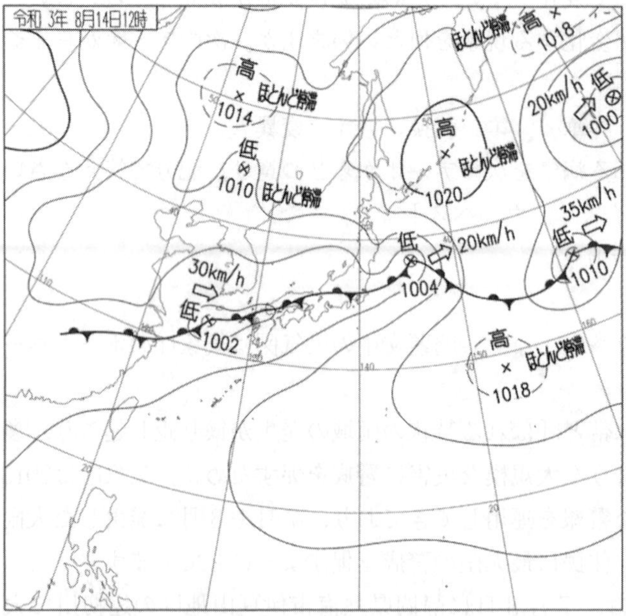

図１　８月14日12時の天気図

①　日本列島を東西に横断する前線(記号 )の名まえを答えなさい。

②　図１に存在する低気圧や高気圧は，ほとんどが西から東に向かって移動しています。これは日本列島の上空を流れる風が原因とされています。この風の名称を答えなさい。

③　次のア～エは，８月14日を含《ふく》めた４日間の日本列島周辺の天気図です。これらの天気図を日付の古いものから順に並べなさい。

ア．

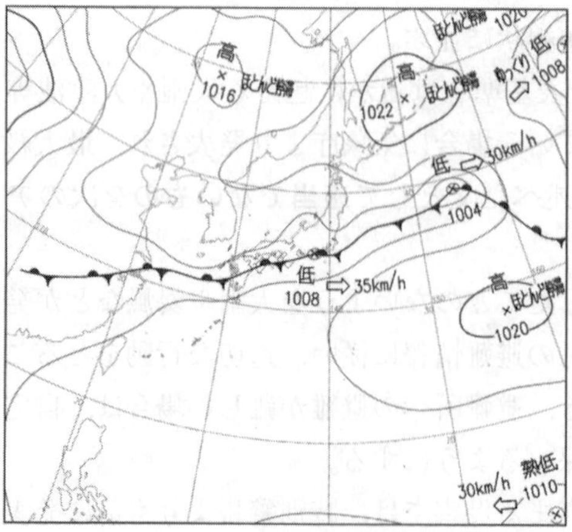

イ．

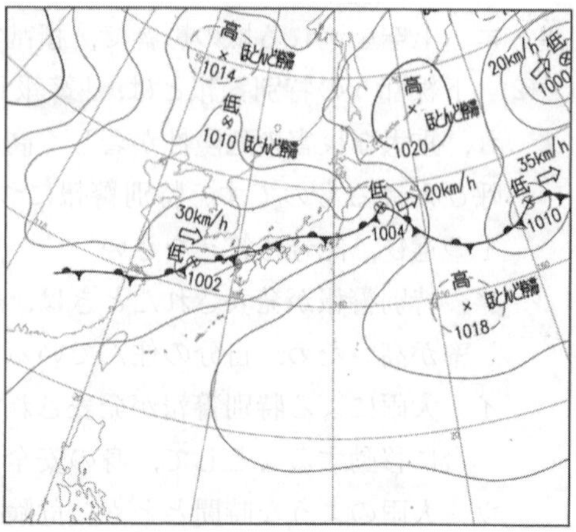

ウ．

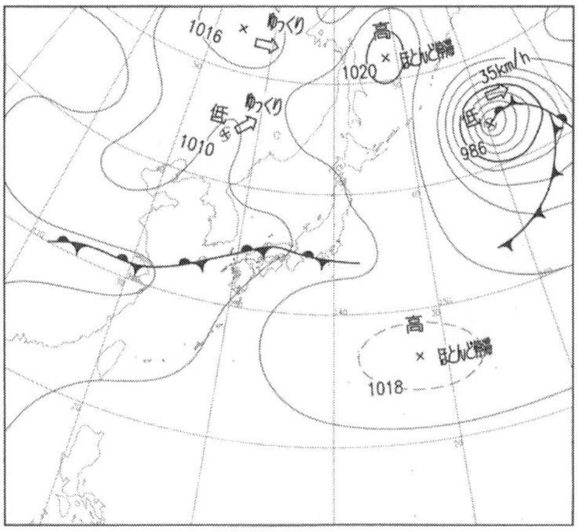

エ．

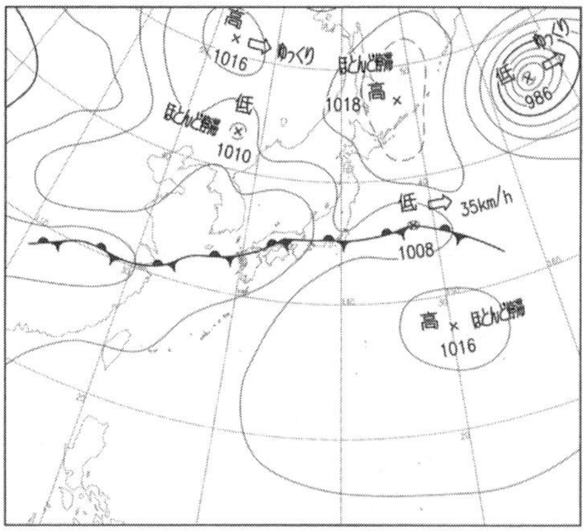

(4)　下線部(c)の土石流とは，れきや砂，泥《どろ》を含んだ水が混ざりあいながら斜面《しゃめん》を下るときに発生する現象を指します。図２のように土石流が河口まで流れていって海底に堆積《たいせき》したとき，どのような堆積構造をつくるでしょうか。図２のＡ，Ｂ，Ｃに当てはまる土砂の組み合わせとして正しいものをア～カから１つ選び，記号で答えなさい。

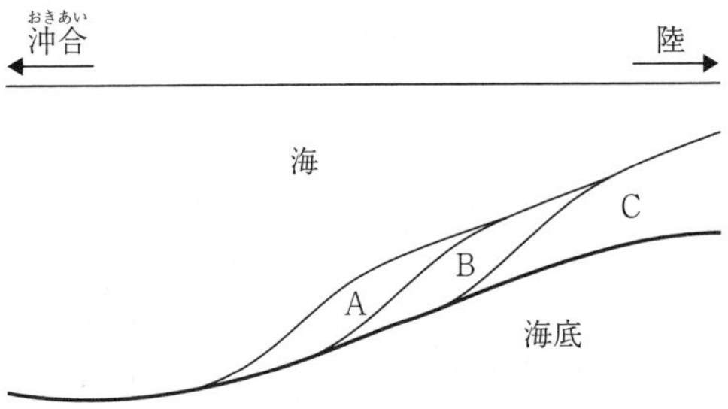

図２　堆積構造の模式図

	A	B	C
ア	れき	砂	泥
イ	れき	泥	砂
ウ	砂	れき	泥
エ	砂	泥	れき
オ	泥	砂	れき
カ	泥	れき	砂

Ⅱ．空気１m^3中に含むことができる最大の水蒸気の重さを飽和《ほうわ》水蒸気量といい，表１のように温度によって変化します。ある温度の空気１m^3に含まれている水蒸気の量が，その温度の飽和水蒸気量の50％のとき，「湿度《しつど》50％」と表します。また，気温が下がり空気中に含まれる水蒸気の量が飽和水蒸気量と等しくなると，水の粒が現れます。これを結露《けつろ》といい，この時の気温を指して「露点《ろてん》」と呼びます。

湿度を測定する方法は，主に以下の２つが挙げられます。１つ目は，水蒸気を含む空気の中で金属のコップ等の温度を下げていき露点を測定する方法です。２つ目は図３のような乾湿計《かんしつけい》と表２の湿度表を使う方法です。これは，温度計の球のところを濡《ぬ》らしたガーゼで覆《おお》った湿球を用意し，その温度計で計られた湿球温度と，通常の温度計で計られた乾球温度との差から湿度を求めるというものです。例えば乾球12℃，湿球10℃の場合，乾球と湿球の値の差は２℃なので，湿度は76％になります(表２)。

表１　各温度における空気の飽和水蒸気量

気温(℃)	5	10	15	20	25	30	35
飽和水蒸気量(g)	6.8	9.4	12.8	17.3	23.1	30.4	39.6

表２　湿度表(表中の単位は％)

乾球と湿球の値の差(℃)

乾球の温度(℃)	0	1	2	3	4	5	6	7	8
20	100	91	81	73	64	56	48	40	32
19	100	90	81	72	63	54	46	38	30
18	100	90	80	71	62	53	44	36	28
17	100	90	80	70	61	51	43	34	26
16	100	89	79	69	59	50	41	32	23
15	100	89	78	68	58	48	39	30	21
14	100	89	78	67	57	46	37	27	18
13	100	88	77	66	55	45	34	25	15
12	100	88	76	65	53	43	32	22	12
11	100	87	75	63	52	40	29	19	8
10	100	87	74	62	50	38	27	16	5
9	100	86	73	60	48	36	24	12	1
8	100	86	72	59	46	33	20	8	
7	100	85	71	57	43	30	17	4	
6	100	85	70	55	41	27	13		
5	100	84	68	53	38	24	4		

(5)　気温が30℃で露点が10℃のとき，湿度は何％になりますか。答えが割り切れない場合，小数第２位を四捨五入して小数第１位まで求めなさい。

(6)　乾湿計の湿球温度計と乾球温度計では，湿球温度計の方が低い温度を示します。その理由について述べた以下の文の［ 1 ］，［ 2 ］に当てはまる適切な語句を答えなさい。なお，［ 2 ］は「うばう」，「あたえる」のどちらかから選んで答えること。

> 湿球を覆う濡らしたガーゼの表面から水が［ 1 ］し，熱を［ 2 ］ため

(7)　乾湿計の値が図３のように乾球15℃，湿球12℃の状態を示しているときから気温が５℃上昇したとき，湿度は何％になりますか。答えが割り切れない場合，小数第２位を四捨五入して小数第１位まで求めなさい。なお，空気中の水蒸気の量は変わらないものとします。

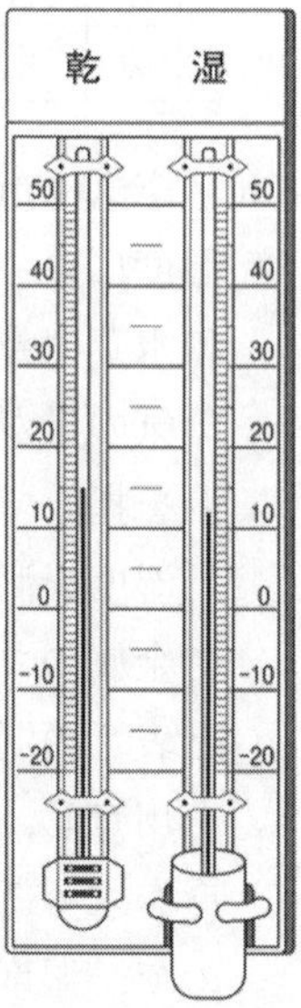

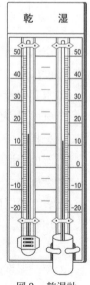

図３　乾湿計

ないというウィルの無力感やこれまでの積もり積もった怒りを感じました。

問六　――線４「どうしてドロシーは、～帰りたがったんだろう」とありますが、この部分からどのようなことが読みとれますか。その説明として最も適当なものを次のア～エの中から一つ選び、記号で答えなさい。

ア　まどろみながらドロシーの唱えた呪文について考えているマドコが、結婚によって新しくできた家族とうまくやっていこうと思う一方で、日本に残してきた両親のことが恋しくもなり、自分にとって最良の場所はやはり日本の家だという思いを深めているということ。

イ　実家で心からリラックスして寝ているウィルを見つめたり、幼いころのミュリエルがドロシーの科白を真似てアンダーソン氏を喜ばせていたことを知ったりしたマドコが、幸せな家族を営んできたアンダーソン家に自分がなじめるだろうかと心配になってきているということ。

ウ　ドロシーと彼女の友達が印刷されている紙袋を見つけたマドコが、故郷のカンザスに帰りたがったドロシーと自分を重ね合わせているうちに、彼女が田舎に帰りたがった理由が気になってしまい、パーティー前夜にもかかわらず、眠れなくなってしまい、困っているということ。

エ　家に優る場所はないと考えたドロシーに思いをはせるマドコが、新しくできた家族の中で一人の個人であることよりもその一員であることが優先されてしまうような気がして、アンダーソン家が自分にとって最良の場所となりうるのか早くも漠然《ばくぜん》とした不安にかられているということ。

問七　問題文の表現と構成の特徴の説明として**適当でないもの**を次のア～カの中から二つ選び、記号で答えなさい。なお、解答の順序は問いません。

ア　２行目「うっとり」、54行目「しぶしぶ」、95行目「モゴモゴと」、148行目「オイオイ」などの擬態語や擬音語が用いられている。これにより登場人物の心情がイメージしやすくなっている。

イ　３行目のダッシュ（――）に続く部分は、マドコが心の中で思っていることを表現している。

ウ　25行目のダッシュ（――）に続く部分は、ウィルが発言したことを表現している。

エ　44行目などの「結婚」と87行目などの「ケッコン」を漢字とカタカナで書き分けることで、この言葉への読者の注意をうながしている。

オ　48行目の「……」は、アンダーソン夫人が不満をもちながらもマドコを家族として歓迎しようと自分の気持ちを切り替えるために要した間を表している。

カ　問題文は、作品内の現在であるパーティー前夜の場面のなかに、ウィルとマドコの両親の間に生じたもめごとの回想シーンがはさまれている。

る。

エ　アンダーソン夫人が、自分が旧姓を名のり続けることを残念に思いながらも、同じ女性として理解を示してくれ、家族の一員としてあたたかく迎え入れてくれようとしていることに感謝している。

問三　――線２「ウィルは煮えきらない様子で」とありますが、このときのウィルの気持ちを五十五字以上六十五字以内で説明しなさい。

問四　――線３「ふぇーと声を上げて～枕を濡らした」とありますが、このときのマドコについての説明として最も適当なものを次のア～エの中から一つ選び、記号で答えなさい。

ア　国際結婚によって娘が日本から遠く離れたアメリカで暮らすことになった両親のむなしさをウィルに対してうったえているうちに興奮してきて、感情がコントロールできずに自然と涙が出てきたが、その涙が自分の傷ついた心をなぐさめてくれているようで心が安らいでいる。

イ　家族の肩をもつような素振りのウィルに刺激され、自分の両親が抱いた淋しさを強い口調でうったえているうちに、気が高ぶってきて、彼の同情を引こうとした演技のはずの涙が思わず流れてくると、悲劇のヒロインのような気分になって、そんな自分にうっとりしている。

ウ　遠く離れたアメリカで結婚生活を送ることになったのだから、子どもを失う喪失感はウィルの両親よりも自分の両親の方が大きいはずだと思うようになって、両親の姓を変えたくないという気持ちが強まり、思わず涙が出てきたが、感情を爆発させて泣いたことでかえってすっきりしている。

エ　ウェディング・パーティーを明日にひかえて、花嫁として幸せな気持ちで満たされていたが、娘を嫁にやってしまい日本に置き去りにされる両親のつらさをうったえているうちにだんだんと自分も悲しくなってきたので、泣いているふりをしてウィルにやさしくしてもらおうとしている。

問五　次に示すのは、この問題文を読んだ後に、先生の問いかけを受けて、四人の生徒が問題文中のウィルの発言について意見を述べている場面です。ウィルの発言の理解として**誤っているもの**を次のア～エの中から一つ選び、記号で答えなさい。

先生―問題文中のウィルの発言の中からみなさんが気になったものをとりあげて、考えたことを発表してください。

ア　生徒Ａ―134行目の「時代錯誤」というウィルの発言から、マドコがアンダーソン姓を名のらないことに対するウィルの親の否定的な受け止め方は、今の世の中にはそぐわないものだとウィルが考えているんだなと思いました。

イ　生徒Ｂ―137～138行目の「きみの両親はホントに子離れしていないんだな」というウィルの発言から、当人同士が合意した結婚に対してマドコの両親が口出しをしてきたことが、ウィルにとっては不愉快な出来事だったんだなと思いました。

ウ　生徒Ｃ―138～139行目の「きみの方でも親離れしていないんだね」というウィルの発言から、日本の両親の求めに応じて旧姓を名のり続けようとしているマドコに対して、ウィルがいら立っているんだなと感じました。

エ　生徒Ｄ―146行目の「人種差別主義者」というウィルの乱暴な発言から、マドコの両親の要求に応えたのに、マドコにも非難され、いくら誠意をもって対応しても報われを喜ばせている光景が、かつて、この家で頻繁《ひんぱん》に見られた最も幸福な家族の図であったということなどは知るはずもなかった。

　マドコは、赤ちゃんのような無防備さで眠っているウィルの寝顔をしばらく見つめてから、そっとナイト・ランプの灯りを消すと、羽根布団の中にもぐり込んだ。そして、注11赤い魔法のルビイ・スリッパの踵《かかと》を三回合わせて'There is no place like home.と呪文を唱えた少女について、考えるともなく考えていた。

　4どうしてドロシーは、あの夢のように美しいエメラルド・シティから、埃《ほこり》っぽいカンザスになんかに帰りたがったんだろう。あの田舎町で彼女を待っていたのは誰だったっけ？

注1　ビューティー・スリープ…美しさを保つための十分な睡眠のこと。
注2　デリケートな…繊細《せんさい》に作られている様子のこと。
注3　ニューオリンズ…アメリカ合衆国ルイジアナ州南東部、ミシシッピ川の河口近くに位置する港町。
注4　ヴァケーション…休暇《きゅうか》のこと。
注5　タルカム・パウダー…あせもなどの防止のために入浴後に皮ふにぬる粉末のこと。ベビーパウダーともいう。
注6　ニッポン人としてのアイデンティティ…ここでは、日本人であることの証《あかし》という意味。
注7　国務省…日本の外務省に相当する、アメリカの行政機関のこと。
注8　ドロシー…映画「オズの魔法使い」（一九三九年）の主人公の少女のこと。ライオン、樵、案山子も映画に登場する。
注9　フレッド・アステア…一八九九～一九八七年。アメリカ合衆国の俳優、ダンサー、歌手。
注10　私のクック・ロビンちゃん…ここでは、私のかわいい小鳥ちゃん、という意味。
注11　赤い魔法のルビイ・スリッパ…ドロシーが映画の中で履《は》く赤い靴のこと。

問一　〰〰線a～cの意味として最も適当なものを後のア～エの中から一つずつ選び、記号で答えなさい。

a　月並みな
ア　よろこばしい　イ　かたくるしい
ウ　ありきたりの　エ　かしこまった

b　拍子抜けしてしまった
ア　気持ちがみだされてしまった
イ　張り合いがなくなってしまった
ウ　予想外の展開におどろいてしまった
エ　待ちくたびれてしまった

c　恰幅のいい
ア　体格がいい　イ　機嫌がいい
ウ　格好がいい　エ　評判がいい

問二　――線1「ミセス・アンダーソンからの手紙」とありますが、この手紙をウィルに読んでもらった後のマドコの説明として最も適当なものを次のア～エの中から一つ選び、記号で答えなさい。

ア　結婚しても旧姓を名のり続けることに反対するボブとウォルターに気分を害するとともに、自分の機嫌をとるためにその場しのぎの言い訳をするウィルのことも苦々しく思っている。

イ　ウェディング・パーティーのためのご馳走の準備やミュージシャンの手配をうれしく思う一方で、自分が結婚後も改姓しないことがウィルの家庭内で問題になっていたと知って心を痛めている。

ウ　結婚後も自分が夫の姓を名のらないことを不満に思うウィルの家族にあきれ、また、それを隠していたウィルに不信感を抱くとともに、彼の家族の結婚に対する考え方にいきどおっていしに対する喪失感を紛《まぎ》らわせるためにも、おとうさんとおかあさんの姓であるトコロのサトーを、これからも一生名のり続けていくつもりなのよ。そうするコトが、あたしの注６ニッポン人としてのアイデンティティにとっても、実に大切なことだと思うし……。

と、ヒステリックにまくしたて、３ふぇーと声を上げて泣きマネをしたら、本当に涙が出てきて、それはとても心地よく枕を濡《ぬ》らした。

けれど、その長演説は、ウィルに、結婚する際に起こったマドコの両親とのゴタゴタを思い起こさせてしまったらしく、ウィルはひどく不機嫌な声で、

——きみが名字を変えたくないという気持ちを僕は尊重したいと思っているし、ウチの親がこんな時代錯誤で恥ずかしいコトをきみに対して言ってきたってコトについては本当に申し訳なく思ってるけど、そこで何もきみの親のコトまで持ち出してこなくたっていいじゃないか。ケッコンのことで揉《も》めたとき、僕は、きみの両親はホントに子離れしていないんだなって呆《あき》れたもんだけど、きみの方でも親離れしていないんだね。僕は何もきみを略奪してきたワケじゃなくて、僕たち二人が同意してこのケッコンに踏み切ったっていうのに、きみたちは、親娘《おやこ》ともども、僕に罪の意識を植えつけようとしているみたいだ。きみの親が学生ケッコンは絶対にダメだって言うから、僕は大学院を止めて、注７国務省に就職まで決めたっていうのに、このうえ責められたんじゃたまらないよ。結局のところは、きみの親もきみ自身も僕が日本人ではなく、アメリカ人だっていうことが気にいらないんじゃないの？　きみたちは人種差別主義者なんだ。

と、一気にまくしたて、オイオイ泣き続けるマドコに背を向けて、さっさと羽根布団にもぐりこんでしまった。

マドコは、夫の怒りを背中に感じて怯《おび》えたが、このまま泣いていれば、きっとウィルは心配して、あたしの背中を優しく撫《な》でてくれるに違いない、と、しばらくの間、頑張って泣き続けた。けれど待てど暮らせど、ウィルはかまってくれないから、マドコがそっと身を起こすと、ウィルは、すぅすぅ寝息をたてて、すでに眠りこんでいるのだった。すっかりｂ拍子抜けしてしまったマドコは、枕元に置いてあったアンダーソン夫人からの手紙をサイド・テーブルの上に置いて、金色のリボンが誇《ほこ》らしげに輝いているシクラメンの鉢植えを見るともなしにぼんやりと眺めた。そしてふと、そのピンク色の花弁の影に注８ドロシーがいるのに気がついた。もっと正確にいえば、ドロシーと彼女の友達の臆病《おくびょう》ライオンとブリキの樵《きこり》と脳なしの案山子《かかし》を見たのであり、その四人が仲良く腕を組んでステップを踏んでいるシーンがきれいにカラー印刷されている紙袋が鉢植えの後ろに置いてあったのだった。アメリカでは、どういうワケか、映画「オズの魔法使い」が今も息の長い人気を誇っていて、ギフト・ショップやちょっとした小物屋に行けば、ドロシーとその仲間たちグッズが各種揃《そろ》っており、この紙袋もミュリエルがそうした小物屋さんで手に入れたものに違いなかった。

マドコは、サイド・テーブルから、その紙袋をひょいとつまみ上げて、何の気なしに眺めたが、子供の頃から歌とダンスが大好きなミュリエルが、注９フレッド・アステアの出演している映画や「赤い靴」などと並んで「オズの魔法使い」が大好きで、アンダーソン氏から買ってもらったヴィデオを擦《す》り切れるくらいに何度も何度も繰り返し見ていたことや、一人娘を「注10私のクック・ロビンちゃん」と呼んでメロメロに甘やかしているｃ恰幅《かっぷく》のいいアンダーソン氏の首にぶらさがって、幼いミュリエルがドロシーの科白《せりふ》を真似て、There is no place like home.（お家に優る所ナシ）と言って、氏

――あたしがケッコンしても、名字を変えないことについて、あなたのカゾクが反対だったなんて、ぜーんぜん聞いてなかったわよ。

――うん、だって、話す必要もないと思ったからさ。うちのカゾクがどう思おうと、きみは名字を変えるつもりはなかっただろう？

と、今ではすっかり眠気も醒《さ》めてしまったウィルは、うんざりしたように言い、

――そりゃあ、そうかも知れないけどさ、こんな大切なこと、黙っていることないじゃない。

とマドコは憤慨《ふんがい》して言い返した。

――でも、僕は、はじめから、きみが僕の姓を名のる必要はないと思っていたし、きみも同じように考えていると聞いて、僕のカゾクが何と思おうと、カンケイないや、と思ったんだ。だって、このコトは僕たち二人のモンダイなんだし、最終的には、きみ個人のモンダイじゃない。

――そうよ。これは、あたしのモンダイなのよ。でも、あなたのカゾクは、そうは思っていないみたい。だいたい、あなたのカゾクってどうなっちゃってんの？　そりゃあ、日本では夫婦別姓は法律的には認められていないけど、アメリカじゃ、こんなのアッタリマエのことでしょ。職業上のキャリアを大切に考えて、ケッコンしたって独身時代の姓を変えずに仕事を続けていく女性はゴマンといるわけだし、第一、日本と違ってアメリカには戸籍っつーもんがなくて個人の出生証明書があるだけだから、ケッコンは家と家の結合とか、どちらかがどちらかの家に入るっていうことを意味しないはずじゃない。

――うん、そう。そう。そうなんだ。そりゃまあ、そうなんだけどね。

と、2ウィルは煮えきらない様子で、口の中でモゴモゴとコトバを反芻《はんすう》し、

――でもウチは特別にカゾクの結束が固いらしいんだな。

と言った。

マドコは、なーんだ、ソリャ！　と、再びかん高い声で叫び、わざとオーヴァーな仕草《しぐさ》でベッドにつっ伏《ぶ》して見せた。そしてミュリエルの使っている注5タルカム・パウダーの香りが微《かす》かにする枕に顔を押しつけて、

――あたしは、あなたとケッコンして、アメリカに住むことになっちゃったけど、それでもニッポン人なのよ。これから先、何年何十年アメリカに住んで、英語がペラペラになったって、あたしは、ずっと死ぬまでニッポン国籍を保持するつもりだし、いつまでも、いつまでも、ニッポンにいるおとうさんとおかあさんのムスメなんだからね。このケッコンについて、あたしのおとうさんとおかあさんがどんなふうに感じて、どれほど反対したのか、あなたにだって分かってるでしょ。大切に育ててきたムスメをこんな遠くにやるってことは、親にとっちゃつらいものよ。

と、ほとんど説教口調になり、

――そりゃあ、どんな親だってムスメがケッコンするっていえば、淋しい思いをするんだろうけど、近ばでケッコンするのとこんなに遠くまで来ちゃうっていうのでは、親の感じるであろう喪失感の程度が違うわよ。

と、このへんから、おナミダ頂戴的になってきて、マドコの感情もますます高ぶり、

――だから、おとうさんとおかあさんの反対を押しきって、自分の意志を貫いてこのケッコンをして、遠くにあの二人を置き去りにしてきてしまったあたしとしては、二人に淋しい思いをさせて心配をかけているコトの、せめてもの罪ホロボシというか、彼らのあた

結婚のお祝いの手紙らしく、a月並みな言葉で始まっていた。

親愛なるマドコとウィル――あたしの名前を息子の名前の先に配するあたり、ミセス・アンダーソンったら気ィ使ってるぅ、とマドコは思った――ウェルカム・ホーム！　そして結婚おめでとう！　注3ニューオリンズで注4ヴァケーションを楽しんでいるはずですが――と、そこまで読んで、マドコは、流麗すぎて判読しがたい、細い糸のようにして延々と続く夫人の字体にイラ立って、早くも軽い鼾《いびき》をたてながら眠り込んでしまっていたウィルをゆすり起こした。

――ねえ、あなたのママからの手紙なの。読んで頂戴《ちょうだい》。

――そんなの明日の朝読めばいいじゃない。もう寝ようよ。

ウィルは眠い目をこすりながら、実に迷惑そうに言ったが、マドコが、やだ、今でなくちゃ、やだ、とダダをこねるので、仕方なく半身を起こして、ナイト・ランプの明かりにかざして、手紙を読み始めた。

親愛なるマドコ&ウィル

ウェルカム・ホーム！　そして結婚おめでとう！　この手紙をあなたたちが読むころは、私は、ボブと一緒に、ニューオリンズでヴァケーションを楽しんでいるはずですが、明日のお昼前には帰る予定ですから、パーティーの前に家族みんなで昼食を取りましょうね。

パーティーには、親戚一同、ウィルの高校、大学時代のお友達、私やボブのお友達、それからウォルターやミュリエルのお友達も何人か見えることになっています。マドコのご両親がいらっしゃれないのは、本当に残念なことです。パーティーのご馳走の材料はニューオリンズで新鮮な魚介類を仕入れてきて、当日コックさんに調理してもらうつもりだし、ミュージシャンにも来てもらいます。皆で楽しく食べて踊りあかしましょう。今から、パーティーが待遠しくてなりません。

それから、最後になりましたが、マドコがウィルと結婚しても、私たち家族の姓を名のってくれないとのこと、少し淋《さび》しい気持ちで受け止めています。ボブとウォルターは、そのことで、かなり気を悪くしたようですが、私とミュリエルは女同士として、マドコの気持ちもわからないではありません。でも、とにかく……

と、そこまで読んで、ウィルはマドコの顔色を窺《うかが》うようにして、ちらりと彼女の横顔を盗み見た。マドコは、そんなウィルを睨《にら》みつけ、続けて、と低い声で言い、ウィルは、このことについては説明しなくちゃと思っていたんだけど……と口ごもり、更に何か言おうとしたけれど、マドコが、きっぱりとした口調で、いいから最後まで読んでよ、と言ったので、ウィルはしぶしぶながらも先を読む以外になかった。

でも、とにかく、私たちは家族になったのですから、これからも末永く、仲良く助け合ってやっていきましょう。マドコ、たとえあなたが、私たちの姓を名のってくれなくても、あなたが私たちの家族の一員になったことにはかわりありません。これからは、この家はあなたの家で、私たちはあなたの家族です。

愛をこめて
あなたたちのおかあさんより

――なーんだ、コリヤ。

ウィルが手紙を読み終《おわ》るやいなや、マドコはかん高い声で叫び、

――フユカイ。

と、低い声で付け足した。

ウ　お年寄りの生活の中にひそむ事故などの危険性を探し出し、それに対応することでお年寄りの生活をほぼ安全なものにすることができるが、それではお年寄りが自分で問題を解決する力を失ってしまうと考えているから。

エ　安全を確保することだけを優先してお年寄りの行動の自由を制限することは、お年寄りに介護する側の意思を押しつけることになるだけでなく、お年寄りが人間らしく生きることを阻んでしまうと考えているから。

問八　――線７「人を信頼する～かもしれません」とありますが、ここで筆者が言いたいことはどのようなことですか。その説明として最も適当なものを次のア～エの中から一つ選び、記号で答えなさい。

ア　人を信頼するためには、どの程度の大きさの不利益が生じるかを正確に予測することだけが解決すべき課題となるのではなく、自分たちの日常の中に根強くひそんでいるさまざまな偏見や差別意識に気づき、変えていくことが必要であるということ。

イ　人を信頼するためには、自分たちが引き受ける不利益の大きさだけがのりこえねばならない課題となるのではなく、日常生活の中で自分たちの行動をしばりつけている決まりごとが現状に適しているかどうか見つめ直すことが必要であるということ。

ウ　人を信頼するためには、自分たちがどの程度までの大きさの不利益ならば容認できるかを検討することだけではなく、どんな場合でも自分たちが損をしないように行動しなければならないという利己的な考えをのりこえることが必要であるということ。

エ　人を信頼するためには、自分たちがこうむる不利益の大きさを適切に予測してそれを可能な限り小さくすることだけではなく、自分たちが当たり前に正しいと考えているルールや規則が実は理にかなっていないと発見することが必要であるということ。

三

次の文章は、野中柊《のなかひいらぎ》の小説『アンダーソン家のヨメ』の一節です。国際結婚をしたマドコとウィルは、新婚旅行の帰りに、アメリカ合衆国ウィスコンシン州の小さな田舎町にあるウィルの実家を訪れ、ミュリエルの寝室を借りて眠りにつこうとしています。以下はそれに続く場面です。これを読んで、後の問いに答えなさい。なお、問題文中に登場するボブ、ウォルター、ミュリエルは、それぞれウィルの父、弟、妹にあたります。また、設問の都合で問題文の上に行数をつけてあります。

よほど疲れているのか、ウィルは、おやすみ、と言うと、さっさとベッドにもぐり込んでしまい、マドコもいつまでもうっとり部屋を眺め回してもいられないから――何と言っても、明日はウェディング・パーティーなのだ、あたしには注１ビューティー・スリープが必要だわ――急いでパジャマに着替えると、ベッドの脇にあるサイド・テーブルの上のナイト・ランプに手を伸ばして、そのとき、初めて、そこに金色のリボンのかかった可愛らしいピンクのシクラメンの鉢植えと薄いブルーの封筒に入った手紙があることに気がついた。封筒の表には、ヴィクトリア調とでも言いたいような流麗《りゅうれい》な筆記体で、Ｍａｄｏｋｏ＆Ｗｉｌｌと書いてあったから、ああ、これは１ミセス・アンダーソンからの手紙だ、と、その筆使いに見覚えのあるマドコはすぐに察して、何かお祝いの言葉のしたためてある手紙だろうと見当をつけて、ためらうことなく封を切った。便《びん》箋《せん》は、半透明のブルーの注２デリケートな手触りのもので、確かにさい。

ア　人は、事前にさまざまな危険性を予測することによって、はじめて安心を得ることができるということ。

イ　嘘をつくと、嘘をついた人は周囲の人々の信用を失って、結果的に必ず損をすることになるということ。

ウ　安心は、予測できない事態が起こらず、自分がひどい目にあう可能性がないと感じることだということ。

エ　合理的に考えれば、相手は大きなリスクを抱えているので、自分が損をする確率は非常に低いということ。

問四　――線3「なんて不合理な」とありますが、筆者はどのようなことを「不合理」と述べているのですか。その説明として最も適当なものを次のア～エの中から一つ選び、記号で答えなさい。

ア　相手の行動のために、自分が予想外の損害を受ける場合があることを理解しながらも、損害が生じるようなことはしないと思うこと。

イ　相手の行動によって、大きな事故が起こる可能性が高いと予想していながら、何の対策も立てないで相手の行動を見守ること。

ウ　相手の行動のせいで、自分に大きな不利益が生じたことが多いのにもかかわらず、相手の失敗を許して友好的に接し続けること。

エ　相手の行動しだいで、深刻な事故や事件に巻き込まれるかもしれないのに、自分の身の危険をかえりみず相手を助けること。

問五　――線4「信頼はものごとを合理化するのです」とありますが、これはどういうことですか。「信頼」と「合理化」がどのような関係にあるかが明らかになるように、四十五字以上六十字以内でまとめて説明しなさい。

問六　――線5『ふつうの生活』とありますが、ここでいう「ふつうの生活」の説明として最も適当なものを次のア～エの中から一つ選び、記号で答えなさい。

ア　ある一定のリスクはあるが、お年寄りが自身の健康を損なうことなく生活できるように、さまざまな安全対策のもとで自由に行動できる生活のこと。

イ　大きなリスクがあっても、お年寄りがさまざまな活動に積極的に参加して充実感を感じられるように、いつでも自由に行動できる生活のこと。

ウ　リスクは伴うけれども、お年寄りが可能な限り自分自身の意思を行動に移せるように、ある一定の制限内で自由に行動できる生活のこと。

エ　わずかなリスクは許容して、お年寄りが慣れ親しんだ生活に近い形で暮らせるように、周囲の目が届く範囲内で自由に外出できる生活のこと。

問七　――線6「和田は認知症のお年寄りを信じようとしました」とありますが、なぜ「和田」氏は「認知症のお年寄りを信じよう」とするのですか。その説明として最も適当なものを次のア～エの中から一つ選び、記号で答えなさい。

ア　お年寄りの身の回りからあらゆる危険を取り除こうとすると、介護する側がその生活を監視し管理し続けることが必要になるが、そのような介護者の監視下での生活はお年寄りの人格を尊重していないと考えているから。

イ　お年寄りの家族の希望を実現するためには、介護する側がお年寄りの生活範囲を限定したうえでその行動を厳しく制限しなければならなくなり、お年寄りが常に介護者の指示や命令におびえてしまうと考えているから。

間違えたって、おいしければ、なんだっていい。

それなのに「こうじゃなきゃいけない」という〝鋳型《いがた》〟に、認知症の状態にある方々をはめ込んでしまえば、どんどん介護の現場は息苦しく窮屈になっていく。

そしてそんな考え方が、従来型の介護といわれる「拘束」や「閉じ込め」につながっていくのかもしれない。

この出来事をきっかけに、小国が始めたのが「注文をまちがえる料理店」です。このお店では、認知症の方がフロア係として注文をとりに行きます。だから、注文した料理がきちんと届くかは、わからない。つまり、社会的不確実性が高いことが最初から宣言されているレストランなのです。

でも案外、そこで自分が被《こうむ》る「ひどい目」は、ハンバーグが餃子になる程度なのかもしれない。もちろん、「注文をまちがえる料理店」でも、大きなトラブルが起こらないように注意が徹底されています。私も一度訪れたことがありますが、注文票に工夫があって、ミスが出にくいように配慮されていました。それでも、お冷やを持ってきてくれたお年寄りが、そのまま空いた席に座ってお客さんとおしゃべりに花を咲かせてしまったりする。でもまあ、おしゃべりしたっていいじゃない。7人を信頼することを阻《はば》むのは、リスクの実際の大きさというより「ねばならない」という私たちのなかの堅固《けんご》な規範意識なのかもしれません。

（伊藤亜紗《いとうあさ》『手《て》の倫理《りんり》』）

※問題作成の都合上、もともと文章中にあった小見出しや注などを省略したところがあります。

注1　孫悟空…十六世紀末の中国の小説『西遊記』に登場するサルの妖怪。気性の荒い暴れん坊である。悪事をはたらいたため、釈迦《しゃか》如来《にょらい》に罰せられ、その償いとして「三蔵法師」の弟子となり、その旅の供になる。

注2　逆説…一つのことがらの中に、同時には成り立たないはずの二つのことがらが含まれていること。

注3　信憑書類…ここでは、証拠となる書類のこと。

注4　ローカルルール…ある特定の地域や団体だけで通用する決まりのこと。

注5　担保できた…保証できたということ。

問一　[A]～[D]にあてはまる言葉として最も適当なものを次のア～カの中から一つずつ選び、記号で答えなさい。なお、同じ記号をくり返し用いてはいけません。

ア　たとえば　　イ　なぜなら　　ウ　あるいは
エ　ところが　　オ　つまり　　カ　だから

問二　――線1「より冷徹と言えるかもしれません」とありますが、なぜ「より冷徹と言える」のですか。その説明として最も適当なものを次のア～エの中から一つ選び、記号で答えなさい。

ア　嘘をついた人にも大切に思う家族や友人が大勢いるのに、苦しみもがくような罰を与えるから。

イ　嘘をついた人にどのような事情や背景があったとしても、何の考慮もせずに罰を与えるから。

ウ　嘘をついた人が死んでしまう可能性がどれほど高かったとしても、全くためらわずに罰を与えるから。

エ　嘘をついた人が罪を自覚してその償いをしているのに、直ちに極めて厳しい罰を与えるから。

問三　――線2「重要なのは～伴うことです」とありますが、ここで筆者はどのようなことを述べようとしていますか。その説明として最も適当なものを次のア～エの中から一つ選び、記号で答えなさい。

ります。

介護福祉士の和田行男《わだゆきお》は、認知症の高齢者がともに生活を営むグループホームを営んでいます。和田はこの施設に夜間以外は鍵をかけません。つまり、入居するお年寄りが、施設から自由に出入りできるようになっているのです。もちろん、扉にセンサーをつけ、必要に応じて職員が付き添うなど、安全対策はきちんとなされています。周囲の「目」がある範囲内で、お年寄りの自由度が確保されている。そうすることで、ふつうの家に近い状態で生活することができるのです。

5「ふつうの生活」がなされている証拠に、入居しているお年寄りたちは、自分でできることは自分で行います。洗濯、掃除どころか、買い物に行き、料理もします。包丁も握るし、火も使うのです。

いくら安全対策がなされているとはいえ、周囲からすれば不安も残るでしょう。「ふつうの生活」にはさまざまなリスクがともないます。実際、目を離したすきに入居者さんが外出してしまい、長時間行方不明になってしまうケースもあったそう。「鍵をかけないのは危険だ」という批判も当然寄せられます。

それでも、6和田は認知症のお年寄りを信じようとしました。確かに、鍵をかけ、行動を制限すれば事故などのリスクは減ります。けれども、それは生きていることにならないのではないか。和田は介護現場の現実をこう述べます。

とどのつまり、本人が椅子から立とうとすると「危ないから座っていてください」と行動を制止し、本人がどんなに頑張っても立ち上がることができないようなソファーを置いてそこに座らせておいたり、施錠《せじょう》して出て行けないようにしたり、物を隠して触れないようにする、薬物を使うなどの手を打つことになるのです。すると家族等が一番望む「安全な生活」は注5担保できたとしても、自分の意思を行動に移すという人としてのステキな姿は消え失《う》せ、そのことからくる混乱は増し、動かないことによる心身の活動性低下や能力の衰退が合わさって起こるなど、「生き生きとした姿」を失うことにつながりかねないのです。

安心が前提にする、社会的不確実性がゼロの状況とは、先にも指摘したとおり、確実にコントロールできているということを意味します。相手の行動が予測可能なものになっていて、こちらからするとリスクがない。「相手の行動によってこちらがひどい目にあう」ということがないわけですから、自分と相手の関係も固定されることになる。それは、制御し、支配する関係です。

けれども和田は、どこまでもお年寄りを制御したり支配したりしないようにする。[C]、生きることはそもそもリスクを伴うことだからです。もちろんさまざまな工夫によって、リスクを最小化することは重要ですし、和田もその点に関しては細心の注意を払っています。けれども、相手が意思を行動に移すとき、必ず想定外のことは起こる。だからこそ和田は、お年寄りの力を信じ、「想定外」がゆるされるような生活の場を整えようとするのです。

ちなみに、二〇一二年にこの和田の施設に取材に行ったのが、当時NHKのディレクターだった小国士朗《おぐにしろう》でした。滞在中、お昼ご飯に、入居者さんが料理を作ってくれることに。聞かされていた献立はハンバーグでした。

[D]、いざ食卓に運ばれてきた料理はなぜか餃子《ぎょうざ》だった。「ええと、ひき肉しかあってない……けどいいのかな……？」。のど元まででかかった「これ、間違いですよね？」のひと言をぐっと飲み込んで、小国は思います。「ハンバーグが餃子になったって、別にいい」。

他方で、「信頼」が生まれるのは、そこに「社会的不確実性」があるときだ、と山岸は言います。社会的不確実性がある状況とは、「相手が自分の思いとは違う行動をする可能性がある、つまり自分を裏切るかもしれないような状況」のこと。すなわち信頼とは、「相手の行動いかんによっては自分がひどい目にあってしまう状況で、相手がひどいことをしないだろうと期待すること」なのです。安心と信頼の違いを、山岸は端的に次のように整理しています。

　信頼は、社会的不確実性が存在しているにもかかわらず、相手の（自分に対する感情までも含めた意味での）人間性のゆえに、相手が自分に対してひどい行動はとらないだろうと考えることです。これに対して安心は、そもそもそのような社会的不確実性が存在していないと感じることを意味します。

要するに、安心とは、「相手のせいで自分がひどい目にあう」可能性を意識しないこと、信頼は「相手のせいで自分がひどい目にあう」可能性を自覚したうえでひどい目にあわない方に賭《か》ける、ということです。もしかしたら、一人で出かけた子供が行き先を間違えて迷子になるかもしれない。途中で気が変わって、渡した電車賃でジュースを買ってしまうかもしれない。そう分かっていてもなお、行っておいでと背中を押すことです。

ポイントは、信頼に含まれる「にもかかわらず」という注2逆説でしょう。社会的不確実性がある「にもかかわらず」信じる。この逆説を埋めるのが信頼なのです。

3なんて不合理な、と思うかもしれません。けれども実際の機能としてはむしろ逆でしょう。つまり、4信頼はものごとを合理化するのです。信頼は複雑なプロセスを短縮し、コストを削減《さくげん》する効果を持っています。

B　私の勤務する大学ではある時期、出張に確かに行ったということを証明するのに膨大《ぼうだい》な書類を作らされていました。カラ出張を防ぐためです。航空券や特急券の半券を持ち帰るのはもちろんのこと、ホテルでは宿泊証明書を作ってもらい、会議に参加すれば会場のまえで自分の姿を入れた写真を撮り、それらすべてをそろえて注3信憑《しんぴょう》書類として経理課に提出しなければならないのです。要するに、教員が信頼されていない。ホテルのフロントや鉄道の駅員さんに書類をお願いするたびに、自分が信頼されていないことを晒《さら》しているようで何とも恥ずかしい思いをしたものです。

問題は、これだけの事務作業をするのに、教員や事務支援員の膨大な労働力、つまり時間とお金が割《さ》かれているということです。もし大学がひとこと「教員を信じる」とさえ言ってくれれば、膨大な時間とお金を無為《むい》に浪費することなく、研究や教育など、大学としてより重要な仕事にあてることができたはずです。ところが、信頼がないがために、本来重要でないはずの作業にコストがかかってしまった。もちろん、国立大学ですので説明責任があるのは分かりますが、よくよく考えてみれば、いまどき写真なんていくらでも加工できるわけで、そもそもが穴のある不条理なシステムです。

結局、出張に関するこの複雑な経理システムは、文科省からの「過度な注4ローカルルールは改善すべし」というお達しによって、あるときを境に簡素化されることになりました。その理由は「効率化」。架空の思考実験ならまだしも、現実には社会的不確実性をゼロにするのは不可能です。つまり一〇〇パーセントの安心はありえない。どこまでもシステムを複雑化してしまう無限後退に終止符を打ってくれるのが信頼なのです。

認知症の介護の世界でも、信頼と安心の違いが問題になることがあ

二〇二二年度
本郷中学校

【国語】〈第二回試験〉（五〇分）〈満点：一〇〇点〉

注意　字数指定のある問題は、特別の指示がない限り、句読点、記号なども字数に含みます。

一

次の①～⑤の――線部について、カタカナの部分は漢字に直し、漢字の部分はその読みをひらがなで答えなさい。なお、答えはていねいに書くこと。

① 墓前に花を手向ける。
② 漢和ジテンを使いこなす。
③ 扇《おうぎ》の的を弓矢でイる。
④ ハクラン会は盛況のうちに幕を閉じた。
⑤ 新調する服のサイスンをする。

二

次の文章を読んで、後の問いに答えなさい。

社会心理学が専門の山岸俊男《やまぎしとしお》は、「安心」と「信頼」の違いを、「針千本マシン」という架空の機械を使って説明しています。針千本マシンとは、喉《のど》に埋《う》め込《こ》むタイプの機械で、その人が嘘《うそ》をついたり約束を破ったりすると、自動的に千本の針が喉に送り込まれる、という仕組みになっています。

さて、ある人間の喉にこの「針千本マシン」が埋めこまれているとします。そのことを知っている者は誰でも、その人間が絶対に、少なくとも意図的には嘘をついたり約束を破らないと確信できるでしょう。たとえその人間がこれまでに何度も約束を破って、そのために罰《ばつ》として「針千本マシン」を埋め込まれた人間であったとしても、千本の針を喉に送り込まれる目にあうよりは、約束を守ったほうがましだからです。

「針千本マシン」は、機能としては、注1孫悟空《そんごくう》が頭にはめさせられている輪っか(緊箍児《きんこじ》)に似ています。悟空が悪事をはたらくと、三蔵《さんぞう》法師《ほうし》が「緊箍児呪《きんこじじゅ》」と呪文をとなえる。すると輪っかが悟空の頭を締め付けて苦しめます。　A　、罰が抑止力になって罪を犯すのを防ぐのです。ただ「針千本マシン」のほうは、刑罰の執行が機械化されている点で、1より冷徹と言えるかもしれません。

重要なのは、このマシンがあることによって、まわりの人が、この人間は嘘をつかないはずだという確信をもつということです。まわりの人は、その人物の人格の高潔さや、自分たちとの関係を考えてそう思っているのではありません。嘘をつくと彼／彼女は不利益をこうむる。だから、合理的に考えて、彼／彼女は嘘をつかないはずだ。つまり、まさにその人物が「針千本マシン」を埋めこまれているから、彼／彼女は嘘をつかないはずだ、と判断するのです。

果たしてこれは「信頼」でしょうか。それとも「安心」でしょうか。山岸は、ここには「安心」はあるが「信頼」はないと言います。

2重要なのは「彼／彼女は嘘をつかないだろう」という判断に、確信が伴うことです。嘘をつくことによって、彼／彼女は確実に不利益をこうむります(もっとも、少ない確率で利益をこうむる可能性もゼロではありませんが、少なくとも山岸は「確信」という言葉を使っています)。まわりの人からすれば、それは確実だから「安心」なのです。想定外のことが起こる可能性がほとんどゼロ。すなわち、「安心」という感情は、状況をコントロールできている想定と関係しています。

2022年度

本郷中学校 ▶解説と解答

算　数 ＜第２回試験＞（50分）＜満点：100点＞

解　答

$\boxed{1}$ (1)　6　(2)　$\frac{1}{8}$　$\boxed{2}$ (1)　18秒　(2)　22才　(3)　２倍　(4)　２と４　(5)　４
(6)　18.84cm^2　(7)　925番目　$\boxed{3}$ (1)　毎分450cm^3　(2)　４cm　(3)　$22\frac{1}{3}$分後
$\boxed{4}$ (1)　11度　(2)　⑥　(3)　79度　$\boxed{5}$ (1)　60度　(2)　$10\frac{7}{15}$cm

解　説

$\boxed{1}$ 四則計算，逆算

(1)　$\left\{\left(3\frac{2}{7}+2\frac{3}{14}\right)\div 2\frac{1}{16}-5\frac{1}{3}\times 0.3\right\}\div\frac{8}{45}=\left\{\left(3\frac{4}{14}+2\frac{3}{14}\right)\div\frac{33}{16}-\frac{16}{3}\times\frac{3}{10}\right\}\div\frac{8}{45}=\left(5\frac{7}{14}\div\frac{33}{16}-\frac{8}{5}\right)\div\frac{8}{45}=\left(5\frac{1}{2}\div\frac{33}{16}-\frac{8}{5}\right)\div\frac{8}{45}=\left(\frac{11}{2}\times\frac{16}{33}-\frac{8}{5}\right)\div\frac{8}{45}=\left(\frac{8}{3}-\frac{8}{5}\right)\div\frac{8}{45}=\left(\frac{40}{15}-\frac{24}{15}\right)\div\frac{8}{45}=\frac{16}{15}\times\frac{45}{8}=6$

(2)　$3\times 0.75=3\times\frac{3}{4}=\frac{9}{4}$，$\left(1.35-\frac{1}{4}\right)\div 4\frac{2}{5}=(1.35-0.25)\div 4.4=1.1\div 4.4=\frac{1.1}{4.4}=\frac{11}{44}=\frac{1}{4}$，$31.5\div 1.75=18$より，$\frac{9}{4}\div\left(\frac{1}{4}-\square\right)=18$，$\frac{1}{4}-\square=\frac{9}{4}\div 18=\frac{9}{4}\times\frac{1}{18}=\frac{1}{8}$　よって，$\square=\frac{1}{4}-\frac{1}{8}=\frac{2}{8}-\frac{1}{8}=\frac{1}{8}$

$\boxed{2}$ 速さと比，年れい算，図形の移動，体積，条件の整理，面積，場合の数

(1)　通常の時間と運ぱん機を使うときの時間の比は，72：24＝３：１だから，ベルトコンベアーの速さを$\boxed{\text{ベ}}$，運ぱん機の速さを$\boxed{\text{運}}$とすると，$\boxed{\text{ベ}}$と($\boxed{\text{ベ}}$＋$\boxed{\text{運}}$)の速さの比は，$\frac{1}{3}:\frac{1}{1}=1:3$となる。したがって，ベルトコンベアーの速さを毎秒１とすると，運ぱん機の速さは毎秒，３－１＝２となる。さらに，ベルトコンベアーの長さは，１×72＝72となる。次に，運ぱん機の速さを1.5倍にすると，ベルトコンベアーと運ぱん機の速さの合計は，１＋２×1.5＝４になるので，移動にかかる時間は，72÷４＝18(秒)と求められる。

(2)　今から２年前のＡ君の年れいを①，今から８年前のＡ君の年れいを$\boxed{1}$として図に表すと，下の図１のようになる。図１で，太線部分は，８－２＝６(才)だから，①－$\boxed{1}$＝６(才)，②－$\boxed{3}$＝６＋２＝８(才)となり，下の図２のア，イの式を作ることができる。次に，アの式の等号の両側を３倍してイの式との差を求めると，③－②＝①にあたる年れいが，18－８＝10(才)とわかる。よって，２年前のお兄さんの年れいは，10×２＝20(才)なので，現在のお兄さんの年れいは，20＋２＝22(才)と求められる。

図１
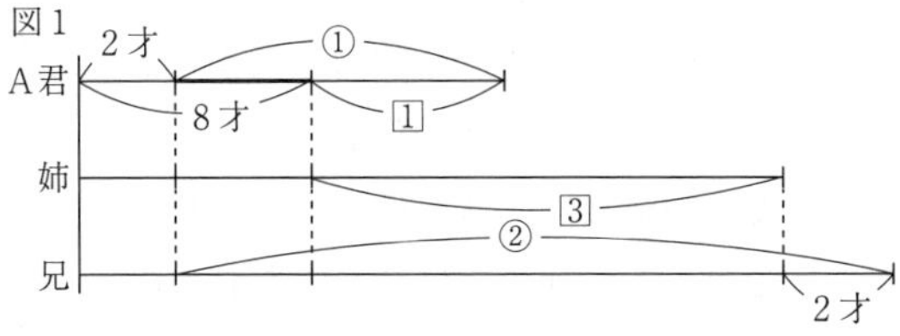

図２

①－$\boxed{1}$＝６(才)　…ア
②－$\boxed{3}$＝８(才)　…イ

③－$\boxed{3}$＝18(才)　…ア×３
②－$\boxed{3}$＝８(才)　…イ

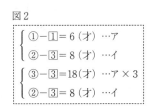

(3)　四角すいA－BCDEは下の図３のような立体であり，これをAOを軸《じく》として１回転させると，下の図４のような円すいができる。また，このとき三角形ABCが通過するのは，下の図５のように，三角形OABを１回転させてできる円すいから三角形OAPを１回転させてできる円すいを取り除いた部分になる。図３のように，OP(＝BP)の長さを１，OBの長さを□とすると，□×□＝１×１÷２×４＝２とわかる。また，図４と図５の高さは等しいから，体積の比はかげをつけた部分の面積の比と等しくなる。よって，図４と図５の体積の比は，(□×□)：(□×□－１×１)＝２：(２－１)＝２：１なので，図４の体積は図５の体積の，２÷１＝２(倍)と求められる。

図３

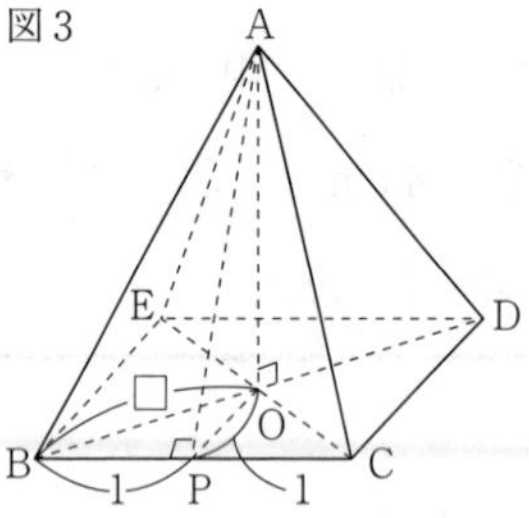

図４

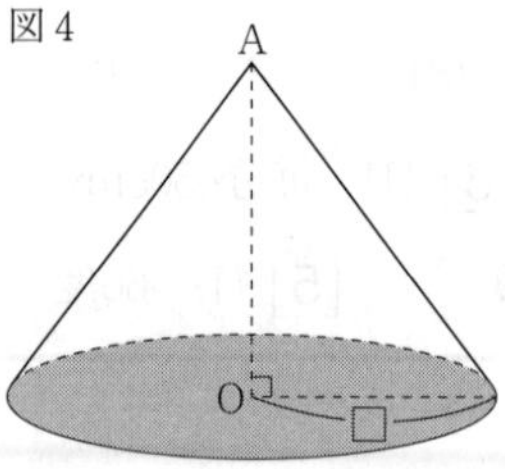

図５

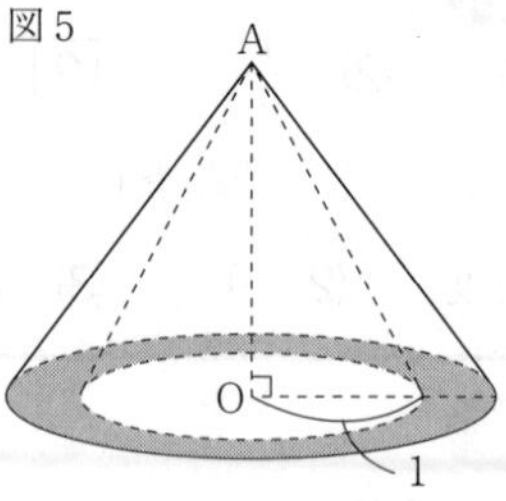

(4)　□の前の×を÷に書き直すと，□をかけないことにより$\frac{1}{\square}$倍になり，□で割ることにより，さらに$\frac{1}{\square}$倍になるから，書き直す前の値の，$\frac{1}{\square}\times\frac{1}{\square}$(倍)になる。また，１×２×３×４×５×６×７×８＝40320なので，２か所を÷に書き直すことによって，630÷40320＝$\frac{1}{64}$(倍)になったことがわかる。したがって，書き直した数をA，Bとすると，$\frac{1}{A}\times\frac{1}{A}\times\frac{1}{B}\times\frac{1}{B}=\frac{1}{64}$と表すことができるから，$A\times B$＝８とわかる。このような$A$と$B$の組み合わせは２と４である。

(5)「AとBの組み合わせ」と「BとCの組み合わせ」は，それぞれ右の図６のようになる。両方にあらわれるBの値はかげをつけた部分になるが，A，B，Cは１から９までの異なる数なので，条件に合うのは太線で囲んだ部分だけである。よって，(A，B，C)＝(３，７，４)だから，Cに当てはまる数は４である。

図６

A	15	13	11	9	7	5	3	1
B	1	2	3	4	5	6	7	8

B	13	11	9	7	5	3	1
C	1	2	3	4	5	6	7

(6)　右の図７のように，半円の中心をＯとして，Ｏと円周上の点を結ぶ。角AOBと角BOCの大きさは，180÷６＝30(度)なので，三角形OAEと三角形BODはどちらも正三角形を半分にした形の三角形である。また，OAとBOの長さは等しいから，この２つの三角形は合同とわかる。したがって，両方の三角形から★印の部分を除くと，かげをつけた部分の面積は等しくなるので，矢印のように移動することができる。すると，図７の斜線《しゃせん》部分は中心角が30度のおうぎ形と面積が等しくなる。これが左側にもあるから，問題文中の図の斜線部分の面積は，６×６×3.14×$\frac{30}{360}$×２＝６×3.14＝18.84(cm^2)と求められる。

図７

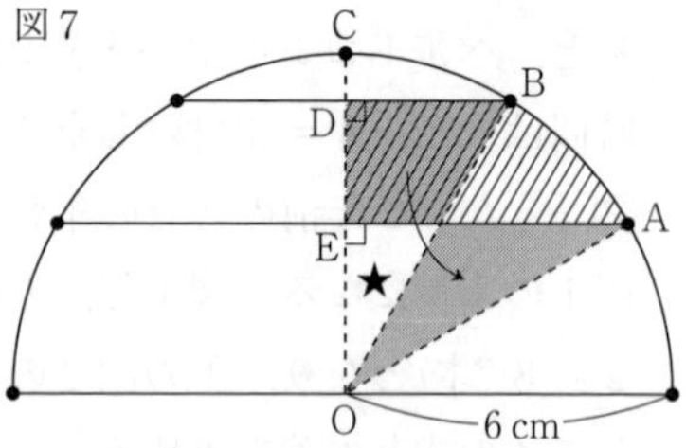

(7)　右の図８のように場合分けをして，ア～ウについては，全体の個数から０も２も含《ふく》まない整数の個数をひいて求める。アの場合，全体の個数は，99－10＋１＝90(個)である。そのうち０も２も含まない整数は，各位に８通りの数が考えられるので，８×８＝64(個)ある。したがって，０または２を含む整数の

図８

ア　10～99
イ　100～999
ウ　1000～1999
エ　2000～2022

個数は，90－64＝26(個)とわかる。同様に考えると，イの場合，全体の個数は，999－100＋１＝900(個)であり，０も２も含まない整数の個数は，８×８×８＝512(個)だから，０または２を含む整数の個数は，900－512＝388(個)と求められる。また，ウの場合，全体の個数は，1999－1000＋１＝1000(個)であり，０も２も含まない整数はイと同様に512個あるので，０または２を含む整数の個数は，1000－512＝488(個)とわかる。さらに，エの場合，全体の個数は，2022－2000＋１＝23(個)であり，これらはすべて２と０を含んでいる。よって，０または２を含む整数は全部で，26＋388＋488＋23＝925(個)あるので，2022は先頭から数えて925番目である。

3 グラフ―水の深さと体積

⑴　容器を正面から見ると右の図１のようになり，アとイの部分に入れる時間の合計が$13\frac{1}{3}$分，ウとエの部分に入れる時間の合計が，$31\frac{1}{3}-13\frac{1}{3}=18$(分)となる。アとイの部分の容積はどちらも，10×30×10＝3000(cm^3)だから，アとイの部分の容積の合計は，3000×２＝6000(cm^3)であり，管Ａから入る割合は毎分，$6000\div13\frac{1}{3}=450$(cm^3)とわかる。

図１

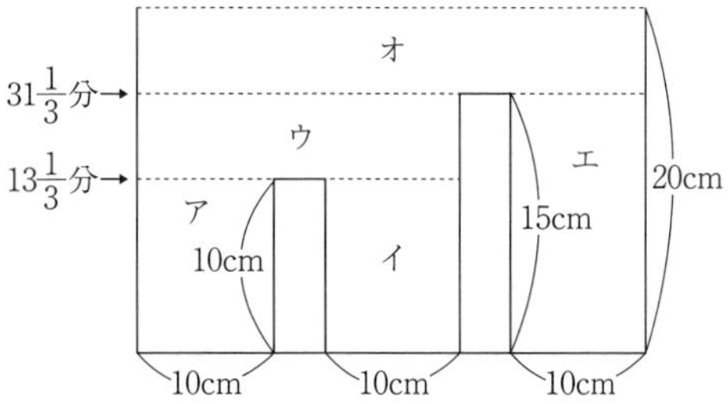

⑵　⑴より，ウとエの部分の容積の合計は，450×18＝8100(cm^3)とわかる。そのうち，エの部分の容積は，10×30×15＝4500(cm^3)なので，ウの部分の容積は，8100－4500＝3600(cm^3)となる。よって，ウの部分の横の長さは，3600÷(15－10)÷30＝24(cm)だから，しきりの厚さは，24－(10＋10)＝４(cm)である。

⑶　②の水の深さが，15÷２＝7.5(cm)になるときなので，右の図２のかげをつけた部分の水が排水《はいすい》される時間を求めればよい。はじめに，管Ｂは毎分，450×２＝900(cm^3)の割合で排水するから，管Ａと管Ｂを開くと，容器に入っている水は毎分，900－450＝450(cm^3)の割合で減る。次に，オの部分の横の長さは，10×３＋４×２＝38(cm)なので，正面から見たときのオの部分の面積は，(20－15)×38＝190(cm^2)となる。また，ウの部分の面積は，(15－10)×24＝120(cm^2)であり，★の部分の面積は，(10－7.5)×10＝25(cm^2)なので，かげをつけた部分の面積は，190＋120＋25＝335(cm^2)と求められる。よって，かげをつけた部分の容積は，335×30＝10050(cm^3)だから，かげをつけた部分の水が排水されるのは，$10050\div450=\frac{67}{3}=22\frac{1}{3}$(分後)である。

図２

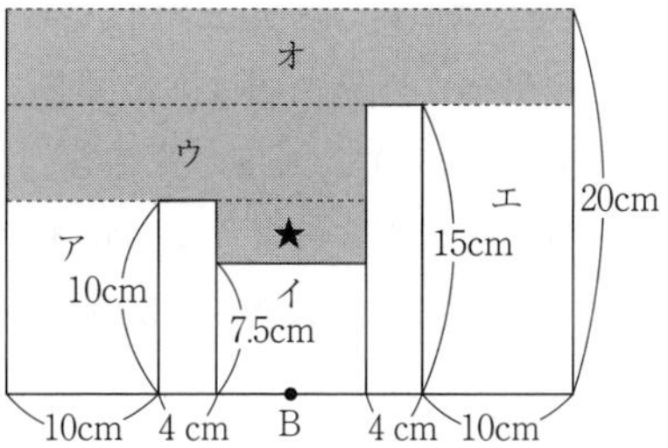

4 平面図形―角度

⑴　三角形の内角の和は180度だから，角OABの大きさは，180－(19＋139)＝22(度)，角OBCの大きさは，180－(139＋11)＝30(度)であり，右の図１のようになる。図１のように正三角形ABDを作ると，角ABDの大きさは60度なので，角CBDの大きさは，60－(19＋30)＝

図１

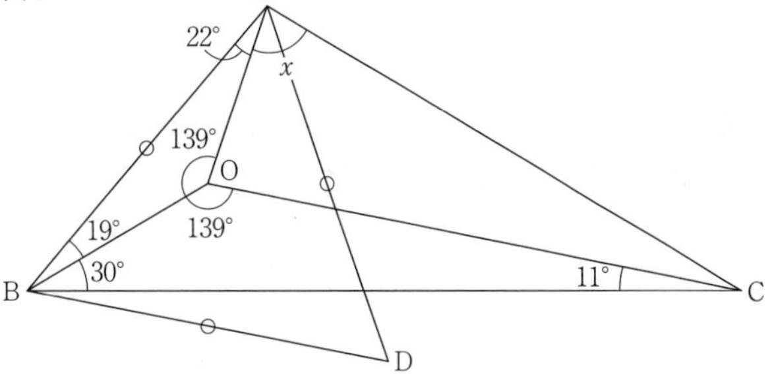

11(度)と求められる。

⑵　⑴より，角CBD＝角BCOとなるから，BDとOCは平行であることがわかる。また，辺OC上に角CBPが11度になるような点Pをとると，角OBPの大きさは，30－11＝19(度)になるので，右の図２のように表すことができる。図２で，三角形OABと三角形OPBは，辺OBが共通であり，その両端《りょうたん》の角の大きさが等しいから，合同になる。よって，三角形OABと合同なのは三角形OPB(…⑥)である。

図２

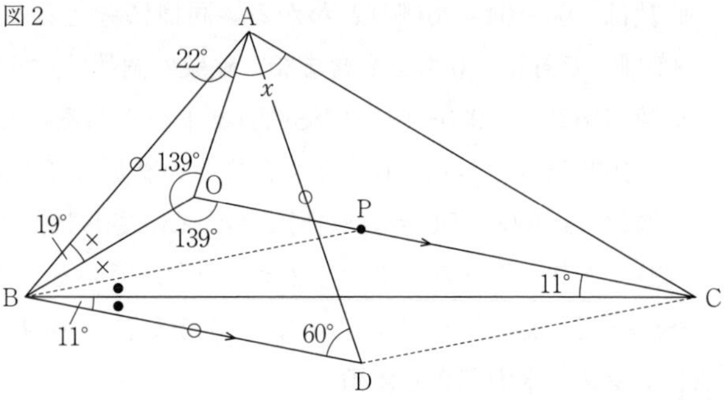

⑶　⑵より，BPの長さは正三角形ABCの１辺の長さ(図の○)と等しいことがわかる。DとCを結ぶと，三角形PBCと三角形DBCは，２つの辺の長さとその間の角の大きさが等しくなるので，合同になる。すると，角DCBの大きさも11度だから，三角形DCBは二等辺三角形であり，DCの長さも○になることがわかる。したがって，三角形DCAは二等辺三角形である。さらに，角BDCの大きさは，180－11×２＝158(度)なので，角ADCの大きさは，158－60＝98(度)となり，角CADの大きさは，(180－98)÷２＝41(度)と求められる。最後に，角DAOの大きさは，60－22＝38(度)だから，角xの大きさは，38＋41＝79(度)とわかる。なお，問題文中にあるように，四角形BDCPはひし形になる。

5　立体図形―構成，角度，長さ

⑴　真上から見ると下の図１のようになる。図１で，●印をつけた角の大きさは45度だから，三角形OFDは直角二等辺三角形であり，OFとFDの長さは等しいことがわかる。この長さを□とすると，真横から見た図は下の図２のようになる。すると，図１の三角形OFDと図２の三角形EFOは合同になるので，EFの長さも□とわかる。したがって，４つの点O，D，E，Fを頂点とする立体は，下の図３のような三角すいになる。よって，三角形ODEは１辺の長さが10cmの正三角形だから，角ODEの大きさは60度である。

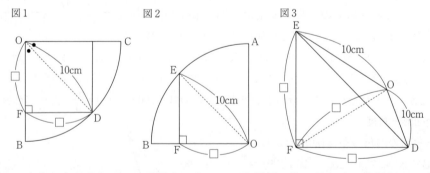

図１

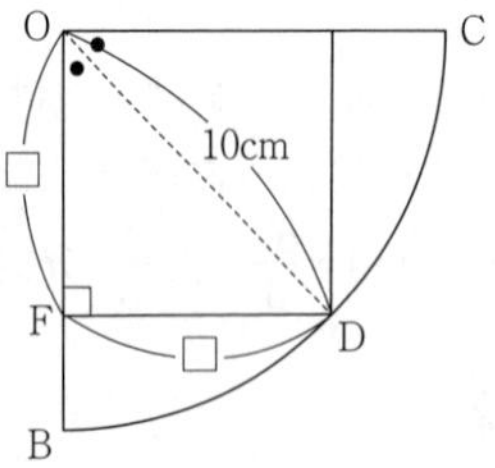

図２

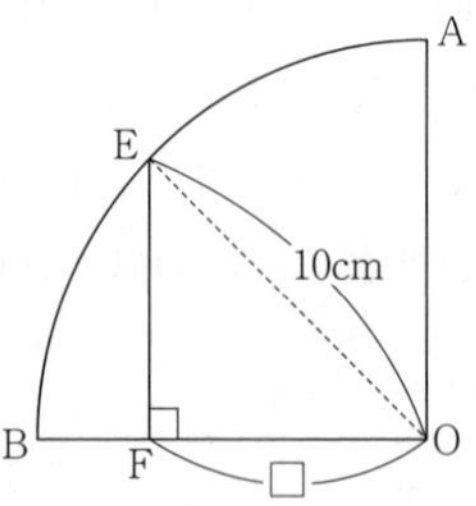

図３

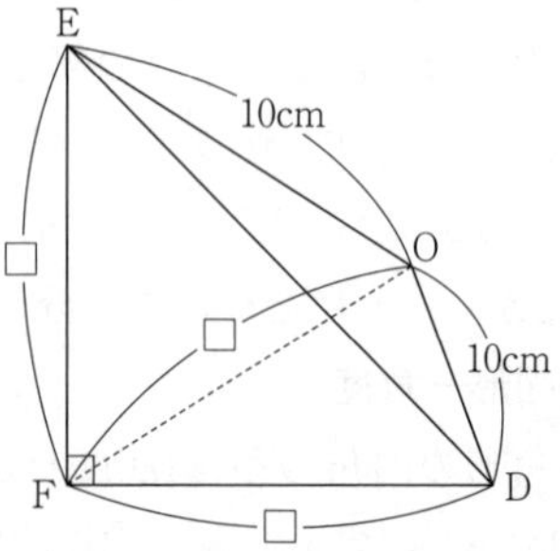

⑵　角DOEの大きさも60度なので，球面上で点D，Eを最短で結ぶ長さは，半径が10cmで中心角が60度のおうぎ形の弧《こ》の長さと等しくなる。よって，$10\times2\times3.14\times\frac{60}{360}=\frac{157}{15}=10\frac{7}{15}$(cm)と求められる。

社　会　＜第２回試験＞（40分）＜満点：75点＞

解　答

1　問１　1　秋田(県)　2　山形(県)　3　阿賀野　4　越後　問２　A　千曲　B　猪苗代　問３　イ　問４　①　ア　②　ウ　問５　ウ　問６　ア　問７　ウ　問８　イ　問９　エ　問10　ア　2　問１　イ　問２　エ　問３　ウ　問４　エ　問５　ア　問６　イ　問７　ア　問８　エ　問９　ウ　問10　三内丸山(遺跡)　問11　日本書紀　問12　班田収授法　問13　寺子屋　問14　朱印状　問15　20000両(以上)　問16　関孝和　問17　学制　3　問１　1　サ　2　ニ　3　ク　4　カ　5　コ　6　ウ　7　チ　8　エ　9　ア　10　ネ　11　ソ　12　セ　13　ハ　問２　ウ　問３　A　6　B　3　C　4　問４　D　イ　E　ケ　問５　F　イ　G　カ

解　説

1　新潟県の地形や特色を題材とした問題

問１　1，2　米の収穫量は新潟県が全国第１位で，以下，北海道，秋田県，山形県，宮城県の順となっている。統計資料は『日本国勢図会』2021／22年版による(以下同じ)。　**3**　阿賀野《あがの》川は，福島県内では阿賀川とよばれ，福島県西部でいくつもの川が合流して阿賀川となる。新潟県に入って阿賀野川と名を変え，新潟市で日本海に注ぐ。　**4**　越後平野は新潟県中部から北部にかけて広がる平野で，信濃川と阿賀野川の河口に位置する。かつては腰《こし》まで泥《どろ》につかるほどの低湿地が広がっていたが，大河津《おおこうづ》分水による治水や暗きょ排水の整備などにより，全国有数の稲作地帯へと発展した。

問２　A　千曲《ちくま》川は信濃川の本流で，関東山地の甲武信ヶ岳《こぶしがたけ》を水源とし，長野盆地で最大の支流である犀《さい》川と合流する。その後，新潟県に入って信濃川と名を変え，新潟市で日本海に注ぐ。　**B**　猪苗代《いなわしろ》湖は福島県のほぼ中央に位置する湖で，日本で４番目の広さを持つ。阿賀野川の源流の一つである日橋《にっぱし》川は，猪苗代湖を水源としている。

問３　日本の食料自給率(カロリーベース)は先進国の中で最も低い水準にあり，おおむね40％程度で推移している。

問４　①　分流する地点よりも上流で洪水が起こった場合，水位を下げる必要があるため，いずれの堰《せき》も開けることになる。　②　分流する地点より下流の信濃川で洪水が発生した場合，水位を下げ，それ以上信濃川に水が入るのを防ぐ必要がある。そのため，洗堰は閉じ，可動堰を開けることが必要になる。

問５　ア　1970年以降は，米余りを理由として水田を減らす減反《げんたん》政策が本格的に開始された。米の食料自給率が100％を超《こ》えているのは，米が余っていることを示している。　イ　1980年代後半には，日本の漁業の中心である沖合漁業の漁獲《ぎょかく》量が激減した。魚介《ぎょかい》類の食料自給率が下がったのは，この影響《えいきょう》によるものと考えられる。また，日本近海では，すけとうだらはおもにオホーツク海で，マグロはおもに太平洋で漁獲される。　ウ　日本は，それまで農家保護の観点から米の輸入を行っていなかったが，1994年の国際交渉《こうしょう》にもとづき，翌95年から米の輸入を開始した。このとき，一定量の米を輸入する約束(ミニマム・アクセス)をしたため，米の食料自給率は100％をやや下回る値で推移するようになった。よって，正しい。　エ　農業のほかの形態と同様，畜産農家の戸数も減少傾向《けいこう》にある。また，輸出量が増えたとしても，国内向けの出荷が増えないかぎり，食料自給率は向上しない。

問6　日本はオーストラリアから多くの資源を輸入しており，液化天然ガス，石炭，鉄鉱石の最大の輸入先となっている。また，肉類や小麦の輸入額も多い。なお，イはロシア，ウはアメリカ，エはカナダ。

問7　北海道西部に広がる石狩平野には，植物が分解しきらずに炭化し，積み重なった土壌《どじょう》である泥炭地《でいたんち》が広がっていた。そのため農業には不向きだったが，ほかの土地から土を運びこんで土地を改良する客土や，稲の品種改良を進めた結果，全国有数の稲作地帯に発展した。

問8　第一次産業は農林水産業，第二次産業は工業や建設業など，第三次産業はサービス業や商業などにあたる。一般に，都市部ほど第一次産業の割合が低く，第三次産業の割合が高いので，ウが神奈川県だとわかる。残る3つのうち，地場産業として発達した洋食器・金属器の生産や，米製品をはじめとする食品加工業，地元で産出する天然ガスを利用した化学工業がさかんなことから，最も第二次産業の割合が高いイが新潟県である。なお，アは青森県，エは熊本県。

問9　新潟・東京間は上越新幹線で結ばれており，旅客の多くはこれを利用して移動するので，Yに鉄道があてはまる。旅客の利用がなく，貨物でわずかに利用されているZが船舶で，残ったXが自動車である。

問10　ア　図表4と本文より，稲作を作付けした農業経営体の2015年の総数は52000～53000ほどで，そのうちの7.47％が5ha以上の水田に作付けを行ったことが読み取れる。52000×0.0747＝3884.4より，約4000といえるので，正しい。　イ，ウ　本文の後半に，江戸時代には大河津分水の建設を嘆願《たんがん》したものの幕府の許可が下りず，1896年に起こった「横田切れ」をきっかけとして開始された工事が1922年に完成したとある。そして，これにより，「良質の米が収穫できる」ようになったのだから，これ以前にはそれほど良質な米がとれなかったことがわかる。　エ　2018年7月23日に埼玉県熊谷市で最高気温41.1℃を記録し，2020年8月17日にも静岡県浜松市で最高気温41.1℃を記録した。いずれも2022年2月時点での気象庁観測史上最高記録となっている。

2　各時代の歴史的なことがらについての問題

問1　推古天皇と聖徳太子，蘇我馬子を中心とする朝廷は，中国の進んだ文化や制度を学び，それまでと異なる立場での関係を築くため，607年，小野妹子を遣隋使として隋に派遣した。なお，魏《ぎ》は220～265年，唐は618～907年，明は1368～1644年に中国にあった王朝。

問2　アは935～940年，イは1159年，ウは1221年，エは1051～62年のできごとなので，年代順にア→エ→イ→ウとなる。

問3　1543年，種子島《たねがしま》(鹿児島県)に中国船が流れ着き，乗っていたポルトガル人によって日本に鉄砲が伝えられた。戦国時代だった日本において，新兵器の鉄砲は急速に各地へと広がり，戦法や築城法に大きな影響を与えた。

問4　石見《いわみ》銀山は島根県中部の大田市大森にあった銀山で，14世紀初めに発見されたといわれ，世界有数の銀の産出量をほこった。産出された銀は南蛮《なんばん》貿易を通じて世界に流通し，石見の名も知られるようになった。江戸時代には天領(幕府の直轄《ちょっかつ》地)とされたが，1923年に休山し，2007年には

「石見銀山遺跡とその文化的景観」として，ユネスコ(国連教育科学文化機関)の世界文化遺産に登録された。

問５　豊臣秀吉は1590年に全国統一をはたすと，明の征服をくわだて，朝鮮にその先導役をつとめるよう求めたが断られたため，２度にわたって朝鮮出兵を行った。このうち，1592〜93年の１回目を文禄の役，1597〜98年の２回目を慶長の役という。なお，文永の役は，1274年に行われた１回目の元寇(元軍の襲来《しゅうらい》)のことである。

問６　江戸幕府の第８代将軍徳川吉宗は，幕府の財政再建をおもな目的として，享保の改革とよばれる幕政改革に取り組んだ。その一つとして公事方御定書《くじかたおさだめがき》を定め，裁判の基準とした。なお，アは老中松平定信が行った寛政の改革の中で，ウは老中水野忠邦が行った天保の改革の中で行われた。エについて，生類憐《しょうるいあわれ》みの令は第５代将軍徳川綱吉によって出された。

問７　本居宣長《もとおりのりなが》は，18世紀後半，儒教《じゅきょう》や仏教が伝わる前の日本人の考え方を研究する国学を大成し，『古事記』の注釈《ちゅうしゃく》書である『古事記伝』などを著した。

問８　桂太郎は明治時代後半から大正時代初めにかけて３度，内閣総理大臣をつとめた。第１次内閣は1901年から1906年まで続き，ア(1904年)，イ(1905年)，ウ(1902年)はこの間のできごととして正しい。下関条約は日清戦争(1894〜95年)の講和条約で，1895年に締結《ていけつ》された。

問９　1919年３月１日，日本の植民地となっていた朝鮮の京城(現在のソウル)で，日本からの独立を宣言し，「独立万歳」をさけぶデモ行進が行われた。その後，この独立運動は朝鮮半島全土に広がり，朝鮮総督府は武力でこれを鎮圧《ちんあつ》した。この運動は，その日づけから三・一独立運動とよばれる。なお，五・四運動は，1919年に中国で起こった反日運動である。

問10　三内丸山遺跡は，青森市郊外で発掘された縄文時代の大規模集落跡で，大型掘立柱建物跡や大型住居跡，植物の栽培跡など多くの遺構が見つかっている。2021年には「北海道・北東北の縄文遺跡群」の一つとして，ユネスコの世界文化遺産に登録された。

問11　天武天皇のとき，歴史書の編さんが命じられ，これにもとづいて舎人《とねり》親王らが編さんを進めた歴史書は，720年に『日本書紀』として完成した。『日本書紀』には，神代から持統天皇までの皇室の発展を中心とした国家の成立史が，年代順に漢文で書かれている。

問12　645年から中大兄《なかのおおえの》皇子と中臣鎌足《なかとみのかまたり》らが進めた大化の改新の中で，公地公民と，戸籍にもとづく班田収授の原則が示された。その後，法としての整備が進められ，701年に出された大宝律令において，６年に一度作成される戸籍にもとづき，６歳以上の男女に口分田を班給するという班田収授法が確立した。

問13　江戸時代には，農民や町民の子どもの教育機関として，全国各地に寺子屋がつくられた。寺子屋では僧や神官，浪人《ろうにん》などが教師となり，「読み書き算盤《そろばん》」などが教えられた。

問14　16世紀末から17世紀初めにかけて，豊臣秀吉や徳川家康から朱印状という海外渡航の許可証を与えられた商人たちが，おもに東南アジア方面に渡って貿易を行った。朱印状を与えられた貿易船を朱印船といい，その貿易は朱印船貿易とよばれる。

問15　「長者」は「銀1000貫目以上」を稼ぎ出す人で，銀50匁《もんめ》が金１両，銀1000匁が１貫目とある。よって，銀1000貫目は，1000×1000＝1000000(匁)で，これを金に換算《かんさん》すると，1000000÷50＝20000(両)となる。

問16　関孝和《たかかず》は江戸時代なかば，幕府に仕えた数学者で，中国の数学を発展させて新たな解法を発見したり，さまざまな数学理論を見出したりして，和算を大きく発展させた。

問17　1872年，国民全員に近代的教育をほどこすことを目的として，学制が公布された。これにもとづいて全国に小学校が置かれることになったが，建設費が住民の負担とされたことや，農村では貴重な働き手をうばわれるという不満が上がったことから，反対一揆《いっき》も起こった。

3 日本の政治についての問題

問1　**1**　モンテスキューは18世紀のフランスの思想家で，その著書『法の精神』の中で三権分立を唱えた。　**2**　立法権は法律を制定する権限で，日本国憲法では第41条で国会を「唯一《ゆいいつ》の立法機関」と位置づけている。　**3**，**4**　国会は，内閣が作成した予算の議決や，内閣が締結した条約の承認などを行う。　**5**，**6**　日本の国会は，衆議院と参議院の二院制を採用している。議員定数や任期，選挙制度などが異なるほか，衆議院には任期途中での解散がある。　**7**　文民は軍人ではない人のことで，日本国憲法第66条2項では，内閣総理大臣と国務大臣は文民でなければならないと定められている。　**8**　法律にもとづいて実際に政治を行う権限を行政権といい，内閣がこれを担っている。　**9**　法律にもとづいて裁判を行う権限を，司法権という。　**10**　司法権はほかの国家機関から独立しており，日本国憲法第76条3項は「すべて裁判官は，その良心に従ひ《(い)》独立してその職権を行ひ《(い)》，この憲法及《およ》び法律にのみ拘束《こうそく》される」と定めている。　**11**　日本の裁判所は，最高裁判所とその他の下級裁判所に分けられる。最高裁判所は全国に1か所，東京都千代田区に置かれている。　**12**　日本では裁判をできるだけ公正で誤りのないようにするため，裁判を3回まで受けられる三審制のしくみが導入されている。第一審の判決に不服の場合はより上級の裁判所に控訴《こうそ》でき，第二審の判決に不服の場合はさらに上級の裁判所に上告できる。最高裁判所は三審制における終審裁判所であるため，判決に対するここへの不服の訴《うった》えはすべて上告となる。　**13**　最高裁判所の裁判官は，任命後に初めて行われる衆議院議員総選挙のときと，その後10年を経て最初に行われる総選挙のときごとに国民審査を受け，不適任とする投票数がそうでない投票数より多かった場合，その裁判官はやめさせられる。

問2　ア，イ　大日本帝国憲法のもとに置かれた帝国議会は，衆議院と貴族院の二院制を採用していた。貴族院は，日本国憲法の制定にともなってなくなり，かわりに参議院が設置された。　ウ　衆議院の優越について正しく説明している。　エ　日本国憲法第48条に，「何人も，同時に両議院の議員たることはできない」と定められている。

問3　**A～C**　衆議院議員は任期が4年で，任期途中での解散がある。参議院議員の任期は6年で，任期途中での解散はないが，3年ごとに選挙を行い，定数を半分ずつ改選する。

問4　2021年6月25日に東京都議会議員選挙が告示されたさい，定数2の小平市選挙区では2名しか立候補を届け出なかったため，無投票でこの2名が当選となった。この選挙では，野党の立憲民主党と共産党が候補者を調整・一本化する「野党共闘《きょうとう》」が行われ，一定の成果を上げたが，政策や方針の異なる政党が選挙のために共闘することは，有権者の投票する機会がうばわれ，政治について考える機会を失うことにつながるため，政治不信や政治的無関心などを生むといえる。

問5　消費税率の引き上げは，橋本龍《りゅう》太郎《たろう》内閣のときの1997年(3％から5％への引き上げ)と，安倍晋三《あべしんぞう》内閣のときの2014年(5％から8％への引き上げ)，2019年(8％から10％への引き上げ)に行われた。なお，野田佳彦《よしひこ》は2011～12年，安倍晋三は2006～07年と2012～20年，菅義偉《すがよしひで》は2020～21年に内閣総理大臣をつとめ，岸田文雄は2021年に内閣総理大臣に就任した。また，キは宮澤喜一《みやざわきいち》内閣のときの1992年，クは小泉純一郎内閣のときの2002年，ケは橋本龍太郎内閣のときの1998年のできごと。

理　科 ＜第２回試験＞（40分）＜満点：75点＞

解　答

1 (1) イ　(2) ウ　(3) イ　(4) ウ　(5) イ　(6) 0.71倍　(7) 25cm

2 (1) **A** ウ　**B** イ　**C** ア　(2) ウ，カ　(3)（例） 黒インクに含まれる色素が，ビーカーに入れた水に溶け出してしまうため。　(4) イ，オ，キ　(5) オ　(6) ① 1.5%　② 0.045 g

3 (1) ① ヘモグロビン　② かためる　③ ワクチン　(2) PCR　(3) イ，エ　(4) ア　(5) エ　(6) オ　(7) イ，エ

4 (1) ウ　(2) イ　(3) ① 停滞前線　② 偏西風　③ ウ→エ→イ→ア　(4) オ　(5) 30.9%　(6) **1** 蒸発　**2** うばう　(7) 50.3%

解　説

1 音の伝わり方についての問題

(1) 音を大きくすると，音の振幅《しんぷく》が大きくなり，砂の動きが大きくなる。なお，音の高低が変わらなければ，１秒間に振動する回数は変わらない。

(2) 音は，空気や真空保存庫の中を振動することで伝わって耳にとどく。簡易真空ポンプで空気をぬいていくと，真空保存庫内の空気が減っていくので，伝わる音も小さくなる。また，空気をぬいたとしても，ブザーの１秒間に振動する回数は変わらないので，音の高さは変化しない。

(3) ヘリウムの気体を真空保存庫に入れた場合でも，ブザーの振動のしやすさは変わらない。また，ヘリウムの気体がブザーの振動を伝えるため，音は聞こえる。

(4) ブザーを水槽《すいそう》に沈《しず》めても，水がブザーの振動を伝えるので，音は聞こえる。このとき，ブザーが１秒間に振動する回数は変化せず，音の高さも変わらない。

(5) 音がよく響《ひび》くようにするためには，支える位置の両端《りょうたん》からの長さが，パイプの長さに対して同じ割合になるようにする。長さが50cmのパイプでは，それぞれ両端から，全体の$11\div50=\frac{11}{50}$の場所で支えているので，長さが40cmのパイプは，両端から，$40\times\frac{11}{50}=8.8$(cm)に近い位置で支えればよい。

(6) １オクターブとは，「ドレミファソラシド」のように，たとえば，「ドから次のド」までのことをいう。表の記号Ａのソの音と，１オクターブ上の記号Ｄのソの音に注目すると，記号Ｄのソの音を出すときのパイプの長さは，記号Ａのソの音を出すときの長さの，$40.7\div57.6=0.706\cdots$より，約0.71倍である。

(7) 記号Ｈのドの音は，記号Ｂのドの音よりも２オクターブ高いことに着目する。記号Ａのソの音と比べて，２オクターブ上の記号Ｇのソの音のパイプの長さは，$28.8\div57.6=\frac{1}{2}$(倍)である。したがって，記号Ｈのドの音を出すときのパイプの長さは，記号Ｂの音を出すときのパイプの長さの$\frac{1}{2}$倍にあたる，$50\times\frac{1}{2}=25$（cm）と求められる。

2 植物の紅葉と色素についての問題

⑴　カエデの葉の色は，緑色→黄色→赤色の順に変化をするから，図１で，８月ごろに最も多いＣが緑色の色素のクロロフィル，10月ごろに最も多いＢが黄色の色素のカロテノイド，11月ごろに最も多いＡが赤色の色素のアントシアニンとわかる。

⑵　図１と図２はどちらも，葉が緑色のときに，そのほかの色の色素が含《ふく》まれていないわけではないから，アは誤り。また，図２のグラフから，イチョウの黄色の色素と緑色の色素はともに冬が近づくにつれ減少するが，10月から11月にかけて，黄色の色素の方が緑色の色素よりも多くなるので，葉の色が黄色くなることがわかる。よって，イ，エは間違《まちが》いで，ウは正しい。さらに，イチョウの赤色の色素は１年を通じて量が少ないので，カが正しく，オは不適当である。

⑶　図３の結果のように，黒インクの色素がいくつかの色素に分かれるのは，ろ紙が吸い上げた水に黒インクの色素が溶《と》けて移動するからである。ろ紙に引いた線より高いところまで水に浸《ひた》ってしまうと，黒インクの色素は吸い上げられる水よりも先に，ビーカーの水に溶け出してしまい，うまく分離《ぶんり》できない。

⑷　ア～ウについて，塩酸は気体の塩化水素が溶けている水溶《よう》液なので，水を蒸発させたときに固体は残らないが，水酸化ナトリウム水溶液は固体の水酸化ナトリウムが溶けている水溶液だから，水を蒸発させると水酸化ナトリウムの固体が得られる。よって，アは誤りで，イは正しい。塩酸と水酸化ナトリウム水溶液を反応させると，水と塩化ナトリウム(食塩)ができる。このとき，反応していない水酸化ナトリウム水溶液が残っていると，水を蒸発させて得られる固体は，塩化ナトリウムと水酸化ナトリウムの２種類になるので，ウは誤りである。エとオについて，アンモニア水を加熱して発生するアンモニアは水にとてもよく溶ける気体で水上置換《ちかん》法では集められない。しかし，過酸化水素水と二酸化マンガンが反応して発生する酸素は水に溶けにくく，水上置換法で集めることができるから，エは誤りで，オが正しい。カとキについて，海水をろ過しただけでは海水に溶けている塩化ナトリウムを取り除くことはできないので，カは正しくない。海水を加熱して発生した水蒸気を集めると，純粋《じゅんすい》な水を得ることができるので，キは適当である。

⑸　図１より，紅葉前の緑色のカエデの葉には，緑色の色素と黄色の色素が含まれている。色素溶液１を分離した図４では，黄色の色素の方が緑色の色素よりも上部へ移動していることから，黄色の色素の方がろ紙との結びつきが弱く，液体Ｄに溶けやすいことがわかる。また，色素溶液２の分離では，紅葉後の赤色のカエデの葉に含まれている赤色，黄色，緑色の色素のうち，赤色の色素は液体Ｄにほとんど溶けないとあるので，えんぴつの線上に残る。黄色の色素と緑色の色素は，色素溶液１と同じように分離するが，色素溶液１よりも色素の量が少ないため，色の濃《こ》さはうすくなる。

⑹　①　図６から，吸光度が0.3のときの色素Ｅの水溶液の濃さは1.5％と読み取れる。　②　色素Ｅの水溶液１ｇに含まれる色素Ｅの重さは，①より，$1\times\frac{1.5}{100}=0.015$(ｇ)である。これは２ｇの葉に含まれる色素Ｅの重さだから，乾燥《かんそう》した葉６ｇには，$0.015\times\frac{6}{2}=0.045$(ｇ)の色素Ｅが含まれていたことがわかる。

3 ヒトの免疫《めんえき》と抗体《こうたい》，ウイルスについての問題

⑴　①　赤血球に含まれるヘモグロビンは，肺から全身へ酸素を運ぶ役割をしている。血液が赤く

見えるのは，ヘモグロビンが赤い色素を持つためである。　②　血小板は，出血をしたときに血液をかためて，血を止めるはたらきをする。　③　免疫記憶《きおく》を成立させるために，毒性を弱くした抗原やその一部を体内に入れることを，ワクチン接種または予防接種という。

(2)　PCR検査は，ウイルスなどが持つ固有の遺伝子を増やすことで検出しやすくする方法である。

(3)　鼻の中などに入った植物の花粉などを異物として取り除こうとして過剰《かじょう》に鼻水が出たり，目がかゆくなったりする症状《しょうじょう》を花粉症という。また，じんましんは，かゆみをともなって皮ふの一部が盛り上がる症状で，特定の食品を異物と判定して過剰に免疫がはたらくことで起こる場合がある。

(4)　２回目の抗原注射後には，ネズミはこの抗原による病気を発症していないから，１回目の抗原注射後よりも２回目の方が，ネズミの体内に多くの抗体ができたと考えられる。

(5)　利根川《とねがわ》進《すすむ》氏は，抗体についての研究で，ノーベル生理学・医学賞を受賞した。山中伸弥《やまなかしんや》氏もノーベル生理学・医学賞を受賞したが，これはiPS細胞を開発したことによる。なお，湯川秀樹《ゆかわひでき》氏，小柴昌俊《こしばまさとし》氏，真鍋淑郎《まなべしゅくろう》氏は，ノーベル物理学賞の受賞者である。

(6)　ウイルスは自分の細胞《さいぼう》を持たないので，ヒトや動物の細胞の中に入り，自らの複製を大量につくらせて増える。このとき，何度も複製をつくるうちにおきる複製ミスが変異で，その結果，ウイルスの構造が変化することがある。

(7)　エイズはヒト免疫不全ウイルス(HIV)，インフルエンザはインフルエンザウイルスに感染することによって引き起こされる。また，破傷風は破傷風菌《きん》，ペストはペスト菌，マラリアはマラリア原虫という寄生虫が原因となる感染症である。

4　気象についての問題

(1)　大量の暖かく湿《しめ》った空気が低層に流れこみ，前線などの影響《えいきょう》で上昇《しょう》して次々と積乱雲ができた後，上空を流れる風の影響で，次々と発生した積乱雲が線状に並んだものを線状降水帯という。大気が安定しているときは線状降水帯をつくる積乱雲は発生しにくいから，ウが誤りである。

(2)　大雨による特別警報の場合は，屋外を移動することが危険なこともあるので，イは適当ではない。市町村からの避難《ひなん》指示に従うのが原則だが，それが難しいときは，自宅の中で少しでも安全な場所へ移動する。

(3)　①　梅雨前線や秋雨前線のように，暖かい空気のかたまりと冷たい空気のかたまりが同じ程度の勢力でぶつかり合うところにできる前線を，停滞《ていたい》前線という。　②　日本の上空には，西から東へと，偏西風《へんせいふう》と呼ばれる風がふいている。　③　ふつう，偏西風によって，日本付近の低気圧や高気圧は西から東へ移動する。日付の古いものから順に，ウで日本の西部にかかっている前線に低気圧が発生し(エ)，東へ移動したあとに日本の西の海上に低気圧がさらに発生し(イ)，連なりながら順に日本の東の海上へぬける(ア)ようすがわかる。

(4)　土砂の粒《つぶ》の大きさは，泥《どろ》→砂→れきの順に大きくなる。粒の大きさが小さく，軽いものほど，陸からより遠くへと運ばれるから，Ａが泥，Ｂが砂，Ｃがれきと考えられる。

(5)　湿《しつ》度は，$\dfrac{(\text{空気1 m}^3\text{に含まれている水蒸気の量(g)})}{(\text{空気1 m}^3\text{あたりの飽和《ほうわ》水蒸気量(g)})}\times 100$(％)で求められる。表１より，気温が30℃の空気１ m^3あたりの飽和水蒸気量は30.4 gである。また，露《ろ》点が10℃であることから，この空気１ m^3に含まれている水蒸気の量は9.4 gとわかる。以上より，湿度は，$\dfrac{9.4}{30.4}\times 100=30.92\cdots$より，30.9(％)と求められる。

⑹　湿球を覆《おお》う濡《ぬ》らしたガーゼから水が蒸発するとき，まわりの熱をうばうため，湿球温度計の示す温度は，乾《かん》球温度計より低くなる。

⑺　空気１m^{3}に含まれる水蒸気の量は，(空気１m^{3}あたりの飽和水蒸気量(g))×$\frac{(\text{湿度}(\%))}{100}$で求められる。乾球温度計の示す温度が15℃，湿球温度計の示す温度が12℃のときの乾球と湿球の示す値の差は，15－12＝３(℃)だから，表２より，このときの湿度は68％である。表１より，気温が15℃の空気１m^{3}あたりの飽和水蒸気量は12.8gなので，この空気１m^{3}に含まれている水蒸気の量は，12.8×$\frac{68}{100}$=8.704(g)と求められる。この状態から気温が５℃上昇して，15＋５＝20(℃)になったとき，空気１m^{3}あたりの飽和水蒸気量は17.3gとなり，湿度は，$\frac{8.704}{17.3}$×100＝50.31…より，50.3(％)になる。

国　語　＜第２回試験＞（50分）＜満点：100点＞

解　答

□一　①　たむ　②～⑤　下記を参照のこと。　□二　問１　A　オ　B　ア　C　イ　D　エ　問２　イ　問３　ウ　問４　ア　問５　(例)　不正が可能でも不正はしないと相手に期待することが，不正防止のしくみが複雑化するのを防ぎ，労力と費用を削減するということ。　問６　ウ　問７　エ　問８　イ　□三　問１　a　ウ　b　イ　c　ア　問２　ウ　問３　(例)　結婚は個人間の問題だと考えるマドコに理解を示しつつも，自分の家族の結束の強さに思いを巡らすと彼女に賛同しきれず，困っている。　問４　イ　問５　ウ　問６　エ　問７　オ，カ

●漢字の書き取り

□一　②　辞典　③　射　④　博覧　⑤　採寸

解　説

□一　漢字の読みと書き取り

①　“神仏や死者に物をおそなえする”という意味。　②　言葉や漢字を集めて，その意味や用法を解説した書物。　③　音読みは「シャ」で，「発射」などの熟語がある。　④　多くの人々に見せること。　⑤　服を作るために体の寸法を測ること。

□二　出典は伊藤亜紗《いとうあさ》の『手《て》の倫理《りんり》』による。

筆者は，「安心」と「信頼《しんらい》」の違《ちが》いを説明したうえで，「信頼」の重要性について述べている。

問１　**A**　前の「悟空《ごくう》が悪事をはたらくと～輪っかが悟空の頭を締《し》め付けて苦しめ」るという内容を後で「罰《ばつ》が抑止《よくし》力になって罪を犯《おか》すのを防ぐ」と言いかえているので，前に述べた内容を“要するに”とまとめて言いかえるときに用いる「つまり」があてはまる。　**B**　前で述べた「信頼は複雑なプロセスを短縮し，コストを削減《さくげん》する効果を持って」いることの例をあげているので，具体的な例をあげるときに用いる「たとえば」がふさわしい。　**C**　後の「生きることはそもそもリスクを伴《ともな》うことだから」が，前に述べられた「和田《わだ》は，どこまでもお年寄りを制御《せいぎょ》したり支配したりしないようにする」の理由になっている。よって，理由を説明するときに用いる「なぜなら」

が合う。　D　前では「聞かされていた献立《こんだて》はハンバーグ」，後では「いざ食卓《しょくたく》に運ばれてきた料理はなぜか餃子《ぎょうざ》だった」と続いているので，前のことがらを受けて，期待に反することがらを導く「ところが」があてはまる。

問２　直前に「刑罰《けいばつ》の執行《しっこう》が機械化されている点で」とある。「孫悟空《そんごくう》が頭にはめさせられている輪っか」は「三蔵法師《さんぞうほうし》」の判断によって罰を与《あた》えるが，「針千本マシン」は「嘘《うそ》をついたり約束を破ったりすると，自動的に」作動し，事情や背景は考慮《こうりょ》されることがないので，「冷徹」ということができる。「冷徹」とは，冷静で感情に左右されることのないようす。

問３　直前の一文に「ここには『安心』はあるが『信頼』はない」とあるように，ぼう線２は「安心」について説明している。「嘘をつくことによって，彼《かれ》／彼女《かのじょ》は確実に不利益をこうむ」るため嘘をつくはずがない，つまり「まわりの人」にとって「想定外のことが起こる可能性がほとんどゼロ」であり「状況《じょうきょう》をコントロールできている」と感じられることが「安心」なのだと説明されている。

問４　ぼう線３の二段落前で，「信頼は『相手のせいで自分がひどい目にあう』可能性を自覚したうえでひどい目にあわない方に賭《か》ける，ということ」と説明されている。それは，「社会的不確実性がある『にもかかわらず』信じる」ということである。よって，アが選べる。

問５　空欄《くうらん》Ｂに続いてあげられた筆者の大学での例のように，信頼がないと，不正を防ぐために「膨大《ぼうだい》な時間とお金」が使われてしまうが，信頼には「複雑なプロセスを短縮し，コストを削減する効果」がある。これを指して「合理化」と言っている。

問６　この施設《しせつ》では「周囲の『目』がある範囲《はんい》内で，お年寄りの自由度が確保されている」ため，「ふつうの家に近い状態で生活することができ」ており，それを「ふつうの生活」と言っているとわかる。したがって，ウがふさわしい。なお，エは，「自由に外出できる」と「外出」に限定しているので誤り。

問７　「鍵《かぎ》をかけ，行動を制限すれば事故などのリスクは減」るが，「それは生きていることにならないのではないか」と和田氏は考えている。続く和田氏の言葉のなかに，そのように行動を制限すると，「自分の意思を行動に移すという人としてのステキな姿は消え失《う》せ～『生き生きとした姿』を失うことにつながりかねない」とある。

問８　「『こうじゃなきゃいけない』という“鋳型《いがた》”に，認知症《にんちしょう》の状態にある方々をはめ込《こ》んでしまえば，どんどん介護《かいご》の現場は息苦しく窮屈《きゅうくつ》になっていく」と小国《おぐに》氏の言葉にあるように，「『ねばならない』という私たちのなかの堅固《けんご》な規範《きはん》意識」が「人を信頼することを阻《はば》」んでいると筆者はうったえている。つまり，人を信頼するためには，リスクを減らすことではなく，「ねばならない」という規範意識にしばられないことが必要だということになる。

三　**出典は野中柊《のなかひいらぎ》の『アンダーソン家のヨメ』による。**ウィルと国際結婚をしたマドコは，ウィルの母ミセス・アンダーソンからの手紙で，ウィルの家族が結婚後もマドコが旧姓《きゅうせい》を名のることに反対だったと知る。

問１　a　「月並みな」は，ありふれて平凡《へいぼん》なようす。　b　「拍子抜《ひょうしぬ》けする」は，“思ったほど反応や手ごたえがなくて張り合いがなくなる”という意味。　c　「恰幅《かっぷく》のいい」は，体の肉づきがよく，腹や肩《かた》の幅《はば》が広いようす。

問２　ウィルが手紙を読み終わった直後にマドコは「なーんだ，コリャ」，「フユカイ」と言い，「あたしがケッコンしても，名字を変えないことについて，あなたのカゾクが反対だったなんて，ぜーんぜん聞いてなかったわよ」と続けている。そして，ウィルに「こんな大切なこと，黙《だま》っていることないじゃない」と「憤慨《ふんがい》し」，「あなたのカゾクってどうなっちゃってんの？」と言っていることから，マドコが名字を変えないことに反対しているウィルの家族に対しても，それをマドコに隠《かく》していたウィルに対しても，マドコがひどく腹を立てていることがわかる。

問３　ウィルはマドコの言葉に「うん，そう。そう。そうなんだ。そりゃまあ，そうなんだけどね」と言ったものの，「でもウチは特別にカゾクの結束が固いらしいんだな」と続けている。「煮えきらない」とは，はっきりしないようす。ウィルが，結婚は個人の問題だというマドコの気持ちを理解しつつも，家族のことを考えると全面的にはマドコに賛同できなくて困っていることが読み取れる。

問４　ウィルの「ウチは特別にカゾクの結束が固いらしいんだな」という自分の家族の肩を持つような言葉に対して強い口調でまくしたてているうちに感情が高ぶり，「泣きマネをした」つもりが「本当に涙《なみだ》が出てき」た場面である。涙を流しながらも「とても心地よく」感じているのは，日本に両親を「置き去りにしてきてしまった」自分の立場を思って「悲劇のヒロインのような気分になって，そんな自分にうっとりしている」からだと考えられる。

問５　138〜139行目のウィルの「きみの方でも親離《ばな》れしていないんだね」という言葉は，「大切に育ててきたムスメをこんな遠くにやるってことは，親にとっちゃつらいものよ」，「彼らのあたしに対する喪失《そうしつ》感を紛《まぎ》らわせるためにも〜名のり続けていくつもりなのよ」とマドコが「親のコトまで持ち出して」きたことに対するものであり，133〜134行目でもウィルは，「きみが名字を変えたくないという気持ちを僕は尊重したいと思っている」と言っているので，ウは誤っている。

問６　マドコが「お家に優《まさ》る所ナシ」と唱えていたドロシーについて，なぜそんなに家がよかったのだろうと考えているようすからは，ミセス・アンダーソンの手紙を読んだ今，これから自分の家族になるアンダーソン家が自分にとってそんなにいい場所だと感じられるだろうかと不安に思っていることが読み取れる。よって，エが選べる。

問７　48行目の「……」は，実際にアンダーソン夫人が手紙に書いたものではなく，ウィルがマドコに説明をしようとして手紙を読むのをいったん止めたことを表しているので，オは適当でない。また，カは，「ウィルとマドコの両親の間に生じたもめごとの回想シーンがはさまれている」が誤り。

Memo

Memo

2021年度　本郷中学校

〔電　話〕 (03) 3917－１４５６
〔所在地〕 〒170-0003　東京都豊島区駒込４－11－１
〔交　通〕 JR山手線・都営三田線―「巣鴨駅」より徒歩３分
JR山手線・東京メトロ南北線―「駒込駅」より徒歩７分

【算　数】〈第１回試験〉（50分）〈満点：100点〉

注意　コンパス，分度器，定規，三角定規，計算機の使用は禁止します。かばんの中にしまって下さい。

1　次の□に当てはまる数を求めなさい。

(1)　$8\times(\square-9)\div(4\div7-1\div3)-6\div5=2$

(2)　$(1.125-0.25)\times32-14\div\left\{2.8\div\left(3.14-\dfrac{7}{50}\right)\right\}=\square$

2　次の問いに答えなさい。

(1)　毎時0.6kmで流れている川があります。下流にＡ地点，上流にＢ地点があり，Ａ地点とＢ地点の間を静水での速さが一定の船で往復したところ，Ａ地点からＢ地点まで進むのに９時間，Ｂ地点からＡ地点まで進むのに６時間かかりました。このとき，Ａ地点とＢ地点の間は何km離れていますか。

(2)　濃度が４％の食塩水が250ｇあります。この食塩水に濃度が12％の食塩水を何ｇか混ぜ合わせたところ，濃度が７％の食塩水になりました。このとき，濃度が12％の食塩水を何ｇ混ぜ合わせましたか。

(3)　下のように，あるきまりにしたがって数字が並んでいます。

１，２，２，３，３，３，４，４，４，４，５，５，５，５，５，６，６，…

この数の列の１番目から42番目までの積は，３で何回割れますか。

(4)　ある文房具屋では値段の異なる３種類のペンを売っています。値段はそれぞれ100円，150円，200円です。どのペンも必ず１本は買って，代金の合計がちょうど1600円になるようにペンを買うとき，３種類のペンの本数の組み合わせは全部で何通りありますか。

(5)　たくさんあるアメ玉のうち，全体の個数の $\dfrac{4}{13}$ をＡ君が取り，Ａ君の取った後の残りの $\dfrac{3}{10}$ をＢ君が取り，残り全部をＣ君が取りました。Ａ君とＢ君が取ったアメ玉の個数の差が26個になるとき，Ｃ君はアメ玉を何個取りましたか。

(6)　右の図のような１辺が１cmの正方形を組み合わせた図形を，直線 l の周りに１回転させてできる立体の体積は何 cm^3 ですか。ただし，円周率は3.14とします。

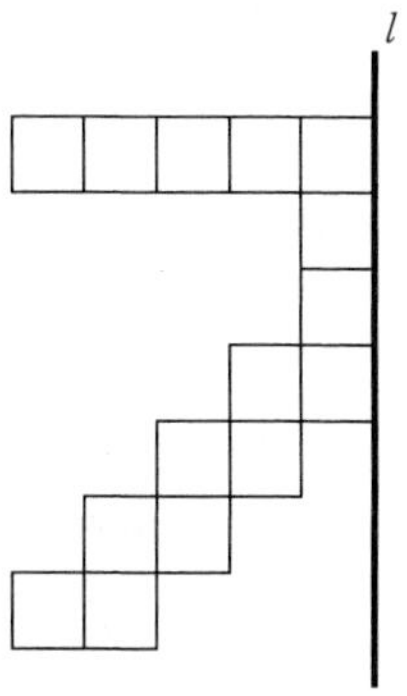

3　［図Ⅰ］のような直方体の水そうに初めの高さが 10cm，幅 20cm の長方形の仕切りを底面に垂直に入れました。今，(ア)の部分の真上から一定の割合で水を入れ始めます。初め仕切りの高さは変化しませんが，［図Ⅱ］のようにちょうど(ア)の部分の深さが 10cm になった瞬間から仕切りの高さは一定の割合で高くなります。

［図Ⅲ］のグラフは水を入れ始めてから水そうがいっぱいになるまでの時間と(ア)の部分の深さの関係を表したものです。このとき，下の問いに答えなさい。ただし，仕切りの厚さは考えないものとします。

［図Ⅰ］

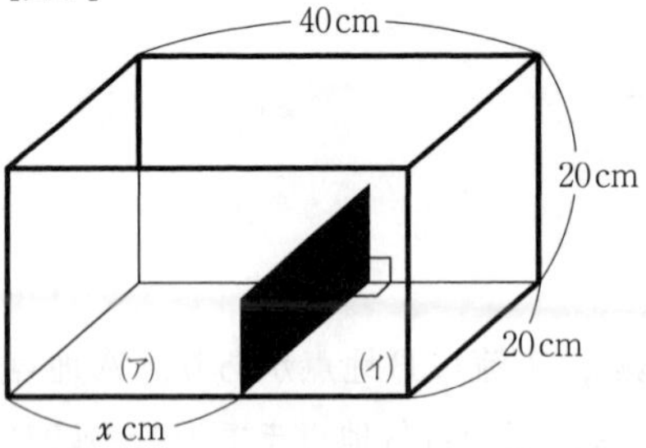

［図Ⅱ］

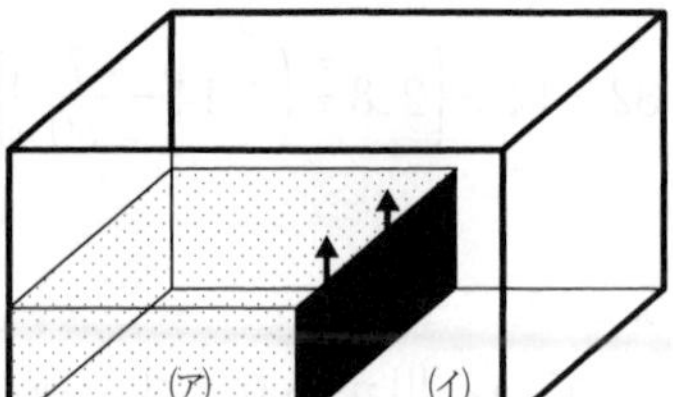

［図Ⅲ］

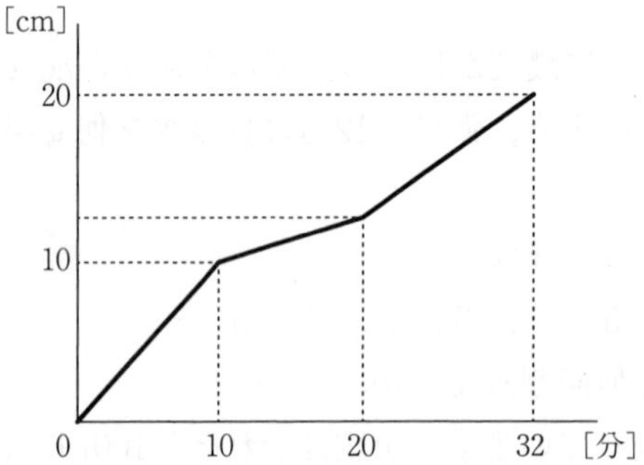

(1)　水は毎分何 cm^3 の割合で注がれていますか。

(2)　［図Ⅰ］の x はいくつですか。

(3)　仕切りが動いているとき，仕切りは毎分何 cm ずつ高くなりますか。

4　H君とR君は本郷中学校の生徒です。次の【問題】をふたりで協力して解こうとしています。

【問題】

［図Ⅰ］のように，正三角形 ABC の中に円が接していて，その円の中に正三角形 DEF が接しています。

さらにその正三角形の中に円が接しています。また，点Oは２つの円の中心であり，点P，Qは小さい方の円の円周上の点です。

三角形 OPQ が面積 $5cm^2$ の正三角形であるとき，正三角形 ABC の面積は何 cm^2 ですか。

［図Ⅰ］

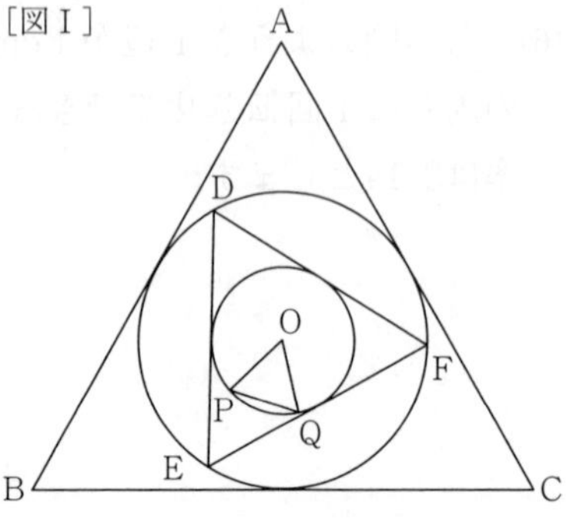

以下は問題を解こうとしているふたりの会話です。

H君：こういう問題は考えやすいように一部の図を抜き出して考えるのが基本だよね。

R君：そうだね，抜き出してかいてみようか。

H君：うーん，さらにちょっと補助線をかき足して，正六角形を作ろう。

R君：なるほどね。[図Ⅱ]みたいになるんだね。

H君：さて，この正六角形の面積が x cm^2 ということはすぐに分かるけど…。

[図Ⅱ]

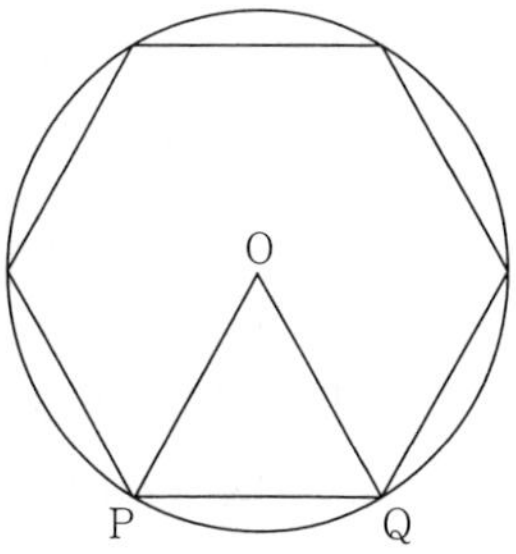

(1)　x の値を求めなさい。

R君：また別の図をかいてみようよ。

H君：うーん，そうだな，こんなのをかいてみるとどうだろう…。

R君：[図Ⅲ]のこことここに垂直な直線を引くと，正三角形DEFの中で[図Ⅱ]の正六角形の面積とそれ以外の部分の面積の関係が分かるよ！

H君：本当だぁ，正三角形DEFの面積は y cm^2 だね！

[図Ⅲ]

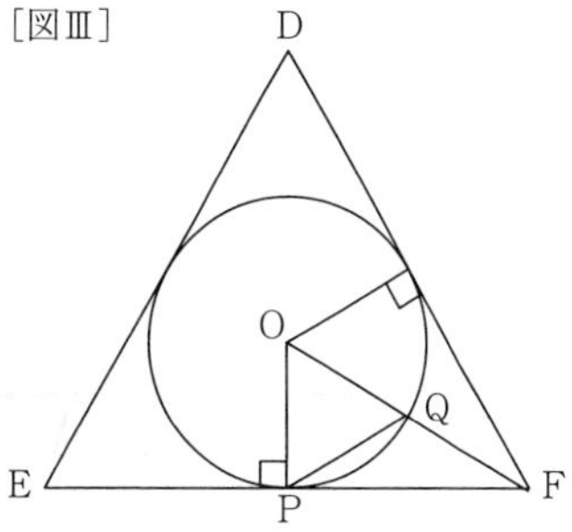

(2)　y の値を求めなさい。

H君：なるほど，じゃあ，ここまできたら[図Ⅳ]の正三角形ABCに正三角形DEFを考えやすい向きにかき入れて，面積比を調べると…。

R君：おおっ，正三角形ABCと正三角形DEFの面積比も明らかになったね。

H君：あとは計算。

……

H君：やったー，求まったね。正三角形ABCの面積は z cm^2 だ！

R君：そうだね‼

[図Ⅳ]

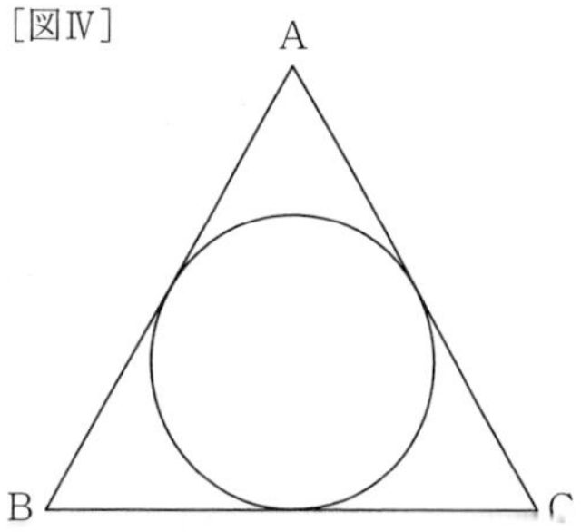

(3)　z の値を求めなさい。

5　三角形PQRの面積を△PQRと表します。点P，Q，Rが一直線上にあるとき，△PQRは0 cm^2 とします。いま，△ABCが1 cm^2 のとき，次の問いに答えなさい。ただし，［図Ⅰ］，［図Ⅱ］において直線上の●と●の間の長さが辺AB，BC，CAと同じ部分にはそれぞれ□，‖，×の記号がついています。

(1)　［図Ⅰ］について，△ABX＋△BCX＋△CAXは何 cm^2 ですか。

(2)　△ABX＋△BCX＋△CAXが(1)と同じ値になるのは，点Xがどの位置にあるときですか。［図Ⅱ］のア～キのうちで，当てはまるものをすべて書きなさい。

(3)　△ABX＋△BCX＋△CAXが(1)と同じ値となるように点Xを動かすと，点Xが動いたあとは多角形になります。この図形の面積は何 cm^2 ですか。

［図Ⅰ］

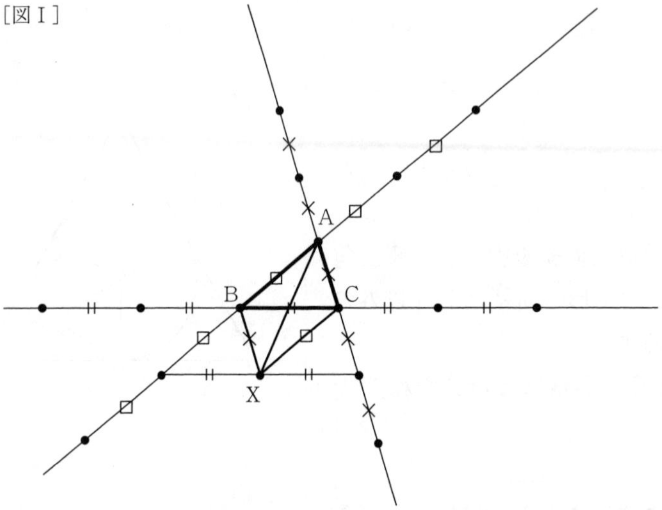

［図Ⅱ］

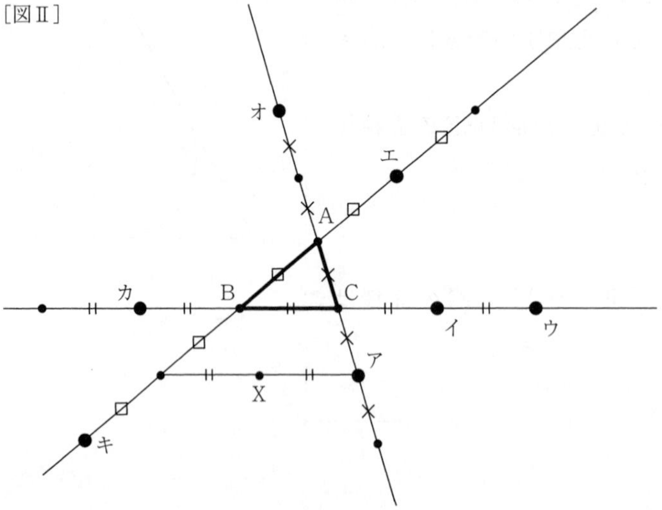

【社　会】〈第１回試験〉（40分）〈満点：75点〉

注意　解答に際して，用語・人物名・地名・国名などについて漢字で書くべき所は漢字で答えなさい。

〈編集部注：実物の入試問題では，地形図と写真はカラー印刷です。〉

1　次の文章を読み，下の問いに答えなさい。

かずま君は，夏休みの自由研究で利根川について調べ，以下のようなレポートにまとめました。

インターネットで利根川について調べました。国土交通省関東地方整備局利根川上流河川事務所のホームページには，「利根川の紹介」として，いくつかのテーマに沿って説明がありました。まず，それをまとめてみました。

利根川の名称が初めて文献に見えるのは『万葉集』です。利根川は，別名「（　１　）太郎」と呼ばれています。古くは（　２　）国の足柄山・箱根山以東を（　１　）と呼んでいました。そして，利根川は（　１　）随一の大河川であることから，転じて「（　１　）太郎」と呼ばれるようになりました。これにならい，九州の（　３　）川が「筑紫次郎」，四国のa吉野川が「四国三郎」と呼ばれるようになりました。また，利根川は①日本一の流域面積を誇ります。その流域面積は１都５県の16,840km²に及びます。利根川の水源は，新潟県と群馬県の県境にある大水上山（標高1,831m）にあります。大小の河川が合流しながら，関東平野をb（　　）から（　　）へ貫き，千葉県の（　４　）市で太平洋へと注いでいます（分かりやすくするため，利根川の流路を図にしてみました）。

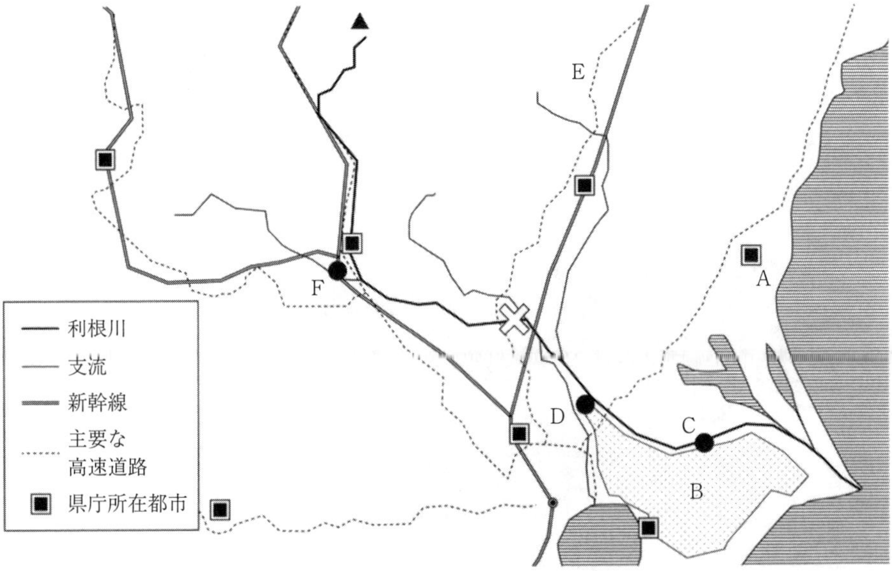

調べているうちに，2019年10月に利根川中流域が氾濫《はんらん》危険水位に到達したという映像を見つけました。日本は，毎年のように水害にみまわれてきました。そこで次は大きな被害が出た利根川の水害について調べました。

1947年９月，カスリーン台風が関東地方に戦後最大の被害をもたらしました。②カスリーン台風の記録的な豪雨によって，現在の埼玉県加須市（図中の✕印）の利根川の堤防が決壊し，濁流が江戸川・中川沿いの地域を襲いました。結果的にカスリーン台風は，利根川周辺の１都５県で死者1,100人，家屋流出・倒壊が5,736戸という非常に大きな被害をもたらしました。

今，利根川の流域に住んでいる人の数は，この当時よりはるかに多くなっています。調べてみると，そのような③被害が出ないように様々な工夫が行われていることが分かりました。

問１　文中の(１)～(４)に入る適切な語句をそれぞれ答えなさい。

問２　下線部ａについて，この川から分水される香川用水の恩恵を大きく受けている平野の名称を答えなさい。

問３　下線部ｂについて，図を参考にしながら(　)内に入る適切な方位をそれぞれ８方位で答えなさい。

問４　図中Ａの都市の名称を答えなさい。

問５　図中Ｂの地形は，周辺の土地より標高が高く，テーブル状となっています。このような地形の一般的な名称を答えなさい。

問６　次のページの地形図は図中Ｃの地点のものです。この地形図を説明した次の文について，正しければ○，誤っていれば×，で答えなさい。

①　芙蓉邸街は，南に向いた斜面地に造成されている。造成地の高い所と低い所の標高差は約 20ｍ である。

②　新川の集落は，その周囲に堤防が築かれた輪中となっている。このように家を洪水から守るための工夫が随所に見られる。

③　排水機という集落付近の堤防は，周囲の土地より約９ｍも高く築かれている。洪水に対する備えがなされていることが分かる。

問７　図中Ｄの地域は，古くから水害にみまわれてきました。このような水害が多い地域に暮らす人々は家を建てる際，様々な洪水対策をとってきました。次のイラストを参考にしながら，一般的な洪水対策として適切なものを下の中から１つ選び，記号で答えなさい。

ア　道路と家の敷地の高さに着目すると，道路より高い所に家を建てていることが分かる。このように少しでも標高の高い所に住む対策。

イ　家の塀に着目すると，穴があいている所が確認できる。このように浸水したときに排水するため塀に穴をあける対策。

ウ　家の屋根に着目すると，瓦ぶきとなっている。このような屋根の瓦を石灰と粘土を混ぜた漆喰《しっくい》でとめる対策。

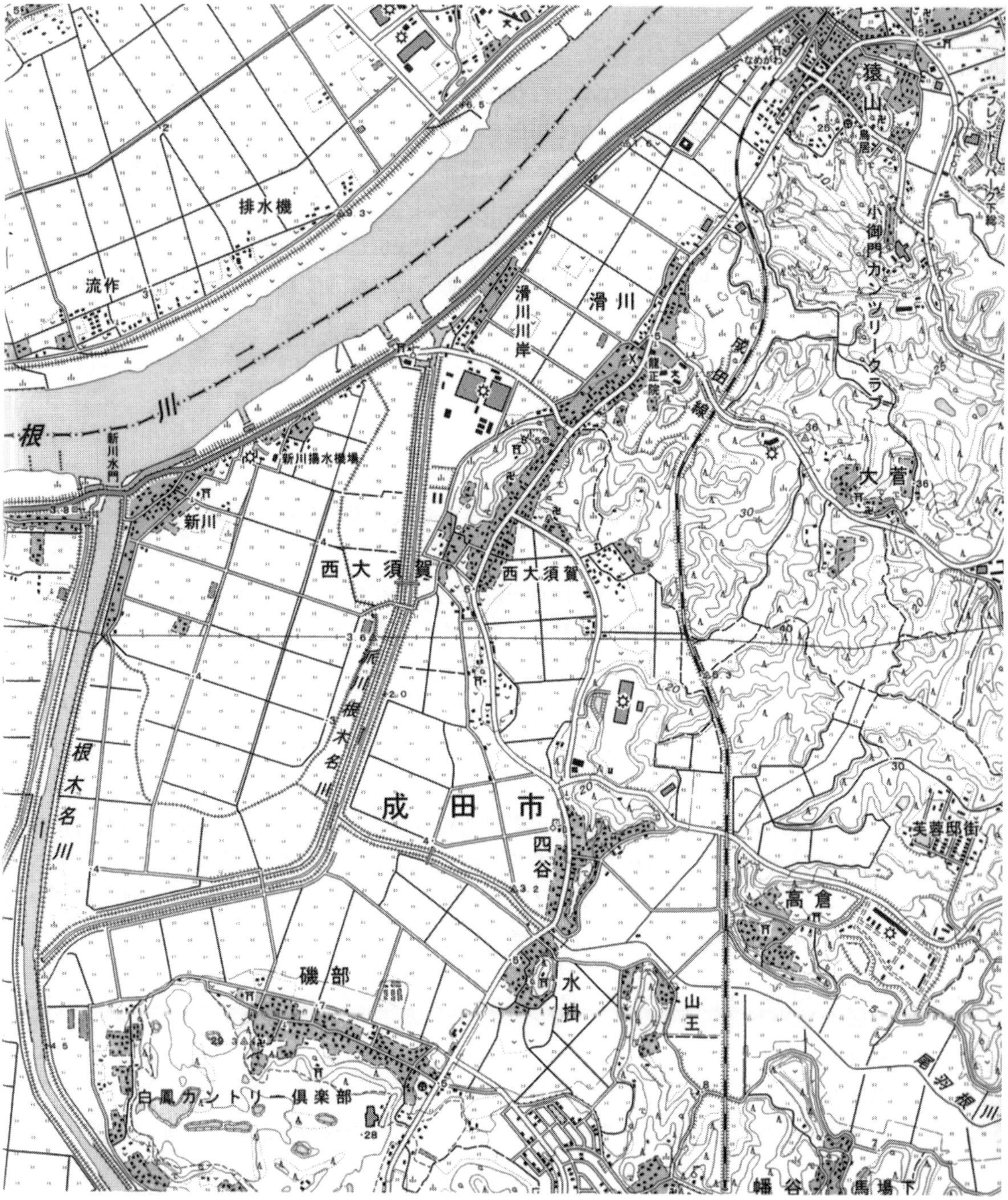

(原寸より115％拡大しています)

〈編集部注：編集上の都合により原図の85％に縮小してあります。〉

エ　家の窓に着目すると，庭に面する１階部分の窓が大きいことが分かる。このような大きな窓に特殊なガラスを用いた二重窓を使用する対策。

問８　図中Ｅの高速道路が通過する都道府県の説明として適切なものを次の中から１つ選び，記号で答えなさい。

ア　この県の盆地には，交通の便が良くなったことから，自動車の組み立て工場やその関連の工場を中心とした機械工業が相次いで立地した。

イ　この県の沿岸部はリアス海岸となっている。この特性を生かして，ここ50年間で多くの原子力発電所が建設された。

ウ　この県には，貝の養殖がさかんに行われている湾が存在する。そしてこの地は，真珠の養殖に世界で初めて成功したことで知られる。

エ　県全域が豪雪地帯のため，数々の伝統的工芸品やその技術を生かした洋食器生産などの地場産業が発展した。

問９　図中Ｆの都市には２つの新幹線の分岐点となる駅が位置しています。この駅から「下り」方面の新幹線に乗った場合に行くことが出来る都市として適切なものを次の中から１つ選び，記号で答えなさい。

ア　山形市

イ　新潟市

ウ　さいたま市

エ　盛岡市

問10　下線部①について，利根川の流域面積に含まれる県の説明として適切でないものを次の中から１つ選び，記号で答えなさい。

ア　この県には，貿易額(2019年)が日本一の空港が存在する。そのほか，花や落花生などの生産が有名で，これらの作物は大都市をはじめ，全国に出荷されている。

イ　この県は，こんにゃくいもの生産量が日本一(2015年)となっている。また県東部には，自動車産業の企業城下町や絹織物で栄えた都市など全国的にも有名な工業都市が存在する。

ウ　この県は，農業ではいちごやかんぴょうの生産で有名である。また県西部には，世界遺産に登録された寺社を有する国際的な観光都市が存在する。

エ　この県の南部は，輪中地帯で治水工事が進められてきた。またその地域を流れる川の中流部は，鵜飼《うかい》が有名で見物のために多くの観光客が訪れている。

問11　下線部②について，この決壊によって東京23区内でも被害が出ました。その被害地域に含まれると考えられる区を次の中から１つ選び，記号で答えなさい。

ア　豊島区

イ　港区

ウ　葛飾区

エ　世田谷区

問12　下線部③に関連して，災害対策として適切でないものを次の中から１つ選び，記号で答えなさい。

ア　土砂と水が一体となり一気に谷や斜面を下る現象である土石流が起きやすい所に砂防ダムを設置した。

イ　洪水時に河川の本流から支流へ濁流が逆流してこないように，支流と本流の合流部に可動式の水門を設置した。

ウ　東京やその周辺に住む多くの人が洪水の被害にあわないように，地下に水をためる施設である「首都圏外郭放水路」を建設した。

エ　地震や水害時の避難場所として，交通の便がよい橋のそばや堤防のすぐ近くにある公民館を指定した。

2 次の文章を読み，下の問いに答えなさい。

歴史を学ぶとき，私たちは過去のあらゆる手がかりを駆使して事実に迫っていこうとします。一般的には文字が記された史料をもとに過去の事柄を探ることが多いのですが，その史料は紙に記された古文書《こもんじょ》に限らず，A様々な材質に記されたものが残っています。また文字史料以外の手がかりも活用しています。特にB文字が日本になかった時代には，出土する遺物から考察してみたり，後年に記録されたC言い伝えや伝説などを参考にしたりすることもあります。

記録が多く残される時代以降でも，出土物や言い伝えが記録史料の内容を裏付けることも，記録に残っていない事柄を明らかにすることもたくさんあります。また①絵画も描き手のメッセージを読み取ることで重要な事実に気づけることがあります。

ここで言い伝えや証言，それらをまとめた記録を見てみましょう(文章は現代語に直したところがあります)。

【記録Ⅰ】

(この島の)住民は色が白く，文化的で，物質に恵まれている。偶像を崇拝し，どこにも属せず，独立している。［　②　］は無尽蔵にあるが，国王は輸出を禁じている。しかも大陸から非常に遠いので，商人もこの国をあまりおとずれず，そのため［　②　］が想像できぬほど豊富なのだ。

(13世紀末イタリアで口述筆記され，のち出版された書籍)

【記録Ⅱ】

正長元年より以後は，神戸四か郷には負債はありません。

(1428年，現奈良市柳生町の疱瘡地蔵に刻まれた文字)

【記録Ⅲ】

3月3日朝，食事の後2階で片付などをしていましたら，窓の下が騒がしいので障子を開けてみました。そうすると，20人位の人が右へ左へと走りまわり，「これは何だ」と見ているうちに2～3人も斬り殺されて，(行列の)駕籠《かご》を守る人たちが斬り合いをしていました。大柄の男，中背の男一人が駕籠に向けて斬りかかり，短筒(短銃)をドンと発砲しました。

(1860年，現千代田区霞が関付近での出来事の証言)

【記録Ⅳ】

高き住居は　児孫の和楽　想へ《え》惨禍の　大津浪
此処《ここ》より下に　家を建てるな

(岩手県宮古市に残る石碑の碑文)

【記録Ⅴ】

［aさんの証言］　巣鴨の方を見ていました。そうしたら巣鴨の駅の向こうにまず一発落ちたそうです。そこに火の手が上がると，そこから順番に［　③　］をこちらに向かって一直線に［　④　］が落ちてきたそうです。

［bさんの証言］　4月13日は警報が出る前に巣鴨の方はもう火の海でした。私の家は旧［　③　］に面していますから巣鴨の方から大勢の人が目の前を逃げていきます。もうこれは駄目だと思って私と母と姉と三人で大日山に逃げました。(明治通りに出ると)消防自動車がやってきました。「何で火を消さないのだ」というと，「ガソリンに火が付くから逃げるんだ」，と言うことで何の役にも立ちませんでした。

［ｃさんの証言］　遠くで飛行機の音が聞こえたのですが，…ちょうど庚申塚からとげぬき地蔵の方めがけて一直線に［　④　］が落ちまして燃え上がりました。見事といっては不謹慎ですが，火炎が線になって走ると申しますか，巣鴨の郵便局かお地蔵様の辺りまで一気に燃え広がりました。ほとんど同時に小石川の方や池袋にも火の手が上がりましたので，これはもう駄目だと思いまして逃げ出しました。

（1945年４月13日，現豊島区巣鴨での出来事に関する証言）

人々の証言を集めて過去を知る手がかりとしていくことは近年さかんになりつつあります。これをオーラルヒストリーといいます。昔のことを知る人々にインタビューをして，様々な記憶を証言してもらい，それを記録・保存していくという方法です。例えば，⑤戦争体験をもつ高齢者の方や大きな災害を経験した方々から話を聞いて，当時の様子を記録していくことがよく知られています。これらの内容は記録でも裏付けができるように思いがちですが，記録が焼失していたり残っていないことも多く，その意味でもこれらの証言は大変重要です。もちろん記憶違いも起こりえますが，古文書などと同様に間違いを冷静に見極めて事実に迫っていけば，とても有用な史料となります。

みなさんの身近にも，地域の歴史に詳しい方や，貴重な体験を記憶している方がいらっしゃると思います。昔の話をたくさん聞いて，私たちの知識とし，人類の教訓として語り伝えていくことも，若い皆さんにできる歴史研究になると思います。

問１　下線部Ａについて，文字は紙だけでなく，様々な素材に記されています。以下の史料を古い順番に並べたとき，２番目になる史料はどれですか。次の中から１つ選び，記号で答えなさい。

ア

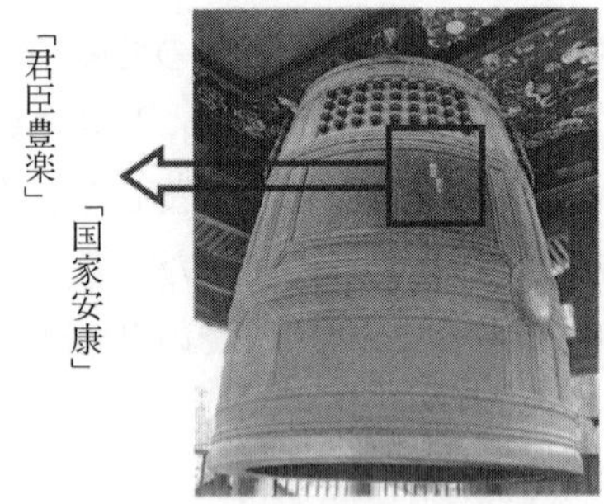

イ

ウ

エ

問２　下線部Ｂについて，日本に文字がなかった時代の遺物として適切でないものを次の中から１つ選び，記号で答えなさい。

ア

イ

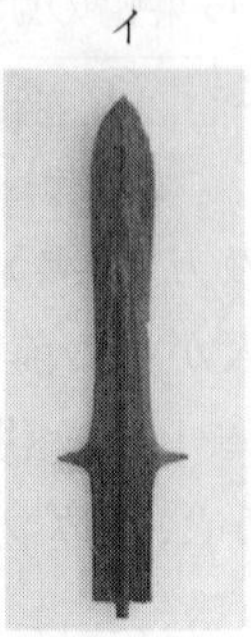

ウ

エ

問3　下線部Cについて，奈良時代のはじめに編集された記録で，諸国に残る伝説や言い伝え，産物・地名などを収録している書物を何といいますか。次の中から1つ選び，記号で答えなさい。

ア　古事記　　イ　日本書紀

ウ　風土記　　エ　万葉集

問4　問3の正解の書物に記されている伝説のうち，島根県に残る伝説として適切なものはどれですか。次の中から1つ選び，記号で答えなさい。

ア　はごろも伝説　　イ　ヤマタノオロチ伝説

ウ　カッパ伝説　　エ　金太郎伝説

問5　【記録Ⅰ】の記された時期に最も近い出来事を次の中から1つ選び，記号で答えなさい。

ア　守護と地頭が設置されて，武家政権の基盤が作られた。

イ　承久の乱が起き，鎌倉幕府の朝廷への権限が大きくなった。

ウ　元軍が日本に二度襲来し，社会に大きな混乱を及ぼした。

エ　足利義満によって，南北朝が合一された。

問6　【記録Ⅱ】は「徳政」を求めた民衆が債務破棄を勝ち取ったことを書き残したものです。元来「徳政」とは支配者が民衆に仁徳ある政治を行うことですが，歴史上の「徳政」に関連した出来事として誤っているものを次の中から1つ選び，記号で答えなさい。

ア　1297年，鎌倉幕府は民衆の救済のために永仁の徳政令を発布した。

イ　室町将軍足利義教が暗殺されると，新将軍の就任にあたり，京都の人々が代始めの徳政を要求した。

ウ　この碑文に刻まれた出来事が起きたとき，「民衆の蜂起は日本始まって以来のことだ」と評された。

エ　室町時代の徳政令には，支配者が民衆の要求によって発令することもみられた。

問7　【記録Ⅳ】は，明治と昭和の2回にわたり地震による大津波の被害にあった宮古市の人々が残した碑文です。この石碑よりも低い場所に家を建ててはいけない，つまり住んではいけないと諭《さと》しています。東日本大震災の際には，そのお蔭で多くの人々が助かりました。明治・昭和の大津波とは，それぞれ1896年と1933年の三陸地震によるものです。この2つの出来事は，次の年代順に並んだ表のうちどの部分に入りますか。それぞれ記号で答えなさい。

明治三陸地震	昭和三陸地震
大日本帝国憲法発布	関東大震災
（ あ ）	（ か ）
下関条約	日ソ基本条約
（ い ）	（ き ）
治安警察法公布	五・一五事件
（ う ）	（ く ）
ポーツマス条約	二・二六事件
（ え ）	（ け ）
大逆事件	日独伊三国軍事同盟調印
（ お ）	（ こ ）

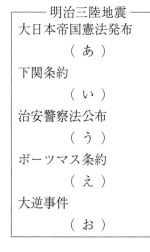

問８　【記録Ⅴ】は，本郷中学校の近所である巣鴨が東京大空襲にみまわれた時の様子を地元の人々が証言したものです。東京をはじめ日本本土の空襲が始まったのは，戦争中のある出来事が大きく関わっています。それは何ですか。最も関係が深いものを次の中から１つ選び，記号で答えなさい。

ア　サイパン島陥落

イ　ミッドウェー海戦

ウ　ポツダム宣言

エ　沖縄への米軍上陸

問９　下線部Ｃについて，柳田国男は民俗学という分野を創始し，はじめて言い伝えや伝説を学問的な対象としました。地域の伝説や信仰・習慣を調査・研究し，天狗や座敷わらしなどの話を収めた『遠野物語』は特に有名です。この遠野地方は何県にありますか。県名を答えなさい。なお，この県出身の宮沢賢治は，座敷わらしを童話に仕立てて発表しています。

問10　下線部①について，絵画史料には，人物の生涯や言い伝えを描いたものが少なくありません。その代表例の１つである『北野天神縁起絵巻』は誰について記したものですか。その人物名を答えなさい。

問11　【記録Ⅰ】は，中国の元に滞在した人物による証言です。この人物名を答えなさい。

問12　文中の ② に入るものは，日本の各時代において，陸奥・甲斐・佐渡・伊豆などの諸国から産出されるものが特に有名でした。それは何か答えなさい。

問13　【記録Ⅲ】について，この出来事(事件)の名称を答えなさい。

問14　文中の ③ には，江戸時代に整備された五街道の１つが入ります。江戸日本橋を出発して板橋を経て京都に至るこの街道を何といいますか。名称を答えなさい。

問15　文中の ④ は，東京大空襲で米軍の爆撃機が投下したもので，木造の日本家屋を火で焼き尽くすことを目的にした爆弾でした。 ④ にあてはまる爆弾の名称を平仮名で答えなさい。

問16　下線部⑤について，証言は時の経過とともに風化しやすいことが短所といえます。そのため，証言を記録して保存する試みが進められています。その際，現在のメディア機器を用いてどのような方法で残していくのが最も良い方法だと考えられますか。また，その理由は何ですか。次の中から１つずつ選び，記号で答えなさい。

《保存方法》

ア　証言を録画した映像で保存する。

イ　証言を録音した音声で保存する。

ウ　証言を書き取って文字記録で保存する。

《理由》

ア　証言を筆記して文字化しておけば，後年本として出版できるから。

イ　言葉と共に顔の表情やしぐさなど証言者の様子も記録できるから。

ウ　音声を編集して必要な証言だけを保存しておくと活用しやすくなるから。

3 次の図は，太郎君のある日の日記です。これを見て，下の問いに答えなさい。

2020年（X）月（Y）日　日曜日

今日は憲法記念日で、授業も部活も休みだった。特に予定もなかったので、家で「ALWAYS　三丁目の夕日」という映画を見ることにした。これは①1958年の東京で暮らす人々を描いた映画だ。この頃はまだ②高度経済成長期の初めの頃で、今と比べると物質的には豊かとはいえない時代だけれど、それでも明るく前向きに生きる人々の姿に感動した。今はパソコンやスマートフォンなど便利なものがたくさんあるけれど、心は豊かになっているのだろうかと思った。調べてみたら、「続・三丁目の夕日」は③1959年を舞台にしているらしい。明日も学校がまた休みだから、さっそく見ようかな。

映画を見た後は、運動不足を解消するために隣の④市にあるコンビニエンスストアまでジョギングをして、そこで買い物をした。店内で肉まんを食べて、缶コーヒーも飲んできた。

レシートを左に貼っておいたけど、今後買い物をしたときは何を買ったか記録しておくことにした。そうしておけば無駄遣いを減らせると思う。⑤お金を大事に使って、貯金を増やしたい。

○○ストア　△△店
2020年(X)月(Y)日(日)17：17

肉まん	￥133 イ
缶コーヒー	￥125 イ
菓子	￥289※
ティッシュ	￥166
お茶	￥108※
歯ブラシ	￥176
合計	￥997
(消費税10％対象額	￥【A】)
(消費税【B】％対象額	￥【？】)
【　C　】還元	￥19
お支払合計額	￥978

問1　下線部①について，この年の12月に完成した電波塔は，映画でも描かれました。その電波塔の名称を答えなさい。

問2　下線部②について，次の問いに答えなさい。

(1)　この時期には各家庭で「三種の神器」の普及が進んだと言われていますが，それに含まれないものを次の中から1つ選び，記号で答えなさい。

ア　電気洗濯機　　イ　電気冷蔵庫　　ウ　白黒テレビ　　エ　自動車

(2)　この時期に実現したこととして適切なものを次の中から1つ選び，記号で答えなさい。

ア　上野～浅草間で地下鉄が開通した。

イ　東名高速道路が開通した。

ウ　東京国際空港(羽田空港)が開港した。

エ　関西国際空港が開港した。

問3　下線部③について，この年に在日米軍基地の合憲性が争われた砂川事件の第一審判決が出ていますが，その裁判が行われた場所として適切なものを次の中から1つ選び，記号で答えなさい。

ア　東京簡易裁判所　　イ　東京地方裁判所

ウ　東京高等裁判所　　エ　最高裁判所

問4　下線部④について，通常は都道府県が担う仕事の多くが移されている市で，現在20市が該当する仕組みの名称として適切なものを次の中から1つ選び，記号で答えなさい。

ア　一般市　　イ　中核市　　ウ　特例市　　エ　政令指定都市

問5　下線部⑤について，一般的にお金は紙幣と硬貨に分かれますが，我が国で紙幣を発行している機関の名称を答えなさい。

問6　日記に貼られているレシートについて，次の問いに答えなさい。

(1)「イ」という記号が見られますが，これがあらわしているものをカタカナ5字で答えなさい。

(2)「※」という記号が見られますが，これは(　　)が適用されることを示しています。空欄にあてはまる語句を4字で答えなさい。

(3)【A】にあてはまる金額を数字で答えなさい。なお，金額は税込みです。

(4)【B】にあてはまる数字を答えなさい。

(5)【C】にはバーコードの読み取りやクレジットカードなどを利用した支払い方法の名称が入りますが，その名称をカタカナ7字で答えなさい。

問7　日記中の(X)と(Y)にあてはまる数字を答えなさい。

【理　科】〈第１回試験〉（40分）〈満点：75点〉

注意　机上に定規を出し，試験中に必要であれば使用しなさい。

1　次の文は，2019年10月11日の朝日小学生新聞の記事の一部です。この記事を読んで，以下の問に答えなさい。

　スウェーデン王立科学アカデミーは９日，今年のノーベル化学賞を，[1]電池を開発した[2]さんとアメリカの２人の教授に贈《おく》ると発表しました。[1]電池は私たちの身の回りで広く使われています。A日本のノーベル賞受賞は，27人目です。

「[1]電池が受賞対象になったことは非常にうれしく思いますし，またいろんな分野で若い人たちが研究なさっています。そういう人たちの大きなはげみになってくれるのでは」。ノーベル賞の発表直後に開かれた記者会見で[2]さんは力強く語りました。

　B[1]電池はくり返し充電《じゅうでん》できる電池です。それまでの充電池と比べて，たくわえられる電気の量が多いのが特徴《とくちょう》です。これにより，スマートフォンやパソコンなどを軽く，小さくするなど，私たちの生活を便利にしてきました。

　《中略》

　さらに高性能な充電池の開発は今も多くの研究者が進めています。[2]さんは「現在は，AI(人工知能)やロボットなど，次の大きな変革が始まっています。そういうものと合わさりながら，新しい世界をつくっていくんだと思います」。

　研究者には「頭のやわらかさ」と「あきらめないこと」が大事だという[2]さん。「大きな壁《かべ》にぶちあたったときも，『なんとかなるわね』というやわらかさがいると思います」といいます。

　ノートパソコンやゲーム機，電動アシスト自転車，ロボット型掃除機《そうじき》。[1]電池は，私たちの身の回りで，さまざまな形で使われています。みなさんも探してみましょう。

　[1]電池がない世の中だったら，スマートフォンなどは今よりずっと重くて使いにくかったことでしょう。

　最近は[3]や飛行機，はやぶさ２などの探査機や国際宇宙ステーションなど，ますます活用が広がっていて，私たちの生活に欠かせない存在になっています。

　[2]さんは大阪府吹田《すいた》市で育ちました。今は万博記念公園や住宅地が整っていますが，[2]さんが子どものころは太平洋戦争が終わってほどなく，竹やぶだらけでした。よくトンボをとって遊んだといいます。

　化学に興味を持ったのは吹田市立千里《せんり》第二小４年の時。学生時代に化学を学んでいたという担任の先生が，１冊の本をすすめてくれました。Cイギリスの科学者ファラデーの『ロウソクの科学』でした。

「ロウソクはなぜ燃えるのか，炎《ほのお》はなぜ黄色いのかといった内容で，子ども心に化学はおもしろそうだなと思った」と[2]さんはふり返ります。

「好きこそものの上手なれ(人は好きなことに対しては熱心に努力するので上達が早い，という意味のことば)。子どもが関心を持つと，どんどん得意になるんです」

　身の回りの材料で実験に熱中しました。トイレの洗浄《せんじょう》のために置いてあった塩酸を，近くで拾った鉄のかたまりにかけては，ボコボコと出る泡《あわ》を見て，おもしろがったそうです(今は６年生の理科で習う実験です)。
　好きが高じて，その後，化学が得意科目になりました。

朝日小学生新聞　2019年10月11日(一部改)

(1)　文中の [1] に最も適する語を次のア～エから１つ選び，記号で答えなさい。
ア．ニッケル水素　　イ．酸化銀　　ウ．空気亜鉛《あえん》　　エ．リチウムイオン

(2)　文中の [2] にあてはまる人物の名前を次のア～エから１つ選び，記号で答えなさい。さらに，この人物の顔写真を次のオ～クから１つ選び，記号で答えなさい。
ア．山中伸弥　　イ．下村脩　　ウ．吉野彰　　エ．中村修二

オ

カ

キ

ク

(3)　文中の下線部Aについて，ノーベル賞は1901年から授与《じゅよ》されている賞ですが，1949年に日本人で初めてノーベル賞を受賞した人物の名前を次のア～エから１つ選び，記号で答えなさい。
ア．湯川秀樹　　イ．朝永振一郎　　ウ．川端康成　　エ．江崎玲於奈

(4)　文中の下線部Bのように， [1] 電池は私たちの生活に必要不可欠なものになっています。その一方で，この電池の危険性として， [1] 電池を搭載《とうさい》している製品の『ある事故』の報告件数が，図１のように年々増えてきています。この事故の約70％は，電池に無理な力が加わることが原因で起こったと考えられ，
・ズボンのポケットにスマートフォンを入れたまま長時間すわった。
・ノートパソコンを中に入れたカバンをドアにはさんだり，壁にぶつけたりした。
・ペットの犬がスマートフォンにかみついた。
・捨てられたこの電池が，ゴミ収集車の中やゴミ処理場で圧迫《あっぱく》，破壊《はかい》された。
などが原因となったという報告例もあります。『ある事故』とは， [1] 電池にどのようなことが起こってしまう事故ですか，解答らんの文の空所を補って正しい答を完成させなさい。

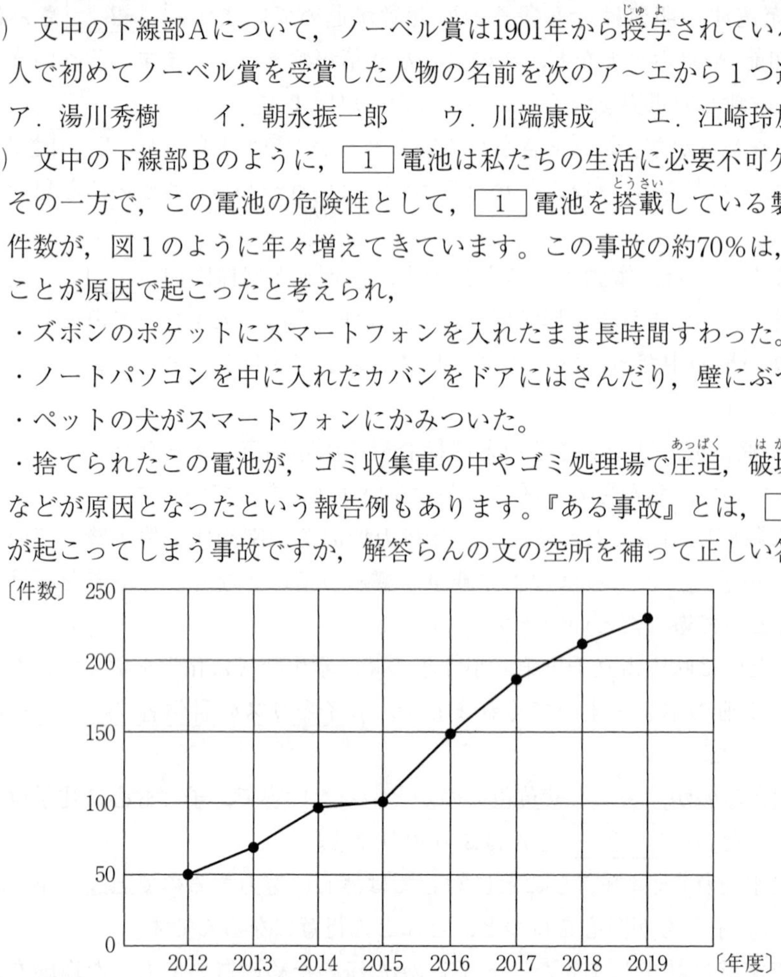

図１　[1] 電池による『ある事故』の報告件数
製品評価技術基盤機構(NITE)調べ

(5)　文中の[3]には，[1]電池が搭載された『あるもの』があてはまります。次の図２から[3]は，この電池における利用の拡大が今後も予測されているのがわかります。[3]に最も適する語を答えなさい。

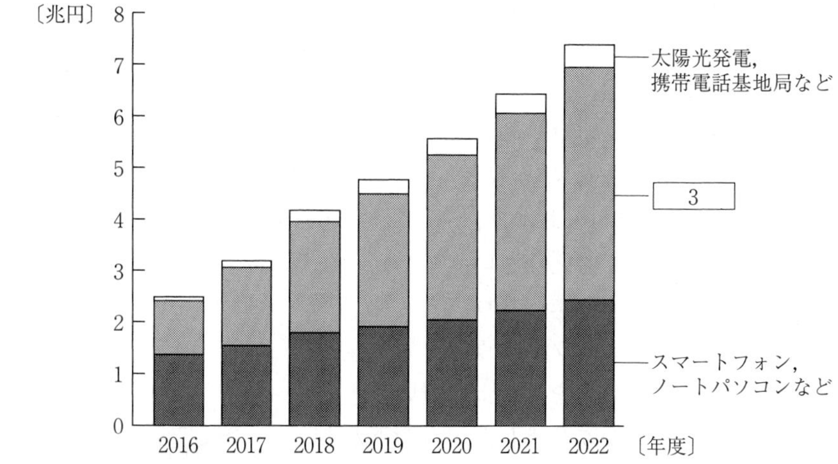

図２　[1]電池の世界市場の変化と予測
富士経済調べ。2018年は見込み，2019年以降は予測

(6)　文中の下線部Cの本に紹介《しょうかい》されているいくつかの実験，およびロウソクの炎について，『ロウソクの炎が燃えるしくみ』をよく考えて，次の①～⑤に答えなさい。

①　ロウソクに火をつけると，ロウソクの芯《しん》から炎があがります。ロウソクの炎は芯に近いほうから順に，炎心，内炎，外炎の３つの部分にわけられます。ロウソクの炎について正しいものを次のア～オからすべて選び，記号で答えなさい。

ア．炎の中で一番明るいのは，外炎である。

イ．炎の中で一番温度が高いのは，外炎である。

ウ．炎の中にすすを一番多くふくんでいるのは炎心である。

エ．炎の中に湿《しめ》らせた割りばしを入れて，割りばしのこげかたを調べると，割りばしの炎心にふれたところが最もよくこげる。

オ．炎心の中にガラス管をさしこむと，ガラス管から白い煙が出てくる。

②　火のついているロウソクを図３のように上下さかさまにすると，ロウソクの炎が小さくなったり，消えたりします。その理由として最も適しているものを次のア～オから１つ選び，記号で答えなさい。

ア．固体のロウが，炎の通り道をふさいでしまうから。

イ．液体のロウが，芯を下に向かって流れてくるから。

ウ．炎に酸素が，不足するから。

エ．ロウソクの芯が，燃えつきてしまうから。

オ．ロウソクの芯が，固体のロウでおおわれてしまうから。

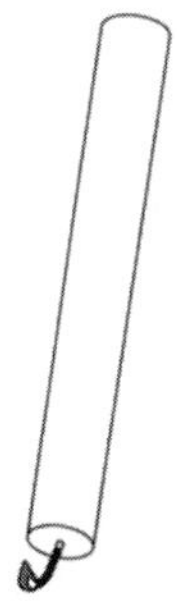

図３

③　机に白い厚紙を立てて，その近くに火のついているロウソクを立てました。次に，ロウソクに向けて厚紙の反対側から光をあてて，ロウソクの影《かげ》が厚紙にうつるようにしました。このとき，ロウソクについている炎の影はどのようになりますか。最も適しているものを次のア～エから１つ選び，記号で答えなさい。

ア．炎の中には光をさえぎるものはないので，炎の影は厚紙にはうつらない。

イ．厚紙にうつった炎の影は，全体が同じくらいの暗さでうつる。

ウ．厚紙に炎の影はうつるが，炎の暗い部分の影がより暗くうつる。

エ．厚紙に炎の影はうつるが，炎の明るい部分の影がより暗くうつる。

④　金属製のボウルに食塩をふりかけた氷を入れました。しばらくすると，ボウルの底が少しだけぬれてきます。次に，このボウルの底に火をつけたロウソクを近づけたところ，図4のようにボウルの底からは液体がポタポタとたれ始めました。このたれてきた液体はもともと，[4]の中にあった[5]が液体になったものです。[4]および[5]に最も適している語を次のア～クから選び，それぞれ記号で答えなさい。

ア．炎　　イ．ボウル　　ウ．空気　　エ．ロウ

オ．氷　　カ．水蒸気　　キ．食塩　　ク．ロウソク

図4

⑤　図5のように火のついた太いロウソクを台の上に置いて，その上からＬ字型の管がついたふたをかぶせました。台の下からは空気が入ってくるので，この太いロウソクの炎は消えません。次に，Ｌ字型の管のそばに火のついた細いロウソクを近づけると，この細いロウソクの炎はしばらくすると消えました。細いロウソクの火が消えた理由として最も適しているものを次のア～オから１つ選び，記号で答えなさい。

ア．Ｌ字型の管から出てくる気体が，細いロウソクの芯のまわりの酸素を不足させるため。

イ．Ｌ字型の管から出てくる気体が，細いロウソクの芯の温度を下げるため。

ウ．Ｌ字型の管から出てくる気体にふくまれる二酸化炭素は，火を消す性質をもっているため。

エ．Ｌ字型の管から出てくる気体の中には，酸素がまったくふくまれていないため。

オ．Ｌ字型の管から出てくる気体によって，細いロウソクのロウが気体になれなくなっているため。

図5

2　虫めがねを使うと太陽の光を一点に集めることができます。この光の集まった点を焦点《しょうてん》といいます。虫めがねのレンズを使って実験をしました。以下の問に答えなさい。

図1のように，このレンズに太陽の光を通すと，レンズの中心からスクリーンまでのきょりが8cmのときに光はスクリーン上で一点に集まりました。

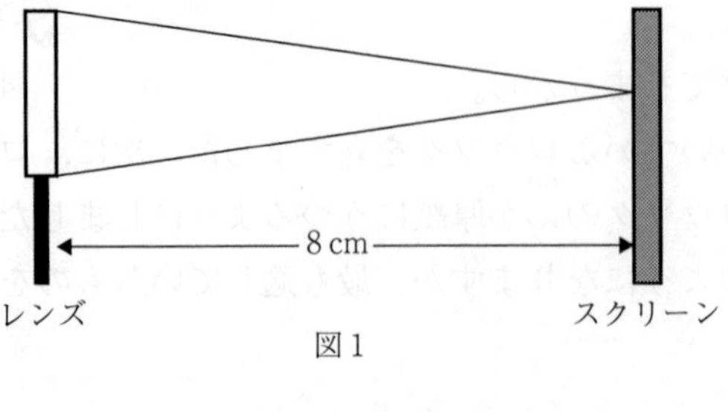

図1

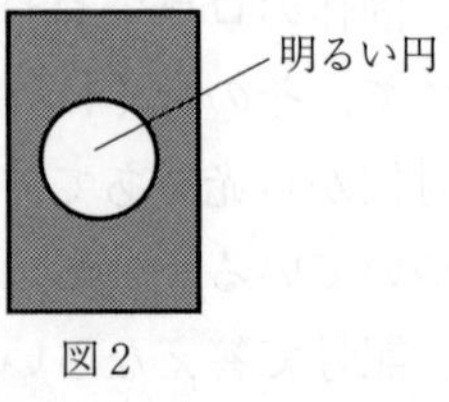

図2

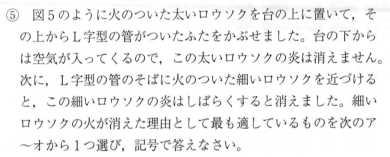

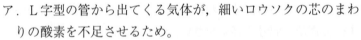

(1) レンズとスクリーンのきょりを変えるとスクリーンには光の点ではなく明るい円が見えました(図２)。レンズの中心からスクリーンまでのきょりを８cmから４cmに変えたときスクリーンにできた明るい円の面積は，レンズの面積を１とするといくらになりますか。

(2) 図３はレンズを真横から見た図です。矢印のように太陽光がレンズの中心線に垂直に入ったとすると，光はどのように進みますか。解答らんに光の道すじをかきなさい。ただし，１めもりは１cmです。

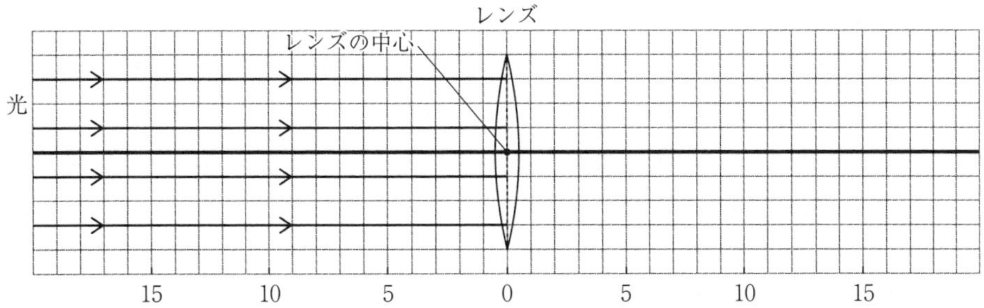

図３

次にレンズとスクリーン，図４のように光の色が赤，黄，緑，青のLEDを取り付けた物体を，図５のように置いてスクリーンにどのようにうつるのかを調べました。このとき，スクリーンにうつるものを像《ぞう》とよぶことにします。レンズとLEDの位置は動かさずに，スクリーンの位置を動かすとスクリーンに像がはっきりとうつる場所がありました。

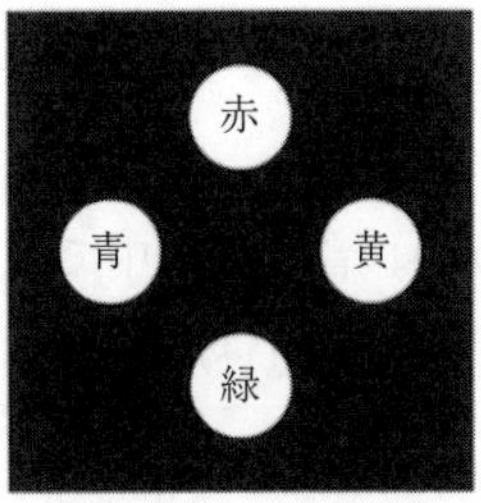

レンズ側から見た物体
図４

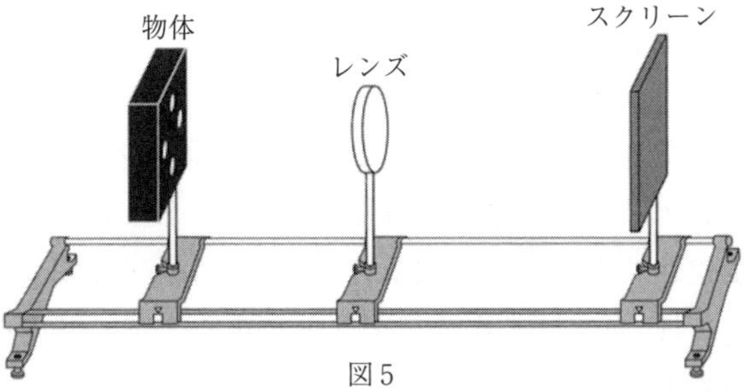

図５

(3) スクリーンをレンズ側から見た場合スクリーンにLEDはどのようにうつっていますか。赤，黄，緑，青のLEDの像がうつる位置を図のア～エから１つずつ選び記号で答えなさい。

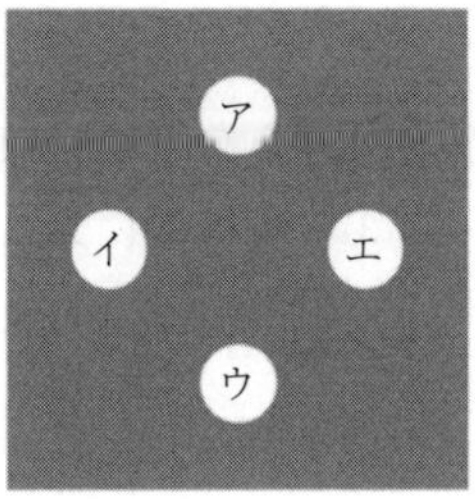

(4) 図６のように物体，レンズ，スクリーンを置いたとき，LEDの像がはっきりうつるためにはスクリーンをレンズの中心から何cmはなれた位置に置けばよいですか。ただし，「レンズの中心を通る光は，レンズを通ったあと，そのまま直進する」，「(2)の光の進み方」を使って考えなさい。

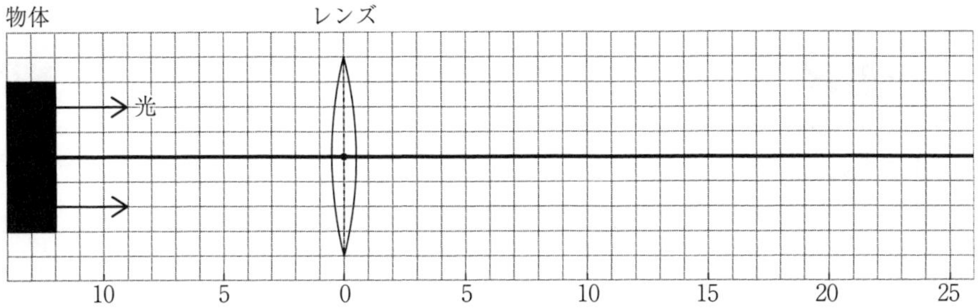

図６

(5)　図６の場合，像の大きさは，物体の大きさを１とするといくらになりますか。

(6)　図６の状態から，物体は動かさずに，レンズ，スクリーンを動かして物体と像の大きさを同じにしたい。レンズとスクリーンはそれぞれ左右どちらに何 cm 動かせばよいですか。

3　【文章１】　生物部のＡ君とＢ君の２人はメダカの飼育をするために，池へとメダカを捕《つか》まえに行きました。２人が話をしながら近づいたところ，メダカが逃《に》げていきました。次に示したものは，このときの会話の一部です。

Ａ君「メダカが僕たちに気付いて逃げてしまったね。僕たちの姿が見えたからだね。」

Ｂ君「そうかもしれないけど，僕たちの話し声が聞こえたからかもしれないよ。」

Ａ君「そうだね。でも，メダカなどの魚に目があるのはわかるけど耳があるようには見えないよ。魚はどうやって音を聞いているのかな。あとで調べてみよう。」

(1)　次に示したものは，Ａ君は魚がどうやって音を聞いているのかについて調べてまとめたものの一部です。これについて次の各問に答えなさい。

[調べたこと]

魚は，体の外から見える耳の部分はないが，体の中に音を刺激《しげき》として受け取るものがある。他にも，図１のように，体の側面に側線《そくせん》とよばれる，音を刺激として受け取る器官がある。この側線についてさらに調べてみると，水流や水圧(水が物体をおす力)を刺激として受け取る器官であることがわかった。

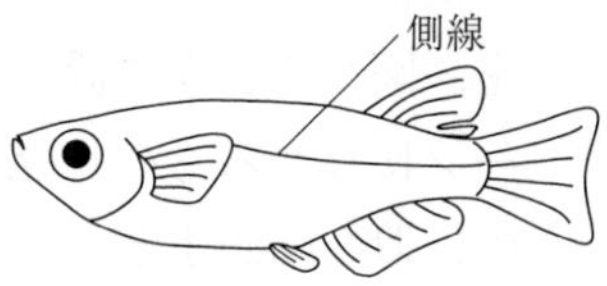

図１

[考察]

魚が，側線で音を刺激として受け取ることができるのはなぜだろうか。音は，水中では水を□させて伝わり，魚の体の表面に届く。こうして届いた水の□は，体の表面に加わる水圧を変化させるので，側線で音を刺激として受け取ることができる。

①　[考察]の□に当てはまる語句をひらがな４文字で答えなさい。

[調べたこと]の下線部について，図２は，ヒトの耳を模式的《もしきてき》に示したものです。

②　音を刺激として受け取る細胞《さいぼう》があるのはどれですか。図２のア～カから１つ選び，記号で答えなさい。また，その名称《めいしょう》も答えなさい。

③　飛行機に乗ると，着陸の時に耳がつまった感じを受けます。この原因となるある部分が内側に引っぱられるためです。その部分を図２のア～カから１つ選び，記号で答えなさい。また，その名称も答えなさい。

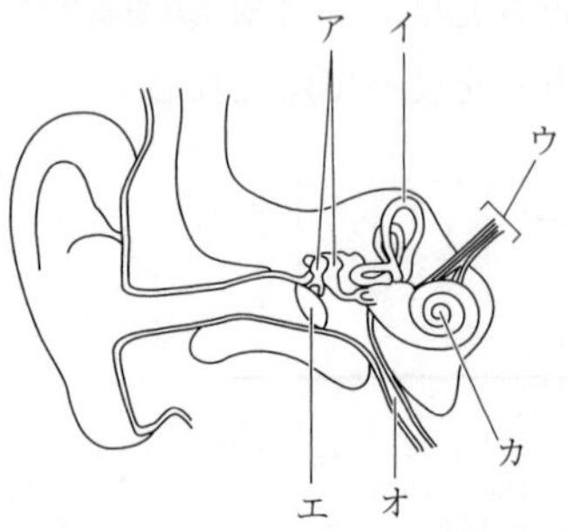

図２

【文章2】 A君は，メダカを捕まえて，家で飼育し始めました。そして，図3のように，粒状《つぶじょう》のえさを与えていたとき，メダカがえさに近づくのを見て，どうやってえさを認識するか疑問に思い，調べてレポートにまとめてみました。

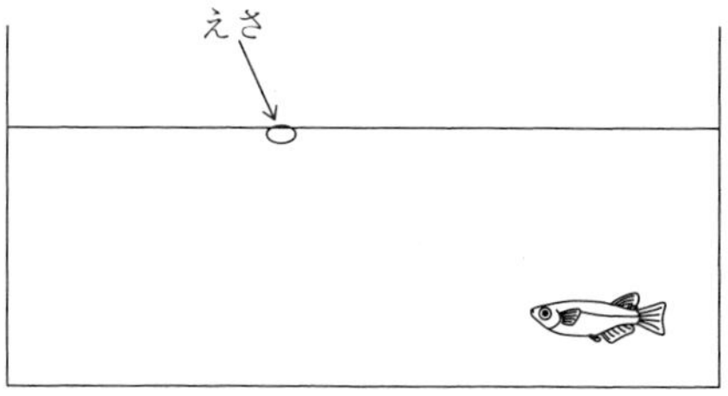

図3

［方法と結果］

Ⅰ．［方法］ えさをラップフィルムに包んで水面に落とした。
　　［結果］ ラップフィルムに近づいてきた。

Ⅱ．［方法］ えさの入っていないラップフィルムを水面に落とした。
　　［結果］ ラップフィルムに近づいてこなかった。

Ⅲ．［方法］ えさをすりつぶして水にとかした無色透明《とうめい》な液体をスポイトで水面に落とした。
　　［結果］ 液体を落とした辺りに近づいてきた。

ただし，方法で使用したラップフィルムは無色透明で，えさを包むとメダカの嗅覚《きゅうかく》ではにおいを認識できないとします。

［考察と結論］

結果Ⅰ～Ⅲより，メダカが，えさを見て近づくことと，えさのにおいを感じて近づくことがわかった。したがって，メダカは，えさを視覚でも嗅覚でも認識すると考えられる。

(2) このレポート中の［考察と結論］の内容が正しいとすると，［方法と結果］Ⅰ～Ⅲの中で，暗室で行っても結果が同じになると考えられるものはどれですか。Ⅰ～Ⅲからすべて選び，記号で答えなさい。ただし，暗室ではメダカの視覚では物を認識できないとします。

(3) 池の水を顕微鏡《けんびきょう》で観察しました。観察された微生物《びせいぶつ》を図4に示しました。

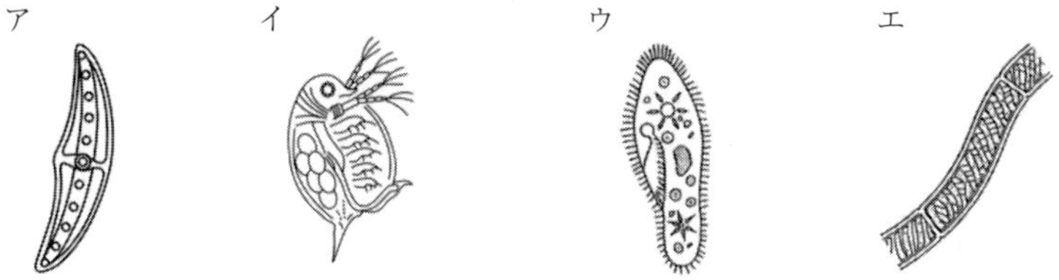

図4

① 動物プランクトンを図4のア～エからすべて選び，記号で答えなさい。

② 顕微鏡の倍率を100倍にして観察したアと，10倍にして観察したイと，150倍にして観察したウは，図4のようにほぼ同じ大きさに見えました。実際のからだの1番大きいものはどれですか。図4のア～ウから1つ選び，記号で答えなさい。

(4) 顕微鏡での観察について，次の問に答えなさい。

① 対物レンズを低い倍率から高い倍率に変えると，視野《しや》の明るさはどのようになりますか。次のア～ウから1つ選び，記号で答えなさい。

ア．明るくなる　　イ．暗くなる　　ウ．変わらない

② 接眼レンズはそのままで，対物レンズを10倍から40倍に変えると，視野の広さは最初の何分の1になりますか。

4 日本や世界の気象に関する以下の問に答えなさい。なお，問題文中の天気図は気象庁のホームページより引用しています。

(1) 2020年８月17日，[1]高気圧に覆《おお》われた日本列島は広い範囲《はんい》で猛烈《もうれつ》な暑さに見舞《みま》われました。静岡《しずおか》県浜松《はままつ》市中区では午後０時10分，国内観測史上最高記録に並ぶ41.1℃を記録するなど，26地点が過去最高気温となりました。静岡地方気象台によると，浜松市の猛暑《もうしょ》の主な原因は，列島を覆う高気圧から下降気流が発生して地上の空気が圧縮されることで気温が上昇《じょうしょう》したこと，また雲ができにくく，日射をさえぎるものがなかったことも要因の一つとしています。さらに静岡県西部では山を越《こ》えた暖かく乾《かわ》いた西風が入り込《こ》み，[2]現象が発生したことでさらに気温が上昇した可能性があると指摘《してき》しています。

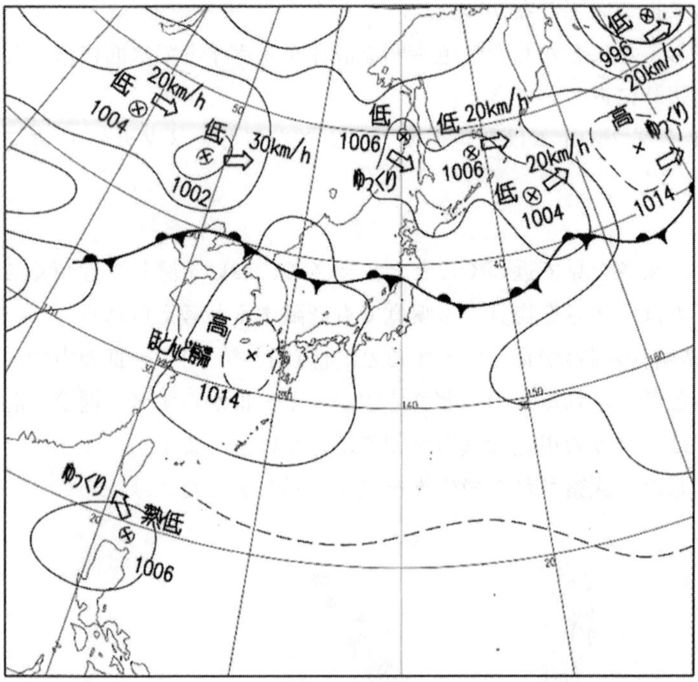

図１　８月17日午後０時の天気図

① 文中の[1]，[2]に当てはまる適切な語句を答えなさい。

② 図１によると，この日はユーラシア大陸から朝鮮半島《ちょうせんはんとう》および東北地方にかけて，長い停《てい》滞《たい》前線が東西に伸《の》びていたことが分かります。これら前線とは，違《ちが》う性質を持った空気の塊《かたまり》の境界を指す言葉です。次の[　]は，前線について説明した文です。文中の[3]，[4]に当てはまる適切な語句を答えなさい。

前線とは，[3]空気と[4]空気の境目が地表と交わる部分を指す。

③ 文章中の下線部について，静岡県浜松市に高温をもたらした[2]現象を図２で表しました。この図２のように，地点ＡからＤに向けて空気が移動したとします。このとき，地点Ｂで雲ができ始め，その雲からは雨が降りました。地点Ａの気温が30℃のとき，地点Ｄの気温は何℃になるか計算しなさい。ただし地点Ａ，Ｄの標高は０m，Ｂの標高は600m，山頂Ｃの標高は1000mとします。また，乾燥《かんそう》した空気は100m上昇するごとに気温が１℃下がり，

湿《しめ》った空気は100m上昇するごとに気温が0.5℃下がるとし，図のA～B，C～Dまでの空気は乾燥しており，B～Cまでの空気は湿っているとします。

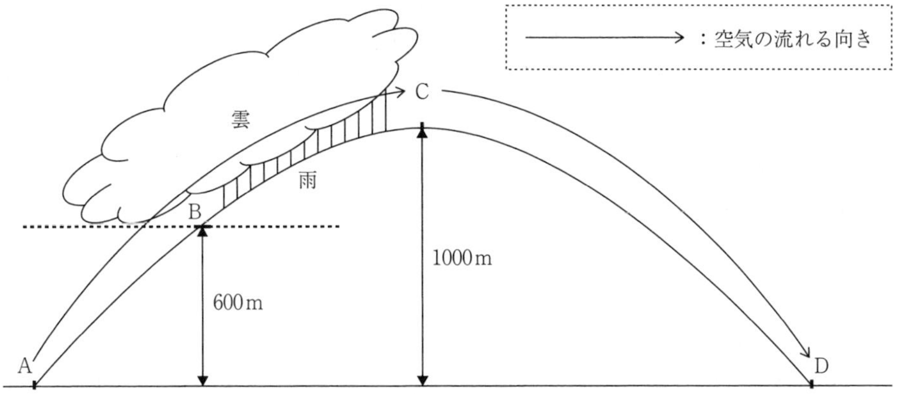

図2 [2] 現象の模式図

(2) 古くから人間の活動と気象現象は深い関わりをもっています。例えば農耕においては降水量が作物の出来に影響《えいきょう》し，狩猟《しゅりょう》や漁では風向きを知ることが収穫《しゅうかく》や自身の安全に関わってきます。このような理由から，「夕焼けが綺麗《きれい》に見えたら次の日は晴れる」といった経験に基づく伝承，現在でいう**観天望《かんてんぼう》気《き》**を通じて天気を「読む」ことが行われてきました。次に記した**現在，日本で使われている観天望気**のうち，**間違《まちが》っているもの**を次のア～オから1つ選び，記号で答えなさい。

ア．ツバメが低く飛ぶと雨が降る。

イ．春頃，朝焼けが綺麗に見えると天気が悪くなる。

ウ．山に笠雲《かさぐも》がかかると雨が降る。

エ．朝に霧《きり》が発生すると，日中晴れる。

オ．飛行機雲がすぐに消えると天気が悪くなる。

(3) 日本国内約1300か所の気象観測所で構成される気象庁の無人観測施設《しせつ》である「地域気象観測システム」をアメダスといい，ここでは，雨，風，雪などの気象状況《じょうきょう》を時間的，地域的に細かく監視《かんし》するために，降水量，風向・風速，気温，日照時間の観測を自動的に行い，気象災害の防止・軽減に重要な役割を果たしています(図3)。

アメダスを用いた気象観測を正確に行うために，観測機器を設置する場所にはいくつかの条件が存在します。設置条件について説明した文のうち，**間違っているもの**を次のア～エから1つ選び，記号で答えなさい。

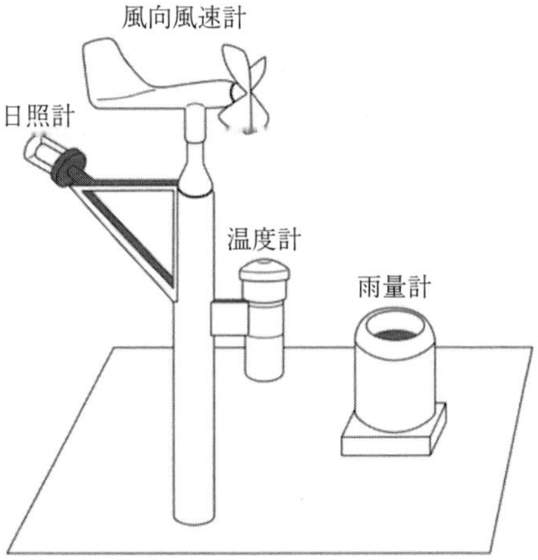

図3 アメダス観測所

ア．測定機器は高い建物や家の近くを避《さ》け，平らな開けた場所に設置する。

イ．測定機器の周囲には芝生《しばふ》を設置し，地面からの反射日射を減らす。

ウ．観測所の周囲には，コンクリートでできた背の高い壁を設置し，人や動物の侵入《しんにゅう》を防ぐ。

エ．観測所が盆地《ぼんち》内などにあり風の測定に影響《えいきょう》がある場合，近くの山の山頂などに風向風速計のみ移設して風を測定する場合がある。

(4) 「ひまわり」は日本が運用している静止衛星・気象観測衛星です。2015年７月７日より，ひまわり８号が気象観測を行っており，2022年からはひまわり９号が運用される見通しとなっています。静止衛星は名前の通り，地上から見ると常に同じ位置に静止しているように見えます。静止衛星についての説明として正しいものを次のア～エから１つ選び，記号で答えなさい。

ア．赤道上空を地球の自転周期と同じ周期で公転している。

イ．北極，赤道，南極を通るように地球の周囲を公転している。

ウ．ひまわりのような日本周辺域を観測する静止衛星は，日本上空を通過しながら地球の周囲を公転している。

エ．静止衛星を地上から観測することができるのは，衛星軌道《きどう》の高度が低いため太陽光を反射し，かつ，空が暗いという両方の条件が成立する日没《にちぼつ》時と夜明け時の時間帯に限られる。

問七　――線6「淡いピンクや～きれいだ」とありますが、このときの美緒の心情はどのようなものですか。その説明として最も適当なものを次のア～エの中から一つ選び、記号で答えなさい。

ア　父に毎週連絡を入れないといけないと祖父に言われたことに大きな負担を感じていたが、「親は子どものことをいつも気にかけているものだ」と諭されると、親子の関係が目の前の「香葉の布」の色合いのようにやさしさにあふれたものであるように感じられ、いきなり家を飛び出して両親に心配をかけたことをたいへん心苦しくすまないと思う気持ちになっている。

イ　祖父の行動は予想外で、思わず「どうして」と聞いてしまったが、自分のことを大して心配しているとも思えない父を追い返してくれた祖父のやさしさは目の前にあるショールの淡い色合いのように控えめではあるものの、今の自分に対して配慮の行き届いた十分なものであり、その思いやり深く温かい人柄に強い安心感を覚え、祖父のことをもっと知りたいと感じている。

ウ　仕事が忙しく大して自分を心配しているわけでもなさそうな父にわざわざ定期連絡を入れ、東京の家族とのつながりを保つことを、山崎工藝舎にとどまるための条件として祖父から提示され、気まずさを感じずにはいられなかったが、目の前にある「香葉の布」は、自分を癒《い》やしてくれそうな柔らかくやさしい色合いを帯びており、その色彩に強く惹きつけられている。

エ　祖父が父を美緒に会わせることなく東京に帰したことはとても意外で、しばらく祖父のもとにいてもいいといざ告げられると、東京の家族のもとに帰らなくてもいいのだろうかという不安が頭をもたげ、本当に自分はここにいてもいいものかという思いが湧《わ》き上がってきて、目の前のショールの淡い色合いのように、どうするべきかをはっきりと決められずに迷っている。

問八　――線7「「まずは『自分の色』～とおだやかな声がした」とありますが、この時の紘治郎の美緒に対する思いはどのようなものだと考えられますか。四十字以上五十字以内で説明しなさい。

問九　問題文中で美緒の祖父紘治郎はどのような人物として描かれていますか。その説明として最も適当なものを次のア～エの中から一つ選び、記号で答えなさい。

ア　周囲にクマが出没していることで美緒をおどかしてみたり、父親のことを持ち出して美緒を困惑させたりする一方で、美緒が興味を示したホームスパンの布について、その歴史をさかのぼって詳しく丁寧に説明してくれるような親切な態度も見せており、幾分《いくぶん》つかみどころはないが根は優しそうな人物として描かれている。

イ　突然家出してきた美緒のことを事情を知って受け入れる寛容さを見せている一方で、美緒が家の中を進んで掃除したことについて特にほめたりするわけでもなく、クマが出ると言いながらも大して心配するそぶりも見せずに美緒に一人きりで留守番をさせるような、素っ気ない人物として描かれている。

ウ　決められた約束事はしっかりと守らせようとする厳しさを持っている一方で、突然家出してきた美緒のことをおおらかに受け入れるだけでなく、彼女の置かれた状況をよく考えた上で、その困難を乗り越えるための手助けをしてやろうという懐《ふところ》の深い優しさを持った人物として描かれている。

エ　悩みを抱えた美緒の今の状態を心配し、早く本来の道に戻るべきだと願う一方で、無理に美緒を東京に帰すのもかわいそうに感じられるため、どうしたらいいのかを決められず、結果的に彼女の希望をすべて受け入れてしまうような、優しいけれども優柔不断な人物として描かれている。

大して心配する様子もなく太一と出かけていった祖父は、自分のことを心配してくれないのだと思い、どこに逃げたとしてもやはり自分は孤独なのだと寂しく感じている。

イ　大して心配する様子もなく自分を一人きりにして出かけて行った祖父や太一と比べ、家出した自分を忙しいのに日を置かずに迎えに来る父の優しさを思うと、自分の行動が身勝手だと感じられ、心配をかけたことを深く反省している。

ウ　急に家出した自分を迎えにやってくる父に、どんな言い訳をしたらいいのかわからず、盛岡から東京に帰るまでの車中での沈黙を想像すると、その時間が堪《た》えられないものに感じられ、目の前が暗くなるような失望を感じている。

エ　家出した自分に会いにやってくる父と会うのは気まずいが、祖父から留守番を頼まれたうえに、周辺にはクマが出るということを考えると、暗くなってきた時間に逃げ出すわけにもいかず、父と会う覚悟が決められずに困惑している。

問五　――線3「このドアから先は、立ち入り禁止だと言われていた」とありますが、どうして立ち入り禁止なのですか。その理由を述べた部分を問題文中から十四字で抜き出して答えなさい。

問六　――線4「音の正体がわかると、肩の力が抜けた」、――線5「思わず声が出た」とありますが、この間の美緒の心の動きはどのようなものですか。その説明として最も適当なものを次のア～エの中から一つ選び、記号で答えなさい。

ア　美緒は、祖父から立ち入り禁止とされていた区域から聞こえてきた大きな音に、強い不安を感じていたが、その音が積んであったたらいや鍋が風に飛ばされたことによるものだとわかり、いったんは安心する。しかし、誰もいないはずの隣の部屋から流れてくるエアコンの冷気に気づいて再び不安を感じ、様子を確かめるために扉を開けあかりをつけると、そこには色とりどりの美しい糸の束が整然と並べられており、美緒は見たことのないその美しさに驚き、感動した。

イ　祖父と太一からクマが出るという話を聞かされていた美緒は、一階の立ち入り禁止区域から聞こえた大きな音が、もしかしたらクマが自分のいる建物に侵入してきた音なのかもしれないと恐怖を感じていた。しかし、実際にはクマはおらず、エアコンの冷気が流れてくる部屋に誰か人が居るだけだと感じた美緒が安心してその部屋の扉を開けると、そこには美しい色彩を帯びた糸の束が所狭しと並べられており、美緒はその美しさに我を忘れるほどに魅了された。

ウ　建物の二階にいた美緒は、一階から聞こえてきた大きな音に、とんでもないことが起こったのではないかと不安を感じ、貴重な糸や絨毯に何かあったらいけないと、恐ろしさをこらえて消火器を護身用の武器代わりに様子を見に行く。一階の部屋で染色用の鍋やたらいが風に飛ばされたのだと知ると、美緒はいったん安心する。ふと気になった隣の部屋の扉を開けると、そこには色彩豊かな布がずらりと並べられており、美緒はその美しさに心を奪われた。

エ　祖父に立ち入り禁止と言われていた区域から大きな音が聞こえ、まさかクマが建物に侵入したのではと恐怖におびえつつ消火器で武装した美緒は、誰も居ないはずの部屋からエアコンの冷気が流れてくるのに気づく。その部屋の中にあった丸テーブルの上に淡い色合いのショールが数枚置かれ、直前まで誰かがそれを眺めていたかのようであったのを見て、熊ではなく誰かが密かに建物に入ってきていたのだと思い、不安をぬぐうことができずにいた。

つけられてしまう。

7「まずは『自分の色』をひとつ選んでみろ。美緒が好きな色、美緒を表す色。託す願いは何だ？」

「考えたこともない……私の色？」

せがなくてもいい、とおだやかな声がした。

注１　ショール…頭からかぶったり、肩に掛けたりして使う防寒や装飾のための布。左の【図】を参照。

【図】

注２　「ご退散願う」…前日、蜘蛛が苦手だと言った美緒の前で祖父が言った言葉。美緒はその言葉が蜘蛛と自分とのどちらに対して言われたものなのかわからずに、不安に感じていた。

注３　せがなくていい…いそがなくていい、慌てなくていいという意味。

注４　ＬＩＮＥ…ＳＮＳ（ソーシャルネットワーキングサービス）の一つ。

注５　初宮参り…生後一か月前後に、生まれてきた子供の無事を感謝し、将来の幸せを願って神社にお参りすること。

問一　‖線ａ～ｃが主語、または修飾語として係る（結びつく）部分を次の各文の傍線部から一つずつ選び、記号で答えなさい。

山崎工藝舎のａ二階から、ア窓のイ外にウ広がるエ山をオ美緒はカ眺める。

そのときは、ｂ父がアこのイ家にウ直接エ来るとオ思っていた。

以前、読んだｃ漫画でア消化器をイ侵入者にウ浴びせて、エ追っ払ってオいるのをカ見た。

問二　〰〰線Ａ～Ｉの語を言葉の種類ごとに分類した組み合わせとして、最も適当なものを次のア～エの中から一つ選び、記号で答えなさい。

ア　ＡＣ／ＢＥ／ＤＦＨ／ＧＩ

イ　Ａ／ＢＥＦＨ／Ｃ／ＤＧＩ

ウ　ＡＧ／ＢＥＨ／ＣＦ／ＤＩ

エ　ＡＣ／ＢＥＨ／ＤＦ／ＧＩ

問三　――線１「今朝のことを思い出した」とありますが、このとき美緒はどのようなことを思い出したのですか。その説明として最も適当なものを次のア～エの中から一つ選び、記号で答えなさい。

ア　「ご退散願う」という祖父のことばが自分に向けられたものではないことを知って安心したものの、いつ祖父の気持ちが変わるとも限らないので、機嫌を取るために掃除をしていたこと。

イ　家出をした自分を受け入れてもらえたことを嬉しく思い、自分から進んで家の中を掃除していたが、父がこの盛岡まで自分を迎えに来ることを祖父から知らされて逃げ出したくなったこと。

ウ　家出をした自分が盛岡に来ていることを、祖父がいち早く父に連絡していたことを知らされ、祖父も太一もすんなりと自分の味方になってくれるわけではないと痛感させられたこと。

エ　父と顔を合わせることへの気まずさから、祖父と太一が父を迎えに行っている間に逃げ出してしまおうと考えたが、クマが出るという話を聞かされ、それは父より恐ろしいと感じたこと。

問四　――線２「美緒はため息をつく」とありますが、このとき美緒はどのような気持ちだったのでしょうか。その説明として最も適当なものを次のア～エの中から一つ選び、記号で答えなさい。

ア　山崎工藝舎の周辺に危険なクマが出ると言っておきながら、

「いてもいいの？」

祖父はうなずき、「座れ」というように向かいの席を指し示した。

「週に一度、お父さんに必ず連絡することを約束できるなら」

テーブルの上の「香葉の布」に美緒は目を落とす。6淡いピンクやオレンジ色がフルーツのシャーベットのようできれいだ。

「でも、お父さんは忙しいし……私のこともそんなに心配してないと思う」

「何も言わなくても、親は子どものことをいつも気にかけているものだ。直接話さなくてもいい。元気でやっていることさえ伝われば」

「注4 LINEでもいい？」

祖父がうなずくと、「香葉の布」を片付けようとした。

「あの……待って。その布、すごく……やさしいね。これもホームスパン？」

祖父が淡い黄色の布を手にした。

「これは紬《つむぎ》、絹だ。植物で染めている。元の色と変わってきているが、この色は丁字《ちょうじ》という植物から」

祖父が薄桃色、オレンジ、薄緑のショールをテーブルに並べた。

「これは茜《あかね》、枇杷《びわ》、よもぎから染料を取っている」

「ここは金庫？　高そうな絨毯や糸がいっぱいあるね」

「コレクションルームと呼んでいる。貴重なものはあるが、この一角に入るなと言ったのは、それが理由じゃない。隣の部屋に化学薬品があるからだ」

祖父が薄桃色のショールを手に取ると、ふわりと頭にかけてくれた。

「薬品って何に使うの？　枇杷やよもぎから染めるとき？」

「私は草木からは染めない」

頭にかけてもらった薄桃色の布に美緒は触れる。絹はすべすべしたものかと思っていたが、この布はざっくりとしている。

祖父がテーブルの上のショールを片付け始めた。

「布に興味があるのかね？」

「興味というか……ほっとします。ホームスパンのショールにくるまってると安心するの。大丈夫。まだ、大丈夫って思えて」

祖父が立ち上がり、頭からかぶっている薄桃色のショールを、ベールのように整えてくれた。

照れくさくて、ほんの少し笑ってしまった。祖父が背中を向けた。

「ホームスパンに興味があるのか。それなら、ここにいる間にショールを作ってみるといい」

「えっ、どうやって？　私、手が不器用だし、要領悪いし。今まで何もちゃんとできたことがない」

「器用か不器用かより、作りたい気持ちがあるかどうかだ。仕事としてはシンプルな作業だ。染めて紡いで織る。神話の時代から世界中のあちこちで営まれてきた、祈りにも似た手仕事だ」

祖父がたくさんの糸を収めた棚の前に行き、赤い糸の束を一つ引き出した。

「なかでも人は色にさまざまな願いを託してきた。赤い色に託すのは生命、活力、招福《しょうふく》、魔除け。だから注5初宮参りの贈り物にはあの色を選んだ」

糸の束を手にした祖父が棚を見上げた。

「ずっとあの布をそばに置いてくれたんだな。楽しいときも苦しいときも、あのショールが常にお前と共にあったのだと知って、私たちはうれしい。だが大きくなった今は、自分で選べばいい」

「選ぶ？　何を選ぶの？」

「自分の色だ」

祖父の隣に並び、壁を埋め尽くすさまざまな色の糸を美緒は見上げる。ピンクもオレンジも緑も青も、ここにある色、すべてに目が惹《ひ》き

　窓を閉めて去ろうとしたが、あたりに立ちこめる湿度に手を止める。
もしかしたら空気を入れかえていたのかもしれない。
　そこで、窓を少しだけ開け、床に落ちているものを棚に戻して、廊下に出た。
　二階に帰ろうとして、ふと立ち止まる。
　もう一枚のドアから、ひんやりとした空気がかすかに流れてくる。
　そのドアを開けると、今度はエアコンの冷気が押し寄せてきた。
　気味がⅠ悪くなってきたが、消火器を抱え直し、照明のスイッチを入れる。
　5思わず声が出た。
　赤、黄、青、緑、オレンジ。天井まである棚に、濃淡が違う色の糸の束が縦に整然とならんでいる。どの色も下から上へ向かって濃くなっていき、大きな絵の具箱を見ているようだ。
　青色の糸の前に立ち、美緒は棚を見上げる。薄い水色からしだいに青が濃くなっていき、最上段の棚は黒みがかった濃紺だ。
「空……。海みたい」
　続いて赤系統の糸の前に立つ。淡いピンクから始まり、最上段に近づくにつれ、燃えるような赤い糸が並んでいた。
　赤色にも、こんなに種類があるのか。
　好奇心にかられ、美緒はさらに奥へと進む。
　糸の棚の前を過ぎると、筒状に巻かれた絨毯《じゅうたん》がたくさん置いてあった。その奥の棚には大量の本とノートがぎっしりと入っている。
　絨毯のコーナーを過ぎると、丸テーブルが置かれ、その上に淡い色合いのショールが数枚、広げてあった。テーブルのまわりには二脚の椅子があり、直前まで誰かが眺めていたようだ。
　消火器を床に置き、美緒はショールを手に取る。「香葉の布」というタグが目に入った。

「なんて読むの？　コウヨウ？　カヨウ……ひっ！」
　背後から大きな物音が響き、変な声が漏れた。続いて足音が近づいてくる。
　けわしい顔で祖父が歩いてきた。
「どうしてここにいる？　立ち入るなと言っただろう」
「ごめんなさい、音がしたから……」
　祖父が床に置かれた消火器を見た。
「どうして二階の消火器がこんなところに」
「目潰《つぶ》し……。下で音がしたから、それ持って降りてきた。何かいたら、これで目潰しを」
　けわしい顔が少しゆるみ、祖父が消火器を手にした。
「たしかに目潰しにはなるが。その音というのは一体何だったんだ？」
「この部屋じゃなくて、隣の、コンクリートの部屋……。窓が開いていて、風で物が落ちてた」
　祖父があわてた様子で部屋を出ていったが、すぐに暗い顔で戻ってきた。
「なんてことだ。戸締まりはしたつもりでいたんだが……」
　椅子に腰掛けると、祖父が両手で顔を覆《おお》った。
　あの、とためらいながらも、美緒は祖父に声をかける。
「お父さんは？」
「帰した」
「東京へ？　どうして？」
「帰りたかったのか？」
　顔を覆っていた手を、祖父ははずした。
「帰りたいのなら、明日、東京の家まで送る。帰りたくないのなら、ここにいればいい」

ところが出がけに祖父が「お願いがある」とＣ丁寧に言った。人が来たら留守だと伝えるだけでいいので、家を空けないようにしてほしいという。やむをえず外に出る場合は、鈴を身に付けるようにと言い、Ｄ畑で祖父が腰につけていた鈴を渡された。クマ除けだそうだ。

クマがいるの？　と聞くと、「わりと普通に歩いてる」と太一がスマホを検索した。

差し出された画面は市役所からのお知らせだった。「クマに注意」とあり、目撃情報がいくつも並んでいる。

「……クマって動物園にいるものかと」

「そこにもいるけど、ここにもいるよ」

「今の時期は子グマもいるからな。あぶないぞ、注意しなさい」

あぶないと言うわりに、それほど心配する様子もなく、二人は出かけていった。

祖父の言葉を思い出しながら、２美緒はため息をつく。父と顔を合わせるのは気が重い。家に帰るのもいやだ。しかし留守を頼まれたうえ、クマがいると言われると、この家から出づらい。そのうえ、あたりは暗くなってきた。

風が強くなり、木立が揺れる音が響いてきた。ひときわ大きく木立が鳴ったとき、一階で大きな音がした。金属が転がっているような音だ。

続いて、ものが激しく崩れるような音がした。

「やだ……クマ？　まさか……」

部屋から顔を出し、美緒は廊下にある消火器を両手でつかむ。

以前、読んだｃ漫画で消火器を侵入者に浴びせて、追っ払っているのを見た。きっと、クマに対しても効くだろう。

そのまま部屋に戻ろうとしたが、一階の様子も気にＥ掛かる。

消火器を両腕で抱えて階段を降りた。

この建物は、校舎のＦつくりと本当によく似ている。階段を中心に左右に廊下が延び、すべての部屋は教室のようにその廊下に面している。

玄関ホールに降り、美緒は左右を見る。

玄関から入って、ホール右手のドアを開けると、二階から察するに廊下がのびていて、三部屋分のスペースがある。この一角で祖父は暮らしている。

逆側のドアに美緒は目をやる。

この向こうにもおそらく廊下があり、Ｇ広いスペースがある。ただし３このドアから先は、立ち入り禁止だと言われていた。

風の音がして、家がきしみをたてた。

再び大きな音が響き、何かが落ちている。間違いなく、立ち入り禁止の区域からだ。

ドアノブにＨ触れると、あっさりとドアが開いた。

あかりをつけてみる。二階と同じく廊下が奥へ続いている。

消火器を構えながら歩いていくと、廊下に面してドアが二つあった。手前のドアを開けてみる。コンクリートの土間が広がり、あたりには湿気がこもっていた。

あかりをつけると、水色のたらいが六個、大きなステンレスの寸胴《ずんどう》鍋《なべ》が四個、土間に転がっていた。棚には他にも大小さまざまなたらいや鍋が積まれている。

風が吹き込んできた。この部屋の窓が全部開いている。

「風だ……。風で崩れたんだね、積んでたたらいが」

４音の正体がわかると、肩の力が抜けた。

なんだ、とつぶやいて、消火器を土間に置き、美緒はほっと一息つく。

三　次の文章は、伊吹有喜《いぶきゆき》の小説『雲を紡《つむ》ぐ』の一節です。これを読んで、後の問いに答えなさい。

　学校での人間関係の悩みを抱え、自室に閉じこもる時間が長くなっていた山崎美緒《やまざきみお》は、祖父紘治郎《こうじろう》が運営する山崎工藝舎《こうげいしゃ》のタグがついたホームスパン（手織りの毛織物）の赤い注1ショールを心の拠《よ》り所としていた。このショールは美緒が生まれたときに、今は亡き父方の祖母の香代《かよ》によって作られ、祖父母から贈られたもので、美緒はそのショールにくるまっているときにだけ安らぎを感じることができたのだった。
　ある日、美緒が学校から帰宅してみると、部屋に置いてあったショールが片付けられていた。母親の真紀《まき》がショールを捨ててしまったと勘違いした美緒は家を飛び出し、山崎工藝舎のある盛岡へ向かった。
　盛岡に着くと美緒は山崎工藝舎を探してその工房に辿《たど》り着き、紘治郎と対面する。突然の孫娘の来訪に戸惑った紘治郎は美緒の父親の広志《ひろし》に連絡し、美緒が盛岡にいることを告げる。広志は家庭の状況を説明し、紘治郎はおおまかな事情を理解する。
　以下の場面はその翌日のことである。

山崎工藝舎のa二階から、窓の外に広がる山を美緒は眺める。
　夕方の四時を過ぎたら、山に雲がかかり始めた。しかしこの山は大きく、頂《いただき》が雲に隠れても、目の前にたっぷりと裾野《すその》が広がっている。遠くにあるようで近くにあるようにも感じられる不思議な山だ。
　窓にもたれて、美緒は室内へ視線を移す。
　きれいに磨いた床板のつやが心地良い。その光を見ると、1今朝のことを思い出した。
　朝、起きると、二階のトイレの蜘蛛《くも》の巣が取り払われていた。階段の踊り場にあった大きな蜘蛛の巣も消えている。
　祖父の注2「ご退散願う」という呪文は、蜘蛛に向かって言われたことがわかり、むしょうに嬉《うれ》しくなった。そこで自分の部屋を掃除したあと、二階のキッチンと廊下にモップをかけた。
　軽く拭《ふ》いただけなのに床板につやが出たのを見て気分が良くなり、今度は階段を磨いてみる。
　祖父が階段を上がってきた。
「掃除をしているのか。自分が使うところだけでいいぞ」
「でも、泊めてもらうから。あとで一階の廊下も玄関も拭く。お風呂も掃除する」
「ありがたいが、注3せがなくていい」
　階段を上がりきった祖父が二階を見回した。
「ずいぶんきれいになったな……。ところで今日の四時にお父さんが盛岡に来る」
　モップを動かす手が止まり、頭が自然と下を向いた。
「会社を休んで来るんだ、お父さん」
「半休を取ったとか言っていたな」
　いつもA不機嫌な父が仕事を休んで、ここにB来る。忙しい人だから、さらに機嫌が悪くなっているだろう。それを考えるだけで逃げ出したくなった。
　そのときは、b父がこの家に直接来ると思っていた。それが三時になると水色の軽自動車が玄関先に現れ、その車に乗って祖父は一人で出かけていった。車を運転していたのは川北太一《かわきたたいち》という名の、父の従姉《いとこ》の息子で、盛岡市内の大学に通っているそうだ。
　二人が父を迎えにいくのなら、その間にやはり逃げてしまおうかと一瞬考えた。

の説明になるように、次の文の空らんにあてはまる言葉を十五字以上二十五字以内で答えなさい。

・□ことで、「思慮深さ」が培われるという利点。

問七　――線5「空気を読める」とありますが、問題文中での内容にあてはまる具体例として最も適当なものを次のア～エの中から一つ選び、記号で答えなさい。

ア　突然雨が降ってきて、傘を持たずに困っている近所の子供がいたので、自分の傘に入れてあげた。

イ　図書館で空いている席があったが、そこはグループのリーダーであるA君のいつも座る席だったので、メンバーは誰も座ろうとしなかった。

ウ　下校の時、テストの点数が悪かった友達が傷つかないように、一緒にいた仲間はテストのことを口にしなかった。

エ　野球部の後輩達が先輩に言われて、毎朝練習が始まる前の早い時刻に登校しグランド整備を行った。

問八　――線6「対話力」が「問題解決に至る思慮深さの学びとなるのである」とありますが、これを説明したものとして最も適当なものを次のア～エの中から一つ選び、記号で答えなさい。

ア　現代において私たちが直面している多くの課題は、チームの中で調和を保つための個人の配慮があった上で、はじめて検討することが可能になるのであり、この配慮は同じ目標をもつ者との対話をとおして身についていくものであるということ。

イ　周囲の者との対話をとおして互いの文化や社会の共通点や違いを理解することによって、はじめて協調して社会的に困難な問題に取り組もうとする姿勢がうまれ、やがては打開できるようになるということ。

ウ　困難な課題に出会ったときに、自分と共通の話題をもつメンバー達と時間にとらわれることなく対話し、一人では得がたい知識を共有することで困難な課題に取り組んでいけるようになるということ。

エ　社会的動物である人間は、チームのメンバーとの対話をとおして、多くの者と今まで経験してこなかった課題までも共有し、さらに対話から得られる深い思考をとおして課題解決に向けての最適な選択能力を磨けるということ。

問九　問題文の構成について述べたものとして最も適当なものを次のア～エの中から一つ選び、記号で答えなさい。

ア　「なかよし環境」「クラス環境」「プロジェクト環境」の順に、身近な者との人間的な感情の結びつきを基盤にした環境から社会的なつながりを基盤とする環境へと話題を広げ、一般的に人は「なかよし環境」「クラス環境」の中で生活するものだと述べている。

イ　身近な者どうしが偶然つくり出す「なかよし環境」「クラス環境」と、これらとは全く異なる環境として人と人との利害関係によって結びついた「プロジェクト環境」とを対立的に述べ、人はいずれかの環境に所属すると指摘している。

ウ　「なかよし環境」「クラス環境」「プロジェクト環境」のそれぞれの長所と短所を指摘し、これらを比較した上で、われわれが身をおくのに望ましい環境は、「プロジェクト環境」であると結論づけている。

エ　人は一人では生きられず、人生のさまざまな場面でいろいろな集団に所属するが、ここでは特に「なかよし環境」「クラス環境」「プロジェクト環境」をとりあげ、その違いを説明し、「プロジェクト環境」に参加する必要性を述べている。

い。高い目標を掲げながらその目標に向かって行動し、協働するための対話力である。こうした対話力には、解決すべき課題について深く理解する力や、現代という時代が抱える難しい問題に挑戦するプロジェクトを果敢に推進する力も含んでいる。この対話力こそが、プロジェクトチームが注3所与《しょよ》の状況とさまざまな遭遇を超えて、6問題解決に至る思慮深さの学びとなるのである。

（桑子《くわこ》敏雄《としお》『何のための「教養」か』）

※問題作成の都合上、文章中の小見出し等を省略したところがあります。

注1　アリストテレス…古代ギリシアの哲学者。
注2　依拠して…基づいて。
注3　所与…前提として与えられること・もの。

問一　X・Y に入る最も適当な言葉を次のア～エの中から一つずつ選び、記号で答えなさい。なお、同じ記号を繰り返し用いてはいけません。

ア　ただ　　イ　なぜなら
ウ　ところで　　エ　あるいは

問二　――線1「クラス環境」とありますが、この環境での様々な場面における説明として、適当でないものを次のア～エの中から一つ選び、記号で答えなさい。

ア　A君の通う塾の場合、その構成員である生徒達の意志ではなく、テストの成績や入塾の時期などによってクラスが決められ、そのクラスでの生活を生徒達は強いられる。
イ　家族の場合、両親の間に生まれた子どもは、自分の意志で親との関係を結んだわけではないが、当然のごとく家族の一員とみなされることになる。
ウ　会社の場合、配属された部署の垣根を超えて、趣味を同じくするもの同士が仲間をつくることになる。
エ　役所の場合、決められた役割分担に従ってその権限の範囲内での仕事を求められ、その仕事の過程もある程度予定されたものが望まれる。

問三　――線2「なかよし環境」とありますが、この環境にはどのような問題点があるのですか。最も適当なものを次のア～エの中から一つ選び、記号で答えなさい。

ア　「なかよし環境」のメンバーが互いに有益な部分を共有する場合、メンバーの結びつきを守るためにルールに従わない者は他のメンバーからのいやがらせを受ける。
イ　「クラス環境」から生じた「なかよし環境」には、メンバーから外れる者に罰を与えることで引き締めを図るという「クラス環境」の特徴が維持されてしまっている。
ウ　「なかよし環境」の中にさらに第三者によってあからさまにつくられた「なかよし関係」では、メンバーだけの結びつきが強くなるのでメンバー以外の者はすべて無視される。
エ　「なかよし環境」では、互いにうちとけていたメンバー同士が場合によっては、いがみあったりのけ者をつくり出してしまったりする。

問四　――線3「プロジェクト環境」とありますが、これはどのようなものですか。その説明になるように、次の文の空らんにあてはまる言葉を十五字以内で答えなさい。

・メンバーが、［　　　　］環境。

問五　A にあてはまる最も適当な語句を次のア～エの中から一つ選び、記号で答えなさい。

ア　選択　　イ　行動　　ウ　環境　　エ　集団

問六　――線4「たくさんのプロジェクト環境に参加すること」とありますが、こうすることにはどのような利点があるのですか。そ磨くのに役に立つ。

　このとき大切なのは、プロジェクトは、ある時点でスタートし、ある時点でゴールに到達するということである。プロジェクトが終了するのは、ゴールに到達したとき、または、ゴールに到達することが不可能であると判明したときである。そのとき、そのプロジェクト環境は終了し、プロジェクトチームは解散する。

　4たくさんのプロジェクト環境に参加することで、わたしたちは、それぞれのプロジェクトの目標を達成するために何をなすべきか、何を選択すべきか、その選択を可能にする能力にはどのようなものがあるか、そのような能力を身につけるにはどうしたらよいかを学ぶことができる。多彩なチームメンバーとの協働の経験を積むことができる。そうすることによって、どんな状況にも最適な選択を行うことができるようになる。ここまでいくと理想であるが、そうした理想を実現することにより、「思慮深さ」は身についていく。

　一つのプロジェクトが終了するとき、そのプロジェクト環境も解消するわけである。目標達成のためのチームなのであるから、解散するということが重要である。いつまでもだらだらと同一環境を維持しないということが大切なのである。そのことが多くのプロジェクト環境に身を置くことを可能にする。一つのプロジェクトだけに従事していたのでは、蓄積される経験は少ない。

　もちろん、同時に複数のプロジェクトに身を置くこともできるのだが、そこでのメンバーどうしの関係は、プロジェクトの終了ごとに解消する。プロジェクトごとにそのチーム内で求められる役割は異なり、また発揮する能力にも違いがあるから、わたしたちは、さまざまなプロジェクト環境に身を置くことにより、多様で複雑な選択を経験することができる。多様な人間関係も経験することができるであろう。こうして、プロジェクト環境は、人間の選択能力としての「思慮深さ」を磨いてゆくのである。

　三つのグループのなかで行動するためには、それぞれに適した「思慮深さ」が求められる。そのためには、クラス環境では、クラスの秩序を乱さないことが大切で、そのためには、クラスを支配するルールをしっかり認識し、それに則《のっと》って行動しなければならない。

　なかよし環境では、なかよし仲間の好き嫌いを認識し、仲間の和を乱さないような行動が求められるであろう。時には集団を支配する暗黙のルールを認識し、それに従った行為を選択できること、いわば「5空気を読める」こと、あるいは、なかよしグループの和を乱さないような言動を選択することがこうしたグループでの適切な行為の選択である。たしかに、こうした選択にも、ある種の思慮深さが求められる。

　クラス環境となかよし環境のどちらもが既存の秩序やルールに従う言動を選択することが求められるが、人生では、すでに存在する規範に則して行動すれば最適な選択ができるとはかぎらない状況に遭遇する。

　未知の領域に踏み込むと、わたしたちは、どのような選択をすればよいかに迷う。すでに述べたように、現代のわたしたちが直面している数々の課題は、既存のルールや規範だけに注2依拠《いきょ》していたのでは、解決できないことも多いのである。そうしたなかで、解決すべき目標を共有し、限られた時間のなかで、その目標を達成するための協働を行うグループがプロジェクトチームであり、プロジェクト環境である。

　現代の若者には、「対話」の力が求められている。文部科学省が進めようとする教育も「対話による深い学び」と性格づけられている。わたしがここで、教養を磨くための方法と考えるのは、プロジェクト環境のなかでの対話能力である。それは、クラス環境のなかで友達となじむための対話やなかよしグループが喧嘩《けんか》しないための対話ではなるから、その集団への帰属は、通常、自らの選択の対象となる。しかし、なかよし環境では、気の合う仲間どうしのときはいいのだが、いったん関係がぎくしゃくしてしまうと、反目や排除といったことが生まれかねない。以前なかよしだった二人、あるいは、三人が憎しみあうことにもなる。なかよし環境というのは、そういうリスクをつねに含んでいる。

　わたしたちは、さまざまな場面でクラス環境となかよし環境のなかで生活している。家族は、血縁関係で結ばれた一種のクラス環境と考えることもできる。わたしたちは、家族への所属をみずからの選択にもとづいて得たわけではないからである。それは、所属する当人の選択による所属ではなく、両親の選択と行為の結果としての所属だからである。

　会社や行政組織などで所属するグループもまたクラス環境の一つと考えることができる。ある会社に就職することを望み、試験を受けることは選択である。しかし、採用は会社のほうの選択である。さらに、組織のメンバーに属することは、「配属」による。「配属」とは、人を一定の部署に配置して所属させることであり、当人から見れば、一定の部署に配置・所属させられることである。組織やその下部組織としての部署では、その部署のメンバーが従うべきルールや規範があり、これに従って仕事をする。生産部門であれば、製品を生み出すための作業を行うが、そこでは、ルールに則した効率的な行為が求められる。営業部門では、顧客《こきゃく》とのやりとりのなかで契約を成立させるための行為が要求されるであろう。これらの業務では、一定の達成目標が定められるが、その目標の達成のためのルールや規範はすでに定められている。

　クラス環境となかよし環境とならんで、もう一つ重要な環境である「プロジェクト環境」をとりあげよう。プロジェクト環境とは、クラス環境でもなかよし環境でもない、第三の環境である。この関係を成立させるのは、クラス環境のように、集団外の第三者でもなく、集団構成者の利害でもない。ともに力を合わせて協働することによって実現すべき目標である。プロジェクト環境では、グループのメンバーは、達成すべき目標を共有して、これを実現するために協力しあう。

　プロジェクト環境を形成する基礎は、プロジェクト集団を統合するプロジェクトの存在である。プロジェクトとは、唯一的な目標を達成するためのプロセス、スタートから始まってゴールをめざす活動である。この環境では、実現すべき目標に向かう努力が集団をまとめる力となっている。プロジェクトのメンバーはたまたま集団のなかに入ったのでもなく、好きだから仲間になったのでもない。何かを成し遂げるために力をあわせて共に行動するために集まるのである。

　プロジェクト集団は、プロジェクトを遂行するためのチームである。クラス集団もなかよし集団もチームではない。プロジェクトを遂行することのために集まった集団がプロジェクトチームである。

　クラス環境、なかよし環境、プロジェクト環境と三つの環境をわたしが挙げてきたのは、「[A]」にもっともかかわるのがプロジェクト環境だからである。学園祭で劇を上演する、運動会で出し物を演じることなどは、プロジェクトといえなくもない。しかし、すでに選択の余地もなく演目が決まり、役も指定されているならば、文字通りのプロジェクトということはできない。目標も自ら設定し、それに向かって同志が集まり、ゴールに向かう道筋を話し合い、その道筋に沿って作業をスタートさせるのであれば、これはプロジェクトということができる。

　高校生や大学生であれば、自分たちでプロジェクトを組織し、そのプロジェクト環境をみずからつくって、目標達成のための作業を行うことができる。そうすることが「選択能力」としての「思慮深さ」を

二〇二一年度 本郷中学校

【国 語】〈第一回試験〉（五〇分）〈満点：一〇〇点〉

注意 字数指定のある問題は、特別の指示がない限り、句読点、記号なども字数に含みます。

一 次の①～⑤の――線部について、カタカナの部分は漢字に直し、漢字の部分はその読みをひらがなで答えなさい。なお、答えはていねいに書くこと。

① 利根川は関東の一級河川だ。
② 紙がヤブれる。
③ オウフク切符を買う。
④ 王家のヒホウを展示する。
⑤ 理科の実験でジシャクを使う。

二 次の文章を読んで、後の問いに答えなさい。

人間は、一人では生きることのできない存在である。注1アリストテレスは、人間を「ロゴスをもつ動物」と定義した。ロゴスとはことばであり、分別であり、理性である。「ロゴスをもつ動物」とは、ことばによるコミュニケーションにもとづいて生きる動物という意味である。コミュニケーションは、人間どうしの間で行われるから、アリストテレスの「ロゴスをもつ動物」というのは、「社会的動物」であるというのと同じである。

学校を例に人間の集団を考えると、クラス分けによって子どもたちは、特定のグループに所属する。クラス分けは、子どもたち自身の選択にもとづく集団形成ではなく、子どもたち以外の人びとによる指定によって決まる手続きである。どこに所属するかは、子どもたちにとっては、いわば遭遇《そうぐう》であって、選択ではない。そこでクラスメイトに出会うことになる。これも遭遇である。1クラス環境では、気の合う者とそうでないものとが自然に分かれる。気の合う者がいなければ、仲間に入れない状況が生まれる。

気の合う者どうしが集まれば、そこには新しいグループが生まれる。そのような人間環境を「2なかよし環境」と呼ぶことにしよう。学校であっても、会社であっても、政府であっても、人間社会のなかには、なかよし環境が存在する。なかよし環境は、楽しみや好みを共有する集団である。

なかよし環境が組織のなかで生まれるとき、そして、それが利益の囲い込みを生み出すとき、そのような集団は「ムラ社会」と呼ばれる。ムラ社会では、集団の利害に従わない、［X］、ムラ社会のルールに背く者を排除する傾向をもつ。昔は、これを村八分といった。村八分は、共同体に従わない、あるいは、共同体の利益に沿わない人を排除することである。二分というのは、葬式の世話と火事の消火活動で、それ以外の付き合いはしないということだといわれる。

いじめという暴力が発生しやすいのは、クラス環境となかよし環境である。なかよし環境にあるのはなかよし集団であるから、排除は発生しないのではないかと思われるかもしれないが、そうではない。なかよし集団がその内部に小さな集団を生み出すとき、そこに反目と排除が発生するからである。

わたしたちは、人生の至るところで、さまざまな集団に所属する。あるときはクラス環境、あるときはなかよし環境、あるときは3プロジェクト環境である。［Y］、クラス環境では、わたしたちの選択は限られる。なによりも集団への所属そのものが選択の対象ではないからである。なかよし環境は、好みの合う、気の合う仲間の集団であ

2021年度

本郷中学校

▶解説と解答

算　数　＜第１回試験＞（50分）＜満点：100点＞

解　答

1 (1)　$9\frac{2}{21}$　(2)　13　**2** (1)　21.6km　(2)　150ｇ　(3)　21回　(4)　14通り　(5)　126個　(6)　210.38cm^3　**3** (1)　毎分500cm^3　(2)　25　(3)　毎分0.25cm

4 (1)　30　(2)　60　(3)　240　**5** (1)　3cm^2　(2)　ア，イ，エ，カ　(3)　13cm^2

解　説

1 逆算，四則計算

(1)　$4\div7-1\div3=\frac{4}{7}-\frac{1}{3}=\frac{12}{21}-\frac{7}{21}=\frac{5}{21}$，$6\div5=\frac{6}{5}$より，$8\times(\square-9)\div\frac{5}{21}-\frac{6}{5}=2$，$8\times(\square-9)\div\frac{5}{21}=2+\frac{6}{5}=\frac{10}{5}+\frac{6}{5}=\frac{16}{5}$，$8\times(\square-9)=\frac{16}{5}\times\frac{5}{21}=\frac{16}{21}$，$\square-9=\frac{16}{21}\div8=\frac{2}{21}$　よって，$\square=\frac{2}{21}+9=9\frac{2}{21}$

(2)　$(1.125-0.25)\times32-14\div\left\{2.8\div\left(3.14-\frac{7}{50}\right)\right\}=\left(1\frac{1}{8}-\frac{1}{4}\right)\times32-14\div\left\{2.8\div\left(3\frac{14}{100}-\frac{14}{100}\right)\right\}=\left(\frac{9}{8}-\frac{2}{8}\right)\times32-14\div(2.8\div3)=\frac{7}{8}\times32-14\div\frac{28}{30}=28-14\times\frac{30}{28}=28-15=13$

2 流水算，濃度《のうど》，数列，整数の性質，場合の数，調べ，相当算，体積

(1)　Ａ地点とＢ地点の間を，上るのに９時間，下るのに６時間かかったので，上りと下りの速さの比は，$\frac{1}{9}:\frac{1}{6}=2:3$である。そこで，上りの速さを②，下りの速さを③とすると，(上りの速さ)＝(静水での速さ)－(流れの速さ)，(下りの速さ)＝(静水での速さ)＋(流れの速さ)より，下の図１のように表せる。したがって，③－②＝①にあたる速さが，毎時，$0.6\times2=1.2$(km)だから，上りの速さは，毎時，$1.2\times2=2.4$(km)とわかる。よって，Ａ地点とＢ地点の間は，$2.4\times9=21.6$(km)離《はな》れている。

図１

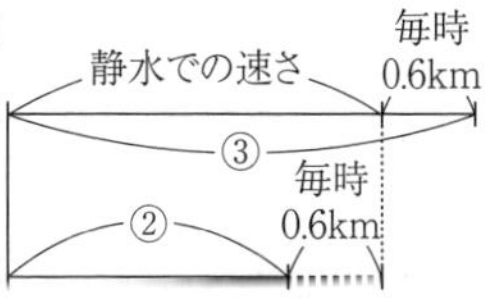

(2)　12％の食塩水を□ｇ混ぜたとすると，右の図２のように表せる。図２で，かげをつけた部分は，４％の食塩水と12％の食塩水に含《ふく》まれる食塩の重さの和を表し，太線で囲んだ部分は，できた７％の食塩水に含まれる食塩の重さを表すから，これらの面積は等しい。すると，アとイの面積も等しくなり，アとイの縦の長さの比は，(７－４)：(12－７)＝３：５なので，横の長さの比は，$\frac{1}{3}:\frac{1}{5}=5:3$とわかる。よって，$\square=250\times\frac{3}{5}=150$(ｇ)と求められる。

図２

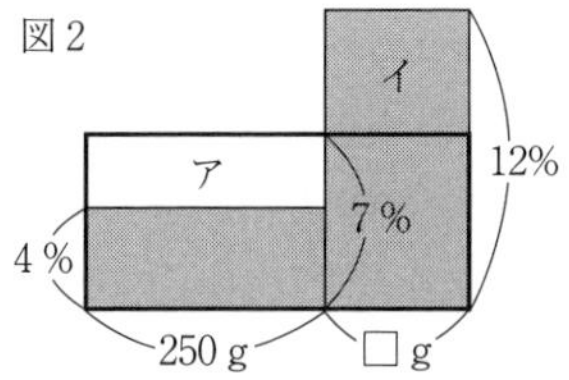

(3)　１が１個，２が２個，３が３個，４が４個，…のように並んでいるから，$1+2+3+\cdots+8=(1+8)\times8\div2=36$，$1+2+3+\cdots+9=36+9=45$より，１番目から42番目までには，１が１個，２が２個，３が３個，…，８が８個と，９が，$42-36=6$(個)並んでいる。また，３＝３

×１，６＝３×２より，３と６はそれぞれ１個かけるごとに３で割れる回数が１回増え，９＝３×３より，９は１個かけるごとに３で割れる回数が２回増える。１番目から42番目までに，３と６は合わせて，３＋６＝９(個)，９は６個並んでいるから，１番目から42番目までの積は３で，１×９＋２×６＝21(回)割れる。

⑷　３種類のペンを１本ずつ買うと，代金は，100＋150＋200＝450(円)だから，１本ずつを除いた分の代金が，1600－450＝1150(円)となるように買えばよい。このとき，150円のペンの残りの本数が偶数《ぐうすう》だと，その分の代金は100の倍数となるので，150円のペンの残りの本数は奇数《きすう》とわかる。このことに注意して残りの本数の組み合わせを調べると，下の図３のようになる(200円のペンの本数が同じとき，150円のペンが２本減ると，100円のペンは３本増える)。よって，全部で14通りある。

図３

200円	5	4	3	3	2	2	2	1	1	1	0	0	0	0
150円	1	1	3	1	5	3	1	5	3	1	7	5	3	1
100円	0	2	1	4	0	3	6	2	5	8	1	4	7	10

⑸　Ａ君が全体の$\frac{4}{13}$を取った残りは全体の，$1-\frac{4}{13}=\frac{9}{13}$になり，この$\frac{3}{10}$をＢ君が取ったので，Ｂ君が取ったのは全体の，$\frac{9}{13}\times\frac{3}{10}=\frac{27}{130}$となる。したがって，全体の，$\frac{4}{13}-\frac{27}{130}=\frac{1}{10}$が26個にあたるから，全体の個数は，$26\div\frac{1}{10}=260$(個)と求められる。よって，Ａ君は，$260\times\frac{4}{13}=80$(個)，Ｂ君は，$260\times\frac{27}{130}=54$(個)取ったので，Ｃ君は，260－80－54＝126(個)取ったとわかる。

⑹　右の図４で，ア，イ，オ，キの部分を１回転させてできる立体を合わせると，底面の半径が５cm，高さが２cmの円柱になり，その体積は，５×５×3.14×２＝50×3.14(cm^3)となる。また，エ，カの部分を１回転させてできる立体を合わせると，底面の半径が４cm，高さが１cmの円柱になり，その体積は，４×４×3.14×１＝16×3.14(cm^3)となる。さらに，ウの部分を１回転させてできる立体は，底面の半径が１cm，高さが１cmの円柱で，その体積は，１×１×3.14×１＝１×3.14(cm^3)である。よって，図４の図形を１回転させてできる立体の体積は，50×3.14＋16×3.14＋１×3.14＝(50＋16＋１)×3.14＝67×3.14＝210.38(cm^3)と求められる。

図４

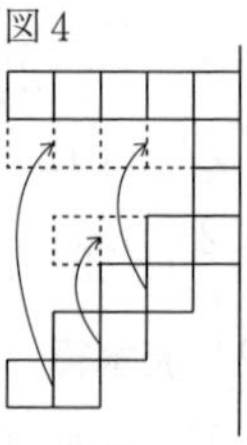

3　グラフ―水の深さと体積

⑴　問題文中のグラフより，32分間で水そうがいっぱいになるとわかる。水そうの容積は，20×40×20＝16000(cm^3)なので，水は毎分，16000÷32＝500(cm^3)の割合で注がれている。

⑵　水を入れ始めてから10分後，(ア)の部分の水の深さは10cmなので，10分後の様子を正面から見た図は，右の図１のようになる。このとき，入っている水の体積は，500×10＝5000(cm^3)だから，(ア)の部分の底面積は，5000÷10＝500(cm^2)とわかる。よって，xの長さは，500÷20＝25(cm)となる。

図１

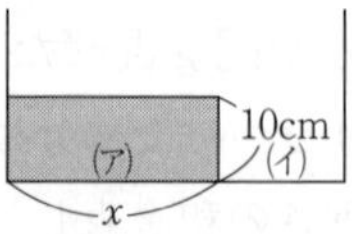

図２

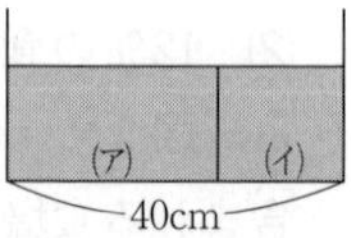

⑶　グラフより，10分後に仕切りが動き始めてからは，(ア)の部分の深さの増え方が変わっているので，(ア)の部分に入った水の一部が(イ)の部分へ流れこんでいるとわかる。さらに，20分後からは再び増え方が変わっているので，20分後，上の図２のように，(イ)の部分の水が仕切りの高さに達したとわかる。20分後までに入った水の体積は，500×20＝10000(cm^3)で，水そう全体の底面積は，20×40＝800(cm^2)だから，20分後の仕切りの高さは，10000÷800＝12.5(cm)となる。よって，仕切りは，20－10＝10(分間)で，12.5－10＝2.5(cm)高くなるから，毎分，2.5÷10＝0.25(cm)ずつ高くな

る。

4 平面図形—面積

(1)　下の図１のように，正六角形は三角形OPQと合同な６個の正三角形に分けることができるので，正六角形の面積は三角形OPQの面積の６倍である。よって，５×６＝30(cm^2)とわかる。

(2)　下の図２で，角アの大きさは60度だから，角イの大きさは，180－(90＋60)＝30(度)となり，三角形OPFはOFを１辺とする正三角形を２等分した直角三角形とわかる。すると，OP：OF＝１：２であり，OPとOQの長さは等しいので，OQとQFの長さは等しくなる。したがって，三角形OPQとQPFは底辺と高さが等しい三角形だから，同じ面積となる。ほかの部分も同様なので，正三角形DEFの中で，正六角形の面積とそれ以外の部分の面積は等しくなる。よって，正三角形DEFの面積は正六角形の面積の２倍だから，30×２＝60(cm^2)である。

(3)　下の図３のように，正三角形DEFを，その頂点が正三角形ABCの辺上にくるようにかき入れると，三角形ADF，DBE，FECはすべて正三角形DEFと合同になる。よって，正三角形ABCの面積は正三角形DEFの面積の４倍だから，60×４＝240(cm^2)と求められる。

図１

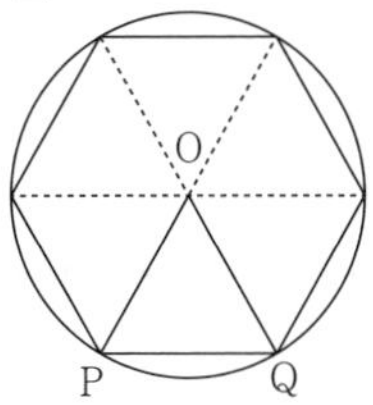

図２

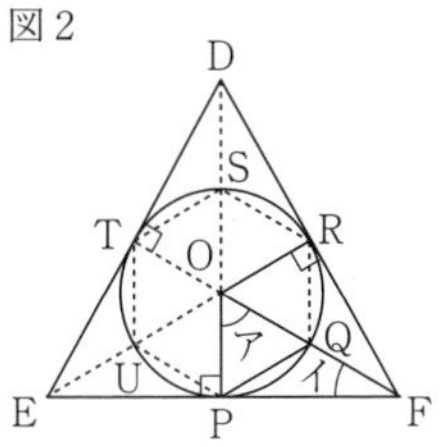

図３

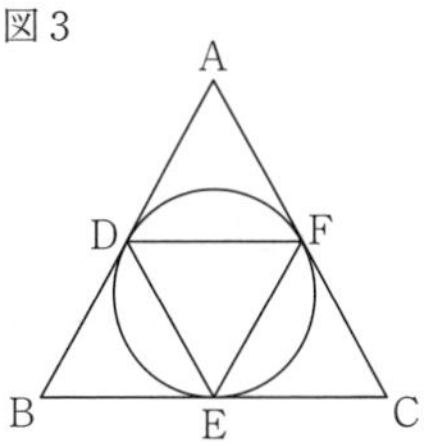

5 平面図形—面積，辺の比と面積の比

(1)　右の図１で，三角形ABCと三角形XCBは合同だから，△BCX＝△ABC＝１cm^2である。また，△ABX＋△CAXは四角形ABXCの面積だから，１＋１＝２(cm^2)となる。よって，△ABX＋△BCX＋△CAX＝１＋２＝３(cm^2)とわかる。

図１

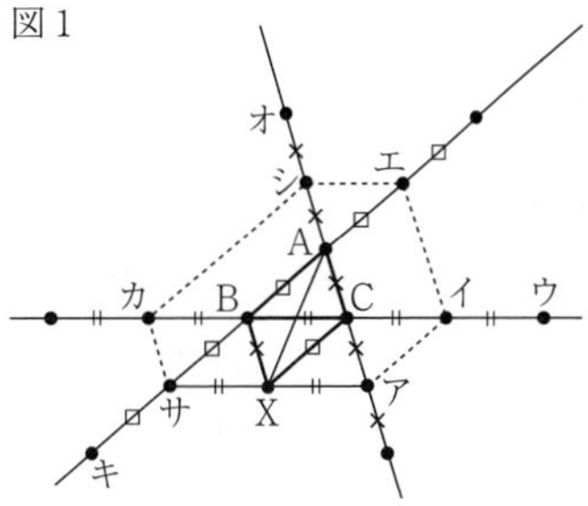

(2)　図１で，点Xがアにあるとき，三角形ABCと三角形BCXは底辺と高さが等しい三角形になるから，△BCX＝△ABC＝１cm^2となる。また，△ABX＝△ABC＋△BCX＝１＋１＝２(cm^2)で，△CAX＝０cm^2だから，△ABX＋△BCX＋△CAX＝２＋１＋０＝３(cm^2)となる。次に，点Xがイにあるとき，△CAX＝△ABC＝１cm^2，△ABX＝１＋１＝２(cm^2)，△BCX＝０cm^2なので，△ABX＋△BCX＋△CAX＝２＋０＋１＝３(cm^2)となる。さらに，点Xがウにあるとき，△CAX＝△ABC×２＝１×２＝２(cm^2)，△ABX＝１＋２＝３　(cm^2)，△BCX＝０cm^2なので，△ABX＋△BCX＋△CAX＝３＋０＋２＝５(cm^2)となる。点Xがエ，オ，カ，キにあるときについても同様に考えると，右の図２のようになるから，△ABX＋△BCX＋△CAXが(1)と同じ３cm^2になるのは，点Xがア，イ，エ，カにあるときとわかる。

図２

点Xの位置	ア	イ	ウ	エ	オ	カ	キ
△ABX(cm^2)	2	2	3	0	2	1	0
△BCX(cm^2)	1	0	0	2	3	0	2
△CAX(cm^2)	0	1	2	1	0	2	3
合計(cm^2)	3	3	5	3	5	3	5

(3)　図１で，直線サアとエシはBCと平行，直線アイとシカはABと平行，直線イエとカサはCAと

平行である。まず，点Xが直線サア上を動くとき，三角形BCXは底辺をBCとしたときの高さが一定なので，△BCXは１cm^2で一定となる。また，このことから，四角形ABXCの面積も一定となり，その面積は，１＋１＝２(cm^2)だから，△ABX＋△CAXは２cm^2で一定となる。したがって，点Xが直線サア上を動くとき，△ABX＋△BCX＋△CAXは，１＋２＝３(cm^2)で一定となる。同様に，点Xが直線イエ上，シカ上を動くときも，△ABX＋△BCX＋△CAXは３cm^2で一定となる。次に，点Xが直線アイ上を動くとき，△ABXは２cm^2で一定である。また，△BCX＋△CAXは，△ABX－△ABC＝２－１＝１(cm^2)で一定となるから，△ABX＋△BCX＋△CAXは，２＋１＝３(cm^2)で一定となる。同様に，点Xが直線エシ上，カサ上を動くときも，△ABX＋△BCX＋△CAXは３cm^2で一定となる。以上より，△ABX＋△BCX＋△CAXが(1)と同じ３cm^2となるように点Xを動かしたあとは，六角形アイエシカサとなる。ここで，三角形Aサアの面積は三角形ABCの面積の４倍で，４cm^2だから，四角形CBサアの面積は，４－１＝３(cm^2)となり，同様に，四角形ACイエ，四角形BAシカの面積も３cm^2となる。さらに，三角形アイC，三角形Aエシ，三角形サBカはいずれも三角形ABCと合同なので，その面積はいずれも１cm^2となる。よって，六角形アイエシカサの面積は，３×３＋１×４＝13(cm^2)と求められる。

社　会　＜第１回試験＞（40分）＜満点：75点＞

解　答

1 **問１**　**１**　坂東　**２**　相模　**３**　筑後　**４**　銚子　**問２**　讃岐平野　**問３**　北西(から)南東(へ)　**問４**　水戸(市)　**問５**　台地　**問６**　①　○　②　○　③　×　**問７**　ア　**問８**　ア　**問９**　イ　**問10**　エ　**問11**　ウ　**問12**　エ　**2** **問１**　ウ　**問２**　エ　**問３**　ウ　**問４**　(省略)　**問５**　ウ　**問６**　ア　**問７**　**明治**…(い)　**昭和**…(く)　**問８**　ア　**問９**　岩手(県)　**問10**　菅原道真　**問11**　マルコ・ポーロ　**問12**　金(黄金)　**問13**　桜田門外の変　**問14**　中山道　**問15**　しょういだん　**問16**　**保存方法**…ア　**理由**…イ　**3** **問１**　東京タワー(日本電波塔)　**問２**　(1)　エ　(2)　イ　**問３**　イ　**問４**　エ　**問５**　日本銀行　**問６**　(1)　イートイン　(2)　軽減税率　(3)　600　(4)　８　(5)　キャッシュレス　**問７**　５(月)３(日)

解　説

1 **利根川を題材とした地理の問題**

問１　**１**　坂東《ばんどう》は関東地方の古いよび名で，神奈川県・静岡県にまたがる足柄峠《あしがらとうげ》と，長野県・群馬県にまたがる碓氷《うすい》峠が「坂」として見立てられたことから，その東にあたる関東地方が坂東とよばれるようになった。なお，足柄山(金時山)は箱根山の外輪山に位置し，その山中に足柄峠がある。利根川は，関東地方随一《ずいいち》の大河川であることから，坂東太郎ともよばれるようになった。　**２**　足柄山や箱根山が位置する現在の神奈川県西部は，古くは相模《さがみ》国とよばれていた。　**３**　筑後《ちくご》川は九州地方で最も長い川で，筑紫《つくし》平野をおおむね東から西へ向かって流れ，有明海に注ぐ。一般に，利根川を坂東太郎とする場合，筑後川は筑紫次郎，四国地方を流れる吉野川は四国三郎とよばれ，これらを合わせて「日本三大暴れ川」という。　**４**　銚子《ちょうし》市は千葉県の北東の端《はじ》に位置し，利根川の河口があることや，日本有数の漁港である銚子港があること，しょうゆや春キャベツの生産がさかんなことなどで知られる。

問２　香川用水は，香川県北部に広がる讃岐《さぬき》平野の水不足を解消するために引かれた用水で，吉野川中流の池田ダムから讃岐山脈に導水トンネルを通し，讃岐平野に農業用水や生活用水，工業用水を供給している。

問３　特にことわりがないかぎり，地形図では上が北，右が東，下が南，左が西を表す。図からもわかるとおり，利根川は関東平野をおおむね左上から右下，つまり北西から南東に流れている。

問４　茨城県の中央部に位置する水戸市は同県の県庁所在都市で，江戸時代には徳川御三家の１つである水戸藩の城下町として栄えた。

問５　周辺より標高が高く，上部表面がテーブルのように平らな地形を台地という。千葉県北部を占《し》める図中のBは，下総《しもうさ》台地である。

問６　①　地形図には方位記号などが示されていないので，上が北，下が南にあたる。芙蓉邸街の北には標高30m，南には標高10mを示す等高線があるので，芙蓉邸街が南向きの斜面《しゃめん》に造成され，その標高差が約20mであることが読み取れる。よって，正しい。　②　新川の集落やその周辺の耕地は，利根川，根木名川，派川根木名川に囲まれており，川沿いには堤防(++++++)が築かれている。このように，周囲を堤防で囲み，集落を水害から守るような工夫がなされた地域を輪中という。よって，正しい。　③　排水機の南にある堤防上には標高9.3mを示す三角点があるが，集落の北西部には標高２mを示す標高点があり，これらの間に等高線が見られないことから，その標高差は７m程度であるとわかる。

問７　ア　イラストから，家が道路よりも一段高い所に建てられていることがわかる。これは洪水対策の１つと考えられるので，正しい。　イ　洪水のさいの排水を目的として塀《へい》に穴をあけるのであれば，もっと低い位置に，大きめの穴をあけるべきである。上部の穴は，風通しをよくするためのもの，あるいは飾りと考えられる。　ウ　瓦《かわら》を漆喰《しっくい》でとめた屋根は，沖縄県の伝統的な家屋などで見られるが，これは台風による暴風などへの対策として行われたものである。　エ　二重窓は，冬の寒さが厳しい地域で，冷たい空気が家の中に入ってこないようにすることなどを目的として設置されているが，洪水対策としては有効ではない。

問８　図中Ｅの高速道路は東北自動車道で，埼玉県から群馬県，栃木県，福島県，宮城県，岩手県，秋田県を経て青森県を結んでいる。東北自動車道や東北新幹線の開通によって，交通の便がよくなった東北地方の沿線地域では，さまざまな産業が進出するようになり，岩手県の北上盆地には自動車の組み立て工場など，機械工業の工場が進出した。なお，イは福井県，ウは三重県，エは新潟県について説明している。

問９　図中Ｆの都市は群馬県の高崎市で，高崎駅は上越新幹線と北陸新幹線の分岐点となっている。新幹線で「下り」方面といった場合には東京駅から遠ざかる方面を意味し，高崎駅から下りの上越新幹線に乗ると，終着駅である新潟市の新潟駅に行くことができる。なお，高崎市から上り方面の新幹線に乗ると，さいたま市にある大宮駅に着く。山形市に向かう山形新幹線(福島駅までは東北新幹線)と，盛岡市に向かう東北新幹線は，高崎駅を通らない。

問10　エは岐阜県について説明した文で，利根川の流域面積にはふくまれない。岐阜県南部には濃尾《のうび》平野が広がり，ここには鵜飼《うかい》で有名な長良《ながら》川に加えて木曽川，揖斐《いび》川という木曽三川が集中して流れているため，洪水対策として輪中が発達した。なお，アは千葉県の説明で，「貿易額(2019年)が日本一の空港」とは成田国際空港のこと。イは群馬県の説明で，「自動車産業の企業城下町」は太田市，「絹織物で栄えた都市」は桐生《きりゅう》市を指している。ウは栃木県の説明で，「世界遺産に登録された寺社」とは日光東照宮などのこと。

問11　江戸川と中川は利根川から分かれて東京都東部を流れる川で，中川は足立区，葛飾区を流れて江戸川区で荒川に合流し，江戸川は千葉県との県境を形成しながら葛飾区や江戸川区などを流れ，ともに東京湾に注ぐ。なお，豊島区，港区，世田谷区は，東京23区の中では中部から西部に位置している。

問12　河川に近く，水害の被害を受けやすい橋のそばや堤防のすぐ近くにある公民館を，水害時の避難場所に指定することは適切ではない。

2 各時代の歴史的なことがらについての問題

問１　アは京都方広寺の鐘《かね》で，豊臣秀吉の子である豊臣秀頼《ひでより》によって，江戸時代初めの1614年につくられた。徳川家康は，鐘に刻まれた「君臣豊楽」「国家安康」という文字が，安の一字で家康を分断したうえ，豊臣を君として楽しむという意味になっているといいがかりをつけると，同年の大坂(大阪)冬の陣と翌15年の大坂夏の陣で豊臣氏を攻め，これを滅《ほろ》ぼした。イは石上神宮(奈良県)に伝わる七支刀《しちしとう》とよばれる刀で，369年に朝鮮半島の百済《くだら》でつくられ，日本におくられたと考えられている。ウは木簡で，律令制度のもとで課された調(地方の特産物を納める税)の荷札などに用いられた。「長屋親王」は，奈良時代の８世紀前半に政治の実権をにぎっていた長屋王のことを指し，木簡には「長屋王の邸宅《ていたく》にアワビが十束おくられた」と書かれている。エは豊臣秀吉がつくらせた天正大判で，大判に書かれた「天正十九(年)」は1591年にあたる。よって，古い順にイ→ウ→エ→アとなる。

問２　奴国《なこく》王におくられた金印に文字が刻まれていたことを考えると，弥生時代の１世紀には日本に文字があったことになるが，ここでは「文字がなかった」を，「日本人が文字を用いていなかった」と考える。５世紀につくられたと考えられる稲荷山《いなりやま》古墳(埼玉県)出土の鉄剣などに漢字が刻まれていることから，このころには日本で漢字が使用されていたことになる。アは銅鐸《どうたく》，イは銅剣で弥生時代，ウは縄文土器(火焔《かえん》土器)で縄文時代の遺物なので，文字の使用より前のものになる。エは奈良県明日香村にある石舞台《いしぶたい》古墳で，７世紀初めごろに活躍《かつやく》した蘇我馬子《そがのうまこ》の墓とされている。

問３　奈良時代初めの713年，元明天皇は諸国に地誌の提出を命じ，これにもとづいて地名の由来や特産物，伝説などをまとめた『風土記《ふどき》』が編集された。なお，『古事記』と『日本書紀』は歴史書，『万葉集』は和歌集である。

問４　(省略)

問５　アは12世紀末の1185年，イは13世紀初めの1221年，ウは13世紀末の1274年(文永の役)と1281年(弘安の役)，エは14世紀末の1392年のできごとなので，ウが【記録Ⅰ】の記された時期に最も近い。

問６　鎌倉時代後半，貨幣《かへい》経済の広がりや分割相続による所領の減少に加え，元軍の襲来《しゅうらい》(元寇《げんこう》)に対して十分な恩賞(ほうび)がもらえず，生活に苦しんでいた御家人を救うため，鎌倉幕府は1297年に永仁の徳政令を出した。しかし，かえって経済が混乱し，幕府への不満が高まっていった。なお，【記録Ⅱ】は1428年に起こった正長の土一揆《いっき》のさい，奈良県柳生《やぎゅう》町にある石碑《せきひ》に刻まれた文字で，人々が徳政(借金の帳消し)を宣言している。

問７　大日本帝国憲法発布は1889年，下関条約は1895年，治安警察法公布は1900年，ポーツマス条約は1905年，大逆事件は1910年のできごとなので，1896年の明治三陸地震は(い)に入る。また，関東大震災は1923年，日ソ基本条約は1925年，五・一五事件は1932年，二・二六事件は1936年，日独伊三国軍事同盟調印は1940年のできごとなので，1933年の昭和三陸地震は(く)に入る。

問８　1944年７月にサイパン島が陥落《かんらく》し，アメリカ軍によって占領されると，日本はアメリカ軍の爆撃《ばくげき》機B29の爆撃圏《けん》内に入った。このあと，サイパン島などを拠点《きょてん》としてアメリカ軍は日本への空襲を開始し，1945年３月10日には東京大空襲が行われた。なお，ミッドウェー海戦は1942年に行われ，この戦いに敗北したことで，日本の戦局が悪化した。米軍(アメリカ軍)は1945年３月末に沖縄に上陸，４月には沖縄本島での地上戦が始まった。同年７月，連合国はポツダム宣言を出して日本に無条件降伏《こうふく》を求め，日本がこれを８月に受諾《じゅだく》したことで，太平洋戦争が終結した。

問９　遠野地方は岩手県の中東部に位置し，民俗学者の柳《やなぎ》田《た》国男が著した『遠野物語』のふるさととして知られる。また，詩人・童話作家として知られる宮沢賢治《けんじ》も，岩手県の出身である。

問10　菅原道真は宇多天皇の信任も厚く，右大臣にまでなったが，901年，左大臣の藤原時平のたくらみによって大宰府《だざいふ》(福岡県)に左遷《させん》され，２年後にその地で亡くなった。その後，平安京では貴族の死や天変地異があいつぎ，これを道真の怨念《おんねん》のしわざと考えた人々は，その魂《たましい》を鎮《しず》めるために北野天神(北野天満宮)を建てた。「北野天神縁起《えんぎ》絵巻」には菅原道真の一生や，死後のたたりなどが描かれている。

問11　イタリア人商人のマルコ・ポーロは13世紀後半に元(中国)を訪れ，フビライ・ハンに仕えて17年間ここに滞在《たいざい》した。このときの見聞を帰国後に口述し，記録させたのが『東方見聞録』(『世界の記述』)で，【記録Ⅰ】はその一部である。

問12　古代，陸奥《むつ》(東北地方)は馬と金の産地として知られ，ここで産出する金を用いて奥州藤原氏は中尊寺金色堂を建てた。マルコ・ポーロは実際には日本に来ていないが，これを伝え聞き，『東方見聞録』の中で，日本を「黄金の国ジパング」としてヨーロッパに紹介《しょうかい》した。また，甲斐《かい》(山梨県)や佐渡(新潟県)，伊豆(静岡県)にも金山があり，戦国時代や江戸時代にはさかんに採掘《さいくつ》が行われた。

問13　東京都千代田区霞《かすみ》が関《せき》は江戸城の南側にあたり，付近には江戸城の桜田門がある。1860年３月３日，朝廷の許可なく日米修好通商条約(1858年)を結び，これに反対する人々を安政の大獄《たいごく》(1858～59年)で弾圧した江戸幕府大老の井伊直弼《なおすけ》が，水戸藩の元藩士らによって江戸城の桜田門外で暗殺された。この事件を，桜田門外の変という。

問14　中山道は江戸時代に整備された五街道の１つで，板橋はその最初の宿場であった。中山道は江戸日本橋から北西に向かい，現在の埼玉県，群馬県，長野県，岐阜県を経て滋賀県の草津で東海道と合流し，京都に至った。

問15　東京大空襲では，市街地を焼き尽《つ》くし，日本人の戦意を失わせることなどを目的として，爆弾に可燃性の高い薬剤《やくざい》をつめこみ，爆発とともに火災を引き起こす焼夷弾《しょういだん》という爆弾が投下された。

問16　映像であれば，証言が音声として記録されるだけでなく，証言者のようすも記録できる。本などにする場合もくり返し再生できるので，文字化もしやすい。

3 経済と政治についての問題

問１　東京都港区にある東京タワーは1958年に電波塔として建てられ，1953年に始まったテレビ放送の電波を送信する役割をはたした。現在，電波塔としての役割の大部分は東京スカイツリーに移されたが，東京のシンボルとして観光名所になっている。

問２　(1)　1950年代後半に始まった高度経済成長期の初期には家電製品が家庭に普《ふ》及《きゅう》し，特に電気洗濯機，電気冷蔵庫，白黒テレビは「三種の神器」とよばれて人気を集めた。なお，高度経済成長期後半には自動車(カー)，カラーテレビ，クーラーが普及し，「新三種の神器」「３Ｃ」とよばれた。　(2)　日本の高度経済成長期は，1950年代後半から石油危機が起こった1973年まで続き，その間の1969年には東名高速道路が全線で開通した。なお，アは1927年，ウは1931年，エは1994年のできごと。

問３　日本では，３回まで裁判を受けることができる三審制が採用されており，原則として第一審は地方裁判所・家庭裁判所・簡易裁判所のいずれかで行われる。簡易裁判所では，争われる金額が小さい民事裁判や，有罪ならば罰金刑となる刑事裁判などの軽微な事件が，家庭裁判所では，少年事件や家庭に関する事件があつかわれる。それ以外の一般的な事件の第一審は地方裁判所で行われるので，イが適切である。

問４　政令指定都市は，決められた分野において都道府県と同様の事務処理を行うことができ，都道府県知事を通さずに国と連絡が取れるなどの特例を認められた都市のことである。2021年２月現在，札幌市(北海道)，仙台市(宮城県)，さいたま市，千葉市，横浜市・川崎市・相模原市(神奈川県)，新潟市，静岡市・浜松市(静岡県)，名古屋市(愛知県)，京都市，大阪市・堺市(大阪府)，神戸市(兵庫県)，広島市，岡山市，福岡市・北九州市(福岡県)，熊本市の20市が政令指定都市となっている。

問５　紙幣は，正式には日本銀行券といい，日本の中央銀行である日本銀行が発行している。なお，硬《こう》貨《か》は財務省が発行する。

問６　(1)　日記に「店内で肉まんを食べて，缶コーヒーも飲んできた」とあることから，「イ」はコンビニエンスストアなどの店内で食事をする「イートイン」を意味しているとわかる。　(2)　2019年に消費税率が10％に引き上げられたが，このとき，外食や酒類を除く飲食料品や定期購読《こうどく》の新聞代は引き上げの適用外とされた。この制度を，軽減税率という。「※」がついているのは菓子とお茶で，これらには軽減税率が適用される。　(3)　「※」がついた２品以外の肉まん，缶コーヒー，ティッシュ，歯ブラシには10％の消費税がかかるので，133＋125＋166＋176＝600より，600円となる。　(4)　消費税率が10％に引き上げられたさい，軽減税率はそれまでの税率同様８％とされた。　(5)　現金(キャッシュ)を用いず，スマートフォンを利用したコードの読み取りや，ICカード・クレジットカードなどを利用する支払い方法は，キャッシュレス(決済)とよばれる。

問７　憲法記念日は５月３日で，1947年のこの日に日本国憲法が施行されたことを記念して定められた。

※編集部注…学校より，2の問４に不備があったため，この問題については全員正解とするという発表がありました。

理　科　＜第1回試験＞（40分）＜満点：75点＞

解　答

1 (1) エ　(2) **名前**…ウ，**顔写真**…オ　(3) ア　(4) (例) ([1]電池)から発火して(しまう事故)　(5) 電気自動車　(6) ① イ，オ　② イ　③ エ　④ **4** ア　**5** カ　⑤ ア　**2** (1) $0.25\left(\frac{1}{4}\right)$　(2) 解説の図①を参照のこと。　(3) **赤**…ウ，**黄**…エ，**緑**…ア，**青**…イ　(4) 24cm　(5) 2　(6) **レンズ**…右に4cm　**スクリーン**…左に4cm　**3** (1) ① しんどう　② カ，うずまき管　③ エ，こまく　(2) Ⅱ，Ⅲ　(3) ① イ，ウ　② イ　(4) ① イ　② 16分の1　**4** (1) ① **1** 太平洋　**2** フェーン　② **3** 暖かい　**4** 冷たい　③ 32℃　(2) オ　(3) ウ　(4) ア

解　説

1 ノーベル賞とロウソクの燃焼についての問題

(1), (2) 2019年10月に発表されたノーベル化学賞は，リチウムイオン電池の開発による功績が認められ，吉野《よしの》彰《あきら》さんと他2名に贈《おく》られた。リチウムイオン電池は何度も充電《じゅうでん》して使うことができ，スマートフォンやパソコンなどに幅《はば》広く用いられている。

(3) 中間子の存在を予想することによって1949年にノーベル物理学賞を受賞した湯川秀樹《ゆかわひでき》が，日本人として最初のノーベル賞受賞者である。

(4) 外部から大きな力が加わってリチウムイオン電池がこわれると，2つの極をへだてているものがこわれてショートしてしまい，一度に大きな電流が流れるとともに大量の熱が発生して発火することがある。

(5) リチウムイオン電池が搭載《とうさい》された電気自動車の数は今後も増え続けると予測されている。電気自動車は充電した電池による動力だけで走行するので，走行時に温室効果ガスである二酸化炭素を排出しないという利点がある。

(6) ① 空気中の酸素と十分ふれることができる外炎《がいえん》では，完全燃焼して最も高温になっている。一方，内炎では酸素と十分にふれることができず，不完全燃焼してたくさんのすす(炭素の粉)が発生する。このすすは，炎《ほのお》の中で高温になってオレンジ色っぽくかがやくため，内炎の部分が最も明るくなる。炎心ではロウの気体がほとんど燃えておらず，ガラス管をさしこむと白い煙《けむり》となって出てくる。　② 通常では，とけて液体となったロウが芯《しん》の中にしみこんでいき，芯の先から気化して燃える。しかし，図3のように上下さかさまにすると，とけたロウが芯を伝わって下向きに流れてきてしまい，うまくロウが気化できなくなり，炎が小さくなったり消えたりする。　③ 固体のすすがたくさん発生している内炎(炎の明るい部分)は，外からの光を通しにくいため，より暗い影《かげ》となって厚紙にうつる。　④ 食塩をふりかけた氷を入れた金属製のボウルによって冷やされた空気中の水蒸気が細かい液体の水となって，ボウルの底につく。そこへロウソクの炎を近づけると，ロウが燃焼することによって発生した炎の中にある水蒸気が，金属製のボウルにふれて冷やされてたくさんの水てきに変化し，ボウルの底からポタポタとたれるようになる。　⑤ L字型の管から出てくるのは，ロウが燃えた後の空気で，ふくまれる酸素は減っている。そのため，細

いロウソクの芯のまわりでは酸素が不足して，炎は消えてしまう。

2 レンズを通った光の進み方についての問題

⑴　図１より，このレンズの焦点距離《しょうてんきょり》は８cmとわかるので，その半分の４cmの場所にスクリーンを置くと，円形をしたレンズと比べて半径が半分になった明るい円がうつる。この明るい円の面積は，レンズの面積を１とすると，$\frac{1}{2}\times\frac{1}{2}=\frac{1}{4}$(0.25)になっている。

⑵　太陽光が図３のレンズの中心線(図の点線で示された部分)に垂直に入ったとすると，右の図①のように，光はレンズによって折れ曲がり，レンズから８cmはなれた焦点を通って進む。

図①

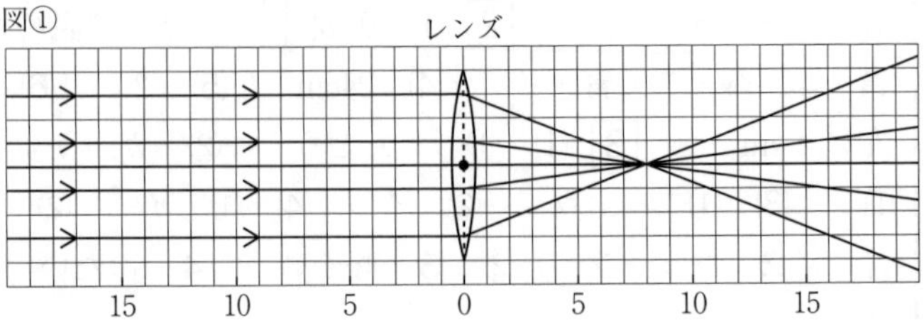

⑶　レンズをはさんで物体(光源)と反対側にできる像は，上下左右がさかさまになる。したがって，スクリーンをレンズ側から見ると，図４で上にある赤はウ，右にある黄はエ，下にある緑はア，左にある青はイの位置にそれぞれ像ができる。

⑷　光軸《こうじく》(レンズと垂直に交わる線)と平行に進む光線は，レンズで折れ曲がって焦点を通るように進み，レンズの中心を通る光線はそのまま直進するので，物体の上部(右の図②の点A)から出た２本の光は右図のように進んで点Bで交わる。同様に考えると，点Cから出た２本の光は点Dで交わることになる。これらのことから，レンズから24cmはなれた位置に像を結ぶとわかる。

図②

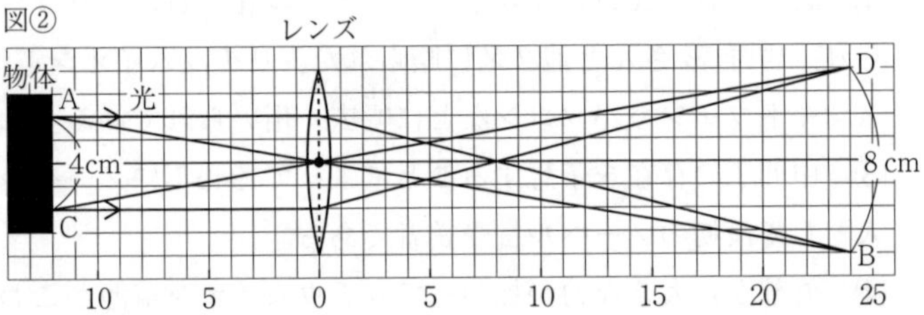

⑸　図②で，物体では点Aと点Cが４cmはなれているのに対し，像では点Bと点Dが８cmはなれていることから，像の大きさはもとの物体の大きさを１とすると，８÷４＝２となる。

⑹　右の図③のように，レンズから焦点距離の２倍となる16cmはなれた場所に物体を置くと，レンズの反対側の16cmはなれた場所にもとの物体と同じ大きさの像ができる。したがって，図６から物体を動かさずに図③の状態にするには，レンズを４cm右に移動させて，スクリーンを左に４cm動かせばよい。

図③

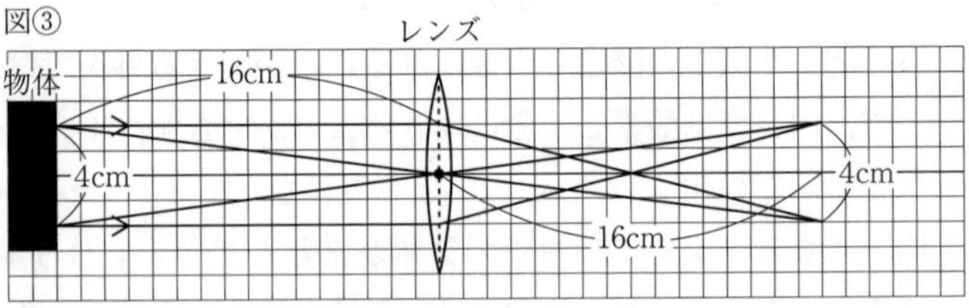

3 音を感じるしくみと顕微鏡《けんびきょう》の使い方についての問題

⑴　①　音を出すものと受け取るものの間で空気などがしんどうして音が伝わる。このしんどうするものは，空気のような気体だけでなく，水のような液体や固体などでもよい。　②　ヒトの耳がしんどうを受け取るのは図２のエで示されたこまくの部分で，このしんどうがアの耳小骨へと伝わり，カのうずまき管にある細胞《さいぼう》でこの刺激《しげき》を受け取り，ウの聴《ちょう》神経を通じて音の信号を脳に送る。　③　飛行機に乗ったり，新幹線に乗ってトンネルに入ったりすると，まわりの気圧が変化

してこまくが外側や内側に引っぱられ，耳がつまったような感じを受ける。

⑵　Ｉのようにえさをラップフィルムに包んで水面に落とすと，暗室ではメダカがえさを見ることができないので，メダカは近づいてこない。Ⅱでは，もともとえさが入っていないので，暗室で行っても結果は変わらない。また，Ⅲでは，暗室でもえさのにおいを感じられるから，同じ結果になる。

⑶　①　図４の微生物《びせいぶつ》は，アがミカヅキモ，イがミジンコ，ウがゾウリムシ，エがアオミドロで，ミジンコとゾウリムシが動物プランクトンのなかまである。　②　それぞれの倍率で観察してほぼ同じ大きさで見えたことから，実際のからだが最も大きいのは，より低い倍率で観察したミジンコとわかる。

⑷　①　高倍率にすると，よりせまい範囲《はんい》のものを大きくして見ることになり，少ない光しか使うことができないので視野は暗くなる。　②　対物レンズを10倍から40倍に変えると，円形に見えている視野の半径は$\frac{1}{4}$になるため，その面積は，$\frac{1}{4}\times\frac{1}{4}=\frac{1}{16}$になる。

4　いろいろな天気についての問題

⑴　①　夏ごろの日本列島は太平洋高気圧に覆《おお》われていることが多い。また，湿《しめ》り気《け》(水蒸気)をふくんだ空気が山をのぼるときに，雲をつくったり雨を降らせたりして水蒸気の一部を失い，山を越《こ》えてふもとにおりてくるときに乾《かわ》いた高温の風となる。この風により付近の気温が高くなることをフェーン現象という。　②　前線とは，暖かい空気と冷たい空気がぶつかる境目が地表と交わる部分のことで，暖かい空気中にふくまれる水蒸気が冷たい空気によって冷やされるため，前線の近くでは雨が降りやすくなる。　③　図２の地点Ａから地点Ｂまでは乾燥《かんそう》した空気が600m上昇《じょうしょう》するので，$1\times\frac{600}{100}=6$(℃)温度が下がる。続いて地点Ｂから地点Ｃまでの400mは，雨雲をつくりながら湿った空気が上昇するため，$0.5\times\frac{400}{100}=2$(℃)温度が下がる。そして，水分の一部を失って乾燥した空気が地点Ｃから地点Ｄまで1000m下降するときは，$1\times\frac{1000}{100}=10$(℃)温度が上昇する。したがって，地点Ｄの気温は，$30-6-2+10=32$(℃)と求められる。

⑵　飛行機雲はエンジンの燃焼によって排出《はいしゅつ》される水蒸気が冷やされることなどによってできる，細かい水てきや氷の粒《つぶ》である。飛行機雲がすぐに消えるときは，まわりの空気が乾燥していて雲ができにくいと考えられる。

⑶　測定機器が設置されている場所に人や動物が侵入《しんにゅう》すると，機器をこわしてしまったり，観測結果に影響《えいきょう》をおよぼしたりするため，機器はあみやフェンスなどで囲まれた場所に設置されている。このとき，コンクリートなどの高い壁《かべ》で機器を囲んでしまうと，空気の温度や風の観測が正確に行えなくなる。

⑷　赤道上空で地表から約36000kmの高さにある気象衛星「ひまわり」は，地球の自転周期と同じ周期で公転しているので，常に日本周辺の雲画像を撮影《さつえい》することができる。

国　語　＜第１回試験＞（50分）＜満点：100点＞

解　答

一 ①　かせん　②～⑤　下記を参照のこと。　**二**　**問１**　**X**　エ　**Y**　ア　**問２**　ウ　**問３**　エ　**問４**　（例）（メンバーが，）実現すべき目標に向け協働する（環境。）　**問５**　ア　**問６**　（例）多くの人間関係や多様で複雑な選択を経験する（ことで，「思慮深さ」が培われるという利点。）　**問７**　イ　**問８**　エ　**問９**　エ　**三**　**問１**　**a**　カ　**b**　エ　**c**　カ　**問２**　エ　**問３**　イ　**問４**　エ　**問５**　隣の部屋に化学薬品があるから　**問６**　ア　**問７**　ウ　**問８**　（例）何を求め，どのように生きていくのかということを，周囲に流されずに，じっくりと考えてほしいという思い。　**問９**　ウ

●漢字の書き取り

一　②　破　③　往復　④　秘宝　⑤　磁石

解　説

一　漢字の読みと書き取り

①　「河川」は，川。「一級河川」は，国が指定して管理する川。　②　音読みは「ハ」で，「破《は》壊《かい》」などの熟語がある。　③　行って，また帰ること。　④　人には見せずにしまっておく，大切な宝。　⑤　鉄を引きつける磁力を持つ物体。

二　出典は桑子敏雄《くわことしお》の『何のための「教養」か』による。人間が所属する集団には「クラス環境《かんきょう》」，「なかよし環境」，「プロジェクト環境」があるが，多くの「プロジェクト環境」に参加することが重要であると述べている。

問１　**X**　前では，ムラ社会で「集団の利害に従わない」とあり，後では，「ムラ社会のルールに背《そむ》く」とあるので，同類のことがらのうちのいずれかであることを表す「あるいは」が入る。

Y　前では，我々が所属する集団として，「クラス環境」，「なかよし環境」，「プロジェクト環境」があげられており，後では，そのなかの「クラス環境」について説明がつけ足されているので，前のことがらに，ある条件や例外などをつけ加える場合に用いる「ただ」が合う。

問２　「クラス環境」とは，前の部分で説明されているように，「自身の選択《せんたく》」ではなく，自分たち「以外の人びとによる指定」によって所属が決められるグループである。よって，ア，イ，エは正しいが，ウのような「趣味《しゅみ》を同じくするもの同士」がつくる仲間は，次の段落にある「なかよし環境」である。

問３　「なかよし環境」は「気の合う者どうし」でつくられたものだが，続く三つの段落で，その問題点が説明されている。「いったん関係がぎくしゃくしてしまうと，反目や排除《はいじょ》といったことが生まれかねない」，つまり，以前は「なかよし」でも「憎《にく》しみあうことにもなる」という「リスク」があるのである。

問４　三つ後の段落に，「プロジェクト環境」を成立させるのは，「ともに力を合わせて協働することによって実現すべき目標」であり，「プロジェクト環境」では，メンバーは「達成すべき目標を共有して，これを実現するために協力しあう」のである。

問５　直後からの「プロジェクト環境」についての説明に着目する。「選択の余地」もなく演目が

決まって役も指定されているなら，文字通りの「プロジェクト」とはいえない，つまり，プロジェクトというものは，自分で「選択」するものなのである。だからこそ，自分たちで「プロジェクト」を組織し，環境を自らつくって，目標達成のための作業を行うことで，「『選択能力』としての『思慮深《しりょぶか》さ』を磨《みが》くのに役に立つ」のである。よって，「選択」が選べる。

問６　「たくさんのプロジェクト環境に参加すること」で，「どんな状況《じょうきょう》にも最適な選択を行うことができるように」なり，そういう理想を実現することで「思慮深さ」が身につくとある。さらに二つ後の段落で，「さまざまなプロジェクト環境に身を置くこと」で「多様で複雑な選択を経験すること」ができるし，「多様な人間関係も経験すること」ができ，「人間の選択能力としての『思慮深さ』」が磨かれると述べられている。

問７　ここでの「空気を読める」とは，直前の「集団を支配する暗黙《あんもく》のルールを認識《にんしき》し，それに従った行為《こうい》を選択できること」なので，イがよい。なお，ウの「テストのことを口にしなかった」のは友達に対する思いやりであり，エの野球部の後輩《こうはい》は先輩から指示を出されており，どちらも「暗黙のルール」に従ったわけではないので合わない。

問８　ここでの「対話力」とは，「プロジェクト環境のなかでの対話能力」のことであり，これは「高い目標を掲《かか》げながらその目標に向かって行動し，協働するための対話力」である。また，この「対話力」には「解決すべき課題について深く理解する力」や「難しい問題に挑戦《ちょうせん》するプロジェクトを果敢《かかん》に推進する力」が含《ふく》まれている。前の段落で述べられていたように，我々が「未知の領域に踏《ふ》み込《こ》む」ときに「どのような選択をすればよいかに迷う」なかで，「解決すべき目標を共有」し，「その目標を達成するための協働を行う」グループが「プロジェクトチーム」であり「プロジェクト環境」である。これらを考え合わせると，そうした環境における対話力を磨くことによって，我々は問題解決のために最適な選択を行う思慮深さを身につけることができるといえるので，エがふさわしい。

問９　「人間は，一人では生きることのできない存在」であり，「人生の至るところで，さまざまな集団に所属する」。本文では，「クラス環境」，「なかよし環境」，「プロジェクト環境」の三つについて，その特徴《とくちょう》を説明し，「プロジェクト環境」に参加することが，「『選択能力』としての『思慮深さ』を磨くのに役に立つ」として，その大切さを指摘《してき》しているので，エが合う。

三　**出典は伊吹有喜《いぶきゆき》の『雲を紡《つむ》ぐ』による。**家出をして祖父の家にやって来た美緒《みお》は，祖父の「コレクションルーム」でさまざまな色の糸を見つけて心をひかれ，祖父に，この家にいてもいいと言われる。

問１　**a**　この文では「だれが」にあたる主語は「美緒は」，「どうする」にあたる述語は「眺《なが》める」である。「二階から」はどこから「眺める」かを示している。　**b**　この文の述語は「思っていた」だが，主語は「父が」ではなく，この文にはないが文脈から「美緒は」である。「父が」は家にだれが「来る」かを示している。　**c**　この文の述語は「見た」で，主語はやはりこの文にはないが「美緒は」である。「漫画《まんが》で」は何で「見た」かを示している。

問２　A「不機嫌《ふきげん》な」，C「丁寧《ていねい》に」は，物事の性質や状態を表し，言い切りの形が「不機嫌だ」「丁寧だ」のように「だ」で終わる言葉。B「来る」，E「掛《か》かる」，H「触《ふ》れる」は，動きや存在を表す言葉。D「畑」，F「つくり」は，物事の名前を表す言葉。G「広い」，I「悪く」は，物事の性質や状態を表し，言い切りの形が「い」で終わる言葉。

問３　夕方，「きれいに磨いた床板《ゆかいた》のつやが心地良い」と感じて思い出していることに注目して考える。蜘蛛《くも》の巣がなくなっているのを見て，美緒は，祖父が自分を受け入れてくれたと思い，嬉《うれ》しくなり，そのお礼の気持ちもあって自分から進んで家の掃除《そうじ》をし，「気分が良く」なっていた。しかし，父が盛岡《もりおか》まで来ると祖父から聞いて，気分が沈《しず》み，逃《に》げ出したくなった。美緒は，そのことを思い出していたのである。

問４　直後の三文に注目すると，父には会いたくないが，祖父に留守を頼《たの》まれ，外にはクマがいると言われ，外も暗くなってきて，家から逃げ出すわけにもいかず，困っている美緒のようすがわかる。

問５　文章を読み進めていくと，帰ってきた祖父との会話のなかで，祖父が「この一角に入るな」と言った理由について，「隣《となり》の部屋に化学薬品があるから」だと言っている。

問６　一階で大きな音がしたので，美緒は不安になり，侵入《しんにゅう》者を追い払《はら》うための消火器を持って，祖父から立ち入り禁止と言われた区域に入っていった。すると，開いた窓から風が吹《ふ》き込んでいて，たらいや大きな鍋《なべ》がいくつも転がっていたので，風でそれらが落ちた音だとわかり，美緒は，いったん安心した。しかし，誰《だれ》もいないはずの隣の部屋にエアコンがかかっているのが気になり，そのドアを開けてみると，さまざまな色の糸の束が整然と並んでいた。美緒は，糸の美しさに心を打たれて，思わず声を出してしまったのである。

問７　前後の部分に着目する。祖父は美緒に，家にいてもいいと言ったが，その代わり週に一度，父と連絡《れんらく》を取るようにという条件を出してきた。それを聞いて，美緒は仕事が忙《いそが》しく，自分のこともそれほど心配していないであろう父と，週に一度連絡を取るのは気まずいと思ったが，目の前の「香葉の布」の淡《あわ》く優《やさ》しい色合いに惹《ひ》きつけられている。

問８　「人は色にさまざまな願いを託《たく》してきた」ことを教えた後，祖父は美緒に，「自分の色」は自分で選べばいいと言った。「自分の色」とは，「美緒が好きな色，美緒を表す色」のことであり，美緒の願いを託す色のことである。祖父は美緒に，自分が何を望み，どんなふうに生きていきたいのかを，周りに左右されずに，あせらずに考えていけばいいと言っているのである。

問９　立ち入り禁止だと言った区域に美緒がいるのを見て，祖父は「けわしい顔」をした。また，自分の家にとどまる条件として，美緒に，週に一度父に連絡することを約束させた。祖父は，いったん決めた約束は，きちんと守るように相手に求める厳しさを持った人物なのである。その一方で，家出をしてきた美緒の事情を思いやって，父にわたさず，自分の家に置いてやるという配慮《はいりょ》もできる人物である。さらに，自分の色を自分で選ぶようにと言って，美緒が成長するのに力を貸してやろうとしている。祖父は，厳しさと優しさを兼《か》ね備《そな》えた包容力のある人物として描《えが》かれている。

2021年度　本郷中学校

〔電　話〕 (03) 3917－１４５６
〔所在地〕 〒170-0003　東京都豊島区駒込４－11－１
〔交　通〕 JR山手線・都営三田線─「巣鴨駅」より徒歩３分
JR山手線・東京メトロ南北線─「駒込駅」より徒歩７分

【算　数】〈第２回試験〉（50分）〈満点：100点〉

注意　コンパス，分度器，定規，三角定規，計算機の使用は禁止します。かばんの中にしまって下さい。

1　次の□に当てはまる数を求めなさい。

(1)　$\left(31\frac{3}{4}-21\frac{2}{3}\right)\times\frac{3}{2}\div11\div0.125-0.625\times16=\square$

(2)　$\left\{(2021-7\div3.5)\div\frac{3}{5}-\square\right\}\div(12\div0.75-1)\times0.05=10$

2　次の問いに答えなさい。

(1)　ある商品を定価の１割引きで売ると70円の利益があり，２割引きで売ると10円の損失になります。この商品の原価は何円ですか。

(2)　１個48gのおもりＡが５個と，重さの分からないおもりＢが３個の合計８個の重さは，Ａが１個とＢが９個の合計10個の重さと等しくなります。いま，Ａが１個あります。ここにＢを最低何個加えると，500gをこえますか。

(3)　１，２，３，４の書かれたカードが１枚ずつあります。このカードを４枚並べて４ケタの整数を作ります。このとき，2314は小さい方から数えて何番目の数ですか。

(4)　[図Ⅰ]は，ADの長さが５cm，BCの長さが12cmでADとBCが平行な台形です。

角ADEと角ECBがともに直角で，三角形ADEと三角形ECBが合同であるとき，BEの長さは何cmになりますか。

[図Ⅰ]

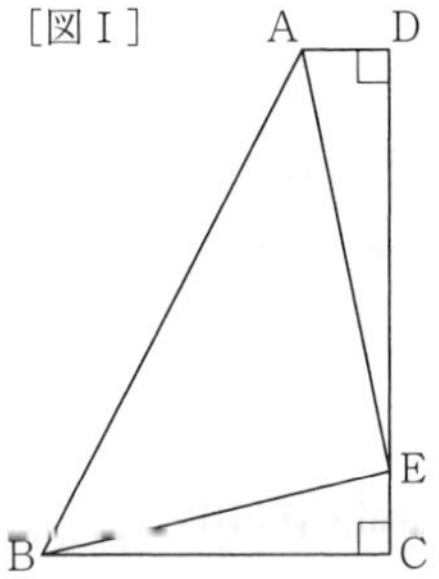

[図Ⅱ]

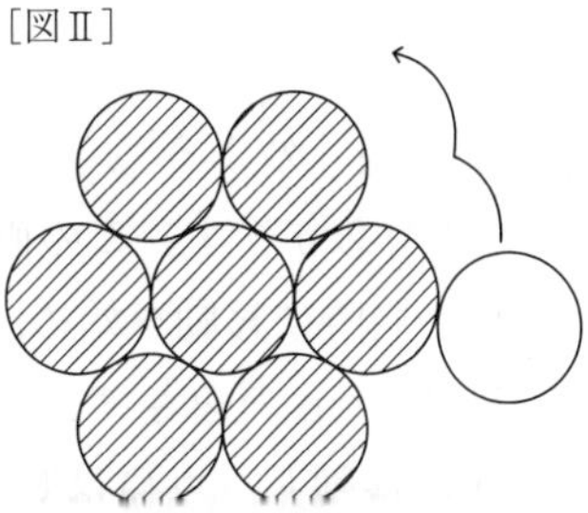

(5)　[図Ⅱ]のように半径５cmの円が７つあり，となり合う円は接しています。７つの円の周りを同じ大きさの円がすべらないように転がり一周します。このとき回転した円の中心が移動した距離は何cmですか。ただし，円周率を3.14とします。

3　次のＡ，Ｂ２人の会話を読んで，あとの問いに答えなさい。

Ａ「何を計算しているの？」

Ｂ「ある数を選んで，１とその数の間で，１とその数を含んでどの数もその差が１より大きいものの数の組み合わせを数えているんだ」

Ａ「え，どういうこと？」

Ｂ「例えば，５を選んだ場合，１と５を含んでどの数も差が１より大きい組み合わせは

{1, 5}と{1, 3, 5}の2通りということ」
A「うーん，もうちょっと教えて」
B「7を選んだ場合は，{1, 7}と{1, 3, 7}と{1, 4, 7}と{1, 5, 7}と{1, 3, 5, 7}の5通りあるってこと」
A「そうか，じゃあもし4を選んだ場合は，{1, 4}と{1, 3}の2通りだね」
B「いや，4を選んだら，4を必ず入れなければいけないから，{1, 4}だけだよ」
A「そういうことか。ということは6を選んだらこうだね」
B「正解。そういうことだよ！」
A「もっと調べてみよう。8を選んだ場合は……，［ア］通りだね」
B「正解。ところで，ある数を選んだ時の組み合わせの数に何か規則性はないかな？」
A「よし，調べてみよう。選ぶ数字を1つずつ大きくして何通りか調べていくぞ」
B「1と2の場合は，1との差が1より大きくないから，3の場合からだね」
A「3の場合は……，4の場合は……，5の場合は……，6の場合は……，7の場合は……」
B「そうか，分かったぞ。組み合わせの数にはこういう関係性があるね」
A「本当だ，もうひとつひとつ調べる必要はなさそうだね。じゃあ，12を選んだ場合は……，［イ］通りだね」
B「そうだね。規則性を見つけるのって面白いね！」

(1) アに当てはまる数はいくつですか。
(2) イに当てはまる数はいくつですか。

4 ［図Ⅰ］のような平行な直線ABとCDがあります。この直線上を2点P，Qが同時に移動を始め，点PはAから毎秒2cmの速さでA→B→A→B→Aと移動し，点QはCから毎秒3cmの速さで点Pが移動している間C→D→C→…と移動します。また，点Pの方が点Qよりも先に移動の向きを変えるものとします。

点PとQが移動を開始してからの時間と4点A，P，Q，Cをこの順に直線で結んでできる図形の面積の関係をグラフで表すと［図Ⅱ］のようになります。例えば，AとP，CとQが重なるときは三角形の面積を考えるものとします。また，台形ABDCの高さは4cmです。

［図Ⅰ］

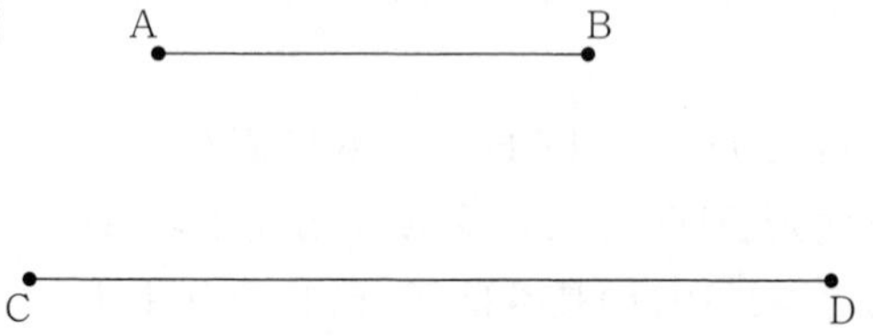

［図Ⅱ］

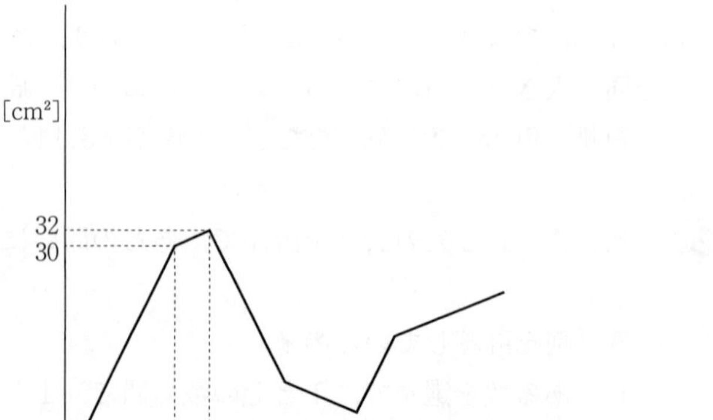

このとき，次の問いに答えなさい。

(1)　CDの長さは何cmですか。

(2)　四角形APQCの面積が，２回目に台形ABDCの面積の半分になるのは２点P，Qが移動を始めてから何秒後ですか。

(3)　四角形APQCと四角形PBDQの面積比が，３回目に５：４になるのは２点P，Qが移動を始めてから何秒後ですか。

5　H中学校のあるクラブで，合宿の代金を集めることになりました。１人あたりの費用は，27000円で，参加者の代金をすべて集めたところ，10000円札と5000円札と1000円札の３種類の紙へいだけが集まりました。5000円札を使わずに支払った生徒はいましたが，10000円札を使わずに支払った生徒はいませんでした。また，全員がおつりなく支払い，おのおのが支払った紙へいの枚数は10枚以下でした。このとき，次の問いに答えなさい。

(1)　27000円を支払う紙へいの組み合わせは何通りありますか。

さらに，次のことが分かりました。

・集めた10000円札の枚数は，5000円札の合計の枚数の２倍で，1000円札の枚数のちょうど半分であった。
・合宿の参加者は40名より少なかった。
・支払った紙へいの枚数が一番多かった生徒は１人だけだった。

(2)　合宿の参加者は何人ですか。

(3)　5000円札を１枚だけ使った生徒(支払った紙へいの枚数が一番少なかった生徒)は何人ですか。

6　[図Ⅰ]のような底面の半径が10cmで，高さも10cmの円柱があります。底面の直径ABを含み，底面と45°の傾きをなす平面で，この円柱を２つの立体に分けるときにできる小さい方の立体について次の問いに答えなさい。

[図Ⅰ]

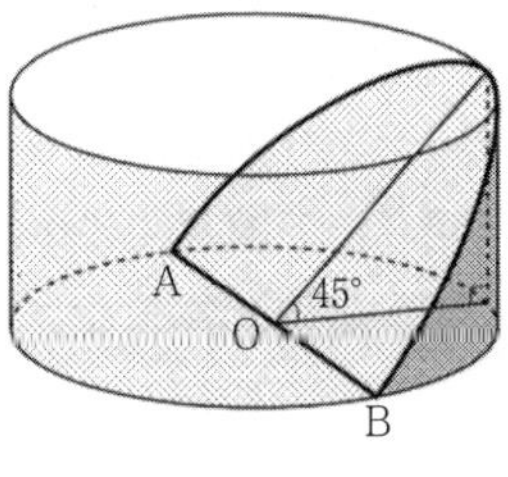

(1)　この立体を底面に垂直でABに平行な平面で切ったとき，切り口が[図Ⅱ]のような長方形PQRSになりました。PQ：QR＝2：1であるとき，この長方形の面積は何cm^2ですか。

(2)　[図Ⅲ]のように，底面上にあって中心Oを通り，直径ABに垂直な直線を軸とし，この立体を軸の周りに，１回転させてできる立体の体積は何cm^3ですか。ただし，円周率は3.14とします。

[図Ⅱ]

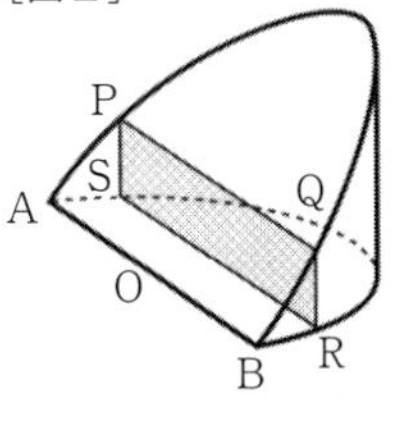

[図Ⅲ]

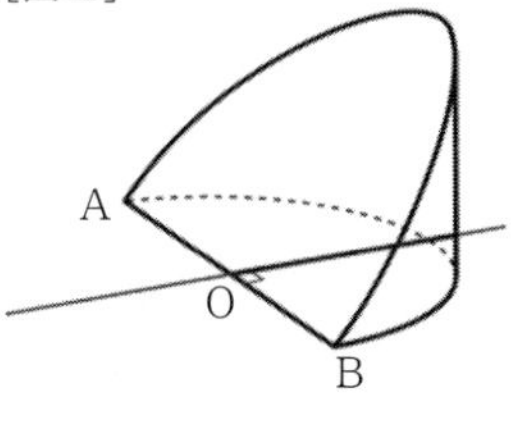

【社　会】〈第２回試験〉（40分）〈満点：75点〉

注意　解答に際して，用語・人物名・地名・国名などについて漢字で書くべき所は漢字で答えなさい。

〈編集部注：実物の入試問題では，図はカラー印刷です。〉

1　次のＡ～Ｃの文は，それぞれある県について述べたものです。Ａ～Ｃの文を読み，下の問いに答えなさい。

Ａ　この県の東部を急峻な（　１　）山脈が南北に走っています。①県内を流れる河川の多くは急流となり，北流して②（　２　）湾に流れ注いでいます。県内北部に広がる平野部では，稲作とともに，その裏作として（　３　）の球根栽培もさかんに行われてきました。

Ｂ　この県の北部を急峻な（　４　）山脈が南北に走っています。③県内を南流する河川を横切るように，我が国の大動脈である（　５　）高速道路および新（　５　）高速道路が東西に走っています。その交通の便の良さを生かして，④温暖な気候下での農業や，⑤地元の資源を利用した工業が発展してきました。

Ｃ　この県の北部にはなだらかな（　６　）山地が東西に広がり，南部は（　７　）海に面しています。おもな工業都市は，古くからの（　７　）海の水運を利用して発達してきました。太田川の【　ａ　】にある⑥県庁所在都市は⑦政令指定都市で，⑧平和記念都市としての役割も果たしています。

問１　文中の（１）～（７）にあてはまる地名や語句を答えなさい。

問２　文中の【ａ】にあてはまる地形用語を答えなさい。

問３　下線部①について，Ａ県の県庁所在都市を流れる河川を次の中から１つ選び，記号で答えなさい。

ア　黒部川　　イ　神通川　　ウ　常願寺川　　エ　庄川

問４　下線部②について，この湾の特産物を次の中から１つ選び，記号で答えなさい。

ア　桜えび　　イ　養殖かき　　ウ　ほたるいか　　エ　ほたて貝

問５　下線部③について，これらの河川のうち諏訪湖を源流とするものを次の中から１つ選び，記号で答えなさい。

ア　天竜川　　イ　大井川　　ウ　安倍川　　エ　富士川

問６　下線部④について，Ｂ県の生産量が国内第１位（2016年）の農産物を次の中から１つ選び，記号で答えなさい。

ア　みかん　　イ　レモン　　ウ　セロリ　　エ　茶

問７　下線部⑤について，富士山麓の豊かな水を利用して発達した富士市の主要産業を次の中から１つ選び，記号で答えなさい。

ア　自動車工業　　イ　製紙・パルプ工業　　ウ　楽器製造業　　エ　先端技術産業

問８　下線部⑥について，この都市のおよその人口規模（2018年）を次の中から１つ選び，記号で答えなさい。

ア　70万人　　イ　120万人　　ウ　180万人　　エ　230万人

問９　下線部⑦について，次にあげる都市の中から政令指定都市ではないものを１つ選び，記号で答えなさい。

ア　金沢市　　イ　岡山市　　ウ　相模原市　　エ　熊本市

問10　下線部⑧について，Ｃ県の県庁所在都市で戦争の悲惨さを後世に伝えるべく保存され，世界文化遺産にも登録されている建物の名称を答えなさい。

2　次の文章を読み，下の問いに答えなさい。

日本の総人口の減少に歯止めがかかりません。「少子高齢化」が問題として認識されてからも，政府や企業などの対策が不十分であったことが大きな原因です。そうしたことも含めて人口の推移は，日本列島の自然と人間の関わり方をよく示しています。日本列島では過去１万年の間に４つの「波」がありました。

第一の「波」は，縄文時代の間に見られる微々たる人口増加です。これは①狩猟・漁労・採集に依存する社会の中で起こった人口変化でした。人口数は増加と減少を繰り返しながら，ほぼ横ばいの状態で，全体として30万人を上限としていました。その半数以上が関東から北の地域に集まっていました。うっそうとした照葉樹林が広がる西日本より，クルミ・トチ・コナラ・クリなどの落葉広葉樹林が広がる東日本のほうが，はるかに多くの木の実が採れたでしょうし，大きな河川も東日本のほうが多いので，川魚も多く捕れたでしょう。ただ，縄文中期から後期にかけての東日本で人口が激減しています。これは主に，気候の寒冷化によって落葉樹林が縮小したからであろうと推測されています。現在でいう「資源の枯渇」です。

第二の「波」は，②弥生時代から10世紀にかけて見られる人口増加と12世紀にかけての人口停滞です。この1000年の間に総人口は約60万人から約700万人へと10倍以上に増加しています。これは水稲耕作とその普及によるものでしたが，農耕生活が人間の生存の仕方を大きく変えていることが分かります。また，弥生時代には東西の人口比が逆転し，特に近畿や九州での人口が激増しています。これはA律令国家が完成したことを示していますが，それはまた，③西日本による東日本の征服が進行することを意味します。ただし，東日本の人口も絶対数では着実に伸びています。一方，この人口増加が頭打ちになるのがB11～12世紀頃のことで，九州を除く西日本ではむしろ一時的に減少にすら転じてしまっています。これには律令国家の解体に伴う耕地の荒廃化，当時の技術水準では④新たに開墾できる土地が少なくなっていたこと，そうしたことから人口を支える力が低下したことが考えられますが，気候の変動もその一因でした。この時期は温暖化がピークを迎えた頃であり，⑤高温に伴う干ばつをもたらしたのです。

第三の「波」は，C14～15世紀から始まり，特に17世紀に見られる急速な人口増加です。1600年頃の推定人口が1227万人であるのに対して1721年の幕府の全国人口調査の結果などによると3128万人になります。これは新田開発などによる耕地の開墾が進められ，農業生産力の向上とともに人口を支える力が大きく高まったこと，D１世帯構成人数が半分近くに減るという世帯構造が大きく変化したこと，農業社会の中で市場経済化が始まって拡大していくことに伴うものでした。ちなみに当時の世界の推定総人口は約７億人でしたから，日本の人口はその４％を超えていることになり，世界の総人口に占める割合が過去最大となっていました。これだけの人口増加が，E狭い国土だけを居住地とし，ほぼ国内資源だけを活用して可能であったことは注目されてもよいでしょう。また，東日本の人口が再び西日本をしのぐほどになるのは，江戸が上方と肩を並べる大都市として成長した18世紀のことです。この間，主に東日本を中心とした大河川流域の新田開発が行われたこと，⑥江戸を中心とした一大経済圏が形成されつつあったことなどが人口に反映したからでした。その18世紀からしばらくの間，日本の総人口は全体として停滞していました。同時に国土にもはや開拓できるところがなくなって人口が各地に分散するようになったようです。ちょうど「過疎・過密」の逆現象です。

第四の「波」は，19世紀のF幕末期に始まり，現代まで続いた人口増加です。これは主に，飢饉の発生回数が減少して人口が少しずつ回復していったこと，明治維新の前後の西洋化・近代化・⑦産業化(工業化)に支えられたものでした。⑧1872年に近代的戸籍制度が始まりましたが，それによると日本の総人口は3481万人でした。その後，多少の増加・減少の小さな「波」はあったものの，総じて年々増加し，G 1967年には１億人を突破しました。また，18世紀に分散していた人口分布が変化するのは明治維新以降で，H 近代化の進行とともに地方から都市に向かって人口が集中し始めました。

現在の「少子高齢化」への転機となったのは1920年代でした。20世紀初頭から都市部で低下し始めていた出生率が，郡部でも低下し始めました。一方の死亡率は着実に低下を続けました。さらに，大戦直後の I 1940年代後半の第一次ベビーブームが過ぎると，養育費の増加や初婚年齢の上昇などにより出生率は急速に低下し，保健衛生・医薬技術・社会資本・衣食住などの向上により死亡率も急激に低下したことで1960年代には年齢構造が著しく高齢化しました。合計特殊出生率は1947年に4.54でしたが，1975年に2.00を割り込み，1989年には1.57，1998年には1.38まで低下しています。一方，65歳以上の人口の割合は1997年に年少人口を上回りました。こうして，2005年には合計特殊出生率が1.26に低下し，その後，日本の総人口も減少に転じたのです。

問１　下線部Aについて，律令国家が成立するまでに起こった，以下の出来事を古い年代順に並べたときに２番目となるものを次の中から１つ選び，記号で答えなさい。

ア　白村江の戦い　　イ　壬申の乱　　ウ　富本銭の鋳造　　エ　大化改新

問２　下線部Bについて，この時期に関する説明として誤っているものを次の中から１つ選び，記号で答えなさい。

ア　11世紀前半は藤原道長・頼通による摂関政治の全盛期であった。

イ　11世紀後半からは白河・鳥羽・後白河上皇による院政の時期であった。

ウ　この時期には浄土教が流行しており，各地に阿弥陀堂が造営された。

エ　この時期に武士による最初の反乱である天慶の乱が起こった。

問３　下線部Cについて，この時期に関する説明として誤っているものを次の中から１つ選び，記号で答えなさい。

ア　鎌倉幕府を滅ぼした後醍醐天皇が建武新政を行った。

イ　応仁の乱が起こって事実上の戦国時代に突入した。

ウ　北条時宗が２度の蒙古襲来に対処した。

エ　足利義満が明に朝貢して勘合貿易を始めた。

問４　下線部Dについて，これは17世紀に江戸幕府が実施した農政(検地や，小家族を単位とする農業経営を維持しようとする政策)の結果と考えられます。このような政策に関する説明として誤っているものを次の中から１つ選び，記号で答えなさい。

ア　百姓は検地帳に登録された田畑を売却処分してはならない，とした。

イ　検地帳に登録された田畑では米・大豆などの五穀以外を作付けしてはならない，とした。

ウ　百姓は一日中労働しているので，酒やたばこは大目にみるようにした。

エ　百姓が田畑を分割して相続することを制限しようとした。

問５　下線部Eについて，これは「鎖国」政策の結果ですが，「鎖国」体制下における貿易(交易)に関する記述として誤っているものを次の中から１つ選び，記号で答えなさい。

ア　薩摩藩の島津氏を通じて琉球と貿易が行われた。

イ　長崎で中国・オランダ・イギリスとの貿易が行われた。

ウ　対馬藩の宗氏を通じて朝鮮との貿易が行われた。

エ　松前藩の松前氏にはアイヌとの交易独占権が与えられた。

問６　下線部Ｆについて，この時期に起こった，以下の出来事を古い年代順に並べたときに２番目となるものを次の中から１つ選び，記号で答えなさい。

ア　生麦事件が起こった。　　　　　　イ　薩長連合が成立した。

ウ　日米修好通商条約が締結された。　エ　桜田門外の変が起こった。

問７　下線部Ｇについて，この年代にもっとも近い出来事を次の中から１つ選び，記号で答えなさい。

ア　第18回夏季オリンピック東京大会が開催された。

イ　日米安全保障条約が改定された。

ウ　日中平和友好条約が締結された。

エ　自由党と日本民主党が合同して自由民主党が結成された。

問８　下線部Ｈについて，近代における大都市の人口は，社会や経済の動向や重要な事件・出来事などを反映して変化します。右の表は東京と大阪の人口の変化を表したものであり，その変化の度合いを示すため，1888年を100とする指数を併記したものです。この表から読み取れる記述として誤っているものを次の中から１つ選び，記号で答えなさい。

年(西暦)	東京		大阪	
	人口(千人)	指数	人口(千人)	指数
1888	1,313	100	443	100
1893	1,214	92	483	109
1898	1,440	110	821	185
1903	1,819	139	996	225
1908	2,186	166	1,227	277
1913	2,050	156	1,396	315
1918	2,347	179	1,642	371
1920	2,173	165	1,253	283
1925	1,996	152	2,115	477
1930	2,071	158	2,454	554
1935	5,876	448	2,990	675
1940	6,779	516	3,252	734
1945	2,777	212	1,103	249

注：各年の『日本帝国統計年鑑』『日本統計年鑑』による。
単位未満は四捨五入している。

ア　1888年から1918年までの期間を見ると，産業革命の進展や大戦景気の影響で紡績工場が多くあった大阪のほうが東京より人口が急増している。

イ　1920年から1925年までの期間を見ると，東京では関東大震災の影響もあって人口が減少している。

ウ　1930年から1940年までの期間を見ると，満州事変の影響で，植民地から強制連行が行われ，特に東京で人口が増加している。

エ　1940年から1945年までの期間では，空襲や疎開などの影響で東京・大阪ともに人口が急激に減少している。

問９　下線部Ｉについて，この時期に行われた「戦後改革」に関する説明として誤っているものを次の中から１つ選び，記号で答えなさい。

ア　財閥解体により，銀行を除くいくつかの巨大企業が分割された。

イ　衆議院議員選挙法が改正され，18歳以上の男女に選挙権が与えられた。

ウ　農地改革により，寄生地主制が解体され，自作農が大幅に増加した。

エ　労働組合が合法化され，労働者の待遇改善が図られた。

問10　下線部①について，この時代から奈良時代まで多くの人々が住んだ住居の名称を答えなさい。

問11　下線部②について，この時代によく利用されたものに青銅器がありますが，そのうち，近畿地方から出土し，釣鐘型をしている青銅器の名称を答えなさい。

問12　下線部③について，こうした征服事業を行った坂上田村麻呂らが任命された官職の名称を答えなさい。

問13　下線部④について，新たな開墾地を永久に私有地として認める法令が奈良時代に発令されました。この法令の名称を答えなさい。

問14　下線部⑤について，1181年に起こった「養和の飢饉」は西日本に大きな被害をもたらしました。この様子を随筆『方丈記』に記した人物名を答えなさい。

問15　下線部⑥について，この経済圏の育成が図られたのは寛政改革からでした。この改革を行った老中であった人物名を答えなさい。

問16　下線部⑦について，明治政府で初代の内務卿として殖産興業政策を進めた，薩摩出身の人物名を答えなさい。

問17　下線部⑧について，明治政府が「四民平等」を掲げていたにもかかわらず，この近代最初の戸籍には本人の氏名のほかに華族・士族などの族称も記載されました。江戸時代に被差別民として「いわれなき差別」を受けていた人々は，どのような族称を記載されましたか。その名称を答えなさい。なお，その名称は，被差別民とその家族であることが一見して分かるので，後々も差別が残ることになります。

3　次の表は，2020年の１月から５月にかけての新型コロナウイルス感染症に関する出来事を時系列でまとめたものです。これを見て，下の問いに答えなさい。

2020年

１月３日	中国政府，（ ① ）に新しい感染症の発生を報告
１月９日	中国政府，原因は「新型コロナウイルス」であると報告
１月16日	日本で感染者を初めて確認
１月20日	②第201回通常国会が開会
１月23日	中国政府，武漢市の③封鎖を開始
２月29日	安倍首相が全国の（ ④ ）の閉鎖を要請
３月９日	⑤「３密」の回避を感染症対策専門家会議が要請
３月11日	（ ① ）が（ ⑥ ）を宣言
３月24日	⑦オリンピックの延期発表
３月27日	⑧本予算が成立
４月７日	⑨一部の自治体に対して緊急事態宣言を発令
５月25日	緊急事態宣言解除

問１　文中の(①)には国際連合の専門機関の名称が入りますが，その名称をアルファベット大文

字３字で答えなさい。

問２　下線部②について，次の問いに答えなさい。

(1)　通常国会の会期の日数を答えなさい。

(2)　国会を召集するのは天皇の国事行為の１つです。では，その国事行為にはあたらないものを次の中から１つ選び，記号で答えなさい。

ア　衆議院を解散すること　　　　イ　最高裁判所の長官を指名すること

ウ　内閣総理大臣を任命すること　　エ　法律を公布すること

問３　下線部③について，この行政措置は世界の各都市でも実施され，日本を含め，各国の経済成長率は大幅なマイナスになりました。では，1974年に日本が戦後初めてマイナスの経済成長率を記録する原因となった出来事として適切なものを次の中から１つ選び，記号で答えなさい。

ア　バブル経済の崩壊　　　　イ　アジア通貨危機

ウ　第一次オイル・ショック　　エ　リーマン・ショック

問４　(④)にあてはまる施設の名称として適切なものを次の中から１つ選び，記号で答えなさい。

ア　学校　　イ　遊園地　　ウ　飲食店　　エ　公園

問５　下線部⑤について，これは「密(　１　)空間，密(　２　)場所，密(　３　)場面」を避けることを意味します。(１)～(３)に入る漢字を次から１つずつ選び，記号で答えなさい。

ア　接　　イ　着　　ウ　集　　エ　閉

問６　(⑥)には「世界的な感染症の流行」を指す語句が入ります。カタカナ６字で答えなさい。

問７　下線部⑦について，前回のリオデジャネイロ大会から，ある状況に置かれた選手たちが，国を超えて代表選手団を作り，オリンピックに参加できるようになりました。彼らはどのような人々を代表していますか。２字で答えなさい。

問８　下線部⑧について，次の図を参照しながら問いに答えなさい。

令和２年度一般会計歳出・歳入の構成(単位：億円)

一般会計歳出

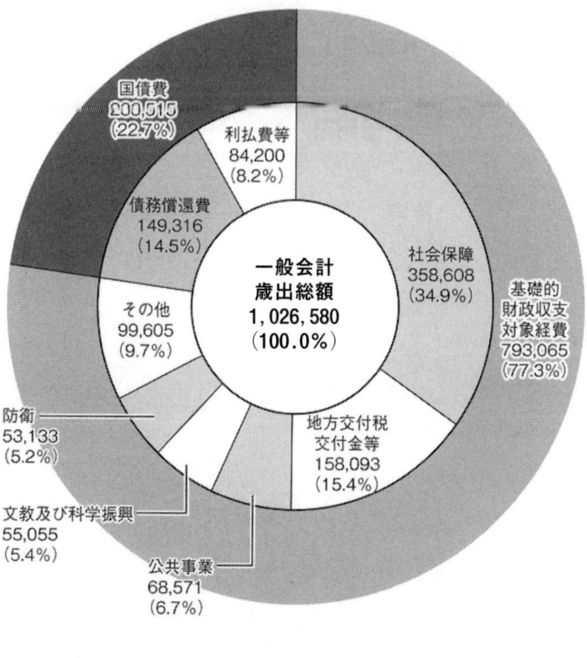

一般会計歳入

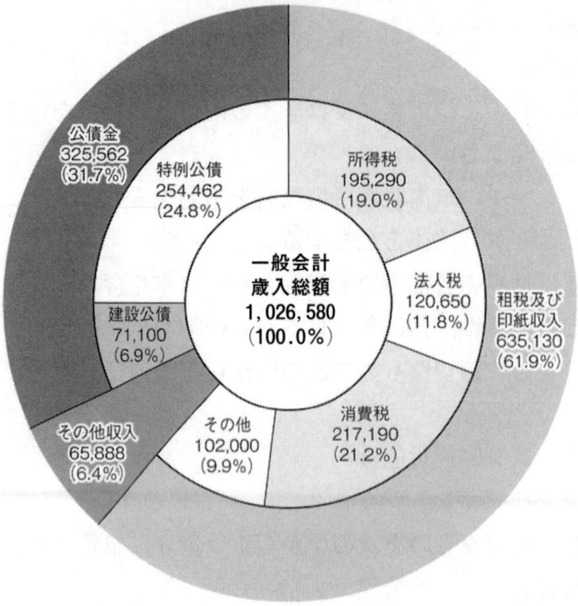

典拠：財務省「令和２年度予算政府案」

(1)　国家予算について述べた文として適切なものを次の中から１つ選び，記号で答えなさい。

ア　政府系金融機関の予算は，特別会計予算に含まれる。

イ　「第二の予算」とも呼ばれる財政投融資計画は，国会で審議されない。

ウ　予算案は内閣が作成し，必ず参議院に先に提出しなければならない。

エ　予算案を審議する際は，必ず公聴会を開かなければならない。

(2)　一般会計予算のうち，税収が不足したときに政府がする借金の総称を，図中の項目名から答えなさい。

(3)　一般会計予算のうち，自治体間の格差を縮めるために，国から各自治体へ配分される予算の名称を，図中の項目名から答えなさい。

問９　下線部⑨について，この時発令された「一部の自治体」に含まれなかったものを次の中から１つ選び，記号で答えなさい。

ア　兵庫県　　イ　岩手県　　ウ　千葉県　　エ　福岡県

【理　科】〈第２回試験〉（40分）〈満点：75点〉

注意　机上に定規を出し，試験中に必要であれば使用しなさい。

1　ふりこの実験をしたところ，ふりこの長さが同じであれば，ふれはばを変えても１往復する時間は変わらないことがわかりました。また，ふれはばが大きい方が最下点をおもりが通過するときの速さが速いことに気がつきました。そこで，次の実験を行いました。

直径２cm の球形のおもりに糸をつけてふりこをつくりました。そして，半径 51cm の円形のレールをつくり，同じ重さで同じ大きさのおもりをそのレールの上ですべらせます。ふりこでもレールの上でも，おもりの中心は半径 50cm の円周上を動きます。

ふりこのおもりと，レール上のおもりを最下点から 10cm 持ち上げて同時に手をはなすと２つのおもりは横から見ると重なって動き，同じ速さで，同時に最下点に達しました。このことからレールの上のおもりの運動は，ふりこのおもりの運動と全く同じだということがわかります。（図１）

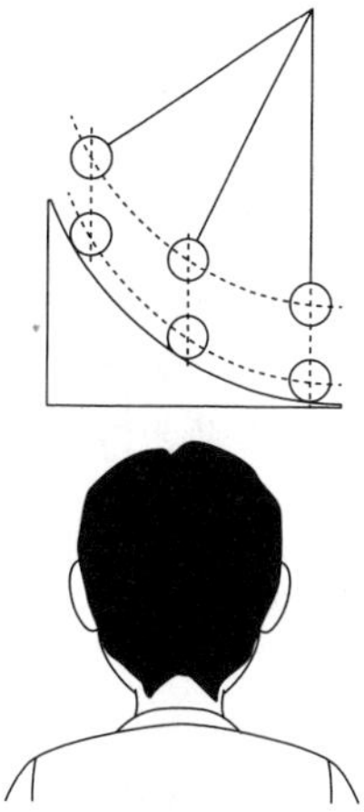

図１

そこで図２，図３のような装置をつくりました。AB 間は円形のレールで BC 間は平らな机です。B でレールは机となめらかにつながっています。E はその間を物体が通過するとその速さを測定するための測定器です。速さは１秒間に進む距離《きょり》で表します。F は重さ 120g の直方体の箱です。おもりは AB 間の途中の D 点からすべらせ，E を通過し，F に衝突して F を距離 s だけ押して止まります。

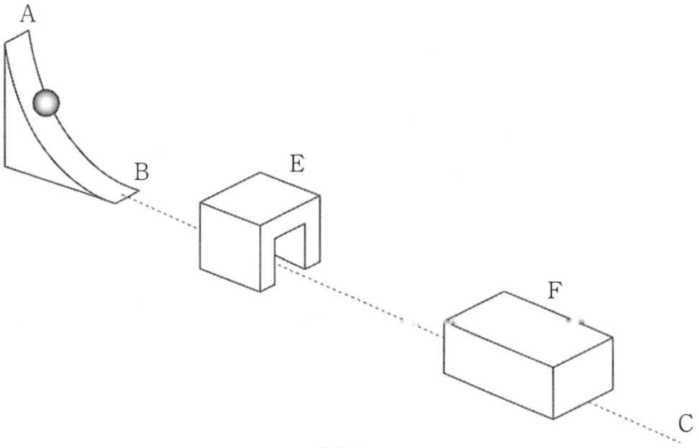

図２

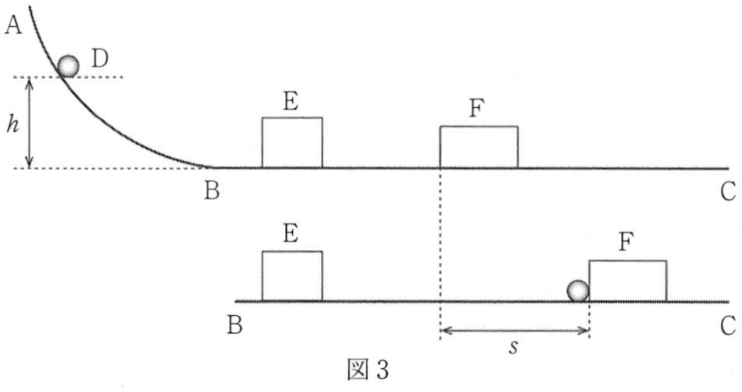

図３

【実験１】　D 点の机からの高さを h〔cm〕としたとき，高さ h と速さの関係を調べました。重さ

36gのおもりを半径51cmのレールの上をすべらせたとき，高さhと速さの関係を測定したグラフが図4です。

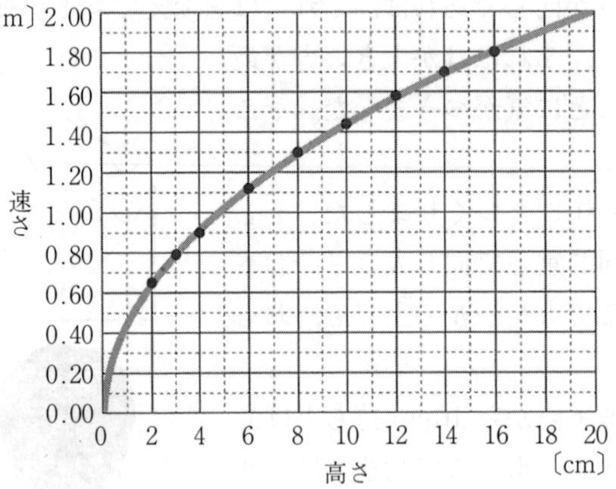

図4

おもりの重さ，レールの半径を変えて実験した結果を表1に示します。

表1

重さ〔g〕	36	36	36	36	36	36	12	12	12	12
レールの半径〔cm〕	101	101	101	101	101	101	51	51	51	51
手をはなした高さ〔cm〕	2	3	4	8	12	16	4	6	8	16
速さ〔m〕	①	0.79	0.90	②	1.58	③	0.90	1.12	④	1.80

(1)　速さを変えるには，次のうちどれを変えればよいですか。ア～ウからすべて選んで記号で答えなさい。

ア．おもりの重さ　　イ．レールの半径　　ウ．D点の高さ

(2)　表1の①～④を埋《う》めなさい。

【実験2】　おもりの重さとレールの半径，高さhを変えて，DからBまでおもりが進むのにかかった時間を測るため，表2のア～カの実験を行いました。

表2

	ア	イ	ウ	エ	オ	カ
重さ〔g〕	36	36	36	36	12	12
レールの半径〔cm〕	51	51	101	101	51	51
手をはなした高さ〔cm〕	8	16	8	16	6	16

(3)　最も時間がかかったのはどれですか。あてはまるものをア～カから1つ選び記号で答えなさい。

【実験3】　おもりの重さとレールの半径，高さhを変えて，おもりが箱を押した長さsを測定した結果が表3です。

表3

重さ〔g〕	36	36	36	36	36	36	36	12	12	12
レールの半径〔cm〕	51	51	51	51	101	101	101	51	51	51
手をはなした高さ〔cm〕	6	8	12	16	6	12	16	6	8	16
押した長さ〔cm〕	15.0	20.7	30.0	41.1	15.0	①	41.1	5.0	6.9	②

(4)　表3の①と②を埋めなさい。数字は小数第1位まで求めなさい。

2　次の文を読んで以下の問に答えなさい。

水は私たちの周囲に豊富に存在する物質です。地球は水の惑星《わくせい》とよばれるのもこのためです。水は生き物にとって最もたいせつな物質のひとつで，生き物の重さの60～90％をしめています。

地球上の水の大半は海水として存在しています。水は海水のほかに河川や湖，氷河などに存在していてすべてを合わせるとその体積は14億 km^3 になります。海を面積で見るとおよそ３億6000万 km^2 になり，地球表面のおよそ70％になります。

(1)　次の文の [A]，[B] に適する語句を入れなさい。

1742年，スウェーデンの天文学者であるセルシウスが，水の [A] を０度，[B] を100度として，その間を100等分する温度計を提案し，世界の多くの国でセルシウス度(℃)が使われています。

(2)　(1)にあるように水は，温度の単位の基準として使われてきました。また，温度以外にも単位の基準として水が使われていたものもあります。以前に使われていたものをふくめて，水が基準となっていた単位を次に示すア～エから２つ選び，記号で答えなさい。

ア．長さ
イ．重さ
ウ．速さ
エ．体積

(3)　地球上の水の重さはおよそ140京トンあり，その95％以上が海水として存在しています。海水以外で次のア～ウのように地球上に存在する水の重さを比べたとき，大きいものから順に並べなさい。

ア．河川・湖・地下水などに存在する水の重さ
イ．北極・南極・氷河などに存在する水(氷)の重さ
ウ．大気中の水蒸気や雲などに存在する水(水蒸気)の重さ

(4)　水はものをよく溶《と》かす性質をもっています。海水は，塩のなかまが3.5％溶けていて，そのうちの80％が塩化ナトリウムです。縦 25m，横 15m のプールに深さ１m まで海水が入っています。この海水中の水をすべて蒸発させたとき，得られる塩化ナトリウムの重さは何 kg ですか。ただし，海水は１cm^3 あたりの重さが 1.02g だとします。

(5)　次の表は，水(氷) 1cm^3，空気１L について，各温度における重さを表したものです。この表の値を参考にして，以下の問に答えなさい。

表１　水と氷，１cm^3 あたりの重さ

	氷		水			
温度〔℃〕	−18	0	0	4	25	60
1cm^3 あたりの重さ〔g〕	0.9194	0.9168	0.9998	1.0000	0.9970	0.9832

表２　空気　１L あたりの重さ

	空気				
温度〔℃〕	−18	0	4	25	60
1L あたりの重さ〔g〕	1.383	1.293	1.274	1.184	1.060

①　右図のように丸底フラスコに水を入れガラス管をさしたゴムせんでふたをしました。丸底フラスコに25℃の水を入れ，ガラス管の線まで水を満たしました。このフラスコを60℃の水そうで温めたときの水の体積と，水の重さについて正しいものを次のア～カから１つ選び記号で答えなさい。ただし，水は水蒸気にならないものとして考えなさい。

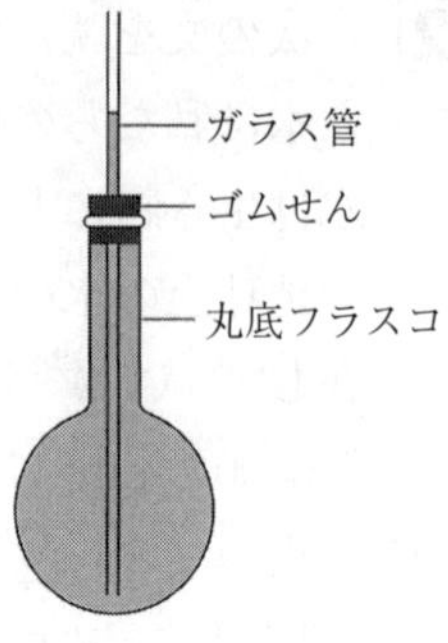

	水の体積	水の重さ
ア	線より上になる	軽くなる
イ	線より上になる	重くなる
ウ	線より上になる	変わらない
エ	線より下になる	軽くなる
オ	線より下になる	重くなる
カ	線より下になる	変わらない

②　水が半分程度入ったペットボトルを室温25℃の部屋にしばらく放置した。ペットボトルの水が25℃になったのを確認し，ペットボトルにふたをして－18℃の冷とう庫に入れました。しばらくすると水が固体となりペットボトルが変形してしまいました。ペットボトルがどのように変形したか，理由もふくめて簡単に答えなさい。

(6)　砂漠に囲まれたラスベガス(アメリカ)と東京について８月の最高気温の平均と最低気温の平均を調べると表のようになりました。最高気温の平均と最低気温の平均の差(昼夜の気温差)が大きいのはラスベガスですが，この理由はどのように説明できるでしょうか。次の文の空欄に当てはまる語句の組合せを表のア～エから１つ選び，記号で答えなさい。

８月	東京	ラスベガス
最高気温の平均	31℃	40℃
最低気温の平均	24℃	19℃

ラスベガスは，熱が出入り［　C　］砂に囲まれているため昼夜の気温差が大きく，東京は，熱が出入り［　D　］海(海水)が近いため昼夜の気温差が小さくなっている。

	C	D
ア	しやすい	しやすい
イ	しやすい	しにくい
ウ	しにくい	しやすい
エ	しにくい	しにくい

(7)　水は電気エネルギーを生じさせるためにも使われています。水力発電ではダムから水が落ちる力を利用しタービンをまわすことで発電しています。クリーンエネルギーとして注目をされている燃料電池では，体積比２:１の水素と酸素から水を生じさせる反応をもちいて発電しています。燃料電池において，10Ｌの水素を反応させ，発電させるとき，必要な空気は何Ｌになりますか。最も適しているものを次のア～カから１つ選び記号で答えなさい。

ア．２Ｌ　　イ．５Ｌ　　ウ．10Ｌ

エ．20Ｌ　　オ．25Ｌ　　カ．50Ｌ

3 私たちは毎日食物を食べて，それを栄養素として吸収しています。栄養素は体内で吸収できる大きさにまで分解されますが，このはたらきを「消化」と呼んでいます。消化は，だ液せんや胃，すい臓などの消化器官から出される消化液のはたらきによって行われます。また，それぞれの消化液には，特定の栄養素に対して作用する消化酵《こう》素《そ》がふくまれています。例えば，だ液にはデンプンに作用する消化酵素Ｘがふくまれています。この消化酵素Ｘのはたらきを調べるために次のような実験を行いました。

【実験】

操作１　口にだっし綿をふくみ，だ液をしみこませたあと，試験管の中にだ液をしぼりとった。

操作２　しぼりとっただ液１cm³を試験管Ａに入れ，水を加えて５倍に薄《うす》めた。

操作３　試験管Ｂ，Ｃに２％のデンプン溶《よう》液を10cm³ずつ入れた。また，試験管Ｄに３％のデンプン溶液を10cm³入れた。

操作４　試験管Ｂを40℃の水そうに入れ，数分後，試験管Ａのだ液１cm³を加えた。（このときの時間を０分とします。）

操作５　試験管Ｂ中の溶液を２分ごとに0.2cm³ずつとり，その中にふくまれている物質Ｙの量をはかった。なお，物質Ｙは，デンプンが消化されてできる物質である。

操作６　操作５の結果を右のようなグラフでまとめた。

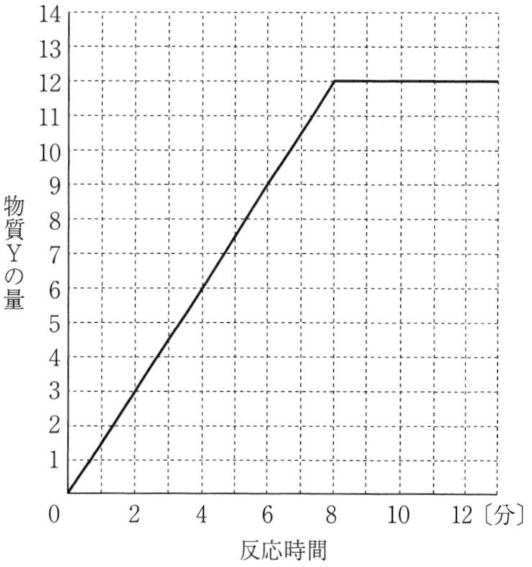

操作７　試験管Ｃを20℃の水そうに入れ，数分後，試験管Ａのだ液１cm³を加え，操作５と同様に物質Ｙの量をはかり，その結果をグラフにまとめた。

操作８　試験管Ｄを40℃の水そうに入れ，数分後，試験管Ａのだ液１cm³を加え，操作５と同様に物質Ｙの量をはかり，その結果をグラフにまとめた。

(1) だ液にふくまれている消化酵素Ｘ，ならびに消化酵素Ｘによってつくられる物質Ｙの名称《しょう》をそれぞれ答えなさい。

(2) 胃液にはタンパク質を分解する消化酵素がふくまれていますが，その名称を答えなさい。

(3) すい液には様々な消化酵素がふくまれています。次のア～オのうち，すい液に**消化されないもの**をすべて選び，記号で答えなさい。

ア．デンプン

イ．タンパク質

ウ．脂《し》肪《ぼう》

エ．ミネラル

オ．ビタミン

(4) 物質Ｙはさらに消化されたあと，小腸で吸収され，肝《かん》臓に運ばれます。このとき消化された物質が，小腸から肝臓に運ばれる血管の名称を答えなさい。

(5)　操作７の結果はどのようになりますか。次のア～ケより１つ選び，記号で答えなさい。

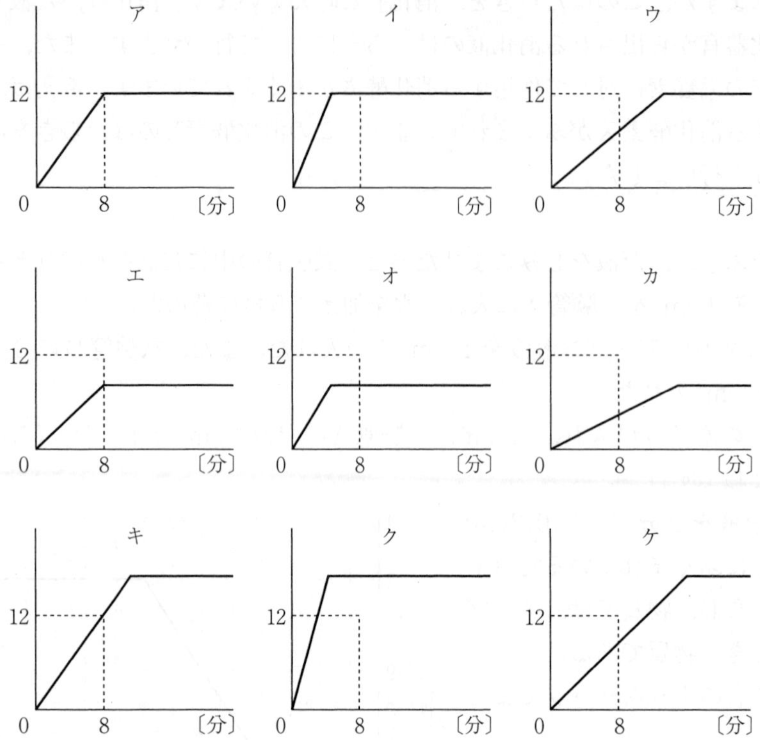

(6)　操作８の結果はどのようになりますか。(5)のア～ケより１つ選び，記号で答えなさい。

(7)　新たに２本の試験管E，Fを用意しました。再び口にだっし綿をふくみ，だ液をしみこませたあと，試験管Eの中にだ液をしぼりとり，水で２倍に薄めました。試験管Fに２％のデンプン溶液を10cm^{3}入れ，40℃の水そうに入れました。数分後，試験管Eのだ液１cm^{3}を加え，操作５と同様に物質Yの量をはかり，グラフにまとめました。このときの結果を(5)のア～ケより１つ選び，記号で答えなさい。

4　2019年は１月６日と12月26日の２回，2020年は６月21日の夏至の日に部分日食がありました。H中学理科部は学校内で３回すべての部分日食の観測会および比較《かく》データの測定のために活動を行いました。ただし，2020年の部分日食は部活動が休止中のためオンラインで観測会を行いました。以下に部分日食の日程と活動結果を示します。

2019年１月６日　観測場所：４号館屋上

8:44　食の始まり(欠け始め)　　10:06　食の最大　　11:37　食の終わり

結果：ほぼ晴天で日食グラス(写真１)，天体望遠鏡の投影《えい》(写真２)，ピンホール(写真３)による観測成功

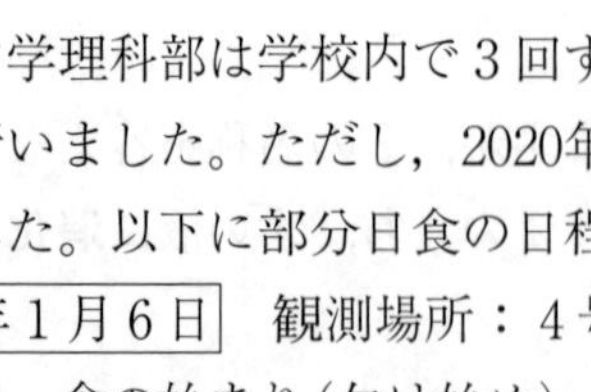

写真１　日食グラスでの観測
日食グラスは太陽の欠けている様子をそのままの向きで見ることができます。

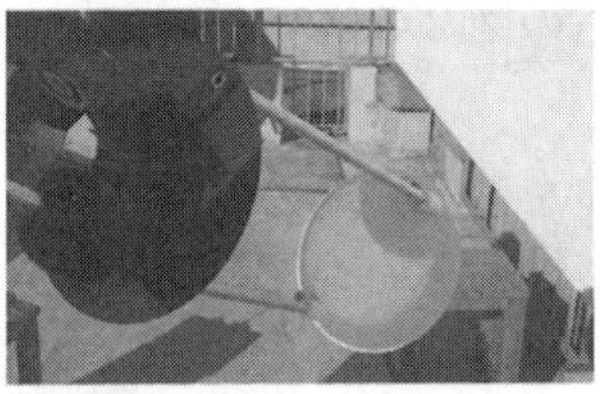

写真２　天体望遠鏡で太陽を太陽投影板に映し観測
屈折《くっせつ》式天体望遠鏡に太陽投影板を取り付け，直角プリズムを使用していないので，投影板に映る像は鏡で見たようになります。

写真３　ピンホールで太陽の像を壁《かべ》に映し観測
ピンホールとは針《はり》で開けた穴のことで，厚紙に開けた小さな穴を太陽の光が直進し像ができる。壁に映る像は上下左右が逆になります。

2019年12月26日　観測場所：１号館４階教室
14:28　食の始まり（欠け始め）　15:35　食の最大　16:34　欠けたまま日没
結果：曇天のため，インターネットで晴天地域の日食を観測

2020年６月21日　観測場所：グラウンド
16:11　食の始まり（欠け始め）　17:10　食の最大　18:03　食の終わり
結果：曇天のため，インターネットで晴天地域の日食を観測

なお，各観測では校舎屋上にある太陽光パネルで日射量の測定を行っています。以下の問に答えなさい。

(1)　日食とは，月が太陽と地球の間に入り込むために，月が太陽をかくしてしまう現象です。つまり，日食は太陽と月と地球が一直線上に並ぶ（ Ｘ ）のときに起こります。このとき地表には月の影《かげ》が落ちることになりますが，（ Ｙ ）が落ちる直下点では皆既《かいき》日食または金環《きんかん》日食となり，その周りに広がる（ Ｚ ）が落ちる範囲《はんい》では部分日食になります。（ Ｘ ）のたびに日食にならないのは，地球の公転軌道《きどう》面と月の公転軌道面が5°傾《かたむ》いていることと公転軌道が円でなく楕円《だえん》であるためです。

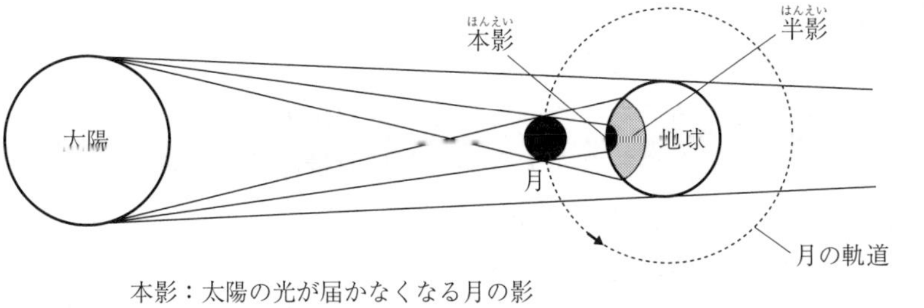

本影：太陽の光が届かなくなる月の影
半影：太陽からやってきた光の一部がはいってきている月の影
図１　日食の原理

空欄《くうらん》に当てはまる語句の組合せをア～カより１つ選びなさい。

	ア	イ	ウ	エ	オ	カ
Ｘ	満月	満月	半月	半月	新月	新月
Ｙ	半影	本影	半影	本影	半影	本影
Ｚ	本影	半影	本影	半影	本影	半影

⑵　2019年１月６日の部分日食観察のさい，日食グラスでは右の図２のように太陽の形(食の形)が見えました。

この時，天体望遠鏡の投影で見える太陽の形とピンホールを通して壁に映った太陽の形はそれぞれどのように見えますか。次のア～エから１つずつ選び，記号で答えなさい。

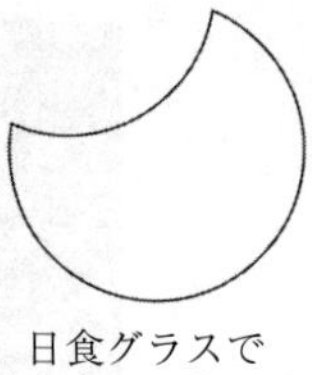

図２　日食グラスで見た食のスケッチ

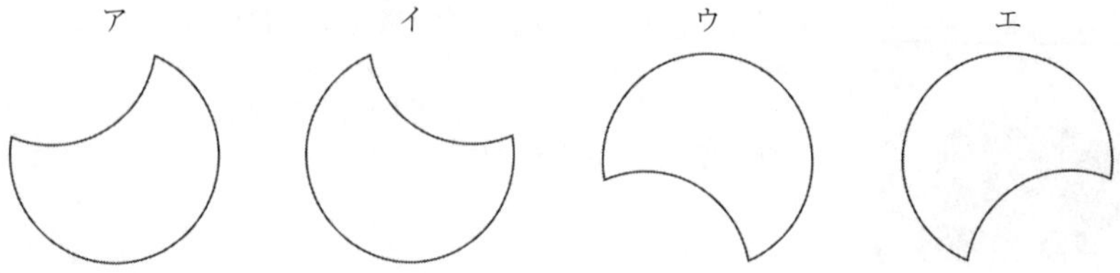

⑶　次のグラフ１は2019年１月６日の部分日食の観測のさいに測定した日射量および天気と食でない普段とを比較するために翌日の７日に測定した結果です。

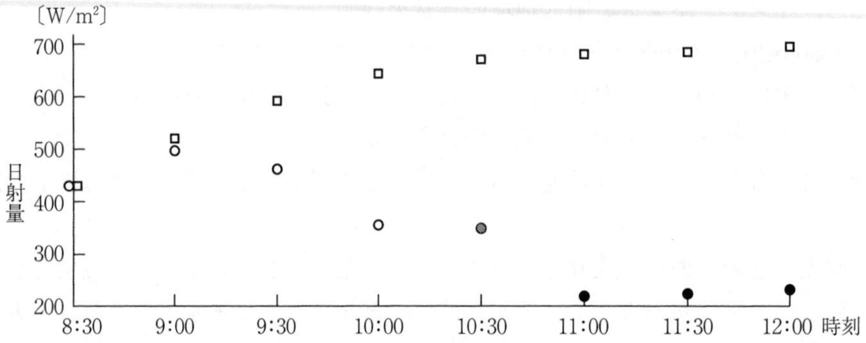

６日　○晴　◉薄曇　●曇
７日　□晴　▣薄曇　■曇

グラフ１　日射量(太陽から受けた光の量)
単位は W/m²(ワット毎平方メートル)
ただし，晴は雲量０～１，薄曇は雲量２～８，曇は雲量９～10とする。

次のア～オはグラフ１から分かることを述べていますが，１つだけ適当ではないものがあります。**適当でないもの**の記号を答えなさい。

ア．部分日食では普段より日射量は小さくなる。

イ．部分日食の食の最大のころまでは晴であったので良く比較が出来る。

ウ．部分日食の食の最大のころまでは食の割合が大きいほど日射量は減少する。

エ．６日の12:00の日射量は晴であれば測定値は約10倍になる。

オ．１月７日は比較データを測定するのに適している。

⑷　2019年12月26日と2020年６月21日の部分日食では，食の終わりが夕方となり，太陽高度が低いので周囲の建物の影響《えいきょう》などを考える必要がありました。観察日が冬至と夏至に近いことから，学校のある東京都(北緯35°)での太陽の動きを考えました。次のア～カから東京の冬至の日と夏至の日の太陽の動きに当てはまるものを１つずつ選び，記号で答えなさい。

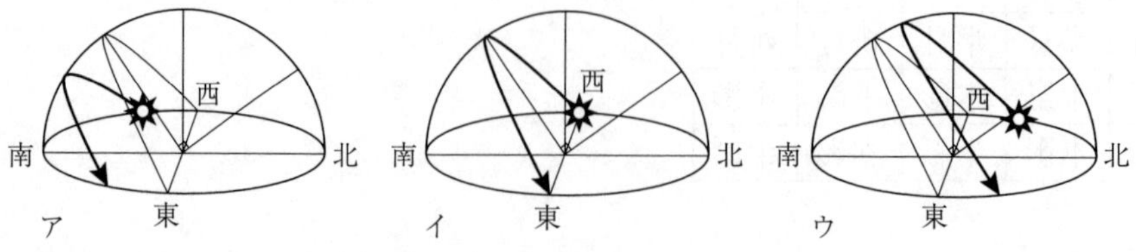

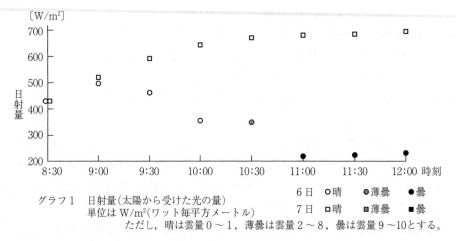

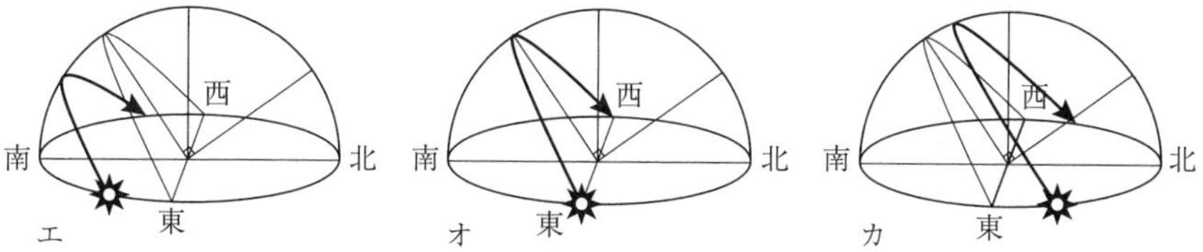

(5)　理科部の天体観測は４号館屋上で行っています。次の図３は校舎の配置図です。３回の部分日食で食の最大のときに見える方向をア～オからそれぞれ１つずつ選び，記号で答えなさい。

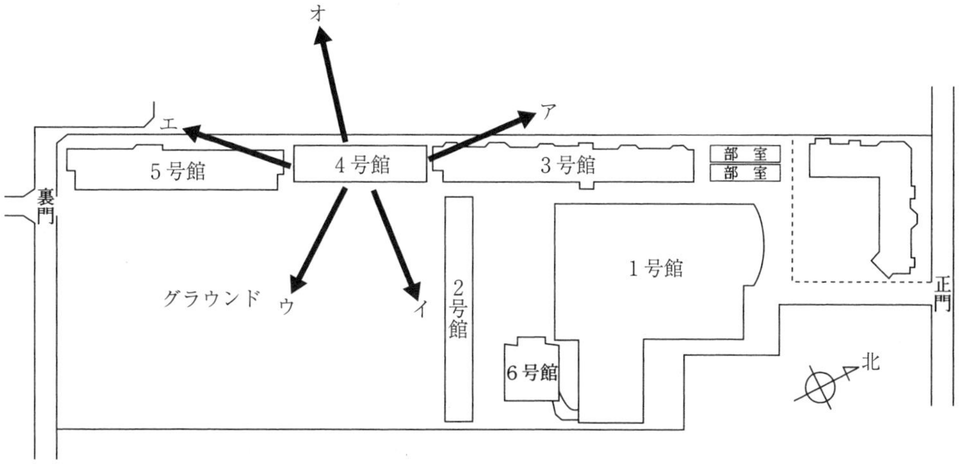

図３　校舎の配置図

(6)　次の写真４は2019年12月26日の教室での観測の様子，写真５は2020年６月21日の観測の様子です。

写真４　2019年12月26日の観測

写真５　2020年６月21日の観測

理科部の天体観測は基本的には４号館屋上で行っています。しかし，事前の調査から，2019年12月26日の部分日食が見られる（ X ）の方角に大きなビルがあるので，（ X ）の方角が見やすい１号館４階教室で窓を開け観測しました。2020年６月21日の観測では（ Y ）感染拡大防止のため６月中は部活動が行えなかったので，オンラインで部分日食観測会を行うことにしました。日食の数日前に４号館の屋上で太陽の方角と高度の確認をしたところ問題はありませんでしたが，屋上では（ Z ）がつながらないことが判明しました。そこで観測場所を探し，２号館そばのグラウンドで（ Z ）のつながる場所がありました。普段は，運動部が使用しているため天体観測を行うのは無理な場所ですが，部活動が休止中でグラウンドでの観測が実現しました。

①　Xに当てはまる方角を南東，南，南西，西，北西より１つ選びなさい。

② Ｙに当てはまる語句を答えなさい。

③ Ｚに当てはまる語句を次のア～タから１つ選び，記号で答えなさい。

ア．Ai-Ai　イ．Ai-Fi　ウ．Ai-Hi　エ．Ai-Wi

オ．Fi-Ai　カ．Fi-Fi　キ．Fi-Hi　ク．Fi-Wi

ケ．Hi-Ai　コ．Hi-Fi　サ．Hi-Hi　シ．Hi-Wi

ス．Wi-Ai　セ．Wi-Fi　ソ．Wi-Hi　タ．Wi-Wi

(7) 次のグラフ２は2020年６月21日の部分日食の観測のさいに測定した日射量および天気と食でない普段とを比較するために前日の20日に測定した結果です。

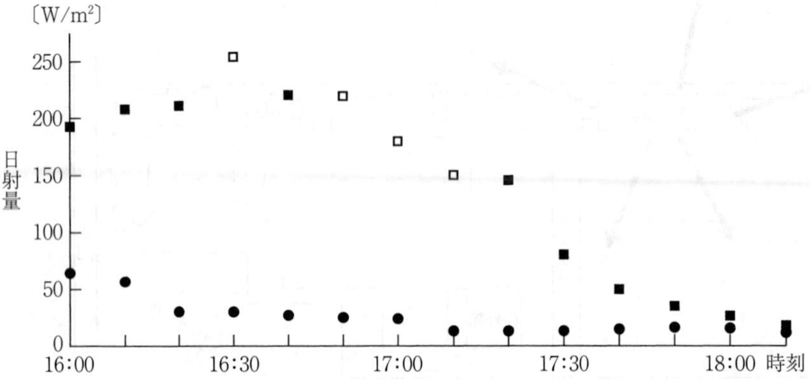

グラフ２　日射量（太陽から受けた光の量）
単位は W/m^2（ワット毎平方メートル）
ただし，晴は雲量０～１，薄曇は雲量２～８，曇は雲量９～10とする。

次のア～オはグラフ２から分かることを述べていますが，１つだけ適当ではないものがあります。**適当でないもの**の記号を答えなさい。

ア．同じ時刻で考えると21日の曇の方が雲の量が多いと考えられる。

イ．20日の 16:30，16:50，17:00，17:10 が曇であれば比較のデータとして最適である。

ウ．雲の量が一定であったとすると曇でも食の影響がわずかにみられる。

エ．雲の量が一定であったとすると食の最大時間は 17:10 ころと推定できる。

オ．食の開始ころに晴であれば，16:10 ころの日射量は $250\,W/m^2$ より大きい。

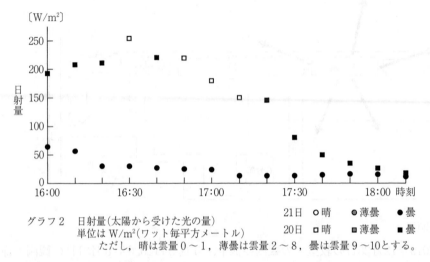

問七　――線５「夜だというのに、私の視界は明るく輝いていた」とありますが、この時の「私」の気持ちを述べたものとして、最も適当なものを次のア～エの中から一つ選び、記号で答えなさい。

ア　ジュリアの母親と親身に話をしたことで、同じく子を持つ母親としてすっかり心が通じあえたように感じられてうれしい。

イ　ジュリアの母親に自分の思いがどこまで通じたかはわからないが、ジュリアがずっと日本にいることがわかってうれしい。

ウ　人と人はなかなかわかり合えないものだと思うけれど、今では当時の自分の母親の気持ちも理解できると思えてうれしい。

エ　人の気持ちは言葉ではうまく伝わらないものだけれど、詩を通じてなら伝えられるということがようやくわかってうれしい。

問八　次のア～カは、〈よるのそら〉・〈あしたになったら〉の二編の詩について、生徒が感想を述べたものです。詩の内容を正しくとらえていると思われる感想を二つ選び、記号で答えなさい。

ア　生徒Ａ「〈よるのそら〉では故郷のブラジルの景色を懐かしく思い出しているけれど、『どちらのよるのそらもすきだ』に今のジュリアの一番正直な気持ちが表れていると思うな。」

イ　生徒Ｂ「〈よるのそら〉で描かれているブラジルの景色は、今はもう見られない古い風景をお母さんの話を聞いて想像したのだろうけれど、まるで自分が見たように上手に表現しているよね。」

ウ　生徒Ｃ「〈よるのそら〉の『オレンジがすこしずつかわる』というのは、時間によって空の色が変わることだろうけれど、オレンジ色がジュリアの好きな色だということがよく伝わってくるね。」

エ　生徒Ａ「〈あしたになったら〉の『しらないみち』や『あたらしいともだち』というところを読むと、ジュリアはもう完全に日本での暮らしになじんでいるような気がするな。」

オ　生徒Ｂ「〈あしたになったら〉の『おかあさんと～』というところからは、嫌いな日本での生活を親子で何とか切り抜けていこうというジュリアの強い決意が感じられたよ。」

カ　生徒Ｃ「〈あしたになったら〉という詩には、新しい土地で暮らしている自分の未来について、ジュリアがどのように思っているのかがよく表れているね。」

る。

夜だというのに、私の視界は明るく輝いていた。

※問題作成の都合上、文章を一部省略しています。

注　ダンジョン…もともとは「地下にある牢屋《ろうや》」をさす言葉だが、ここでは「迷路のような空間・迷宮」の意味。

問一　～～線a～cについて、問題文中での意味として最も適当なものを、それぞれア～エの語群の中から一つずつ選び、記号で答えなさい。

a　かろうじて

ア　すぐに　イ　たやすく

ウ　どうにか　エ　なんとなく

b　はにかむ

ア　得意になる　イ　恥ずかしがる

ウ　平気なふりをする　エ　笑顔を見せる

c　つぶらな

ア　ちいさい　イ　おおきい

ウ　あかるい　エ　まるい

問二　――線1「初めて日本の小学校に登校した日」とありますが、この日のエピソードを通して「私」はどんなことを語りたいと思っているのでしょうか。次のア～エの中から最も適当なものを一つ選び、記号で答えなさい。

ア　見知らぬ世界に入っていく時には、周りの人たちの厚意をきちんと感じとるのがよいのだということ。

イ　母親や学校の担任教師のように、か弱い子どもに対して大人は無神経なことをするのだということ。

ウ　支援教室の子どもたちと同じように、自分も異国へやってきた時の不安や緊張を体験したということ。

エ　時間というものはあらゆる悩みごとを解決してくれるから、あまり気にしすぎなくてよいということ。

問三　問題文中の A にあてはまる言葉として最も適当なものを次のア～エの中から一つ選び、記号で答えなさい。

ア　罪悪感　イ　劣等感　ウ　屈辱感　エ　孤独感

問四　――線2「過去の幼かった自分に～と言ってあげたいんだ」とありますが、「私」が「言ってあげたい」という気持ちになっている相手を説明したものとして適当なものを、次のア～カの中から二つ選び、記号で答えなさい。

ア　大人の都合だけを優先して、勝手に日本に移住を決めた母親をうらんでいた時の自分。

イ　日本にやってきて、すぐに日本の友だちと話すことができるようになったころの自分。

ウ　長年住んだアメリカを離れて日本にやってきて、つらく寂しい思いをしていた自分。

エ　故郷を離れて日本にやってきて、心細い思いをしているであろう支援教室の子どもたち。

オ　貧しい国に生まれたために、日本での生活を強いられ苦しんでいる支援教室の子どもたち。

カ　豊かな日本に来て、異国での暮らしをそれなりに楽しんでいる支援教室の子どもたち。

問五　――線3「勉強した」とありますが、ジュリアの「勉強」がどのようなものであったのかがわかる段落を探し、初めの五文字を抜き出しなさい。

問六　――線4「彼女の感情は、二つの国の間で揺れ動いている」とありますが、「私」はジュリアの「感情」をどのような気持ちだと考えているでしょうか。「気持ち。」につながるように六十字以内で書きなさい。

決して、滑らかな朗読ではない。ところどころ詰まり、読み間違える。発音も正確ではないし、聞き取れない箇所もある。ジュリアの母親は邪魔をせず、不安そうな顔で娘の朗読を見守っていた。

あしたになったら
おかあさんと　ごはんをたべよう
おいしいおかずを　かっていこう
あしたになったら
うまれたまちに　でんわをしよう
どこにいても　わすれないように

静かになった部屋で、ジュリアの母親は目に涙を溜《た》めていた。私も同じだった。指先で拭《ぬぐ》うと、爪が濡《ぬ》れた。

「この子は、賢いんだよ」

ジュリアの母親がか細い声で言った。

「教室に行かない、でも日本語覚える。賢いから。たぶん、一人で勉強する。私もわかってるよ。この子の母親だから。でも寂しいよ。ブラジルの言葉も、ブラジルのことも忘れてしまったら」

「あなたは日本語を話せるけど、ブラジルのことを忘れていないじゃないですか。きっとジュリアちゃんも同じですよ」

どこにいても、忘れないように。詩の一節を私は心のなかで復唱する。

子どもが旅立つのは寂しい。でも遅かれ早かれ、いつかは親の手から旅立つんだ。大人になって、独り立ちして、ふと故郷のことを振り返って、たまには帰ってみようかな、と思ってくれるくらいでちょうどいい。

少し立ち入りすぎてしまったかもしれない。座椅子から立って、ジュリアのように深々と頭を下げた。

「お邪魔しました」

ジュリアと母親は、玄関まで見送ってくれた。ジュリアは「さようなら」と手を振った。母親は黙っていたけれど、玄関扉が閉まる間際、「気をつけて」と声をかけてくれた。外廊下へ出ると、外気が肌を冷やした。

自転車にまたがり、ペダルを強く踏みこむ。チェーンが動き、ゆっくりと車輪が回る。やがて回転は勢いに乗り、速度は上がっていく。風を切ってぐんぐん前へと進む。ハンドルを握りしめ、サドルから尻を上げる。立ち漕《こ》ぎで冬の夜を駆け抜ける。ヘッドライトが行く手の暗がりを切り裂く。

肌は寒くても、身体の芯が熱かった。全身が高揚感に包まれている。私は小声で、自分が書いた詩を暗唱した。まだタイトルもつけていない、無名の詩だ。

わたしの言葉は
あなたの言葉じゃない
わたしの身体は
あなたの身体じゃない
わたしの感情は
あなたの感情じゃない
だけれどわたしの愛は
あなたから受け継いでいる

家に帰ったら母親に電話しよう。私の詩を、私の言葉を聞かせるために。

住宅街の灯が闇を照らしている。光の粒の一つ一つがきらめいてい

「素敵な詩だよ。すごいね」

ジュリアはもう一度、頭から詩を音読した。少しでも彼女を手助けできたことが嬉しくて、私も彼女の声に耳を傾けていた。

> この日は笑顔で帰っていったジュリアだったが、その後三週間、彼女は教室に姿を見せなかった。
>
> 一月の終わりにようやく顔を見せたジュリアはひどく気落ちしていた。話を聞いてみると母親（「ママイ」）から教室をやめるよう言われてケンカになったという。母親に内緒で教室に来たジュリアの話を聞いて怒りを覚えた聡美は、母親を説得しようと家を訪れ、話をしてみた。

「私、両親も日系。私は三世ね。日本語忘れないでって、両親教えてくれた。小さい時から。だから、日本に何度も出稼ぎに来ている。ジュリアは日本、初めて。寂しいから連れてきた。離れたくない。でも日本語どんどん覚えて、いつか、ポルトガル語忘れる。そうしたら、話せない。寂しいよ」

母親は切ない目でジュリアの髪を撫でている。親として、子どもの学ぶ権利を制限することには同意できないが、母親としての感情は理解できる気がした。

ジュリアの母親と、自分の母親の顔が二重写しになる。

もしかしたら。

私は勘違いをしていたのかもしれない。アメリカにいた頃、親があえて日本語を教えてくれなかったんじゃない。そもそも当時の私には、英語しか見えていなかった。小学校でもクラブ活動でも、話すのは英語だった。親は、幼い私の社会活動を応援してくれたからこそ、日本語を話すことを強制しなかった。

どうして日本語を教えてくれなかったの、という文句は、逆恨みに過ぎなかった。

現地の言葉を話すこと。ルーツの言葉を話すこと。どちらが正しいというわけじゃない。寂しいと思うのも、応援したいと思うのも、親心だ。

ジュリアの潤んだ目が私を見ていた。4彼女の感情は、二つの国の間で揺れ動いている。

「ノートに書かれた詩を、読みましたか」

できるだけ刺激しないよう、静かな声で問いかけた。母親は「読んでない」と言った。きっと、ノートに書いてある文字が日本語であることだけ確認したのだろう。

ジュリアが母親の手を逃れた。バッグから折られた跡のあるノートを取り出すと、母親は気まずそうに目を伏せる。ページをめくるジュリアの目は、発表会で見た時と同じように真剣だった。

「お母さんに読んであげたら？」

うなずいて、ジュリアはノートを両手でつかんだ。開いたページには、私の清書した筆跡が残されている。そこに書かれているのは、ジュリアが書き、私が訳した詩だ。

「〈あしたになったら〉」

洋室に少女の声が響き渡った。

あしたになったら
となりのまちまで　いってみよう
しらないみちを　あるいてみよう
あしたになったら
あたらしいともだちを　つくろう
ゆうきをだして　はなしかけよう

一読して、日本語が上達する理由がわかった。

ノートには、鉛筆と消しゴムで何度も書き直した跡がある。ジュリアは何度も文章を直し、調べながら詩を書いたのだ。きっと辞書か何かをひっくり返して、少しずつ書き進めたのだろう。それだけまじめに向き合えば、日本語も上達するはずだ。

何より、書きつけられている詩そのものが良かった。素直な言葉の一つ一つが映像として目に浮かび、ジュリアの心のなかをのぞかせてもらったような気分になる。日本語の上手《うま》い下手は関係ない。

やっぱりこの子は、言葉で他人に伝えるべきことが何か、よく知っている。

調べてもわからなかったのか、ポルトガル語と思《おぼ》しき言葉で書かれている箇所も残されていた。これらの箇所だけでも日本語に直してあげたいが、それは子どもの作品に大人が手を入れることになる。それに、あえてそうしているのかも。悩んでいると、ジュリアがポルトガル語の単語を指さした。

「日本語、教えて」

c つぶらな瞳が私の目を見ている。その真剣さがぐっと胸に迫る。

「わかった。少し待って」

ポケットのスマートフォンを取り出し、翻訳サイトを開く。ノートに綴《つづ》られた単語を読み取り、打ち込む。音声はともかく、文章ならネットを使えば意味がわかる。一つ一つポルトガル語の単語を訳し、別のページへ清書していく。ジュリアは私の作業をじっと見守っていた。書かれていたいくつかの詩を、次々に訳していく。

「できた」

翻訳は三十分もかからず終わった。すべての詩が日本語で生まれ変わった。

「読んでみようか」

私とジュリアは、清書した〈よるのそら〉を声を合わせて読んだ。

ゆうやけでまちはオレンジだ
いえも　マンションも　おみせも
オレンジになっていく
ゆうやけをみるとおもいだす
ブラジルのひろいひろいはたけ
うみにきえていくたいよう
オレンジがすこしずつかわる
あおいろ　むらさきいろ
よるになってそらはまっくろだ
でもあたらしいまちは
よるがあかるくて　こわくない
わたしは
どちらのよるのそらもすきだ

羨《うら》ましい、と思った。彼女はブラジルから来たという過去を引き受けて、しっかり自分のものにしている。決して負い目とは感じていない。

改めて読んで、いい詩だと思う。ブラジルの雄大な夕景と、日本の明るい夜が切れ目なくつながっている。ジュリアにとっては両方が大切な風景であり、切り離して考えることはできないのだ。二つの夜空が混ざり合い、一つになっている。

ただ、結局はかなりの部分を私が日本語に訳してしまった。ポルトガル語交じりの原文のほうが、よかったかもしれない。そんなことをくよくよ考えていたが、読み終えたジュリアが顔を輝かせたのを見るとどうでもよくなった。

違う、そうじゃない。母の言い分に、思わず叫びたくなった。本当に叫んだかもしれない。

日本語を教える気がないなら、アメリカにいさせてほしかった。気軽に英語で話せる友達がいる、私の故郷に。

きっと支援教室の子どもたちのうち何人かは、私とよく似た葛藤《かっとう》に悩まされているはずだ。彼ら彼女らは、日本での生活を自分の意思で選んだわけじゃない。親の選択に従うしかない。それまで住んでいた場所を懐かしむのはおかしいことじゃない。

親だって、無神経に住む場所を決めているわけではない。私も親だからわかる。それでも、選択の権利がない子どものほうが、ずっと強い［A］を抱えているはずだ。

今になれば、その［A］も時が経てば解消すると知っている。私の日本語はあっという間に上達し、中学に上がる時期にはすっかり普通に話すことができた。だけど小学生には、一年先だって途方もない未来だ。将来が閉ざされてしまったような気分だろう。そういう悩みを抱えている子どもたちを助けたくて、支援教室の指導員になろうと決めた。

暇つぶしなら何でもよかったわけじゃない。

私は2過去の幼かった自分に、大丈夫だよ、と言ってあげたいんだ。

ある日聡美は、ブラジルからやってきたジュリアという少女が、小学五年生の国語の教科書を読んでいるのを見つけて声をかけたところ、読んでいたのは三好達治《みよしたつじ》の詩であった。
聡美の朗読を聴いてジュリアは詩に興味を持つようになり、冬休みには二人で詩の発表会を聴きに行くようにまでなった。
ジュリアは真剣に詩の朗読に耳を傾けていた。
年が明けて初めて開かれた教室にジュリアは嬉しそうな顔でやってきた。

「あけましておめでとう、ジュリアちゃん」

「おめでとうございます」

彼女はまた、深く頭を下げる。年末に会った時とは色違いの、緑のパーカーを着ていた。

「お洋服かわいいね。買ったの？」

「買った、スーパーで、ママイと」

すぐに返ってきた答えに驚く。年末、最後に会った時と比べてまた日本語が上達している。私の言葉の意味も理解しているらしい。

「日本語、上手になったね」

「ありがとう。3勉強した。もっと、友達と話したい。だから覚える」

「すごいね。これから、もっとうまくなるよ」

bはにかむジュリアは、室内の空席を探して腰を下ろした。バッグから青い表紙のノートを取り出して広げ、私を手招きする。近づいてのぞきこむと、そこには手書きで言葉が書きつけられていた。ひらがなが視界に入る。

「すごい。日本語じゃない。作文？」

作文の添削なら、この支援教室ではよくやる。しかしジュリアは首を横に振った。よく見ると、ページの下半分が空白になっている。国語の教科書で読んだ詩がよみがえる。

「もしかして、詩を書いたの？　読んでいい？」

恥ずかしそうにこくりとうなずく。隣にしゃがみこんで、ノートの文字を目で追う。いくつかの詩が書かれている。それぞれの詩には〈よるのそら〉とか〈あしたになったら〉というタイトルがつけられていた。

エ　ボランティアをする人が抱える無償性をめぐる面倒な問題は、無償ボランティアをする人たちが抱える自己矛盾であるので、その問題を解決するためには何かしらの対価を得られる有償ボランティアと並行して活動することが良いのだということを伝えていく。

問八　問題文の内容と合っているものを次のア～エの中から一つ選び、記号で答えなさい。

ア　ボランティアが最も盛んにおこなわれていたのは一九九五年頃で、その後、無償ボランティアをおこなう人の数が減少し続けた代わりに、有償ボランティアをする人が増えだした。

イ　『「ボランティア」の誕生と終焉』に記されているように、戦時中に贈与のパラドックスが存在しなかったのは、天皇からの無限の恩恵に報いるために国民が「純粋贈与」をおこなったからである。

ウ　東京五輪のボランティアをめぐっては、贈与のパラドックスを伴う「無償性」について、あまり議論されなかったようだ。

エ　ボランティアにおける無償性のめんどくささが、「自己満足」問題を引き起こすのだということを、中沢氏は「贈与のパラドックス」という言葉で説明している。

三

次の文章は、岩井圭也《いわいけいや》の小説「生者のポエトリー　あしたになったら」の一節です。これを読んで後の問いに答えなさい。

> 語り手の「私」（聡美《さとみ》）は、子どもたちの学習を支援する教室に勤めている。子どもたちの多くは海外から移住してきた家庭の子どもである。

1初めて日本の小学校に登校した日。三十年以上も前のことだ。

私は十歳、小学五年生で、緊張に押しつぶされそうだった。それまでの人生をアメリカで過ごした私にとって、日本の教室は未知の注ダンジョンだった。両親は日本人だけど、私は日本語より英語のほうがずっと得意だった。

たしか、最初は母と一緒に職員室へ行った。教師は笑顔で何か話していたけど、ほとんど意味がわからなかった。母はそこで帰ってしまった。見知らぬ外国で、私は一人ぼっちになった。

担任教師に連れられて、教室へ行った。前方に立たされ、クラスメイトの視線を一身に浴びた。緊張が頂点に達した時、担任教師は「名前を書いて」と言った。黒板に自分の名前を書け、ということはａかろうじてわかった。促《うなが》されるままチョークを握って、黒板に向き合い、そこで固まってしまった。

自分の名前が書けなかった。

漢字でどう書くか、さんざん練習してきたのに。頭が真っ白になる。アルファベットしか浮かばない。後ろでクラスメイトがざわついている。早く書かないと、と思うほど身体《からだ》が動かない。

それからどうなったか覚えていない。気が付いたら席に座っていた。休み時間になると、何人かの女の子が話しかけてくれた。仲良くなろうとしてくれている。それがわかるのに、答えられない。だって、同級生たちの言っていることが理解できない。音は聞こえるけれど、頭のなかで意味をなさない。浮かぶのは英語ばかりだけど、ここではそれが通じない。私は一言も話せないまま、初日の登校を終えた。

帰宅してから母と大喧嘩《おおげんか》になった。どうして日本になんか連れてきたの。どうして日本語を教えてくれなかったの。そんなことを英語でまくしたてた。ショックを受けたのか、母はしばらく黙ってから言った。

――アメリカで日本語勉強したって、しょうがないじゃない。

エ　贈られた品よりもそれに込められた目に見えない気持ちやそれに応えようとする気持ち、そしてその相手との関係を保つようにすること。

問五　――線４「この贈与と交換の原理」とありますが、筆者の考える「交換」とはどのようなものですか。その説明として最も適当なものを次のア～エの中から一つ選び、記号で答えなさい。

ア　モノを媒介にして生じる不確定で決定不能な価値を計算可能だとみなし、相手から手渡されたモノの価値を勝手に決め、そのモノの価値に見合う代金を支払う行為。

イ　モノを媒介にして生じる人と人の気持ちや感情よりも商品であるモノを重視し、欲しい商品を手に入れた場合に対価を支払うことで相手との関係が清算される行為。

ウ　贈られたモノ自体を重視し、その価値を計算して等価のモノを間を空けて返そうとすることであり、お互いそのことは当然のこととして理解している行為。

エ　贈られたモノ自体を重視するため、コンビニで弁当を買った時の店員とのやりとり等は重視する必要がなく、代金を支払った時点でモノと人との関係が清算される行為。

問六　――線５「ボランティアという言葉が～限られていった」とありますが、これはどういうことですか。その説明として最も適当なものを次のア～エの中から一つ選び、記号で答えなさい。

ア　無償でボランティア活動をおこなったとしても常に贈与のパラドックスに悩まされ、周りの人からは自己満足のためにやっているという批判から逃れられないがために、ＮＰＯ活動や有償ボランティアに従事する人たちが多くなったということ。

イ　無償でボランティアをおこなおうとする人々が減ってきたことが最も大きな理由ではあるが、非営利団体のような有償ボランティアがボランティアの主流となったために、完全無償で奉仕活動をおこなう人たちの場が限られてしまったということ。

ウ　非営利性が前面に強く出てしまうボランティアは、周りの人から単なる自己満足ではないかなどと批判の対象となってしまうために、無償で何かをおこなうことが当然だと考えられる場以外ではこの言葉が使えなくなってしまったということ。

エ　無償性と強く結びついたボランティアに代わって、贈与のパラドックスに直面しない交換と贈与の間にあるさまざまな言葉が使われるようになったために、限られた領域や場面でのみ、ボランティアという言葉が使われたということ。

問七　――線６「贈与のパラドックスの～配送させていく」とありますが、この部分について筆者の考えを述べたものとして最も適当なものを次のア～エの中から一つ選び、記号で答えなさい。

ア　ボランティアをしていると「あなたのやっていることは自己満足だ」という批判を受ける場面が多々あるけれども、完全に否定することはできないので「もっともだ」といったん肯定した上で、批判してくる相手に「あなたは何をしているのか」と逆に質問し続ける。

イ　ボランティアは単なる自己満足ではないかと周りの人から批判を受けることがあるが、それに関して頭から否定するのではなく、自身も自問自答し続けて答えが見つからないのだということを相手に投げかけながら、ボランティアを続ける。

ウ　ボランティアをする真の目的は隠れた報酬を得るためであると誤解を受けやすいが、その誤解を解こうとするのではなく、ボランティア仲間を含む周囲の人々と共にどうしたら完全無償のボランティアができるかということを考えながらボランティアを続ける。

満足ではないか？」と自問自答しながら、それでもより他者に近づこうとする。他者のもとへ自らを配送させるのを断念しないということは、そういうことだ。それだけではない。「あなたのやっていることは自己満足だ」と言われたとする。それを「もっともだ」といったんは肯定する。活動の現場で求められていることに十分に応えられているかどうかわからない以上、自己満足ではないかという批判は否定できない。そのうえで批判した相手に、「ではあなたは世の中を変えるために何をしているのだ」と問い返す。私はそれでも現場で格闘しているが、あなたは何をしているのか、と。この時、贈与のパラドックスに向かい合っている私の苦悩は、わずかであっても相手に伝えられる。そうやって自己満足だと論評する人間も巻き込みながら、他者と一般社会の境界線を越境していく。

（猪瀬《いのせ》浩平《こうへい》『ボランティアってなんだっけ？』）

※問題作成の都合上、文章中の小見出し等を省略したり、問題文の段落に[1]～[16]の番号を付しています。

注1　言語ゲーム…哲学者ヴィトゲンシュタインが提唱した用語。言語を伴った諸活動のこと。

注2　五輪組織委…オリンピック・パラリンピック競技大会組織委員会のこと。ここでは、東京オリンピック・パラリンピック競技大会組織委員会のことを指している。

注3　やりがい搾取…ここでは、労働者の「やりがい」を利用して、雇用主が不当な労働や業務を強いて、利益を搾取する行為。

注4　中沢新一…一九五〇年生まれ。問題文では、著書『愛と経済のロゴス』（二〇〇三年）より一部引用されている。

注5　CSR…企業の社会的責任。

注6　プロボノ…ある分野の専門家が専門知識などを活かしておこなう社会貢献活動。

注7　BOPビジネス…低所得者層を対象とする国際的な事業活動。

注8　エシカル消費…ヒトや環境に良い影響をもたらしてくれるだろう、という商品などに優先的にお金を使うこと。

注9　SDGs…二〇三〇年までに達成すべき国際社会共通の目標。

問一　[A]・[B]に入る言葉を次のア～エの中からそれぞれ選び、記号で答えなさい。なお、同じ記号を繰り返し用いてはいけません。

ア　しかし　　イ　とりわけ　　ウ　一方　　エ　だから

問二　――線1「ボランティアをめぐる問題」とありますが、筆者はこれをどのような問題だと考えていますか。[1]～[3]段落の内容を踏まえて四十字以上五十字以内で答えなさい。

問三　――線2「贈与と反対のものを見出されてしまう」とありますが、ここで言う「反対のもの」とはどのようなものですか。[1]～[3]段落の中から三字で抜き出し、答えなさい。

問四　――線3「話を前に進める前に～確認したい」とありますが、筆者は「贈与」においてどのようなことが大切なことだと考えていますか。その説明として最も適当なものを次のア～エの中から一つ選び、記号で答えなさい。

ア　相手のことを思い、プレゼントするモノを通して自分の気持ちを届けるために、生涯大切にしてもらえるような贈り物をすること。

イ　他と比較できないような最高のジャンルに属するモノを贈り、自分の気持ちを直接伝えることで、お互いの関係が強固なものになること。

ウ　プレゼントされたモノとほぼ同等なモノを返すことを原則として、仮に価値をつけられないモノをもらった場合は相手に最大限の敬意を払うようにすること。

う贈与は、それに対する見返りが不可能という点で「純粋贈与」と言われる。

10 経済成長を経て、物質的な豊かさにあふれるようになった一九八〇年代においては、ボランティアは「生きがい」や「楽しみ」、「自己実現」など心の豊かさと関連付けて語られるようになった。入学選考や、就職採用の人物評価にボランティア経験が利用されるようにもなった。さらに、高齢者や障害者へのホームヘルパーのニーズが高まる一方、ヘルパーの供給が滞る（ヘルパーを雇用するための予算は増えない。一方で、無償のボランティアでは必要な人が集まらない）なか、最低賃金以下の金銭的報酬を支払う「有償ボランティア」に関心が向けられるようになった。「金銭的報酬」が最もわかりやすいが、「生きがい」、「楽しみ」、「自己実現」、「人物評価」もボランティアによって得られる「対価」である。仁平はここに、「贈与」の文脈で語られていたボランティアが、対価を得る「交換」の文脈で語られるようになっている様を見出す。ボランティアはもはや贈与ではない、交換である。ここまでくれば、「ボランティアは無償ではない」という五輪ボランティアをめぐる語りまでほんの少しである。

11 一九九〇年代以降、NPO活動が注目を集め、一九九八年には特定非営利活動促進法（NPO法）が成立するようになると、ボランティアよりもNPOについての語りが増えていった。NPOの中核には「無償性」ではなく、「非営利性」がある。非営利性とは、事業を通じて利益をあげたとしても、組織の成員で分配しないという意味である。すでにボランティアをめぐる語りが贈与から交換へ移行していっていたが、NPOはさらに交換の要素が強い。そして、NPOに続いて、注5CSR、社会的企業、社会的起業家、注6プロボノ、注7BOPビジネス、さらにいえば注8エシカル消費や注9SDGsなど、交換と贈与の間にある様々な言葉が流行していった。5ボランティアという言葉が使われるのは、無償であるのが当然であると考えられる領域や、学校教育の現場に限られていった。

12 阪神淡路大震災が起きた一九九五年がボランティア元年といわれるが、近年ボランティアをめぐる語りも、ボランティアをする人の割合も減少する傾向がみられる。朝日新聞においてボランティアが見出しになった記事は一九九五年がピークで一七一件、二〇〇〇年は六〇件で、二〇〇五年は二六件になった。東日本大震災のあった二〇一一年は一〇六件に増加するが、二〇一五年には一六件になっている。社会生活基本調査で「過去一年間にボランティア活動を行った人」の割合は、二〇〇一年から二〇〇六年では三三パーセントから二九パーセントになった。東日本大震災が起きた二〇一一年でも二六・三パーセントで減少傾向は止まらず、二〇一六年調査では二六・〇パーセントとなっている。

13 ボランティアが語られることや、そもそもボランティアをする人が減っていくなかで、久しぶりにボランティアが声高に語られ、議論を巻き起こしたのが東京五輪ボランティアだった。［ B ］、そこにおいて、贈与のパラドックスを伴う「無償性」は放棄されてしまったように見える。

14 ここで疑問が出てくる。

15 それは、贈与のパラドックスは解消する必要はあるのかという問いであり、なぜ私たちは贈与のパラドックスを解消しようとするのかという問いである。

16 仁平も贈与のパラドックスを指摘されることに怯《ひる》んで、交換の原理や、神による純粋贈与というアイデアを持ち込んでしのごうとするのではなく、6贈与のパラドックスの指摘に向かい合いながら、他者のもとへ自らを配送させていくことを断念しないことにささやかな希望を見出す。目の前にいる他者に対しておこなう自分の活動が「自己のプレゼントだけが重要なのではない。そこに込められた、贈る相手への気持ちこそが重要だ。これに対して、交換はモノそれ自体が重視される。交換されるモノの典型は、商品だ。何かの欲求を満たすために、人は商品を買う。おなかがすいたからコンビニで弁当を買う。重要なのは空腹を満たしてくれるかどうかで、コンビニ弁当をつくった人や、売った人のことは普通考えない。お金を払ってしまえば、売ってくれた人との関係は清算される。

6 中沢は贈与と交換のそれぞれの原理を、次のように整理する。

〈贈与の原理〉

① 贈り物はモノではない。モノを媒介にして、人と人との間を人格的ななにかが移動しているようである。

② 相互信頼の気持ちを表現するかのように、お返しは適当な間隔をおいておこなわれなければならない。

③ モノを媒介にして、不確定で決定不能な価値が動いている。そこに交換価値の思考が入り込んでくるのをデリケートに排除することによって、贈与ははじめて可能になる。価値をつけられないもの（神仏からいただいたもの、めったに行けない外国のおみやげなど）、あまりに独特すぎて他と比較できないもの（自分の母親が身につけていた指輪を、恋人に贈る場合）などが、贈り物としては最高のジャンルに属する。

〈交換の原理〉

① 商品はモノである。つまり、そこにはそれをつくった人や前に所有していた人の人格や感情などは、含まれていないのが原則である。

② ほぼ同じ価値をもつとみなされるモノ同士が、交換される。商品の売り手は、自分が相手に手渡したモノの価値を承知していて、それを買った人から相当な価値がこちらに戻ってくることを、当然のこととしている。

③ モノの価値は確定的であろうとつとめている。その価値は計算可能なものに設定されているのでなければならない。

7 バレンタインにチョコレートを渡したとき、「これいくらかかったの？　その分払うから」と言われたら興ざめする。それは贈与としておこなったことを、交換として対応されたことによる。バレンタインはその場でお返しをせず、一か月後のホワイトデーで返す。すぐに返さないからこそ、お返しまでの間、関係が持続する。贈ったモノと、お返しされたモノが、同じ価値であるかどうかは確定できない。だから、自分が贈ったよりもいいモノをもらってしまったと思えば、次の機会によりいいモノをあげようとする。そうやって、また関係が持続する。重要なのはモノではなく、モノを媒介に引き延ばされていく関係である。

8 4この贈与と交換の原理を頭に入れて、次に進もう。

9 仁平の『「ボランティア」の誕生と終焉《しゅうえん》』は、日本において「ボランティア」や「奉仕」、「慈善」といった概念をめぐる語りが、いかに贈与のパラドックスに向き合って来たかを歴史的に考える本だ（五〇〇頁《ページ》を超える分厚い本で、読むのは相当な根気がいる）。たとえば戦中の日本では、「天皇」の存在が贈与のパラドックスを発生させなかった。国民の国家や世間への「奉公」は、天皇から与えられた無限の恩恵に報いるための行為と考えられた。国民は、現人神《あらひとがみ》である天皇から与えられた無限の恩恵に報いるために時には自分の命すら差し出して滅私奉公《めっしほうこう》するが、決して恩恵に報いつくすことはできない。贈与のパラドックスなどに悩んでいる暇などない。絶対的な存在がおこな

二〇二一年度 本郷中学校

【国　語】〈第二回試験〉（五〇分）〈満点：一〇〇点〉

注意　字数指定のある問題は、特別の指示がない限り、句読点、記号なども字数に含みます。

一　次の①～⑤の――線部について、カタカナの部分は漢字に直し、漢字の部分はその読みをひらがなで答えなさい。なお、答えはていねいに書くこと。

① 猫の額ほどの広さ。
② 私の祖父は田舎で畑をタガヤしている。
③ 車がカンチョウ街を通り過ぎる。
④ 音楽でシャクハチを習う。
⑤ 日本の仏教には、いくつかのシュウハがある。

二　次の文章を読んで、後の問いに答えなさい。

1　ボランティアをしている人たちにとっても、無償性はめんどくさい問題だ。逆に言えば、無償性がなくなってしまえば、1ボランティアをめぐる問題はシンプルになり、「自己満足」問題にも悩まされることが少なくなる。ボランティアにはお金という形ではないかもしれないが、対価はある。だから、自己満足ではない。そう力強く語ることができるはずだ。

2　この無償性のめんどくささについて、社会学者の仁平典宏《にへいのりひろ》は「贈与のパラドックス」という言葉で説明する。仁平は、贈与のパラドックスを「本人の意図がどうであれ、隠れて得ているはずの「報酬」こそが真の目的であると「暴露」されてしまうような、あるいはそのような疑念を招き寄せてしまうような注1「言語ゲーム」であると言う。ここでの報酬は、対価と言い換えてもよいだろう。

3　わかりにくいので具体例を挙げよう。あなたが誰か困っている人に何かをしてあげたとする。見返りを求めてやったのではなく、困っている人を助けたいという気持ちに突き動かされたとあなた自身は思っている。しかし、あなたの内面は誰にも見えない。［A］、周りから、本当は、「困っている人を助けている姿を見せて、自分の評価を上げたいのではないか」とか、「そうやって善行をつんで、死後に天国に行こうとしている」と指摘されたり、あるいは指摘されなくても、心のなかで思われたりするのを防ぐことはできない。仮にあなたの内面を疑われることがなかったとしても、「そうやってあなたが無償で誰かを助けてしまうことで、本当はそれをすべき○○が仕事をしなくなる」と言われることもある。この○○はたとえば政府が入る。注2五輪組織委を入れれば、注3やりがい搾取《さくしゅ》の議論にもつながるはずだ。このように、2贈与は常に、贈与と反対のものを見出されてしまうというパラドックスを抱えている。だから贈与をする人（無償の行為をする人と言い換えてもいい）は、自分を「真の慈善」として示すことを迫られる。

4　3話を前に進める前に立ち止まって、贈与とは何かを確認したい。贈与について、文化人類学者の注4中沢新一《なかざわしんいち》は次のように語る。

> 贈与において重要なのは、じつは贈り物となるモノではなく、モノの移動を媒介にして同じ方向に移動していく、流動的で連続性をもっているなにかの力の動きなのです。その「なにかの力」を表現するために、よく「信頼」や「友情」や「愛情」や「威信」などといったことばが使われます。

5　贈与はモノそれ自体よりも、それに込められた誰かの気持ちや感情など人格的な要素を重視する。大切な誰かに贈るプレゼントは、そ

2021年度

本郷中学校 ▶解説と解答

算　数 ＜第２回試験＞（50分）＜満点：100点＞

解　答

$\boxed{1}$ (1)　1　(2)　365　$\boxed{2}$ (1)　650円　(2)　15個　(3)　９番目　(4)　13cm　(5)　125.6cm　$\boxed{3}$ (1)　8　(2)　55　$\boxed{4}$ (1)　12cm　(2)　5.4秒後　(3)　10秒後　$\boxed{5}$ (1)　４通り　(2)　29人　(3)　16人　$\boxed{6}$ (1)　100cm^2　(2)　3140cm^3

解　説

$\boxed{1}$ 四則計算，逆算

(1)　$\left(31\frac{3}{4}-21\frac{2}{3}\right)\times\frac{3}{2}\div11\div0.125-0.625\times16=\left(31\frac{9}{12}-21\frac{8}{12}\right)\times\frac{3}{2}\div11\div\frac{1}{8}-\frac{5}{8}\times16=10\frac{1}{12}\times\frac{3}{2}\times\frac{1}{11}\times\frac{8}{1}-10=\frac{121}{12}\times\frac{3}{2}\times\frac{1}{11}\times\frac{8}{1}-10=11-10=1$

(2)　$(2021-7\div3.5)\div\frac{3}{5}=(2021-2)\times\frac{5}{3}=2019\times\frac{5}{3}=3365$，$12\div0.75-1=12\div\frac{3}{4}-1=12\times\frac{4}{3}-1=16-1=15$より，$(3365-\square)\div15\times0.05=10$，$(3365-\square)\div15=10\div0.05=200$，$3365-\square=200\times15=3000$　よって，$\square=3365-3000=365$

$\boxed{2}$ 売買損益，消去算，場合の数，長さ，図形の移動

(1)　定価の１割引きで売ると70円の利益があり，定価の２割引きで売ると10円の損失になるので，定価を$\boxed{1}$とすると，右の図１のように表せる。図１より，$\boxed{0.2}-\boxed{0.1}=\boxed{0.1}$にあたる金額が，70＋10＝80(円)となるので，$\boxed{1}$にあたる金額，つまり，定価は，80÷0.1＝800(円)とわかる。よって，800×(１－0.1)＝720(円)で売ると70円の利益があるから，原価は，720－70＝650(円)と求められる。

図１

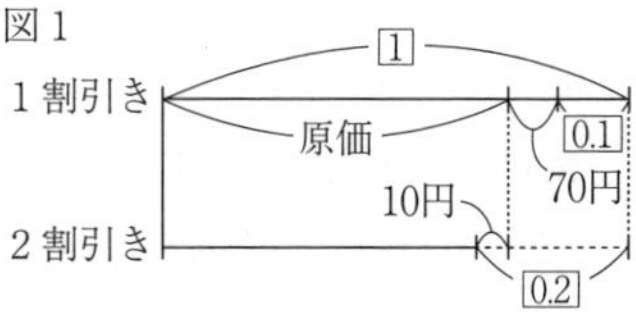

(2)　Ａ５個，Ｂ３個の重さの合計と，Ａ１個，Ｂ９個の重さの合計が等しいことから，５－１＝４(個)のＡと，９－３＝６(個)のＢは同じ重さになるので，Ｂ１個の重さは，48×４÷６＝32(ｇ)とわかる。また，Ａ１個にＢを加えて500ｇをこえるには，加えるＢの重さの合計を，500－48＝452(ｇ)より重くする必要がある。よって，452÷32＝14あまり４より，Ｂを最低，14＋１＝15(個)加えると，500ｇをこえる。

(3)　まず，千の位が１の整数はすべて2314より小さくなる。千の位が１の整数は，百の位が２，３，４の３通りあり，それぞれの場合で，十の位は千・百の位の数字以外の２通り，一の位は残った１通りあるから，３×２×１＝６(個)できる。また，千の位が２の整数は小さい方から順に，2134，2143，2314，…となるので，2314は千の位が２の整数の中で３番目に小さい整数である。よって，2314は小さい方から数えて，６＋３＝９(番目)とわかる。

(4)　下の図２で，三角形ADEと三角形ECBが合同だから，DEの長さはBCと同じ12cm，ECの長さ

はADと同じ５cmとなる。したがって，台形ABCDの面積は，(５＋12)×(５＋12)÷２＝17×17÷２＝144.5(cm^2)で，三角形ADEと三角形ECBの面積はそれぞれ，５×12÷２＝30(cm^2)だから，三角形ABEの面積は，144.5－30×２＝84.5(cm^2)とわかる。また，○印をつけた角どうし，●印をつけた角どうしの大きさは等しくなり，三角形ADEに注目すると，○＋●＝180－90＝90(度)だから，角AEBの大きさは，180－(○＋●)＝180－90＝90(度)となる。さらに，AEとBEの長さは等しいから，BEの長さを□cmとすると，三角形ABEの面積は，□×□÷２で求められる。よって，□×□÷２＝84.5(cm^2)だから，□×□＝84.5×２＝169，169＝13×13より，□＝13(cm)とわかる。

図２

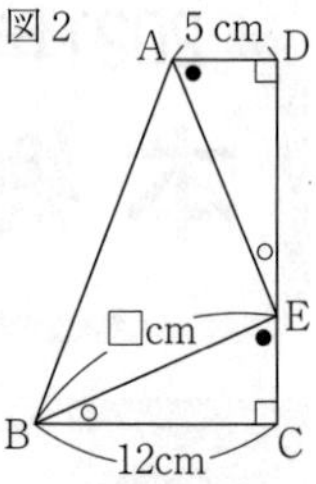

⑸　円の中心が移動したあとは右の図３の太線部分になる。図３のAB，BC，CAの長さはいずれも，５＋５＝10(cm)で等しいから，三角形ABCは正三角形である。したがって，角ACBの大きさは60度だから，角ACDの大きさは，180－60＝120(度)となる。よって，弧《こ》ADの長さは，10×２×3.14×$\frac{120}{360}$＝$\frac{20}{3}$×3.14(cm)であり，太線部分の長さはこの６倍だから，$\frac{20}{3}$×3.14×６＝40×3.14＝125.6(cm)と求められる。

図３

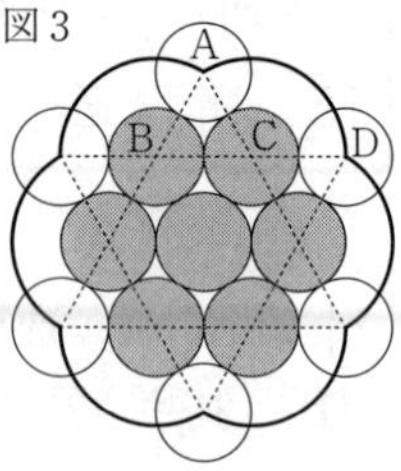

3 場合の数，数列

⑴　８を選んだ場合，１と８だけ使う組み合わせは{1，8}の１通りある。また，１と８以外に使える数字は，３，４，５，６なので，１と８以外に数字を１つだけ使う組み合わせは{1，3，8}，{1，4，8}，{1，5，8}，{1，6，8}の４通りある。さらに，１と８以外に数字を２つ使う組み合わせは{1，3，5，8}，{1，3，6，8}，{1，4，6，8}の３通りある。よって，全部で，１＋４＋３＝８(通り)ある。

⑵　３～８をそれぞれ選んだ場合の組み合わせをまとめると，下の表のようになる。このとき，例えば，７の組み合わせのうち，{1，5，7}と{1，3，5，7}は，５の組み合わせ(２通り)の「５」の右に７を入れた形になっており，{1，7}，{1，3，7}，{1，4，7}は，６の組み合わせ(３通り)の「６」を７に変えた形になっている。したがって，７の組み合わせの数は，２＋３＝５(通り)と計算できる。このように，ある数を選んだときの組み合わせの数は，その数よりも２少ない数と１少ない数を選んだときの組み合わせの数の和となる。よって，９を選んだ場合は，５＋８＝13(通り)，10を選んだ場合は，８＋13＝21(通り)，11を選んだ場合は，13＋21＝34(通り)となり，12を選んだ場合は，21＋34＝55(通り)と求められる。

3…{1，3}の１通り
4…{1，4}の１通り
5…{1，5}，{1，3，5}の２通り
6…{1，6}，{1，3，6}，{1，4，6}の３通り
7…{1，7}，{1，3，7}，{1，4，7}，{1，5，7}，{1，3，5，7}の５通り
8…{1，8}，{1，3，8}，{1，4，8}，{1，5，8}，{1，6，8}，
　{1，3，5，8}，{1，3，6，8}，{1，4，6，8}の８通り

4 グラフ—図形上の点の移動

⑴　点Ｐの方が点Ｑよりも先に移動の向きを変えるので，問題文中のグラフより，３秒後，下の図１のように，点ＰはＢにくる。このときのAPの長さ，つまり，ABの長さは，２×３＝６(cm)で，

CQの長さは，3×3＝9(cm)だから，AP＋CQ＝6＋9＝15(cm)である。この後，下の図2のように，点QがDにきたとき，四角形APQCの面積はグラフより，32cm^{2}だから，(AP＋CQ)×4÷2＝32(cm^2)より，AP＋CQ＝32×2÷4＝16(cm)となる。また，点P，点Qの速さの比は2：3なので，図1のときから図2のときまでに点P，点Qが動いた長さをそれぞれ②，③とすると，APの長さが②だけ減り，CQの長さが③だけ増えて，(AP＋CQ)が，16－15＝1(cm)増えたことになる。したがって，③－②＝①にあたる長さは1cmだから，点Qが動いた長さは，③＝1×3＝3(cm)とわかる。よって，CDの長さは，9＋3＝12(cm)と求められる。

⑵ ⑴より，台形ABDCの面積は，(6＋12)×4÷2＝36(cm^2)だから，四角形APQCの面積が台形ABDCの面積の半分になるのは，四角形APQCの面積が，36÷2＝18(cm^2)になるときで，そのとき，(AP＋CQ)は，18×2÷4＝9(cm)となる。また，図2で，APの長さは，6－②＝6－1×2＝4(cm)なので，点PがAに戻《もど》るのは，図2のときから，4÷2＝2(秒後)となる。したがって，点PがAに戻ったとき，CQの長さは，12－3×2＝6(cm)で，(AP＋CQ)は，0＋6＝6(cm)だから，2回目に(AP＋CQ)が9cmになるのは，図2のときから点PがAに戻るまでの間とわかる。図2のようになるのは，点P，Qが移動を始めてから，12÷3＝4(秒後)で，そのとき，(AP＋CQ)は16cmである。その後，1秒間に(AP＋CQ)は，2＋3＝5(cm)の割合で減っていくから，2回目に(AP＋CQ)が9cmになるのは，図2のときから，(16－9)÷5＝1.4(秒後)とわかる。よって，移動を始めてから，4＋1.4＝5.4(秒後)である。

⑶ 四角形APQCと四角形PBDQの面積比が5：4となるのは，四角形APQCの面積が，36×$\frac{5}{5+4}$＝20(cm^2)のときで，そのとき，(AP＋CQ)は，20×2÷4＝10(cm)となる。図2の後，(AP＋CQ)は2回目に10cmとなり，点PがAに戻った後も，下の図3のように点QがCに戻るまで，(AP＋CQ)は減り続けるから，3回目に(AP＋CQ)が10cmとなるのは，図3の後になる。図3のようになるのは，移動を始めてから，12×2÷3＝8(秒後)だから，図3のとき，APの長さは，2×8－6－6＝4(cm)である。この後，点Pが再びBにくるのは，図3のときから，(6－4)÷2＝1(秒後)で，そのとき，CQの長さは，3×1＝3(cm)だから，(AP＋CQ)は，6＋3＝9(cm)である。その後，(AP＋CQ)は1秒間に，3－2＝1(cm)の割合で増えるから，(AP＋CQ)が3回目に10cmとなるのは，点Pが再びBにきてから，(10－9)÷1＝1(秒後)とわかる。よって，移動を始めてから，8＋1＋1＝10(秒後)と求められる。

図1

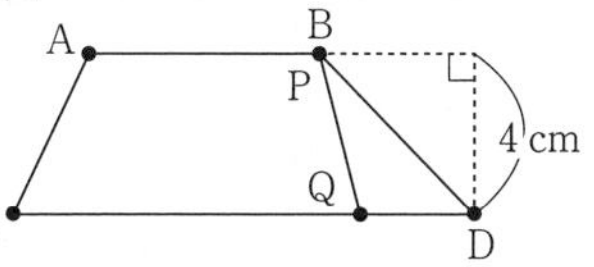

図2

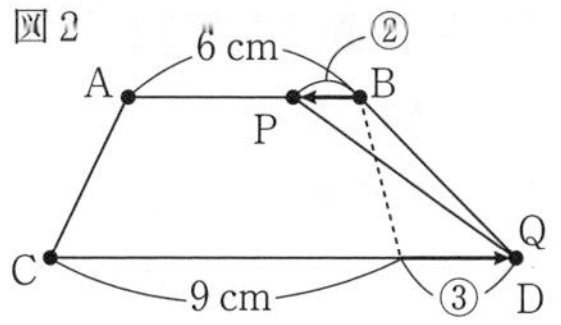

図3

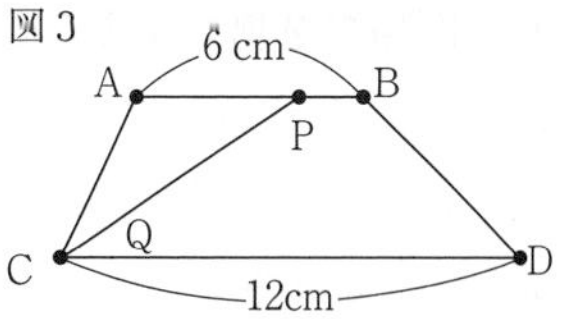

5 条件の整理

⑴ 10000円札を使わなかった生徒はいないから，10000円札の枚数は1枚か2枚となる。10000円札が2枚のときは右の表のア，イの2通り，10000円札が1枚のときは表のウ，エ，オ，カの4通りが考えられる。しかし，おのおのが支払《しはら》った枚数は10枚以下なので，オ，カはあてはまらない。よって，27000円を支払う紙へいの組み合わせはア，イ，ウ，エの4通りある。

10000円(枚)	2	2	1	1	1	1
5000円(枚)	1	0	3	2	1	0
1000円(枚)	2	7	2	7	12	17
	ア	イ	ウ	エ	オ	カ

(2)　集めた10000円札の枚数は5000円札の２倍で，1000円札の半分だから，10000円札，5000円札，1000円札の枚数の比は，２：１：(２×２)＝２：１：４である。したがって，10000円札２枚，5000円札１枚，1000円札４枚を１組にすると，集まった紙へいをちょうど何組かに分けることができる。このとき，１組の金額は，10000×２＋5000×１＋1000×４＝29000(円)だから，集めた金額は29000の倍数とわかる。また，１人が支払った金額は27000円だから，27000×(参加者の人数)が29000の倍数となる。よって，参加者の人数は29の倍数であり，参加者は40人より少なかったので，29人とわかる。

(3)　(2)より，集まった金額は(27000×29)円だから，集まった紙へいを，10000円札２枚，5000円札１枚，1000円札４枚の組に分けると，27000×29÷29000＝27(組)に分けられる。これより，10000円札は，２×27＝54(枚)，5000円札は，１×27＝27(枚)，1000円札は，４×27＝108(枚)集まったとわかる。まず，10000円札を２枚使った生徒と，１枚使った生徒が合わせて29人いて，10000円札は全部で54枚集まったから，10000円札を２枚使った生徒の人数は，(54－１×29)÷(２－１)＝25(人)，１枚使った生徒の人数は，29－25＝４(人)となる。すると，(1)の表で，ア，イの生徒は合わせて25人，ウ，エの生徒は合わせて４人とわかる。また，支払った紙へいの枚数が一番多かった生徒は１人だけだったので，エの生徒は１人である。したがって，ウの生徒は，４－１＝３(人)となり，ウとエの生徒は5000円札を合わせて，３×３＋２×１＝11(枚)支払ったことになるから，アの生徒が支払った5000円札の枚数は，27－11＝16(枚)となる。よって，アの生徒の人数，つまり，5000円札を１枚だけ使った生徒の人数は，16÷１＝16(人)である。

6　立体図形―面積，体積

(1)　右の図１のように，PQとSRの真ん中の点をそれぞれC，Dとすると，角ODCは90度，角CODは45度なので，三角形OCDは直角二等辺三角形であり，ODとCDの長さは等しくなる。また，PQ：QR＝２：１で，CはPQの真ん中の点だから，PC，CQ，QR，PS，CD，SD，DRの長さはすべて等しくなる。したがって，右上の図２のようになり，四角形PCDSと四角形CQRDの面積はそれぞれ三角形ODS，三角形ODRの面積の２倍とわかるから，長方形PQRSの面積は三角形OSRの面積の２倍となる。三角形OSRは直角二等辺三角形で，その面積は，10×10÷２＝50(cm²)だから，長方形PQRSの面積は，50×２＝100(cm²)と求められる。

図１

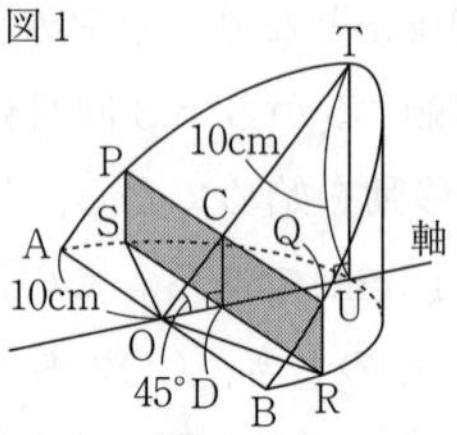

図２

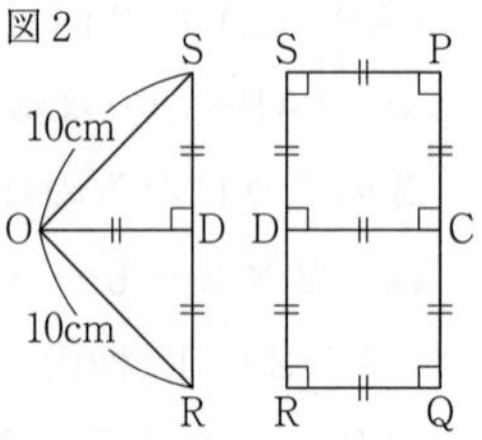

(2)　図１で，ABを軸《じく》の周りに１回転させると，点Ｏを中心とする半径10cmの円ができ，TUを軸の周りに１回転させると，点Ｕを中心とする半径10cmの円ができる。また，長方形PQRSがどのような位置にあってもCDとODの長さは等しいことから，三角形CDQと三角形DORは合同になり，DQの長さはORと同じ10cmとなる。したがって，長方形PQRSがどのような位置にあるときでも，長方形PQRSを軸の周りに１回転させると，半径10cmの円ができる。よって，この立体を軸の周りに１回転させてできる立体は，底面の半径が10cmで，高さが，OU＝10cmの円柱となるから，体積は，10×10×3.14×10＝3140(cm³)と求められる。

社　会　＜第２回試験＞（40分）＜満点：75点＞

解　答

1　問１　１　飛驒　２　富山　３　チューリップ　４　赤石　５　東名　６　中国　７　瀬戸内　問２　三角州　問３　イ(ウ)　問４　ウ　問５　ア　問６　エ　問７　イ　問８　イ　問９　ア　問10　原爆ドーム　2　問１　ア　問２　エ　問３　ウ　問４　ウ　問５　イ　問６　エ　問７　ア　問８　ウ　問９　イ　問10　竪穴住居　問11　銅鐸　問12　征夷大将軍　問13　墾田永年私財法　問14　鴨長明　問15　松平定信　問16　大久保利通　問17　(例)　新平民　3　問１　WHO　問２　(1)　150(日)　(2)　イ　問３　ウ　問４　ア　問５　(1)　エ　(2)　ウ　(3)　ア　問６　パンデミック　問７　難民　問８　(1)　エ　(2)　公債金　(3)　地方交付税交付金(等)　問９　イ

解　説

1　３つの県の特色についての問題

問１　１～３　県内北部に平野が広がること，北側に海が広がっていること，稲作の裏作として球根栽培が行われていることなどから，Ａは富山県について述べているとわかる。富山県の東部には，2000～3000m級の山が連なる急峻《きゅうしゅん》な飛驒《ひだ》山脈(北アルプス)が南北に走っている。県内北部に広がる富山平野や砺波《となみ》平野では，稲作の裏作として大正時代に始められたチューリップの球根栽培がさかんで，富山県におけるチューリップをふくむ球根類の生産量は全国第２位である。県の北には，富山湾が広がっている。統計資料は『データでみる県勢』2021年版などによる(以下同じ)。

４，５　県内北部を南北に山脈が走ること，日本の大動脈となる２本の高速道路が県内を東西に走っていることなどから，Ｂは静岡県について述べているとわかる。静岡県の北部には，2000～3000m級の山が連なる急峻な赤石山脈(南アルプス)が南北に走っている。1969年に全線開通した東名高速道路は東京都から神奈川県，静岡県を経て愛知県に至るが，渋滞《じゅうたい》が多かったことや，静岡県内のルートが海に近く，災害にあう危険性が高いことなどから，内陸部に新東名高速道路が建設された。　**６，７**　太田川が流れる都市が県庁所在都市であることなどから，Ｃは広島県について述べているとわかる。広島県の北部には中国山地が東西にのび，県の南部は瀬戸内海に面している。

問２　河川の運んできた土砂が河口付近に堆積《たいせき》して形成されたなだらかな土地を三角州という。三角州は平坦《へいたん》で水が得やすいことから水田に利用されたり，都市が発達したりすることが多い。広島市の市街地は，太田川の形成した三角州上に広がっている。

問３　富山県の県庁所在都市は富山市で，中央部にはイタイイタイ病が発生したことで知られる神《じん》通《づう》川が，東部には急流として知られる常願寺川が流れている。なお，黒部川は富山県東部，庄《しょう》川は富山県西部を流れており，富山市は通らない。

問４　富山湾では，春になると産卵のためにホタルイカが押し寄せ，夜の海を青白く照らす。このようすは，「ホタルイカ群遊海面」として国の特別天然記念物に指定されており，水揚《みずあ》げされたホタルイカは富山県の特産物となっている。なお，桜えびが特産物となっているのは静岡県の駿河《するが》湾，養殖かきが特産物となっているのは広島県や宮城県，三重県など，ほたて貝が特産物となっているのは北海道や青森県などである。

問５　天竜《てんりゅう》川は長野県中央部の諏訪《すわ》湖を水源として南に流れ，静岡県西部を通って遠州灘《なだ》(太平洋)に注ぐ。なお，大井川は赤石山脈の間ノ岳《あいのだけ》を水源として静岡県内を南に流れ，駿河湾に注ぐ。安倍川は静岡県北部にのびる身延《みのぶ》山地を水源として静岡県内を南に流れ，駿河湾に注ぐ。富士川は，山梨県内で釜無《かまなし》川と笛吹《ふえふき》川が合流して富士川となり，南に流れて静岡県東部で駿河湾に注ぐ。

問６　静岡県では，県中南部の牧ノ原などで明治時代から始められた茶の生産がさかんで，静岡県の茶の生産量は，長い間全国第１位となっている。なお，みかんは和歌山県(2019年)，レモンは広島県(2017年)，セロリは長野県が生産量第１位(2019年)。

問７　静岡県には，沿岸部を中心に東海工業地域が広がっている。県東部の富士市・富士宮市では，富士山麓《ろく》の豊かな水を生産や動力源として活用できたことや，交通の便のよかったことから，製紙・パルプ工業が発達した。

問８　2020年時点で，日本には人口が100万人を超《こ》える「100万都市」は，東京23区を除いて11あり，いずれも政令指定都市となっている。このうち，人口が200万人を超えているのは，横浜市，大阪市，名古屋市の３つ，10万の位で四捨五入して200万人になるのが札幌市，福岡市，神戸市，川崎市の４つで，残りの京都市，さいたま市，広島市，仙台市はこれに満たない(都市はいずれも人口の多い順)。なお，2020年１月１日時点の広島市の人口は約119.6万人であった。

問９　2021年２月時点で，日本海側には新潟市しか政令指定都市がなく，石川県の県庁所在地である金沢市は政令指定都市にはなっていない。なお，岡山市は2009年，相模原《さがみはら》市は2010年，熊本市は2012年に政令指定都市となっている。

問10　第二次世界大戦末期の1945年８月６日，アメリカ軍によって広島市に人類史上初めて原子爆弾が投下され，同市は壊滅《かいめつ》的な被害を受けた。戦後，爆心地付近にあった広島県産業奨励《しょうれい》館の焼け跡が原爆ドームとして当時のまま保存され，1996年には核兵器のおそろしさを後世に伝える「負の遺産」として，ユネスコ(国連教育科学文化機関)の世界文化遺産に登録された。

2　各時代の歴史的なことがらについての問題

問１　アは663年，イは672年のできごと。ウについて，『日本書紀』によると，天武天皇が683年に銅銭の使用を命じており，富本銭はこのときに鋳造《ちゅうぞう》されたものと考えられている。エは645年から始められた。よって，古い年代順に並べるとエ→ア→イ→ウとなる。

問２　10世紀なかば，関東地方で平将門が，瀬戸内地方で藤原純友が反乱を起こした。この２つの反乱は，起こったときの元号から(承平《じょうへい》・)天慶《てんぎょう》の乱とよばれ，武士による最初の大規模な反乱とされている。

問３　13世紀末の1274年(文永の役)と1281年(弘安の役)の２回にわたり，元(中国)の皇帝フビライ＝ハンが日本に大軍を送って攻めこんできた。この２度の蒙古襲来《もうこしゅうらい》に対し，鎌倉幕府の第８代執《しっ》権《けん》北条時宗は御家人を指揮してよく戦い，２度とも暴風雨が発生して元軍の船が沈《しず》んだこともあり，これを撃退することに成功した。なお，アは1333～1336年で14世紀，イは1467年で15世紀，エは1404年で15世紀のできごと。

問４　江戸時代の農民は，年貢をきちんと納めさせるため，生活が厳しく統制されており，酒を飲むことやタバコを吸うことのほか，木綿以外の服を着ることなども禁止されていたと伝えられる。

なお，こうした内容は江戸幕府が1649年に出した「慶安の御触書《おふれがき》」に記されているとされてきたが，慶安の御触書の内容や存在を疑問視する見方が有力となっている。

問５　イギリスは17世紀初めの1613年から日本と貿易を行っていたが，オランダとの競争に敗れて1623年に日本から撤退《てったい》した。鎖国体制下の長崎では，キリスト教の布教を行わなかった清(中国)とオランダのみが幕府との貿易を認められた。

問６　アは1862年，イは1866年，ウは1858年，エは1860年のできごとなので，古い年代順に並べるとウ→エ→ア→イとなる。

問７　アは1964年，イは1960年，ウは1978年，エは1955年のできごとなので，1967年にもっとも近いできごとはアとなる。

問８　1931年に満州事変が起こり，翌32年には満州国が建国された。満州には，開拓などのため，おもに農村から多くの人が移住した。1937年に日中戦争が始まると，その後，朝鮮や満州などからの動員が始まったが，多くの人は戦地や鉱山などに送られたので，都市の人口増加には関係しなかったと考えられる。よって，ウが誤っている。

問９　1945年に衆議院議員選挙法が改正され，20歳以上の男女に選挙権が与えられた。選挙権年齢が18歳以上に引き下げられたのは，2015年(施行は2016年)のことである。

問10　竪穴《たてあな》住居は，地面を数十cm掘り下げて床とし，そのまわりに柱を立てて草などで屋根をふいた建物で，縄文時代から奈良時代ごろまで日本の一般的な住居であった。

問11　銅鐸《どうたく》は弥生時代に利用された釣鐘《つりがね》形の青銅器で，近畿地方で多く出土する。銅鐸には狩猟《しゅりょう》や農耕のようすなどが描かれ，つるして音を鳴らしたり，大型のものは飾ったりして，宗教的な儀式に用いたと考えられている。

問12　征夷《せいい》大将軍は，もともと東北地方の蝦夷《えみし》を平定するために派遣された総指揮官のことだったが，源頼朝が朝廷からこの称号を与えられて鎌倉幕府を開いて以来，武士政権のかしらのことを指すようになった。なお，坂上田村麻呂は797年に征夷大将軍に任命された。

問13　奈良時代なかばになると，人口増加などから口分田が不足するようになった。そこで朝廷は723年に新しく開墾した土地を３代まで私有することを認める三世一身の法を出したが，効果があがらなかったため，743年，新たに開墾《かいこん》した土地の永久私有を認める墾田永年私財法を出した。

問14　『方丈記《ほうじょうき》』は鴨長明《かものちょうめい》が著した随筆で，自身が平安時代末期に体験した数々の災厄《さいやく》が仏教的無常観にもとづいて述べられており，鎌倉時代初期に成立した。

問15　白河藩(福島県)で名藩主として名をあげた松平定信は1787年に江戸幕府の老中になると，祖父にあたる第８代将軍徳川吉宗が行った享保(の)改革を理想として，寛政(の)改革とよばれる幕政改革に取り組んだ。しかし，厳しすぎる改革は各身分からの反発を招き，1793年に定信は老中をやめた。

問16　大久保利通《としみち》は薩摩藩(鹿児島県)出身の政治家で，西郷隆盛とともに長州藩(山口県)の桂小五郎(木戸孝允《たかよし》)と薩長同盟を結ぶなどし，倒幕に大きく貢献《こうけん》した。明治維新後は政府の参議として版籍奉還(1869年)や廃藩置県(1871年)をおし進め，1871～73年には岩倉使節団の一員として欧米を視察した。帰国後は内務卿《きょう》として殖産興業政策に力をつくしたが，1878年，紀尾井坂(東京都千代田区)で不平士族によって暗殺された。

問17　江戸時代には，武士や百姓，町人といった身分の下に位置づけられた被差別民がいた。こうした人たちは，1871年に明治政府が出した解放令によって法的，制度的には平民に編入されたが，百姓などから平民になった人と区別され，「新平民」「新民」などとよばれて差別され続けた。

3 政治のしくみや現代の社会などについての問題

問1 WHO(世界保健機関)は，全世界の人々が可能な最高の健康水準に到達することを目的として1948年に設立された国際連合の専門機関で，感染症対策をふくむ保健・医療分野の仕事を行っている。

問2 (1) 通常国会(常会)は毎年1月，会期150日(1回だけ延長できる)で召集《しょうしゅう》され，おもに次年度の予算が審議される。 (2) 最高裁判所の長官は，内閣が指名して天皇が任命する。

問3 1973年に第四次中東戦争が起きると，中東の産油国は石油の価格引き上げや輸出制限を行った。これによって先進国は第一次オイル・ショック(石油危機)とよばれる経済的な混乱に陥り，日本では1974年の経済成長率が戦後初めてマイナスとなったことで，1950年代から続いていた高度経済成長が終わった。なお，アは1990年代初め，イは1990年代後半，エは2000年代後半のできごと。

問4 2020年2月29日，新型コロナウイルス感染症《しょう》の拡大を防ぐため，安倍晋三首相は全国の小中学校，高等学校，特別支援学校に対して臨時休校を要請した。

問5 新型コロナウイルス感染症の集団感染を防ぐため，政府などは密閉空間(換気《かんき》の悪い密閉空間であること)・密集場所(多くの人が密集している場所であること)・密接場所(たがいに手をのばしたら届く距離で会話や発声が行われる場所)の「3密」を避けるよう国民に要請している。

問6 パンデミックは「世界的な感染症の流行」といった意味で用いられ，WHOは2020年3月に新型コロナウイルス感染症がパンデミックに至っているという認識を示した。

問7 2016年にブラジルで開かれたリオデジャネイロオリンピックでは，世界各地の難民が結成した選手団が参加を認められた。難民とは，人種・宗教・政治的意見などを理由とした迫害《はくがい》を受ける可能性があることから，自国にいると迫害を受ける(または迫害を受けるおそれがある)ために他国に逃れた人々のことをいう。

問8 (1) ア 政府系金融《きんゆう》機関の予算は，一般会計からも出資される。 イ 財政投融資計画は予算案とともに内閣から国会に提出され，国会での審議を経て議決される。 ウ 内閣が作成した予算案は，必ず衆議院に先に提出される。 エ 総予算案や，予算に関わる重要な法律などを審議するさいには，必ず公聴会を開かなければならない。 (2) 税収が不足する場合，政府は公債(国債)を発行し，借金をすることで不足分をまかなう。歳入のうちでは，「公債金」がこれにあたる。なお，公債の発行は原則として禁じられており，税収不足をうめるための公債(特例公債，赤字公債)の発行には，そのための特例を定めた法律が必要となる。 (3) 地方自治体ごとの税収の格差を縮めるため，国は必要な各自治体に使い道を決めずに交付金を配分している。これを地方交付税交付金という。一般会計歳出のグラフ中では，「地方交付税交付金等」と記されている。

問9 2020年4月7日に発令された緊急《きんきゅう》事態宣言の対象地域は，埼玉県・千葉県・東京都・神奈川県・大阪府・兵庫県・福岡県の7都府県で，岩手県はふくまれなかった。

※編集部注…学校より，1の問3に不備があったため，この問題については全員正解とするという発表がありました。

理　科　＜第２回試験＞（40分）＜満点：75点＞

解　答

1 (1) ウ　(2) ① 0.65　② 1.30　③ 1.80　④ 1.30　(3) ウまたはエ　(4) ① 30.0　② 13.7　**2** (1) **A** ぎょう固点　**B** ふっ点　(2) イ，エ　(3) (海水＞)イ＞ア＞ウ　(4) 10710kg　(5) ① ウ　② (例) 水はこおると体積が大きくなり，空気は冷やすと体積が小さくなるが，体積の変化の割合は空気の方が大きいため，ペットボトルはへこむ。　(6) イ　(7) オ　**3** (1) **消化酵素Ｘ**…アミラーゼ　**物質Ｙ**…麦芽糖　(2) ペプシン　(3) エ，オ　(4) かん門脈　(5) ウ　(6) キ　(7) イ　**4** (1) カ　(2) **天体望遠鏡**…イ　**ピンホール**…エ　(3) エ　(4) **冬至の日**…エ　**夏至の日**…カ　(5) **2019年１月６日**…ウ　**2019年12月26日**…エ　**2020年６月21日**…オ　(6) ① 南西　② 新型コロナウイルス(COVID-19)　③ セ　(7) イ

解　説

1 ふりこの性質とおもりの運動についての問題

(1) 図４と表１から，おもりの速さを変えるためには，手をはなした高さを変えればよいとわかる。おもりから手をはなす高さは，図３の机(BC)からＤ点までの高さ(図の h)なので，Ｄ点の高さを変えればよい。

(2) (1)より，おもりの速さは手をはなした高さで決まるので，図４から，それぞれの手をはなした高さでのおもりの速さを読み取る。すると，表１の①は0.65，②は1.30，③は1.80，④は1.30となる。

(3) 図１のように，レールの上のおもりの運動は，レールの半径と長さが同じふりこのおもりの運動と同じになる。ふりこの長さが長いほど，ふりこが１往復する時間は長くなるので，レールの半径が長いほど，レール上のおもりがＤ点からＢ点まで進むのにかかる時間も長くなる。

(4) ① 表３の左から４番目と７番目の結果を比べると，レールの半径に関係なく，おもりの重さと手をはなした高さが同じなら，おもりが箱を押《お》した長さも同じになるとわかる。したがって，①は，左から３番目の結果と同じになる。　② 表３の左から２番目と９番目を比べると，おもりの重さが，12÷36＝$\frac{1}{3}$(倍)になると，押した長さも，6.9÷20.7＝$\frac{1}{3}$(倍)になっている。②は，表３の左から４番目と比べて，おもりの重さが$\frac{1}{3}$倍になっているので，41.1×$\frac{1}{3}$＝13.7(cm)とわかる。

2 地球上の水と空気についての問題

(1) 物質が液体から固体に変化する温度をぎょう固点といい，液体から気体に変化する温度をふっ点という。水のぎょう固点は０℃で，ふっ点は100℃である。

(2) 18世紀の後半に，赤道から北極点までの距離《きょり》をもとにして，１ｍという長さの単位がつくられた。これに続いて，１辺の長さが10cmの立方体の容器に入る水の体積が１Ｌ，重さが１kgとされた。

(3) 地球上の水の重さの総量は約140京トンで，そのうち約97.5％が海水，残りの約2.5％はたん水(真水)である。たん水の多くは南極・北極・氷河などに氷として存在し，私たちが利用できる河

川・湖・地下水などに存在する液体の水は，地球上の水のおよそ0.8％しかない。また，大気中の水は，地球上の水の約0.001％とごくわずかである。

⑷　プールの海水に溶《と》けている塩化ナトリウムの重さは，$1.02\times25\times100\times15\times100\times1\times100\times\frac{3.5}{100}\times\frac{80}{100}\times\frac{1}{1000}=10710$(kg)である。

⑸　①　丸底フラスコ内は水の出入りがないため，水の重さは変わらない。表１より，１cm^3あたりの水の重さは，25℃のときより60℃の方が軽いので，同じ重さでは，60℃の方が体積が大きくなる。　②　水１ｇあたりの体積や，空気１ｇあたりの体積は，表１，表２の値の逆数で表される。この変化では水も空気も重さが変わらないので，25℃の水が－18℃の氷になると，体積は，$\frac{1}{0.9194}\div\frac{1}{0.9970}=\frac{0.9970}{0.9194}=1.084\cdots$より，約1.08倍，25℃の空気が－18℃になったときの体積は，$\frac{1}{1.383}\div\frac{1}{1.184}=\frac{1.184}{1.383}=0.856\cdots$より，約0.86倍となる。よって，体積の変化の割合は，水よりも空気の方が大きいとわかる。25℃のときのペットボトル内の水と空気の体積はほぼ同じなので，全体の体積は，$1.08\times\frac{1}{2}+0.86\times\frac{1}{2}=0.97$(倍)となり，ペットボトルはへこむ。

⑹　砂はあたたまりやすく冷めやすいのに対して，水はあたたまりにくく冷めにくい。つまり，砂は熱が出入りしやすく，水(海水)は熱が出入りしにくい。

⑺　燃料電池では，体積比２：１の水素と酸素の反応をもちいて発電していると述べられていることから，10Ｌの水素を反応させるために必要な酸素の体積は，$10\times\frac{1}{2}=5$(Ｌ)である。酸素は空気中に体積の割合で約20％ふくまれているので，必要な空気の体積は，$5\div\frac{20}{100}=25$(Ｌ)と求められる。

3　ヒトの消化についての問題

⑴　だ液にはアミラーゼという消化酵素《こうそ》がふくまれている。食物にふくまれているデンプンはアミラーゼによって麦芽糖《ばくがとう》に分解され，その後ブドウ糖にまで消化されて小腸で吸収される。

⑵　胃液にはペプシンという消化酵素がふくまれている。食物にふくまれているタンパク質はペプシンによってペプトンに分解され，さらに消化されてアミノ酸となる。

⑶　デンプンはだ液，すい液，小腸の壁《かべ》の消化酵素，タンパク質は胃液，すい液，小腸の壁の消化酵素によってそれぞれ消化される。また，脂肪《しぼう》はたん汁《じゅう》によって細かいつぶにされたあと，すい液によって消化される。ミネラルやビタミンはこれらの消化液によっては消化されることのない栄養素である。

⑷　麦芽糖はさらに消化されてブドウ糖になり小腸で吸収されたあと，かん門脈を通ってかん臓へと運ばれる。ブドウ糖の一部は，グリコーゲンに変えられてかん臓にたくわえられる。

⑸　消化酵素Ｘ(アミラーゼ)は，体温に近い温度でよくはたらき，それより低い20℃でははたらきがゆるやかになる。試験管Ｃには，試験管Ｂと同じこさのデンプン溶液《ようえき》を入れているので，消化によってできる物質Ｙ(麦芽糖)の量は12のまま変化しないが，完全に消化されるまでにかかる時間は，試験管Ｂのときの８分間より長くなる。

⑹　試験管Ｄには，試験管Ｂの，３÷２＝1.5(倍)のこさのデンプン溶液を入れているので，消化によってできる麦芽糖の量も1.5倍になる。試験管Ｄに入れただ液の体積は１cm^3で，試験管Ｂと同じなので，完全に消化されるまでにかかる時間も1.5倍になると考えられる。

⑺　試験管Ｆでは，試験管Ｂと同じこさのデンプン溶液を入れているので，消化によって生じる麦

芽糖の量は12のまま変化しないが，入れただ液は試験管Ｂよりこいので，完全に消化されるまでにかかる時間は，試験管Ｂのときの８分間より短くなる。

4 日食，季節と太陽の動きについての問題

⑴　日食が起こるのは，新月のときである。地球上に月の本影《ほんえい》が落ちる直下点では，太陽がすべて月にかくれると皆既《かいき》日食(月と地球の距離《きょり》が大きく月が太陽より見かけ上小さい場合には金環《きんかん》日食)となる。また，本影の周りに広がる半影の範囲《はんい》では部分日食となる。

⑵　天体望遠鏡で，投影《とうえい》板に映る像は鏡で見たようになると述べられていることから，図２が左右逆になったイのように見えると考えられる。また，ピンホールで太陽の像を壁に映したとき，壁に映る像は上下左右が逆になることから，エのように見える。

⑶　エは，グラフ１から，天気が晴であった７日12時の日射量は約700W/m^2なので，食の終わり後の６日12時も晴であれば日射量は約700W/m^2になると考えられる。実際は約220W/m^2と読み取れるので，晴であっても日射量は10倍になるとは考えられないので適当ではない。

⑷　地球は西から東に自転しているため，太陽は東から西に動くように見える。東京都で観察すると，冬至の日には，エのように日の出や日の入りの位置が真東や真西より南寄りになる。また，夏至の日は，カのように日の出や日の入りの位置が真東や真西より北寄りである。

⑸　部分日食の食の最大の時刻に，太陽が見えるおよその方角からそれぞれ考える。2019年１月６日は食の最大が10時６分であることから南東の方向のウ，2019年12月26日は15時35分なので南西の方向のエ，2020年６月21日は17時10分であることから西の方向のオがあてはまる。

⑹　①　2019年12月26日の日食は14時28分に食が始まり，食の最大が15時35分であることから，南西の方角が開けて見やすい地点で観測するとよい。　②　2020年６月ごろは，新型コロナウイルスによる感染症(COVID-19)が拡大を始めた時期であった。　③　オンラインで観測会を行うためには，観測場所がインターネットにつながる場所であることが必要である。「Wi-Fi」とは，無線通信に関する標準的なルールに従っている機器を表す語であるが，「Wi-Fiがつながる」などのように，無線でインターネットにつなぐという意味で使われることも多い。

⑺　イは，グラフ２で，20日の16時30分，16時50分，17時00分，17時10分が曇《くもり》であったとしても，21日も曇で部分日食による変化がほとんど見られないことから，比較《ひかく》に適するとはいえない。

国　語　＜第２回試験＞（50分）＜満点：100点＞

解　答

一　①　ひたい　②～⑤　下記を参照のこと。　**二**　**問１**　Ａ　エ　Ｂ　ア　**問２**　(例)　自分が善意でした無償の行為を周囲から何かしらの対価を求めて行ったのだろうと疑われてしまうという問題。　**問３**　見返り　**問４**　エ　**問５**　イ　**問６**　エ　**問７**　イ　**問８**　ウ　**三**　**問１**　ａ　ウ　ｂ　イ　ｃ　エ　**問２**　ウ　**問３**　エ　**問４**　ウ，エ　**問５**　ノートには　**問６**　(例)　母親が願うようにブラジルのことを忘れないでいたいとは思うけれども，日本語がうまくなって日本の友達と仲良くなりたいとも思う(気持ち。)　**問７**　ウ　**問８**　ア，カ

●漢字の書き取り

一　②　耕　③　官庁　④　尺八　⑤　宗派

解　説

一　漢字の読みと書き取り

①　音読みは「ガク」で，「金額」などの熟語がある。「猫《ねこ》の額」は，面積が狭《せま》いことのたとえ。

②　音読みは「コウ」で，「耕作」などの熟語がある。　③　役所。　④　和楽器の一種で竹製の縦笛。　⑤　同じ宗教のなかでいくつかに分かれたグループ。

二　**出典は猪瀬浩平《いのせこうへい》の『ボランティアってなんだっけ？』による。**ボランティアにおける「無償性《むしょうせい》のめんどくささ」を説明し，それを引き受けながらボランティア活動を行うことの大切さを指摘《してき》している。

問１　**Ａ**　前では，困っている人を助けたいという気持ちから困っている人に何かをしてあげても，「内面は誰《だれ》にも見えない」とある。後では，周りから本当は「自分の評価を上げたいのではないか」などと指摘されるのを防ぐことはできないとある。よって，前のことがらを理由・原因として，後にその結果をつなげるときに用いる「だから」が入る。　**Ｂ**　前では，久しぶりにボランティアについて「議論を巻き起こしたのが東京五輪ボランティアだった」とある。後では，「そこにおいて，贈与《ぞうよ》のパラドックスを伴《ともな》う『無償性』は放棄《ほうき》されてしまったように見える」とある。よって，前のことがらを受けて，それに反する内容を述べるときに用いる「しかし」が合う。

問２　ここでの「問題」とは，「無償性」という「めんどくさい問題」がなくなると「シンプル」になる問題であることから考える。②，③段落の説明に着目すると，純粋《じゅんすい》な気持ちで困っている人を助けようとしているのに，周りの人々から，「報酬《ほうしゅう》」を目当てにボランティア活動をしているのだろうと疑われてしまうということがとらえられる。

問３　直後の一文で「贈与をする人」のことを「無償の行為《こうい》をする人」と説明していることに注目すると，「贈与と反対のもの」とは，「対価」または「報酬」であり，「見返り」のことである。

問４　次の⑤段落から，「贈与」について具体的に説明されていることに注目する。贈与は「モノ」自体より，「それに込《こ》められた誰かの気持ちや感情など」を重視するものであり，「大切な誰かに贈《おく》るプレゼント」は，その物だけでなく，「そこに込められた，贈る相手への気持ち」こそが重要なのである。そして，「交換《こうかん》」とは異なり，その場ではなく間隔《かんかく》を置いてからお返しをすることによって，相手との「関係が持続する」のである。よって，エが合う。

問５　「交換」については，問４でみた部分で，「贈与」と比べる形で説明されている。交換では，モノに込められた気持ちや感情などではなく，「モノそれ自体」が重視される。欲しいモノ，商品を手に入れ，それにふさわしいと相手が納得《なっとく》した対価を支払《しはら》えば，そこで，交換相手との「関係は清算される」のだから，イがふさわしい。なお，コンビニで買った弁当は「贈られたモノ」ではないので，エは誤り。

問６　⑨段落から，ボランティアという言葉の変化が説明されている。一九八〇年代になると，ボランティアが「贈与」ではなく「交換」の文脈で語られるようになっていった。さらに，一九九〇年代以降，NPO活動が注目を集めるようになったが，NPOの中核は「非営利性」であって「無償性」ではないため「交換」の要素が強かった。そして，「交換と贈与の間にある様々な言葉」が使われるようになったので，「無償性」と結びついたボランティアという言葉は，次第《しだい》に，ごく限られた場面でしか用いられなくなっていったのである。

問７　「他者のもとへ自らを配送させていくことを断念しない」ということについて，直後の一文で，「自分の活動が『自己満足ではないか？』と自問自答しながら，それでもより他者に近づこうとする」ことだと説明している。そして，他者から「自己満足だ」と批判《ひはん》されたら，否定はできないが，「あなたは何をしているのか」と問い返すことで，答えが見つからないという自分の苦悩《くのう》を伝え，そういう人も巻き込みながら，ボランティアを続けるべきだと考えている。

問８　ウが⑬段落の内容と合う。なお，アは，一九九五年はボランティア元年といわれ，朝日新聞での記事も同年がピークだが，「ボランティアが最も盛んにおこなわれていた」のがその頃《ころ》かどうかはわからない。イは，戦中の日本で天皇が国民に与《あた》えたとされるものが「純粋贈与」であって，国民はそれに対して「奉公《ほうこう》」という形で報《むく》いた。エは，ボランティアにおける無償性のめんどくささを「贈与のパラドックス」という言葉で説明しているのは，中沢新一《なかざわしんいち》氏ではなく，仁平典宏《にへいのりひろ》氏である。

三　**出典は『小説すばる』2020年５月号所収の「生者のポエトリー　あしたになったら(岩井圭也《いわいけいや》作)」による。**アメリカから帰ってきて，日本語ができないことに苦しんだ経験がある聡美《さとみ》は，ジュリアに日本語を教えることを通じて，自分の経験を見直し，母の気持ちを理解できるようになっていった。

問１　**a**　「かろうじて」は，“簡単ではなかったが，やっとのことで”という意味。　**b**　「はにかむ」は，“恥《は》ずかしそうな表情やしぐさをする”という意味。　**c**　「つぶらな」は，丸くて，かわいいさま。

問２　「私」は，小学五年生でアメリカから日本に来たとき，日本語を話すことができなかったので，「初めて日本の小学校に登校した日」には，不安と緊張《きんちょう》を感じていた。「私」にも，かつては，支援《しえん》教室にやってくる子どもたちと同じような経験があったのである。

問３　親の都合で外国に連れてこられた子どもは，「私」がそうだったように，環境《かんきょう》が全く異なるなかで言葉も通じず，一人ぼっちで寂《さび》しいと感じてしまいがちなので，エの「孤独感《こどくかん》」がよい。大人になった「私」は，その寂しさがやがて解消するということを知っている。

問４　「私」は，「過去の幼かった自分」，つまり日本語がわからずに，寂しい思いをしていた過去の自分に「大丈夫《だいじょうぶ》だよ」と言ってあげたかった。また，外国から日本にやってきて孤独と不安を抱《かか》えながら生きている支援教室の子どもたちに，かつての自分の姿を重ね合わせて，彼《かれ》らにも「大丈夫だよ」と言いたかったのである。

問５　この後ジュリアは，詩を書いたノートを「私」に見せてくれたので「私」は一読し，彼女《かのじょ》の日本語が上達する理由がわかった。その「ノートには，鉛筆《えんぴつ》と消しゴムで何度も書き直した跡《あと》」があった。「何度も文章を直し，調べながら詩を書」き，「きっと辞書か何かをひっくり返して，少しずつ書き進めた」，といったやり方がジュリアの「勉強」であり，「それだけまじめに向き合えば，日本語も上達するはずだ」ったのである。

問６　母親は，ジュリアが生まれた国であるブラジルのことやポルトガル語を忘れてほしくない，と望んでいる。ジュリアは「私」に，日本語を覚えてもっと友達と話したいと言っていたが，母親が望むように，ブラジルのことを忘れないようにしたいとも思っている。ジュリアの気持ちは，祖国のブラジルと現在暮らしている日本との間で揺《ゆ》れていたのである。

問7　子どもの頃，「私」は親が日本語を教えてくれなかったことを恨《うら》み，言葉のわからない日本に連れてこられたことに腹を立て，母と大喧嘩《げんか》をした。ジュリアの母と話をしたことによって，「私」は，母が，「幼い私の社会活動を応援してくれたからこそ，日本語を話すことを強制しなかった」ことがわかった。それまでは理解できなかった母の気持ちがわかったので，「私」は明るい気持ちになっているのである。

問8　ジュリアにとっては，「ブラジルの雄大《ゆうだい》な夕景」と「日本の明るい夜」の「両方が大切な風景であり，切り離《はな》して考えることはできない」のである。その気持ちが，〈よるのそら〉の「どちらのよるのそらもすきだ」という表現に表れているので，アは正しい。また，〈あしたになったら〉では，積極的に日本での暮らしを切り開こうという気持ちと，「うまれたまち」を「わすれないように」しよう，という思いが表現されているので，カもふさわしい。

Memo

Memo

当社発行物の無断使用は固くお断りいたします。御使用の前はまずご相談ください。

当社発行物には500点余の首都圏中・高過去問をはじめ、６点の学校案内、そのほかいくつかの情報誌などがございます。その多くが年度版で、限られたスタッフが来るべき受験シーズン前に余裕を持って受験生へ届けられるよう、日夜作業にあたり出版を重ねております。

その中で、最近、多くの印刷物やネット上において当社発行物からの無断使用が見受けられ、一部で係争化しているところもございます。事例といたしましては、当社の新刊発行を待ち、それを流用して毎年ネット上に新改訂として掲載していたＡ社、当社過去問から三百箇所をはぎ合わせ「自社制作につき無断転載禁止」とし、集客材としてホームページに掲載していたＢ社、当社版誌面を無断スキャンし、記述式解答は一部殆ど丸取りして動画を制作していた家庭教師グループＣ社、当社発行物の表紙を差し替え、内容を複製し配布していた塾のＤ社などほか数社がございます。

当社発行物の全部もしくは一部を無断使用することは固くお断りいたします。

当社コンテンツの中にはリーズナブルな設定でご提供している事例もたくさんございますので、ご利用されたい方はまずは、お気軽にご相談くださいますようお願いします。同時に、当社発行物を無断で使用している媒体などにつきましての情報もお寄せいただければ幸いです（呈薄謝）。

株式会社 声の教育社

2025年度用

中学スーパー過去問

■編集人 声の教育社・編集部
■発行所 株式会社 声の教育社

〒162-0814 東京都新宿区新小川町8-15
☎03-5261-5061(代) FAX03-5261-5062
https://www.koenokyoikusha.co.jp

※本書の内容についての一切の責任は当社にあります。内容・解説・解答・その他は当社ホームページよりお問い合わせ下さい。

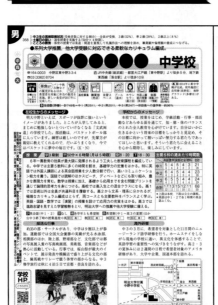

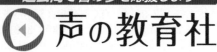

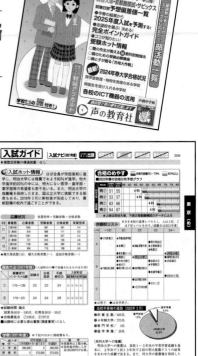

よくある解答用紙のご質問

01

実物のサイズにできない

拡大率にしたがってコピーすると，「解答欄」が実物大になります。配点などを含むため，用紙は実物よりも大きくなることがあります。

02

A3用紙に収まらない

拡大率164％以上の解答用紙は実物のサイズ（「出題傾向＆対策」をご覧ください）が大きいために，Ａ３に収まらない場合があります。

03

拡大率が書かれていない

複数ページにわたる解答用紙は，いずれかのページに拡大率を記載しています。どこにも表記がない場合は，正確な拡大率が不明です。

04

１ページに２つある

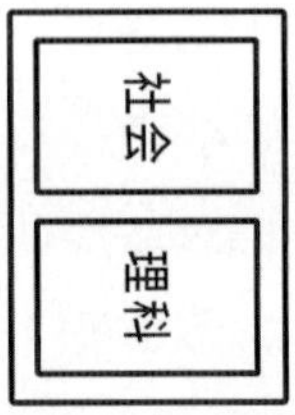

１ページに２つ解答用紙が掲載されている場合は，正確な拡大率が不明です。ほかの試験回の同じ教科をご参考になさってください。

本郷中学校

【別冊】入試問題解答用紙編

解答用紙は本体からていねいに抜きとり、別冊としてご使用ください。

※　実際の解答欄の大きさで練習するには、指定の倍率で拡大コピーしてください。なお、ページの上下に小社作成の見出しや配点を記載しているため、コピー後の用紙サイズが実物の解答用紙と異なる場合があります。

●入試結果表

年度	回	項目	国語	算数	社会	理科	4科合計	合格者
2024	第１回	配点(満点)	100	100	75	75	350	最高点
		合格者平均点	62.7	68.3	51.9	47.9	230.8	267
		受験者平均点	54.2	54.7	47.5	41.0	197.4	最低点
		キミの得点						215
	第２回	配点(満点)	100	100	75	75	350	最高点
		合格者平均点	69.7	79.4	61.4	48.6	259.1	313
		受験者平均点	61.7	65.4	57.4	42.0	226.5	最低点
		キミの得点						237
2023	第１回	配点(満点)	100	100	75	75	350	最高点
		合格者平均点	73.6	72.1	55.0	51.2	251.9	310
		受験者平均点	67.5	58.1	49.2	43.8	218.6	最低点
		キミの得点						239
	第２回	配点(満点)	100	100	75	75	350	最高点
		合格者平均点	71.1	59.0	55.1	52.6	237.8	292
		受験者平均点	63.3	47.8	50.6	44.7	206.4	最低点
		キミの得点						217
2022	第１回	配点(満点)	100	100	75	75	350	最高点
		合格者平均点	61.2	72.7	51.9	46.6	232.4	281
		受験者平均点	53.0	62.6	45.5	39.8	200.9	最低点
		キミの得点						217
	第２回	配点(満点)	100	100	75	75	350	最高点
		合格者平均点	61.9	66.6	59.5	53.4	241.4	297
		受験者平均点	55.8	58.1	56.0	48.4	218.3	最低点
		キミの得点						222
2021	第１回	配点(満点)	100	100	75	75	350	最高点
		合格者平均点	72.1	83.8	50.3	41.2	247.4	279
		受験者平均点	64.7	71.0	45.1	36.5	217.3	最低点
		キミの得点						233
	第２回	配点(満点)	100	100	75	75	350	最高点
		合格者平均点	64.5	70.8	58.8	52.0	246.1	307
		受験者平均点	58.8	60.0	54.6	46.6	220.0	最低点
		キミの得点						221

※　表中のデータは学校公表のものです。ただし、４科合計は各教科の平均点を合計したものなので、目安としてご覧ください。

声の教育社

２０２４年度　本郷中学校

算数解答用紙　第１回

番号		氏名		評点	／100

1	(1)	
	(2)	

2	(1)	時間
	(2)	円
	(3)	
	(4)	分
	(5)	km
	(6)	cm^3

3	(1)	毎分　m
	(2)	毎分　m
	(3)	
4	(1)	
	(2)	
	(3)	
5	(1)	cm^3
	(2)	cm^3
	(3)	cm^3

(注) この解答用紙は実物を縮小してあります。Ｂ５→Ｂ４(141%)に拡大コピーすると、ほぼ実物大の解答欄になります。

〔算　数〕100点(学校配点)

1　各５点×2　2～5　各６点×15

２０２４年度　本郷中学校

社会解答用紙　第１回

番号		氏名		評点	／75

1

問１					問２	問３	問４
ア	イ	ウ	エ	オ			km

問５	問６	問７	問８		
			①	②	③

問８			
④	⑤	⑥	⑦

2

問１	問２	問３	問４	問５	問６	問７	問８	問９

問10	問11	問12	問13

問14	問15	問16	問17

3

問１	問２	問３	問４	問５	問６	問７

問８	問９	問10	問11	問12

（注）この解答用紙は実物を縮小してあります。Ｂ５→Ｂ４(141%)に拡大コピーすると、ほぼ実物大の解答欄になります。

〔社　会〕75点(学校配点)

1　問１～問７　各１点×11　問８　各２点×７　2　問１～問９　各１点×９　問10～問17　各２点×８

3　問１～問８　各２点×８　問９　３点　問10～問12　各２点×３

２０２４年度　本郷中学校

理科解答用紙　第１回

番号		氏名		評点	／75

1

(1)	g	(2)	B	C	(3)		(4)		(5)	
(6)	1	2	3	4						
(7)	1	2	3							

2

(1)	1	2	(2)	kg	(3)	電池	
(4)	①	②					
(5)		(6)					
(7)	① cm³	②マグネシウムの重さ g	塩酸の体積 cm³	③ g			

3

(1)	①	②	④	⑩	(2)				
(3)	A	B	C	D	(4)	メダカ	A	B	C	D
(4)	カエル	E	F	G	H	I	J	K	L
(5)	回	(6)		(7)	A	B			

4

(1)		(2)		(3)		(4)	
(5)		(6)		(7)	9	10	
(8)	図４は断層面を境に						

（注）この解答用紙は実物を縮小してあります。Ｂ５→Ｂ４（141%）に拡大コピーすると、ほぼ実物大の解答欄になります。

〔理　科〕75点（学校配点）

1　(1)，(2)　各１点×２＜(2)は完答＞　(3)〜(5)　各２点×３＜(5)は完答＞　(6)　各１点×４　(7)　各２点×３　2　(1)，(2)　各２点×２＜(1)は完答＞　(3)，(4)　各１点×３　(5)〜(7)　各２点×６＜(5)，(6)は完答＞　3　(1)　各１点×４　(2)　２点＜完答＞　(3)　各１点×４　(4)，(5)　各２点×３＜(4)は各々完答＞　(6)，(7)　各１点×３　4　(1)〜(4)　各２点×４　(5)　３点＜完答＞　(6)　２点　(7)，(8)　各３点×２＜(7)は完答＞

２０２４年度　本郷中学校

国語解答用紙　第一回

番号		氏名		評点	/100

一

①		②		③		④		⑤	

二

問一

問二

問三

問四

問五

80

問六

問七

三

問一　A　B　C

問二

問三　問四　問五　問六

問七

80

100

（注）この解答用紙は実物を縮小してあります。B5→B4（141%）に拡大コピーすると、ほぼ実物大の解答欄になります。

〔国　語〕100点(学校配点)

一　各2点×5　二　問1　4点　問2　7点　問3　5点　問4　6点　問5　10点　問6　7点　問7　6点　三　問1　各2点×3　問2　3点　問3～問6　各6点×4　問7　12点

２０２４年度　本郷中学校

算数解答用紙　第２回

番号		氏名		評点	／100

1	(1)	
	(2)	

2	(1)	本
	(2)	cm
	(3)	cm^2
	(4)	日
	(5)	
	(6)	cm^2

3	(1)	分後
	(2)	km

4	(1)	〈　　,　　〉
	(2)	〈　　,　　〉

5	(1)	cm
	(2)	cm

6	(1)	ア			
	(2)	イ			
		ウ		エ	
	(3)				

（注）この解答用紙は実物を縮小してあります。Ｂ５→Ｂ４(141％)に拡大コピーすると、ほぼ実物大の解答欄になります。

〔算　数〕100点(学校配点)

1　各５点×2　2〜5　各６点×12＜4は各々完答＞　6　(1)，(2)　各３点×4　(3)　６点

２０２４年度　本郷中学校

社会解答用紙　第２回

番号		氏名	

評点	／75

1

問１	問２	問３	問４	問５	問６	問７
			市			

問８	問９	問10	問11	問12		問13	問14	問15
				（１）	（２）			

問16	問17
市	

2

問１	問２	問３			問４	問５	問６	問７
		(1)	(2)	(3)				

問８	問９	問10	問11
国			

問12	問13	問14	問15
			県

3

問１	問２	問３	問４	問５	問６	問７	問８

問９	問10	問11	問12

（注）この解答用紙は実物を縮小してあります。Ｂ５→Ｂ４(141%)に拡大コピーすると、ほぼ実物大の解答欄になります。

〔社　会〕75点(学校配点)

1　問１　２点　問２，問３　各１点×２　問４　２点　問５，問６　各１点×２　問７，問８　各２点×２　問９，問10　各１点×２　問11　２点　問12　各１点×２　問13，問14　各２点×２　問15〜問17　各１点×３　2　問１〜問７　各１点×９　問８〜問15　各２点×８　3　問１〜問11　各２点×11　問12　３点

2024年度　本郷中学校

理科解答用紙　第2回

番号		氏名		評点	／75

1

(1)		(2)	秒	(3)	倍	(4)	
(5)							
(6)	①　秒	②					

2

(1)		(2)		(3)			
(4)		(5)					
(6)	A	B	C	(7)	A	C	

3

(1)		(2)		(3)		(4)	
(5)	①　g	②	(6)				

4

(1)			(2)		(3)	1	2
(4)		(5)		(6)			
(7)	1	2	3				

（注）この解答用紙は実物を縮小してあります。Ｂ５→Ｂ４(141%)に拡大コピーすると、ほぼ実物大の解答欄になります。

〔理　科〕75点(学校配点)

1 (1) 3点 (2)～(4) 各2点×3 (5), (6) 各4点×2＜(6)は完答＞ 2 (1)～(4) 各2点×4＜各々完答＞ (5) 3点＜完答＞ (6), (7) 各2点×5＜(7)は各々完答＞ 3 (1), (2) 各2点×2 (3)～(6) 各3点×5＜(5)の②, (6)は完答＞ 4 (1) 各1点×2 (2) 2点 (3) 各1点×2 (4)～(7) 各2点×6

２０２４年度　本郷中学校

国語解答用紙　第二回

番号　　氏名　　評点　／100

一　①　②　③　④　⑤

二　問一　A　B　C

問二　問三　問四　問五

問六　60　80

問七

三　問一　a　b　c

問二

問三　問四

問五　55　70

問六　問七

（注）この解答用紙は実物を縮小してあります。B５→B４（141％）に拡大コピーすると、ほぼ実物大の解答欄になります。

〔国　語〕100点(学校配点)

一　各２点×５　二　問１　各２点×３　問２～問５　各６点×４　問６　10点　問７　５点　三　問１　各２点×３　問２　５点　問３，問４　各６点×２　問５　10点　問６，問７　各６点×２

2023年度　本郷中学校

算数解答用紙　第１回

番号		氏名		評点	／100

1	(1)	
	(2)	

2	(1)	cm
	(2)	ページ
	(3)	人
	(4)	cm^2
	(5)	秒間
	(6)	秒後
3	(1)	毎分　m
	(2)	
	(3)	

4	(ア)	1 9 □ □ □
	(イ)	1 4 □ □ □
	(ウ)	
	(エ)	5 0 □ □
	(オ)	
5	(1)	cm^3
	(2)	
	(3)	cm^3

（注）この解答用紙は実物を縮小してあります。Ｂ５→Ｂ４（141％）に拡大コピーすると、ほぼ実物大の解答欄になります。

〔算　数〕100点(学校配点)

1　各５点×2　2, 3　各６点×9　4　(ア)～(エ)　各３点×4　(オ)　６点　5　各６点×3

２０２３年度　本郷中学校

社会解答用紙　第１回

番号		氏名		評点	／75

1

問１				問２
(1) km^2	(2)	(3)	(4)	A (雲仙)

問２	問３	問４		問５
B		(1)	(2)	(1)

問５	問６	問７	問８	問９	問10
(2)					

2

問１	問２	問３	問４	問５	問６	問７	問８	問９

問10	問11	問12	問13

問14	問15	問16	問17

3

問１			
1	2	3	4

問２	問３	問４	問５

問６	問７			問８			
	①	②	③	A	B	C	D

（注）この解答用紙は実物を縮小してあります。Ｂ５→Ｂ４（141%）に拡大コピーすると、ほぼ実物大の解答欄になります。

〔社　会〕75点(学校配点)

1　問１　(1)～(3)　各２点×３　(4)　１点　問２　各２点×２　問３　１点　問４　(1)　１点　(2)　２点　問５　各１点×２　問６　２点　問７，問８　各１点×２　問９，問10　各２点×２　2　問１～問９　各１点×９　問10～問17　各２点×８　3　問１～問６　各２点×９　問７，問８　各１点×７

２０２３年度　本郷中学校

理科解答用紙　第１回

番号		氏名		評点	／75

1

(1)	1		2		3		(2)
(3)	①	②	③	④	(4)	(5)	
(6)							

2

(1)		(2)		(3)	g
(4)	cm³	(5)	g	(6)	

3

(1)	1		2		3	
(2)		(3)				
(4)		(5)	～	(6)		
(7)	→ → → → →	(8)				

4

(1)		(2)		(3)	3		4
(4)		(5)	7		8		(6)
(7)	①		②		③		
(8)	①		②		③		

（注）この解答用紙は実物を縮小してあります。Ｂ５→Ｂ４（141%）に拡大コピーすると、ほぼ実物大の解答欄になります。

〔理　科〕75点(学校配点)

1 (1)　各１点×３　(2)　２点　(3)　各１点×４　(4)，(5)　各３点×２＜(4)は完答＞　(6)　４点　2 (1)～(4)　各３点×４＜(1)，(2)は完答＞　(5)　４点　(6)　３点　3 (1)　各１点×３　(2)～(4)　各２点×３＜(2)は完答＞　(5)　３点　(6)　２点＜完答＞　(7)　３点＜完答＞　(8)　２点　4 (1)～(6)　各２点×６＜(3)，(5)は完答＞　(7)，(8)　各１点×６

二〇二三年度　本郷中学校

国語解答用紙　第一回

番号　　氏名　　評点　／100

一

① ② ③ ④ ⑤

二

問一　A　B　C

問二　問三　問四　問五

問六

30　40

問七

三

問一　a　b　c

問二　問三

問四　問五　問六　問七

問八

50　60

（注）この解答用紙は実物を縮小してあります。B5→B4（141%）に拡大コピーすると、ほぼ実物大の解答欄になります。

〔国　語〕100点（学校配点）

一　各2点×5　二　問1　各3点×3　問2～問5　各5点×4　問6　8点　問7　各4点×2　三　問1　各3点×3　問2，問3　各4点×2　問4～問7　各5点×4　問8　8点

２０２３年度　　本郷中学校

算数解答用紙　第２回

番号		氏名		評点	／100

1	(1)	
	(2)	

2	(1)	cm
	(2)	cm
	(3)	
	(4)	cm^3
	(5)	通り
	(6)	cm
3	(1)	
	(2)	分後
	(3)	毎分　　cm^3

4	(1)	(ア)		(イ)	
		(ウ)		(エ)	
		(オ)		(カ)	
	(2)				
	(3)				
5	(1)	cm^2			
	(2)				
	(3)	①			
		②	倍		

（注）この解答用紙は実物を縮小してあります。Ｂ５→Ｂ４（141％）に拡大コピーすると、ほぼ実物大の解答欄になります。

〔算　数〕100点(学校配点)

1　各５点×２　2，3　各６点×９　4　(1)　各１点×６　(2)，(3)　各６点×２＜(2)は完答＞　5　(1)　６点　(2)　３点　(3)　①　３点　②　６点

2023年度　本郷中学校

社会解答用紙　第2回

番号		氏名		評点	／75

1

問1		問2	
1	2	(1)D	(1)E

問2		問3	問4	問5
(1)F	(2)			

問6		問7	問8	問9
(1)	(2)			

2

問1	問2	問3	問4	問5	問6	問7	問8	問9

問10	問11	問12	問13

問14	問15	問16	問17

3

問1			問2	問3	問4
1　　名	2　　県	3　　県			

問5	問6	問7	問8
			歳

問9				問10
A	B	C	D	に備えるため

（注）この解答用紙は実物を縮小してあります。Ｂ５→Ｂ４(141%)に拡大コピーすると、ほぼ実物大の解答欄になります。

〔社　会〕75点(学校配点)

1　問1～問6　各2点×11　問7～問9　各1点×3　2　問1～問9　各1点×9　問10～問17　各2点×8　3　問1～問9　各2点×11＜問9は完答＞　問10　3点

2023年度　　本郷中学校

理科解答用紙　第2回

番号		氏名		評点	／75

1

(1)		(2)	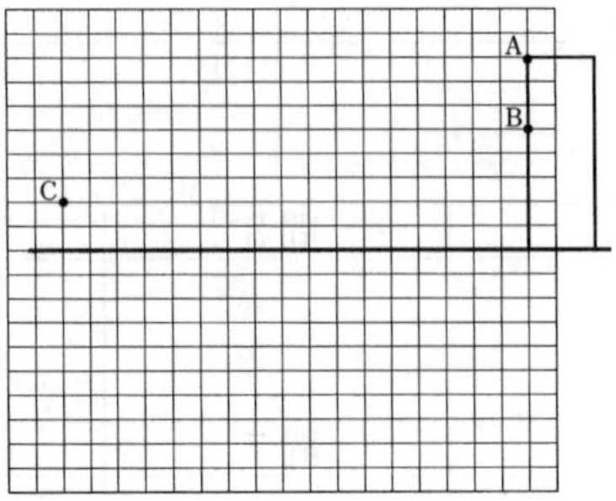
(3)			
(4)			
(5)			

(6)	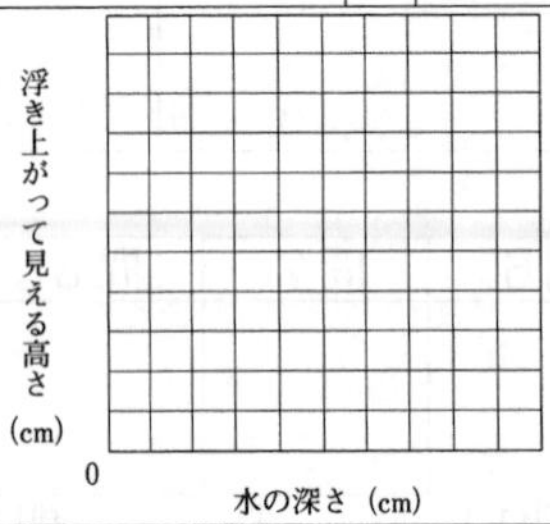	(7)	m
		(8)	

2

(1)	実験結果	根拠	(2)		(3)	g
(4)		(5)		(6)		
(7)						

3

(1)				(2)			(3)					
(4)	1		2		(5)		(6)		(7)			
(8)												

4

(1)		(2)		(3)		(4)		(5)	
(6)				(7)		(8)	m		

（注）この解答用紙は実物を縮小してあります。B５→A３(163%)に拡大コピーすると、ほぼ実物大の解答欄になります。

〔理　科〕75点(学校配点)

1　(1)　２点　(2)　３点　(3)～(5)　各２点×３　(6)，(7)　各３点×２　(8)　２点　2　(1)～(3)　各３点×３＜(1)は完答＞　(4)～(7)　各２点×５＜(4)は完答＞　3　(1)～(7)　各２点×８＜(2)，(3)，(5)は完答＞　(8)　３点＜完答＞　4　(1)～(5)　各２点×５　(6)　３点＜完答＞　(7)　２点　(8)　３点

二〇二三年度　本郷中学校

国語解答用紙　第二回

番号		氏名		評点	/100

一　①　②　③　④　⑤

二　問一 (1) (2) (3)

問二

問三　問四　問五　問六

問七

問八

50　60

三　問一 a b c

問二　問三　問四

問五

問六

50　から。

70

問七

（注）この解答用紙は実物を縮小してあります。B5→B4（141%）に拡大コピーすると、ほぼ実物大の解答欄になります。

〔国　語〕100点(学校配点)

一　各2点×5　二　問1　各2点×3　問2　3点　問3～問6　各5点×4　問7　6点　問8　10点　三　問1　各3点×3　問2～問4　各5点×3　問5　6点　問6　10点　問7　5点

2022年度　　本郷中学校

算数解答用紙　第1回

番号		氏名		評点	／100

1	(1)	
	(2)	

2	(1)	個
	(2)	ページ
	(3)	m
	(4)	個
	(5)	cm^2
	(6)	倍

3	(1)	毎分 m	
	(2)	m	
	(3)	毎分 m	
4	(1)	D：	E：
	(2)		
	(3)	通り	
5	(1)	cm^3	
	(2)	cm^3	
	(3)	cm^3	

（注）この解答用紙は実物を縮小してあります。Ｂ５→Ａ４（115%）に拡大コピーすると、ほぼ実物大の解答欄になります。

〔算　数〕100点(学校配点)

1　各５点×2　2～5　各６点×15＜4の(1)は完答＞

２０２２年度　本郷中学校

社会解答用紙　第１回

番号		氏名		評点	／75

1

問1						問2	
ア	イ	ウ	エ	オ	カ	① m	②

問2		問3	問4	問5	問6
③	④		m		ア

問6			
イ	ウ	エ	オ

2

問1	問2	問3	問4	問5	問6	問7	問8	問9

問10	問11	問12	問13

問14	問15	問16	問17

3

問1				問2
A	B－2	B－3	C	

問3	問4	問5		
		A－1	A－2	B

問6			問7	
A	B	C	1	2

（注）この解答用紙は実物を縮小してあります。Ｂ５→Ｂ４（141％）に拡大コピーすると、ほぼ実物大の解答欄になります。

〔社　会〕75点（学校配点）

1　問１～問３　各１点×11　問４～問６　各２点×７　2　問１～問９　各１点×９　問10～問17　各２点×８　3　問１～問５　各２点×10　問６，問７　各１点×５

２０２２年度　本郷中学校

理科解答用紙　第１回

番号		氏名		評点	／75

1

(1)	1		2		3			
(2)	①		②	mL	(3)	X	Y	
(4)	g	(5)		(6)		(7)		

2

(1)		(2)	①		②	X	Y	Z
(2)	③	I	Ⅱ	④	L	(3)	Ⅲ	Ⅳ
(4)								

3

(1)	a	動物
	b	動物

(2)			(3)	呼吸器官	体の部位
(4)	X	Y	Z	(5)	

4

(1)	①		②		③		④		⑤	°
(2)		(3)		(4)						

（注）この解答用紙は実物を縮小してあります。Ｂ５→Ａ４(115%)に拡大コピーすると、ほぼ実物大の解答欄になります。

〔理　科〕75点(学校配点)

1　(1)　各１点×３　(2)　①　１点　②　２点　(3)～(7)　各２点×６　2　(1)　２点　(2)～(4)　各３点×６＜(2)の②，③，(3)は完答＞　3　(1)　各２点×４＜動物は各々完答＞　(2)，(3)　各２点×３＜(2)は完答＞　(4)　各１点×３　(5)　２点＜完答＞　4　(1)　①～④　各２点×４　⑤　３点　(2)，(3)　各２点×２　(4)　３点＜完答＞

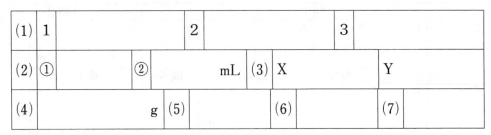

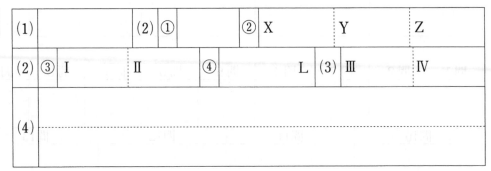

二〇二二年度　本郷中学校

国語解答用紙　第一回

番号　　氏名　　評点 /100

一
①　②　③　④　⑤

二
問一　問二 B C　問三

問四

問五 最初 〜 最後

問六　問七　問八

問九

三
問一　問二 X Y

問三　問四　問五　問六

問七　問八　問九

問十

（注）この解答用紙は実物を縮小してあります。B５→A３（163％）に拡大コピーすると、ほぼ実物大の解答欄になります。

〔国　語〕100点(学校配点)

一 各２点×５　二 問１〜問３　各３点×４　問４〜問８　各５点×５　問９　８点　三 問１，問２　各３点×２　問３〜問６　各４点×４　問７〜問９　各５点×３　問10　８点

２０２２年度　本郷中学校

算数解答用紙　第２回

番号		氏名		評点	／100

1	(1)	
	(2)	

2	(1)	秒
	(2)	才
	(3)	倍
	(4)	
	(5)	
	(6)	cm^2
	(7)	番目

3	(1)	毎分　cm^3
	(2)	cm
	(3)	分後
4	(1)	度
	(2)	
	(3)	度
5	(1)	度
	(2)	cm

（注）この解答用紙は実物を縮小してあります。Ｂ５→Ａ４（115%）に拡大コピーすると、ほぼ実物大の解答欄になります。

〔算　数〕100点（学校配点）

1　各５点×２　2～5　各６点×15＜2の(4)，4の(2)は完答＞

２０２２年度　本郷中学校

社会解答用紙　第２回

番号		氏名		評点	／75

1

問１			
1　　県	2　　県	3	4

問２		問３	問４	
A	B		①	②

問５	問６	問７	問８	問９	問10

2

問１	問２	問３	問４	問５	問６	問７	問８	問９

問10	問11	問12	問13
遺跡			

問14	問15	問16	問17
	以上		

3

問１							
1	2	3	4	5	6	7	8

問１				
9	10	11	12	13

問２	問３			問４		問５	
	A	B	C	D	E	F	G

（注）この解答用紙は実物を縮小してあります。Ｂ５→Ｂ４（141%）に拡大コピーすると、ほぼ実物大の解答欄になります。

〔社　会〕75点（学校配点）

1　問１～問５　各２点×10　問６～問10　各１点×５　2　問１～問９　各１点×９　問10～問17　各２点×８　3　問１　各１点×13　問２～問５　各３点×４<問３，問４，問５は完答>

2022年度　　本郷中学校

理科解答用紙　第2回

番号		氏名		評点	／75

1

(1)		(2)		(3)		(4)	
(5)		(6)	倍	(7)	cm		

2

(1)	A	B	C	(2)	
(3)					
(4)		(5)			
(6)	① %	② g			

3

(1)	①		②		③		
(2)	④		(3)		(4)		
(5)		(6)		(7)			

4

(1)		(2)			
(3)	①		②		
	③	→　→　→			
(4)		(5)	%		
(6)	1	2		(7)	%

（注）この解答用紙は実物を縮小してあります。B５→A４(115%)に拡大コピーすると、ほぼ実物大の解答欄になります。

〔理　科〕75点(学校配点)

1　(1)～(4)　各２点×４　(5)～(7)　各３点×３　2　(1)～(5)　各３点×５＜(1)，(2)，(4)は完答＞(6)　①　２点　②　３点　3，4　各２点×19＜3の(3)，(7)，4の(3)の③は完答＞

二〇二三年度　本郷中学校

国語解答用紙　第二回

番号　　氏名　　評点　/100

一　①　②　③　④　⑤

二
問一　A　B　C　D
問二　問三　問四
問五
問六
問七　問八

三
問一　a　b　c
問二
問三
問四
問五　問六
問七

（注）この解答用紙は実物を縮小してあります。B5→A3（163%）に拡大コピーすると、ほぼ実物大の解答欄になります。

〔国　語〕100点(学校配点)

一　各2点×5　二　問1　各2点×4　問2～問4　各4点×3　問5　9点　問6　4点　問7，問8　各6点×2　三　問1　各2点×3　問2　5点　問3　9点　問4　5点　問5，問6　各6点×2　問7　各4点×2

２０２１年度　　本郷中学校

算数解答用紙　第１回

番号		氏名	

評点	／100

1	(1)	
	(2)	

2	(1)	km
	(2)	g
	(3)	回
	(4)	通り
	(5)	個
	(6)	cm^3

3	(1)	毎分　cm^3
	(2)	
	(3)	毎分　cm
4	(1)	
	(2)	
	(3)	
5	(1)	cm^2
	(2)	
	(3)	cm^2

（注）この解答用紙は実物を縮小してあります。Ｂ５→Ａ４（115%）に拡大コピーすると、ほぼ実物大の解答欄になります。

〔算　数〕100点（学校配点）

1　各５点×２　2～5　各６点×15＜5の(2)は完答＞

２０２１年度　本郷中学校

社会解答用紙　第１回

番号		氏名		評点	／75

1

問１			
1	2	3	4
問２	問３	問４	問５
	（　　　　）から （　　　　）へ		

問６			問７	問８	問９	問10	問11	問12
①	②	③						

2

問１	問２	問３	問４	問５	問６	問７		問８
						明治 （　　　）	昭和 （　　　）	

問９	問10	問11	問12
県			
問13	問14	問15	問16
			保存方法 ／ 理由

3

問１	問２		問３	問４	問５
	(1)	(2)			

問６			
(1)	(2)	(3)	(4)

問６	問７
(5)	X　　Y 月　　日

（注）この解答用紙は実物を縮小してあります。Ｂ５→Ｂ４（141％）に拡大コピーすると、ほぼ実物大の解答欄になります。

〔社　会〕75点（学校配点）

1　問１～問５　各２点×８　問６～問12　各１点×９　2　問１～問８　各１点×９　問９～問16　各２点×８＜問16は完答＞　3　問１～問６　各２点×11　問７　３点

２０２１年度　本郷中学校

理科解答用紙　第１回

番号		氏名		評点	／75

1

(1)		(2)	名前 ／ 顔写真	(3)	
(4)	[1]電池　　　しまう事故	(5)			
(6)	①	②	③		
	④ 4　　　5	⑤			

2

(1)	
(2)	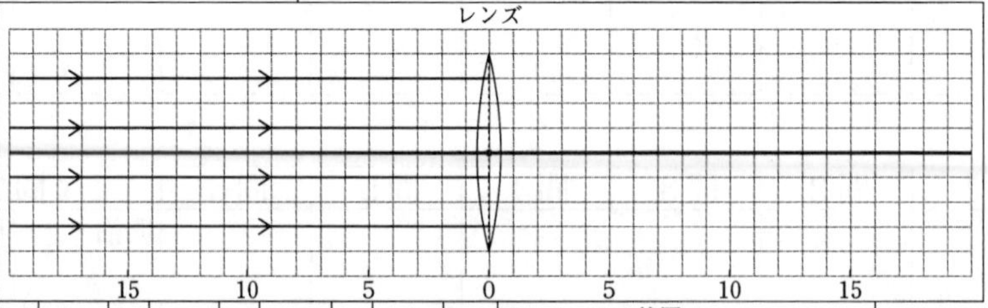

(3)	赤　　黄　　緑　　青	(4)	スクリーンの位置　　cm		
(5)		(6)	レンズ　　に　　cm	スクリーン　　に　　cm	

3

(1)	①	② 記号	名称	
	③ 記号	名称		
(2)		(3) ①	②	
(4)	①	②　　分の１		

4

(1)	① 1	2	
	② 3	4	
	③　　℃		
(2)	(3)	(4)	

（注）この解答用紙は実物を縮小してあります。Ｂ５→Ｂ４（141%）に拡大コピーすると、ほぼ実物大の解答欄になります。

〔理　科〕75点(学校配点)

[1] 各２点×10＜(2)，(6)の①，④は完答＞ [2] (1) ２点 (2) ３点 (3) ２点＜完答＞ (4)～(6) 各３点×４ [3] (1) 各２点×３＜②，③は完答＞ (2) ３点＜完答＞ (3) 各２点×２＜①は完答＞ (4) ① ２点 ② ３点 [4] (1) ①，② 各２点×４ ③ ３点 (2) ３点 (3)，(4) 各２点×２

二〇二二年度　本郷中学校

国語解答用紙　第一回

番号　　氏名　　評点　/100

一

① ② ③ ④ ⑤

二

問一　X　Y

問二　問三

問四　メンバーが、　環境。

問五

問六　ことで、「思慮深さ」が培われるという利点。

問七　問八　問九

三

問一　a　b　c

問二

問三　問四

問五

問六　問七

問八

問九

（注）この解答用紙は実物を縮小してあります。Ｂ５→Ａ３（163％）に拡大コピーすると、ほぼ実物大の解答欄になります。

〔国　語〕100点(学校配点)

一　各２点×５　二　問１　各２点×２　問２～問５　各５点×４　問６　６点　問７～問９　各５点×３　三　問１　各２点×３　問２　３点　問３～問５　各４点×３　問６，問７　各５点×２　問８　９点　問９　５点

2021年度　本郷中学校

算数解答用紙　第2回

番号		氏名		評点	／100

1	(1)	
	(2)	

2	(1)	円
	(2)	個
	(3)	番目
	(4)	cm
	(5)	cm

3	(1)	
	(2)	

4	(1)	cm
	(2)	秒後
	(3)	秒後

5	(1)	通り
	(2)	人
	(3)	人

6	(1)	cm^2
	(2)	cm^3

（注）この解答用紙は実物を縮小してあります。B５→A４(115%)に拡大コピーすると、ほぼ実物大の解答欄になります。

〔算　数〕100点(学校配点)

1　各５点×2　2〜6　各６点×15

２０２１年度　本郷中学校

社会解答用紙　第２回

番号		氏名		評点	／75

1

問1				
1	2	3	4	5

問1		問2	問3	問4	問5	問6
6	7					

問7	問8	問9	問10

2

問1	問2	問3	問4	問5	問6	問7	問8	問9

問10	問11	問12	問13
問14	**問15**	**問16**	**問17**

3

問1	問2		問3	問4	問5		
	(1)　日	(2)			(1)	(2)	(3)

問6	問7	問8	
		(1)	(2)

問8	問9
(3)	

〔社　会〕75点(学校配点)

1　問1，問2　各2点×8　問3～問9　各1点×7　問10　2点　2　問1～問9　各1点×9　問10～問17　各2点×8　3　問1～問4　各2点×5　問5　各1点×3　問6～問9　各2点×6

２０２１年度　本郷中学校

理科解答用紙　第２回

番号		氏名		評点	／75

1

(1)								
(2)	①		②		③		④	
(3)		(4)	①		②			

2

(1)	A	B	
(2)		(3)	海水＞(　　　)＞(　　　)＞(　　　)
(4)	kg	(5)	①
(5)	②		
(6)		(7)	

3

(1)	消化酵素X		物質Y				
(2)		(3)					
(4)		(5)		(6)		(7)	

4

(1)		(2)	天体望遠鏡		ピンホール		
(3)		(4)	冬至の日		夏至の日		
(5)	2019年1月6日		2019年12月26日		2020年6月21日		
(6)	①		②		③	(7)	

〔理　科〕75点(学校配点)

1　(1)，(2)　各2点×5＜(1)は完答＞　(3)　3点　(4)　①　2点　②　3点　2　(1)～(3)　各2点×4＜(2)，(3)は完答＞　(4)　3点　(5)　①　1点　②　3点　(6)，(7)　各2点×2　3　(1)～(4)　各2点×5＜(3)は完答＞　(5)～(7)　各3点×3　4　(1)　2点　(2)　各1点×2　(3)　2点　(4)，(5)　各1点×5　(6)，(7)　各2点×4

二〇二一年度　本郷中学校

国語解答用紙　第二回

番号　氏名　評点 /100

一　① ② ③ ④ ⑤

二　問一 A B
問二 40 50
問三　問四
問五　問六　問七
問八

三　問一 a b c
問二　問三
問四
問五
問六 気持ち。
問七
問八

（注）この解答用紙は実物を縮小してあります。B５→A３（163%）に拡大コピーすると、ほぼ実物大の解答欄になります。

〔国　語〕100点（学校配点）

一　各２点×５　二　問１　各２点×２　問２　８点　問３，問４　各５点×２　問５～問７　各６点×３　問８　５点　三　問１　各２点×３　問２，問３　各４点×２　問４　５点＜完答＞　問５　４点　問６　12点　問７　４点　問８　各３点×２